ヘーゲル伝

HEGEL. Bibliographie

ジャック・ドント

Jacques D'Hondt

飯塚勝久 訳

未來社

Jacques d'Hondt: Hegel

ヘーゲルの肖像画（ユリウス・ルートヴィヒ・ゼバース作）
1825年ごろ（ベルリン、マルク美術館）

1825年ごろのヘーゲル

ヘーゲルの生家（シュトゥットガルト）
現在はヘーゲル記念館。
彼は18歳になるまで、ヴュルテンベルク公国の中心地であるこの町で過ごした。（写真と説明文は訳者による）

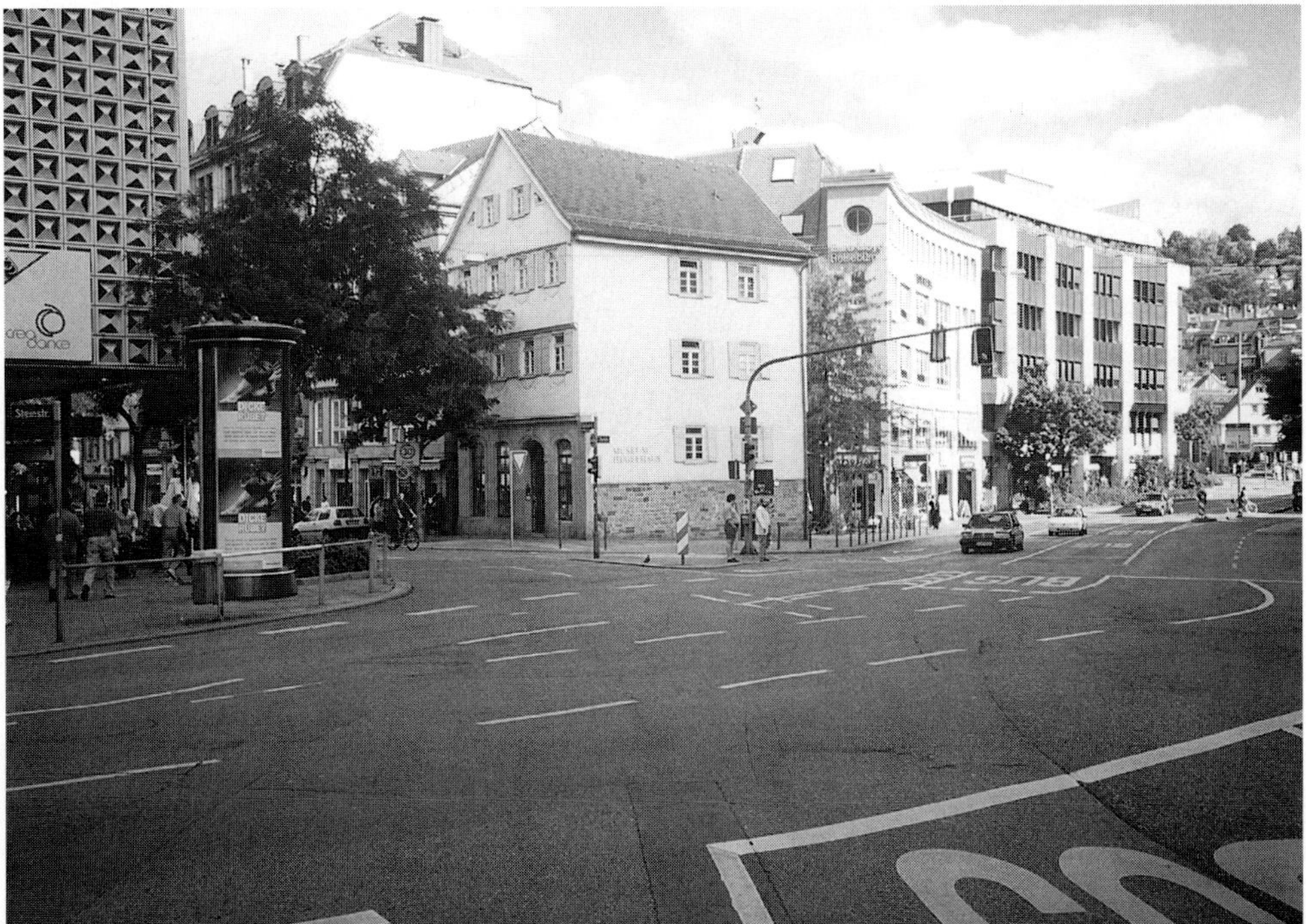

シュタイガー家別邸（チューグ、スイス）　ベルンでの家庭教師時代（1793年-96年）に、ヘーゲルが教え子とともに一年の大半を過ごしたとされる家。今日では、精神病院の施設として使われている。

プロテスタント神学院（テュービンゲン）　ヘーゲルは1788年から93年までの5年間（18歳-23歳）、シュトゥットガルトから50㎞ほど離れた古都の学院で神学の奨学生として学業に励んだ。彼は学校生活に対して必ずしも良い思い出を抱いていなかったようにみえるが、しかしそれでもなお、ここでの集中的な勉学が哲学者ヘーゲルの基礎を築いたことには変わりないであろう。

ヘーゲル伝◆目次

まえがき……9
略号と注……11
第1章　型破りの埋葬……13
最後の戦い（14）
第2章　哲学者の誕生……35
シュトゥットガルト（36）／自己の創造（45）／シュヴァーベン地方（54）
第3章　神学院……60
第4章　フランス革命……79
自由の樹（90）／神学院卒業（96）
第5章　従　者……100
卑屈な行為（102）／スイス（111）
第6章　ヘーゲルの往復書簡……126
慎重な態度（133）

第7章　エレウシス……145
符合（155）／啓明主義者たち（157）／人間関係（162）／秘密（169）
第8章　フランクフルト……180
ディオティーマ（185）／ジャン＝ジャック・カールの『書簡集』〔『親書』〕（190）／びら（196）／歴史神学（198）／暫定的総括（203）
第9章　イェーナ……207
殺戮（218）／崩壊（230）
第10章　非嫡出子……240
第11章　バイエルン……260
バンベルク（263）／ニュールンベルク（272）／結婚（277）／王政復古（283）
第12章　ハイデルベルク……294
古来の正当なる権利（303）／晦渋（306）／演説家（307）／著作家（311）／晦渋の文化（315）／ヘーゲルのケース（319）
第13章　ベルリン……328

第14章　庇護者たち……356
ハルデンベルク（366）／アルテンシュタイン（369）／シュルツェ（372）
第15章　自己拘束……378
年ごとの新たなる雷雨（393）／抑圧された人びと（398）／フェルスター（400）／カロヴェ（402）／ヘニング（406）／アスフェルス（408）／ウルリヒ（409）／ルーゲとトゥヒェル（410）／錯綜（416）／非合法活動（425）／川面にて（432）
第16章　二重の言葉遣い……438
仮装をほどこされたホメロス（444）／表現方法（456）
第17章　ヘーゲル的君主……473
抽象的な中心点（473）／暴君誅殺（483）／ハルモディオスとアリストゲイトン（486）
第18章　クーザン事件……494
第19章　最後の言葉……518
アウグスブルク信仰告白（518）／改正法案（523）

第20章　ある思想の相貌……535
訳者あとがき……538
人名索引……巻末

装幀——高麗隆彦

ヘーゲル伝

まえがき

本書には、従来のイメージとは異なる新しいヘーゲル像が示されている。この二十世紀を終えるにあたって、われわれは物事をいままでとは違ったかたちで眺めるようになり、これまで知られていなかった、あるいは無視されてきた資料を通じて理解を一段と深めることになったのである。

たしかに、ヘーゲルの生涯について語るためには、初期の伝記作者たちの著作に、とりわけカール・ローゼンクランツが一八四四年に公刊した著作に依拠する必要がある。かれは多くの点に関して、われわれの手にしうる唯一の証言、また一般的にいって信頼に値するようにみえる唯一の証言を与えている。しかしながら、ローゼンクランツはヘーゲルのことをすべて知っていたわけではないし、しかも、自分の知っている事柄をすべて語っているとも思われない。

今日では、人びとは、ヘーゲルがみずからの生活や活動、あるいは内密の思想の多くの面を、状況に応じてそれなりに有効な方法で、計画的に隠蔽したという事実に気づいている。しかも、そのことはさまざまな領域に、たとえば家庭上の、宗教上の、政治上の、学説上の……領域に及んでいる。その後、弟子たちと敵対者たちが、えこひいきや悪意を競い合い、結果的にヘーゲルの沈黙をいっそう重苦しいものに変えてしまったのである。

ヘーゲルを再発見するときが到来している。かれの生涯の道筋は、歴史家の側からなされた何がしかの歪曲を蒙っているからである。その道筋を正すこと、あるいは少なくともそのための努力を試みることが肝要である。それゆえわれわれは、反対方向に強調しすぎる危険を冒しても、他の人たちが無知や悪意からあまりにも無視してきた事柄に対して、格別の注意を払うであろう。一方、より一般的に知られている事柄や承認されている事柄については急いでやり過ごすことになろうが、だからといってそれらの事実を忘れているわけではない。

大哲学者の生涯と思想のうちには、無害なものなど何ひとつ存在しないであろう。読者よ、くれぐれも警戒怠りなきように。とはいえ、本書は、かかる運命の提示するあらゆる問題を論じ尽くすことを主張しているわけではない。あとに続く研究者たちが、いずれうまく使いこなすことができるようになる新しい展望を切り拓くことを、とりわけ願っているだけである。熱意をこめて新たに開かれたヘーゲル・ファイルが、最終的にふたたび閉じられるという事態はけっして起こらないであろう。しかしながら、疑いもなく空白の部分があり、また細部の点でおそらく何がしかの誤りがあるにもかかわらず、著者は本書において、怪し気で、魅力的で、生き生きとしたヘーゲルの姿を復元したいと考えている。

略号と注

本文で頻繁に引用されている著作は、略号（C、B、R、D、BS）を用いて、頁数とともに括弧内に表示される。たとえば、（D三八二）。算用数字による標記は、欄外の注を指している。

略号

（B1）、（B2）、（B3）、（B4）は、ヨハンネス・ホフマイスターおよびロルフ・フレヒヅィヒ編集の『ヘーゲル往復書簡集』（ハンブルク、マイナー書店、一九五二―一九六〇年）四巻の巻数に対応している。

これらのテキストは多くの場合、ジャン・カレールの手になる仏訳『ヘーゲル書簡集』（パリ、ガリマール書店）に従って引用される。カレールは『ヘーゲル往復書簡集』の第四巻を訳出しなかったが、しかし若干の資料を仏訳版の第三巻に収録している。なお、（C1）は仏訳版の第一巻（第二版、一九六二年）を、（C2）は第二巻（第二版、一九六三年）を、そして（C3）は第三巻（第二版、一九六七年）を指している。

（R）は、カール・ローゼンクランツ『ゲオルク・ヴィルヘルム・フリードリヒ・ヘーゲルの生涯』（ベルリン、ドゥンケルおよびフンブロート書店、一八四四年、全五六六頁）を、

（D）は、ヨハンネス・ホフマイスター編『ヘーゲルの発展に関する資料集』（シュトゥットガルト、フロムマン書店、一九三六年）を、

（BS）は、ヨハンネス・ホフマイスター編『ベルリン時代の著作集』（ハンブルク、マイナー書店、一九五六年）をそれぞれ示している。

引用した訳文に若干の修正がほどこされている場合は、略号、頁数に加えて、修正の二文字を記しておく。たとえば、（C3四七、修正）という具合に。

原文に説明的な加筆が行なわれるさいは、亀甲でかこんでいる〔本訳書の訳者による補足的説明についても同様である。いまの場合がまさしくそうであるように〕。

第1章　型破りの埋葬

「幕は上がっていたが、わたしはいぜんとして待ち続けた……」（ボードレール『好事家の夢』）

ヘーゲルは、物事を逆向きに考える人間である。かれの言い種によれば、終わりが終わりであるのは、それが同時に始まりにほかならないからである。

じっさい、かれの死を理解すれば、その生涯の意味がより確実に把握されるであろう。したがって、その死から話を始めるのがよいであろう。ヘーゲルの葬儀には、謎めいた側面が現われている。だが、同時代の人びとの大部分はそれらの側面に注目せず、あるいはまた、最終的にそれらについて公然と語るのを差し控えてしまった。ヘーゲルと親しかった若干の人びとだけが、少なくとも部分的に、それらの謎めいた側面を明らかにすることができる状況にいたのである。

その荘重な葬儀は、一八三一年十一月十六日に執り行なわれた。ヘーゲルは、葬儀の二日前に亡くなっていた。未亡人と二人の嫡出の息子たちが、四頭の馬につながれた霊柩車に付き添い、そのあとに無数の大学人や学生たちが従った。

喪に服したこれらすべての人びとは、自分たちの埋葬する人物の偉大さと、その学説のもつ豊かさ、広大さを認めていた。かれらはその学説に対して、世紀を画するほどの栄光が与えられることを予感していた。かれらは、古典哲学がヘーゲルとともに頂点に達し、これからはもはや再降下する以外にありえないという事実をいまだ充分に納得していなかったにせよ、ベルリン大学、ドイツ哲学、プロイセン国家がとつぜん蒙った損失の大きさを考えていた。へーゲルは、かれの好きな表現のひとつに従えば「一時代を画し」た人間であり、それゆえかれらはひとつの時代を墓場に運んでいったのである。ある人びとは日常的にかれのもとを訪れていたので、明らかにみてとれる愛想の良さや素朴さ、その判断の確実さ、あるいは談話好きの性質などを思い出していた。けれどもかれらは、いまなおみずみずしい、真心のこもったそのイメージの下に、別の性格的特色と、それが明るみに出ればびっくりするような出来事とか行為の痕跡が隠されていることを知らなかった。かれらのひとりひとりは、ヘーゲルの真実の姿の断片と、かれの過去についての部分的な追憶しかもっていなかったのである。

かれらは皆、衝撃を受けていた。ヘーゲルの死の報は、当時の状況を考慮すれば、驚くほどの早さでベルリン中に広まっていたのである。コレラ感染の猛威は終わりを告げたが、しかしいぜんとして多くの犠牲者を出していた。首都から脱出しないという勇気をもちあわせている人びとでも、外出や、友人と会うのを差し控えていた。

危険を逃れるために、ヘーゲル一家は当初、他の多くの人びとと同様に夏のあいだ田舎に身を隠していた。秋になって戻ってくると、ヘーゲルは見た眼には健康な状態で講義を再開した。ある日曜日の朝、かれがいろいろ身体の不調を訴えたため、その日に設定されていた友人の招待が取り消された。症状が悪化し、何人かの医者が呼ばれたが、かれらははじめ楽観的な態度をとっていた。つまり、コレラではないと診断したのである。医者たちはやがて意見を変え、恐るべき病いであると診断して、かれに投薬の処方を試みたが、それは今日からすればお話にならないと思われる程度のものである。翌々日の夜中、病人は苦しむこともなく、眠っているような状態で息を引き取った。

最後の戦い

ヘーゲルは、本当にコレラで亡くなったのであろうか。われわれの知っているかれの死去と埋葬の状況は、未亡人が哲学者の妹に宛てた一通の手紙のなかで直接語っている話を唯一の典拠にしている（R四二二—四二四）。いまなおヘーゲルの伝記作者の筆頭に位置するローゼンクランツは、その手紙のうち、かれの言によれば「世間に関わる」事柄だけを転写したのであり、したがってその一部を削除したわけである。この省略は、いかにも残念なことのように思われる。というのも、人はヘーゲル夫人が「世間」から隠そうとしたことを知りたいであろうからである。

もし手紙が失われていたとすれば、われわれはこれらの出来事についていっさい、あるいはほとんど知らないということになるであろう。ヘーゲル夫人はそれらの出来事を記したあとで、義妹に訊ねている。「いいですか、あなたはこれらすべての事実のうちに、たとえひとつなりともコレラの徴候を認められるでしょうか」と。彼女は明らかに診断の有効性を疑っている。「医者たちはコレラと判定しました。より正確にいえば、もっとも内的な生命をこのうえなく激しい力で、外的な徴候もなしに破壊してしまう一種のコレラと見なしたわけです。その内部の面がどんな状態であるかを、かれらは眼にしなかったのです。」

人は、目撃しなかったときに、証言する権利を有しているであろうか。

ある種の特別なケースにおいては、コレラの宣告はあまりにも好都合な事態を示しているために、疑惑を招かないわけにはいかなかった。その宣告は、遺体をひそかに片づけてしまうことを可能にしたからである。すなわち、そのような人物は他の遺体とともに、特殊な墓地の共同の墓穴まで荷車で運ばれたのである。付き添う者もなく、夜のうちに、しかも、のちになっていっそう不吉な響きをもつことになるある言い回しにおいてすでに述べられたように、「夜と霧にまぎれて」〔ナチズムの迫害を想起させる言葉〕……。

「外的徴候のない」コレラというのは、過去にさかのぼって訂正することをいっさい禁じてしまい、その結果、このうえなく恣意的な決定をただちに可能にする。しかしながら、ヘーゲルは死に至るまでは、その内密な本性の特徴を保持している。すなわち、アンビヴァレントな態度と逡巡の姿勢である。かれには忠実な友人たちがいた。しかも、国家の上層部周辺にまで、かれが賛美の念を惜しまなかったプロイセンの官吏たちのうちに。——とりわけ顧問官シュルツェは、哲学者の意識がまだはっきりしているうちに、ヘーゲル夫人が折よく呼び寄せることができた人物であり、かれだけがヘーゲル夫人とともに臨終に立ち合ったのである。

ところが、伝記作者たちは、未亡人の手紙のきわめて正確で重みのある言葉に注意を払わなかった。彼女はそのことを、単刀直入に述べたのである。すなわち、「通常のかたちの」葬儀を営むことが許されたのは、簡略でひっそりとした埋葬を望む人びとと、本物の葬送式典を願う人びととのあいだの「曰く言い難い闘争」（R四二四）の結果、はじめて手にしえたことである、と。ある人びとはヘーゲルの思い出をただちに消し去りたいと希望し、他の人びとは反対にかれの哲学を維持し、普及する意図を抱いていた。後者の方が勝利を収めたが、しかし譲歩がなされなかったわけではない。葬儀の経過は、そうした譲歩の痕跡を留めている。要するに、大筋においては許可が下りたが、細部についてはけち臭くカットされたのである。強い抵抗があったにもかかわらず承認されたその出来事〔葬儀〕が、あまり噂の種になることを望まなかったのであろう。けれども、葬儀は予想外の規模となり、ありふれた制約を消し去って、調和を欠くと思われるほどの独自なかたちをとりつつ、その偉大のすべてを発揮した。ヘーゲルはこのように生き、またこのように死んだのである。

ヘーゲル夫人によれば、埋葬が許可されたのは、コレラの行政法規に対する「最初にして、唯一の例外措置」（R四二四）としてであった。ヘーゲルの遺体をめぐる争いは熾烈であった。友人たちは、ぎりぎりの段階になってようやく遺体を運んだが、一方、敵対者たちは仕返しをしようと躍起になった。

最初の報復——それは、何がしか事情に通じた人びとにとっては明白な事実であった——は、国王じきじきの要求によって、ベルリンの警視総監が辞任したことである。最終的に許可を出したフォン・アルニムはそれゆえ、王室の狙い通りに管理することができなかった疫病の犠牲者、すなわちかれなりの流儀での犠牲者であった。[*1]

通知状では、疫病へのいっさいの言及を差し控えねばならなかった。葬儀が、その事実を否定していたからである。しかしながら、墓地で追悼演説を行なった人びとは、おそらく完全な秘密の状態に置かれていたわけではなかったために、漠然とそのことに触れている。まるで、うっかりと「へま」をやらかしたかのように。

行政上の急激な変化がただちに起こったわけではなく、コレラ委員会は当初、法規通りの措置をとった。委員会はヘーゲルの住居の隙間を塞ぎ、当時の流儀に従って煙でいぶし、消毒をほどこした。かつてヘーゲル自身、その著作のなかで、恐るべき疫病の哲学的意味を分析したことがある。[*2] 疫病は、〔十九〕世紀のはじめに繰り返し流行していたのである。ベルリンの人びとは、ヘーゲルの死と、ベルリン大学における著名な前任者であるフィヒテの死を結びつけて考えたかもしれなかった。というのも、フィヒテは一八一四年にチフスで命を落としており、ヘーゲルは一八一八年以来、その傍に埋葬されたいという希望を表明していたからである。じっさい、二人の疫病犠牲者は並んで埋葬されている。

一般に、ヘーゲルの生涯と死に関して、歴史家たちは何ごとにも驚かないふうを装っている。しかしながら、きわめて注目すべき事実がある。すなわち、万人共通の恐怖心と初歩的な用心深さをもっていたにもかかわらず、ヘーゲルの友人たちはかれの死を知らされるやいなや、死者の家に駆けつけるのを抑えることができなかったという事実である。かれらはそのようにしてヘーゲルへの異例の愛着心を示したのであり、そうした証拠は葬儀の最中もずっと続いていたのである。

十一月十六日、全学部の教授や学生たち――たんに哲学者だけではなく――が大学ホールに参集し、そこにおいてヘーゲルの親友のひとりであり、当時学長を務めていたマールハイネケ牧師が最初のスピーチを行なった。

そのあと、夥しい行列が組織されて、まず死者の家に行き、次いでヘーゲルの遺体に従い、有名な「フランス人墓地」に到着した。伝記作者たちはしかしながら、以下のような意味深長な覚書に関心を寄せていない。すなわち、ヘーゲル夫人が義妹に、「数え切れないほどの馬車の列」と「眼が届かないほど長い学生たちの行列」（R四二四）が見ら

*1 『ドイツ人名大辞典』（ADB）、新版、ベルリン、第一巻、一九六七年、五六七頁。この事典は、ヘーゲル夫人が主張しているように、ヘーゲルの埋葬が「最初にして唯一の例外」であったことを明確に述べていない。　*2 J・ドント「マルセイユの窃盗団」、『知られざるヘーゲル』所収、パリ、フランス大学出版、第二版、一九八六年、一八五―一九一頁（飯塚勝久・飯島勉訳、未來社、一九八〇年、二〇八―二一四頁）、参照。ジャン＝ポール・ラプノーの映画「屋根の上の軽騎兵」は、コレラがヨーロッパで蔓延している模様を地域的に描いている。

れたのを、忘れずに知らせているという点である。この異常な混雑ぶりは、ひとつの意味を帯びている。一八三一年には、それに先立つ数年間と同様に、政治状況が非常に緊迫しており、ベルリンにおいては哲学的、宗教的軋轢のために事態はいっそう悪化していたのである。学生たちははっきりと区別された独自のカテゴリーとして、徹底的に、しかも華々しく、国王や政府と対決した。一方、国王と政府の側はこうした敵意に対し、残酷で、無分別で、法外な弾圧をもって臨んだ。

非常に多くの学生たちがコレラと警察の脅威にもかかわらず、ヘーゲルに敬意をあらわすために参集したとすれば、かれらには、かれを敬うだけの深い理由があったということになる。そして、プロイセンの政治的、司法的状況においては、埋葬だけが公的に意見を表明する機会を与えてくれたのである。

学生たちは墓地の入口で、葬列の通過にさいして、敬意を示す長い人垣を作ることを熱望していた。かれらは習慣に従って松明を振りかざすことを許可されたが、しかし――相変らずの姑息な手段によって――松明に火を灯すことは禁じられた。そのため、かれらは、松明を喪章で包むことで満足しなければならなかった。墓地に入るとき、かれらは合唱曲を歌い出した――残念ながら、その曲が何であったかはわかっていない。すべては、予謀と協議があったことを示している。警視総監は、それを予想することも、また阻止することもできなかった。いずれ、かれは罰せられるであろう。

反体制派の学生たちの騒動は、ヘーゲルの晩年を悩ませたものである。かれは大胆にもかれらの問題に関与し、かれらの直面するさまざまな困難に心を砕いた。あらゆる証言は、学生たちが果断であり、戦闘的であり、党派的であることを示している。そこでは、いっさいの御都合主義や妥協を排する若々しい反抗が問題になっている。こうした学生たちは、正当であろうとなかろうと、自分たちの敵と見なした人間を、また自分たちの大義に無関心な教授でさえ、その学術的、学問的名声がどれだけ大きくとも、それほど熱烈に敬うようなことはしなかったであろう。

学生たちが大勢居合わせたことの意味は、劇的ともいいうるような、〔他の人びとの〕欠席という事実によって強められる。すなわち、いかなる政府関係者も、巧みにヘーゲルを保護してくれた人物でさえ、葬儀に出席していないのである。もちろん、いかなる宮廷人も――非常に敵意を抱いていた王太子や、臣下のひとりに向けられるごくわずかな注目の気配にも嫉妬を覚える国王その人を引き合いに出すまでもなく――参列していない。「当局者」は、知られているかぎり、型通りのお悔みの言葉さえ表明しなかったし、いわゆる「プロイセン絶対王政の哲学者」の死に関していささかの哀惜の念も、偽善的なかたちですら、示すことはなかった。じっさい、この突然の死は、かれらの精神状態について知られている事柄からすれば、むしろ多くの点でかれらを喜ばすだけの結果となったのである。

ヘーゲルの仲間たちは、心を痛める別の欠席者のことを考えていた。すなわち、〔ヘーゲルの〕庶出の息子が居合わせなかったことである。かれはバタヴィア〔今日のジャカルタ〕で亡くなったばかりであったが、その知らせはまだヨーロッパに届いていなかった。したがって、かれの父親〔ヘーゲル〕はその事実を知らずに終わったのである。また、哲学者の妹が欠席していたことも注意を引いていた。彼女はベルリンから遠く離れた所に住んでいて、しかも気が狂れていると見なされていた。しかし、ヘーゲル夫人が彼女に宛てた手紙、長文で、詳細な、信頼のおける手紙を見れば、この「狂気」の正確な姿と、そのじっさいの重みについて考え直す気持になるかもしれない。

注意深い観察者なら、何が心を引きつけるのか了解したはずである。その驚きは、物事の進行とともに増大していった。それは弔辞を耳にしたときに、とりわけ二番目の弔辞を聴いたときに強まったに相違ない。

マールハイネケ牧師が大学ホールで最初に演説を行なったが、予期された通り、かれはその話のなかで、キリスト教徒としての自分の考えを表明している。

これらの出来事が及ぼしたじっさいの影響範囲を測るためには、ヘーゲルの愛弟子で、恐るべき思想家であるガンスが検閲下にある死亡欄のなかで触れた以外、この時代にその出来事について公然と言及した人物はひとりもいなかったことを記憶に留めておく必要がある。[*3] ヘーゲルに捧げられた、文章による唯一の公的賛辞が、ベルリンにおけるユダヤの大義の名だたる闘士で、自由主義者、共和主義者、サン＝シモン主義者である一ユダヤ人の手になるという事実は、意味深長である。他のすべての人びとの沈黙は、その点をいっそう雄弁に物語るものにほかならない。手紙あるいは回想録のなかで、みずからの思いを文字によって記した数少ない人びとも、そのことを口外しなかったし、それが公表されたのはあくまでのちのことであった。困難な、危険をはらむ課題であっても、それらの事柄を再発見し、解釈し直すことが、いまやわれわれの責務となっている。

幸いなことに、弔辞を収めた版がただちに刊行されたが、[*4] しかしさまざまな徴候からすれば、その正確さには疑いを抱きたくなるであろう。解釈上の主たる困難は次の事実から、すなわちその日の二人の演説者が、既成の政治制度および支配的イデオロギー——かれらは、じっさいにはそうした制度ないしイデオロギーの反対者であり、少なくともそれらに対する批判者であったと主張することはできようが——に、場合によっては敵対的な意見を表明するかもしれないという可能性がまったくなかったという事実からきている。のみならず、かれらはいずれも、ヘーゲルの生涯の重要な側面についての知識をもたなかったか、それともまた強制されて、慎重な配慮から、あるいは遠慮のために、そのことに言及しないという態度を選択したのである。

マールハイネケの列席は、しごく当然のことのように思われる。自分がルター派信徒であることをたえず公言していた哲学者を埋葬するには、まさしく牧師が必要だったからである。それに、キリスト教とはまったく異なる——場合によってはユダヤ教をも含めて——埋葬は、この時代には不可能だったし、考えられもしなかった。マールハイネケは大学の学長であると同時に、ヘーゲルの同僚であった。すべてが符合していたのである。

けれども、この場合、マールハイネケが恐れを抱く理由はなかったにせよ、非難の対象にはならないという保証もなかった。たしかに牧師ではあるが、しかし思弁的観念論に与するヘーゲル的牧師に対しては、宗教当局はすでに相当の不信感をもっていて、やがてはその怒りを爆発させようとしていたのである。ヘーゲルの敵の敵になるほど、かれと親しい関係にあったマールハイネケ（かれはサヴィニーやシェリングの学説に激しく反対するであろう）は、みずから進んでかれの友人の友人となったのである。たとえば、自由主義者のユダヤ人エードゥアルト・ガンスがそうである。この人物はおそらく行政的にはキリスト教に「改宗」していたが、しかし疑いの眼で見られ、監視され、迫害されていた。

マールハイネケの弔辞を聴いていた人びとの大部分は、かれがヘーゲルのみならず、ガンスとも友情を結んでいることを承知していた。その特徴のある知的態度は、かれが一八三九年にガンスの墓前で述べる追悼演説のなかで、あらためて確認されるであろう。[*5] ラッハマン(ベルリン大学言語文献学教授、一七九三―一八三一年)はそのとき、マールハイネケについて非常な敵意をこめて語ることになる。というのも、マールハイネケの追悼演説は、サヴィニーの反動的な政治哲学に対する一種の説教のようなものから成り立っていたからである。[*6] マールハイネケはまた、老シェリングが、残存するヘーゲルの影響力と戦うためにベルリン大学に招聘されるとき、かれに反対する激しい攻撃文書を執筆するであろう。[*7]

通例、マールハイネケは、「老ヘーゲル派」ないし「ヘーゲル右派」に分類されている。かれらは「ヘーゲル左派」ないし「青年ヘーゲル派」に対抗して、師匠の死後、その学説の宗教的、保守的側面を維持し、強調することに努力した人びとである。とはいえ、次の点を理解しておく必要がある。すなわち、「右」と「左」のこうした区別は、ヘーゲル学派の内部でしか妥当しないという点である。ヘーゲル学派自体は、正統宗教と絶対王政に対しては完全に「左に」位置している。正統宗教や絶対王政にとっては、ヘーゲル主義全体が疑わしい存在であり、排斥さるべきものだったのである。

シェリングに対する攻撃文書のなかで、マールハイネケはヘーゲルの哲学が、おそらくいっさいの見かけに反して、

---

*3 ノルベルト・ヴァスツェクによって公刊された著作『エードゥアルト・ガンス――ヘーゲル主義者にして、ユダヤ人、ヨーロッパ人』、フランクフルト、一九九一年、一〇二―一〇六頁。 *4 『王国教授ヘーゲル博士の荘重な葬儀にさいしてなされた二つの弔辞』(マールハイネケとフェルスターの行なったもの)、ベルリン、一八三一年(R五六二―五六六に収録)。 *5 P・C・マールハイネケ『ガンス教授の墓前での弔辞』、ベルリン、一八三九年。 *6 ラッハマン。ヴァスツェク、前掲書からの引用、一八四頁。 *7 マールハイネケ『シェリング啓示哲学の批判』、ベルリン、エンスリン書店、一八四三年、六六頁。

シェリングの哲学以上にキリスト教と調和することを証明しようと努めるであろう。したがってかれは、ある点に関しては、「右派」の利益のためにヘーゲルを「取り戻す」のである。とはいえ、このような単純化した見方は警戒する必要がある。なぜなら、かれは同時に「右寄りの」シェリングとも戦うからである。そのことは、ある特殊な文脈のなかでは、次のごとき奇妙な光景をもたらす。すなわち、ヘーゲルを右派に引きつけようと試みる人びとと、左派に組み込もうと望む人びととは、権力、既成の政治的右翼および正統思想に対抗する同一の闘争において一致するという事実である。シェリングの反ヘーゲル主義を反駁するために、マールハイネケはもっとも過激な「青年ヘーゲル派」の、このうえなく大胆な出版物を引き合いに出すことをためらわないであろう。たとえば、ブルーノ・バウアー、フリードリヒ・シュトラウス、そしてフリードリヒ・エンゲルスさえも。[★8] かれはこうした無信仰者たちを、ヘーゲル的キリスト教の擁護のために動員するのである。

みずからは反抗者でも過激派でもなく、いぜんとしてヘーゲル主義者に留まっているマールハイネケ学長だが、プロイセン当局の判断からすれば、完全に白とは見なしえないような人物である。そこで、葬儀の当日、スピーチを行なう役割を引き受けてもらうために、もっと正統的な、宮廷に受けのよい神学者を呼び出すことも簡単にできたはずである。とはいえ、そのような人間が、ヘーゲルを称えることをはたして承諾したであろうか。

マールハイネケは、見た眼にはありふれた言葉しか口にしなかった。少なくとも、二十世紀のわれわれの語感からすればそうである。それらの言葉に対する関心は、むしろかれの人柄に由来する。というのも、牧師の弔辞そのものは、魂と身体の分離、および魂の孤独で幸福な上昇と、身体を地上に落とす働きに関するスピーチにほかならなかったからである。ヘーゲルの学生たちは、ヘーゲルがそのようなことを何ひとつ信じていなかったのを心得ていた。かれがかつて、ある葬儀のさいにみずからの共感の気持をあらわしたことのある列席の友人たち、たとえばハインリヒ・ベールのような人物は、かれがこのような状況下で、個人的魂の不滅や、人格神の存在、あるいは時宜をえた何がしかの祈り……等に言及するのをいっさい差し控えるであろうことを知らないはずはなかったのである（C3一九九一二〇〇)。[*9]

しかしながら、天上の不滅の傍に、演説者は、おそらくヘーゲルにはいっそう馴染みの深い地上的不滅の余地を残している。すなわち、ヘーゲルの作品が後世の人びとの精神と心に長く刻み込まれるであろう、という事実である。マールハイネケは、「穏やかで、友好的で、親切そうなその人物像の全体を通して垣間見られるかれの精神の特質、またその気高い考え方のうちに現われているような、そして、その性格の純粋さ、愛らしさ、偉大なる静けさ、子供じみた単純さのうちに花開いているようなかれの精神の特質」[*10]を称えている……。かれはこうして、ヘーゲルの人柄をみごとに描き出しているのである。しかしかれは、ヘーゲルの人物像のある特徴については言及していない。親切心と愛らしさ……たしかにその通りであろうが、だからといって、いつもそうだったわけではあるまい。「子供じみた単純さ」については、マールハイネケの表現は度を越している。多くの人びとは、かれの言葉を耳にしながら、ひそかに苦笑を禁じえなかったはずである。

「それが正確に認識されているならば、いかなる偏見とも容易に和解するだけの心の広さをヘーゲルはもっていた」とマールハイネケが称賛したときには、苦笑はおそらく苛立たしさに変わったことであろう。曖昧な賛辞というべきである。もちろん、ヘーゲルの著作は、かれが偏見と見なした――その当否はおくとして――事柄に対して、そのような寛大さを示してはいない。ヘーゲルはきわめて厳密な態度でそうした偏見に反駁し、またそれと戦ったのである。「和解」という偽わりの観念を示唆しつつ、マールハイネケはおそらくはっきりとは自覚しないままに、一面的な解釈の試みに与していることになろう。それはすなわち、ヘーゲルが晩年に至ってプロイセンの政治的、宗教的状況に

*8　マールハイネケはとくに（四頁、注）フリードリヒ・エンゲルスの小品『シェリングと啓示』（ライプツィヒ、一八四〇年）を参照しているが、しかし著者の名前には言及していない。　*9　クーノー・フィッシャーが注目しているように、「かれの慰めの理由はこのうえなく単純で、自然で、しかも驚くべきものであった。かれは、来世の天上的生活の不滅の姿によってではなく、まさしく地上的、現在的な生活が消滅するということにもとづいて、深く悲しむ父親を慰めたのである。」クーノー・フィッシャー『ヘーゲルの生涯、著作および学説』、二巻、ハイデルベルク、ヴィンター書店、一九〇一年、一九七頁。ベールに宛てた手紙に関しては、本書、二八一頁、参照。　*10　マールハイネケ『ヘーゲルの葬儀にさいしての弔辞』（R五六三）。

「順応」し、「偏見」をも含めて、そのいっさいの結果を受け入れたのではないか、という解釈である。最低限いえることは、かりにヘーゲルが本心から偏見と「和解」したとしても、少なくとも偏見の方ではかれと和解するようなことはけっしてなかったという事実であろう。

第二の演説者は、検閲、警察、司法――かれはかつて、それらと派手に渡り合ったことがある――に対して最小限の用心をしつつ、右に述べた事実を力強く証言するであろう。

多くの参列者は、ヘーゲルの柩の傍を、フリードリヒ・フェルスターなる思いがけない人物が歩いているのを眼にして、驚きを覚えたはずである。いったい、誰がかれを選んだのであろうか。なぜ、かれなのであろうか。たしかに、聴衆は著名な哲学者の墓前で、ひとりの哲学者が別れの言葉を述べるのを聴く準備をしていた。しかも大部分の参列者、とりわけ学生たちは、それがガンスであることを期待していたはずであった。だが、その場合には、あまりにも大胆な挑発と受け取られたのではあるまいか。ヘーゲルの弟子の哲学者たちは、ガンスほど危険に巻き込まれていなかったのに、すでに弾圧を蒙り、嫌疑の対象になっていた。かれらはなんらかの要請を受けていたのであろうか。われわれにはいっさいわからないような、ある種の闇取引が結ばれていたのであろうか。

なるほど、フェルスターはヘーゲルの友人に数えられていた。かつての国土解放戦争の勇敢な闘士であり、当時にあっては詩人であり、とりわけプロイセンの歴史家であったかれは、王政の抑圧機関といざこざを起こしたことがあった。少なくとも公的な談話のなかでは、いくらか自分を抑制するようになってから、かれは国王の寛大な処置を手に入れることができた。軍事学校の教授を務めたことがあるかれは、以後、教職に就くことを禁じられたが、しかし「糧食補給」係という公的地位を与えられ、私人としては歴史家の仕事を続けていた。かれは控え目な、いくぶん脇役のようなかたちで、「故人の友」による最初のヘーゲル全集版（一八三二―一八四五年）[*11]に参加するであろう。かれを、プロイセン専制主義の手先と見なすことはできなかった。

かれは哲学者ではなかった。ローゼンクランツがヘーゲルの弟子のリストを作成したとき、そこにはシュルツェの名前もフェルスターの名前も載っていなかった。その歴史的著作のなかで、フェルスターはヘーゲル主義からほとんど着想をえてはいない。

どの哲学者も、ヘーゲルの墓の傍で発言することができなかったために、あるいは発言することを望まなかったために、その結果、フェルスターが別れの挨拶をすることになるであろう。このような局面におけるそうした人物の存在が意表を突いたものであるとすれば、弔辞の内容については何というべきであろうか。大部分の伝記作者は、その点に触れるのを差し控えている。それに言及している人びとは、スピーチの「異常さ」とか、用いられている言い回しの「行き過ぎた」調子などを指摘する。[*12] かれらは、悲しみに沈んだ友人の心を狂わせる強度の感情に、責任を負わせているのである。ところがかれらは、奇妙な感情を抱いたことへの、別の原因を探索しようと配慮してはいない。

われわれは、ヘーゲルの死後一七〇年近くを経て、それらの原因を明るみに出す必要性を感じている。

われわれには、フェルスターのような戦場経験豊かな人間が、人の死に直面して——たとえそれがもっとも親しい友人の死であったにせよ——精神の安定を欠き、墓場で「異常な振舞い」に身を委ねることになったなどという想定は、ア・プリオリに排除すべきものと思われる。しかしながら、一般の聴衆あるいは探究心のない歴史家には、かれの弔辞は「行き過ぎ」と映るかもしれない。

驚きの度合いというものを測っていただきたい。というのも、ベルリンの墓地の、柏と白樺の緑が名残りを見せる場所で、フェルスターはヘーゲルのことを「レバノンのヒマラヤ杉」と形容しているからである。ヘーゲルはまた、「学をその王冠で飾った月桂樹」であり、「世界精神の太陽系の星」である（R五六二—五六三）ともいわれる。

これらのイメージはヘーゲル主義の特徴を何ひとつ捉えてはいないが、しかしそれはたまたまフェルスターの口に

*11　ヘーゲル『著作集』、故人の友人グループによる完全版、二〇巻（ベルリン、ドゥンケルおよびフンブロート書店、一八三二—一八八七年）。この版において、フェルスターはブーマンとともに『論文集』二巻（一八三四—一八三五年）を担当した。　*12　たとえば、クーノー・フィッシャー、前掲書、二〇〇頁。かれらは故人を「熱狂的」という表現で称賛した。

のぼったわけではない。かれはそれらのイメージを軽い気持で、あるいは場違いな軽薄さのほとばしりから喚起しているのではないのである。

実をいえば、今日においてそうしたイメージを解読するには、『フリー・メースン事典』を繙くだけで充分であろう。「レバノンのヒマラヤ杉」は「古の、承認された儀礼（騎士・王の斧）の第二二階級の本質的テーマ」であり、「レバノン」はこの階級の「合言葉」である。ヒマラヤ杉は、この階級に属する団員のエプロンに描かれており、しかもそれは「レバノン公」と名づけられている……[13]。フェルスターは感謝のしるしを与えているのである。「樹」は、この儀礼の第四階級においては、「自己自身に打ち勝たねばならないことの象徴」であり、フェルスターのヘーゲル主義への転向をかなりよくあらわしていることになろう。「月桂樹」と「月桂冠」もまた、スコットランドの第二二段階を示している。フリー・メースン団でしばしば用いられる「星」に関していえば、同じく『フリー・メースン事典』は、それが太陽系と稀に関連づけられていることを明言している。ただし、同じ儀礼の第二十階級の場合を除いて[14]。

何という積み重ねであろうか。フリー・メースンたちは葬儀に参列するにさいして、おそらくそれほど多くのことを要求してはいなかったであろう。一方、「部外者」についていえば、かれらはフェルスターの詩的で、首尾一貫していない、場違いな調子に感嘆の念を覚えたはずである。フリー・メースンたちは「秘密」を保持した。部外者たちは、度を越して心を悩ますことはなかった。それだからこそ、純粋に文章内の説明だけで満足せよ、というわけである。

ベルリンの〔フリー・メースン団の〕大集会所はじっさいに、ローヤル・ヨークの儀礼に属していた。フェルスターがその名前を引き合いに出すのを忘れなかったフィヒテは、一七九四年にルドルフシュタットで入会を認められたあと、一七九九年にこの大集会所に加盟している[15]。ある歴史家たちはこの集会所のことを、「キリスト教的で、しかも保守的」と形容しているが[16]、しかしこれらの用語は当時においてはきわめて多義的で、時には相対立する意味も含んでいた。一八三一年にその種の仄めかしを試みることによって、フェルスターは当局の好意をまんまと手に入れようとしているのであろうか。事実、フリー・メースン団は、内部の傾向がさまざまに変化していくにもかかわらず、また、あちらこちらである種の「順応主義」が見られたにもかかわらず、その時期は一般的に不安定な状況に陥っていた。メッテルニヒはウィーン会議で、フリー・メースンを弁護していたハルデンベルクに対して、その全面禁止を要求している。ベルリンでは、警察と司法が秘密結社と規定されたいっさいのものに弾圧を加えたが、フリー・メースン団はおうおうにして過激な諸団体と結びついていた。

フリー・メースン団とプロイセン王政との関係（フリードリヒ＝ヴィルヘルム三世は、公式にはフリー・メースン団のメンバーであった）も、ヘーゲルとフリー・メースン団との関係も、容易には明らかにしえない事柄である。だが、そうした所属関係はかれの行動の特徴を示すものであり、その重要性を無視したり、逆に誇張したりしてはならないであろう。予備的研究が不足してはいるが、フリー・メースンたち、あるいはフリー・メースン団の優れた歴史家たちがヘーゲルの事例を巧みに検討した結果、いまやかれがフリー・メースンだったことは立証されていると見なしてよいであろう。フェルスターの口を通して、フリー・メースン団は、ヘーゲルがそのメンバーに数えられていることに誇りをもっていると表明しているのである。

正確な筋書が、フェルスターの「異常な」スピーチを支配している。それは三つの部分から成っている。フリー・メースン的前置きのあとに、キリスト教的展開がやってきて、それに哲学的＝政治的結論が続くことになる、という具合に。今日のわれわれにはかなり色褪せたものにみえる多くの考え方が、当時は爆発的な結果をもたらしたのである。演説者は仄めかしの手法を操るように努め、婉曲な物言いを活用した。そして、ちょっとした大胆な表現をするたびに、修辞上の埋め合わせとなる言葉を示したのである。さもなければ、報復に注意する必要が生じたであろう。

*13　ダニエル・リグー『フリー・メースン事典』、パリ、フランス大学出版、一九九一年、二〇六、七〇九、一〇三五―一〇三六頁。　*14　同書、六三、四四二、六九三頁。　*15　同書、四五九―四六〇頁。　*16　同書、一〇六六頁。

フェルスターのスピーチの第二の部分はヘーゲルのキリスト教と関わりがあり、それゆえこの点において、マールハイネケの弔辞を補うものである。その場に応じた即席のスピーチだったのであろうか。ヘーゲルの墓の傍らで、文字通り微妙な歴史的状況のなかで、聴衆はほんのちょっとした仄めかしを待ちかまえ、啓示的な宣言を期待している。聴衆は、発せられた言葉のかげに、おそらく演説者自身も考えていなかった思想を想像するであろう。演説者は、そうしたかれらの期待を承知しており、いっさいの誤解や手軽な中傷を避けるための用心をしなければならないのである。

宗教に関しては、公表された弔辞の文章から判断するかぎり、フェルスターはあらゆる注意を払っていたようにみえる。かれは、ヘーゲルのよく知られている大胆な考え方の一歩手前に踏みとどまることで、慎重にすぎる姿勢を示したのではなかろうか。いや、そうではない。じっさいには、かれは、みずからの沈黙すら底意のある解釈の対象となることをよく知っていた。ヘーゲルの敵対者、したがってまたフェルスターの敵対者は、自分たちがでっち上げない場合には、取るに足りない口実を巧みに利用したのである。

葬儀の翌日、嫉妬心の強い、陰険な作家のメンツェルは、フェルスターが弔辞のなかでヘーゲルと聖霊とを同一視しているといって非難した。[*17]「メンツェルは合理主義と、とりわけパウルスやフォスと戦っていた人物だが、同時にまたかれは、シェリングの哲学に対置するヘーゲル哲学と、そして何よりも〈時代の第一の腐敗者〉と見なしたゲーテと戦っていたのである。」[*18]ベルネは、次のような表題の書物をメンツェルに捧げている。すなわち、『フランス人を食いつぶす人メンツェル』である。

こうした敵意の対象となる栄誉に浴した、ドイツの偉大な精神の注目すべきグループが存在する。ゲーテ、ヘーゲル、パウルス、フォスがそれである。

メンツェルは攻撃のさいに、大変広まっていたある批判を取り上げている。すなわち、ヘーゲルはその哲学において、人間と神を同じように見る冒瀆を犯しているのではないか、という批判である。

公表されたフェルスターのテキストのなかに、われわれは次のような文章を読むことができる。「われわれに、イエス・キリストをよく認識するように教えることによって、神と無信仰者を和解させたのはかれ〔ヘーゲル〕ではあるまいか」(R五六五)と。こうしたフェルスターの言葉は、ヘーゲルのキリスト教の真正さを保証しうるものであろうが、しかし同時にまた、予断をもつ人びとの耳には反対の意味にも理解されるかもしれないものである。無信仰者にとって、「イエス・キリストを適切に認識する」とはどういうことであろうか。それこそまさに、人びとがそのために互いに戦ってきた愚かな言葉であり、また哲学者がみずからの評判、職、自由、そして時には生命すら危険に晒してきたくだらぬ文言である。

当局と聴衆はしたがって、それらの言葉をまったく真面目に受け取っていたのである。メンツェルは、フェルスターがじっさいに話したのとは別の言葉を、フェルスターに帰している。そうなると、メンツェルはただたんにその別の言葉を思いついただけで、中傷的な非難を口にしたのか、それともおそらくフェルスターが、あらかじめ検閲の対象となる、公表されたテキストが用意していたのとは別の言葉をじっさいに述べたのかいずれかであろう。抑揚はまた、ときおり、変調器の役割を演じる。

記述とは異なる言葉を想定するように仕向けているのは、ダーフィト・フリードリヒ・シュトラウスが論争にもちこんだ奇妙な証言である。シュトラウスは、フェルスターの言明の、したがってまたヘーゲルの思想の宗教的正統性を保証する人間のように振る舞っている。かれは、ヘーゲルの異端的ないし非宗教的な多くの弟子のなかで、ある種の極端な立場を代表している。かれは物議をかもす、無神論的な福音書注釈者となるであろう。何よりもヘーゲルの弟子であるかれは、「原理主義的」批判に反対して、故人の思想の宗教的純粋さを確証しにやってきたのである。メンツェルの裏切り行為に答えて、かれはフェルスターがヘーゲルと聖霊を同一視したのではなく、たんに両者を「比

*17 メンツェル。ダーフィト・フリードリヒ・シュトラウス『わが著作〈イエスの生涯〉を擁護するための論争の書』、第一巻、テュービンゲン、オジアンダー書店、一八三七年、二一三頁からの引用。 *18 ADB、第二一巻、一八七〇年、「メンツェル」の項、三八三頁。

較」しただけだと主張するであろう*[19]……。

ところが、思いがけないことに、シュトラウスが引き合いに出した比較は、メンツェルの告発した同一視と同様に、公表されたフェルスターの弔辞には見出せない。より正確にいえば、そこには「聖霊」の観念も用語も見受けられないのである。公刊された文章は、墓地で発せられた言葉を正しく再現していないことを認めなければならない。たぶん、演説者は、若干の脱線をみずからに許したのであろう。〔フェルスター、ヘーゲルに対する〕弁護の態度を裏づけるために、シュトラウスはみずからヘーゲルの葬儀に参列した事実と、自分自身の耳でフェルスターの話を聴いた事実を強調している。そのような証人によって紹介された、このキリスト教的真正さの保証が、口やかましい信仰者にはほとんど影響を与えなかったはずだというのは明白である……。誰ひとり、いずれの意味においても、当をえた確認と判断した者はいなかったのである。しかし、その沈黙で充分であろう。

注意深く読むならば、シュトラウスのテキスト自体、奇妙な困惑をあらわしている。みずからの議論を強化するために、筆者はフェルスターに帰せられる文章を分析する。かれはそこで、ヘーゲルの受講生たちが平素やっていたように、二つの部分を区別しようと試みる。その観点からすれば、争点がいまやわれわれの手を完全に離れているにもかかわらず、最初の部分は信仰者の不安を掻き立てるかもしれないことを、かれは容認するのである。「かれは無信仰者と神を和解させた」という命題のなかに、いったいどのような「不安を掻き立てる」要素が存在するのであろうか。ヘーゲルは無信仰者と神とを「和解させた」が、だからといってかれらが無信仰者たることをやめたわけではなく、したがってヘーゲルは思弁的説明を通じて、かれらが無信仰者に留まる最善の理由を提示しているのだ、と理解する必要があるのだろうか。それはまさしく、フェルスターの言い回しを巧妙に解釈することにほかならない。

いずれにせよ、シュトラウスは、テキストの最初の部分に不安を掻き立てる性格が含まれていることを認めながら、読者を安心させるはずの第二の部分によって雪辱を果たすのである。かれが述べているように、「だが、ただちに付け加えるであろう、われわれにイエス・キリストをよく認識するよう教えることによって、と*[20]。」今日の読者は、最初の部分の不安も、第二の部分の安らぎも実感することはない。それゆえ、現在では誰も興味を示さないような取るに足りない曖昧な文章が、これほど嫌味な論争を引き起こすことができるとすれば、神学上の嫌疑がどれほど危険であり、また当局がいかに卑小な考えをもっていたかを証明するものであろう。けれども、それこそヘーゲルが生き、考え、教え、出版しなければならなかったところの、知的、宗教的、政治的世界にほかならない。

フェルスターは当然のことながら、スピーチの終わりの部分で、もっとも重大な事柄を口にするという態度をとった。それまでの叙述的で、「高揚した」語調は、突然、熱意をこめた論争的な性格を帯びるようになった。かれが用いた言葉は、一八三一年のベルリンの特異な政治的状況のなかでは、ことのほか衝撃的なものであった。それは、戦士という評判を背負う人物が放った、闘争への呼びかけである。

哲学者の墓前で、しかもおうおうにして、受動的な冥想と純粋な思弁に浸っていると見なされる哲学者の墓前で、そのような演説をかつて耳にしたことがあったであろうか。支持者たちを勇気づけるために、フェルスターは敵に向かって挑戦的な言葉を投げつける。しかも、それはなんという口調であろう。「無知と傲慢からかれを見誤り、中傷するパリサイびとと律法博士たちよ、いざ来たれ。われらはかれの栄光と名誉を守れるであろう。愚かしさ、不条理、無気力、背教、偽善、狂信どもよ、いざ来たれ。また、隷従の心性と蒙昧主義よ、いざ来たれ。われらはお前たちを恐れない。かれの精神が、われらを導いてくれるであろうから」(R五五六)。

無宗教、汎神論、無神論、立憲主義、自由主義等々、ベルリンの当局者や健全思想の持ち主が日頃遠ざけようとする亡霊に反対する言葉はひとつも見当らないのである。

これこそ、フェルスターが引き合いに出す真の聖霊であり、ヘーゲルの精神である。それは追悼演説というより、むしろ十字軍への呼びかけである。いたるところで、ヘーゲルの良き言葉を告知することが問題なのである。すなわち、「われらの使命は、今後、かれの学説を保存し、告知し、確認することにある」と。フェルスターの予言者的、

---

*19　D・F・シュトラウス、前掲書、二一三頁。　*20　同書、二〇三頁。

愛国者的楽観主義に従えば、ヘーゲルが「刻苦精励の徹夜の長き夜に打ち建てた」ような「ドイツ的学問」は、「全世界において、精神の王国を征服しようとしている」のである。

こうした挑発的言動は、その意味を、現実の激しい論争から引き出していた。フェルスターはヘーゲル主義の立場、すなわち思弁的で、宗教的で、政治的な新しい哲学を支持していたが、それは、いたずらに生き残りを図る時代遅れの諸学説とは非常に異なるものであった。

かれは巧みに、しかもおそらくは誠実な気持で、学生連盟〔ブルシェンシャフト〕の流儀に従って、革新的な知的躍動に熱烈な愛国的高揚を、すなわちヘーゲル自身がつねに警戒していた「ゲルマン主義」を混入させていた。けれども、そうした代価を払って、本質的なメッセージを伝えようとしたにもかかわらず、ヘーゲル主義の辿ったその後の運命から判断すれば、大部分の聴衆はかれのメッセージを受け止めることができなかったのである。

かれは、もはや議論ではなくして、戦争に類するような領域に立ち入っていた。すなわち、人びとは師の死せる脱け殻を奪い合い、以後、何年にもわたって師の学説のために、またそれなりに知られている、あるいは忠実に解釈されている師の考え方のために、闘争を展開しようとしていたのである。フェルスターは、ヘーゲルの「親切心」や「子供じみた純真さ」についてはあまり固執しないであろう。戦場ではやがて、人びとはヘーゲルの庇護のもとに「隷従」や「蒙昧主義」を攻撃するであろうが、プロイセンの首都はそうした隷従や蒙昧主義に次第に陥ろうとしていたのである。

じっさい、忠実なヘーゲル主義者たちはやがて、いたるところから現われてくる攻撃に対して、混乱と分裂と不安定のなかで師の思い出を擁護しなければならなくなった。それがどれほど控え目なものに映ろうとも、ベルリンにおけるヘーゲルの生活は牧歌的ではありえなかったことをフェルスターは理解させようとしたのである。「われわれはしばしばかれの眼のなかに、悲しみと苦しみの涙を見た」（R五六四）……と。

他のヘーゲル主義者であっても、おそらくフェルスター以上にそれらすべてをうまく説明することはできなかったであろう。この種の信仰告白には、やはり勇気が必要であった。慎重な態度を強いられるために生じてくる疑いの眼を払拭することが急務であった。ベルリンでは、権力の側はヘーゲルの哲学を採用せず、むしろ反対に、かれの理論的、実践的敵対者たちの哲学を取り入れたのである。ヘーゲル主義は、知識人たちの狭い世界でしか成功を収めなかった。そして当局は、この知識人の地盤においても、反撃を準備していた。当局はヘーゲル主義を次第に厳しく非難するようになり、それから派生して、広まっていく秩序破壊的な学説の責任を取らせようとしていた。

ヘーゲルの死に対する当局の態度は、かれの弟子のエードゥアルト・ガンスがその数年後に夭逝したときに、当局がガンスに対して示した態度と比較することによって明らかにされるであろう。

ガンスの埋葬――人も異なり、状況も変化していたが――は、一八三九年において、より明確で力強い自由主義的な示威運動の機会となった。コレラはもはや、群衆が集まることを妨げる要素ではなくなっていた。ガンスは、政治的には、ヘーゲルよりいっそう公然たるかたちでコミットしていたのである。

ヘーゲルの死についてのメモを残している、数少ない同時代人のひとりであるファルンハーゲン・フォン・エンゼは、同時にガンスの友人でもあった。ガンスが死んだとき、フォン・エンゼは『日記』のなかで次のように記している。「宮廷では、ガンスが死んだことに非常に満足している。かれらはようやく、ガンスを追い払ったのである」[21]と。

規模の違いは別として、宮廷はヘーゲルの死と同じレヴェルの安らぎを覚えたはずである。国王と宮廷とその政府は、かれの身体を大地に埋めるのと同様に、その学説を忘却の淵に引き込もうと望んでいた。フェルスターのスピーチはかれらに対して、何がしかの抵抗の恐れを抱かせたのである。かれらはヘーゲル哲学の影響を抹殺するために、ベルリン大学の哲学講座に、すなわちヘーゲル哲学が名声を馳せたまさしくその講座に、当初、もっとも鈍重な代表者のひとりを招いた。[22] ヘーゲル哲学の評判を落とすには、それだけでは充分でなかったために、かれらはひとりの公然たる敵を、このうえなく威厳に富み、最大限に見込みのある敵を招聘した。要するに、シェリングである。

*21　N・ヴァスツェク、前掲書、一八四頁。　*22　プラントル。ADB所収、前掲書、第八巻「ゲッシェル」の項、二九四頁。

のちにマールハイネケが、反シェリングの攻撃文書で述べているように、「かれらはこの一等星の上昇から、ヘーゲル哲学の没落を期待していたのである。」[23]シェリングの試みの挫折を喜びながら、マールハイネケは絶対主義者たちの失望と苦渋を確認している。一八四三年に、かれはまたヘーゲル主義のために、シェリングが反対していると思われる「思想と教育の自由」を要求する。恣意的にも「右派」に分類されてしまったこのヘーゲル主義者は、ヘーゲル哲学の存続と発展を喜び、「警察と司法は、ヘーゲルの哲学になんの影響も与えないであろう」[24]と言明している。最終の哲学的告白をしていない哲学者、疑義を提示されたキリスト教徒、暴かれたフリー・メースン、対立する分派が不確かな記憶を奪い合う思想家。墓地の出口で、かれと接触をもったことのある同僚や学生たちは、ヘーゲルの生涯とは何であったのかを自問したはずである。このときだけは、夜の帳が降りても、ミネルヴァ〔知恵の女神〕の鳥は飛び立つことをためらっていた。

*23 マールハイネケ『シェリング啓示哲学の批判』、前掲書、六〇頁。 *24 同書、六六頁。

第2章　哲学者の誕生

「わたしは、自分のなかにひとつの生命を感じる、どのような神も創造したことのない、またどのような人間も創出したことのない生命を。思うに、わたしたちは自分自身で存在し、自由なる欲求によってのみ、全なるものとしっかり結ばれるのだ」（ヘルダーリン『ヒュペーリオン』[*1]。）

最終的に死ななければならないとしたら、まず最初に誕生する必要があったであろう。ヘーゲルはこの必然性を、著作の多くの箇所で認めており、時にはそのことを楽しんでいるようにさえみえる。けれども、多くの場合、かれは肉体が魂の墓場であるという、プラトン的伝統を取り入れている。魂は生きながら埋葬されたために、墳墓の外に出ようと努めてきたが、長いあいだたいした成功を収めることができなかった。だが、最終的にはかなり確実な成功を見たのである。なんという喜びであろう。

通常、経験的には「誕生」と「死」のあいだにあると理解されている人生は、歴史哲学者が歴史というものを高貴で崇高な意味に解釈する以前に、概念的なもの、思弁的なもの、真に哲学的なものと区別して蔑称的に「歴史的」と名づけているもののなかに沈み込んでいる。哲学者がじっさいには、世界への通俗的到来〔誕生〕を甘受するにせよ、それは、理論的によりみごとに世界へのおのれの到来を否認するためにほかならない。かれは、共通の法則に従っていないかのように装うのである。

*1　ヘルダーリン『ヒュペーリオン』、『著作集』（プレイヤード叢書）所収、一九六七年、一二五六頁。

したがって、たんなる逸話的な小話のようにいうとすれば、ゲオルク・ヴィルヘルム・フリードリヒ・ヘーゲルは、一七七〇年八月二十七日、シュトゥットガルトに生まれたのである。それは悪いタイミングではなかった。充分条件は欠けていたにせよ、必要条件を結合することによって、家族的、社会的環境はかれが一挙に、成るべきものに成るように仕向けたからである。

かれのような家庭に生まれることは、偉大な人間の誕生を必ずしも予告するものではないが、しかしシュヴァーベンの偉人たちはすべてそうした家庭に生まれている。たとえば、職人や、とりわけ牧師、法曹、官吏等の家系である。このプチ・ブルジョアジーは、知的と呼ぶにふさわしいであろう。かれらは土地をもたず、工場を所有する確率はさらに低く、また資本も労働者も手にしてはいない。かれらは商業にも、生まれつつある工業にも関与してはいない。物質とほとんど関わりをもたないために、ひたすらみずからの魂だけに苦労させるのである。

周知のごとく、自分たちの仕えるブルジョアジーの決定的躍進とともに上昇していく社会階級であるかれらは、いぜんとして沈黙を守ってはいるが、しかし声を上げることを夢みている第三身分のもっとも底辺的な部分を成している。かれらのなかから、ヘーゲルと近しい偉大な精神が現われてくるであろう。すなわち、ラインハルト、ヘルダーリン、シェリング、ファッフ等々である。

生活手段のなかで、みずからの精神しか意のままにならないかれらは、当然のことながら精神の重要性を誇張し、農民が牛を、金融資本家が金を、君主が紋章を愛するように、精神を慈しむのである。そして、精神の生み出すものを同じように取り扱う。ヘーゲル自身、次のような比較をあえて試みるであろう。「農民の妻は、最良の雌牛であるリーゼや、黒髪と褐色の肌をもつ牛や、斑点のある牛などとともに親しく暮らしている。また、小さな息子のマルチンや、小さな娘のウルスラなどとともに親しく暮らしている。哲学者にとっては、運動、無限、認識、感覚的法則、等々が、それとまったく同じように馴染み深いものなのである。農婦にとって亡き兄弟や伯父が占める位置は、哲学者にとってプラトンやスピノザが占める位置と同じである。双方とも、同じ現実性をもっている。ただし、後者の方が永遠に勝利を収めるという点を除いて」（R五三九、またはD三五五）。

本当は自分自身しか制御できないプチ・ブルジョアは、完全な自律性とヘゲモニーを熱望する精神的主体である想像上の台石の上で、その自我を好んで育成しようとする。同時に、これらの輝かしい精神的主体は、その言葉の別の意味において（ドイツ語ではUntertan〔臣下、権力に恭順な人間〕という、いっそう痛々しい意味において）、もっとも専制的で、このうえなく凡庸な君主たちに全面的に従属している〔主体と訳したフランス語のsujetは、臣下、臣民の意味でもある〕。いまの場合、ヘーゲルにとっては、家臣と警察機構をもつヴュルテンベルク公がそれにあたるであろう。

生まれつき都会の人間であったヘーゲルは、耕地に執着する農民や、権力を取り巻く貴族たちを訪れることは――従者として仕える以外に――ほとんどないであろう。かれらは、その社会的状況からみて、知識と文化、科学と哲学を熱望したり、獲得したりすることを等しく妨げられているような二種類の人びとなのである。

若きヘーゲルは、優秀な成績でシュトゥットガルトの学校に進学するという有利な状況のおかげで、そうした知識や文化、科学や哲学のすべてに近づくようになるであろう。この学校を卒業すると、もっとも優れた生徒たちは、たとえ慎ましい身分の出であっても、ほぼ必然的にテュービンゲンのプロテスタント神学校――かの有名な神学院《シュティフト》――に入り、公国の奨学金によって研究を継続することになったのである。そのあとで、進むべき方向を注意深く規定されたかれらは、大人の厳しい世界に向かって自由に羽ばたくことができるものと信じていた。

未来の哲学者に対して、偶然と必然が物事のなりゆきを決定した。かれは、まさしくフランスが一七八九年にその政治的多数派を獲得する時期に、知的成熟に達するであろう。ちょうど二つの世紀に均等にまたがっているかれの生涯（一七七〇―一八三一年）は、詩人ヘルダーリンの生涯（一七七〇―一八四三年）、音楽家ベートーヴェンの生涯（一七七〇―一八二七年）、および政治家ナポレオンの生涯（一七六九—一八二一年）と歩調を合わせて進んでいくことになる。

かれは、自分の家庭の果たした教育的役割を充分に認識していなかったように思われる。おそらく、それを自明のことと見なしていたためであろう。かれはみずからの第二の誕生を、すなわち幼児教育をも含めて、思考のいっさいの外的条件から徹底的に断絶しているものと考えた哲学への「回心」を、大げさに喜ぶであろう。

明確には日付を定めることのできないその「出来事」の到来を期待しつつ、かれは賢い子供として、また良き息子として行動した。自分の父親について、かれは鮮明な記憶をもっていたようにはみえないが、しかし父親によってかれは丹念に育てられたのである。それでもなお、かれは、幼い頃に亡くなった母親の記憶の方をいっそうはっきりと保持するであろう。かなりの教養をもっていた母親は、かれに最初の知的教育をほどこし、早くからかれの将来に心を砕いていた。五五歳のとき、すなわち一八二五年十一月二十日付の妹宛の手紙で、かれはそうした感情を吐露している。「今日は母上の命日です。ぼくはこの日を、いつまでも記憶に留めています」（C３八八）と。

当時、諸都市を周期的に襲っていた疫病のひとつが、シュトゥットガルトで猛威を振るっていた。そして、赤痢がヘーゲル一家にのしかかってきた。母親が、その犠牲になったのである。だが、幼児の死亡率がきわめて高い世界で、ヘーゲルは生き延びる力をもっていた。それでも、父親や、弟、妹と同様に、かれはたえず病気の後遺症に悩まされたのである。

ヘーゲルの弟ルートヴィヒは、妹と同じく独身を通したが、士官となってナポレオン軍の対ロシア作戦に参加し、一八一二年に戦死している。ヘーゲルの書簡集には、かれについての言及はほとんど見られないけれども、しかしそれは必ずしも冷淡な気持を意味してはいない。というのも、ルートヴィヒはたまたま不都合な事情があったにもかかわらず、一八〇七年、イェーナにおいてヘーゲルの庶出の息子の洗礼に証人として立ち合っているからである。その新生児は、ルートヴィヒというかれの名前を受け継いでいる。

妹のクリスティアーネ・ルイーゼ（一七七三—一八三二年）はより重要な位置を占めており、ヘーゲルの生涯とその心情に、時には入り込んでくる気配さえ示している。彼女はヘーゲルより若干年少でありながら、他人と区別されるだけの人格をあらわにしているのである。彼女は劇的な運命を体験したが、彼女のことをよく知っていた詩人ユスティヌス・ケルナーは、一八四九年の『絵本』のなかで、その驚くべきエピソードのいくつかを描いている。ケルナーは、とくにルートヴィヒスブルクで彼女を観察することができたが、その町で彼女は一八〇七年以来、高貴で名高いベルリヒンゲン家（ゲーテ『ゲッツ・フォン・ベルリヒンゲン』、一七七四年）の家庭教師の役を務めていた。

彼女はそれより少し前に、イザーク・フォン・ジンクレール――ヘーゲルの友人で、一八〇五年に革命的陰謀に深く関与したため、国家反逆罪のかどで告発されたが、最終的には外交官に転身している――から求愛されていた。ジンクレールは、苦境にあったヘルダーリンを兄弟のように保護する態度を示した人物である。青春時代のクリスティアーネの性格を明らかにするには、ある種の特徴ある行動を挙げるだけで充分であろう。民主主義者アウグスト・フリードリヒ・ハウフ（一七七二―一八〇九年）――スイスにおける家庭教師のポストをめぐって、ヘーゲルを推挙したと思われる人物で、のちに詩人ヴィルヘルム・ハウフの父親となる――がホーエナスペルクの要塞（ヴュルテンベルクの「バスチーユ」）に捕われの身となったとき、彼女はひそかに囚人のもとへ、その妻のメッセージを運んだことがあった。彼女は、囚人たちに許可された食物を渡すためのバスケットの二重底に、手紙を隠していたのである。しかも彼女は召使いに変装して、城塞に入り込んだのであった。

ユスティヌス・ケルナーは、この危険な策略のことを描いている。[*2] たしかに、監視状態や抑圧状態は、われわれの時代のそれとは違っていた。けれども、ヘルダーリンが、詩人シューバルトの虜囚期間中に祝福の許可を求めにやってきたこともあるホーエナスペルクは、やはり不気味な評判に包まれた、恐怖心を掻き立てる場所であった。[*3] それゆ

*2　ユスティヌス・ケルナー『わが少年時代の絵本』、ブラウンシュヴァイク、一八四九年、二八〇頁以下。　*3　その地方を支配していた妄想のしるし。詩人シューバルトが生きながら埋葬されたというニュースは、一般に事実として受け入れられた――ヘルダーリンによってすら（前掲書、八六頁および一一二頁）。

えへーゲル嬢は、勇気も民主的精神も備えていたのである。

彼女の性格は少しずつ病的な気難しさを帯びるようになり、そのため抑圧されたアンティゴーネとなった彼女は、のちにへーゲル夫人に対して一種の狂ったような嫉妬心を抱くに至った。彼女は、奇妙な精神的障害に苦しんでいたのである。一八一五年以降、彼女は狂気に陥るであろう。[*4] そして彼女を、政治上の容疑者も収容されていた特殊な施設に閉じ込めなければならなくなるであろう。彼女は一八二四年になってそこから解放され、以後、医者であったシェリングの兄弟の世話に委ねられるであろう。彼女は、兄の死後、三ヶ月も経っていない一八三二年に、ナゴルト川に身を投じて、その悲しい生活にみずから終止符を打つことになろう。

彼女はへーゲルに対してつねに気配りを怠らなかったが、へーゲルの方でも彼女に深い愛情を覚えていた。彼女は、へーゲル家の劇的な家族構成を締めくくるともいうべき存在である。すなわち、十一歳の孤児、戦死した弟、打ちひしがれ、不幸に見舞われた庶出の息子、過度の狂気に陥った妹——それはどうみても、牧歌的な風景ではない。

＊

へーゲル家は、毎年、シュヴァーベン地方に移住することを決断した祖先を祝う習慣をもっていた。慎ましい金物業者で、確固たるルター派信徒であった先祖は、自分たちの信仰を棄て、カトリシズムに改宗する——支配者の大公が、臣下に改宗を強制していた——よりも、十六世紀に生まれ故郷のカルンテン地方を離れて、亡命する道を選んだのである。それゆえへーゲル家では、ルター派信仰と一家のそれとは一体となっており、宗教が抗議という始源の性格を保っていた。へーゲルは、神聖同盟がさまざまな信仰告白を容認すると称するようになっても、プロテスタンティズムのそうした辛辣な論争を強調することをけっしてやめないであろう。

幼年時代から、へーゲルは移住することの不幸を意識し、快適な家族生活の場である家庭をもつことの幸福を自覚するようになる。「わが家にいること」〔Chez soi, bei sich〕は、精神的観点からしても、自由を意味するであろう。かれは『日記』のなかで、あまり羨ましくもない国王の運命――ヴェルサイユでは、国王は、そのすべてを知ることができない巨大な城のごく一部しか使用していない――と、一家のたんなる父親の運命――質素な家の持ち主にすぎないが、その隅々まで、すなわち「一本のねじの歴史、小さな家具の歴史」[*5]に至るまで精通している――と対比的に述べている。

ヘーゲルが八月二十七日に生まれたことは、どうでもよい事実というわけではない。というのも、その日は、まさしくゲーテ（一七四九―一八三二年）の誕生日の一日前にあたるからである。両者の誕生日が近いことは、二人の天才を結びつけるのに役立つであろう。いずれにせよ、ゲーテとヘーゲルを称賛する人びとの気持としてはそうであって、かれらはしばしば同じ祝祭のなかで、途切れることなく徹夜をしながら、両者を称えることであろう。一八二六年には、この二人を結びつけることによって、プロイセン国王の恨みと怒りを強めるという結果を招くであろう。国王は卑小な根性から、何びとにもひけをとりたくないと心を砕いていたので、両者の祝祭の規模の大きさと宣伝効果に気を悪くするのである。自分の傍に偉人がひとりいるだけでも余計であるのに、二人同時に存在するとはどういうことであろう。

一七八八年まで中等教育を受け、模範的な生徒であったヘーゲルは、あらゆる形態の認識に鋭い関心を示している。保存されている資料によれば、かれは現実の出来事に関する情報を求め、さまざまな読書を系統立てて続行し、自然現象を観察し、また小さな実験をいろいろ計画したことが明らかになっている。要するに、潜在的に百科全書的な精神の持ち主が、現実的にそうなることを待ち望んでいるということであろう。

かれのうちにはすでに、古代文化、とりわけかれの先生たちが賛美していたギリシア文化に対する愛好心が姿を現

---

*4　「監督下に置かれていたクリスティアーネは、ツヴィーファルテンの新しい精神病者収容施設に入れられた。そこにはまたたえず、政治的反抗者や、信心深い敬虔主義の国で権威主義的体制の押しつけるさまざまな関係によって精神的に打ち砕かれた他の人びとの姿も見られた。」（ヘルムート・G・ハージス『自由に翼を与えよ――ドイツ・ジャコバン派の時代』、ハンブルク、ローヴォールト書店、一九八八年、八二九頁）　*5　ヘーゲル。ロベール・ルグロ『若きヘーゲルとロマン主義思想の誕生』、ブリュッセル、ウシア書店、一九八〇年、二八〇頁、所収。

わしている。かれは、自分の行なうほとんどすべての事柄について覚書を記し、しかもそれを保存している。かれは念入りに『日記』をつけているが、そこには形成途上のかれの人格が素描されているように思われる。かれは早い段階から、読書のあとの長文の抜き書きと、それに正確な出典を付する典型的にドイツ流の習慣を取り入れている。すなわち、考証学的知識の修得という作業である。

かれはソフォクレスの『アンティゴーネ』を読んでいるが、のちにその書をたえず引き合いに出すであろう。かれはロンギノス、エピクテトス、タキトゥスの作品を翻訳する。かれはまた、歴史に情熱を抱いている。かれは一七八六年に、『日記』のなかで、「いまだ歴史を、深遠かつ哲学的な方法で研究するに至っていない」(D三七) ことを嘆いているが、しかしこの遅れを急速に取り戻すであろう。

哲学的精神の傾向は、先生たちによって非常に早くから鼓吹されている。成熟期に達してから、かれはその早すぎる哲学への手ほどきを次のように回想するであろう。「わたしはまた、自分の国の神学校に進学する定めになっておりましたので、第十二学年では、明晰なイデアと呼ばれるものの定義を手始めに、ヴォルフのさまざまな定義を学び、そして第十四学年では、もろもろの文飾や三段論法の諸規則の総体を修得したことを覚えています。そのとき以来、わたしはこうしたことについての知識をいまでも保持しているのです」(BS五五〇)。

このように学業への定めと、系統的な研究への準備を回想したあとで、突然、いっさいの過去と経験から断絶して哲学を始めるという不意の「決断」を遅まきながら公表するのは、いったい、どのような価値をもつというのであろうか。宣伝のためのロマン主義以外のなにものでもないであろう。

ディルタイ[*6]は、たぶん、間接的なかたちで受容されたモンテスキューとヴォルテールの影響が、本来の歴史哲学を告知する考察へとヘーゲル少年を導いたものと見なしている。「わたしは何日も前から、実用的歴史とは何であるかを考察していました。わたしはいまや、その点についてある程度の考えをもっています。思うに、実用的歴史とは、たんに事実を語るだけでなく、有名な人物の性格や、一国民全体の固有の精神、その習俗、その宗教をも規定し、偉大な帝国の没落と繁栄の原因を探究し、そうした出来事が政体や国民の気質にどのような結果をもたらしたのかを示すことから成り立つものである、と」（R四三三）。

かれはそれ以後、「諸国民の精神」を分析、記述し、その繁栄と没落を説明することをもはややめることはないであろう。全体的にいえば、かれは、ヨーロッパにおける啓蒙の偉大な流れがアウフクレールング〔啓蒙主義〕の名のもとに、ドイツにおいて取ることになった特殊な形式――学校的に管理されている形式――の影響を蒙っている。かれは、啓蒙主義の名を高からしめた偉大な著作家、すなわちヴォルフやレッシング（『賢者ナータン』）への愛着を示しているが、しかし、その時代に大変流布されていたややマイナーな作家たちも無視してはいない。たとえば、ガルフェ、ズルツァー、ニコライ等である。とはいえ、これらの人びとの作品を厳密に読むことだけがかれの関心だったわけではなく、時には、かれはちょっとした大衆小説を読むことにも喜びを見出している。

教師たちは、かれの個人的な活動も奨励している。かれは練習問題をじっさいに行なっているが、その原文が保存されているのである。それらの主題は、現在のわれわれの関心とはかけ離れているが、当時の状況においては、精神の美しく有益な形成に役立っていたことを認めなければならない。十五歳のとき、ヘーゲルは『三頭政治をめぐるアントニウス、オクタヴィアヌス、レピドゥスの対談』を考案しているが、そのなかにはすでに正確な政治的見解が表明されている。十七歳で、かれは『ギリシア人とローマ人の宗教について』論じ、キリスト教的視点からではなく、啓蒙の観点から古代の多神教を吟味している。こうした問題設定を位置づけるにあたって、われわれは、バンジャマン・コンスタン（一七六七―一八三〇年）の『ローマの多神教』が遺著として一八三三年に公刊されるという事実を想起するであろう。「アスクレピオス〔ギリシア、ローマの医学の神〕に生贄を捧げよ」という、死にゆくソクラテスの勧告をヘーゲルが説明するとき、かれはまさしく啓蒙主義の精神にもとづいて行なっているのである。若き生徒の考えによれば、哲学者の知恵を、いまだ啓蒙されていない民衆の宗教的偏見に適用することが肝要である（D一〇）。したがっ

*6　ヴィルヘルム・ディルタイ『ヘーゲル青年時代の歴史』、ベルリン、ライマー書店、一九〇五年、八頁。

てかれは、宗教と哲学の「二重の言葉遣い」の原理を予感していたのであり、のちになってそれを理論的に裏づけようと試みるであろう。

一七八八年に、ヘーゲルはある小論文のなかで、『古代の詩人と近代の詩人との、特徴的な相違』を検討している。すなわち、かれは国民的、民衆的なテーマを取り上げる古代人を称える一方、近代人が狭い範囲のエリートにしか語りかけないことを批判しているのである。

ヘーゲルは一七八八年の学年の終わりに、自分で選んだかどうか定かではない主題をめぐって、伝統的な卒業の辞――それは大いなる評価のしるしであるが――を述べる役を与えられている。『トルコ人に見られる芸術と学問の悲しむべき状態』についての式辞であるが、この場合、「トルコ人に見られる」という言い回しは、当時の語法では「非キリスト教徒に見られる」という意味にほかならない。

この文章（R一九―二〇、D五二―五四）のなかで、ヘーゲルは追従の術を発揮しているが、そのとき以降、多少とも必要に駆られて、かれはつねにこの術を実践するであろう。そうした技法を用いなければ、不安定な時代において、いかなる知識人も生き抜くことはできなかったのである。

主題からすれば必ずしも必然的とはいえないような比較を試みつつ、かれは「トルコ人のなかで」生きるよりも、むしろヴュルテンベルク公国で暮らす幸福を、しかもこのような教師たちとともに、とりわけこのような君主の治政下で、このような宗教に救われながら暮らす幸福を明らかにする。是が非でもテュービンゲンの神学校で学ぶための公国の奨学金を手に入れる必要があったのである。

しかしながら、同時にまた相殺の術をすでに実践していたかれは――『ギリシア人とローマ人の宗教』に関する試論のなかで――宗教的信仰が多数存在することは、われわれがみずからの見解を批判するように促すはずである、なぜなら、それらの宗教的信仰は「すべて同時に誤りであるか、それともたんに半数が真実であるにすぎないか、いずれかでありうる」（R一八）からである、という考えをあらかじめ提示していたのである。それゆえ、かれはすでにレッシングよりも先に進んでいる。というのも、レッシングの方は、キリスト教ばかりでなく、種々の一神教的宗教がすべて同時に真でありうることを仄めかしただけで、一般のキリスト教徒のひんしゅくを買っていたからである。

時とともに、もちろん、ヘーゲルは変わっていくであろう。しかし、最初の刻印は、つねに痕跡を留めることになる。かれはいつまでも刻苦精励の人、すなわち才気の点では劣ることがあっても、他の多くの人びとより堅実で、真摯な人であり続けるであろう。

さまざまな資料と証言によれば、シュトゥットガルトの学校での教育は、落ち着いた信頼感と、愛想の良さと、親切な心遣いの雰囲気のなかで行なわれていたと考えられるであろう。教師たちは喜んで生徒のために献身したが、とりわけもっとも出来の良い生徒におそらく力を入れたことであろう。教師と生徒は、友情と、押しつけがましくない忠告と、誇示の印象を与えない模範といえるような関係を結んでいた。ヘーゲルは教師たちに大いなる尊敬の念を示し、かれらのひとりであるレッフラー牧師が亡くなったときには、大きな感動の気持をあらわにしている。そこには当然のことながら、ある種の上品な誠実さが支配している。少なくとも、生徒たちはそのような感情を抱いている——だが、その感情は、現実生活の試練に、言い換えれば欺瞞的で、分裂していて、耐え難いものとして映る世界との接触に、長くは抵抗することができないであろう。

自己の創造

いかなる理由で、またどのようにして、人は哲学者となるのであろうか。ヘーゲルは、家庭や学校という準備段階——いずれにせよ、これが哲学者となる運命を完全に説明することはありえない——の決定的役割を認めることを望まなかった。かれ自身、そのような問いかけに対して、時と気分に応じたさまざまな返答を提示している。

多くの点からみて、かれの最初の大著『精神の現象学』（一八〇七年）は、ひとつの答を詳細に説明している。そこでは、法外な驚くべき作品が、すなわち哲学的文学という領域で唯一、独特な作品が問題になっている。それは、このうえなく多様なテーマがバロック的に絡み合い、独自の体系的発展の順次的契機を、あるいは段階を成しているような、きわめて多彩な内容をもつテキストである。しかしながら、とりわけヘーゲルは、当初、素朴で無知な日常的意識が、典型的な哲学的認識へと近づいていくありさまを描き出すものと主張する。言い換えれば、意識の最初の目覚めから歩を進めて、継続的、上昇的な自覚意識のおかげで、その内的本性にはじめから含まれている最終目標に到達することにほかならない。

ところで、こうした冒険の、明らかな出発点を規定しておく必要があった。だが、ヘーゲルは最初から、批判もなしに観念論的伝統に従っている。要するに、かれは意識から、正確にいえばその意識の始源と見なされた状態から始めているのである。あたかもそれが当然であるかのごとく、かれは模範的な人間意識の最初の形態と信じているものを、今日、しばしば「素朴実在論」と称されているもの——感覚的印象と実在そのものとの同一視、世界から独立した現実的存在への無意識的信仰——のうちに描き出そうとする。生命と、意識の進展の始まりと見なされたこの始源の事実を、かれは「感覚的確信」と名づけている。[*7]

この最初の形態から出発して、やがてその形態に立ち向かい、それと分裂するに至る意識は、その発展の高次の段階——いまの場合は「知覚」——へと進んでいくであろう。それから次々と段階を経て、意識は最後の哲学的意識にまで上昇していくのである。この最終段階たる「絶対知」に到達する前に、芸術と宗教を根拠づけるところの、それ自身すでに卓越した意識形象が見られるであろう。絶対への歩みのなかで、哲学は到達点においてはじめて宗教を支配下に置くことになるであろう。

意識の発展の順次的な現われという、このプロセス全体の図式は明らかに、驚くほど創造的な哲学者の想像力のなかではじめて組み立てられたものである。ヘーゲルが読者に対してひそかに押しつけようとするこの思弁的な標識設定と、哲学に到達するためにかれ自身が辿った教養の道筋のあいだに、じっさいにはどのような関係が出来上がっているのであろうか。

かれは他の人びとと同様に、「感覚的確信」という最初の状態から出発する。感覚的確信じたい、それを正確に特定できる程度に応じて、以前に開始された実在的展開の、その後の一段階をあらわしている。そこではすでに、生命と実践と経験が必要とされている。すなわち、学習と、ある種の批判さえも必要になっている。実在論は、感覚的であると否とを問わず、けっして素朴ではありえない。実在論はおうおうにして、高次の戦いに巻き込まれることを要求している。世界の光景は、ヘーゲルの時代においても、またわれわれの時代においても、人類の大部分がけっして実在論に到達していないことを、実在論以前の、魔術的ないし神話的な意識のレヴェルに留まっていることを充分に示しているのである。

「感覚的確信」の存在は、精神の初期段階を説明しようとするために、哲学者があとから作り上げた仮説にほかならない。だが、真の始まりはまったく別のものである。ヘーゲルはずっとあとになって、かれが「原始的」と見なしている、「自然状態」に生きる諸民族に関して、そのことを暗黙のうちに認めるであろう。というのも、かれによれば、それらの諸民族は事物や感覚的性質を、われわれの意識に現われるような具合には見ることがなく、岸辺をもたない非実在論のなかで、要するに想像的世界のなかで生きているからである。ヘーゲルはこうした確認を、ジャン＝ポール・デュモンが言及しているような古代ギリシア人たちにも広げることができたかもしれない。すなわち、「神々に囲まれている哲学的人間」、「隠在的ではなく、顕在的な多くの力」を、「あらゆる問いに答える力」と称えていた人びとである。[*8]

ヘーゲルの時代における意識の形成に関していえば、宗教は、『精神の現象学』がわれわれを説得しようと試みた

*7　ヘーゲル『精神の現象学』、ジャン・イポリット訳、パリ、オービエ＝モンテーニュ書店、第一巻、一九三九年、第1章「感覚的確信」。　*8　ジャン＝ポール・デュモン『ソクラテス以前の哲学者たち』、『哲学史』（ジャクリーヌ・リュス）、パリ、A・コラン書店、第一巻、一九九三年、一三頁、所収。

ように、その行程の終わりに、つまり最終の哲学的啓示の直前に現われるのではなく、反対にその出発点において運動を始めるのが宗教なのである。

奇妙なことに、かれ自身の明らかな思想の最初の全体的素描として、要するに保存されているかれの最初の著作——しかしかれ自身によってはけっして公刊されることはなかったが——の第一の輪郭として、ヘーゲルははじめて現実的な宗教的条件づけを描いているが、「素朴実在論」はそのあとを引き継ぎつつ、結局それと対立する以外にはありえないであろう。すなわち、「宗教は、われわれの生活のもっとも重要な営みのひとつである。すでに子供の頃から、われわれは神への祈りを口にすることを教えられてきた。すでにわれわれの小さな手は合わせられて、至高の存在へと向けられており、われわれの記憶は、いまだ理解されてはいないが、未来の生活で用いられ、慰めとなるはずの文章全体で埋め尽くされている。」

「われわれが大人になるとき、宗教の営みはわれわれの生活のなかで大きな位置を占めるようになる。多くの人びとにおいて、他のもの以上に認められるのは、車輪とその輪心の関係のように、宗教と関わりをもつところの、かれらの思想と傾向の円環全体である。[*9]」

世界に対する意識の最初の態度、したがってまた人びとが意識に教え込む最初の態度は「感覚的」ではなく、宗教的である。たとえ、それが、感性と感情の無意識的な媒介によってえられるとしても、そうである。ヘーゲル家のような宗教的家庭は、もっとも早い時期に、子供たちの精神に存在と事物の把握の仕方を、すなわち「実在論的」であり、またたんに「経験的」でもある把握の仕方を導き入れている。無神論的な家庭においても、ほぼそれと同じようなことが行なわれているであろう。要するに、子供たちはサンタクロースがやってくると思われている暖炉を眼にする以前に、サンタクロースの存在を信じているのである。

宗教は哲学の前に位置する、終わりから二番目のものではない。ヘーゲルは宗教の刻印をもっとも早い幼少期から受け取っており、かれもそのことを承知している。宗教に対する関係は、かれの生活の過程で著しく、またさまざまに変化していくであろう。しかし、かれがときたま無神論に傾くようなときでさえ、かれはいぜんとして宗教的な調子を保持しており、無神論者であることを公言しているかれの最初の弟子たち――たとえば、フォイエルバッハ、シュトラウス、バウアー……等々――と同じように、たえず宗教上の学殖を動員するであろう。かれらの無神論と同様に、ヘーゲルの一時的な「無神論」は、キリスト教的と呼ばれる資格を有するであろう。そして、キリスト教との関係においてのみ、またキリスト教の特権的な用語によってのみ表現されうるであろう。それゆえ、次のように宣言することで、かれはフォイエルバッハの意図を先取りすることになるのである。「少なくとも理論上は、天国で浪費されてきた宝を人間の所有物として要求することが、われわれの時代にとっておかれたのである。」[*10]

このようにキリスト教の用語法と文体を、時には非宗教的な観念や表現と混ぜ合わせること、あるいは混同することは、無神論的同胞に見られる明確な思想や、キリスト教的著者に見出されるより厳密な正統思想に慣れてきたフランスの読者をしばしば驚かせ、苛立たせるのである。

*

しかしながら、このようにヘーゲルがイデオロギー上の曖昧さに浸ることに喜びを見出していたとしても、本来の意味での哲学的決断――その大胆な帰結は、表明されるかされないうちに、多くの読者の眼を逃れてしまう――にさいしてはいっそう断固たる姿勢を示している。

この観念論の哲学者は、突然、みずからの人格を主張する。多血質の気性からくる動きのなかで、かれは怒りに身を委ねる。すなわち、かれは他の誰をも必要とせず、何ぴとにも負い目を感じることを望まず、すべてが留保なしに動き回るように仕向けるのである。たとえば「感覚的」世界、家族、文化、宗教等にである。輪心はもはや、車輪を

*9 ロベール・ルグロ、前掲書、三六〇頁。 *10 『ヘーゲル青年時代の神学論集』、ヘルマン・ノール編、テュービンゲン、モール書店、一九〇七年、二二五頁(略号、ノール)。

支えてはいない。それは、徹底的な断絶である。

このような意図はたしかに途方もないものであるが、しかし哲学においては伝統的なありかたであって、ヘーゲルの場合にはかなりロマンティックな言い回しで表現されている。「最初の観念はもちろん、わたし自身を絶対的に自由な存在として表象することである。自由で、自己意識的な存在と同時に、ひとつの世界全体が無から姿を現わす——それこそ、真に考えうる唯一の、無からの創造である」(D二一九)。

形而上学者は世界を「再構築する」のではなく、むしろ自分自身を創造することによって世界を創造するのである。そのような自己による自己の創造——かかる働きは、なお創造の名に値するであろうか——は、同時に哲学者による神的創造の案出である。本質的には、哲学者からいっさいの実在が生まれるのであって、意識から独立して事物が存在するわけではない。こうした主張は、青年時代にヘーゲルの手で書かれた文章のなかに、とはいえ、おそらくヘルダーリンやシェリングとの緊密な思想的交流において執筆されたと思われる文章のなかにすでに見出される。それは『ドイツ観念論の最初の計画』と題されているものだが、言葉のあらゆる意味で、そうした優先的割当てに値する作品であろう。[*11]

哲学への根本的回心と称されているものは、思考の条件ないし前件と見なしうるいっさいの事柄からの、右のような絶対的断絶を想定している。自己による自己の定立を引き起こしたり、変えたりするものはほかにないからである。このような意図は、いっさいの文化と宗教を、その原理自体において脅かしている。観念論者は他のものから生まれるのではなく、むしろ自分自身からすべてのものを生み出すのである。かれは仕事机を前にして、創造の事業を支配している。かれは零からの出発を装い、したがっていっさいの歴史的経験を否認する。しかしながら、さまざまな実定的文化や宗教〔既成の文化や宗教の意〕は、そのことに気を悪くしてはいない。「おやおや、貧弱な仕事であることよ」といった程度の気持であろう。実定的文化や宗教は、それが誰かの頭のなかの嵐に由来する、思考上の茫然自失にすぎないことを、したがって、いずれすべてが再発見されるであろうことを承知している。おそらく、実定的文化や宗教は、あまりにも信頼感や平静さを誇示しすぎるのであろう。ヘーゲル哲学は最終的には、それらの文化や宗教にとって壊滅的な結果を生み出すであろう。晩年に至って、ヘーゲル自身、激しく告発されたみずからの思弁的観念論を、修辞学上の用心をほどこしているとはいえ、汎神論、無神論あるいは秩序破壊的な理論と見なすようになるであろう。

けれども、イェーナ大学、ハイデルベルク大学、またはベルリン大学の、ヘーゲル教授の若き学生たちにとっては、それはなんという陶然たる理論であろうか。神聖同盟、マインツ委員会、およびさまざまな抑圧的王令によっていっさいの自由を奪われ、またいっさいの有効な行動の可能性を失って、愛国的で政治的な努力に幻滅していたかれらは、突然、自分たちが理論上、根本的な創造力を与えられていることを発見する。しかも、ヘーゲルは、この思弁的主題を欺瞞的なかたちに脚色するすべを知っている。かれが気前よく他の人びとにほどこす、英雄的かつ喜劇的な麻薬は、おそらくかれ自身に達して終わりを告げるであろう。[*12] 一八一八年におけるベルリン大学での「就任講義」にさいして、かれは聴衆を奮い立たすべく、雄弁を駆使して、草稿中の空想的な言い回しを強調しているが、その調子をさらに強めることになるであろう。「哲学する決断は、純粋な思考のなかに身を投じる（思考は自分自身に対して孤独である）。それはあたかも、岸辺のない大洋のなかに身を投じるようなものである。色とりどりのあらゆる色彩と、あらゆる支点が消滅し、ふだんは親しげなあらゆる光が姿を消している。ひとつの星、精神の内的な星だけが輝いている。それは北極星である。しかし、一種の恐怖のふるえが、おのずから精神を捉える……のは自然のなりゆきである。すなわち、われわれはどこに到達するのか、どの方向に進むのかまだわかっていないのである。消滅した物事のうちには、

*11 「ドイツ観念論の最初の計画」、『ヘーゲルの発展に関する資料集』、ヨハンネス・ホフマイスター編、シュトゥットガルト、フロムマン書店、一九三六年、二一九—二二一頁。フランス語版、ヘルダーリン『著作集』、前掲書、一一五七—一一五八頁。

*12 マリヴォー。「あなたを平然と欺くために、わたしは自分自身を欺くように努めます。」（『小説集』、プレイヤード叢書、九六六頁）。ヘーゲルはマリヴォーの小説の哲学的関心を指摘し（ノール、二〇八頁、およびR四八）、そのあとかれはすぐに自己欺瞞について詳細に論じている。ジャック・ドント「ヘーゲルとマリヴォー」、『ヘーゲルからマルクスへ』、パリ、フランス大学出版、一九七二年、一九—三五頁、所収。

どうしても放棄したくないような多くのものが存在する。そして、この孤独のなかで、それらのものはいまだ確立されておらず、われわれがそれらのものをやがて再発見し、それがわれわれにとって回復されるであろうことを確信できないのである。

あらゆる物事のこうした状況、不確実性、不安定性、そして動揺は……」（BS一九—二〇）。

これこそ、哲学の生みの苦しみである。

シェリングは、この種の想像上の操作を軽蔑している。しかしそれは、デカルト的な、要するにヘーゲル主義より悲壮感の少ない、だが独創性の点ではより決定的で、おそらくより真摯な形式においてである。「ルネ・デカルトは——とかれは述べている——その国民精神にまったく合致した革命的な仕方で行動している。すなわち、かれはじっさいに、以前の哲学とのいっさいの連続性を断ち切ることから始めて、その学においてかつて為されたいっさいの事柄を消し去り、あたかもかれ以前には哲学した人がけっしていなかったかのように、最初からその学を全体的に再構築することを企てたのである[13]……」

ヘーゲルは、この異国の革命家を乗り越えることになるのであろうか。少なくともかれは、哲学の大胆な批判的精神を強調するように努め、慣わしとなっているいっさいの先入見を思い切って排除しようとする。「それよりはるかに多くのことがある。というのも、崩れ落ちるのはたんに感覚的形式ではなく、まさしく意識が馴れ親しんできた他のあらゆる支点にほかならないからである。事物を表象する習慣的方法において、われわれは、みずからがつねに保持するところの基盤をもっている。たとえば、神は、主体としてのかぎりにおいて、表象にとっての確固たる基盤となっている。そして、神についていわれるいっさいの事柄は、神の特性のひとつとしての、この基盤にのみ関係している。わたしの感情や、外的物体についてのわたしの表象や、権利〔法〕をめぐるわたしの感覚……についても同様である。哲学は、日常の人間的知性が生活や思考のなかで浸り切っている世界の習慣的な見方を放棄し、その真理観、正義観、神観等を捨て去るのである……」（BS一九）。

神でさえ、そういうことになるのである。

ここでヘーゲルが規定している、外見上の冷厳な亀裂のそれぞれは、じっさいには表に現われない連続性を含んでいる。かれはそのことをよく承知している。しかしながら、かれはおそらく自分が大きな説得力をもっていることを認めて、学生たちがそれらすべての事柄を真面目に受け止め、精神的孤独と絶対的な自己定立の眩惑に屈するものと想像する。かれは学生たちを、破滅へと導くことになるのであろうか。かれは、恐るべきものにみえることにたじろぐような素振りをする。そうした演出は、恐怖感を与えたと思う人びとを安心させるように見せかけるときに、滑稽なものへと向かうのである。黙示録のあとに、小休止がくる。恐怖のおののきは、やがて過ぎ去っていくであろう。「精神は、みずからにとって真に関心があるものを失うことを、恐れてはならない……。哲学は表象において、真なるいっさいの事柄を精神に回復させようと試みる」（BS二〇—二一）。それはあらかじめ演出されていたものであり、その業はみごとに成功したのである。

思弁的な思想の大洋の上で、危険をともなう大波の襲撃のために、船はときおり危い揺れを繰り返すであろう。しかし、ヘーゲルが完全に方向を見失うことはけっしてないのである。かれはつねに突飛な方法で、もっとも奔放な観念論と、きわめてありふれた実証的判断とを結びつけるであろう。「トルコ人の家に」生まれなかったのは、かれにとってはやはりひとつの好機であり、その点についてかれは現実的で、散文的な意識をもつことになろう。そのとき、かれはひとつの意識が、すなわちかれ自身の意識が労苦を重ねて、徐々に哲学に目覚めていくことを認識するであろう。かれは、哲学が通らざるをえなかった、時には回りくどい道程を、ふたたび辿ることになるのである。

精神の指導者は人目を避けるものである。シュトゥットガルトの優秀な生徒、クラスで一番出来のよい生徒はおしゃべりを再開し、継続する。一八〇四年に、ヘーゲルは文部省に宛てた履歴書を執筆する。それは全体的にみて、弔辞や就任講義ほど真面目ではないかもしれないが、しかし説明原理としてはいっそう信用できるものである。そこに

*13 シェリング『近代哲学史試論』、J・F・マルケ訳、パリ、フランス大学出版、一九八三年、一五頁。

はすでに、後年のほとんどすべての文章にリズム感を与えている振幅のバランスと、最初の主張が留保や軽減によってただちに転調するという手法、あるいは第二の気分転換の方法などが見出される。「わたしは両親の希望にそって、牧師の道を進むことを選びました。そして、神学が古典文学や哲学と結びついておりましたために、個人的な好みに従って、ずっと神学の勉強を続けていたのです。しかし入学を許可されたあと、わたしは自分の身分と関わりのあるさまざまな活動のうちで、いわゆる牧師の仕事や説教の勤めとは別の活動を、すなわち古典文芸や哲学に没頭する暇と、外国や異郷の地で生活する機会を与えてくれることになる活動を選んだのです」（C３三四四）。

選択と必然性のみごとな結託である。

右のテキストのなかからはじめの文章と終わりの文章とを取り出していくと、非常に異なる二つの哲学者像が浮かび上がってくる。とはいえ、少なくともそれらの肖像は、同じ家庭的な雰囲気を堪えている。すなわち、十八世紀末にシュトゥットガルトに生まれ、十九世紀の曲り角を巧みに生きる定めを負ったヘーゲルの姿である。かれが他の時代、他の場所に生まれていたら、そのようになることはありえなかったであろう。

ヘーゲルは生涯にわたって、哲学的観念論の正当化に努めるであろう。けれども、われわれは、哲学的観念論が理論的検討から生まれたわけではないと想定する権利をもっている。それは自然発生的なもの、いわば生来のものなのである。ヘーゲルは、一瞬気を抜くとき以外、それとは別の仕方で考えることができない。しかも、かれは別様に考えることを試みようともしないのである。だが、それは奇異なことではないであろう。かれはそのような宿命を、ヘルダーリン、シェリング、および他の多くの人びとと共有しているからである。

シュヴァーベン地方

そうだとすれば、かれの誕生のために選ばれた地方、すなわち、当時、ヴュルテンベルク公国という「独立」国家となっていたシュヴァーベン地方の独自性を強調する必要があるであろうか。

とくに重要な点は、他の多くの事柄のなかで、ひとつのドイツ国家、地方、地域が問題にされているという事実である。ヘーゲルはたしかに、みずからの小さな祖国に対してある種の愛情を抱いている。けれども、その愛情は、より優勢な否定的感情である深い恨みの気持と結びついている。要するに、それはちっぽけな祖国にすぎないのである。今日では、われわれは、当時のドイツの悲惨な政治的状況をかろうじて想像する程度であろう。すなわち、三百以上の独立国家、おうおうにして小規模で、境界も定かでない独立国家に分割されたドイツの姿である。このような散在のイメージは、フランス王国の相対的統一性と対照的であり、フランス革命がフランス国民の同質性を精力的に確認するようになると、いっそう衝撃を与えることであろう。

これらすべてのドイツの小国家が原則的に属していたゲルマン人の神聖ローマ帝国は、相対的には、滑稽な亡霊としてしかもはや映っていないのである。ヘーゲルは、他の多くのドイツ人愛国者たちとともに、いかなる経済的、社会的、政治的進歩も許容せず、多くの個人的、集団的な機能低下——惰性、無気力、尚古主義、偏狭な精神——をもたらすこうした地域的細分化に心を痛めている。

このような無気力化を引き起こす地域主義の証明となるような具体例を、シュヴァーベン地方は提供しているのである。シュヴァーベンにとっては、他のドイツ諸国は「外国」である。その地方では、卑小な態度が存在のあらゆる面と関わりをもっている。ヘーゲルは国境を越えて旅をしながら、このような態度とは別のありかたに出会うとき、その事実をいっそう激しく感じとるであろう。そのとき、かれはドイツの統一を夢見ることになる。草稿として残ったある初期の著作のなかで、苦痛と憤慨の叫びを抑制した、次のような冷静な確認にかれは到達している。「ドイツはもはや国家ではない」[*14]と。一八一五年以降、あらゆる愛国的な希望を目覚めさせるプロイセンに対して、かれが最終的に加担する態度が理解できよう。たしかにプロイセンは、かれがそこで生活して、教授の仕事をするようになる

*14 『ドイツ憲法論』。『政治論集』、マルセル・ジャコブおよびピエール・キエ訳、パリ、シャン・リーブル書店、一九七七年、三一頁。

ときには、多くの欠陥と、嫌悪すべき政治的悪徳をも示すであろう。けれども、かれは、統一と、ある程度長期にわたる勢力を約束できる唯一のドイツ国家に対して、多くの事柄を許容する気持になり、またその国が存続し、強化され、育成されていくためにあらゆることを耐え忍ぶ覚悟をするのである。さらば、シュヴァーベンよ、というべきであろうか。

フランス革命は、ヘーゲルとその友人たちを、さまざまな理由から引きつけている。たとえば、個人の解放、個人的権利の宣言、圧政の排除、等々の理由である。とはいえ、おそらく主たる動機は、フランス革命が国民的エネルギーを展開する実例となっていたこと、またいっさいの地域主義を放棄し、唯一の旗のもとに結集した威厳ある国家を傲然と肯定し、唯一の賛歌を唱和し、これらすべてのゆえにある種の近づきがたい風格も備えることによって、統一された一国民のモデルを作り上げていたことにあるであろう。

哀れなるシュヴァーベンよ。人びとを温かく迎え入れ、快適で生彩に富む国であるシュヴァーベンは、にもかかわらず多くの点で嘆かわしい光景を呈しており、住民を絶望の淵に投げ込んでいた。そこでは、不条理な専制主義の弊害が比類ないほどの大きさに達していたのである。統治者たる君主は、慣わしとなっている圧政の、あらゆる欠陥の頂点を極めていた。すなわち、抑制の利かない権威主義、これ見よがしの贅沢な暮らし、公然たるルター派の国での、厚かましい放縦、等々である。君主は敵対者や批判者をホーエナスペルクの城塞に投獄し、役人を強制して、その妻や娘を豪華な舞踏会に呼び寄せ、その機会にみずからの愛人を選んだのである。浪費する金を手に入れるために、かれは兵を徴発して、他の好戦的な君主たちに外国の大義のために、シュヴァーベン兵の連隊をそっくりそのまま売り渡すようなことも行なった。その結果、兵士たちは祖国から遠く離れた場所で、たとえばケープタウンで（シューバルトの詩「ケープタウンの歌」）朽ち果てる運命にあった。

人びとがそうした厭わしい行動に直面して、祖国の利益を大胆に掲げたとき、君主はルイ十四世の流儀に従って反論した。「なんと、祖国を持ち出すというのか。祖国とは余のことではないか」と。かれは、財政が逼迫していた時期に、憤慨した家臣たちを丸め込むために、みずからのあらゆる罪を公けに告白することを思いついた。それは、一般に認められている基準を越えた偽善の結果であった。見せかけの悔悟のときが過ぎてから、かれは一段とみごとな、騒々しい生活を再開した。シュヴァーベンの専制主義は頂点に達していた。あるいは、達しようとしていた。[*15]

シュヴァーベンの多くの人びとは——かれらのなかには、最良の知識人も含まれていた——早い時期からただひとつの計画を抱いていた。すなわち、シュヴァーベンを立ち去ることである。それこそまさに、ヘーゲル、ヘルダーリン、シェリングおよびかれらにもっとも近い、もっとも価値ある友人たちが、そうすることが可能になったときにじっさいに行なったことである。各人は、苦労をしながらも、「他の国で、また異郷の地で生きる機会」を求め、そして見出したのである。とはいっても、そのことがただちにかれらに対して天国の扉を開いてくれたわけではない。

十八世紀末のシュヴァーベン地方においては、ほとんどすべてのことが死んだ伝統に従っており、啓蒙主義の影響はなきに等しかった。風俗、規則、制度、道具、素材は、古風な性格を残していた。それらの事柄を、まさしくその時代と結びつけて考えなければ、ヘーゲルの思想や生活を充分理解することはできない。住居は「ゴチック様式」に留まっていた。ヘーゲルはその言葉で、住居の狭さや暗さを描いている。[*16] それらの住居は、狭く悪臭を放つ街路に沿って並んでいた。人びとはろうそくで明りをとり、鵞鳥の羽根で文字を書き、薪で身体を暖め、裕福な人は馬に乗って、あるいは郵便馬車で移動した。人びとはまた瀉血を頻繁に行なって、治療をほどこしたのである。教授となったヘーゲルは、しばしば給料を現物で——しかも大変遅れて——受け取った。たとえば、大麦の袋や、幾ステール〔薪の単位〕かの薪である。ドイツの地方や地域では、慎ましい身分の人びとの日常生活は、一方では農民の悲惨な生活と対比されて、他方では宮廷や金融資本家たちの挑発的な壮麗、華美の生活と対比されて、窮屈、偏狭、吝嗇等の点で際立っていた。

---

*15　カール・ビーダーマン『十八世紀のドイツ』、ライプツィヒ、ヴェーバー書店、一八五四年。ヴュルテンベルクの状況は、第一巻、三八—三九頁、六六—六七頁、七四頁その他で説明されている。　*16　ノール、前掲書、三五八頁。

ヴュルテンベルク公国の特殊な事情が注目に値するのは、それが若きヘーゲルの人格形成において一定の役割を演じているからである。そこの君主は、フランス領にも封地を所有していた。モンベリヤール、およびコルマールに隣接したいくつかの小郡である。シュヴァーベン地方はこのように、他のドイツ諸国よりもいっそう密接にフランスと結びついていた。そしてヘーゲルは、テュービンゲンの神学院時代に、君主のフランス人給費生たちを足繁く訪れている。かれは早い時期から、フランスとその言語に近づいていたのである。

そのような特殊な利点を考慮しなくとも、シュヴァーベン地方はフランスに対する、またそこで発生する驚くべき出来事に対する格別の観測地点を提供することになった。フランス革命は、ラインラントを別にすれば、シュヴァーベン以外のドイツのいかなる場所からもうまく追跡することはできなかったのである。そして、他のどこにおいても、革命の流れはもはや感情的、知的反響を引き起こすことはなかった。ヘーゲルが身近かに知っていた多数のヴュルテンベルクの人びとは、ただちにフランス革命に加担したが、その結果、ラインのこちら側〔フランス側〕にあるヴュルテンベルクの「所有地」がフランスのものとなったのはもちろんである。

若干の解釈者たちは意識的に、ヘーゲルの著作のなかに伝統的なシュヴァーベン神秘学の影響を認めようとする。たしかにシュヴァーベン神秘学は存在しているが、しかしドイツの、あるいは外国の他の思潮以上に、深くヘーゲルの著作を特徴づけているわけではない。逸話のかたちで、ヘーゲルはこの地方の歴史に言及するであろうが、しかしながらその度合いはヘルダーリンよりも少ないであろう[*17]。

長いあいだ遠ざかったあとで、その地方が短期間姿を現わすのは、ようやく一八一八年に至ってからである。「今春、二十年ぶりに、生まれ故郷のシュトゥットガルトで数日を過ごしました」〔フランス語によるヴィクトール・クーザン宛の手紙〕（C2一七三）とヘーゲルは述べている。

かれはその日以降、シュヴァーベンに戻るための、あるいはそこでの昔の関係を維持するための努力をなんら試みなかったようにみえる。かれは頁をめくることを知っていたのである。

かれがシュヴァーベン地方を永久に立ち去ったにせよ、シュヴァーベンの方ではかれのことを完全に解放したわけではなかった。かれは自分の祖国を、喉の奥にもっていた。かれはシュヴァーベンのアクセントを、矯正不能な、告発者のごときアクセントを最後までもち続けるであろう。そしてたえず、シュヴァーベンの特有語法を用いるであろう。プロイセンの学生たちは、最初そのことを笑いの対象にするであろうが、しかしかれの教えに含まれる豊かさと深みのゆえに、その特殊な発音はすぐに許容されるであろう。聴講生たちはかれと同様に、シュヴァーベンという名の地方、その祖先、みずからの主人たる哲学者の生誕の地と日付を忘れ、かれが絶対の名のもとに崇高な言葉を語るのを耳にしながら、自分たちの眼前において、哲学者が各瞬間に自己を創造していく姿をみているものと信じることであろう。

*17　ヘルダーリン『テーク山』（『著作集』、プレイヤード叢書、七―九頁）。

第3章　神学院

「プロテスタントの牧師はドイツ哲学の祖先であり、プロテスタンティズム自体がそれの原罪である。ドイツ哲学の何たるかを理解するには、〈テュービンゲンの神学校〉という言葉を口にするだけで充分であろう。ドイツ哲学とはすなわち、陰険な神学にほかならない……。シュヴァーベンの人びとは、ドイツでも最高の嘘つきである。かれらは邪気もなしに嘘をつくのである。」（ニーチェ[*1]）。

将来のみえない状況のなかで、不安な魂の最初の避難所となるのが神学院《シュティフト》、すなわちテュービンゲンのルター派神学校である。とはいえ、それは幻影であって、その魅力は急速に失望へと変わっていく。

しかしながら、最初は、なんという誇りであったことか。公国の給費を与えられた人びとは、希望に夢を膨らませて、威厳に満ちた「施設」に入っていったのである。そこには、素晴らしい在学期間を証明する署名と、宗教ならびに君主に仕えるための特別な未来の約束が用意されていた。人びとがそれなりの真摯な気持で引き受けることを誓った牧師の仕事は、それぞれの村でいまだかなりの程度の尊敬をうることができる職業であった。

神学院に入学することは、若者たちの生活に著しい断絶をもたらすものである。すなわち、家族から遠く離れて暮らすこと、少なくとも規則通りにいえばほとんど隔離された閉鎖的な生活、とりわけ神学における、集中的で方向性をもった知的作業、そして勉強のし過ぎと生徒同士の競争である。と同時に、内面の相対的な解放――それによって、他人に対するよそよそしい態度が育成される――が行なわれるが、これは極端な管理上、思想上の束縛によって高く購われたものである。要するに、キリスト教徒、ルター派信徒、そして王政主義者であることを――たとえ心の奥底にはそうした気持がいっさい存在せず、ただ生まれの偶然性に従っているだけであるにせよ――みずから告白しなければ、誰ひとりそこに入ることは許されないのである。

公国の君主たちは神学院を建設して、かれらの領土で活動する定めを負った牧師たちを育成しようとした。それは本来、宗教的、政治的、イデオロギー的目的をもつものであった。すなわち、ヴュルテンベルクにおいて、信仰心を保持し、思想と行動の順応主義的態度や、封建的精神状態、あるいは服従等を永続化することを目指すものだったのである。

けれども、明確に規定された意図のもとに作り上げられている諸制度は、それ自身の本性の法則に従って、時には逆の方向に発展していくものである。長いあいだ、期待されている奉仕を行なってきたあとで、神学院は少しずつ逸脱的、分裂的傾向に汚染され、その全体主義的構造に亀裂が入るようになっていた。無一文の青年たちは、教養の手段を手に入れるために、あたかも宗教的召命に献身するかのごとき態度をとった。したがって、人びとはしばしば神学院のことをたんに「奨学金」と呼んで、それのもつじっさいの社会的機能をうまく表現したのである。

人びとは次第に、公国の給費が完了し、研究課程が終結したあとで、神学院生たちがその義務を果たさず、牧師あるいは神学上の職務に就かないことを許容するようになっていた。新しい思想が各地で、教授たちの授業に浸透していたのである。だんだんと高まっていく抗議の声が、神学院の組織やその教育内容、あるいはその教科、慣例、風習等に対して向けられるようになった。ヘーゲルは、そうした危機がもっとも激しい段階に達した時期に、まさしく神学院に入学したのである。

何十年ものあいだ、神学院生たちは選択の自由をもたなかったにもかかわらず、それなりに満足した気持で、そのような状況に従ってきた。ところがいまや、一七八八年には、あまり自覚していなかった従属的な精神状態が消滅し

---

*1　フリードリヒ・ニーチェ『著作集』、パリ、ガリマール書店、一九七四年。『アンチ・クリスト』、第十節（『著作集』、第八巻、ライプツィヒ、一八九五年、二五五頁）。

てしまった。カントは、解放への感動的な呼びかけを公然と言明していた。もはや、監視された子供たちのように振る舞うことをやめよ、大人のごとく、諸君自身の頭で考えよ、と。啓蒙主義はいたるところに浸透し、神学院の中にもかすかな反抗的気風を呼び起こしていた。名を挙げる定めを担った政論家たちが、神学院の尚古趣味や、時代遅れの学説を激しく告発していたのである。特異な運命を約束されていた、より大胆な神学院生であるラインハルト（一七六一―一八三七年）は、一七八五年に、神学のいっさいの教育システムを敵視する攻撃文書を公表した。[*2] その結果、最初はスイスに、次いでボルドーに逃亡せざるをえなくなったが、その地でかれは未来の「ジロンド党」指導者ジャン＝フランソワ・デュコス（一七六五―一七九三年）の家の家庭教師を引き受けることになった。ラインハルトはのちに、短期間ではあるがフランスの外務大臣となり、そのあと王政復古のもとで伯爵にして王国の重臣となるであろう。かれのケースは、神学院があらゆるものに通じていることを証明しているが、ただし、そこから脱け出るという条件を付けたうえでのことである。

給費生たちは、五年間、神学院で過ごした。哲学を二年間、神学を三年間学習したが、哲学自体、キリスト教神学に、主としてヴォルフ主義のそれに完全に浸透されていた。手ほどきと、新しい環境への適応の試みを目的とする短い期間が過ぎると、神学院の規則は、もっとも自覚的な学生たちには耐え難いものとなった。そこでは、あらゆる事柄がかれらの気持を挫く方向に働いた。かれらは子供のように扱われ、家庭にいたときよりも厳重に監視されたのである。かれらの読書も規制されていた。かれらは町中で、とりわけ若い娘たちの眼に滑稽に映る、風変わりな仕立ての制服に我慢がならなかった。しかも、かれらは「黒人」と渾名されていた。滑稽で、子供じみていて、同時にまた屈辱的でもあるというかれらの法外な苦しみは、つねづね罵倒の対象となった。たとえば、食事のときぶどう酒が出ないとか、独房に閉じ込められるといった事柄である。あらゆる種類の禁止事項がかれらにのしかかっていた。日課の時間割や、個人的作業や、意見の表明や、あるいはまた「かれらの風俗」と呼ばれていたものなどに関わる禁止事項がそれである。

当時の新聞は、神学院についての嘆かわしいイメージを伝えている。すなわち、シュヴァーベンの青年たちが夢みているいっさいのものを引き立てる役回り、というイメージである。かれらは管理上の、こまごました圧迫よりも、むしろ永続的な知的抑圧に苦しんでいた。教授たちは優れた資質を身につけ、しかも有益な事柄を教えていたが、しかしそれは自由な精神においてなされたことではなかった。少なくとも、公けにはそうである。したがって、好むと好まざるとにかかわらず、精神の組織的な画一化、とりわけ学生たちの精神にとって苦痛となる画一化に加担することになったのである。一方、学生たちはあらかじめ、そのような全体に組み込まれることを、とくに牧師になることによって、不本意なかたちでそうしたシステムの共犯者に仕立て上げられることを拒否していたのである。

われわれはそうした苦悩や、そのために引き起こされる恨みがましい気持を想像することができるであろう。三年に及ぶ神学の学習は、その夥しい分量によって専門外の学生たちをも意気阻喪させたのである。それらの年月は、ヘーゲルのように神学に苛立ちを覚え、いたるところで神学者を鞭打って追い出すことを望んでいると記しているような人物にとっては苦痛となった（C1二二）。[*3] 抗議行動のような場合を除き、宗教心をもたない学生たちは沈黙のうちに食事をとることを、またかれらのあいだで順番に行なわれる説教を聴くことを——注意深く耳を傾けるとはいわないまでも——強いられたのである。かれらのすべてが完全に反聖職者的であったというわけではないにせよ、しかしこうした雰囲気のなかでそのような気持を抱くに至ったかれらは、この偏狭な信心を放棄し、あるいは少なくとも「実定的な」形態として、すなわち腐敗した形態として断罪した。ヘーゲルがいうには、最良の場合でも退屈しか生み出さないこれらの説教を、かれらは嫌悪したのである。[*4]

もっと些細な事柄でも、反抗の可能性はあるであろう。けれども、シュヴァーベンの人びとは忍耐強い性格である。

---

*2　カール・フリードリヒ・ラインハルトはその攻撃文書を、アルンブルスターの『シュヴァーベン美術館』のなかで、ヴェクールリンの、同じく反体制的な先の論文の注釈として公表した。この驚くべき神学院生については、ジャン・ドリニエール『K・F・ラインハルト——フランスに仕えたドイツ啓蒙思想家』、シュトゥットガルト、コールハンマー書店、一九八九年、五四三頁。　*3　ヘーゲルはとりわけ、神学者たちによるカントの「取り戻し」の試みに苛立ちを覚えていた。　*4　第19章、注3、参照。

学生たちは総体的には、当たり障りのない抵抗形態に満足していた。かれらは悪魔祓いを、嘲笑という手段によって行なったのである。かれらのひとりクリューフェルは、説教という気の重い務めを負わされた運の悪い学生が、誰にも聞きとれないほど低い声でしゃべろうとするか、あるいは反対に、共犯者である仲間の方に騒ぎを引き起こさせてから大声で叫ぶ、といった対応をしたありさまを語っている。旧約聖書のきわどい文章は、「あまり教育的とはいえない解釈論争」[*5]の口実として使われたのである……。

学生たちの茶番であろうか。それとも、若々しい独創性の、遅すぎた危機であろうか。おそらく、部分的にはそうであろう。しかしながら、未来の牧師たちに関わることだったのであり、かれらは別の機会に、別の主題について冗談をいうこともできたはずである。かれらの後年のありかたは、以下の点を充分に証明している。要するに、少なくともかれらのうちの何人かに関していえば、抗議と、懐疑と、異端の道に与していたということ、そして神学院自身がそのような道へのかれらの関与を阻止しようと努めながら、かえってそうするように仕向けてしまったということである。

教授たちはことさら教条的な神学に固執していたが、啓蒙主義が広まってからは、内心ではおそらくさほどそれを信じていなかったであろう。かれらの懐疑的な態度は、型にはまった話題のなかに垣間見ることができた。[*6]古い信仰と、また新しい様式の挑戦を受けている表現形式に忠実であったと思われるある種の人びとは、現実の事態に引きつけられている精神に対しては、ほとんど影響力をもちえなかった。たとえば、哲学においてはフラットがヴォルフ主義の立場に留まっていたが、一方、同時代人たるヴォルフ自身はいつでもさほど正統派と見られていたわけではなく、いまやむしろ批判によって大幅に乗り越えられた存在と考えられるようになっていたのである。学生たちはこっそりとカントの書物や、他の多くの禁書を互いに渡し合い、そしてフラットのことを軽蔑していた。

神学教授シュトールは、自分の学生たちに「合理化された」プロテスタンティズム、すなわち「超自然主義」を提案していた。同僚たちと同じように、かれはキリスト教の根本教義の有効性を原理的に強調していたので、神学院に雇われているかれにそれほど多くを期待することはできなかった。けれどもかれは、他の教師たちとともに、「聖なるもの」と呼んでいるテキストのなかから選別を行ない、合理的と判断する事柄を取り出して、かれの眼には時代遅れの神話学に属するようにみえるものを無視すると主張していた。こうしてかれらは、人格神の存在、魂の不滅、そして意志の自由への信仰を堅持した。しかし、同時にかれらは、神の働きが自然の永遠的法則に従っているのを認めることによって、この信仰も不安定なものにしたのである。

これらの対照的な主張、実をいえば一致しえないところの主張は、習慣と温和な性格のために我慢されてきたのであるが、しかし包括的な信仰システムのなかで教育された、しかも知的要求の厳しい若い精神のうちに大きな理論的困惑を引き起こすことになった。かれらはこれらの折衷的な学説と、聖書のある種の文章とを、まさしく大衆の想像力を最大限に刺激し、牧師たちが好んで注釈をほどこす文章とを和解させることができなかった。「超自然主義者たち」は、ある種の純粋に宗教的な概念を、外見上、科学的な概念に置き換えるように努め、そのようにして巧みに訂正をほどこされた宗教を救うものと自負したが、結局、それは空しかったのである。

無邪気なまなざしのもとでは、これらの妥協は、時代の不信仰に直面して、その延焼をくい止めるために周囲のものを焼き払うような仕種にみえた。最初、狼狽した学生たちはやがて冷静さを取り戻し、教義に対しては懐疑的態度と皮肉な言辞をもって教師たちを乗り越えていったのである。かれらはまた道徳的観点からも、神学院を嫌悪するに至った。すなわち、神学院は稚拙にも、かれらに対して知的厳格さの欠如と、かれらが青年の一徹さをもって排斥していた事柄を、要するに偽善と不誠実を教え込んでいたのではなかろうか。

---

*5　カール・アウグスト・クリューフェル『テュービンゲン大学の歴史と現状』、テュービンゲン、一八四九年、二六六頁。こうした規律の緩みは、神学院だけの特徴ではなかった。ヘルダーリンが生徒だった頃のマウルブロン「僧院」の雰囲気の描写は、驚きなしに読むことはできない（ヘルダーリン、『著作集』（W・バイスナー）、第七巻、I（一九六八年）、三六六―三六七頁）。K・A・クリューフェル（一七六九―一八四一年）はテュービンゲン大学の司書で、ヘーゲルの学友の息子であった。　*6　ルネ・J・ロリー牧師『フランス革命前夜におけるモンベリアール伯爵領のルター派教会』、パリ、一九五四年。テュービンゲンの神学院に関しては、「教授たちは、福音書の牧師を養成しなければならないことを忘れているようにみえた」（二〇頁）とある。

そのうえ、管理者、教授、舎監の意見は、それぞれ意味深長な相違を示していた。こうした意見の対立は、それ自体として分析する価値があろう。けれども、一般に神学院生たちの眼には、とりわけ、そこで出会った未来の三人の天才すなわちヘーゲル、ヘルダーリン、シェリングにとっては、それらのニュアンスの違いはほとんど考慮の対象にならなかった。かれらは、教理全体をまるごと拒否した。「教義とけっして折り合わないこと」が、かれらの合い言葉のひとつとなった（C1四二）[*7]。神学院はかれらのうちに、かぎりない嫌悪感を生み出したのである。

　かれらは神学院の否定的な感化を受けつつ、ほぼ二〇年にわたる完全な精神的交流のなかでともに生き、感じ、考えたのである。かれらがもっとも敏感だったのは、さまざまな学説の弱点というより、むしろ周囲の偽善、あるいはかれらが偽善と感じていた事柄に対してであった。偽善はかれらを憤慨させ、そしてかれらはそれに対して激しく反応した。かれら自身は、そうした偽善から逃れているものと思い込み、純粋で厳格な真理を熱望した。若々しく、率直で、知的で、相対的に貧しかったかれらには、失うべきものは何もなかった。かれらはカント主義者となり、次いでフィヒテ主義者となった。かれらは新しい言葉で表現された道徳的格率を、文字通りに解釈した。すなわち、嘘をつかないことである。かれらの友情が壊れるまで、たえず心につきまとっていた目標は、世間の仮面の下に隠れている真理を発見し、それを口に出して言うことであった。そのために、かれらは敵意を感じる場所で、「真理の同盟」を誓い合い、「真理の条約」に調印し、「見えざる教会」に参与することを望んだのである……。

　神学院の経験は、以前、かれらが信じ込まされた事柄に直接、反論を加える結果となった。経験がかれらを否認したのである。成年に達したすべての若者たちとともに、かれらはその経験を完全に独創的なもの、独自なもの、驚くべきものと見なした。そこには、一種の限界への移行があったことはたしかである。すなわち、まったく新しい思想と時代遅れの制度との衝突、また、誕生しつつあるドイツ最高の詩人ならびに二人の最高の哲学者それぞれの人格と、最悪の凡庸さとの衝突である。

　神学院は祖先の絆を破り、使い古された思想を破壊する。神学院は、各人が自己意識をもち、それとの対比においいて自己を確立し、みずからを批判的反省の対象として捉えることを強制する。人びとはそのなかで、すべての人間、あるいはほとんどすべての人間が誤っており、また仮面を被っていることを学ぶのである。そこではいかなる宣言も文字通りに受け取る必要はないし、何ごとも、また何ぴともただちに信頼する必要もない。

それは人生と、あるがままの世界についての学習であり、神学院だけがそうした役割を独占しているというわけではないであろう。しかしながら、神学院はその種の学習に、いわば最悪のものを付け加える。すなわち、学生たちは、体制に組み込まれることを要求され、計画的な妥協の特殊な手段に供されようとしている事実に気づくのである。とっさにかれらは反抗し、そうしたゲームに巻き込まれることを激しく拒否する。かれらはいまだ、みずからの純粋なぶどう酒に水を注ぐ気持にはなっていないのである。かれらは、ヘーゲルがのちにきわめて繊細な、驚くべき分析を提示することになる、この堕落的な文化の歴史的必然性と有効性に気づいていない。人びとは、まだ抜け出してはいないのである。かれらはやがて、偽善と嘘が前兆にすぎず、悪はいっそう深刻であるのに、多くの者はそれにほとんど気づいていないことを学ぶであろう。たしかに、かれらは最終的にはそうしたことにいくらか順応するであろうが、当面はもはやひとつの考えしか抱いていない。すなわち、立ち去ることである。

神学院は、子供心の、ありふれた信頼感を裏切るのである。神学院はまた、誠実さというものを馬鹿にする。そして、自発性を抑圧する。ヘルダーリンは次のように語っている。「ミューズの女神の若き生徒たちは、ドイツ民族のただなかで、愛と希望に胸を膨らませ、精霊にとりつかれて成長する。だが七年後には、かれらは影のように沈黙し、冷え切ったまままさまよい歩く姿が見出される。かれらは、二度と穂が生えないように、敵によって塩をまかれる土壌のようなものである。[*8]」

*7　ヘーゲルの詩『エレウシス』の詩句。ドイツ語。カレールによって次のように訳されている。「けっして、規約と和平を結ばないこと」（C1四一）——しかしこの文脈では、規約は一般に「教義《ドグマ》」とされている（ポール・アスヴェル『若きヘーゲルの宗教思想』、ルーヴァン、大学出版、一九五三年、一一四頁）。　*8　ヘルダーリン『ヒュペーリオン』、前掲書、二六九頁。

＊

痛切に体験された破壊に対抗して、若きヘーゲルと友人たちは信頼感を回復し、かれら相互の誠実さを確保し――かれらは互いに永遠の誠実を誓い合う――率直な態度を約束しようと考える。ジャン＝ジャック・ルソー――かれらはその著作をひそかに、熱意をこめて読んでいた――は、真理に身を捧げることを銘句として選ばなかったであろうか。カントは、少なくとも理論上は、誠実の要求を絶対視しているのではあるまいか。またフィヒテは、「世界が滅ぶとも、正義を成就せしめよ」[9]とあえて言明していないであろうか。かれらはすべて、「理想的諸価値」をめぐる言葉の熱狂のなかで、エスカレーションを行なっている。素朴な弟子たちはのちになって、解放者たる師自身が嘘を許容し、正義を傷つけ、諸価値を裏切って、絶対を軽蔑したという事実を発見するであろう。そのとき、かれらは――ヘルダーリンは他の二人ほど満足していたわけではなかったが――いっそう穏健で、冷静で、従順な意見や行動に与するようになるであろう。

神学院在学が終わる時期には、三人の友人たちはまだ諦めの気持にはなっていない。かれらは、情状酌量の余地のない「この不治の世紀」[10]を断罪する。神学院はかれらにとって、根本的悪を象徴するものだったからである。かれらはまた、より一般的な意味では、他の諸民族より罪深いドイツ民族を非難する。[11]かれらは抽象的なかたちで教義を中傷したが、しかしその宣告はもっとも独断的な判定に等しいものであり、留保も慎重な配慮もなしに善と悪、真と偽、誠実と不誠実を対置している。

神学院へのかれらの敵意は、主として――まったくというわけではないにせよ――宗教的、政治的なニュアンスを帯びている。その自然発生的な観念論において、かれらは宗教と神の国を思想的な事柄として、すなわち何よりも、あるいはもっぱら思考の営みに属し、したがって判断の独断的なカテゴリーに入るものとして考察する。
かれらは進んで、ニーチェがのちに「陰険な神学」と名づけることになるものを告発する。だが、やがてかれらは、今度は自分たちの方でこの陰険な神学たるドイツ観念論哲学を広めるであろう。しかしながら、ニーチェよりはるかに優れた弁証法家であるかれらは、陰険な神学的哲学には必然的に、陰険な哲学的神学が含まれていることを隠すことができない。いずれにせよ、人はそのことをかれらに知らせずにはいられないであろう。以後、神学はもはや思弁的な仮面のもとに、ひっそりとしたかたちでしか広まることはないであろう。なぜならば、借りものの衣装を身に付けずにむき出しの世界を進んでいくのは、もはや神学の力には属さないだろうからである。けれども、このような用心深さは、神学を変質させてしまう。

こうした自己自身との思考の戯れ――そこでは、それぞれの対話者は、他の対話者に向かって変装をほどこしている――は、ヘーゲルの最終的な体系において実を結ぶであろう。かれの敵対者のなかでもっとも明敏な人びとは、その点を見抜くことができるであろう。かれらは、ヘーゲルが神学を取るのか、哲学を取るのか選ぶように促すであろう。これに対して友人たちの方では、ヘーゲルの議論のなかで、巧妙さと策略、あるいは幻想と真の深遠さを区別するのに困難を覚えることであろう。他の人びとに対して策を弄する者は、同時にまた必然的に、自分自身に対しても策を弄するものである。ヘーゲルはこのような運命を、別の人びとを例にとって明らかにした。かれは、自分が何について語っているのか、よく承知していたわけである。

神学院では、教理内容への不信と辛辣な批判があったにせよ、しかしそれが実り豊かな勉強を妨げるということはなかった。教授たちは一枚岩ではなく、かれらの思想はさまざまな傾向に多様化しており、しかも互いに豊かな認識を分かち合っていた。神学院生の方でも選別を行ない、それぞれ自分たちに適したものを取り上げたのである。とくにヘーゲルの場合、たとえばヘルダーリンに対する以上に、過剰な片寄った視点――これは、全体の片寄りを促すような、こまごました徴候から起こりうるものである――に陥って考えてはならないであろう。この「体系的な人間」

*9 「世界が滅びようとも、正義を行なうべし。」(フィヒテ『知識学の原理にもとづく人倫の学の体系』、イェーナ、ガブラー書店、一七九八年、四八四頁)　*10 ヘルダーリン、前掲書、一五〇頁。　*11 ヘルダーリンの驚くべき「ドイツ流弾劾文」、前掲書、二六七―二七〇頁。

の個性以上に、多くのものが混じり合う、対照的な個性は存在しないであろう。かれは現実と文学のなかから、さまざまなものを収集するのである。

かれは神学院において、好むと好まざるとにかかわらず、確固たる神学的教育を身に付ける。かれはつねに、聖書の引用の豊富なストックを、あらゆる有益な目的のために駆使するであろう。神学院ではまた、ヘブライ語、ギリシア語、ラテン語等の古典語の修得において改善をみる。弁論術の訓練も行なうが、義務となっている説教の実施――それがどのようであったかはわかっていない――の点で、大きな成功を収めたようには思われない。

神学院はまた古典文学の教養をほどこしたが、その役割はとくに復習教師カール・フィリップ・コンツ〔一七六二―一八二七年〕が引き受けている。かれは詩人であり、文学史家であり、文学批評家であり、しかも多くの点で人目を引く、反体制的な人物であった。コンツはヘーゲルに対して、強い影響を及ぼしたようにみえる。そして、かれの思想の痕跡を、ヘーゲルの後期の著作のなかにまではっきりと認めることもできるのである。かれはギリシア文学を熱烈に賛美していたため、その熱意を他の人びとと共有するすべを知っていた。かれはヘーゲルとヘルダーリンのうちに、そのような熱意を燃え立たせたわけである。

古代ギリシアへの愛好心は、現在というものをかれらに忘れさせることはなかったのであろうか。そうした愛好心は、〔現在に対する〕嫌悪感や、〔現在からの〕逃避の結果だったのではあるまいか。ところがじっさいには、それは精神の二重の運動から生じている。なるほど、一面では、それは理想的な補償作用を提供することによって、意識を現実とその欠陥から遠ざけるであろう。すなわち、行動を思い留まらせるであろう。

しかし同時に、ギリシアへの愛好心は、この現実に対する能動的な批判を、またかれらがじっさいに生活し、思考しているドイツの社会的、文化的実在に対する軽蔑と非難をそれなりに表現している。注釈者たちは、ヘーゲルとヘルダーリンがキリスト教とギリシア文化を結合しえた、その魅力的な綜合にしばしば喜びを覚えるものである。かれらはポリュークトのように、異教の偶像を破壊することはないが、しかしキリスト教の純粋性は、そうした両者の妥協に間違いなく思い悩むことであろう。非常に異なる二つの文化、しかも歴史的にはそのうちの一方が他方を破壊したような異なる二つの文化の詩的、哲学的「調和」は、二人の友人を驚くべき帰結へと導くことになる。たとえば、両者とも、イエスとバッカス、あるいはイエスとソクラテスを同一視しようとしている点である。

じっさい、ギリシア古代への愛着は、とくに異教の宗教的側面において、必然的にキリスト教的現実――とりわけ、このうえなく教条的で、しかもきわめて正統的な点に関して――からの離脱を引き起こす。この二重の運動から、複雑でかなり混乱をきたした、あるいは内容の定かでない思想が帰結するが、それは、十八世紀フランスの「哲学者たち」が宗教との対決のなかで到達した、より生彩のある明晰さとは対照的なものであった。けれども、いっさいの生命的混合の場合と同様に、その割合は時に応じて変化する。すなわち、キリスト教はしばしば神学院生たちの心のなかで勝利を収めたが、しかし異教主義も時にはその心に対して一種の仕返しをしたのである。さらに例外的な時期には、宗教性の二つの形態が同時に侵犯し合う姿も見られた。こうしたバランスのとり方が、ヘーゲルの同じ頁のなかで混乱をきたすような事態も起こっている。

三人の仲間たちは神学院の教育から、個人的教養に役立つと見なしたいっさいのものを収集し、それに含まれる尚古趣味的要素をすべて性急に拒絶すると同時に、哲学上、科学上、そして文学上の新しい事柄についての情報を貪欲に、しかも多くの場合、秘密裡に追求した。

〔神学院の〕規則は、混乱をもたらす外部のあらゆる扇動から寄宿生たちを保護することを目的としていたが、しかしその適用には厳密さと有効性が欠けていた。しかも、神学院の指導者たちが、正統宗教と政治的順応主義を絶対的に強制しようと目論んでいたとは、無条件に主張することはできない。かれらはそうした全体的な方向づけを支持するふうを装っていたが、しかし反抗的な若者たちが、公国当局にとってとりわけ危険な状況に身を投じるような場合には、かれら指導者たちが事態を調整し、生徒を保護して、自分たちが非難されるような事実を最小限に切りつめ、君主との公的関係のなかで危険となる要素をもみ消そうと試みたのである。かれらが青年たちのなかに、みずからはあえて表明することのなかった自由な精神の目覚めを確認したとしても、おそらくさほど腹を立てることはなかったであろう。かれらは何よりも、見かけを取り繕うことで満足していたのである。そして、無力感ないし倦怠感から、あるいはまた内面の自由主義のゆえに、手綱を緩めることもあった。神学院生にとっては、暗黙のうちに引かれている限界、すなわち公式に規定されたものよりはるかに広がりをもつ限界を越えないことがとくに必要であった。かれらはそれゆえ、ひそかに、しかも事実上、さほどの危険を冒すことなく、規則としては禁止されている書物を読んでいたのである。

シェリングはヘーゲルのことを、「レッシングの常連」と名づけている（C1二六）。もうひとりの学友は、「いつもルソーを読んでいるヘーゲルの姿が見られた」[*12]と証言している。モンテスキューの著作を熱心に渉猟しながら、かれが同時にヤコービの作品に眼を通していたことも知られている。しかもかれは、〔哲学の〕偉大な革新者の諸著作が公刊されるのを待ちわびていた。すなわち、『実践理性批判』（一七八八年）、『判断力批判』（一七九〇年）、および『理性の限界内における宗教』（一七九三年）である。

理性によって、宗教に課せられるところの限界——牧師を養成する施設としては、別の時代ならば瀆神の響きをもったことであろう。それでは、批判とは何か。それは脅威のごとくに受けとられる。フィヒテはこの急進主義の点で、カントを上回るであろう。そして、神学院生たちも、カントよりフィヒテを好むようになる。

ヘーゲルは、まったく独自の性格をもつ、個人的な研究に着手する。それはまた、驚くべき印象を与える研究である。かれはその成果をけっして公表しないであろう。その理由はおそらく、これらの研究が不確実で未完成であると判断したためであろうが、しかしそれでも出版しようと思えば、簡単にそうすることができたはずである。だが、その場合には、これらの研究の異端的で反体制的な内容が、いっそうはっきりしたかたちで浮かび上がってきたであろう。そして、この明確化によって、じっさいには出版が不可能となったことであろう。かれはそれらの著作を、生涯にわたって草稿のまま保持した。それはただたんに、かれが生きた抑圧的な制度のもとでは出版することが不可能だったからである。

ヘーゲルはこれらの試論において、つねにかれの特徴となっている労苦にみちた精細な手法で、新機軸の見通しのもとに新しい言葉で提示されたその時代の政治的＝宗教的諸問題を研究している。かれは古代ギリシアから、宗教と政治との相互の影響をめぐる幸運な証言を取り上げ、そうした一致が現代に置き換えられるありさまを概観する。テーマのもつ宗教的色合いを消し去ることなく、ほとんど社会学的ともいうべき視点、いずれにせよ歴史的であることに変わりない視点を採用し、深く変様した、すなわち完全に新しくなった宗教が国家を支え、強固にし、公民的、愛国的感情を促し、個人の社会的徳性を鼓舞することができるような客観的諸条件を検討するのである。

このような考察は、とくにシュヴァーベン地方で理解され、実践されてきたような宗教にとっては荒廃をもたらすように映るであろう。少なくとも、あとから振り返えればそうである。かれは、時代の精神によって鼓吹されているのである。大きな相違があるとはいえ、かれの考えと、同じ時期にフランスで追求されていた考察との緊密なつながりを見落とすことはできないであろう。きわめてはっきりした内容をもつフォーシェ神父の著作のタイトルは、かれの考えにかなりよく適合しているといえる。すなわち、『民族宗教について』（一七八九年）と題する作品がそれである。

ヘーゲルにとって重要なのは、まさしくその点である。要するに、必ず民衆的基盤に立ち、真実かつ持続的に人間的共同体を建設し、復興させるような民族宗教をどのようにして確立するかという問題にほかならない。一九〇五年にディルタイが述べているように、「ヘーゲルの神学的研究は、宗教的探究の枠を越えていたるところに、たとえば新しい宗教的理想や、あますところなく人間的な、新しい生活共同体に導いてくれる」[*13]のである。

ディルタイはここで「神学的」という言葉を用いているが、その理由は、これら青年期の試論のあるものが、ローゼンクランツによっていささか性急に、そのような名称を与えられていたからである。けれどもディルタイは、同じ

*12　クリスティアン・フィリップ・ロイトヴァイン。テオドール・ヘーリング『ヘーゲル、その意志と著作』、ライプツィヒおよびベルリン、第一巻、一九二九年、五二頁からの引用。　*13　ヴィルヘルム・ディルタイ『ヘーゲル青年時代の歴史』、ベルリン、ライマー書店、一九〇五年、一三四頁。

ローゼンクランツが、その他の試論のあるものに「神学批判の諸断片」（R・XXXVおよび四六二）という共通のタイトルを付した事実を見落としている。やがて、一九〇七年に、ノールが右のような呼び名をもつ著作の最初の部分だけを取り上げて、一七九三年から一八〇〇年にかけて書かれた若きヘーゲルのあらゆる草稿を、『ヘーゲル青年時代の神学論集』[*14]という共通のタイトルのもとに公刊するであろう。じっさい、そこではたえず神と宗教が問題にされている――とはいえ、その点は、ヴォルテールの攻撃文書が独訳では『ヴォルテール神学論集』[*15]と題されて出版されているのと同じことである。ヘーゲルのテキストのもつ、しばしば激しい論争的な方向性を考慮すれば、それらは反神学的という呼称に相当するであろう。ヘーゲルはまぎれもなく、そのなかで宗教と並んで、政治や歴史を論じているのである。

人間の普遍性を、ヘーゲルは新しい視点から、すなわち同時代の出来事によって開かれた、広い意味での本質的に政治的な視点から考察する。かれは、現在のドイツでは緩んでしまった、あるいは断ち切られてしまった社会的な絆を再建する可能性について心を砕くのである。さらにまた、その解体が確認されている、国民的同一性と統一性を回復させるとともに、その地位が低下し、相互に分離、分裂している諸個人を復権させることにも心を砕くであろう。この深刻な分割と痛々しい分裂を乗り越える必要があり、ヘーゲルはその手段を必死に探し求める。かれが古典ギリシアの国家と個人のうちに思い描いているような、この調和と統一と美の夢想をどのようにして実現することができるであろうか。

この進むべき道において、ヘーゲルは愛についての考察にとりかかる。愛は、そのあらゆる形態（性的、感情的、神秘的な）のもとに、対立するものを統合し、その点でまさに弁証法的に理解された理性との類比を示しているからである。

かれはそれらの著作のなかで、自分の計画が近々実現するとか、あるいはいかなる性質のものであれ、社会的、政治的生活の改革に類するようなことを明らさまには主張していない――しかしながら、それらのことはもちろん暗黙の了解事項となっている。というのも、宗教の必然的介入がなければ、それらのことは場合によっては起こりえないと見なされているからである。こうした多様な要求のために、ヘーゲルは繊細で、学殖あふれる、しかもきわめて独創的な考察を続けることを強いられるであろうが、それのもつ重要性は、ある種の現代的な考え方からすれば、円熟期の哲学的著作以上といわれている。

　現代の読者は、それらの著作に対してさまざまな関心を寄せている。時には、これら青年時代の研究に、新しい時代の精神的要求に大胆に適応した、一種の伝統的信仰の確認を見出して喜びを覚えることであろう。あるいはまた、現代の読者はこの新しさそのものを、しかも、その新しさのなかでもはや古い意見と一致しないものを好むことであろう。後者の場合、重要なのはもはやテキストの奥底に残っている「神学的」なものではなく、ヘーゲルの名だたる後継者や弟子たちにおいてもっとも実り豊かなものとして現われるその大胆な思想の方である。

*

ヘーゲルの学殖、緻密さ、そして独創性は、例外的な資質をもつ二人の学友、友人の協力なしには、発展しえなかったであろう。かれらはともに成長し、偉大になっていくのである。

神学院はシュヴァーベンの青年たちのなかからつねに最良の部分を集めていた。けれども、この時代には、とりわけ優れた青年たちが集まっていた。すなわち、ヘーゲル、ヘルダーリン、シェリングである。

ヘルダーリン（一七七〇―一八四三年）はヘーゲルと同じ年に生まれ、かれと同時に神学院に入学した。人びとは、偉大な哲学者の誕生よりも、偉大な詩人の誕生をいっそう早い時期に予感したが、しかし両者とも自分たちが優れていることを感じており、また承知していた。しかも、かれらは互いにその事実を認め合っていたのである。謙虚な気持

*14　本書、第2章、注10、参照。　*15　ヴォルテール『著作集』、第十一―十六巻。W・C・S・ミリウスの独訳（『全集』、ベルリン、一七八三―一七九七年）は、『神学論集』という特別のタイトルをもっている。

から、かれらが息苦しい思いをすることはなかった。

一七九〇年から、かれらは同じ部屋で暮らしたが、かれらよりもずっと若いもうひとりの卓越した寄宿生シェリング（一七七五—一八五四年）がその部屋に合流することになっていた。人びとはシェリングのことを、すぐに「早熟の天才」と渾名するようになるであろう。はじめて出会ったときから、三人組が結成される。ロベルト・ミンダーは、「テュービンゲンの三人の仲間」という文句を刻むことになる。

のちの姿から若きヘルダーリンを判断するとすれば、その出会いは衝撃を与えたはずである。美しく、教養があり、驚くほど感受性の豊かなかれは、崇高な感情のなかで物事を考え、地上的なものについては、真に避け難いときにのみ、苦しみの心を抱いて触れるにすぎなかった。かれの精神はあまりに高く飛翔しすぎていたため、大部分の人はかれについていくだけの勢いをもたなかった。かれらの青年時代に、この例外的な人物の親友であり、その敬意と愛情に値する者であったという幸運がどれほどのものかを推し測ることはできないであろう。

三人の仲間は、古代ギリシアへの崇拝と、表面的には矛盾するようにみえるが、現代哲学への熱狂の点で一致していた。かれらはいっしょになってヤコービの『スピノザ書簡』を発見したが、その作品はかれらに対して、安全な装いをほどこしているとはいえ、かれら好みの著作家のひとりであるレッシングがひそかにスピノザ主義者であったことを、したがって当時の見方では隠れた汎神論者、あるいは秘密の無神論者にほかならなかったことを教えてくれた[*16]。かれらはまた、汎神論的一元論——いまの場合、この言葉が適切であると仮定して——に改宗した。それについての多くの証言がかれらの著作のなかに散見されるし、ヘルダーリンはその簡潔な表現をヘーゲルの『アルバム』のなかに、もちろんギリシア語で記入している。「信仰告白。一にして全《ヘン・カイ・パン》」（B4四八）と。

シェリングは、十七歳で神学院に入学を許された。優等生であり、すべてに堪能であり、創意に富み、自分を信じ、傲慢で、成功と栄光を渇望していたかれは、輝かしい、性急な、しかも対照的な未来を約束されていた。かれは何年ものあいだ、友人ヘーゲルの知的活動と創造性に刺激を与えた。一方、ヘーゲルはかれより鈍重で、オクテではあるが、しかしいっそう真面目で、そのうえ方法的かつ体系的であり、かれのことを一種の師匠のように見なしていた。人びとは、「シェリングの弟子ヘーゲル」と呼んでいたのである。だが、こうした表現は、最終的には不快なものとなった。二人の若き哲学者の友情は一八〇七年まで続いたが、『精神の現象学』のある論争的な議論のために——ヘーゲルはそのなかで、みずからの独自性を容赦なく確認している——修復し難いほど断ち切られてしまったのである。

神学院の五年間に及ぶ研究について、人は一般に厳しいイメージを抱いている。たとえば、耐え難い規律とか、不愉快な勉強、理論上の不安、宗教的な悩み、等々である。それらは、ヘーゲルが晩年に至って読者に植えつけようとした、自分についてのいかめしい表象を用意するであろう。要するに、かれの肖像には微笑みが欠けているのである。一般的にいえば、老年期の陰うつな著作を苦労の末にようやく自分のものにすることができるような哲学者の、若いときの姿を思い描くのはなかなか困難である。

しかしながら、神学院では三人の仲間は他の若者たちと同様に、青年時代の自然な傾向にほどほどに浸りながら、陽気に、また茶目っ気を発揮して、しかも時には不法行為を犯しつつ行動していたのである。かれらは暇つぶしの楽しみを拒まなかった。とくに、ヘーゲルの場合はそうである。かれらは宿屋に集まっては、酒を飲み、歌を高唱した。そして、異性とつき合い、オクテの学院生をからかいの対象にしたのである。だが、それらすべてのことは、現代の基準からすれば控え目なものである。

ヘーゲルは生涯のこの時期に、急激に変化していく、きわめて多様な行動を実践している。それはたんなる気まぐれであったのか——それとも証人の意見が変化した結果であろうか。ヘーゲルの仲間はかれのことを「老人」と渾名し、かれについて老人のシルエットを描いている。けれども、かれらは同時にこの「老人」の『アルバム』に、次のように記している。「最後の夏が終わったが、この人の夏はいっそう首尾よく終わるだろう。かの人のモットーは酒

---

*16　ヘルダーリン。「スピノザは前世紀の偉大な人物であり、言葉の厳密な意味での無神論者であるにもかかわらず、高貴な姿を失っていない。」（前掲書、七〇頁）ハイネ。「汎神論者は恥ずべき無神論者にほかならない。」（『ロマンツェロ』への「あとがき」）

だったが、この人のそれは愛である」（B4六五）と。ヘーゲルは長い行程の乗馬を試みているが、時には遅くなって神学院に戻ってくる。そうした過ちのためにかれは叱責され、独房入りの罰を受ける。かれは、管理者的発想の大仰な言葉をもって、「放浪癖」と非難される。したがってかれは、喜びや快楽を断っていたわけではないのである。かれの生活におけるそうした陽気な面は、むしろ学院の外で発揮されている。しかし、友人たちといっしょのときは、かれはおそらく学院内の暗く不愉快な面を誇張する傾向があったのであろう。かれはその門を通り抜けたときにはじめて、自分が自由であることを感じる。いったい、誰がその重い蓋を持ち上げることになるのであろうか。

第4章　フランス革命

「哲学の、最初の実践的勝利……」（ゲンツ、一七九〇年）[*1]

フランス革命の知らせは、すでに新しい思想の浸透によって動揺していたプロテスタント神学校の生活を激変させた。あらゆる種類の不安定、軋轢、あるいはとげとげしさが一挙に強まった。ヨーロッパの運命を変えるその出来事は同時に、ヘーゲルとかれの学友たちの生活や思想を新たな方向に振り向けることになった。以後、すべての人びとの心はフランス革命のリズムに応じて、またこういう言い方が許されるならば、大砲の音に呼応して波打つのである。

一七八九年七月十四日、決起したパリの民衆はバスチーユ牢獄を襲撃する。その行動が同時代の人びとの心に、とりわけドイツでなりゆきを見守っていた人びとの心にどのような影響を与えたかを思い描くのは、今日ではなかなか困難である。それは考えられないこと、信じ難いことであり、神学院で皮肉をこめて検討されていた聖書の奇蹟よりもたしかに驚くべきことだったのである。それはひとつの奇蹟であるが、しかし現実に起こった奇蹟である。生涯にわたって、ヘーゲルはその記念日を、しばしば学生たちといっしょに——かれは学生たちのために、その記念日について解説をほどこすであろう——心をこめて祝うであろう。

テュービンゲンの神学院では、それはあたかも引火性の物質に落ちる火花のような意味をもっていた。とはいえ、注意すべきは、その引火性の物質が精神的なものにすぎなかったことである。その出来事は神学院生や、他の多くのシュヴァーベン人の思想に深い影響を及ぼすことになるが、しかし知られているかぎりでは、身体の方がほとんどついていかないであろう。かれらが、ホーエナスペルクの城塞の攻撃に取りかかることはないのである。かりに、かれ

*1　フリードリヒ・フォン・ゲンツ（反革命主義者になる前の）、一七九〇年十二月五日付のガルフェ宛の手紙（『ガルフェ宛書簡集』、一八五七年、五九頁）。

らが動いたことがあったにしても、それについての積極的な証言はほとんど残されていない。実をいえば、かれらは自分たちの国では、ひそかに行動することしかできなかったのである。だがそうなると、いったい、誰に知られるというのであろうか。数人のシュヴァーベン人だけが、公然たる態度で革命フランスへの奉仕を始めるであろう。ラインハルト、ケルナー、コッタ……である。ヘーゲル自身が、知り合いや友人たちのあとを追って、ライン河を越えることはないであろう。

表面的には、またわれわれが現在知るかぎりにおいて、フランス革命は神学院生たちの行動を――かなり詳細に報告されている若干の自発的行為を除けば――間接的にしか変えることがなかった。だがフランス革命は、三人の友人たちにかぎりない人間的希望をもたらし、熱烈な感情が持続的にかれらの心を捉えるのである。

四〇年後、神聖同盟の支配下に、王政復古と絶対主義体制の復活が完全に果たされるとき、ヘーゲルは絶賛するような調子で、神学院生たちの高揚した精神状態を恐れることなく回想するであろう。「権利の思想と観念が突然価値をもつようになって、不公平な古い機構はそれに抵抗することができなくなった。その結果、権利の思想のうちにひとつの憲章が構築され、以後、すべてのことがこの地盤に依存しなければならなくなる。太陽が天空に位置し、惑星がその周囲を回転して以来、人間が頭を下にして立つのを、要するに概念に根拠を置き、それに従って現実を構築するのを眼にしたことはなかった。アナクサゴラスがはじめてヌース（ギリシア語、理性）による世界の支配を口にしたが、しかし、思想が精神的現実を規定すべきであると人びとが認識するようになったのは、ようやく現在に至ってからである。したがって、それは壮麗な太陽の上昇にほかならなかった。考えることを旨とするあらゆる存在は、この時代を祝福した。崇高な感動がこの時代を支配し、精神の熱狂が世界を震憾させた。それはあたかも、このときはじめて、人びとが神と世界との真実の和解に達したかのような光景であった。[*2]」

たとえそれが「あたかも」という表現であったにせよ、ルター派の思想家にとって、キリスト教が誕生してから一七八九年後に「神と世界との和解」が成立したという言葉を挿入するのは思い切った態度というべきであろう。

フランス革命の光景に若きヘーゲルが熱意を示したことは、カントに大いなる抑制を強いることになった政治的状況のなかで、かれの心を捉えた熱意と相呼応するものである。カントは一七九八年に、次のように宣言している。「われわれが今日、その発生を眼にしている、ある民族の精神的に豊かな革命は、成功することも失敗することもありうるであろう。思慮ある人間がもう一度その革命を企てて、成功裡に遂行するのを望むことができるにしても、それほどの犠牲を払ってまでそのような実験を試みる決意をすることはけっしてないであろうほどに、その革命は悲惨と残酷に満ちていることもありうるであろう。しかしながら、わたしがいいたいのは、この革命があらゆる観察者（かれら自身は、そのゲームに巻き込まれていないが）のあらゆる精神のうちに、希望というレヴェルにおける共感〔傍点、カント〕を、すなわち熱狂と紙一重の、言い換えれば外に現われると危険をはらむような共感を見出しているという点である。したがってこの共感は、人類における道徳的傾向という原因以外のものをもつことはできないのである。[*3]」

カントとヘーゲルの、こうした厳粛な宣言に含まれる共通の要素にわれわれは気づくはずである。すなわち、フランス革命への全面的同意、それに対する賛美と愛の念である。とはいえ、そこには興味深い微妙なニュアンスの差異がともなっている。

まず第一に、二人の哲学者は——おそらくその点で、一方は他方を引き写しているように思われるが——フランス革命に直面したかれらの観察者的態度を強調している。かれらは巧みに、自分の国での積極的参加や、共犯的な革命行動といったいっさいの非難を回避しようと望んでいる。それというのも、こうした非難はかれらにとって、最悪の厄介事を引き起こす恐れがあったからである。けれども、このような慎重な態度には同時に、残酷な政治的現象に対する思想上の臆病さの名残りが含まれている。

---

*2　G・W・F・ヘーゲル『歴史哲学講義』、J・ジブラン訳、パリ、ヴラン書店、一九六三年、三四〇頁。　*3　I・カント『哲学著作集』、プレイヤード叢書、第三巻、一九八六年、八九五頁（訳、修正）。

第二に、より効果的なかれらの関与がどのようなものでありうるにせよ、かれらは抗い難いドイツ的傾向に屈してしまう。たとえば、一方のカントはフランス革命のなかに、観察者に対してかれらの道徳的傾向を誇示する機会をとりわけ見ようとする。観察者たちは、その道徳的傾向を自分自身に照らして証明する必要があるというのである。他方のヘーゲルはフランス革命に、「神と世界との和解」という功績を帰している。こうした言葉に対して、フランスの革命家なら、神的なものが七月十四日、あるいは八月十日とどのような関係をもたねばならないのか問いかけたことであろう。これらの道徳主義的意図は、フランスにおいてはロベスピエールのそれ以外は、ほとんど一致を見ないものである。

意図的であれ、そうでないのであれ、ヘーゲルは青年時代に抱いたフランス革命への共鳴のもつ理論的、道徳的性格を文字通りに強調する。けれども、その点はよく知られているので、むしろニュアンスを和らげることが肝要であろう。

政治的革命の発展を促す実際的条件はヴュルテンベルクには存在していなかったし、しかも一般的にみて、ドイツ自体に存在していなかった。神学院生たちの反応が、とりわけ冥想的、道徳主義的次元に留まったとしても、なんら驚くにはあたらないのである。とはいえ、そのことは、かれらが積極的、攻撃的な仕方で几帳面に関与した事実を排除するものではない。われわれは、そうしたことが起こった若干のケースを知っている。したがって、そのような積極的関与が、さほどの広がりをもたなかったと主張することはできないであろう。というのも、積極的に関与した場合、かれらはその秘密を守らなければならなかったからである。われわれはまた、それと反対のケースを確信をもって主張することもできないであろう。

しかしながら、さまざまな資料がたえず発見されていくという事実に照らしていえば、歴史家や注釈者たちが若きヘーゲルの精神状態における革命的側面を、意識的であれ、あるいは無意識的であれ、いたずらに過小評価したことはいまや明らかであろう。すなわち、ある証言が何がしかの不確実性を帯びる場合には、かれらはそれを恣意的に排除してしまうのである。あるいはまた、保守主義ないし静寂主義《キエティスム》〔精神の静寂を根本と見る、十七世紀のキリスト教神秘主義〕の意味に、要するにもっとも穏健で、無害な意味に故意にねじ曲げてしまうのである。しかも、かれらのやり方はおうおうにしてかなり不手際なものであるので、事情に通じた者の眼には、かれら自身の考えが透けてみえるであろう。みずからがフランス革命の敵対者であり、過去にさかのぼってそれを中傷しようとするため、未来の哲学者がそのとき、自分たちとは別の感情を体験しえたという事実を考えることも認めることもできないのである。革命に与するヘーゲル――それはかれらの想像力を越えている。かれらがその言葉に与えている意味で、ヘーゲルは「理性的」であり、「健全」であり、「バランスがとれて」いる必要があったのではなかろうか。本質的には、すでに成るべきものに成っていた青年が、またあれほど賢明で、尊敬すべき教授が、どうして他の人びとといっしょに、自由の樹のまわりを輪舞するなどということがありえたであろうか。そのことが明白な事実であるか否かは、重要ではないのである。というのも、いずれにせよ、それはかれらにとって考えられないことだからである。

　それゆえ、フランス革命に対する神学院生たちの行動に関しては、きわめて慎重な態度と、冷静な客観性ならびに熱烈な理解力への大いなる努力とを推奨することが肝要である。だが、それは容易なことではあるまい。

　少なくとも、しばらく前から、ある種の事実は知られている。それらの事実を通じて、じっさいの状況を明らかにすることができるであろう。

*

　大部分の神学院生たち、とりわけコルマールやモンベリヤール出身の神学院生たちは、国民的対立感情のゆえに専制主義への憎しみが増幅されていたので、フランス革命に対しては最初から共感を覚えていた。プロテスタントの多くは、フランスにおいてさえ、そうした立場を選んでいる。ヘーゲルはヘルダーリンとともに、のちにはシェリングも加えて、それなりに考え抜いた末に同じ選択を行なったのである。

そのときから、感情の一致と、審美的、宗教的、哲学的思想の一致にもとづいた三人の友人たちの結びつきは、同じ政治的熱意のなかで確固たるものとなった。以後、かれらは文字通り、兄弟的共同体を形成したのである。時代とともに、かれらは皆「ジロンド派」となり、「山岳党」やロベスピエール、およびマラーに敵意を示している。伝記作者たちは、ジロンド派もまたかれらなりに革命主義者であり、弑逆者であることを、そして外国への干渉と好戦的態度の点でも際立っていたことを想起させたがらない。おそらく、フランス革命を全ヨーロッパに広めるというかれらの計画と宣言――それ自体としては、きわめて異論の余地のある考え方だが――こそ、自分たちだけでは自由になることができないヴュルテンベルクの神学院生たちにもっとも気に入った点に相違なかった。ヴュルテンベルク公と、その宮廷およびその官吏たちにとって、ジロンド派は実態がどうあれ、けっして「穏健派」とは映らなかったのである。そしてかれらはジロンド派を、山岳党や、最終的にはすべての愛国的フランス人と同じ穴のむじなとして非難し、断罪して、ジャコバン派というただひとつの、あまりにも包括的なレッテルのもとに投げ込んだ。この言葉はドイツにおいて、徐々に一般的な意味をもつようになる。すなわち、旧体制が恐れるすべての人びとのことにほかならない。

フランスでは、人びとはついにあるがままの事実をはっきりと口にするようになり、その事実をあるべき姿へと置き換えるために、英雄的な戦いを行なっていた。三人の仲間たちは、その約束された新しいありかたを情熱的に信じた。たとえそれがたんなる新しさ、意図的な新しさというだけの理由にすぎないにせよ、かれらはそうしたありかたを信じたのである。

とりわけかれらを引きつけたのは、専制主義のために色褪せた古い徳目が、愛国的行動のなかで目覚めたことであった。たとえば、個々人における無私の心、自己犠牲、勇気、死の危険を喜んで受け入れる態度、等々である。かれらは自由、平等、友愛といった革命の諸理想におおいに敬意をあらわしたが、しかしとりわけ、人びとがそれら諸理想のために闘い、死ぬことができることを称賛した。自由か、それとも死かの二者択一である。それは、別の言葉でも容易に表現することができた。要するに、死を通じての自由である。

一八〇二年になって、ヘルダーリンはフランス人たちに見られるもの、すなわち「知への渇望が満たされる妙技としての死の感情」[*4]と呼ぶものを称えるであろう。

かれらがフランスの革命家を賛美する態度には、伝統的なキリスト教的イデオロギーのようなものが残っている。というのも、フランスの革命家は理想を好み、この世の財貨を軽蔑して、犠牲にすることも憚らないからである。共和国軍の戦士たるかれらは身も心も普遍性に捧げ、兄弟や子供たちの幸福しか念頭になく、ひとつの理念のためにヨーロッパの戦場で数百万の単位で死んでいくであろう。ヘルダーリンはそうした共通の感情を尽きることなく表現し、ほめ称える。そしてヘーゲルもまた、より散文的な形式で、その感情を弁護することを忘れないであろう。フランス革命は人びとに、自己自身を獲得し、二重の意味で「自己意識的」になることを教えた。すなわち、悔いなくいっさいを手放すこと、しかも諸個人のために生命すら放棄することを教えて、おのれの現実と本質を意識し、またおのれの価値を認識することとである。

フランス革命は、人間の基本的な道徳的素質を再生させるが、これをヘルダーリンは人間のうちなる「神的なもの」と呼んでいる。ヘーゲルも、同じ用語を用いている。伝記作者は二人の友人の内面の思考に、また多くの場合、シェリングの内面の思考にも、かれらそれぞれが表現しえたものを当てはめることができるという好都合な状況に置かれているのである。

かれらはともに、理論と実践、道徳と現実を一体のものと考えている。時にはそうした一元化が明白なかたちで現われることもある。たとえばかれらの眼には、フランスで進行する革命は、ドイツにおいてそれと平行的な哲学的変化をともなっているようにみえるのである。それはあたかもラインの両岸で演奏されている、同じメロディの異なる楽譜のあいだに、あらかじめ定められたある種の照応が看取されるようなものである。

ドイツでは、カント的批判は、ラインホールトのような若干の有益な普及者のおかげで、徐々に評判をうるように

*4 ヘルダーリン、前掲書、一〇〇九頁。

なっていった。その批判は新しいものであったがゆえに、今日と同じような表情を、たとえば図書館の書棚で他の本のあいだに置かれることによって、過去の暗闇と混乱のなかに少しずつ霞んでいく学説というような姿を一般の人びとに示してはいなかった。それどころか、十八世紀末には、カント的批判は爆弾のように炸裂したのである。

カント的批判は、いっさいの過去と手荒く縁を切った——少なくとも、そのように主張していた。事実、革命という言葉が哲学のテキストのなかで、一七八七年の『純粋理性批判』第二版の序言におけるほど繰り返し使われたことはかつてなかったことである。それはすでに、多くの検閲官と読者を悩ませていた。しかし、八九年以降、さらには九三年以降、革命というカントの言葉は、ある種の高揚した人びとにとって、あるいはその他の脅迫的で、威嚇的な人びとにとって、はるかに力強い意味を帯びるようになっていた。カント自身も、みずからの理論的発見のもつ秩序破壊的な射程を強調して憚らなかった。「批判哲学は、他のいかなる哲学も以前には存在していなかったかのように登場したのである……。否、むしろ、批判哲学以前には哲学なるものは存在していなかったのである。[*5]」

フランスの革命家たちも同様に、徹底的な断絶というこのまことしやかな感情を体験した。たとえばブリソは、その感情を誇らしげに示している。一方、国民公会議員ルバスは、そのありさまを次のようにはっきりと描いている。「さまざまな道が、われわれの背後で途絶えている[*6]」と。

それゆえ、カント以前に後退することはもはやできなくなるであろう。

カントは伝統的神学や、それまで異論の余地なく受け入れられてきた宗教哲学と対決して、神の存在を、一般的にいえば主要なキリスト教信仰を合理的に証明することを拒否したのである。かれは容赦ない破壊者として、人びとを震憾させた。すなわち、形而上学の領域では、何かを証明しようとするのは空しい試みであり、他方、道徳的観点からすると、人間の人格は絶対的に崇高なものとして定立されるというのである。神が人間に道徳法則を押しつけるのではなく、人間が進んでみずからに与えるがゆえに、神の存在を信じる可能性が存在するわけである。

カントのこうした思想は、もはやわれわれの時代の宗教的精神に衝撃を与えることはない。かれらは他の多くの思想を、すでに理解してしまっているからである。けれども、啓蒙主義による寛容の度合いがどれほどであったにせよ、カントの諸命題はある種の世界においては、とりわけルター派の神学校では、知的動乱ともいうべき効果をもたらした。たしかに、それはコップの中の嵐にすぎないであろう。とはいえ、このコップは神学院生にとっては、かれらの世界全体を意味したのである。

ヘーゲルは他の人びと以上に強烈に、フランスの政治的革命とカントの哲学的「革命」との深いつながり——かれによれば、両者とも世界精神の同じ革新、同じ若返りから生まれたものである——の感情を体験した。かれはベルリン時代の『講義』のなかで、この実り豊かな世紀の転回点を次のように称えるであろう。「カント哲学、フィヒテ哲学、シェリング哲学のうちに、最近ドイツにおいて精神の到達した革命が、思想の形式をとって提示され、表現されている。それらの哲学が連続していくなかで、われわれは思惟の歩みを手中に収めるのである。世界史のこの偉大な時代に……二つの民族だけが関与している。すなわち、ドイツ民族とフランス民族である。たとえ両者がどれほど対立し合っているにせよ、あるいはむしろ対立し合っているがゆえにというべきであろう……。ドイツでは、この原理は思想、精神、概念として入ってきたが、フランスにその原理が侵入したのは現実の生活においてである。」[7]

哲学者は、もはや自分自身を創造していない。かれは、世界精神——二つの民族のうちにその革命的課題を分かち与える、実践的、理論的歴史の主体——のスポークスマンにすぎない。観念論は生来の個人的主観主義を脱ぎ棄て、普遍的主体性のために尽くすのである。フランス革命はそのことを経験している。

ヘーゲルは、思想が世界を導くがゆえに、カントの理論的革命が不可避的にドイツにおいて政治的革命——フランスの革命より一段と優れた革命。というのも、それは道徳的純化によって準備されるであろうからである——を引き起こすものと信じるに至るであろう。「カントの体系とその最高度の完成から、わたしはドイツにおけるひとつの革

*5　I・カント、前掲書、第三巻、四五一—四五二頁。　*6　一七九三年一月二十日の演説。ソブール『フランス革命』、テル叢書、パリ、ガリマール書店、一九八一年、二七四頁。　*7　ヘーゲル『哲学史講義』、ピエール・ガルニロン訳、パリ、ヴラン書店、第七巻、一九九一年、一八二七頁。

命を期待する――それは、すでに存在する原理から、すなわち全体的な検討を受けて、すでに存在するいっさいの知識に適用させることのみを必要としている原理から出発するところの革命である」（C一二八）。

それゆえ、神学院のいくつかの「学習部屋」の中に知的な過熱状態が生じたとしても、それは正常な姿であろう。しかしながら、神学院生たちがドイツ流にどれほど「理論主義者」であったにせよ、かれらは実践的な意味でもみずからの意志を明らかにしたのであって、そうした活動に関する若干の証言も残っている。

ある人びとのようにフランス軍に身を投じる代わりに、神学院に留まった者たちは、少なくともフランスの亡命貴族と争い、闘争を展開した（R三二）。かれら亡命貴族は、テュービンゲンの街では誰からも嫌われていたのである。

ヘーゲルとシェリング、同時にまたおそらくヘルダーリンも――この場合、ヘルダーリンが両者から距離を置いていたかどうかはよくわかっていない――神学院のある「政治クラブ」（R三三）に、すなわちパリの偉大なクラブの色褪せてはいるが、しかし有意義な模倣にほかならないクラブに加入している。そこでは、さまざまな「行き過ぎ」が行なわれていたという。[*8] 種々の伝記を読むと、そのように告発された違法行為は、（フランスの革命的出版物の）読書の「行き過ぎ」であり、（秩序破壊的な言辞の）言語的「行き過ぎ」であることが判明する。フランス革命は、それを観察するための眼鏡をかけるとすれば、どの程度の行き過ぎにまで高められねばならないのであろうか。いずれにせよ、ヘーゲルはこのクラブの集会において、もっとも血気にはやる聴衆のひとりと名指しされている。

シェリングはラ・マルセイエーズ〔革命歌。のちの国歌〕をドイツ語に訳したといわれており、またドイツに入ったキュスティーヌ〔一七四〇―一七九三年、フランスの将軍〕の共和国軍と接触をもったのではないかと疑われている。そうしたことは、ヘーゲルとヘルダーリンとのひそかな了解のもとでしか起こりえなかったのは明白である。

ある歴史家のいうところによれば、ヘーゲルは「自由へのそうした高揚に巻き込まれた」[*9]とされている。カントはけっして熱中（Schwärmerei）について論じたことはなかったであろうし、自由への愛を行き過ぎと見なしたこともなかったであろう。カントは精神的、政治的自由を、人類の最終目標、人間の運命そのものと考えたのである。

カントはスウェーデンボリ流の神秘主義者を、感激屋として扱っている。フランス革命への愛が一種の狂信でしかありえないと考える歴史家は、若きヘーゲルの革命的傾向を描いたり、判断したりするには不都合な立場に置かれており、それを狂気への接近、あるいは学生の気まぐれといっしょにしてしまっているのである。これらすべての神学院生たちのうちで、ヘーゲルは相対的にもっとも思慮深い、もっとも冷静な人物であり、明らかに「巻き込まれる」ようなタイプの人間ではなかった。むしろ、かれの方が他の人びとを巻き込んだのである。

ここで、テュービンゲンの若き神学者たちに帰せられるいっさいの革命的言辞や、態度や発言をリストアップすることは不可能である。[*10]だが、かれらの確信の強さは、そこから生まれるこまごました結果と同様に疑うべくもないであろう。かれらは、全般的に無関心かつ受け身の態度をとる人びとのなかにあって完全に孤立しており、したがってかれらの犠牲的精神に富む躍動感はユートピアのうちに見失われていったのである。

ここで、ひとつの方法論的問題が提起されよう。それは、全体主義的で抑圧的な意味をもつところの、宗教的、政治的、文化的風土のなかで発展していく個人や学説を理解するために、どの面により多くの重要性を付与する必要があるのかという問題である。個人は、考えることのすべてを口にすることはできないし、為すことのすべてを明らかにすることもできないであろう。その場合、与えられた原型に応じて、個人が倦むことなく説明したり、繰り返したりする内容を再現することが大切なのであろうか。それともむしろ、型通りの言説を無効にしてしまう大胆な、しかも稀有で簡潔な言い回しを強調すべきなのではあるまいか。宗教的と謳われる著者が記した、明らかに無神論的意味をもつたったひとつの宣言、また日和見主義的全体のなかに見られるたったひとつの革命的抗議は、思想体系のイメージを正すのに充分なのではなかろうか。

---

*8　ヴィリー・モーク『ヘーゲルとヘーゲル学派』、ミュンヘン、一九三〇年、一二頁。　*9　同書、同頁。　*10　神学院のこうした革命的動揺については、フランクおよびクルツ『シェリング哲学の起源をめぐる資料集』、フランクフルト、ズールカンプ書店、一九七五年（弑逆者については、一七五頁）、を参照することができる。見たところ、ヘルダーリンとシェリングの伝記作者たちは、ヘーゲルの伝記作者以上に、その時期の神学院における革命的動揺の大きさを好んで強調しているように思われる。

こうした調整作業はヘーゲルの生涯と著作のなかにたくさん認められるものであり、したがってあまり画一的でない見方、硬直していない見方をするにはそれらの調整作業のことを考慮しておく必要がある。このような訂正のもつ重要性は、ある人びとがそれを阻止しようと躍起になるという事実によって証明されるであろう。この点に関して論争があるということは、すでに事柄の重大さを示すものである。

それゆえ、こうした展望のもとに若干の事実を喚起することができるし、またそうしなければならない。ここでは、手短かにという点に配慮して、そのうちの二つの事実を指摘するだけで満足することにしよう。これらの事実は、ヘーゲルの態度自体についてよりも、その態度をめぐって燃え上がった論争に関して参考になりうるものである。

その第一は、種々の伝記においてしばしば検討されてきた、ヘーゲル、ヘルダーリンおよびシェリングの行為に関する事柄である。そして第二は、いままで無視されてきたような、あるいは気づかれていなかったような、かれらの歴史的＝文学的脅迫観念のひとつに関わるものである。

自由の樹

一八四九年、テュービンゲン大学の司書クリューフェル――かれは元神学院生であるとともに、ヘーゲルの同級のある神学院生の息子でもあった――は、貴重書『テュービンゲン大学の歴史と明細目録』のなかで次のように記している。「ある日、人びとは市場に面した場所に自由の樹を植えた。そしてわたしたちは、その樹のまわりに哲学者ヘーゲルと詩人ヘルダーリンの姿を認めたのである。二人とも、その時代はまだ給費生で、自由の熱烈な友であった[*11]。」もうひとつの資料も同じ趣旨に属するものであるが、しかし二つのテキストとも学問的な正確さを示していない。見たところ、それらの筆者はこの点を考慮していないのである。

ヘーゲルとヘルダーリンの立合いのもとに「自由の樹を植えた」という事実そのものは、しばしば伝説ないしおとぎ話として扱われている。しかも奇妙なことに、ヘルダーリンの伝記作者よりも、ヘーゲルの伝記作者の方が頻繁にそうした取り扱いをしているのである。他の手掛りを勘案しないとすれば、クリューフェルの証言だけしかないという点が悔やまれるであろう。ひとりの証人はなきに等しいからである。けれども、自由の樹に関してそのような不安を口にする人は、ヘーゲルの生涯の長い物語におけるその手の不安のことを考えてもいないのである。その場合、かれらは有無をいわせず、ただひとつの証言にもとづいてほとんどすべての申立てを行なっている。年代記作者や回想録作者が一丸となって立ち上がり、当時はまったく知られていなかったテュービンゲンの三人の神学院生にまつわる事実や行為を記録するようなことはなかったのである。偉人の伝記に関して、とりわけかれらの青年時代にまつわる事柄に関して、もしひとつしかない証言を取り上げないとすれば、いったい、何が残るというのであろうか。単独の資料を発見するのが幸運に過ぎるというのであれば、空隙を埋めることができなくなってしまう。

論争は、純粋無垢なものではない。「自由の樹」にいいがかりをつける同じ批評家が、たんなる遊び心の、空想的な集まりにすぎない「愚行の学院」に若きヘーゲルが加入した事実を、それが政治クラブの偽装のひとつかどうかを自問することさえせずに、吟味もなしに受け入れているような状況である。ある場合には――革命的な傾向のゆえに――人びとは証拠集めを要求するわけである。

なるほど、われわれはどんな小さな事柄においても、厳密な歴史的真理を執拗に探究するというようなことをけっしてしないであろう。しかし、この場合、執拗さというのは選択的である。神学校の歴史を書くのに、クリューフェルほど都合のよい立場に置かれていた者はいなかったからである。ヘーゲルの同時代人や友人たちはまだ生存しており、異議を申し立てることも可能であった。とくにシェリングは一八五四年まで生き続けるであろうし、またビルフィンガーは一八五〇年に、パウルスは一八五一年に亡くなっている。にもかかわらず、かれらが抗議の叫びを上げることはなかったのである。一八四九年に、「青年」ヘーゲル派と「老」ヘーゲル派との論争が騒々しく勃発したが、

*11　クリューフェル、前掲書、二六八頁。

クリューフェルはヘーゲルをみだりに「革新する」ことになんらの利点も認めなかった。それどころか、あらゆる点からみて、ヘーゲルの青年時代の革命的側面を和らげる方向へとかれを促すことになったのである。

一時期、人びとはシュヴァーベンやドイツのいたるところで、自由の樹を植えた。だが、この種の儀式に参加した人びとは、明確な「革命的」自己拘束の点で、ヘーゲルやその友人たちほど際立つことは稀であった。実証的データが不足しているために、おそらくもっとも驚くべき点は、かれらが自由の樹を植えることではなく、むしろ他の面でも確認されうるかれらの意見を、最低限象徴するようなそうした行為に取りかからないことの方にあったのではないかと思われる。

事実自体には、それほど大きな重要性はない。その事実に執拗に異議を唱えることは、かえってそうした主張の当事者に反対することになるであろう。

結局、重要なのは、異議を申し立てにくいような実際的行為ではなく、クリューフェルがその行為に与えている真実ないし虚偽の関係である。すなわち一八四九年に、違法行為が行なわれた場所で、証人や、あるいは筆者の属する、そして神学院の現在の運営のことを知っている証人の直接の後裔のあいだに抗議の声を上げさせることなく、ヘーゲルがかつて自由の樹の植樹祭に参列した事実を語ることが可能だったという点である。その点こそまさに、すべての人びとがなんの留保もなしに、ヘーゲルがそうすることができたのを承知しており、またそれを容認していることの証左である。

それは、ヘーゲルのこの行為に対して——より意識的にではあるが——かれが観念論の深い息吹きに従って、イエスの奇蹟について述べたことを当てはめてみる格好の機会であろう。「キリスト教の導入を奇蹟によって説明する代わりに、むしろ次のような問いを立てるべきである。すなわち、奇蹟が、あるいは歴史がわれわれに語っているような奇蹟が可能になるためには、その世紀はいったいどのようなものでなければならなかったのか、と。」[*12]というのも、奇蹟は他のあらゆる現象と同様に、人がそれに与える表象のうちにしか存在しえないからである。それでは、ヘーゲルが自由の樹のまわりで踊ることになるためには、かれはどのように成長していなければならなかったのであろうか。別の事実を指摘しておきたい。すなわち、ある日のこと、神学院でルイ十六世の処刑が知らされる。神学院生たちは、あるいはかれらのうちの何人かの者は、その出来事を祝福する。そのため、君主が特別に学生たちを叱責しにやってくる。この事件を、社会文化的な文脈のうちに位置づけることが必要であろう。

ドイツの知識人の大部分は、感情的にははじめからフランス革命に与していた。最初のころ、フランス革命は、カントとヘーゲルのうちにその反響が見られるような熱狂を生み出したが、しかしほとんど誰ひとりとして、大胆なフランス人をじっさいに模倣しようという気持になる者はいなかった。しかもさまざまな困難が山積し、その結果、暴力的行為も累積していったので、その魅力は徐々に薄れていった。当初、フランス革命を愛し、支持した大部分のドイツ人たちもそれから離れ、幻滅し、そしてある種の人びとに至っては、率直にいって敵意すらもつようになった。その残酷で、驚くべき性格のために、いま述べたような断絶の仕上げとなった出来事は、一七九三年一月二十一日のルイ十六世の処刑であった。〔国王の〕斬首のもつ象徴的な性格は、あとから振り返るとその感情的インパクトを喪失するにせよ、当時は誰の眼にも明らかなものだったのである。

ドイツの群小専制君主たちは皆、非常な恐怖心と猛烈な憤激の気持を抱いた。そして、卑小なレヴェルでいえば、古い伝統と結びつき、権威一般に対して先祖返り的な敬意をもって服従するかれらの臣下たちも同様であった。人びとは、臣下がこのうえなく不正で残酷な仕方で扱われること――ヘーゲルはしばしば、うんざりするほどそのことに言及している（車責め、吊り落とし、火刑、斬首……）――には慣れていたが、国王についてはそうではなかった。以後、一世紀にわたって、既成権力に敬意と服従の保証を明らかさまに与えるために、弑逆者や国王暗殺者を声高に、しかも公衆の面前で非難することが上品さのしるしとなった。それは、上流社会に入るための、あるいはそこに留ま

*12　ノール、前掲書、二二一頁。および『哲学史講義』、序論、J・ジブラン訳、パリ、ガリマール書店、一九五四年、一七四頁。「キリストは、パリサイびとが、しるしと奇蹟によってその教えをたしかめることを求めたのを非難された。」（「ヨハネによる福音書」、第4章、四八節）

るための切符のようなものであった。

しかしながら、少なくとも、ひとつの例外が存在する。すなわち、神学院である。給費生たちは、全体としてはルイ十六世の処刑に反対しなかったばかりでなく、むしろそれを祝福したのである。そうすることによって、かれらはヴュルテンベルク公に対して特別の考えを抱いたものと推測される。要するに、たとえ善良な君主が暗殺されたとしても、いかなるかたちであれ、神学院生たちは間違いなく涙を流さなかったであろうという点である。かれらは国王の人格のなかに、フランス王政の処刑をみて、あえて祝福したのである。

伝記作者たちが表現に工夫を凝らしながら記している通り、神学院生が陥った「行き過ぎ」は、「君主みずから叱責のスピーチを述べるように促した」のである。

君主はシュヴァーベンの革命家たちを発展させるために宗教施設に出資していたわけではないが、牧師ですら、これらの恐るべき年月のうちに旗色を変えたのである。フランスでは、ほとんどすべての下級聖職者は革命に与している。

自分たちの権力が脅かされていると感じた暴君たちの策略のひとつは、みずから進んで、明らさまに圧政一般を断罪し、いわば圧政の外に身を置いて、批判の裏をかくことにあった。ヘーゲルの時代には、もはや圧政を非難するか否かを知ることが問題ではなかった。というのも、すべての人びとがそれなりに強い調子で、圧政に対して公然と怒りの声を上げていたからである。問題は、まさしく誰が暴君であるのかを決定することにあった。

ヘーゲル、ヘルダーリン、そしてシェリングの場合、一般に専制《デスポティスム》の概念と同じものと見なされている圧政《ティラニー》の概念の適用に関しては、いささかの疑いの余地もない。かれらはヴュルテンベルク公と、その原型であるフランス国王をじっさいに告発している。

神学院生たちの革命的な精神状態をもっともよく示す徴候のひとつは、かれらの秩序破壊的な示威行為をそれなりに正確に認識することによって、当局者たちが抱いた反応の重要性とすばやさであろう。君主は自己の道から逸れていたが、急いで本来の歩みに戻ったのである。たとえ告発が誤りであったにせよ——これは、ありそうにない話であるが——いずれにしてもそれは次のことを、すなわち君主も含めて、すべての人びとは神学院生たちのうちに大逆罪の傾向があると信じていたことを、また誰ひとりこのように厭わしい事柄が不可能であるとか、考えられないとか見なしていなかったことを示している。

君主はすでに何度もお忍びで神学院に足を運んで、管理者や教師たちを激励し、調査を急がせた。君主から心配の種を取り除くために作られた施設が、逆に心配の種を増幅させることになったのである。

ルイ十六世の死の報に接した神学院生たちの喜びはたんに状況的な性質のものではなく、かれらの政治上の強迫観念のひとつという性格を帯びていた。かれらは専制君主の死を受けて、ヘーゲルの『アルバム』においてまで、暴君に死をと呼びかけている。ヘーゲルがかれらと共同戦線を張っていたのは疑いない。当時の文学としては例外的であるが、かれの全作品のなかにルイ十六世に対する同情の言葉はひとつも見当らない。しかもかれは、その名前すらほとんど引用していないのである。とはいえ、その人物はもちろん除外されているわけではない。たとえば、かれが、「世俗の法のなかに精神的な力が干渉することからくる、この言語に絶する不正」を弾劾するときがそうである。また、「国王たちを承認する聖別式の不正、言い換えれば、聖油を塗られた者の恣意であるがゆえに、それ自体神的で聖なるものでなければならないような君主の恣意」[13]を弾劾する場合もそうである。あるいはまた、フランス王政の「不正な古い建物」が互解するのを眼にして心躍らせるときにも、除外されてはいないのである。[14]

ドイツの小国家の政治制度についてかれがなんらの幻想も抱かず、外科的明晰さでベルンの少数独裁的専制主義の悪徳を分析しているにもかかわらず、すべての同時代人にとってと同様に、圧政のモデル自体を世界に提示しているとかれが見なすのは、フランス王政なのである。すなわち、「それが余の意志であるから」という有名な言葉で、国

*13　ヘーゲル『歴史哲学講義』(ジブラン訳)、三三九頁。フリードリヒ二世はみずから、フランス国王の「神的塗油」の習慣を批判した。　*14　同書、三四〇頁。

王がみずからの決定を正当化してしまうところの、この国なのである。ルイ十八世は一八一五年に、かれなりの考えにもとづいて、この表現をふたたび取り上げるであろう。しかし間違いなく、そのことはヘーゲルに不快感を催させるであろう。かれが嫌悪したのは、要するに個人的恣意であり、「当局の強権発動」である。その結果、かれは晩年に至って、きわめて穏健な、少なくともそのような専制主義を避けることができると考えられた立憲王政の計画を公けに作成することになるであろう。

一七九七年の時点では、多くの憲章が死文と化し、しかもその他の憲章はじっさいには狡猾な抑圧を作り上げていることを忘れて、かれは専制主義を「政治的憲章の不在」（D二八三）と規定している。ヘーゲルはつねに専制主義のもとで生きてきたのである。かれが生涯を終えたプロイセンは、一八四八年になってはじめて、真の憲章〔憲法〕を受け入れるであろう。ヘーゲルの政治思想は、政治的現実を大幅に先取りしていたのである。

かれは青年時代においても、また後年に至っても、ルイ十六世を哀惜するいかなる動機ももっていなかった。かれはジャコバン独裁を、われわれの手に残されている著作のなかで非難しているが、しかし、それが君主に対する好意を示すものでないことはたしかである。かれはヘルダーリンとともに、熱狂に駆られて国王の処刑に賛成したジロンド派の陣営に与している。晩年には、かれはドイツに亡命中のカルノー将軍を表敬訪問するであろう。この人物は弑逆者で、もっとも容赦のない「テロリスト」のひとりであったが、ヘーゲルはかれのことを「愛想のよい老人」（C2二九五）と評している。

神学院卒業

神学院を出ると、ヘーゲル、ヘルダーリン、シェリングはかれら自身の革命を実践している。だが、それは「内的」で、しかも小規模な革命である。五年に及ぶ学業期間ののちに、ヘーゲルは牧師養成の課程を終了し、神学ないし哲学の「復習教師」になることや、いずれは学校の教師ポストを希望することさえできるようになるであろう。
最初の二年間の終わりに、「魂の不滅を信じずして道徳的義務を果たすことができるか」というテーマの論文をパスして、かれは「哲学修士」の称号を獲得した。それは、相対立するさまざまな意見を吟味したあとで、徳性というものは学者の個人的意見を考慮せずに、それ自体として研究されねばならないことを、カント的なスタイルで証明している。

三年間の神学を終了したあと、かれは神学の「候補者」、すなわち実際上は牧師職の候補者となった。かれはそのために、「ヴュルテンベルク教会の直面するさまざまな困難について」と題する、どちらかといえば、歴史的なテーマの論文を提出した。
かれの運命は仲間たちの場合と同様に、閉塞状態にあるようにみえるが、しかしかれはそれから逃れることに成功する。

大部分の伝記作者たちは二つの矛盾する事実を結びつけておきながら、それ以上の問いかけをしようとはしない。たとえば、かれらのひとりは次のように記している。「ヘーゲルは〔牧師職の〕候補者試験を受けてから、スイスで家庭教師の職をえた」[15]と。現代のレヴェルでいえば、それはあたかも以下のごとく述べるに等しいであろう。「医学の最終試験に合格してから、その青年は薬剤士の仕事を手に入れた」と。

ヘーゲルの選択はじっさいには、思想上の奥深い急激な変化から、また運命に対する真正な反抗から帰結したものであり、しかもかれの知的発展を辿っていけば予見しうるものなのである。

ロックのように、「牧師職はかれの好みではなかった」[16]と主張するだけでは、もちろん充分ではないであろう。というのも、その場合には、このガレー船〔神学院のこと〕に乗り込んだのは何をするためなのか、という問いが生まれるからである。かれはのちに偽善的な調子で、この道を選んだのは「両親の願いに従って」のことであると断言する

*15 ヴィリー・モーク、前掲書、一二頁。

*16 ポール＝ロック『ヘーゲル、その生涯と著作』、パリ、アルカン書店、一九一二年、一二五頁。

であろう。しかも、そうした言い訳を、自分は「神学に対して愛着を覚えていた」[*17]というまったく異なる申し立てによって補強しようと試みるであろう。しかしながら、かれは神学院に入学したときから、すでに神学を嫌悪し始めていたのである。

ヘーゲルも、ヘルダーリンも、シェリングも、そして多くの学友たちも、シュヴァーベンで牧師になることに、あるいは神学院で神学者になることに同意しなかった。ヘルダーリンはヘーゲルに対して、かれらが苦しい状況のなかで生き延びていくときに、そのことを打ち明けるであろう。「もしぼくたちがいつの日か、木を伐採し、軟膏や靴墨を売る羽目に陥るとすれば、そのとき、テュービンゲンで舎監になる方がよくはなかったかどうか自問することだろう。奨学金〔すなわち神学院〕は、蛆虫のうごめく柩のように、ヴュルテンベルクとバイエルンの全体を通じて、ぼくの鼻に悪臭を放っている」（C1四四、補筆）と。

それは、神学院を卒業してから三年後のことである。なんと執拗な怨念であろう。

こうした拒否反応の結果、三人の友人たちは、貴族の家庭あるいは裕福な家庭での教師の仕事に満足しなければならなくなった。とはいえ、このような状況の方が、かれらの眼には労苦と屈辱の点で、神学院での仕事よりまだましと映ったかもしれない。

ヘーゲルはそっけない性格の持ち主ではなかった。いずれにせよ、常時そういう性格であったということはないであろう。かれは多くの妥協を容認し、またある種の馴れ合いさえ許容する気持を抱いていた。けれども、限界は存在する。必要ならば何でも構わないが、しかし、やはり牧師では困るのである。かれは、制度としての教会が宗教的精神において最良の時期にあったときですら、「神的」なものを裏切っていたと見なしている。かれは友人たちとともに、レッシングとカントが告知した「見えざる教会」を夢みているのである。かれは現実の教会とは距離を置くであろう。

それゆえ、かれが牧師の職を拒否した事実を説明するためにしばしば引き合いに出される動機は、退けなければならない。ある人びとは、かれがたびたび非難された「雄弁の欠如」という理由をもち出している。けれども、人びとは一方では、そうした非難を免れているかれの友人たちが、かれと同様に牧師職を避けていることに気づいている。他方では、牧師となった人たちも、おそらく説教という仕事への適性の点でもっとも生彩を欠いた学友のなかから採用されている。要するに、神学院と教会がヘーゲルを拒否したのではなく、かれの方がみずから進んでそこを離れたのである。

すべての良きルター派信徒が、必ずしも牧師職を志すわけではない。しかしながら、ヘーゲルは五年間も神学院で過ごしている。長いあいだ系統的に神学上の経歴を歩むべく準備し、しかもその領域で最大限の成功を約束されうる人物、にもかかわらずその仕事に関わるべきときがきたら立ち去る道を選び、家庭教師の職を強いられて、失望の念を身に蒙ることをも選択した人物の宗教観について、どう考えるべきであろうか。

神学院とシュヴァーベンから遠ざかることによって、かれは圧政を逃れることができるのであろうか。

*17　このテキスト（一八〇四年のもの）はカレールによって、ヘーゲルの『書簡集』に加えられた（C3三四四）。

第5章　従　者

「わたしは、どこかの家の召使になるくらいなら、死んだ方がましだと思っています。〔……〕たとえ世に出て成功しなければならないにせよ、自由でありさえすれば、どんなにつまらぬ仕事、あるいはこのうえなく苦しい仕事でも、あなたがわたしに話してくれる状態よりは好ましいものに映ります。」（マリヴォー『マリアンヌの生涯』）

テュービンゲンの神学院生たちは、人生をバラ色に見ていたわけではない。けれども、かれらが想像していた以上に、人生は暗い影を落とすであろう。神学院を卒業すると、かれらは凡庸で下品な、自分たちの本性とは相容れない状況から逃れようと試みた。だが、かれらは次第に悪い方向に落ちていったのである。結局、かれらは肉体的にも精神的にも屈服することになった。最良の場合でも、諦めの気持を抱かざるをえなくなったのである。

屈辱的と見なした牧師職をかたくなに拒絶したため、生活の手段を失ったヘーゲルは家庭教師の地位を引き受ける羽目に陥った。じっさいには、かれはそのポストをむしろ懇願したのだが、それは給金や採用の物質的条件に関してかなり見劣りのする地位であったので、最初は駆け引きの対象となった。かれは、ベルンの貴族の家にそのポストを見出した。必要に迫られた、スイスでのそうした隷従生活は、ドイツの若い知識人たち、とりわけシュヴァーベン出身の者たちにとって伝統的なスタイルになっていた。それはたとえていえば、スイス人傭兵にとっての、フランスでの軍事奉仕にあたるであろう。

この従属的な状況は、みずからの優越性を誇りに思い、野心を膨らませ、虚栄に駆られた若き精神に痛ましい影響を及ぼした。かれらが自分自身に対して抱いている栄光の意識、限りない精神的支配への自負、またその主観的向上心と、かれらの悲しむべき客観的運命、隷従とのあいだにはなんという対比が見られることであろう。夜の冥想においては宇宙と自分自身を支配している未来の哲学者は、日常生活では、かれが耐え難いものと見なしている一般的な生活条件のなかでとりわけ屈従的な恥辱を蒙っている。すなわち、救いとなる冷笑的態度を失った、折紙つきの精神分裂的症状である。

人は観念の宮殿を建てるが、しかし世間並みの荒家に住まわねばならない。しかも、それは比喩的な意味での荒家である。というのも、ヘーゲルはスイスにおいて自分用の小さな部屋を使用していたと思われるが、[*1]これは通常の場合とは異なる条件だったからである。そのうえ、かれの主人たちは家族の食卓の隅にときおりかれを招いて、恩着せがましい態度を示したのである。

かれらの主人たちは、苦しいディレンマに陥っていたことを認める必要がある。かれらはかわいい子供たちのために最良の教育者を、したがって推薦される人びとのなかでももっとも卓越した精神の持ち主を募集することを願っていた。だからこそ、ヘーゲル、ヘルダーリン、シェリングのような雇人によって、かれらは奉仕を受けたのである。けれども、かれら自身はおうおうにしてさほどの教養も、知識も、また崇高な野心ももちあわせていなかったので、知的、道徳的にきわめて優越した人材を前にすると、ひそかに屈辱を感じざるをえなかった。とりわけ、かれらの妻女たちが〔夫と家庭教師を〕比較しようとするときには、そうであった。

家庭教師というのは、全体的には召使の身分に、すなわち歴史家が露骨な言葉で述べているように、下男の身分に属していた。[*2]だが、この分類は、十八世紀末には維持し難いものになっていた。ヘーゲルはマリヴォーの作品に出てくるマリアンヌの抵抗を知っており、その小説はかれに人間の魂に関する多くの事柄を教えたのである。彼女のように、あらためて解放の手段を手にする必要があった。だが、かれはモーツァルト（一七九一年死去）の場合以上に、選択の自由を保持していたわけではなかった。

*1　カール・ヴィーダーマン『十八世紀のドイツ』、ライプツィヒ、ヴェーバー書店、一八五四年、第一巻、三八九頁（「召使いたちと区別されないと考えられている」）。　*2　本書、第2章、注12、参照。

家庭教師は、十八世紀末において、従者と同じような資格でドイツ社会を象徴する形態であった。人はそのことに、驚きの念を覚えるかもしれない。従者と家庭教師は、人口のごく一部しか代表していないからである。社会の基本的な生活条件のなかでは、かれらは社会を養っている圧倒的多数の農民に比して、あるいは職人や兵士に比してすら、重みを感じさせる存在ではなかった。とはいえ、当時の文学はほとんどかれらのことだけを語り、また演劇においては、かれらが本質的な役割を演じていない場面はほとんど見られないのである。その理由は、作家や教師や政論家たちが主にこの種の人びとから集められてきたためであり、しかもかれらは自分の知っている事柄や、直接体験した事柄を取り上げることを好んだためである。

卑屈な行為

家庭教師の運命は、レンツ（一七五一―一七九二年）の有名な戯曲『家庭教師』に戯画化されて描かれているが、ヘーゲルはこの作品のことを知っていた。その戯曲は、フランスにおいてもいまなお上演されている。いうまでもなく、不幸な青年は主人の娘に――相手が女主人でないときには――夢中になる。レンツの場合、恋の冒険は去勢によって終わりを告げることになる。ヘルダーリンはやがてフランクフルトにおいて、ヘーゲルの傍らで、同じタイプの悲劇を経験するであろう。それは去勢ではないにせよ、帰結はかれにとっておそらく去勢以上に残酷なものとなったのである。

当時の小説家が比較的具体的なかたちで召使の身分関係を捉えるとき、かれらは一般にそれをさまざまな感情的関係の領域に移し換えようとする。たとえば、侍女に対する主人の愛、侯爵夫人に対する従者の愛、あるいは銀行家の妻に対する家庭教師の愛である。そして、現実は時にフィクションを模倣する。しかも、現実以上に耐え難いフィクションを模倣するのである。ちなみに、ディオティーマへのヘルダーリンの情熱はドラマへと転じていくであろう。

これらの青年たちが、そこから逃れるために耐え忍んだ事柄を確かめるときに、神学院に対する嫌悪の度合いが測られる。ヘーゲルはのちになって、控え目ながら家庭教師の職を、自分の「個人的願望」が満たされる慎重な選択の結果として示すことができるようになるであろう。[*3] しかしじっさいには、よく知られている表現に倣っていえば、かれは避け難い必然によってみずから進んで身売りしたのである。

かれは「召使として誰かの家に身を寄せること」を、また「他人の家に仕えること」を承諾しつつ、自分のしていることの意味を心得ていた。かれは全体的な強制のなかで、選別を行なっていたのである。すなわち、神学院に教師として留まるよりも、むしろ「軟膏を売ったり、薪を割ったりすること」を選んだわけである。同時にまた、少なくとも相対的な独立を保持しうるような「取るに足りない職業」よりも、むしろ最悪の服従の方を選んだわけである……。

奴隷――隷従の象徴――のありかたと混同されやすい召使のそれは、『精神の現象学』のなかで非常に重要な位置を占めているので、ある人びとはこの作品を本質的にかの有名な弁証法に、すなわち重要かつ独創的な一章で展開された「主人と奴隷の弁証法」――文字通りにいえば、主人と従者の弁証法――に集約しようとさえ望んでいる。

しかしながら、いまの場合、ヘーゲル自身が従者であったこと、しかも長期間にわたってそういう立場にあったことを思い起こすのは当をえているというべきであろう。かれはこの状況を引き受けたばかりでなく、それを引き受けることによって、毎日接していたより身分の低い従者たちの行動を近くから、またかれにはきわめて不愉快であったはずの事実上の連帯性のなかで観察することが可能になった。

家庭教師の職が多くの若きドイツ知識人たちの共通の運命であったこと、かれらがその雑役を果たすのに習熟していたことは、その仕事が客観的にもっている社会的性質と、それによって生み出される主観的重圧を何ひとつ軽減するものではなかった。

*3　一八〇四年の履歴書（C3三四四―三四五）。

ヘーゲルの主人と従者の弁証法は独創的であり、魅力的である。それは、現実に存在する社会的経験と、文化的風景の際立つ側面を軽ろやかに記録し、一般化する。同時に、その弁証法はそれらの経験や側面を移動させ、変形させる。従僕、侍女、小間使い等々、心にまとわりつくその存在は、基本的な社会的機能の象徴として解釈される。じっさいには、その存在は、社会の主要な役者がみずからに与えている幻想的表象に由来するのである。

貴族と金持ちは、直接的には身分や財産をもつ人びとに、あるいは従者たちに――かれらすべてを取りもち、仲介する執事をも含めて――しか関わりをもっていない。かれらは例外的な場合を除くと、農奴や、農民や、「人足」等々、かれらの特権的な生活条件をじっさいに提供する人びとに対して、漠然としたまなざししか向けないのである。農民や人足は稀にしか、しかも戯画化され嘲笑され、社会の枠外に追いやられたかたちでしか、喜劇や小説に登場しないであろう。

貴族や金持ちに完全に服従している従者に対しては、貴族や金持ちは曖昧な感情を、すなわち相互に承認した依存関係についての、ほとんど倒錯的な愛を実感することができる。スガナレルがいなければドン・ジュアンは、また運命論者ジャックがいなければ「主人」はいったいどうなるであろうか。従者はときおり、みずからの従属に関して、知性と策略による一種の復讐を行なうのである。

従者の状況は、それにまつわるあらゆる形態において、もともとはそれに属していなかった人びとや、生活の偶然からいわばそこに「落ちた」人びとにとってはきわめて卑しむべきものと感じられる。反対に、従者として生まれた者は、とりたてて思いつめることもなく、この状況を自然法の帰結のごとく素朴に受け入れ、しかも忠実にそれを引き受けるのである。

それが慣わしとなっていたため、かれらを搾取する人びともまた自然法を引き合いに出し、貧しい人びとに、かれらの隷従の最終的責任を押しつける。すなわち、召使は社会的な必要からの強制に屈服するのではなく、むしろかれの内なる自然の傾向に従うのである、と。召使は死の恐怖のために、なにものをも恐れない主人を前にしてたじろいでしまう人間なのだというわけである。

しかも、そうした選択は、ある種の特殊な例外的ケース、たとえばヘーゲルやヘルダーリンの場合に起こってくる。かれらはあらかじめ、自分たちが身を投じる人生の道についていろいろ考えることができたのである。著作家たちはこのような例外的ケースを、幻想を抱いて一般化し、社会構造の欠陥を、大部分の個人の道徳的低劣さのせいにしている。

したがって、ヘーゲルやヘルダーリンは一般に、隷属的状況の廃止や乗り越え自体について考察しようとはしない。かれらは何よりも、そうした状況へ不当に追いやられたことに不満を表明する。自分たちはもっと良い状況にふさわしい人間だというわけである。自分たちはその状況を身に蒙るのではなく、利用すべきなのである。

「誰かの家に住み込んで」、召使たちの筆頭の位置に立つことを受け入れたヘーゲルは、大いなる矛盾を秘めながら、従者の屈従の観念と、その最初の卑屈な姿の観念をつねに持ち続けるであろう。最初ベルンにおける、次いでフランクフルトにおける六年に及ぶ家庭教師の勤めのあいだに、かれは間違いなくその状況から脱出するという意志と希望によって自分を支え、そのための不可欠な努力を承認することになるであろう。

客観的状況を見つめるまなざしに潜むこうしたひずみは、分析の曖昧な移動を引き起こす。「居心地が悪く」——人は些細なことで、そうした気分になるであろう——不幸で、憤まんやるかたない犠牲者たちは、かれらの客観的状況を公然と批判せず、むしろ主人たちの個人的、主観的な態度を非難する。

家庭教師は雇主の子供たちを、雇主の指示に従って教育するが、しかし家庭教師自身は人びとから子供扱いされている。しばしば教養がなく、傲慢な主人たちは、かれらが雇う人間を軽蔑し、しかもそのことを雇人たちに覚られるのをためらわない。ところで、雇人からすれば、従者であるからといって、またその点について冷静な意識をもつことができないからといって、そうしたことをいわれるのはやはり好まないであろう。

ヘルダーリンがフランクフルトで雇主の家から逃亡しなかったのは、自分が従者であることを充分自覚していたからだが、同時にまた、ふたたび明らさまなかたちで元の位置に引き戻されることにもはや耐えられなかったからでもある。主観的で、派生的な屈辱感が、客観的で、基本的な従属関係以上に、かれの上に重くのしかかっていたのである。かれはその感情を母親に打ち明けている。そして、この打ち明け話はまた、情緒的な誇張をともないつつ、家庭教師ヘーゲルの精神状態を映し出していると見なすことができる。

「高慢で不躾な態度……家庭教師は召使の一部であるという考え方……」[*4]、これこそヘルダーリンが嫌悪した事柄である。召使の社会的状況ではなく、現在の自分は自分ではないという態度をとるときにかれに向けられる軽蔑的な言葉が、かれの嫌悪するものなのである。反対に、農民たちがみずからの上にのしかかるくびきを何がしか取り除き、その悲惨を軽減しようと一時的に努力するときに、かれは農民たちを罵倒することをためらわない。かれは一七九八年に、母親に対して次のように書き送っている。「しかも、混乱はさほど恐るべきものにはならないでしょう。あなたが恐れているように、もし農民たちが傲慢になり、無秩序に陥るならば、かれらをうまく屈服させることができるでしょう。[*5]」

これらのうぬぼれの強い従者たちは、「取るに足りない人びと」に対して、あるいは「耕作者たち」に対して軽蔑しか抱いていない。しかも、社会の位階秩序のなかで、かれらは上位に位置する者たちによってみずからが貶められていることを知っているだけに、ますますそうなのである。

かれらは、主人たちの発するいくつかの現実的な言葉、たとえば「きみは召使にすぎない」という言葉を耳にして、不気嫌な気持をあらわにする。そこには、家族主義への呼びかけのごときものが存在するのである。「わたしを搾取していただいて結構です。しかし、どうか丁重にやってください」と。

＊

ヘーゲルは、次々と変えてゆく雇主――かれらは、ヘルダーリンの場合とはいくらか異なっていたかもしれない

――との関係について、それほど露骨には語っていない。むしろ、かれはまったくといってよいほど自分の考えを明らかにしていないのである。だが、この沈黙には、意味がないわけではない。というのも、雇主に対する共感の言葉はひとつもなく、かれらの家を立ち去ったあと一通の手紙も出さず、雇主や教え子の生活についてなんらの回想もしていないからである。ヘーゲルの態度には、ヘルダーリンのそれよりもなおいっそう厳しいものがある……。

かれの主人と従者の弁証法は、より豊かな社会的関係を包摂しているとはいえ、かれが召使の状況と、その困難の克服を可能にするプロセスを同一の運命のなかに包み込んだことを示している。じっさい、かれにとって問題なのは使用者と使用人との関係を取り除くことではなく、使用者が使用人のうちに「人間」を「認める」態度を取りつけることなのである。

自分自身の状況についてのこうした認識の欠如は、かれが従者の魂と、理屈を設けて弁明しなければならないような卑屈な態度に悪口を浴びせることを可能にするであろう。ヘーゲルは、かれ特有の言い回しのひとつ、ゲーテ自身、その将来性を確固たるものにするはずの言い回しのひとつに満足の意をあらわしている。「従者にとって英雄は存在しない。だが、それは、英雄が英雄でないからではなく、従者が……従者であるからにほかならない。」[*6]

物事に対するこうした見方は、かれの場合、代償作用や混乱を生じさせるであろう。

かれは、卑屈な魂が、ヘルダーリンにも、自分自身にも宿っているとは認めることができなかった。それゆえ、かれは隷従というものをときおり、卑屈さとはまったく別のものから引き出すことを余儀なくされている。こうした体験的な問題設定において、かれの人格は相対立する考え方のあいだで引き裂かれることになった。すなわち、一方はかれの経験に由来し、他方はかれの構築された理論――これもまた、生活からある種の積極的な教えを巧妙に取り戻

---

*4 ヘルダーリン、前掲書、六七三頁。 *5 フリードリヒ・ヘルダーリン『往復書簡全集』、ドゥニーズ・ナヴィル訳、パリ、ガリマール書店、一九四八年（一七九八年四月七日付の手紙）、一九七頁。 *6 ヘーゲル『精神の現象学』、前掲書、第二巻、一九四一年、一九五頁。および『歴史哲学』、前掲書、三六頁。

すすべを心得ているが――から引き出される考え方である。かれの場合、これら二つの選択肢を分けて考えるのは困難である。しかしながら、かれの哲学的観念論ともっともよく一致する選択が、最終的に勝利を収めたと認めることができよう。

一般的にいえば、ヘーゲルは隷従を取り除こうと試みるのに、欠陥を含む精神状態をあらかじめ癒しておくこと以外の手段を考えていない。主人と奴隷の弁証法において重要なのは、存在に固有の依存と独立、あるいは隷属と自由を通じて最初は区別され、対立した二人の敵対者が、やがて相互に精神的態度を変化させることになるという事実である。最終的には、華麗な弁証法的発展を経て（なぜなら、弁証法は幻想や夢想においても、合理的思考あるいは客観的現実の場合と同様にその成果を達成するからである）、二人の敵対者は相互に平等な主体として――それは権利上の想定であるが――「承認し合うであろう。」そして、おそらく両者は握手を交わし、あるいはまた涙を流しながら抱き合うことであろう。そのあとで、おのおのはみずからの場所をふたたび見出すのである。従者は事務所に、主人は居間に戻っていく。その光景は、マリヴォーの『奴隷の島』の結末と同じように痛ましい。

ヘーゲルはこの場合、当時広く流布されていた文化的幻想に関わっている。それは、ジャン・ジョレスが的確に説明し、批判したようなロベスピエールの幻想に似ている。[*7]

しかしながら、社会生活の具体的規定のなかでこのような意識をもち、また抽象的人間を解明していくことは、有効であるとともに、有害でもありうる。それは十八世紀末に特有の、また主観性と客観性が解き難いほど紛糾しているなかで、奇妙なことにこの世界の客観的変様にともなうような、人間世界の考え方の転換を示している。従者の場合、主人との現実的関係の変更から帰結する意識、すなわち自分もまた人間であるという自覚は、そうした最初の変更の継続と強調を生み出し、あるいは容易にするであろう。それゆえヘーゲルのうちには、この主題に関して相矛盾するような、しかもその生活の過程で変化していくような表現法が見出される。

ヘーゲルは、従者の社会的身分そのものが反省の対象となる時代に、まさしく従者として仕えている。社会は、ヘつらいの行動を生み出す隷従状態のなかで動いていたのである。それに迎合するか、さもなければ滅びゆくかを選ばなければならなかった。じっさい、一七八九年までは、それを免れることができるなどとはほとんど誰ひとり信じてはいなかったし、夢みてもいなかったのである。一七八九年以後でさえ、もっとも反抗的な人びとでも時にはそのことに妥協しなければならなかった。人はしばしば、フィヒテにとって致命的なものとなったイェーナでの「無神論事件」にさいして、かれに外交手段が欠けていたとか、柔軟性が欠如していたなどと非難してきた。もしかれが頭を下げる振りをしたならば、最悪の事態は避けられたであろう。すべての凡庸な著作家たち、さらには偉大な著作家たちでさえ、尊大な権力者に手紙を書くときには、服従を請け合う言葉でその書簡を締めくくるのが慣例であった。「あなた様の、いとも従順なるしもべ」というように。

家庭教師をしていた時期はヘーゲルにとって、生涯重くのしかかることになるさまざまな形態の隷従のひとつを示しているにすぎない。なぜなら、そのうちのどれが最悪の隷従であるのか容易に決定できないほどの多様な形態を、かれは次々と経験することになるからである。家庭教師の仕事は、この観点からすると、それに含まれる明らかな直接的服従によってしか区別されないであろう。けれども、服従はより陰険な形態を取りうる。しかも、それによって厳しさが減じるというわけではないのである。

ヘーゲルは、質素と見なされながらも何人かの召使を雇っていたデカルトの安楽をもちあわせていなかった。というのも、「かれ〔デカルト〕は少数の従者に仕えられていた。かれは供を連れずに街中を歩き……当時、貴人が勝手に手放すことはできないとされた羽飾りや剣を、たんに身分を示すものとしてのみ身につけていたにすぎなかった」[*8]といわれているからである。

そうこうするうちに、哲学者たちは世の中における地位を変えてしまい、哲学は別の担い手を募集するようになっ

*7　ジャン・ジョレス『フランス革命の社会主義史』、アルベール・ソブールによる改訂版、パリ、社会出版、第二巻（一九七〇年）、四六五—四七一頁。
*8　アドリアン・バイエ『デカルト氏の生涯』、パリ、オルトメル書店、一六九一年、第一巻、一三一頁。

たのである。

フランス革命によって引き起こされた短い不安定な時期を別にすると、ヘーゲルはつねに厳密に階層化された人間世界のなかで生きてきた。その世界では、資格、権力、あるいは富においてそれぞれ優越する者が、下位の者を従者と見なすのである。このように遍く広がっている心遣いの欠如は、かれの晩年には世の中でいっそう強まっていくであろう。すなわち、かれはそのとき、すでに野望を抱いていたプロイセンの王太子とのいざこざを起こすことになるのである。フリードリヒ＝ヴィルヘルム四世――この思い上がった愚か者は、ヘーゲルの死後ほどなくして国王となったが、一八四二年にプロイセンの人びとに次のような布告を出すであろう。要するに、かれらの財産はすべて、じっさいには国王の世襲財産であり、自分はそれを思うがままに利用できること、またかれらはすべて自分の臣下であるのみならず、従者でもあることを主張したのである。「余は臣下のうちで、幼な子のようにそれを必要としている者を指導し、正道を踏み外した者を罰し、反対に、余の財産を管理するにふさわしい者をそれに参与せしめ、その者たちに個人的財産を形成させ、従者たちの傲慢な言動からかれらを保護したいと思う。[*9]」

王太子の父親であるフリードリヒ＝ヴィルヘルム三世自身の政策も、ヘーゲルの学説や、『啓蒙とは何か』と題する有名な論文のなかで公表されたカントの人間についての考え方を何ひとつ反映してはいなかった。ヘーゲルはけっして、従者の「思い上がり」だけを証明するようなことはないであろう。けれども、カントと同様に、かれはこのような社会的身分の消滅を要求したことはなかったし、たんに検討したこともなかった。もしそのようなことをしていたら、賃金関係の予備的で、しかも不可能な――いずれにせよ、当時においては不可能な――廃絶を想定することになったであろう。

かれはただ「認知」と呼ばれるものを、すなわち権利上も、また言葉のうえでも万人の平等な尊厳の承認と、かれらの平等な「道徳的」価値の承認を要求しただけである。これは、かれらの社会的差別を手つかずのまま残すことになるが、しかしそれでもなお、かなりの文化的前進をあらわしている。

かれはきわめて控え目な要求を提示したにすぎない——ただし、控え目とはいってもわれわれの時代の判断からであって、かれの時代においては大胆で、危険な要求であった。かれはただ率直に、自由についてのある最低限の考え方を表明しただけである。それは、今日のわれわれにはきわめて臆病なものに映るが、しかし当時は言葉であらわしうる最大限の表現だったのであり、プロイセン国王、王太子および宮廷全体に衝撃を与えるほどのものを含んでいたのである。「人びとはさらに、何かを目指して行動すべきときには次のことを要求する〔かれらはそれを要求するだけである〕。すなわち、その事柄がかれらの気持に合致すること、かれらの意見がその事柄に対して好意的であること、その事柄の価値や、正当な権利や、長所や、有効性が問題にされることを要求するのである。」そして、かれは大胆な態度を押し進めて傲然と主張する。「それはわれわれの時代の本質的性格であって、人びとはもはや信頼と権威によって導かれることはほとんどなく、自分自身の理性と確信と独立した意見によって、ある物事に活動を傾注しようと望むのである。[*10]」したがって、主人たちが、みずからの与える命令に対して本質的に正しい理由を思いついて欲しいということであろう。かれらの眼には、従者たちは相変らず怠惰で、陰湿で、傲慢な人間に映るであろうが——けっして媚びへつらうほどにはならないであろう。かれらが服従するのは、隷従的存在だからである。かれらが反抗するとすれば、無礼な存在ということになろう。

スイス

こうしてヘーゲルは、一七九三年秋に、スイスに向けて出発した。これは、いままで生まれ故郷のヴュルテンベルクを一度も離れたことのない者にとって重要な、しかもかなり魅力的な移住であった。というのも、スイスは多くの

*9　A・コルニュ『K・マルクスとF・エンゲルス——その生涯と著作』、パリ、フランス大学出版、第一巻、一九五五年、一六八頁からの引用。
*10　ヘーゲル『歴史哲学』、前掲書、三一一頁。

点で自由の国と見なされていたからである。スイスを直接に体験することによって、かれはみずからの誤りをただちに悟るであろう。

当座は、かれは満足した気持を抱いていたに相違ない。たぶん、かれは、家庭教師の仕事につきまとうあらゆる種類の不都合と、その身分特有の厳しさは予感していたであろうが、それから逃れるすべはないので、少なくとも自分の大切な研究を続ける時間を自由に使うことができるような地位を手に入れたことに関しては喜んでいたに違いないし、また有力な推薦のおかげでベルンの名家に雇われたことについても何がしかの誇りを覚えたに相違ない。

ヘーゲルの生涯のこの時期は、一般に「ベルン時代」と呼ばれている。そうした言い方は正確でも厳密でもないにもかかわらず、慎重な配慮から、以後、この呼称が是認されるようになったのである。かれを採用したシュタイガー家は、他のシュタイガー一族——というのも、その一族にはさまざまな分家があったからだが——とはその領地によって区別されていた。すなわち、チューグのシュタイガー〔シュタイガー・フォン・チューグ〕である。この一家は、ビエンヌ〔ビール〕湖に近いチューグ（アネット）に領地を所有していたのでそのように呼ばれているが、その建物は今日では病院〔精神病院〕の施設にあてられているとはいえ、いまなお訪れることが可能である。シュタイガー家の人びとや、かれらとともにヘーゲルも、一年の大部分を、とりわけ夏のあいだチューグに滞在した。チューグは、たぶんヘーゲルの眼には、ベルンと同じくらいの思想的重要性をもっていた。その家の窓から、かれはジャン＝ジャック〔ルソー〕の湖であるビエンヌ湖を眺めることができたし、そこから数キロメートル行けば〔じっさいには、十数キロ〕簡単にヌーシャテルに到達することもできた。ヌーシャテルはプロイセン公国に属し、相対的には自由主義的な制度の恩恵に浴していたため、祖国を追われた多くの自由な精神の持ち主を迎え入れていたのである。そのすぐ近くにあるヴォー地方は、ある意味で従者＝州が主人＝州に服従するようなかたちで、ベルンに従っていた。ヘーゲルはのちに、とりわけこの点を問題にするであろう。シュタイガー家の人びとは、その行政的、政治的役割のために、抑圧されたヴォー地方と抑圧者であるベルン州のあいだにたえず生まれてくる軋轢に巻き込まれることになった。

家庭教師の生活形態は、大部分、家長の好みに依存していたので、家長の人柄とともに変わっていくのがつねであった。家庭教師はまさに、家長の欠点や気分を我慢しなければならなかったのである。そうしたことが濫用される場合には、家庭教師は逃亡を図ったが、その点で一種の違法行為を犯すことにもなったのである。たとえばヘルダーリンは、次々とあてがわれるそのポストを突然離れている。一方的な絶縁を行なうたびに、新しいポストの獲得はいうまでもなくいっそう困難となり、哀れな詩人はさらに付け加わる苦悩の餌食となったのである。

ヘーゲルは、このようなかたちで絶縁する必要はなかったし、そうすることが妥当であるとも考えなかった。もしそうしていれば、かれはより悪い状態に陥っていたかもしれない。とはいえ、かれはシュタイガー家において、けっして気楽な気分を味わっていたわけではない。もしかしたら、かれはもっとうまくやることができたかもしれないが、いかんせん、かれは友人たちや、ドイツ文化の中心地や、祖国の大学、図書館等から遠く離れた所にいたのである……。

ヘーゲルは地理的、民族的な故郷喪失感に、またそのときまでかれが知らなかった社会的関係――かれの故国と同様に抑圧的だが、しかし故国のそれとは異なっている社会的関係――との接触に苦しんでいた。シュタイガー家では、かなり穏健であるようにみえるとはいえ、テュービンゲンの神学院生たちの革命的高揚とはほど遠い保守的な精神が支配していたのである。

ベルンは当時、独立と国力と、スイスでの優越を享受していたが、しかし反動的で、他の諸州や小民族に対してはきわめて抑圧的な寡頭支配によって統治されていた。すなわち、二百の有力な家族であるが、シュタイガー家はとりわけその一角を成していた。この寡頭支配は、その権力を力と策謀によって維持していた。その絶対主義と傲慢な態度の度合いを、一七九三年〔ルイ十六世が処刑された年〕においても相変らず有効であった以下のような布告から推し測ることができる。それは、ローザンヌの裁判官がベルン当局を代弁して、一七五九年にヴォルテールに対して放った布告であるが、ヴォルテールがベルン当局を嘲笑の対象にしたことを罪状に挙げている。「ド・ヴォルテール氏よ、人びとはあなたが神さまに反対する文書を書いたと主張しているが、それは由々しき事態である。けれどもわたしは、神さまがあなたをお許しくださることを希望している。さらにまた人びとは、あなたが宗教に対して罵りの言葉を浴びせたと付け加えているが、それはなおいっそう由々しき事態である。われらが主イエス＝キリストに反抗するのは悪しきことだからである。しかしながら、わたしは、神さまが大いなる慈悲の心をもって、もう一度あなたをお許しくださることを望んでいる。とはいえ、ヴォルテール氏よ、われらが主権者であられるベルンの閣下たちに反対する文書を書かないように注意し給え。なぜならば、あなたは、閣下たちがけっしてあなたをお許しにならないと考えることができるからである。」[*11]

ヘーゲルはのちになって、あえて「ベルンの閣下たちに反抗する文書を書く」ことになるが、この国に来た当座は、かれらがヴュルテンベルク公以上に善良であるわけではないという事実に、まず最初に気づくはずである。

これらベルンの寡頭政治家たちのなかで、シュタイガー一族は敵対者との闘争にさいして、しばしばこのうえなく非妥協的な、しかも容赦のない姿勢を示した。しかし、ヘーゲルの直接の雇主であるカール・フリードリヒ・フォン・シュタイガー隊長（一七五四―一八四一年）は権力の頂点から遠ざけられていたため、かなり開かれた思想の持ち主だったという点で、一族のなかではおそらく例外的な存在といえる。ヘーゲルがおおいに利用したかれの書庫のカタログは、質の高い作品のタイトルを示している。きみが読むものをわたしに言って欲しい。さすればわたしは、きみが何になりたいのかを言ってあげよう……と。

二つの仮定が対峙し合っている。一方から見ると、ヘーゲルはこの家の精神に完全に敵対的な姿勢を示すであろう。だが、他方からすれば、かれはシュタイガー家においてまったく居心地が悪いなどということはありえなかった。というのも、シュタイガー家の人びとは、一族の他の者たちがベルンおよびベルンの属領に対して加えようとしている抑圧に反対だったと思われるからである。どのように決定すべきであろうか。

大いなる不確実性の原因となっている大いなる無知〔シュタイガー家の実態がまだよくわかっていないこと〕は、ヘーゲルの

「主人」の人柄を考えるうえに影響を及ぼし続けている。それは、別のものに還元することが不可能ではないだけに、ますます人を苛立たせるような無知である。証言と資料が存在しなければならないであろう。この問題提起を解明するためには、ひとりの研究者が、とりわけスイスの研究者が一件書類の研究にそれなりの時間と努力を傾注すれば充分であろう。

われわれにはまだ、三年に及んだスイスでのヘーゲルの生活がよくわかっていない。当時は誰ひとり、外国人家庭教師の人物像などに関心をもっていなかった。かれがのちに有名になるなどとは、予想だにしえなかったのである。

ベルン州の全般的な雰囲気は、不正で、抑圧的で、しかも残酷なものであった。ヘーゲルはその事実を、やがて次のように記すであろう。「他のいかなる地方においても、この州に匹敵するほど、絞首刑や、車責めや、斬首や、火刑を行なっているところはない」と。そして、かれは以下の注釈を付け加えている。「ベルンではまだ拷問が行なわれており、犯罪者の自白は、死刑宣告の必須条件ではない」(D二五二)……。「スイスの自由」についての幻想は消滅したが、ヘーゲルはなお、他の場所ではもっとうまくいっていると想像しているようにみえる。

したがって、若き哲学者が、すでに身につけることを学んでいた仮面を脱ぎ棄てる誘惑を見出すことができたのは、ベルンではないのである。かれは執筆を続けていた試論を手元にずっと保管して、おそらくいつの日かその出版に都合のよい時期が到来することを期待した——だが、そうした都合のよい時期がやってくることはけっしてなかった。かれはそれらの試論を、世界のどこにおいても自由に公刊することはできなかったであろう——たぶん、革命の混乱した短い期間におけるフランスを別にすれば。

シュタイガー家では、ヘーゲルは年若い二人の娘とひとりの少年を教えることになった。それとともに、かれはちょっとした仕事を引き受ける羽目になった。人びとはかれに特別な信頼を寄せていたのであろうか。それとも反対に、

*11 リュシアン・プレーおよびガストン・モーグラ『デリースとフェルネーにおけるヴォルテールの私生活』、パリ、カルマン=レヴィ書店、一八八五年、一二三八頁、注からの引用。

意のままに操れる雑役夫のごとく見なしていたのであろうか。

シュタイガー家の仕事は、何がしかの利得をもたらした。貧しい人びとや力をもたない人びとの家に雇われるよりも、豊かで勢力ある人びとの家で使われる方が都合がよいであろう。というのも、雇主の無力は、かれらに従属する者の運命に反響してくるからである。これら有力者たちの家は、若き家庭教師に、特別の性格をもつ社会的、政治的、あるいは文化的な観測地点を提供した。これに関しては、偶然がかれを助けたが、かれはそれをうまく利用するすべを知っていたのである。

かれは、自分の前に現われる対象を、関心をもって観察する。すなわち、ベルンの寡頭政治である。かれの精神は、哲学的冥想や、形而上学のうちに没頭してしまうことはない。かれは政治生活のもっとも具体的な側面に、ある種の経験的情熱をもって、多大の注意を払う。批判的精神が、かれの探究に生気を与える。憎悪もまた、愛と同様に洞察力をもっている。かれはより厳格に断罪するがゆえに、それだけますます詳細な吟味を加えるのである。最高評議会の選挙が、かれのベルン滞在中に行なわれており、かれは金銭の抽象的な力が強制されるところの、卑しい策略や駆け引きを確認するであろう。かれはシェリングに対して、それらの策略や駆け引きを簡単な言葉で断罪している。「そのときに明らかになる人間の矮小さ、また君主の宮廷での従兄弟や従姉妹の陰謀などとは比べものにならないような術策の数々――それはきみに向かってぼくが描き出すことのできない代物です。父親は、もっとも多くの寡婦資産を持参する者を自分の息子、あるいは娘の夫に指名するのです。以上、同様のことが繰り返されます。貴族政体なるものを知ろうとするならば、復活祭前に当地でひと冬を過ごしておく必要があるでしょう。というのも、補欠選挙が行なわれるからです」(C一二八)。

かれは、こうした闇取引や駆け引きをシュタイガー家のなかで、あるいはその周辺で確認したのであろうか。かれの雇主の独自な行動がどうであれ、かれらはまぎれもなくベルンの貴族階級、支配階級に属していたのである。

道徳的な評価のみならず、ヘーゲルはスイスの財政システムについての方法的、統計的研究を、細部に至るまで継続する。もちろん、ヘーゲルはそれらの研究を自分のために保存している。それを公刊することは不可能だが、もし公刊されれば権力にとって危険な情報となるであろう。かれはそれとともに、より一般的な射程をもつ考察を、たとえば政体の変化が戦争行動に及ぼすさまざまな変様についての考察を行なっている（R六二）。

かれが、のちにフランクフルトにおける異常な状況のなかで、スイスの革命家ジャン＝ジャック・カールの『書簡集』〔『親書』〕の公刊へと結実していくところの翻訳、注釈、調査の仕事に着手した場所——おそらくは完成さえしていた場所——がスイスであったか否かは明らかになっていない。しかし少なくとも、この作業の着想がスイスで生まれなかったとは考えにくいであろう。というのも、かれはそこで、論争的に取り上げているヴォー地方の抑圧を直接観察したり、その作業に関わりのあるさまざまな人物、おそらくは著者とさえ出会うことができたからである。とはいえ、その翻訳版は「フランクフルト時代」の一七九八年に陽の目を見たのである。

かれにとって、教育者としての役割がどれほど重苦しく、しかも不愉快なものであったにせよ、また自分の青春を失ってしまうという感情がどれほど強烈であったにせよ——とくに、みずからの運命と友人シェリングのそれとを比較するときに——あるいはまた、自分の知的孤立にどれほど苦しんでいたにせよ、かれはおのれに認められた余暇を活用することができた。かれは、自分自身の理論的研究を続けたのである。

ベルンにおいて、ヘーゲルの思想は発展するとともに、すでにテュービンゲンで選んだ道筋のなかであらためて確認されるであろう。それは、宗教的、歴史的、政治的諸考察の奇妙な混合にほかならない。

その一部が保存されているかれの往復書簡は、おそらくかなり真剣な調子で、深く底流するさまざまな傾向をわれわれに伝えている。それはまるで、かれがヴュルテンベルクの政治制度と同じくらいに抑圧的な政治制度の軛の下に落ち込む瞬間に、ようやく神学院の宗教的監視から完全に解放されたと感じるに等しいのである。

シェリングとヘルダーリンに宛てた手紙のなかで、かれは神学院への敵意を明らかにしているが、とりわけ辛辣な調子をもって、そこで相変らず教えられているヴォルフ哲学、すなわち独断的なキリスト教哲学に敵意を示している。

かれは、カントの新しい哲学の信奉者たちが勝利を収めることを願っているのである。「ラインホールトやフィヒテのような人物がそこの講座を担当しないかぎり、真剣なものは何ひとつ陽の目を見ないでしょう。その場所ほど、古いシステムが相も変わらず永続的に続いていくような所は他にどこにもないのです。」（C1一八、修正）

ヘーゲルは、神学者たちに対して苛立ちを感じている。したがって、かれは神学者たちを同業者として考えることはけっしてないが、しかしそれでもやはり、かれらをつねに無作法に扱うようなことはしないであろう。神学者たちはいまやカントの批判哲学を、かれらの時代遅れの教義に役立てるために独占しようと試みているのではあるまいか。ヘーゲルは、そうした怨念をシェリングに打ち明ける。「神学者たちはかれらのゴチック寺院を強化するために批判的資料を持ち出していますが、ぼくはできるかぎりかれらの蟻のような作業を混乱させ、かれらの前にさまざまな難点を突きつけ、かれらを鞭打ちによって隠れ家となる隅々から追い立てることによって、かれらがもはやそうした隠れ家をどこにも見出さず、その裸の姿を白日のもとに晒さざるをえなくなるように仕向けるのはおもしろいことと思っています。」（C1二二）

ヘーゲルがこの時期に執筆したテキストは、次第にカントの影響を、また徐々にフィヒテの影響も受けるようになるであろう。一七九五年一月に、かれはシェリングに次のように宣言する。「しばらく前に、ぼくはカント哲学の研究を再開しました。その理由は、カント哲学のもっとも重要な帰結を、われわれにとってはいまだありふれた、馴染みぶかい多くの観念に適用するすべを学び、この観念をカント哲学の帰結に照らして発展させるためなのです。」（C1二二）

それは、カントが『たんなる理性の限界内の宗教』と題する著作を公刊する時期である。ヘルダーリンは一時期イエーナに腰を落ち着けたが、ヘーゲルに向かって、自分が受講しているフィヒテへの熱意を知らせている。シェリングもヘーゲルに対して、その最初の著作を送るであろう。

ヘーゲルの方では、テュービンゲンの研究の延長として継続している理論的研究を手元に保持している。その内容は興味深いものであり、友人たちの関心を確実に刺激したのである。

かれは、政治的、宗教的諸制度が、創造的飛躍を遂げたあとで、まさしくその成功のゆえに衰弱する定めを負い、その諸制度を魂のない、じっさいには「実定的な」残存物へと変質させてしまう運命の変換についての問いかけを続ける。要するに、それらの諸制度はもはや、それを生み出した精神に対応していないのである。かれはその典型的な展開を、広範な射程をもつ歴史的現象に即して分析する。すなわち、ユダヤ教、ギリシア、ローマの諸宗教、そしてキリスト教である。人びとはまさに、現在のさまざまな固定観念がそうした過去の記憶を支配していると感じている。

スイス時代のこれらの著作のうち、『イエスの生涯』（一七九五年）と題する驚くべき作品が注目されるが、そこではキリスト教の創始者の人格が、福音書的な素朴さを求める文体で、カント的道徳の大家の人格と完全に同一視されているのが見られるであろう。イエスはもはや奇蹟を行なわず、かれの周囲にはいかなる神秘もなく、ちょうど啓蒙主義の哲学者が行なうように、完全な人間の内的自由と尊厳を教えるのである。

この時期に執筆されたが、ずっとのちになってはじめて公刊されることになるもうひとつの重要な著作は、『キリスト教の実定性』（一七九六年）と題されている。ヘーゲルはそのなかで、ヴォルテールの批判の対象となったのと同じキリスト教の教義や習慣を検討している。けれども、ヘーゲルはヴォルテールとは別の方法で、いわば内部から行なっているのである。ヴォルテールの精神は、キリスト教の正統信仰を外部の立場から、思いがけず姿を現わした異質な敵のように攻撃する。ヘーゲルによれば、それは「悟性的」方法であって、かれもまたときにはそうした方法を採用しているが、しかし次第に歴史的な態度を、あるいは暗々裡に弁証法的な態度を加味することが多くなるであろう。キリスト教に対して、他の立場からくるさまざまな否定的要素を手荒く対置する代わりに、かれはキリスト教がそれ自身として、またそれ自身の必然的な運動によって展開し、ついにはそれと反対のものになり、当初、永遠で独立した理念の天空から落ちてくると考えられていたそれらさまざまな否定的要素を生み出すに至るありさまを示そうとする。他の諸宗教と同時に、この特殊な宗教においても、最初合理的であったものが時とともに、その具体的、歴史的な現実のなかで「実定的」になっていくのである。すなわち、言葉、身振り、制度が途中で、始源の深い意味を置き去りにし、真の宗教が捨て去るべき砂利のようになってしまうわけである。人はもはや詐欺行為を断罪せず、むしろイデオロギーを分析することになる。

ヘーゲルはのちになってはじめて、実定的でない宗教はもはや全然宗教でありえないことに気づくであろう。そのさい、かれは、根本的観念論の利益のためにこの宗教的実定性を決定的に放棄するのではなく、ときには両者を全体的に存立させようと試みるであろう。これは、かれが以前に実定性一般をより厳しく、より適切に批判していただけに、ますます困難で説明しにくい共存関係というべきである。その事実から、哲学者にとっては思弁的な形式のもとで、他のすべての人びとにとっては「実定的」な、すなわち宗教的な形式のもとで、真理が「二重の言葉遣い」の性格を帯びるという奇妙な学説が生まれるのである。

このような見通しのもとでは、キリスト教は発展の過程で一種の必然性に、あるいは宿命性に従っている。すなわち、キリスト教がそれ自身とは異質なものになるように、その最初の意図に敵対的になるように導く「運命」に従っているのである。要するにそれは「自己疎外」のことであるが、ヘーゲルはベルン時代にはまだこの術語を用いていない。それゆえキリスト教は、ヘーゲルがそれに与えている表象からすれば、神のいっさいの創造と支配を脱している。人間の生み出したものであるキリスト教は、そのさまざまな段階において、そのたびごとに「民族精神」や「時代精神」から由来するのである。すなわち、これらの精神がキリスト教を担い、みずからのイメージに合わせて、またみずからの欲求に従って形成するわけである。

その時代の強制的、順応主義的文脈のなかでは、このような考察はただちに非難さるべきものとして映るであろう。そのことを納得するには、ドイツでもっとも自由主義的な大学といわれたイェーナで、一七九九年にフィヒテの追放を引き起こすことになった問題を想起するだけで充分である。大がかりな「無神論事件」、すなわちさまざまな非難や中傷、あるいは論争が起こったのはひとつの宣言によってであった。その宣言は、一般に受け入れられている意見に照らしていえばたしかに大胆ではあるが、しかしヘーゲルがベルンでひそかに執筆していた事柄に比べれば無害なものだったのである。フィヒテは次のように述べている。

「生ける、活動的な道徳の秩序は神そのものである。われわれは別の神を必要とはしないし、そのような神を理解することもできない。理性のうちには、宇宙のこの道徳的秩序から離れるべきいかなる理由も存在せず、また結果から原因への推理を用いて、その結果の源泉としてのある特殊な存在を容認すべきいかなる理由も存在しない。したがって、健全な知性がそのような結論を引き出さないことは確実である。そのようなことを行なう哲学があるとすれば、それは誤解の哲学にほかならない。[*12]」

　言葉の使い方は自由であり、人格神の観念が、いわんや「神の子」の観念が排除されているような物の見方を、キリスト教ないし宗教と呼ぶ権利を人はもっているであろう。しかし同時に、そのような考え方を拒否する権利ももっているのであり、それこそまさにヴァイマール当局が聖職者や信心深い一般大衆に引きずられて、行なわざるをえなくなったことである。ヴァイマール当局は、そのような宣言の主唱者としてフィヒテを非難したのである。

　ヘーゲルは、非正統性という点では、もちろんフィヒテよりもはるか遠くを進んでいた。かれはフィヒテのように、外からの明白な強制を必要とせず、みずから徹底的な検閲を実践した。のちに明らかにされたかれの青年時代の作品は、宗教的、政治的次元の批判に関しては、円熟期のものよりいっそう大胆であるようにみえる。問題となるのは、のちのテキストの慎重な示唆が、この青年時代の思想を何がしか含んでいるかどうか、しかもヘーゲルがその深い思想の、少なくともある面を大衆に伝えるために、最終的にそれを和らげたり、歪めたりしなかったかどうかを知るという点である。

　ベルンとチューグにあるシュタイガー家の書庫は、ドイツの大学の大きな図書館の代わりをすることはできなかっ

*12　フィヒテ。かれの息子（イマヌエル・ヘルマン）の著作『フィヒテの生涯と文学的往復書簡』、ズルツバッハ、一八三〇―一八三一年、第二巻、一〇八頁からの引用。

た。とはいえ、残っているカタログからすると、ヘーゲルが有効に活用できる程度の豊かな蔵書はあったようにみえる。ヘーゲルの著作全体にわたって、かれがまさにその地で読んだか、あるいは参照した作品への指示が認められるのである。

たとえば、ヘーゲルはスイスでモスハイムの『教会史』（一七七六年）も読むことができたが、かれはその書物のみごとな抜粋を作り上げている。その他に、レイナルの『両インド史』、ヒュームの『イギリス史』、シラーの『歴史著作集』、そしてかれに深い影響を与えることになるモンテスキューとギボンの諸著作も読むことができたのである（R六〇）。

ヘーゲルがどれほど孤独であったにせよ、あるいは孤独であると感じていたにせよ、かれはスイスにおいて友人関係をまったく失っていたわけではなかった。とくに、プロイセン国王の個人領地であるヌーシャテル公国や、ヴォー地方においては、社交生活はきわめて活発であった。土地の人びとや、他所から移住してきた人びとがたくさんいたので、ヘーゲルは行く先々でつねに興味深い人物の仲間に加えてもらうことができた。けれども、かれがスイスにおいて足繁く訪れた場所についての情報を、われわれはわずかしかもっていない。

かれがシェリングに打ち明けた話の内容からすると、一七九四年にベルンでK・E・エルスナーに会ったことがわかる。「まったく偶然に」（C1一七）とかれは語っているが、それは婉曲語法でしかありえないであろう。貴族のシュタイガー家に雇われていた一介のドイツ人家庭教師がまったく偶然に、しかもかれとおしゃべりをすることができるような状況のなかで、フランス革命の支持者として知られていた一シレジア人と出会うなどということはありえない。この人物はさまざまな出来事のためにフランスから追放され、かれが頻繁に訪問する友人や共謀者たちと同様に、警察の監視の対象となっていた。ヘーゲルの口にする「偶然に」という言葉は、まさしくその出会いにはいっさいの偶然がなかったことを示唆しており、またそのように推論することを可能にしている。しかもヘーゲルは同時に、手紙の宛先であるシェリングに対して、エルスナーの有名な『書簡集』が載っていたアルヒェンホルツの『ミネルヴァ』

誌をすでに読んでいることを知らせている。

もちろん、かれがシュヴァーベンの画家ゾンネンシャインを訪問したことも、同じように偶然ではないのである。ローゼンクランツの語るところによれば、ゾンネンシャインには「笑顔を絶やさない妻と娘がおり、かれの家ではピアノが演奏され、とりわけシラーの叙事詩が歌われていた」という。これらの叙事詩のひとつを引き合いに出すことによって、問題になっている事柄をより正確に説明することができよう（R四三）。それは有名な「喜びの賛歌」であり、ヘーゲルの友人たちはかれがベルンに出発したあと、その「思い出に」歌うことになるであろう。それはまた、ヘルダーリン、マーゲナウ、ノイファーおよびかれらの友人たちが[*13]、ネッカー川に向かって声を張り上げて、重々しい調子で歌ったのと同じ歌曲である。この詩のもつフリー・メースン的な意図と、その革命的な異議は、同時代の人びとの精神にきわめてはっきりしたものとして映った。

ゾンネンシャインの人生は、そのときまで、ヴュルテンベルク公との軋轢の連続にほかならなかった。すなわち、反逆、警察と司法による追跡、スイスへの逃亡、ヴュルテンベルクからの容疑者引渡しの要求、スイス当局の拒否、等々といった具合である。

ローゼンクランツは、フライシュマンなる人物が、「ゾンネンシャイン家のこうした無邪気な喜びの雰囲気を共有していた」と付け加える必要があると考えている。この頻繁な訪問は、本当に取るに足りない性格のものだったのであろうか。

一七九六年七月にヘーゲルは、ザクセン地方の出身者という以外に、われわれには何も知られていない仲間たちといっしょにベルン高地地方への旅行を企てる。かれはこの機会に、当時流行の文学ジャンルである『旅行記』を執筆

*13 『喜びの賛歌』（フリー・メースンの集会所のためにシラーが執筆したもの）は、「ヘルダーリン、マーゲナウ、ノイファーおよびかれらの友人たちによって厳かに歌われていた。」かれらは、ヘルダーリンが神学院に入る以前に、かれによって結成された「同盟《ブント》」のメンバーであった（ベッツェンデルファー『テュービンゲン神学院におけるヘルダーリンの学業時代』、ハイブロン書店、一九二二年、七七―七八頁）。

する。かれはそのなかで自分の直截な印象を記しているが、そこにはしばしば興味深い方法論的、哲学的態度が含まれている。それらは、野生の自然に関わる「ロマンティックな」感情を何ひとつあらわしてはいない。反対に、ヘーゲルのまなざしはきわめて「功利主義的」であるようにみえる。すなわち、かれはチーズの作り方や、買い手の意表を突きながらチーズを売る方法などに関心を示しているのである。かれは、山の頂きの崇高な姿といった、同時代人が称えているものに軽蔑しかあらわしていない。かれはのちに、「不滅の山々が、生命力を発散しつつ急速に色褪せていくばらの花よりも優れているわけではない[*14]」と主張するであろう。当面は、かれは大きな山塊の不動性を確認するだけである。それらは動かず、生きてはいない、と。山塊とはそのようなものであり、それが山塊についていいうるすべてである（D二二四）。

反対に、かれはライヒェンバッハの滝の落下の光景に魅了される。この滝はすでに、ゲーテの詩「噴水をめぐる精神の歌」にヒントを与えたものである。シラーの『美的教育についての書簡集』によって育まれたさまざまな反省に、かれは隠喩的な意味での「弁証法的」考察を付け加える。この壮厳な滝は、たえず他のものに変化しながら、しかも「永遠に同一なもの」のイメージを与えている（R四四）と。かれはおそらく、その用語を現存する世界に移し換えることのできるヘラクレイトスの格言を念頭に置いているのである。この限りない水の運動には、なんという力、なんという活動、そしてなんという生命が含まれていることであろう。ヘーゲルは不動のもの、固定したもの、死せるものを嫌悪する。かれは、それが動くことを好むのである。

山岳の住民たちの生活は、物理＝目的論の通俗的な命題に関する暗い反省と懐疑をかれに吹き込むであろう。自然は人間に対して、自発的に好意ある態度を示すわけではない。また、自然は意図的に、人間のために作られたわけでもない。「わたしは、このうえなく信心深い神学者でさえ、この山々の自然に、人間にとって有用な目的性をあえて帰属させようとしているのではないかと疑っている。というのも、人間は苦労してこの自然からわずかのものを奪い取る必要があり、しかもかれはそれを貧しく使っているからである[*15]。」

ヘーゲルは次第に、社会が人間によって、しかも人間のために作られたことを、しかしながら結局は、自然より悪い姿をさらけ出していることを知るようになるであろう。

われわれが判断できるかぎりでいえば、ヘーゲルは読書や経験を通じてスイスで多くのことを学んだが、しかし本当に愛した事柄はそう多くはない。というのも、状況はかれにとって悪い局面にあったからである。こうしてかれは、その生活の過程においていたるところに赴くであろう。そして最後は、ベルリンにまで到達するのである。ヘーゲルがそれなりの努力を払って、またその忍耐強い態度のおかげで、ある場所やある職に身を落ち着けることができるたびに、かれはそのつど異なる理由のために、大急ぎでそこを立ち去る構えを示している。かれが急いで、ベルンから、チューグから、スイスから、そしてシュタイガー家から遠ざかりたいという気持を抱くに至った経緯は容易に理解されるであろう。

かれは自分が成熟し、より多くの教養を備え、しかもより温和な人間になったと感じている。かれはおそらく、その苦しい経験から得たいっさいの事柄を、いまだ充分に理解してはいない。いぜんとして迷いの境地に陥っていたかれは、次から次へと幻滅を重ねていくであろう。

---

*14　ヘーゲル『歴史哲学』、前掲書、一六七頁（訳、修正）。　*15　ヘーゲル『ベルン・アルプス地方旅行記』、R・ルグロ訳、パリ、ミヨン書店、一九八八年、七六—七七頁。

第6章　ヘーゲルの往復書簡

「わたしの手紙は開封されていないことを期待しています。わたしはこの手紙が開封されていますが、しかしそういう事情ですから、どうか注意深く封筒をお調べになってください。」（フィヒテからシェリングへ）[*1]

偉大なる人物の内密な思想を知るためには、かれらの私的な往復書簡は、明らかに特別な拠りどころとなるであろう。それは、かれらの公的生活の沈黙を補うものである。

三年にわたるヘーゲルのスイス滞在について、われわれは直接的証言からほとんど何も知ることができない。だが幸いなことに、その後の生活に確実に引き継がれていったかれの当時の精神状態は、友人たちに宛てて書いた現存する七通の手紙と、かれらから受け取った一〇通の返信――五通はヘルダーリンから、そして残りの五通はシェリングからのものである――によって、部分的に明らかにされている。もしこの時代に電話が使われていたとすれば、そして違法な盗聴や録音がなかったとすれば、われわれはスイス時代のヘーゲルについてまったく知らないことになるであろう。

これらの手紙の内容や、その異端性、非迎合的態度、そして大胆な闘争的傾向は、偽わりの伝統によって広められたヘーゲルのイメージをあらかじめ受け入れている読者を驚かせることであろう。そうした往復書簡は、どのようにして消滅を免れ、回収され、これほど長いあいだ保存されてきたのであろうか。また、それは誰の手によってなのであろうか。そのためには、友情の手や、共犯者の手が必要であった。われわれは、ヘルダーリン――かれの側からすれば、それは充分理解しうることである――およびシェリング――これは、さほど自明なことではあるまい――がまず第一に、この厄介な手紙類を大切に整理したものと想定しなければならないであろう。

それらの手紙類を読めば、ヘーゲルの深い思想と、かれが生きた環境のなかで口にすることが許される形式的な言葉とのあいだに限りない隔たりがあることが認められよう。こちらでは、かれは隷従や敬虔や尊敬を装う必要に迫られていた。しかしあちら側では、かれはいくぶん抑圧から解放され、反抗に捌け口を求めている。とはいえ、そのような率直な態度においてさえ、かれはいぜんとして慎重な方策を講じていたことを承認しなければならない。かれはしばしば遠回しに語っているからである。

それは書簡体文学の類ではないが、しかしヘーゲルはその手紙のなかで、必要があれば、またかれがそのことを望み、しかもそれが可能な場合には、きわめて明晰に自己を表現するすべを知っていたことを充分に証明している。

ヘーゲルの書簡の一部が散逸してしまったことはたしかである。かれの交信相手の誰もが、ヘルダーリンやシェリングほど慎重に取り扱ったわけではないからである。三年ものあいだ、かれがヘルダーリンやシェリング以外の人びとに、たとえば父親や弟に、とりわけ妹に、そして心から愛着を覚えていたかつての神学院生たちに一通の手紙も書かなかったとしたら、それは驚くべきことであろう。

それゆえ、これらの「スイス書簡」は、消滅した多数の手紙のなかで例外的な位置を占めている。それらは、あらゆる点で特殊な問題を提起しており、伝記作者たちがそれなりの善意をもって、その寄与の度合いを考慮するように促している。特別なケースにおいては、それらの書簡は、ヘーゲルの往復書簡全体を考察するうえに、すなわち生涯にわたってそれが豊かに増えていくありさまを考察するうえに絶好の機会を提供しているのである。

ヘーゲルは数十年のあいだ、さまざまな、しかも数多くの相手に手紙を書き送っている。そうした手紙がかれの死後に出版されるにあたっては、波乱に満ちた歴史を経験している。それは、もちろん完璧とはいえない版の場合でも、

*1　フィヒテ、一七九九年七月二十日付の手紙の「追伸」（フィヒテ＝シェリング往復書簡集』、ミリアム・ビーネンストック訳、パリ、フランス大学出版、一九九一年、五一頁）。

いまやたっぷり三巻を埋め尽くしている。人びとはそこかしこで、まだ知らされていないヘーゲル像を発見し続けているわけである。

これらの書簡は、全体として見れば非常に内容豊かなものである。それは、内密の打ち明け話を通じて、哲学者の公表された学説のある面を確認し、あるいは否認することを可能にしてくれる。まだ充分とはいえないが、もし広範に活用することができれば、それらの手紙は学説についてのたしかな注釈を検討するさいに豊かな素材を供給してくれるであろう。

それらの手紙のなかで、説明困難な、驚くべき主題を含むいくつかの異常な例が注目される。そこで、こうした代表例を取り上げて、特別の配慮を払うのは良い方法であろう。

しかしながら、こうした特別の配慮のために、よく知られた哲学者、教授、一家の父親、同僚等々の——その行動は多くの場合、他のすべての人びとの行動と同じタイプのものである——通常の手紙の存在を忘却させたり、軽視させたりしてはならないであろう。比較的平凡なこの種の手紙も少なからず存在しており、量的にはむしろ圧倒的に多い。したがって、それら通常の手紙にも、それなりの位置と役割を認めてやる必要がある。ヘーゲルと他の人びととを分かつものを特別な注意を払って考察したとしても、かれはやはり多くの点で同時代の人びとと似かよっているのであり、そのことを忘れないでおくのが肝要である。

とはいえ、スイス書簡はいぜんとして、ヘーゲルがのちに移りゆく数々の住居において記すことになる大部分の手紙とは対照をなしている。それらは、同じ時期の自筆原稿——それもまたかなり大胆にみえるが——と完全には一致しないのである。

それらの手紙のなかでもっとも驚くべき点は、それのもつ反体制派的な方向づけを別にすると、みずからの内密な、公式には非難さるべき思想を文字にすることによって筆者が証明している無謀さである。破廉恥にも、警察がいたるところで信書を開封しているこの時代において、不用心にも手紙のなかで真情を吐露するというのは尋常のことではなかった。

テュービンゲンの三人の仲間は、単純な人間ではなかった。したがってかれらは、自分たちの郵便物の安全性に気を配っていた。そのように、いつもは疑い深いかれらだが、ここでは大いなる信頼感を示している。シェリングはたぶん、現在では失われている一通の手紙のなかで、みずからの懸念をヘーゲルに知らせているのであろう。そこでヘーゲルは、かれを充分に納得させようとするのである。「メーリングが最近、スイス宛の手紙はすべて開封されているとぼくに言ってきました。しかし、安心してくれたまえ。きみはこの点については、まったく心安らかでいられるのです」（C1一八）。そのような確信を、かれはどこから得ているのであろうか。それは、高い地位にある人物からのものでしかありえないであろう。

しかしながら、疑いの気持が残っているので、三人の仲間はいっさいの注意を棄て去るわけにはいかない。かれらは、自分たちだけがそのキーを手にしている神秘的な言い回しを用いるのである。かれらは何がしかの秘密を、あとになって口頭で打ち明けるためにとっておく。たとえばシェリングは、かれの眼に有罪と移る神学上の試みについての情報を提供してから、とりあえずそこで話を打ち切るべきであると考える。「きみはいずれ口伝えで、この時期の特徴を受け取ることになるはずです。ぼくはきみの精神を、他の誰にも劣らずよく知っていると信じています。ぼくは、きみが驚きの念に打たれることを、きっと請け合うことができるでしょう。」（C1三一）

これらの手紙の筆者はいずれも、かれらが神学院に在学していたときに使っていた表現の正確な意味を規定していない。神学院ではかれら相互のあいだに、また他の学友たちとのあいだに一種の知的共謀が、たしかに理念的で象徴的なものではあるが、しかしおそらくはまた実践的で活動的でもある知的共謀が——形式的には、そのいずれとも決めることはできないであろう——結ばれたと想定することができる。そして、この知的な共謀関係は、かれらの用語を作り上げる役割を果たしたのである。

かれらはほとんど偏執狂的な仕種で、ブント（同盟、連合、協会、連盟）という言葉を、すなわち一般には実定的な社会的現実を指す言葉を用いている。かれらは全体として、地上における「神の王国」の建設を目指している——しかしながら、かれらがその王国をじっさいにどのようなものと考えているのかは定かではない。かれらは共通の了解によって、「見えざる教会」に加担している。ヘーゲルは、そのことをシェリングに思い出させる。「神の王国が到来しますように、またぼくたちの手が無為に打ち過ぎることがありませんように……。理性と自由はいぜんとしてぼくたちの標語であり、そして見えざる教会はぼくたちの集合地点なのです。」（C１二三）

元来は宗教的な意味をもっているこれらの表現は、ここでは明らかに意味の転換を蒙っている。しかしながら、いかに無遠慮な警官であっても、そのことを明確に証明することはできないであろう。

何人かの注釈者たちはこの点に関して、ヘーゲルがテュービンゲンで行なった説教の試み、すなわち聖書（「マタイによる福音書」、５章、一―六節）に従って「神の王国」の理念を取り上げた説教を引き合いに出している（D一七九以下）。この指摘はそれ自体としては大変興味深いものであるが、しかしこれらの用語の意味を新しい文脈のなかで、しかも明白に異なる用法において明らかにするものではないであろう。その指摘は、はたして純粋に宗教的な着想を示唆しているのであろうか。むしろ反対に、それとの差異を強調しているのである。フランス人の訳者は賢明にも、不適切なこの指示を省いてしまったが、しかしその除去のもつ意義について配慮することはなかった（C１三八六）。神の王国は、たしかに二つのケースがある。けれども、説教にとっては、信者の内面だけが問題である。ところが、神学院生たちにとっては、「活動的な手」によって生み出されるものとして、この地上にじっさいに存在しうるものである。

「見えざる教会」の観念は、これまでさまざまな、しかも相互に一致しえない多くの解釈に晒されてきた。三人の神学院生にとっては、その観念は異端の選択を覆い隠す意味をもっていたと推測することができよう。いずれにせよ、それは「見える教会」、設立された「実定的な」教会と対立するものであり、かれらはこの見える教会よりも見えない教会の方を選んだのである。人びととの現実的な連合体である見える教会とは別に、カントは見えざる教会を、すなわち「神の普遍的な統治のもとに集まる心正しきすべての人間の連合体という単純な観念」*2を設定した……。しかし、ヘーゲルはこの「見えざる教会」の地上的実現を考えているようにみえる。

現実に眼に見えない教会とは、非合法的なものでしかありえない。ヘーゲルは、そのようなものを夢みていたのであろうか。結合〔Vereinigung〕という言葉には、しばしば実定的な意味が含まれている。すなわち、協会である。

カントが、この「見えざる教会」という観念をすでに多義的に用いていたとすれば、もうひとりの著者はその観念をより大胆に活用していた。ヘーゲルが賛美し、たえず引用しているレッシングは、その観念を、かれが考えていたような意味でのフリー・メースン団と同一視したのである。『エルンストとファルク――フリー・メースンの対話』（一七七八年）のなかで、模範的な人びとの特徴をみずからの好みに従って規定したあとで、かれは次のように付け加えている。「そして、これらの人びとが空しい孤独のなかで生きないこと。かれらがいつの日か、見えざる教会であるのをやめること[*3]」と……。そのとき、人びとは、かれらがフリー・メースン団を構成していて、それが白日の下に現われるのを眼にするであろう。レッシングの読者が、いささかの疑念を抱くこともありえない。すなわち、見えざる教会とはレッシングにとって、フリー・メースン団のことなのである。かれが理解しているようなフリー・メースンは、じっさいにはこの「見えざる教会」を形成している。

ヘーゲル、ヘルダーリン、シェリングは、これらのテキストを完全に知っていた。たとえかれらがレッシングの場合とは異なる意味でそれらの用語を使っているにせよ、かれらはレッシングのことをやはり考えざるをえないであろう。しかしかれらはつねに、宗教的伝統をもつ神秘的な言い回しに、たとえそうした宗教性を曖昧にし、また変形させてしまうにせよ、それを完全に否認することはないような文脈に入りこんでいる言い回しに固執している。たとえばヘルダーリンは、かれら共通の友人であるヨハン・フリードリヒ・エーベル（一七六四―一八三〇年）――民主主義者で、革命家で、しかも啓明主義者である人物――に宛てた一七九五年の手紙のなかで、みずからの希望を表明してい

*2 『カント事典』（R・アイスラー）、A・D・バルメスおよびP・オスモ訳、パリ、ガリマール書店、一九九四年、三一四―三一五頁。 *3 レッシング『エルンストとファルク――フリー・メースンの対話』、ピエール・グラパン訳、パリ、オービエ書店、一九七六年、六九頁および一一二頁。

る。「あなたも御存知のように、精神は、わずかな生命の息吹きが現われるところではどこにおいても相互に交流し、放棄してはならないいっさいのもののうちで互いに結合しなければならないのです。その結合、その見えざる戦闘的な教会が、大いなる時の子、すなわちわたしの魂が委ねられている人間（現代の追随者たちの相互理解が成り立つほどにはよく理解されていない使徒）が主の到来と名づけている日々のなかの日に生命を与えることができるように。わたしはここで、語るのをやめなければなりません。さもなければ、わたしはけっして話を中断することができなくなるでしょう……。」[*4]

この文章の冒頭は、レッシングのフリー・メースン的な激励の観念と、ほぼ文字通りの用語をそのまま取り上げている。そして、ヘルダーリンはエーベルに対して、かれの方からその「高貴な友人たち」に宜しく伝えて欲しいと依頼している……。[*5]

このテキストに関連して、一七九四年十月十日付の、ヘルダーリンからヘーゲルに宛てた手紙――レッシングのフリー・メースン的激励は、じっさいにその手紙の内容と符合する――と、その手紙が文字通りに何がしかの言葉を取り上げている聖パウロの一節（「テサロニケ人への第一の手紙」、4章、一五節）を引き合いに出すことができよう。だが明らかに、外見上の宗教的仄めかしは歪められている。ヘルダーリンは、万一の場合、その最初の意味を呼び戻すことができたであろうが、しかしその意味は、この場違いな文脈のなかでどのように変化するであろうか。ヘルダーリンの魂が委ねられているこの人物は、いったい何者であろうか。エーベルの眼には、その人物は誰と映るのであろうか。なぜ、これらの言葉は意図的に謎めいたものになっているのであろうか。ヘルダーリンはまさしく、コード化した言葉ではなく、紋切型の言葉を用いている。すでに嫌疑をかけられている人びととの場合に証明されたその言葉は、疑いの念をいっそう強めるであろう。ヴュルテンベルク公はやがて、相当規模の革命的陰謀を挫折させるであろう。かれの警察は、謀反の兆しを探し求めている。警察は、誤っているにせよ、あるいは正しいにせよ、「あらゆる日々の日」の告知をどのように受け止めるであろうか。

政治的にも、宗教的にも、ヘーゲルの態度は曖昧であり、しかも用心深いものである。そこにおいて、知的臆病と戦術上の用心深さを見分けることは困難である。

その著作のなかで、かれは安心感を与える命題を集め、かれが「神の遡及的欲求、しかも（哲学的に）正当化された欲求」（C1二二）と呼ぶものを強調している……。

けれども、同じ手紙のなかで、かれは神学者たちに対しては怒りをあらわにする。かれは、反教会的で、革命的な、そのうえこれ見よがしの言明を繰り返し述べている。もしそれらの言明がシュタイガー家、ベルンの閣下たち、州警察、そしてスイスの牧師たちの手に落ちた場合、かれらはこの風変わりな「聖職者的家庭教師」のことをどう考えたであろうか。

慎重な態度

スイス滞在ののちには、ヘーゲルはもはや郵送される手紙のなかでは、自分の心をこれほど明らさまに打ち明けることはけっしてしないであろう。かれはスイスで、例外的な制度の恩恵に浴していたのである——少なくとも、かれはそのように信じていた。

一定期間、かれは親しい人びとの近くで暮らしながら、かれらとの手紙の交換を差し控えるであろう。なぜなら、いかなる書き物も残っていないし、能弁な言葉は影をひそめてしまうからである。時が移ると、交際相手も変わるであろう。ヘルダーリンは回復不能な狂気に沈み、敵意を掻き立てる競争心に駆られたシェリングは、かれから遠ざかっていく。ヘーゲルは新しい仲間の方に向かうか、たとえばクネーベルのような旧い知り合いとの関係を再開する。

*4　ヘルダーリン、前掲書、三六七頁（フリー・メースンにして啓明主義者であるエーベルに宛てた、一七九五年十一月九日付の手紙）。　*5　同書、三六六頁。

けれども、イェーナにおけるフィヒテの協力者であり、バイエルンの有力な行政官であり、すでにテュービンゲン時代に出会ったこともあるイマヌエル・ニートハンマー（一七六六―一八四八年）と、ヘーゲルはとりわけ興味深い書簡のやりとりを行なうであろう。ヘーゲルがベルリンに定住したあと、両者の関係が緊密ではなくなるまで、それは続くことであろう。

王政復古ののち、抑圧的な警察権力を笠に着た政治体制のもとで、ヘーゲルとその交信相手は警戒を強めなければならなくなる。かれらが防御的戦術をとったという事実だけで、すでにかれらの意見の反体制的で、異議申立て的な、しかも反抗的な性格を明らかに示している。

警察はひそかに信書を開封していただけではなく、時には公然とそれを行なった。啓明主義者に対する迫害の時代に、したがって主に一七八四年から一七九〇年のあいだに――この時期にかぎられていたわけではないが――手紙を開封する特別の部局がバイエルンの郵便局に設置された。こうした手段による発見の結果、多くの人びとが司法当局から追跡されることになったのである。少なくとも、思慮深い人びと――ヘーゲルはそのひとりであった――は、この点に関してどのへんで留めるべきかを心得ていた。

バイエルンでは周知の事実であったこのやりかたは、より目立たないかたちで、しかも多かれ少なかれ恒常的に、ドイツのあらゆる領邦国家に、そして結局は全ヨーロッパに影響を及ぼした。たとえばミラボーの友人の有名な啓蒙主義者で、ブラウンシュヴァイクにおけるバンジャマン・コンスタンの青年時代の仲間であり、また名だたる啓明主義者でもあるマウヴィロンは一七九〇年に、かれの手紙の開封によって警察の知るところとなったある種の見解のためにかれらにつけ回されている。ジャック・ドローズは、この事件について次のように語っている。「検閲は、信書の交換についても同様に行なわれている。一七九〇年に、ヘッセン地方伯は、ミラボーの友人であるマウヴィロンの書いた二通の手紙を開封させた。一通はカッセル市の図書館司書キュートに宛てられたもので、フランス革命が全ドイツに広がって欲しいというかれの願いを表明している。もう一通は、ナッサウ＝ディレンブルクの大法官クノーブラウフに宛てられていて、神学と専制主義の相互理解を公然と批判したものである。地方伯はキュート〔手紙の受取人〕に辞任を強要し、所管の官庁にマウヴィロンに対する追及と、場合によってはクノーブラウフに対する追及をも求めた……。」[*6]

軽々しく扱うことのできない重要人物に関係しているため、無数の例から取り上げられることになったこのケースは、ヘーゲルのスイス時代に手紙のなかでマウヴィロンのそれと一致する意見を交換し合っていた「三人の仲間」が、どれほどの危険を犯していたかを充分に示している。

一八一九年に、ヘーゲルの「復習教師」を務めた、かれの弟子にして友人であるヘニング（一七九一―一八六六年）が長く投獄されることになったのも、みずから受取人になっていた手紙のせいである。[*7] ヘーゲルがベルリンで強い関心をもっていたほとんどすべての容疑者や被疑者は、警察が開封したか、あるいは押収した手紙に述べられている意見のゆえに逮捕されることになるであろう。

もちろん、第一の、しかももっとも徹底した用心は、もはや手紙を書かないことであった。ヘーゲルの往復書簡の常連は、かれがときおり、そうしたやりかたに訴えているのではないかと感じている。というのも、ある種の手紙は、以前のいかなる手紙にも見出されない情報に漠然と言及しているからである。したがって、それらの情報は他の手段によって、おそらくは旅行者か友人である使者を通じて口から耳へと伝えられたものであろう。

もうひとつの慎重な方策は、公的な郵便の助けを借りずに手紙を送るために、友人が移動する機会を利用することである。ヘーゲルは、かれの郵便物や友人たちのそれが、「黒い小部屋」〔信書検閲室〕を通る可能性があることを知っている。それゆえ、同僚や学生たちがメッセンジャーの役を務めるであろう――ヘーゲル自身、「肉体の使者」（C2四七）すなわち骨と肉から成る使者のことを話題にしている。それはとりわけ、試験を受けるために大学から大学へ

*6　ジャック・ドローズ『ドイツとフランス革命』、パリ、フランス大学出版、一九四九年、一一〇頁。および三一頁、注1。　*7　カレールは、この点を明確にしているホフマイスターの注（B2四八二）を訳出していない（書簡三八九番、C2三四二）。

と移動しつつ、ヘーゲルやニートハンマーが無料で口の堅い受験者郵便と名づける役割を引き受ける志願者のことであろう。

ヘーゲルは、その方法をじっさいに活用している。「わたしはこの交信のために、公共の開封される郵便ではなく、私的で閉鎖的な郵便を利用する必要があると考えた」(C２八〇)と。この文章は、カール・ヘーゲルが父親の『書簡集』の乱暴な削除版を一八八七年に出したときに、掲載されなかったものといわれている。[*8] この時期はまだ、ヘーゲルがかつて非合法的ともいうべき手紙の交換を行なっていた事実を明らかにしたり、「開封される」郵便物の存在に言及したり、絞首された人の家で〔首を吊った〕ロープのことを話題にしたりするのは危険を犯すことにほかならなかった。とはいえ、こうした省略のおかげで、ヘーゲルのイメージは明らかに穏健なものに変えられてしまったのである。

ヘーゲルは、寛大な気持でプロテスタンティズムに認めている世俗主義(「われらの大学、われらの学校が、とりもなおさずわれらの教会にほかならない」)を宣言するために、また君主の恣意や、ニートハンマーがまさにその犠牲となった「当局の強権発動」(C２八二。一八一六年七月十二日)を厳しく批判するために、「開封される郵便」には頼らないという賢明な方策を講じたのである。けれども、こうした感情のうねりのあとでさえ、かれはなおいっそう反抗的で激越な感情を表明しなければならないかのように仄めかし、しかもその説明をほとんど儀礼的な口調で終えている、あるいは中断しているのである。「しかし、これでもう充分でありましょうし、あるいは充分すぎるくらいかもしれません」(C２八四)と。それは表現上の留保に注意を促すものであり、頭の回転の早い読者なら、そのように促されることによって、いわれる通りみずから進んで欠落を補うことであろう。ヘーゲルは一八一六年七月五日付の、王政復古に対するきわめて辛辣な手紙を、このようなかたちで締めくくっている。

受験者郵便によってひそかに運ばれた手紙のなかでさえ、筆者は完全に自分をさらけ出しているわけではない。王政復古に反対する手紙は、いくつかの曖昧な側面を示している。しかも、受取人はその手紙を完全なかたちで保存することを望まなかった。それは改変されて、ようやくわれわれの手に伝えられたのである。削除された部分は、保存されている部分よりもいっそう厄介な事柄を含んでいたのだと想定することができよう。

別のある機会には、ヘーゲルは一段と慎重で、手のこんだやりかたをするであろう。たとえば、一八二五年に、かの熱狂的な学生連盟会員カール・ウルリヒと手紙のやりとりをしたときの関係がそうである。ウルリヒは、亡命しなければならない立場にあったからである。にもかかわらず、ヘーゲルはそれ自体危険な、しかも内容的に危い部分をかなり含んでいるはずの往復書簡をかれと交わしている。きちんと情報を与えられていたかれは第三者に手紙を書き、その第三者が本当の受取人へその手紙を引き渡す役割を負うことになる。

ウルリヒは、幸いヘーゲルがわれわれのために保存してくれた手紙――とはいえ、それはかれにとってもおそらく危険な意味をもつであろう――のなかでその手順を指示している。「お手紙（わたしはいつものように、それを注意深く読んでから破棄するつもりです）を、エックハルト氏にお送りください」（C2二八七）といった具合に。

したがって、ヘーゲルの手紙の取り扱いは、少なくとも格別慎重を要する思想上のテーマに関するかぎり、最大の用心と最大の警戒心を必要としたのである。話題はおうおうにして意図的に曖昧なものにされ、変装をほどこされることになった。したがって、われわれはそれらの話題を、つねに「第一義的」なものと解釈することはできない。しばしばそれを、他の文脈と関連する別の言葉に移し換える必要が生じるのである。筆者が、考えていることのすべてを口にせず、遠回しの言葉でしか自己を表現せず、また大胆な主張の内容を偽装するからというだけでなく、戦術上、率直で大胆な言明をいわば償うために、本心とは反対のことを断言するような事態も起こるからである。

たとえば、ヘーゲルが称賛し、『精神の現象学』で引用している著作家リヒテンベルクは、ある手紙のなかでの過激な話題――いまの場合、フォルスターのある種の政治的理論に対する同意の表明――を、自分がそこで生きる「稀な幸運」に恵まれた政府についての過剰で偽善的な賛辞によってバランスをとっている。その手紙を受け取ったゼン

*8 『ヘーゲル往復書簡集』、カール・ヘーゲル編、一八八七年、全二巻（第一巻、四〇〇頁）。

メリング（一七五五―一八三〇年）は啓明主義者で、ヘルダーリンの友人でもあるが、その点に関して錯覚することはありえなかった。というのも、かれは以前より、その政府に対するリヒテンベルクの不屈の憎悪を知っていたからである。[*9] 警察は時には、ひどい思い違いをする羽目に陥ったのであろうか。

ヘーゲルを知っている人びとならおそらく、かれの真実の思想を否認しているようにみえるさまざまな表現を見破ることができたであろう。今日の読者は、しばしば当惑してしまう。それははたして率直な打ち明け話なのか、それとも外交上の仮面を着けているのか、あるいはまた、それなりに厳しい皮肉を言っているのか、と。

一八三一年五月二十九日付の、出版業者コッタに宛てた手紙のなかで、かれは時事的な覚書を忍び込ませている。滞在先のミュンヘンでコッタが関わりをもっている政治的にきわめて慎重を要する諸問題（出版の自由、宗派の違う人びとの結婚、等々）に言及してから、ヘーゲルは、ドイツ諸侯がある時期模倣しようとしたフランス的自由に、いまやかれら自身が悩まされ始めていることを、またそれによってかれらにはさまざまな困難が生じていることを記している。そこで、かれは次のように付け加える。「数日前、国王が高等学校の催し物から戻るさいに、そこに居合わせた人びと――公式の言葉では、民衆――が馬車を宮殿まで引いていくために、馬を馬車から取りはずすのをかろうじて阻止しえたような次第です。人びとが牛馬の位置に身を落としめることのないよう勧告したあとで、また自分が歩いて自宅に帰る羽目になってしまうと主張したあとで、かれは歓声を浴びながらようやく馬車の歩みを続けることができたのです。」（C３二九三）

ヘーゲルが、民衆と国王によるこうした二重の愚行に、一瞬、心を動かされた可能性は、絶対的には排除できないであろう。けれども、『改正法案』に関する論考の最終部分の公刊が、この国王の勅令によって突然禁止されたことを、かれはその直前に知らされたところだったのである……。

その手紙の末尾で、ヘーゲルはコッタに王室検閲官が亡くなったことを伝えているが、その死をさほど惜しんでいるようにはみえない。「世間で名高いわれらの検閲官グラノウが数日前に亡くなりました――とはいえ、検閲がかれとともに消えるわけではありません――死亡通知によれば、残された人びとは嘆き悲しんでいたそうです（おそらく、かれがもはや検閲することのない著作と関わりがあるのでしょう）。」（C３二九四、修正）

ヘーゲルは、面識のない人びとからの最初の申し出に対する返信では、大いなる節度を示している。だが、それは驚くにはあたらないであろう。人はうっかりと、誰にでも身を委ねるというわけではないからである。しかし同時にまた、かれはおそらくブルーマウエルの体験した冒険から教訓を得ているのであろう。秘密結社への浸透を試みるために、警察はブルーマウエルという疑わしい人物の名を騙って偽わりの手紙を送り、受取人――有名な革命家にして、啓明主義者であるクニッゲ男爵――の方から秘密を洩らす返信を引き出そうとした。その挑発は、部分的には失敗に帰した。クニッゲの送った返信は警察の手によってただちに押収されたが、偽手紙のなかで示された言葉巧みな問いかけにもかかわらず、警察の利用できる正確な指示は何ひとつ含まれていなかったのである。すなわち、ただちに逮捕できそうな人物のリストがなかったのである。そのやりかたは暴露され、そして告発された[*10]。

ヘーゲルの交信相手は行間を読むすべを心得ていたが、注釈者たちはおうおうにして、かれらより単純な受け取り方をしている。

この時代の著作家たちがつねに、隠し立ての点で巧みな力量を示したわけではないと言っておく必要がある。かれらは駆け引きの過程で、訳がわからなくなってしまうこともあった。かれらが投函する嫌疑をかけられやすい手紙のなかで、開封に対する警戒を呼びかけるようなことも起こっている……。たとえば、フィヒテはシェリングに対してそのような注意を促している。だが、警察の眼からすれば、何か隠し事をもたずにそのような忠告を振り撒く人物がいるであろうか。それこそまさに、疑わしい人間にほかならない。

われわれは、ヘーゲルが妻に宛てた手紙――彼女は、そうした事柄になんの関わりもない人間である――のなかで

*9　ヴォルフガング・レーデル『フォルスターとリヒテンベルク』、ベルリン、一九六〇年、一二四頁。および、リヒテンベルク『書簡集』、ライプツィヒ、一九〇一―一九〇四年、第三巻、一一七頁。　*10　アウグスト・フルニエ『歴史研究と素描』、ウィーン、一九一二年、一七―二九頁。

似たようなミスを犯しているのをみて、驚きを禁じえないであろう。かれは、オーストリアを旅している。「クーザン事件」の最中だったため、かれは突然、ヘーゲル夫人が厄介な手紙を送って寄こしはしないかと危惧し始める。かれはその懸念を手紙のなかで夫人に伝えているが、そのために、場合によっては彼女が巻き添えになることもありえたであろう。「さらに、オーストリアでは手紙が開封されていることに、したがって手紙には政治的なことは何も書かないように注意しなさい……」と。なぜ警察に対して、ヘーゲル夫人が非難さるべき話題をもっているかのように知らせる必要があるのだろうか。ヘーゲルはそのことに思い到り、考えを変える。かれは次のように付け加えて、不手際の上塗りをするのである。「……しかし、たとえぼくがそう言わなくとも、きみがそんな考えを思いつくことはありますまい。」(C3四七、修正)。警察が返信の封筒を開封するのを知っているというのは、手紙のなかで触れるべきことではないのである。

ヘーゲルの交信相手もまた、同様の不用心を犯している。たとえば、「開封されうる」手紙のなかで、哲学者があえて「言わないこと」に、すなわち口授される秘教的な学説に言及している点である。しかも、それはまさに哲学者が意地の悪い反対派から、異端的哲学と挑発的政治学をひそかに広めていると非難されている時期のことなのである。たしかに好意的ではあるが、しかし危険なゲッシェルの手紙がそれを証明している。

一八二九年に、半ば匿名の作品がベルリンで公刊された。『キリスト教信仰告白との関連における非＝知ならびに絶対知についての警句集。カール・フリードリヒ・G……Lによる現代哲学理解のための寄与』である。著者は、ナウムブルク裁判所の評定官を務めたかのゲッシェルである。ヘーゲルはその著作を、満足した気持で歓迎した。というのも、著者はその書のなかで、ヘーゲル哲学とキリスト教との一致を証明しようと努めているからである。その著者は、他の出版物が意地悪くヘーゲルの学説の反キリスト教的性格を証明しようと躍起になっている時期に、おり良く登場したのである。ヘーゲルは世論の前で、また権力の傍で自分の立場を釈明するために、場合によってはその著作に訴えることができたわけである。ゲッシェルはだいぶ前からヘーゲル哲学に関心をもっており、かれの弟子と見なされていたはずである。信仰に対する知のさまざまな態度を区別しつつ——たとえば、通俗的に知を犠牲にして信仰を優位に置くような態度。あるいは絶対知の方を選択して、それを徹底的に信仰と対立させるような態度——ゲッシェルは知と信仰との一致を再建させた功績をヘーゲルに帰し、汎神論といういっさいの非難から無罪放免しようとしているのである。この証言は、まことに都合のよい時期にやってきたことになる。

ヘーゲルは、ゲッシェルのこの公刊に対して『学術批評年報』掲載の論文において敬意を表し、その著者を心から祝福しようと望んでいる。「自分自身の大義のために、外見上、不公平という不愉快な態度をとる危険があるにせよ、そのことは報告者が幸福な感謝の気持をこめて〔その著者の〕内容について語ることを、またその著作が真理にもたらした、そしてこれからももたらし続けるであろう支えについて語ることを阻止しえなかったし、さらに筆を置くにあたって、報告者が個人的には面識のない若者の手を、思弁哲学を目指すこの著作と報告者の仕事との緊密な関係のゆえに感謝をこめてしっかりと握ることをも阻止しえなかったのである。」（BS三二九）

ヘーゲルは、穏健で調和のとれたヘーゲル主義という意味において、自分を真に理解した人物を見出したのであろうか。われわれは、ゲッシェルによるヘーゲルの称賛を文字通りに受け取るべきであろうか。ことはそれほど単純ではないのである。

ゲッシェルは、自分のしていることにさほど確信を抱いているようにはみえない。かれはヘーゲルの公教的な哲学と信じるものを説明し、擁護した。そしてある書簡のなかで、ヘーゲルが認めてくれた称賛の言葉に喜びをあらわしている。けれども、かれは同時にヘーゲル哲学の全体的な意味は何かという問題を提起している。ヘーゲルの公開された哲学を「正統的に」解釈する者は、その背後に隠れたもうひとつの哲学が存在すると信じないわけにはいかないのである。そしてかれは自分の師に向かって、同時にひとつの希望でもあるそうした推測を打ち明ける——しかも、それを一通の手紙のなかで。

かれは長々と、不器用に、ヘーゲルとの対談がもたらした例外的な利益を強調する。その対談によって、ヘーゲルが著作のなかでは打ち明けることができなかった、あるいは欲しなかった思想を学ぶことが可能になったのである。「そのうえ、もし来年、先生とお話しすることができますれば、あるいはむしろわたしの方から先生に質問をして、お答えを伺うことができますれば、それはわたしにとって喜びと向上の源となることでありましょう。非常に示唆に富む先生のお手紙の内容と、『エンチクロペディ』第三版の序文は……わたしが深い敬意を抱いておりますマールハイネケ博士の考察と関連して、わたしに豊かな素材を与えてくれることでしょう。書かれた言葉、固定してしまった言葉は、流れゆく生ける交流よりもつねに劣っております。なぜならば、後者は、それらの遺憾な誤解をただちに退け、表現された言葉のなかにあるかもしれない偏狭なものを償うのにふさわしい性格を有しているからです。

それゆえ、たとえば先生がキケロとともに哲学に帰そうと望んでおられるようにみえる孤立した状況について、わたしは先生と議論したくなるかもしれません。と申しますのも、あたかも先生が哲学を、何ごとにも配慮しないエピクロスの神のように、あるいは〈心情の平静かつ神聖な黙想における〉野生的な自閉状態のように見なしているかのごとく、ここでは先生は誤解を回避することが困難でありましょうから――たとえ他の個所で、そのいずれの傾向をも明白に退けているにしましても。たしかに、外から眺めますと、哲学はしばしばこのような状況を余儀なくさせられているかのように思われます。しかし、哲学はそうした口実のもとに、かかる宣告に対するたえざる異議申立てを放棄することはできないでしょう。」(C3二七八―二七九)

ゲッシェルはここで、ヘーゲルの「公開された」思想と、その書簡とのあいだに明らかな矛盾があることを指摘しているのである。

そのためにかれは、古典的な哲学の実践に明らかに関わりのある言葉で、ヘーゲルの秘匿された学説がありうることに言及しながら、より正確に、そしておそらくはより不快な状態に陥るように仕向けられている。「しかしこの点について、親愛なる先生、わたしは生の声で直接お話を伺いたいのです。それによって、わたしが哲学教授たちの書かれている教えと、書かれざる教えすなわち書かれざるもの、眺められるもの、秘教的なものとのあいだに差異を設けるつもりであることがおわかりいただけるでしょう。[11] そして、われわれのすべての大学制度は、書かれたものによっては置き換えることのできないこれらの諸価値にもとづいているといえるのではないでしょうか。」（C 3 二八〇）

たぶん、ヘーゲルの多様な刊行物は、この時期にはまだ全集版にまとめられていない。しかしゲッシェルは、一八二九年の時点ですでに公刊されている多数の書物を自由に使っている。その結果、かれは学説の全体像についての考察を展開することができたのである。かれは、ヘーゲルが自分の考えを充分に表明したと見なさざるをえないのだが、しかしそれでもなお、かれはヘーゲルが自分の考えをすべて明白に述べなかったのではないかと想定したくなるのであり、反論する余地のないそのしるしを、衝撃的な矛盾のなかにみてとるのである。かれは、そのことを明るみに出そうとするであろう。

そこでかれは、次のように主張する。「こうした事柄のすべてにわたって、先生と対談することができましたらどれほど幸せでしょう。おそらくこの特典は、来るべき学年中に、わたしに認められるでありましょう……。」（C 3 二八〇）

かれを困惑の状態に陥れたのは、ヘーゲルの著作を称える明細表へのみずからの感謝の気持として、ヘーゲルがかれに宛てた（一八三〇年十二月十三日付の）手紙であった。ヘーゲルはじっさいに、ゲッシェルの『警句集』が哲学への——そして、おそらくはまた哲学者たちへの——懸念を減少させるのにおおいに貢献したと言明して憚らない。「そして同時に、哲学を安らかに放置しておくというこの便利な態度が、そのようにして満足させられるわけです……。」

ヘーゲルはさらに、「政治によって掻き立てられた巨大な関心が、いまや残りのすべてを呑みこんでしまったことを——それは、これまで価値をもっていたいっさいのものが問題にされていくようにみえるひとつの危機にほかなら

---

*11　ゲッシェルはさまざまな用語を集めている。書かれていないもの、仮面を脱いで、自分自身の顔をあらわにして現われているもの、純粋に口頭による秘教的なもの、等々である。

ないことを……」(C3二七六―二七七)認めている。

そして、かれは最後に、「哲学が――たとえ、気安めにすぎないにせよ――少数の者のみに向けられていることを自覚すべきである……」と断言するのである。

ヘーゲルの著作を自由に読むことによって、ゲッシェルはまったく別の印象を引き出していた。ヘーゲルはそこでは、哲学と、その役割、およびその読者についてまったく異なる考え方を提示している。ヘーゲルの手紙は、かれを困惑させるのである。

そこでかれは、ヘーゲルが違った考えを背後にもっているはずであるという結論を下した。けれども、ヘーゲルがその時期にイギリスの『改正法案』についての論考を執筆中であったこと、したがって哲学は「安らかに放置」されるのを承諾しないこと、また哲学はヘーゲルの筆を通して直接的に、公然と政治上の事柄に介入していること、等々をかれが知っていたならば、その狼狽はいかばかりであったであろう。

刊行物も、講義も、書簡もベルリンの哲学者の最終的な思想を明らかにしてはいない。そこで人びとは、最終的な思想が存在することさえ疑うようになったのかもしれない……。

しかし、他の人びとは、かれ自身が書いたことを消し去ろうと望んだ。ヘーゲルはときおり、ヘーゲル夫人や子供たちから受け取った旅行中の手紙に言及している。けれども、これらの手紙は一通も保存されていない。おそらく、未亡人あるいは息子たちが、それらの手紙を故意に破棄してしまったのであろう。それは、慎ましさのゆえにであろうか。

この主題については以上の記述で充分であり、しかもすでに充分すぎるほどであろう。

第7章　エレウシス

「フリー・メースンたちのあいだでは、いまだにこうした古い儀式の名残りが見られる」
（ヴォルテール）[*1]

スイス滞在の終わりに、それまでけっして詩作の試みに才能を発揮したことがなく、またみずからのそうした才能に幻想を抱いたこともなかったヘーゲルが、突然、ひとつの賛歌を執筆する。すなわち、『エレウシス』である。ヘルダーリンに捧げられたこれらの詩句は、その最初の草稿しかわれわれの手に残されていないが、一七九六年八月の、チューグ〔シュタイガー家の領地〕の日付をもっている。筆者は、芸術上の成功を期待しえないかもしれないが、しかしイメージや観念に注意を引きつけることができるような表現形式を選んでいるのである。

献辞の対象となった人物が同時に名宛人にほかならないと無頓着に想定した伝記作者は、独特な、遠回しの方法で友人に意中を打ち明けたいというヘーゲルの欲求を、ごく自然なことと見なしている。かれが例外的に明晰かつ率直な仕方で、ずっと以前からの共通の思想を確認した長い手紙を同時にその友人に宛てて書いているにもかかわらず。

伝記作者たちのうち、ある人びとはなんらの特別な意図も洞察せず、一瞬の気まぐれのせいにしている。この詩を書きたいという欲求は、「八月の美しい晩に霊感を覚えた」[*2]哲学者の念頭に、特別の理由もなく浮かんだものであろう、というのである。けれども、ヴィエンヌ湖の岸辺は、ベルリンの墓地の白樺がレバノンのヒマラヤ杉を夢想させるのとほとんど同じくらいに、古代ギリシアの聖域をめぐる冥想に都合のよい場所である〔逆説的表現。真意はその反対〕。

---

*1　ヴォルテール『諸国民の習俗と精神についての試論』（ルネ・ポモー編、パリ、ガルニエ書店、第一巻、一九六三年）、一三五頁。ラランドの同じような評価が、『科学、芸術、職業事典補遺』（第三巻、パリおよびアムステルダム、一七七七年、一三二頁）に見られる。　*2　ポール・ロック、前掲書、四〇頁。

もし何も問題が起こらないのであれば、疲労困憊させるような研究も必要ないであろう……。

しかしながら、ヘーゲルに関してはそれほど単純ではなく、またそれほど明断でも貧弱でもない。『エレウシス』の詩は、そのすべてを利用することができない状況にあって、筆者の人柄や、その人格が光り輝く文化的雰囲気の重要で、あまり知られていない側面を明らかにする良い機会を与えてくれる。

詩の本文はギリシアの方法論的伝統を活用しつつ、それに現在的な意味を与えている。その文章は一種のイデオロギーを帯び、ある抒情的躍動感からくる生気溢れた理論的宣言の調子すら取り入れている。もしヘルダーリンがそれを読んだとすれば、満足したに相違ない。というのも、それはさまざまな方法で、二人の著者に共通する汎神論を称えているからである。

その詩は全体的に、ギリシアの大地の女神であるデメテール——ここでは、そのラテン名のケレスとして引用されている——を称えるためのものと見なされている。ヘルダーリン自身、『母なる大地に』[*3]と題する詩を書いており、その種の詩的、宗教的テーマを頻繁に繰り返している。しかも、それを補足する「大地の子ら」という用語に必然的に結びつけるのである。かれはこの「大地の子ら」を人間たちを指すものと受け止めているが、そのさい不可避的に、特別愛好する哲学者のプラトンが、かれの非難する粗雑な唯物論者たちを——あえていえば——祝福したことを思い出している。ヘーゲルは、デメテール＝ケレスが特別の崇拝を受けていた土地エレウシスのことを夢想する。けれども、詩の内容は、それを明らかにするようなさまざまな状況とは別に、それ自体としても興味の尽きないものである。いまはごく簡単にしか、その内容について言及することができない。

詩の本文（C一四〇—四三）は、筆者が滞在する場所の「詩的」回想から、またヘーゲルがやがて再会したいと望んでいる友人ヘルダーリンとかつていっしょに過ごした幸福な日々の追憶から始まっている。詩人は遠くから、ビエンヌ湖の銀色の痕跡を認める。ジャン＝ジャック・ルソーの思い出によって不滅のものとなったその湖は、シュタイガー家の住居からじっさいに眼にすることができる。かれはたぶん、ジュネーヴの市民〔ルソー〕の標語を思い出しているのであり、またそのことがかれの精神のうちに、テュービンゲンで確認された「同盟」を蘇らせるのである。「真理のためにのみ生き、意見と感情を束縛する教義とはけっして妥協しないこと」（C1四一、修正）を、その詩は繰り返し述べている。そのような言い回しのゆえに、この詩はもちろん公表することができないであろう。

ヘーゲルの魂は無限の空間へ、夜空の星へと運ばれていくのを感じる。かれの魂は、個人の限られた欲望や希望を忘れ、計り知れないもの、永遠的なものの冥想に没入する。「われはそのうちに在る。われはすべてであり、それ以外のものたりえない。」

ヘーゲルはのちになって、たえず繰り返される汎神論という非難に対して、みずからの哲学の無罪証明を行なうのに困難を覚えるであろう。けれどもこの詩では、なんら慎重な態度をとらずに、汎神論を大胆に表明している。とはいえ、半ば概念的な全体性の把握を行なったあとただちに、またのちになって主題化しようと試みる方法にすでに従いつつ、かれは「第二の言語〔言葉遣い〕」を利用している。すなわち、かれの想像力は「やがて永遠を形象へと結びつけ」るが、この置き換えのおかげで、読者がギリシアの神々と同一視しうる「崇高な精神」が姿を現わすのである。それは、神話学的表象にほかならない。

そこでヘーゲルは、大胆にもケレス自身に向かって語りかける。われのために、汝の聖域の扉が開かれんことを、熱狂に駆られて、われは汝のもろもろの啓示を会得するであろう、と。しかし、エレウシスの神殿は沈黙し、神々は穢れた世界から逃れ去っている。じっさい、「秘儀を伝授された者」はエレウシスの教えをあまりにも神聖視していたために、その豊かな内容を漏らすことを許されているとは信じることができなかった。したがって、そこには何も残されていないのである。しかも、言葉はその教えを表現するには貧弱にすぎると思われたので、「秘儀を伝授された者」はすべて口を閉ざすことになったのである。沈黙を破る気持を抱いた人びとがいたとしても、かれらは自分た

＊3　ヘルダーリン、前掲書、八三八―八四一頁。同じく、八四六、八五〇、八五三頁、等を参照。「大地の子ら」、同書、八五八、八七三頁、等。「母なる大地」についてのヘーゲルの考えは、ノール、前掲書、二八頁。

ちが賢明な掟によって沈黙を強いられていることを発見する。神の名誉を街中に引き出すことはできないのである。今日、研究者たちはその発掘作業において、明らかな意味が失われてしまった遺骸や遺跡しか見出していない。けれども、ヘーゲルはいまでもなお、ケレスの啓示を受けとっている。過去から現在へ、したがって古代の礼拝の記憶から現在の服従へはっきりと移行しながら、かれは次のように叫ぶのである。

「かれらの行ない〔汝の子らの行ない〕のうちに、汝はいまなお生き続ける。
今宵もまた、われは汝を感じとる、聖なる神よ。
汝こそ、しばしばわれに汝の子らの生命を明かすものであり、
われがたびたびかれらの行ないの魂として予感するものである。
汝は高揚せる精神であり、忠実なる信仰である、
さすれば神として、いっさいが滅び去るときにも、揺らぐことはない。」（C1四三、修正）

右の一節は、ロックの行なっているように、不正確にも過去に移し換えると、まったく別の意味を帯びてしまう。たとえば、「汝の子らであった人びと」……「汝は魂であった」……「汝はかれらに与えた」等々、と。[*4]ところが明らかに、ヘーゲルは現在において、現実の生ける「エレウシスの子ら」に、あるいはそのように想定された者たちに呼びかけている。要するに、同時代の「秘儀を伝授された者」たちにであって、何世紀も前に姿を消した人物たちにではないのである。

じっさい、その詩は、一覧表を作ればうんざりするほどの、ある種の神話学的＝フリー・メースン的宝庫を開陳してくれる。それは、レッシングの『フリー・メースンの対話』における特定の言い回しを、ほとんど文字通りに取り入れているのである。[*5]その全体的意味は、誤った解釈と対比することによっていっそうよく理解されるであろう。

注釈者たちは一般に、提示された「学説」のもつ「汎神論的」性格を認めているが、しかしかれらはしばしば、それをある種のキリスト教と並行的に考えることによって、その範囲を狭めようとしている。キリスト教は、母なる大地への礼拝と一致することを承認するであろうというのである。

ローゼンクランツはヘーゲルに通じていたが、しかしかれの手になる次のような文言を眼にすると、笑いを禁じえないであろう。すなわち、ヘーゲルは『エレウシス』において「キリスト教信仰のもっとも深い内面性と古代の精神[*6]」を結びつけることで、シラーが提示したモデルを模倣したのではないかというのである。

ディルタイは、ヘーゲルが「『エレウシス』の詩のなかでエレウシスの秘儀を称えたのは、その秘儀が神的存在の秘密に敬意を示しているからであり、またその秘儀にとって神性は教義のうちにではなく、生命と行動のうちに見出されるからである[*7]」と示唆することで、そうした混乱をいっそう助長している。それは、フリー・メースンの秘密とキリスト教の神秘を一体として考えることであり、レッシングを教父たちの仲間に加えることにほかならない。だが、教父たちは母なる大地をほとんど称えていないのである。

一方、ハイムはヘーゲルの詩のなかに、「エレウシスの女神への賛歌、美しい信仰の崩壊をめぐる悲歌、啓蒙主義の文体に対する異議申立て[*8]」を見出している。今度はあたかも、ヘーゲルが本当にギリシア人たちの女神ケレスを崇拝しているかのように。だが、ヘーゲルは古風な「エレウシスの信仰」をけっして懐かしんでいるのではなく、きわめて特殊な意味での、つねに生けるエレウシスの信仰を表明しているのである。かれは「さまざまな教義」に対して、また魔法の杖を伝授された信仰に対して、みずからの責任にもとづいて啓蒙主義の目録を取り上げている。かれは、著名な啓蒙主義者であるレッシングに多くを負っているのである。

*4　ポール・ロック、前掲書、四〇―四一頁。　*5　ジャック・ドント『知られざるヘーゲル』、前掲書、二二七―二八一頁。とくに、二七六―二七九頁、参照。　*6　カール・ローゼンクランツ「ヘーゲルの生涯より」、プルーツ『文学・歴史手帳』、一八四三年、第一巻、九八頁、所収。
*7　ディルタイ、前掲書。　*8　ルドルフ・ハイム『ヘーゲルとその時代』、ベルリン、一八五七年、三八頁。

ピエール・ベルトーほどの経験豊かなドイツ文学研究者が、またかれほどの繊細な精神の持ち主が、『エレウシス』の汎神論を強調したあとで、ヘーゲルとヘルダーリンは「エレウシス崇拝と初期キリスト教神秘学との親近性」[*9]に驚いたはずであるなどと、どうして付け加えることができたのであろうか。それは、いったいどのような親近性であろうか。われわれは、ヘーゲルあるいはヘルダーリンの著作の他の箇所に、キリスト教に対する数多くの異議と、おそらくは神秘的な高揚の痕跡をも見出すであろう。しかし、この『エレウシス』の詩においては、キリスト教は陰険な当て擦りの対象でしかないのである。この時代に、これほどキリスト教的色彩の薄いテキストを読むことは、ほとんどできない相談である。

それは、シラーから着想をえた文章であろうか。そうであるとすれば、いずれにせよ、「キリスト教的内面性と古代の精神を結びつける」ためのものではない。シラーの詩『ギリシアの神々』は、一七八八年にスキャンダルを巻き起こしている。激しく危険な批判を鎮めるために、詩人はテキストに手を加えることを承諾した。おそらく、ローゼンクランツは訂正版しか知らなかったのではあるまいか。第一稿は、「キリスト教的内面性」を説明しているようにはとうていみえなかったであろう。

ヘーゲルの詩の非宗教的性格をぼかす試みは、いまや馬鹿げたものにみえてくる。キリスト教的著作家が詩作上の破格から、悪気なしに汎神論と同時に異教をも軽率に弁護することは、困難とはいえ、まだしも認められるであろう。しかし、神学者や牧師になりそこねた人物、あるいは哲学者となると、そうはいかない。ヘーゲルは、教父たちが極度の激しさをもって、エレウシスの秘儀を断罪したことを知らないわけではないのである。同じような無宗教性が、かれの詩やスイス時代の手紙においても主張されている。

しかしながら、無神論にきわめて近いこのヘーゲル的＝ヘルダーリン的汎神論のうちに、宗教的特徴の名残りと、正確に限定しがたいある種の宗教的感情の存続をまったく認めないわけにはいかないであろう。すなわち、それはスピノザの場合のように、あるいはレッシングが死期の迫ったときにはじめて告白したケースのように、恥じらいがちな、おずおずとした汎神論なのである。

われわれはこの時代の偉大な精神のうちに、いっそう明確には、かれらよりいくらかマイナーな精神のうちに、深い思想がある意味でためらいがちにだんだんと姿を現わしていくありさまを確認するであろう。公式には、人びとはキリスト教徒であることを名乗っている。しかし状況が許せば、とりわけ私的な局面では、言外の意味や、懐疑的な気持ちや、部分的な拒否の態度などが垣間見られるものである。ある種の例外的な状況においては、そして究極的な利害または状況的、実際的利害によって促されるときには、人びとは大胆になり、昂然と顔を上げ、徹底的に進んでいくであろう。とはいえ、まだヴェールを被った、いまの場合でいえば神話学的な形式をとったうえでのことであるが。当時のフリー・メースン団は、そのさまざまな服従形態において、逆説的にいえば「啓蒙された」、しかも同時に象徴的な表象を帯びた服従形態において、そうした意見や言明の突然の変化を告白し、普及させるのに都合のよい特別の空間を形成していたようにみえる。それは、いささか曖昧で魅力的な複雑さであるが、フランス人はドイツ人ほどその種の性格に慣れていない。もしヘーゲルを理解しようとするのであれば——ヘルダーリンについても同様であるが——その点に慣れておく必要がある。

＊

『エレウシス』の明示的な諸命題——もちろん、それを忘れないことが肝要である——を忌避せずに、その詩の意味と有効範囲を捉えるには、その詩が作られたときの状況を吟味することが不可欠である。内的な生命は、外部からの助けを受け入れるときに、まったく別の結果へと導かれるのである。

その詩はヘルダーリンに捧げられているとはいえ、じっさいにはかれに宛てられたものではなく、かれのことを知っている第三者、おそらくかれがその詩を読んでもらうように取り計らうべき第三者に宛てられたものである。ヘル

＊9　ピエール・ベルトー『ヘルダーリン——内面的伝記試論』、パリ、アシェット社、一九三六年、第一巻、七三頁。

ダーリンへの言及、かれに接近したいという強い願いは、そうした力を保持する者にとって、二人の友人を結びつけることへの刺激となるであろう。ヘーゲルは、フランクフルトでかれの未来の「主人」となるゴーゲル――二人の再会のチャンスはかれにかかっている――のことを考えないわけにはいかないであろう。

なんという困惑のうちに、かれは置かれていることであろう。

当初、おそらく満足の気持をもって眺めていたスイスにおける家庭教師の状況は、じっさいにやってみるとやはりさまざまな不都合が体験されて、最悪の形態のひとつにすぎなくなる。スイスでの滞在が長びくことは、次第に苦痛となっていくのである。かれにはドイツと、友人たちが欠けている。かれの契約はやがて消滅するであろう。かれは帰国を夢みるようになる。

逆に考えれば、かれの友人たちには――祖国にとってとはいわぬまでも――かれの存在が欠けている。かれらはヘーゲルに対して、高い評価と結びついた真の愛情を感じているのである。ヘルダーリンは、おそらくシェリング以上に〔ヘーゲルとの〕別離を苦しんでいたであろう。すでにさまざまな試練によって動揺していたかれは、傷つきやすく優柔不断な自分が、「静かな知性の人」――かれはヘーゲルのことを、親しみをこめてそう評していた――の近くにいることで利点を引き出せるものと推測している。ヘーゲルは郷愁に駆られて二人の仲間に心を開き、一方、二人の仲間はかれのためにドイツで身を落ち着けることのできる場所を探している。

ヘルダーリンの奔走は、たぶん、かれら共通の友人であるイザーク・フォン・ジンクレールのいっそう効果的な努力と結びついて、幸運な結果を招いた。フランクフルトのゴンタルト家で家庭教師をしていたヘルダーリンは、ヘーゲルに対して、ゴーゲル家に空いたポストがあるという事実を伝えることができる。ゴンタルト、ゴーゲルの両家は、非常に裕福な仲買業者であり、また金融業者であった。

ヘーゲルはその知らせを、解放の見通しを与えてくれるものとして歓迎する。ヘルダーリンはヘーゲルに、ゴーゲル家の人びとのことをほめ称えている。したがって、職をうるためには、かれらに気に入られることが必要だったのである。志願者〔ヘーゲル〕は遠方から、未来の雇主であるヨハン＝ノーア・ゴーゲル（一七五八―一八二五年）と、いつもヘルダーリンを仲介にして交渉する。そうした目的のために、かれは一七九六年十一月にヘルダーリンに宛てて一通の「あからさまな」手紙を、言い換えれば、とりわけゴーゲルに提出さるべき手紙を送っている（C1四五―四六）。

こうした手法はわれわれを驚かすものであるが、しかし当時においては一般的に行なわれていたやりかたであった。それは受取人に対して、自分が知っている、また評価してもいる仲介者の道徳的保証をもたらすという効果があった。交渉が失敗した場合には、双方ともその決定を直接には伝えないことになっていた。というのも、直接伝えるのは厄介であり、また屈辱的でもありうるからである。かれらはこうして、交渉相手の顔をつぶすことを避けたのである。

ヘーゲルの「あからさまな」手紙を受け取ったヘルダーリンは、「ゴーゲルにその手紙を読んでもらう」ことを約束する。その手紙によって、ゴーゲルは、ヘーゲルが応募にともなって教育上の、また実際生活上の諸問題をどのように考えているのかを知るであろう。

注釈者たちは、この「あからさまな」手紙と『エレウシス』の詩との直接的なつながりに気づいていない。じっさいのところ、いかなる実証的データも、そうしたつながりを証明してはいないのである。その詩をヘルダーリンに送ったことに関しても、何ひとつはっきりしたことはわかっていない。受取証もなければ、献呈に対する感謝の証言もないのである。少なくともヘルダーリンがその写しを受け取っていたとすれば、あからさまな内容を含む個人的な手紙ほど、注意深くその写しを保存しなかったことにわれわれは驚きを禁じえないであろう。だが、ヘーゲルが直接ゴーゲルに対して、自分の思想的信念を伝えた可能性もあろう。

その手紙は一七九六年十一月の日付をもっており、八月の日付のある詩の方は時期的にみて、「ゴーゲルとの」交渉の過程には入っていなかったと考えることができるかもしれない。しかしながら、ヘーゲルはこの後者の日付以前に未来の雇主の名前をよく知っており、同時にその人柄についてもいくらか心得ていたのである。十月二十四日付の手紙で、ヘルダーリンはヘーゲルに次のように言明していた。「夏の初めに、非常に条件のよいポストのことできみに手紙を書いたのを覚えているでしょう。きみが当地の、例の実直な人びとの家に来てくれることは、きみのためにもぼくのためにも、このうえなく大切な希いといえましょう」（C1四三）。

たぶん、ヘルダーリンが「夏の初め」の手紙――奇妙なことに、消失してしまった唯一の手紙――でヘーゲルにその名前を明かしたはずの、名門ゴーゲル家を指すために用いている言葉（実直な人びと brave Leute）を、フランス語ではいくぶん見下すような表現にとれる「健気な人びと」（braves gens）とは別の言い回しに訳す方が望ましいであろう。それゆえ、十月二十四日には、あたかもその名前がヘーゲルにとってすでに馴染みぶかいものであるかのようにかれは振る舞っているのである。「一昨日、ゴーゲル氏が不意にぼくたちのところにやってきて、もしきみがまだ自由の身であり、この取決めがきみの意に適うのであれば、自分としては嬉しいのだがと言ってくれました。」（C1四三）したがって、その時点ではすでに交渉が行なわれていたのである。

重要なのは、以下の点であろう。すなわち、一七九六年八月に、ヘーゲルは『エレウシス』を執筆しながら、自分がおそらくゴーゲル家に仕えるであろうことを知っていたという事実、またゴーゲル家についての情報を集める暇を充分にもっていたという事実である。そうした情報を集めるのは、本質的にはけっして難しいことではなかった。というのも、ゴーゲル家は、少なくともある種の世界では非常によく知られた存在だったからである。

かれらは、富裕で、影響力をもち、尊敬される仲買業者と金融業者の一族を形成していた。ヘルダーリンの雇主であるゴンタルト家も同様であった。要するに、大ブルジョアジーの典型的な例なのである。

けれども、ゴーゲル家は、その他の特徴によっても際立っていた。『エレウシス』とゴーゲル家の関係を適切に把握するためには、伝統的にフリー・メースンであったかれらが、同時に、一七七六年にヴァイスハウプトによって設立された秘密結社であるバイエルンの有名な啓明結社――これを、神秘主義的な「天啓論者」のグループと混同しないよう注意する必要がある――において、とりわけ重要な役割を演じていたという事実を知っておかねばならない。

ヘーゲルの未来の「雇主」は、ドイツ・フリー・メースン団と啓明結社双方の有力人物たちの家系に属していたのである。ゴーゲル家のひとりは、一七八四年、啓明結社の文書がバイエルン司法当局によって押収され、公表されたさいに、公けに告発されていた。その名前は、これらの文書の中に記載されている。[*10]

その人物は、クニッゲならびに結社のスポークスマンであるツヴァックと緊密な関係をもっていた。こうした例外的な人物についての思い出は、フランクフルトにおいて、とりわけゴーゲル家において消滅することはありえなかった。ドイツで、ゴーゲル家ほどフリー・メースン的雰囲気のなかで生活し、またバイエルンの啓明主義に関する書物や資料や証言を保有していた一族はほとんど存在しなかったのである。

符合

ところで、啓明主義者たちは秘密の暗号のなかで、ヴァイスハウプトが生まれ、結社を設立したインゴルシュタットの町を、神秘的にエレウシスと命名していた。エレウシス＝インゴルシュタットは、いわば啓明主義の首都をあらわしていたのである。[*11] 啓明主義者たちはもちろんそのことを知っていたが、同時にまた一七八四年以降は、事情に通じた大衆や、とりわけ「進んだ」知識人たちもその事実を弁えるようになっていた。『エレウシス』というタイトルを記すさいに、ヘーゲルがそのような現実的意味を知らないはずはなかった。その名称は、ヴァイスハウプトおよび啓明主義者によって、たまたま選ばれたというわけではない。かれらは、きわめて近代的で時代を先取りする思想の普及者であるとともに、子供じみた神話学的な幻影や秘密の態度に固執していたのである。フリー・メースン団は古代の秘儀、とくにエレウシスの秘儀を乱用していた。エレウシスの名をもつ集会所が無数に存在したのである。

バイエルンの、あるいはスイスの、さもなければドイツの警察は、もしヘーゲルの『エレウシス』の詩が眼に止ま

---

*10 『啓明主義者——資料とテキスト』、ヤン・ラクホールト編、ベルリン、アカデミー出版、一九八四年、一七七頁。 *11 同書、三〇頁。

るようなことがあれば、ただちにそれをヴァイスハウプトのエレウシスと同一視したことであろう。賛歌の内容は、いうまでもなくそうした同一視を確認するにすぎなかったのである。

　逸話的な、そしておそらくは啓蒙的な意味で、ヘルダーリンの友人であるハインゼが、フリー・メースンにヒントをえたみずからの著書に『ライディオン、あるいはエレウシスの秘儀』（一七七四年）というタイトルを与えた事実が指摘されている。エレウシスへの愛好心は、その後も永続化していくであろう。たとえば、フィヒテの公表されたフリー・メースン哲学にほかならない『コンスタントへの手紙』は、一八〇〇年に〔ベルリンにある〕ローヤル・ヨークの大集会所で講演した話を集めたものだが、『十九世紀のエレウシス祭典』のなかに、一八〇二―一八〇三年にかけて掲載されるであろう。[*12] フリー・メースンがエレウシスをみずからのものと見なす態度は、時間的にも空間的にも広範な広がりを示していたのである。

　ヘーゲルは、ゴーゲル家に接近するという課題を、いわば二つに分けて考えていた。すなわち、かれは実務的な問題を「あからさまな手紙」のなかで取り扱い、思想上のシグナルを『エレウシス』にこめて送ったのである。細部の点に至るまで、ゴーゲル家の人びとに好印象を与えるのに適したこの詩が、別の意図で書かれたと想像するのはできない相談であろう。その結果、われわれは真の秘儀に関わりをもつことになろう。

　たとえその詩がフリー・メースン的＝啓明主義的精神状態においてあらかじめ熟考されたものではなかったとしても、ゴーゲル家の人びとの手に「たまたま」渡ったとすれば、かれらがそれを別の意味で理解することはできなかったであろう。フリー・メースンや啓明主義者は誰であれ、馴染みの用語と主題を見誤るようなことはないであろう。とくに、レッシングがきわめて効果的に広めた用語や主題はそうである。

　もしヘーゲルがゴーゲル家の人びとを念頭に置いていなかったとすれば、ひとつの詩のなかに、しかもその時期に、他の明らかな動機や暗示を与える機会がないにもかかわらず、このような汎神論的宣言が、あるいはまた秘密への配慮がどうして認められるのであろうか。いずれにせよ、素朴な人間とはいえないヘーゲルは、そのタイトルを選ぶにあたって、自分のしていることを充分心得ていたのである。

啓明主義者たち

フリー・メースン団が、古風で並外れた演出によって幻惑するところの、その深い社会的機能――それは多くの場合、メンバーたちにも見誤られていたものである――を、バイエルンの啓明主義的秘密結社の創設と発展の場合ほどみごとに果たしえたことはおそらくなかったであろう。そこでは現実が虚構を乗り越え、そのことの一種の戯画さえ提示しているのである。ヘーゲルの青年時代を通じて、ゴシップの種となった反響の多いその事件が、たぶん、不当なほどあらゆる人びとの心を捉えたという事実を念頭に置いておくことが必要である。

フランス革命が勃発する少し前に、ドイツの政治的、知的世界は、フランスではよく知られていなかったある企てのために大混乱に陥ることになった。すなわち、一七八四年以降、バイエルンで告発され、迫害された啓明主義の企てである。

バイエルンの啓明結社はフリー・メースン的タイプの秘密組織で、一七七八年にインゴルシュタット（エレウシス）の教授アーダム・ヴァイスハウプトによって設立された。その結社は、同時代の類似の組織と同様に神秘に包まれ、最終的には、それ自体充分に秘密を守る組織にほかならないフリー・メースン団の内部に、一種の超＝秘密的なフリー・メースンの組織を作り上げるに至ったのである。そこでは、古代の偉人たちからこっそり借りてきた名前(たとえば、ヴァイスハウプトはスパルタカスと呼ばれた）や、暗号の言葉、幻想的な秘儀伝授、閉鎖的な諸階級、厳密ではあるが均斉のとれていない位階秩序、等々が見られた。秘密結社の道具立てを何ひとつ欠いていない啓明結

*12 『十九世紀のエレウシス主義者』、一八〇二年、一―四三頁、および、一八〇三年、一―六〇頁、所収。アウグスト・ヴォルフシュティーク『フリー・メースン文学書誌』、ヒルデスハイム、オルムス書店、一九六四年、第二巻、一九四頁（二四一二七番）。

社は、さらに気まぐれというものを付け加えたわけである。

この結社には特別の注意を払う価値があるが、その理由は他の結社以上に一定期間秘密を保持することができたからではなく、むしろ「世界市民的」ともいうべき大胆な社会的、政治的思想を広めることに腐心したからであり、またそれらの思想のために行動することを呼びかけたからである。秘密結社の創設者であり、指導者である人物がスパルタカスという異名を選んだのは、たんに無邪気な気持からではない。ヴァイスハウプトが奇妙な手段——しかもその秘密の手段は、まさしく秘密の性格のために、寛大で解放的な思想とうまく対応していなかった——によって広めようと工夫を凝らしたイデオロギー、そして大部分は卓越した人びとにほかならないかれの部下たちが与したこのイデオロギーは、「いま、ここにおいて」を力説している点で、もっともラディカルな立場を示すものであった。

しかしながら、結社の創立者は格別危険な人物のようには思われない。かれは結社の原理とプログラムを規定しつつ——その結社は当初、密蜂の結社と命名され、次いで完成可能主義者の結社、そして最終的に啓明結社と命名された——秘儀を伝授された者たちが献身すべき内面的、道徳的完成と、かれらの自慢の種である博愛主義的態度等について色褪せた考察を行なっている。それは、啓蒙主義の紋切り型の表現にほかならない。

けれども、かれはそれにいくつかの扇動的な思想を付け加えている。すなわち、専制主義に対する敵意、社会的平等の希求、そして世界市民主義の選択である。かれはひそかに、辛抱強く、もっとも威信があって有能と思われる人物を、いつの日か「上からの」革命——最初はとくにバイエルンで——を引き起こすことができると思われる人物をその思想のために獲得しようと努めた。すなわち、大臣、高級官僚、そして重要な政治的、学術的、宗教的組織の責任者たちである。

結社の目標と手段は、形成の過程で定められた。そしてヴァイスハウプトが、多くの点で注目すべき人物であるクニッゲ男爵の協力を取りつけた段階で、たくさんの重要なメンバーの獲得にすでに成功していたのである。非常に活動的なフリー・メースンで、新しい革命的な思想にかれなりの流儀で献身していたこの人物は、古いフリー・メースン団の上に新たに創設された結社を、いわば接木することができたのであった。そして、フリー・メースン団は、一方では新しい支持者を簡単に集められる養魚池となり、他方では結社の指導者たちによって部分的に操作される予備軍となった。

クニッゲは卓越した宣伝家、きわめて有能な勧誘者であることを証明した。かれは、宗教上の幻滅感からフリー・メースン団に向かったにもかかわらず、その組織に失望していたフリー・メースンたちを結社に引き入れた。啓明結社は、実定宗教や既成のフリー・メースン団が満足させることができなかったさまざまな熱望を実現しようとしていたのであろうか。とりわけ、ドイツ・ブルジョアジーのなかで発展し、その階級の知識人たちが著作において次第に情熱的に説明するようになった熱望を、すなわち漠然と民主主義的な、そしていくらか平等主義的な、しかもかなりはっきりした個人主義的な熱望を実現しようとしていたのであろうか。

ヴァイスハウプトとクニッゲは、フリー・メースンの重要人物たち――ゴーゲル家がその例である――を味方に引き入れながら、また集会所長たちを「改宗」させながら、一種の集会所制圧に乗り出し、多くのフリー・メースンたちを、仲介者を通じて、意のままになる従順な集団に仕立て上げた。その企ては、成功しないはずはなかった。最盛期には、およそ二千人のメンバーを数えたと見られている。なんと多くの加入者数であろう。もっともよく知られている人びとのうち、確実に特定でき、しかもヘーゲルがその後、多少なりとも接触することになる人物は、ゲーテ、ハルデンベルク、ミーク、ラインホールト、ケルナー、ベッティガー、ヤコービ、ヴィーラント、カンペ、ペスタロッツィ、ニコライ……等々である。しかし、その名を知られることのなかったメンバーも、社会的重要性と知的威信の点で、右に挙げた人びとに劣るものではなかったはずである。

もちろん、政治的、社会的領域で、時代精神がドイツにおいてすら普及させ始めていた新しい大胆な思想を表明するために、啓明結社に所属する必然性はなかった。汎神論、神話学主義、世界市民主義、無政府主義が、啓明結社に支配される人びと以外の精神をしっかりと捉えていた。

それゆえ、『ドイツ観念論の最初の計画』と呼ばれているものの新機軸が、ヴァイスハウプトのある種の計画と一致するのはおそらく純粋な偶然からであろう。そうした一致はまさに、かれに対するもっとも激しい批判ともっとも執念深い攻撃の対象となった点に、すなわちさまざまに変化する媒介の仕方に従って世界市民主義の理念と結びつく国家の廃絶という点に関わっている。

このような計画——まったく非現実的な——が、カント、レッシング、フィヒテのユートピアをはるかに越えていることは明らかである。その計画は、のちの政治的文学のなかでもきわめて稀にしか見出されないような言い回しのもつ断定的な性格のために、読者を驚かすのである。マルクスでさえ、本質的には同じ観念を、すなわち国家の消滅の観念を提示するにあたって、もっと曖昧なかたちで表現するであろう。しかし、それでもなお、マルクスのやりかたは驚きを、時には熱狂を、そしてしばしば憤激をもたらしたのである。

一七八四年に(ヘーゲルは当時、十四歳であった)、バイエルンの権力機構である司法と警察は、啓明結社が大臣や高級官僚や名士たちを説得し、仲間に引き入れることに成功したのに気づき、結社がバイエルン国家にとって真に危険な存在になったと信じた。それはたぶん、過剰な恐れであったように思われるが、しかし、そうした懸念のために途方もない予防措置、弾圧措置が講じられたのである。結社は禁止され、そのメンバーは公職を奪われ、その文書も押収されて、報道の材料として公衆の手に委ねられた。ヴァイスハウプトは告発され、非難され、中傷されて、亡命と隠棲を余儀なくされるに至った。そして最終的には、かれの友人たちが逮捕ないし追放されているあいだは、少なくとも外見上は計画を放棄せざるをえなくなったのである。

その事件は全ドイツを揺るがし、情熱に駆られた激しい党派的な立場を生み出したが、しかし啓明結社に対する反応はどこにおいても、バイエルンほどの過激なレヴェルに達するということはなかった。多くの地方で、権力の手綱を握っていたのは——しかも穏やかなかたちで——まさしく啓明主義者たちである。たとえば、ザクセン゠ヴァイマールや、ザクセン゠ゴータの場合がそうであった。結社が原則として解体したにもかかわらず、啓明主義者たちはいたるところで生き残り、かれらが身につけ、発展させた重要な考えを、少なくとも心の底では、大筋において保持し続けることになったのである。それらの考えは、フランス革命が勃発し、発展していくさいに、まったく別の意味を帯びるようになる。結社の味方も敵もただちに、結社の思想とフランス革命の行為とのあいだに親近性があることを理解したのである。人びとはいささか素朴な気持で、フランス革命がそれと知らずにバイエルン啓明主義の計画を実現したのだと信じることができた。かなり珍しいケースではあるが、フランス革命の先導者の何人かは——ミラボーがそれに該当する——じっさいに結社のメンバーであった。混乱と、秘密めいた神秘的な雰囲気と、その対決のなかで解放された情熱とに包まれて、心を昂らせた人びとが、フランス革命は最終的にはバイエルンの啓明主義者とフリー・メースンの生み出したものであると称するようになるには、それ以上のことは必要ではなかった[*13]。

この突飛な命題は、しばしばドイツで主張されたが、その後、見せしめ的な意味をこめて、しかもちょうどうまい時期に、バリュエル神父によって反革命的大衆のなかで力説され、非常に大きな成功を収めた。その命題は現代においてもなお支持者をもっており、かれらはバリュエル神父の手になるヴァイスハウプトの伝記——それはむしろヴァイスハウプトに対する告発にほかならないが——をも含めて、かれの諸著作を繰り返し刊行している[*14]。

右に述べたことを通じて、以下の点が明らかになる。すなわち、一七八四年から一八〇五年頃にかけての知的、世俗的、ジャーナリズム的、あるいは大学的雰囲気は、この啓明主義の事件——それはたぶん、啓明主義に寄せられた過度の敬意や憤激に値するものではなかったが——によって毒されたのであり、またいずれにせよ、侵されたのである。著作家や思慮深い人間なら、この時代にある種の用語を使えば、それが啓明主義を想起させることをただちに意識せざるをえなかった。たとえばエレウシス、世界市民主義、国家の廃絶等の言葉は、万にひとつ、なんらの下心も

*13　オーギュスタン・バリュエル『ジャコバン主義の歴史のための覚書（一七九八—一七九九年）』。テキストは一八一八年に改訂されたものである。一九七三年、（ポワトゥ地方の）ヴィエで再版される（初版は、一七九八—一七九九年、五巻、ハンブルク、ファウヒェ書店）。　*14　オーギュスタン・バリュエル『スパルタカス＝ヴァイスハウプト——バイエルン啓明結社の創設者』。近年の再版は、レ・ロワイヤ、ヴァンタブレン書店、一九七九年。

なしに記された場合であっても、読者の眼からすれば無害な様子を保ち続けることはできなかったのである。

人間関係

ヘーゲルはもちろん、世間の人と同様に、おそらくは多くの人びと以上に、それらすべての事柄に通じていた。かれは生涯にわたり、そのような世界に属する人びととたえず接触を保った。かれの人柄、教育、そして神学院からベルリン大学に至るまでの変化に富む状況を考慮すれば、かれの存在がかれらの注意を引かないなどということはありえなかった。ところが一般的には、ヘーゲルの何人かの友人たちのこうした特別な性格に、これまで関心が寄せられることはなかった。たとえば、ある時期、フィヒテの緊密な協力者であったニートハンマーが、〔ヘーゲルの〕もっとも親しい、もっとも献身的な、そしてとりわけもっとも忠実な友人として振る舞ったという事実にもっと注目すべきではなかろうか。ヘーゲルよりいくらか年長の、この神学者＝哲学者＝教育学者は、イェーナで教鞭をとっていた人物であった。神学院を卒業後、かれは常連としてゲーテとシラーを繰り返し訪問し、そして一七九五年には有名な『ドイツ科学者協会哲学新聞』を創刊した。かれ以上に有名なフィヒテが、一八九六年以降、その新聞の注目すべき共同編集者になっている。したがって、フォールベルクの大胆すぎる論文とともに、フィヒテがこの新聞に異端的な論題を発表したことから始まった無神論事件について、かれ以上に直接的に、また正確に通じていた人間はいなかったのである。ニートハンマーはいずれにせよ、この勇壮かつ滑稽なドラマに巻き込まれるのを避けることができなかった。ヘルダーリン、シェリング、そしてとりわけヘーゲルの友人であったかれは、学校と大学の諸問題を切り盛りしつつ、バイエルンでその経歴を続け、またそれを終える定めになっていた。

青年時代に、しかもフランス革命の初期に、ニートハンマーはヘーゲルや他の神学院生たちと比べて、受け身的な行動をしていたわけではなかった。ラインホールト（カント主義者、フリー・メースン、そして啓明主義者）の推薦によって、クラーゲンフルトで家庭教師の職を与えられたかれは、短い期間しかそのポストに留まることができなかった。というのも、「歩哨に抵抗」した結果、かれは一七九二年、司直の追及をかわすために逃亡せざるをえなくなったからである。[*15]

さまざまな状況証拠からすれば、かれがフリー・メースンであり、そのうえ一時期、バイエルン啓明結社のメンバーであったと信じて差し支えないであろう。いずれにせよ、かれはヘーゲルの他の友人たち——ティールシュ、ヤコービ、そしてハルデンベルク——といっしょに、啓明結社への加入を公然と非難されたのである。ヤコービとハルデンベルクに関しては、その点は疑いがなかった。ティールシュとニートハンマーについては、そうした非難は少なくとも、かれらが共通して何に献身しているると思われているかをはっきりと示していた。[*16]

ニートハンマーは、シラーの歴史叢書のために、ヴェルトー神父（一六五五—一七三五年）による『エルサレム聖ヨハネ騎士団の歴史』（イェーナ、一七九二—一七九三年）と、ギュイヨ・ド・ピタヴァルの『高名で興味深い訴訟事件、ならびにそれらの事件に下された判決』（イェーナ、一七九二—一七九五年）を翻訳したが、両書ともシラーの序文が付されている。『テンプル騎士団の歴史』を公刊するにあたって、ニートハンマーは『エルンストとファルク——フリー・メースンの対話』におけるレッシングの勧めに従っている。著者はそのなかでフリー・メースン団の起源についてさまざまな仮説を描き出しながら、何度もテンプル騎士団の地位と役割に言及し、次のように言明している。「三〇節までの歴史を注意深く読んでみたまえ。そうすれば、きみはこの点を見抜くことができるでしょう」（この点とは、テンプル騎士団が当時のフリー・メースンだったということ）。これは、レッシングが『賢者ナータン』において「テンプルの騎士」に与えている役割を確認するものである。レッシングは、テンプル騎士団を復興するという考えを主張していた。[*17]

*15　ADB、第二三巻、一九七〇年、ニートハンマーの項、六八九—六九一頁。　*16　ルネ・ル・フォレスティエ『バイエルン啓明結社とドイツ・フリー・メースン団』、ディジョン、一九一四年、七一一—七一二頁。

ヴェルトーはその著作を執筆しながら、意識的ないし無意識的に、昔の教団が現在の理想的なフリー・メーソン団を予告しているという立場に立っていた。ピタヴァルの著作については、他の説明がないまま、フリー・メーソンの作品と結びつけて考えられている。すなわち、フリー・メーソンのピタヴァル（der freimaurerische Pitaval, le maçonique Pitaval）と呼ばれているのである。[18] こうした翻訳は、ニートハンマーがフランス語とフリー・メーソンの用語を充分マスターしていたことを推測せしめるものであろう。

かれは、啓明主義論争にもっとも直接的に関わり合うことになったあるフランス人をよく知っていた。すなわち、ジャン＝ジョゼフ・ムーニエ（一七五八―一八〇六年）である。かれは有名な政治家で、一七八八年における「ドーフィネ地方三部会」の集会を唱導し、「テニスコートの誓い」を推進した人物であるが、「穏健君主派《モナルシアン》」（フランス革命時代に、二院制の確立と国王の拒否権承認を主張したグループ）として、また立憲君主政を擁護する立場から、みずから火蓋を切るのに貢献したフランス革命の流れに幻滅を覚え、最初スイスのベルンに（一七九〇年から一七九五年十月にかけて）、次いでヴァイマールに亡命した。そして、ヴァイマール大公（フリー・メーソンにして、啓明主義者）から貸し与えられたヴェルヴェデール城館にかれは教育研究所を設立した。かれは一八〇一年になってヴァイマールを去り、フランスに帰国して生涯を終えるであろう。

ザクセン＝ヴァイマールで、ムーニエはすべての有力なヴァイマール人と関わりをもった。[19] とりわけ、ニートハンマー、ベッティガー、ボーデ、および出版業者のコッタである。かれらは、自由主義的で、啓明主義的な意見の持ち主として知られていた。

フランスでは、かれが代表していた政治的潮流は、よりラディカルな傾向によって急速に乗り越えられるに至った。しかしドイツでは、かれはいぜんとしてフランス革命の唱導者のひとりであり、絶対主義に敵対し、立憲主義を支持する人物と見なされていた。

ムーニエは、『哲学者、フリー・メーソン、および啓明主義者に帰せられる影響について』と題する有名な著作によって、フリー・メースン団とバイエルン啓明主義の政治的役割という問題提起に直接関与することになった。この書は、『啓明主義の党派についての試論』[20]と銘打たれたド・リュシェ侯爵の攻撃文書に応えて、テュービンゲンのコッタ書店から一八〇五年に出版されたものである。

この書物のなかで、かれはフランス革命の起源に啓明主義の陰謀があるという主張と戦い、ヴァイスハウプトが設立した運動の本質、有効範囲、そして限界を客観的に規定しようと試みている。

一八〇一年にイェーナに到着したヘーゲルが、個人的にかれを知る可能性はほとんどなかったであろう。しかし、一七九四―一七九五年のあいだに、ベルンで出会ったというのはありえない話ではない。いずれにせよ、ニートハンマーがヘーゲルに対して、特筆すべき性質を秘めたこの関係についての情報を与えたのは確実である。

穏和な革命家であり、立憲王政派であり、また「穏健君主派」でもあるムーニエは、けっしてフランス革命を全体的に否認しているのではない。むしろかれの意図は、憎むべき中傷と見なすものから革命を擁護することにある。「人びとが、かれはジャコバン派であるというとき、自由と正義を信じる人間を醜悪なものに見せかけるために、疑いもなく大それたことを行なっているのである。それは、専制主義と偏見の擁護者たちがしばしば用いるところの方策である。いまやかれらは、より有効な手段をもっている。すなわち、かれらは言うであろう、あれは啓明主義者である、と。この言葉を耳にすると、信じやすい人間は恐怖に駆られるのである。」[21]

ムーニエはそのことを一八〇一年に、ヘーゲルが当時教鞭をとっていたザクセン＝ヴァイマールで、ジャコバン派

---

*17　レッシング『エルンストとファルク――フリー・メースンの対話、続篇』、一七八〇年。『全集』、第十巻、ベルリン、フォス書店、一八三九年、二九二―二九三頁。この続篇は、ピエール・グラパンによって訳出されていない。前掲書（本書、第6章、注3）。　*18　レーンホーフおよびポッツナー『国際フリー・メースン事典』、チューリヒ、出版年記載なし。一二一二欄。　*19　「ムーニエは、もっとも活動的で著名な何人かの啓明主義者と関わりをもっていた。たとえば、ボーデ、ベッティガー、コッタである。」（フェルナン・バルデンスペルジェ『フランス移民における思想運動（一七八九―一八一五年）』、パリ、プロン＝ヌーリ書店、一九二五年、第二巻、二六頁、注）　*20　ジャン＝ピエール＝ルイ・ド・ラ・ロッシュ・デュ・メーヌ（ド・リュシェ侯爵）『啓明主義セクト試論』、パリ、一七八九年、全一二七頁。多くの再版がある。　*21　ジャン・ジョゼフ・ムーニエ『哲学者、フリー・メースン、啓明主義者に帰せられるフランス革命への影響』、テュービンゲン、コッタ書店、一八〇一年。一八二二年版、パリ、ポンティュー書店、一六九―一七〇頁。

という名称が反動的な語法においては極度に侮蔑的な意味をもち、しかも啓明主義とその思い出がまだあらゆる人びとの心にまとわりついていたドイツの知的雰囲気のなかで、書いたのである。

ついでにいえば、ヘーゲルがその立憲王政の最終プランのなかで国王の介入を制限しようとした「iの上の点」〔アイの上の点とは、ある機能の最後を飾る細部の付けたしのこと〕は、「穏健君主派」のムーニエが国王の権力を制限する意味をもたせようとした拒否の権限の、一種の焼き直しであると認めることができる。

その力と影響力を正当に評価することによって、ムーニエは事実上、バリュエルに反対して啓明主義者とその政治的遺産を擁護したのである。かれ自身、結社に加入していたのであろうか。少なくとも、かれは結社の良き同伴者となったのである。

公式には一七八四年に解体された結社は、とくにバイエルンほど敵意をもたれていない地方において、また忠実で辛抱強い精神の持ち主のうちに存在し続けた。この点についての確実な証拠をなんら手にしているわけではないが、ゴーゲル家のうちにそのような粘り強さがあるという事実を、かなりの蓋然性をもって認めることができる。かれらの家に入り込むのは、あたかも「秘儀を伝授された者」が集合する近代のエレウシスの神殿に足を踏み入れるようなものである。何人かのドイツ人たちは、結社への忠誠心を、異論の余地のない仕方であらわしている。それは、詩人のバッゲーゼン（一七六四―一八二六年）の場合であって、この人物は、フリー・メースンにして啓明主義者であるシュレスヴィヒ＝ホルシュタイン公を督促して、大変な苦境にあったシラーを援助するように仕向けたのである。

一七九四年七月十日、したがって『エレウシス』を執筆する以前に、ヘルダーリンはヘーゲルに対して、バッゲーゼンならびにフォン・ベルレプシュ夫人がスイスに到着したことを告げている。「できるかぎり詳しく、かれらのことを書き送ってくれたまえ」（C1一六）と。ヘルダーリンは、ヘーゲルがベルンでこれら二人の人物と会うことを、いささかも疑っていないようにみえる。たしかに、ヘーゲルは何がしかの肩書をもつ有名人と「つながりをもつ」ためめの、あるいはかれらに自分を売り込むための努力を少しもしていない。にもかかわらず、ヘルダーリンはどこからみずからの確信をえているのであろうか。なぜ、バッゲーゼンに関して、そのような強い好奇心を示しているのであろうか。

そもそも、バッゲーゼンは何をするためにスイスにやってきたのであろうか。どれほど空想的にみえるにせよ、バッゲーゼンの保護者であり、かれと同様にフランス革命の熱烈な支持者であったシュレスヴィヒ＝ホルシュタイン公のフリードリヒ＝クリスティアン二世は、啓明結社の名残りを各地で探し求めるために、また啓明主義者たちとの接触を図るために――この文脈においては「かつての」啓明主義者とは形容できず、むしろ啓明主義が「いぜんとして生きて」いるような、啓明主義への「信仰が衰えることのない」ような人びとと形容すべきである――ヨーロッパ周遊の旅を実施する役割をかれに託したのである。バッゲーゼンは報酬を与えられたこの使命を利用して、いわば「官費で」快適な旅行を楽しんだのであろうか。いずれにせよ、かれは探索の成果を大部の書簡――暗号化されてはいるが、無駄に終わっているところの――のなかでフリードリヒ＝クリスティアン公に詳細に報告している。*22

かれはテュービンゲンを通って――しかし、ヘルダーリンとヘーゲルはそこを立ち去ったあとであったが――啓明主義に関する調査を実施し、そして同時におそらく、神学院生たちと詩についての対談を行なったように思われる。かれは、長くベルンに留まるであろう。ヘルダーリンが望んだ通り、かれがベルンでヘーゲルに出会ったとすれば、かれの使命の対象である啓明結社のことが話題にならないはずはなかった。そして、かれほど、事情に通じたうえでゴーゲル家について語るのにふさわしい立場にある人間はいなかったであろう。

*22 フリードリヒ＝クリスティアン二世は、啓明主義の名前として「ティモレオン」を用いた。バッゲーゼン『イマヌエル』。バイエルン啓明主義をめぐる、かれらの驚くべき手紙の交換が公表されている。フリードリヒ＝クリスティアン・フォン・シュレスヴィヒ＝ホルシュタイン『ティモレオンとイマヌエル――イエンヌ・バッゲーゼンとの往復書簡』(ドイツ語)、ライプツィヒ、一九一〇年。バッゲーゼンは、復興した啓明主義のセールスマンとなった。詩人マティソンも同様で、テュービンゲンの神学院を訪れて、ヘルダーリンの腕の中に身を投じ、ヘーゲルの『アルバム』にも署名している(B4五二)。マティソンは、ドイツ・フリー・メースン団のもっとも若い入会者であった。ハンス・シュルツ『シュレスヴィヒ＝ホルシュタイン公フリードリヒ・クリスティアン』、シュトゥットガルト、一九一〇年、およびレーオポルト・エンゲル『啓明結社の歴史――バイエルン史のために』、ベルリン、一九〇六年、を参照することができよう。

「ドイツのミラボー」[23]の前妻であるフォン・ベルレプシュ夫人に関していえば、彼女もまた必要に応じて、珍しく有益な多くの情報を提供することができた。彼女は、一八一〇年においてもなお、秘密警察の報告のなかで「啓明主義の陰謀家、その教説の宣伝家」[24]として槍玉に挙げられている。

シェリング自身も、「啓明主義者」だったのであろうか。かれは一七九六年一月の手紙のなかで、ヘーゲルに対して「そこかしこで、ぼくが民主主義者、啓蒙主義者あるいは啓明主義者であるか否かを知るという問題が提起されています」（C1三八）と語っている。たしかに、当時、かれが本当に民主主義者であり、啓蒙主義者であったのは間違いない。それでは、同時に啓明主義者でもあったのであろうか。

かれは一七九六年五月二十七日、ハイデルベルクを通過する旅の途中で両親に手紙を書いている。「ぼくたちは、遅くなって宿に戻ってきました。ぼくは、長老会議の評議員であるミークに会いたいと考えていました。ミーク宛の、ハイルブロンの伝言を携えていたからです。けれども、かれの家で会うことはできまい、むしろヴェーデキント教授のところに探しに行くべきだといわれました。それなら、なおさら結構だと思ったわけです。ぼくは以前から、この人物と知り合いになりたいと望んでいたのです。というのも、かれは自然法の分野で抜きんでた存在であり、またそのために追及を受けていたからです[25]。」

ところで、教会評議員のミーク（一七四四―一八一九年）は、ヴァイスハウプト、クニッゲに次ぐドイツのもっとも重要な啓明主義者のひとりであり、プファルツ地方の結社「管区長」であった。しかも大変有能な宣伝家で、とりわけペスタロッツィを仲間に引き入れたことで知られている。

優れた医者であるヴェーデキント（一七六一―一八三一年）についていえば、かれはフォルスターとともに、マインツのジャコバン革命を象徴する人物のひとりにほかならない。

ミークは、ドイツの多くの革命家たち、たとえばユング＝シュティリング、クニッゲ、バールト、フォルスター、ニコライ等々と接触をもっていた。シェリングは、一般大衆がかれのことでひそかに抱いていた疑問に、行動によって積極的に答えることを恐れなかったようにみえる。

それゆえ、かれの父親があとから手紙のなかで、もっと慎重に振る舞うよう忠告を与えたことが了解できるであろう。シェリングは反省したあと、そのことで父親に感謝している。

ヘーゲルが、これらすべての「啓蒙的」フリー・メースン、啓明主義者、自由主義者、あるいは民主主義者たちと直接、間接に関わりをもったことが、まったく純粋な偶然であるなどということがありうるであろうか。もちろん、そのことは、かれが同時にさほど目立たない人物を頻繁に訪れるのを妨げたわけではない。

しかしながら、少なくともわれわれの知るかぎり、スイスにおけるヘーゲルの唯一の意義深い出会いは、フリー・メースン、啓明主義者、あるいは革命家たちとの出会いであった。たとえば、ゾンネンシャイン、バッゲーゼン、フォン・ベルレプシュ夫人、エルスナー……である。

『エレウシス』の詩は、そのような起源を秘めて成立したのであろうか。

秘密

その詩には、ヘーゲルがヘルダーリンとともにこれまで検討してきたテーマとは別の、新たな多くのテーマが含まれている。ときには、これらの新しいテーマは、古い用語索引と対立する。二人の友人の共有する意見を無視したり、忘れたりせずに、しかもその詩を現在の解釈に委ねるのはむずかしいことではない。要するに、新たな言い回しのそれぞれは、フリー・メースンからは秘伝的な意味に、「世俗の人」からは通常の神話学的な意味に理解されるのであ

---

*23 ヘルムート・G・ハージス、前掲書、一九七頁。 *24 レーオポルト・エンゲル、前掲書、四五九頁。 *25 『書簡集におけるシェリングの生涯から』、G・L・プリット編、一八六九—一八七〇年、第一巻、一〇〇頁。シェリングから両親に宛てた手紙、損傷あり。ヨハン・フリードリヒ・ミーク（一七四四—一八一九年）については、『新ドイツ人名事典』（NDB）、ベルリン、ドゥンケルおよびフンブロート書店、第十七巻、四七〇頁、参照。

る。ヘーゲルは容易に、それら二つの意味を「結びつける」ことができる。

すでに、「冒瀆」とか「秘儀伝授」といった言葉が現われている点は、興味深いものがある。これらの用語は、ギリシアを愛好する二人の人物の、いつもの神話学的語彙の範疇には入ってこないものである。それは、かれらが共通して獲得した文学的知識の総体に、別種の強い関心を導入している。「秘儀伝授の子」は同時に「母なる大地の子」にほかならないが、かれはエレウシスの特別の教え――その内容は詩のなかでは明かされていない――を干からびたものとは見なしていない。そして、「かれは生きながら、口を閉ざしている。秘儀を伝授された者は、それを口にすることをみずからに禁じており、また賢明なる掟は、聖なる夜にかれが見たもの、聞いたもの、感じたものを、より劣れる精神に伝えることを許さないのである。」(C1四二)

それはあたかも、この点に関してまでヘーゲルがレッシングに追随し、かれを模倣しているかのような印象を与える。ところで、レッシングは『フリー・メースンの対話』を公刊したあと、ドイツ・フリー・メースンの指導者フェルディナント・フォン・ブラウンシュヴァイク公(一七九二年に有名な「宣言」を行なったブラウンシュヴァイクと混同してはならない)のもとで、フリー・メースンの秘密を何ひとつ洩らさなかったと弁明している。[*26]

秘密というこのテーマは、特別の興味を提示している。

たしかに古代においては、エレウシスの秘儀を伝授された者は、じっさいに宗教的掟に従って――ある時期には、死刑をもって――沈黙を強いられたようにみえる。けれども、この沈黙の条項は、われわれには理解しにくいものである。というのも、アテナイの人びとはすべて秘儀を「伝授された者」だったからであり、したがってかれらはこっそりと互いに秘密を打ち明ける必要はなかったからである。

しかもヘーゲルが弁護している秘密は、フリー・メースンの秘密に、とりわけ信頼のおける者たちがきわめて多様な手段で、じっさいにはかなり子供じみた方法で守ろうと努めた啓明主義者の秘密に似ている。指導者たちに見られるこうした秘儀の装いには、慎重さと、「秘密」結社の伝統への尊敬と、策略および皮肉の入り混じったものが存在する。それには、すべての人びとが、結社のメンバーでさえも、結社の高い目標を理解し、それに敬意を表することができるわけではないのだという虚栄心が含まれている。

フリー・メースン団に関するいくつかの事典が指摘しているように、「それぞれの集会所の開催期間が終了するたびに、フリー・メースンたちは沈黙の掟を尊重する誓い」を、すなわち「世俗の人びとには何も明かさないという誓いを新たに行なう」のである。[*27]

『エレウシス』のなかで取り上げられているこうした命令は、かつてテューービンゲンの三人の仲間が採用した行動規範には属していなかったものである。かれらはむしろ、公開性や明白な言明、宣言、あるいは雑誌と新聞などを切望していた。かれらはいたるところに真理を拡大し、自分たちの考えるような学問をあまねく知らしめようと計画していたのである。一方、「沈黙がフリー・メースン団にとっては根本的重要性をもち」[*28]、『エレウシス』の詩においても神話的価値を帯びている。

多少なりとも直接的にフリー・メースン的着想を引き合いに出すのでなければ、『エレウシス』の多くの詩句は、理由もなく作品に取り入れられた言葉として、まったく理解不能なものになってしまうであろう。

ここで問題にしているのは時局に即した詩であって、その内容は意図的に、ある特定の読者の意見と思われるものに符合させられているのである。当初、そこから引き出された古代エレウシスの観念は、ヘーゲルが同時代的な意味をもつその作品のなかで提示している方法とまったく一致していない。

ある箇所では、かれはケレスの祭司に対する大いなる尊崇の念を装っているが、別の箇所では、ケレスの祭司の仲間たるキュベレスの祭司を軽蔑をこめて、「去勢された者」として扱っている。肉体的にも精神的にも去勢されたかれらは、生命の欠如、精神の空虚、あるいは価値の喪失を例証する者たちとなろう。[*29]

*26 レッシング、一七七八年十一月二十六日付の手紙、『全集』、前掲書、第十巻、四五八―四五九頁、所収。 *27 リグー、前掲書、一一二五頁。

*28 同書、同頁。 *29 ノール、前掲書、二五〇頁、注（a）。

エレウシス自体については、かれは数年後に『精神の現象学』のなかで、いましがた偽善的なかたちで示唆したのとは反対のことを、しかもきわめて美しい文章で述べている。「感覚的対象の実在が真実であり、確実であると主張する人びとには、知恵の小学校に、正確には古代のエレウシスの（ケレスとバッカスの）秘儀に立ち戻り、まずパンを食べ、ぶどう酒を飲むという秘密を学ぶべきであるということができよう。というのも、これらの秘儀を伝授された者は、感覚的対象の存在を疑うだけでなく、それを諦めるに至るからである。一方では、かれはそれらの対象の消滅を完成させるが、他方では、それらの対象の消滅が実現していくありさまを打ち眺める。動物でさえ、こうした知恵を取り除かれてはいない。むしろ、その種の知恵に深く導かれるような様子を示している。というのも、かれらは感覚的事物を前にして、あたかもこれらの事物がそれ自体として存在するかのように手を拱いているわけではなく、むしろその実在を諦め、それが無に等しいという絶対の確信のもとに、それをただたんにそのものとして把握し、消費するからである。そして自然全体が、動物と同様に、感覚的事物の真理が何かを教えるすべての人びとに明かされたこれらの秘儀を称えるのである。[*30]」

この一節の思想的方向は、「啓示的秘義」（offenbare Mysterien）を「きわめて明瞭な秘義」（J－P・ルフェーヴル）と訳すか、あるいは「明かされた秘義」（イポリット）と訳すかによっていくぶん変わってくるが、しかしいずれにせよ、啓示（Offenbarung）への仄めかしはかなり明白である。エレウシスの秘儀においては、何ごとも啓示されていなかったのに、チューグの詩の著者は、もはやケレスの「啓示を理解する」ことができないのを惜しんでいるのである〔ヘーゲルの意図的矛盾の示唆〕。

ヘーゲルは、ずっとのちになって『哲学史講義』のなかで繰り返されるこの判断に満足するであろう。「エレウシスの秘儀においては、未知なるものは何ひとつ存在しなかった[*31]」と。同様に、かれは『美学講義』のなかで、チューグの詩のそれとはまったく異なるエレウシスの秘儀の特徴を提示するであろう。要するに、「崇高な教え」、あるいは「聖なる秘密の事柄」が、「すべての人びとに明かされる秘義」に、また牡牛ですら天賦の資質としてもっている「ありふれた知恵」の位置に低下してしまうのである。

これらの考察は、『エレウシス』の別種の解釈を排除することになろう。ある注釈者たちは、行き過ぎたギリシア主義に夢中になったヘーゲルとヘルダーリンのうちに、古代のケレス神への、一種の時代遅れの賛美者の姿を、またエレウシスの秘儀への、回顧的で、いささか夢想的な、とはいえ誠実な参加者の姿を認めようとする傾向がある。ヘーゲルの詩には、おそらく隠喩的なかたちで、そのようなものが入りこんでいるというのである。しかしヘーゲルは、またヘルダーリンですら、デメテールを称えるほど冷静さを失っているわけではなく、キリスト教徒として登録された者が古代宗教に改宗するほど熱狂に陥っているわけでもない。じっさいには、当時のかれらの努力のすべては、新しい宗教の創設に、すなわち本性上、国民的で愛国的な宗教の創設に向けられている。

エレウシスがかれらの「新しい教会」となんらかの関係を示しているとすれば、かれらがじっさいに加入し、あるいは外部から関わりをもち、さらにはゴーゲル家の人びとに気に入られるために一時的に象徴と見なしたのは、啓明主義者のエレウシスにほかならない。

その詩は、場合によっては、この特別な一族への紹介の役割をもののみごとに果たすことであろう。それは、まず第一に、家庭教師を志願する程度の者にはけっして見られない知的特質と、古典的ならびに近代的教養を証明している。それはまた、ドイツ・フリー・メースン団と、フリー・メースンに関するレッシングの思想と、バイエルン啓明主義についての、内面的かつ外面的な、しかも繊細な知識を明らかにしている。言い換えれば、雇主は、理解力と口の堅さを当てにすることができるであろう。ヘーゲルは、雇主が何者であるかを知っているという事実を教えると同時に、自分がかれらの世界に通じ、またそれに敬意を表したうえで雇われるのだという事実を併せて教えているのである。それは雇われる者と雇う者との関係のしるしであるが、しかし通常以上に透明で、信頼感のある関係のしるし

*30 ヘーゲル『精神の現象学』、前掲書、第一巻、九〇—九一頁。同書、J＝P・ルフェーヴル訳、パリ、オービエ書店、一九九一年、九九頁、参照。
*31 ヘーゲル『哲学史序論』(ジブラン訳)、前掲書、一八六頁。

である。ヘルダーリンはヘーゲルに宛てて書いている。「きみはかれ〔ゴーゲル〕の性格と、その自己表現の方法のうちに、きみ自身の性格と多くのつながりがあるのを発見するでしょう」（C１四七）と。

エレウシスの聖域よりも「ゴチック」寺院の方を好んだかもしれないテュービンゲン神学院出身の「聖職者的家庭教師」とのそうした一致が、前もって決められていたものであったかどうかはあらかじめ明らかなことではなかった。

ヘーゲルはフリー・メースン団のメンバーだったのであろうか。この問いかけは伝記作者たちによってあまりにも闇の中に放置されてきたために、それに対して肯定的な答を出す前に、いまでは倍の証拠を示すことが要求されている。ヘーゲルの思想と生活の、その他の側面については、さほど多くの証拠を求められていないというのに。だが、われわれはここで、特別微妙な問題提起に踏みこんでいるということを認める必要がある。すなわち、秘儀を育て、その機能と歴史が伝説に包まれ、しかも激しい弁明や狂信的な非難の対象となってきた秘密の組織が問題にされているという事実である。十八世紀末および十九世紀初頭の人物に関して、どうしたらそのようなことを理解し、判別することができるであろうか。

われわれはこの場合、公然の秘密を相手にしているにもかかわらず、フリー・メースン団はやはりなんらかの方策によって、しかもその時どきに変化する方策によって一般大衆の眼から、またときには当局の好奇のまなざしからも身を隠したのである。フリー・メースン団は相当数の加入者を集めたことが知られているが、しかし年代記に記載されているのは、危険をともなうという基準からみてもっとも著名な人物と考えられた若干の名前だけである。ヘーゲルはおそらく、匿名の多数者のなかに隠れているのである。

さまざまな服従の形態に生命を与え、そして散在する集会所のなかで分化していく諸思想を知るために、またその影響の痕跡や、その組織の成果を明るみに出すために、「組織としての」フリー・メースン団に所属することが必要不可欠というわけではなかった。ヘーゲルの時代には、フリー・メースン団はみずから熱望するある種の事柄に関しては、一般大衆に開かれていた。たとえば、フリー・メースン的かつ啓明主義的な雑誌であることが周知の事実であった、有名な『ベルリン月刊雑誌』の場合がそうであり、カントはそこにかれの主要論文を発表している。しかしながら、ドイツの大衆のほんの一部だけが、とくに知識人、神学者、政治家がフリー・メースン団に本当に関心を寄せていた。

ヘーゲルの詩は、フリー・メースン団の幻影について、レッシングがそれに刻印しようとした微妙な変化について、またバイエルンの啓明主義がそれに付け加えた特別な色合いについてかれが充分に承知していたことを示している。ヘーゲルは、良い情報源をもっていたのである。ゴーゲルに対してヘーゲルを仲介する役割を引き受けたヘルダーリン自身も、別の媒介者に頼っていたという事実に留意しておく必要がある。この場合、その媒介者の貢献度の方が、おそらくヘルダーリンのそれよりも決定的な意味をもったのである。たしかに、その人柄には関心を引くものがある。その人物とはすなわち、イザーク・フォン・ジンクレールにほかならない。共通の友人であったジンクレール自身、卓越したフリー・メースンであり、シュヴァーベンの陰謀に直接巻き込まれた革命家であり、また一時期、クリスティアーネ・ヘーゲル〔妹〕の遊び友達でもあった。かれは並みのフリー・メースンではなかった。多くのフリー・メースンが真実の歴史と見なしている、非常に流布された伝説によれば、一七三六年におけるフリー・メースン団の創設自体、かれの祖先といわれるロスリンのウィリアム・シンクレアに起源をもつものである。イギリスのフリー・メースン団はつねに、「聖クレア憲章」[*32]を保持している。

イザーク・フォン・ジンクレールは実の兄弟以上の愛情をもって、ヘルダーリンの不幸な運命に心を痛めている。『エレウシス』におけるヘーゲルの最終的な意図は、簡単には、また単純には解明されえないであろう。かれの場合、しばしば起こったように、同時にいくつかの目的に引きつけられたのだと想定することができよう。

明らかに、まず第一には功利主義的な意図が働いている。ヘーゲルは「夏の美しい夜に霊感を得て」いるわけではなく、ゴーゲルに雇ってもらうという生活上の必要に動かされているのである。できるかぎり良い条件で、生き残る

*32 リグー、前掲書、三九八頁。

ことが問題なのである。誠実であろうと、あるいは偽善的であろうと、フリー・メースン団に対して明らかにされた愛情は、富と安楽の神殿の扉を開くのに役立つであろう。ヘルダーリンはかれのために、理解することのできる歌曲を口ずさんでいる。「きみは自分の部屋をもてるでしょう」……「ゴーゲル家は親切で、しかも裕福です」等々……。ランスのワインを口にすることができるでしょう」……「食卓では、上等なラインのワインを、あるいはフ

ヘーゲルは、その生涯のさまざまな局面において、こうした誘惑的な、いくらか不器用に映る外交を実践することができるであろう。それによって利益を得られる人は、その種の外交をけっして行き過ぎとは見なさない……。

しかしながら、同時にヘーゲルは、その時代のフリー・メースン団に対して、あるいはそれの理想的な形態に対して、すなわちレッシング、ゲーテおよびフィヒテのフリー・メースン団に対して、真実の愛情を覚えている。それは全体としては、進歩主義的な知的運動をともなうものである。たとえ、その仲間のなかに反動的な人物や疑わしい人物、あるいははっきりいって蒙昧主義的な人物にぶつかることがあったとしても。そのとき、新しい思想はおのれを覆い隠しながらも、あらわになり、神話学的イメージに変装し、大げさな用語で自己を表現し、そしてかれらの古い敵のなかに忍びこんでいくことができる。

ヘーゲルがフリー・メースン団に所属していたことを明白に言及した唯一の例は、『ブロックハウス大事典』が一九五四年にフリー・メースン団に当てた項目のなかに見出される。[*33] だが奇妙なことに、この指摘は、その後の版では見られなくなった。とはいえ、ヘーゲルの入会は、フェルスターの弔辞や、あらゆる種類の関係事項を通じて確認されるであろう。

そうであるとすれば、かれの入会にどのような意義と重要性を認めるべきであろうか。それが、秘密の組織に対する好奇心だけの問題だったとしても、意義と重要性は変わらないのであろうか。

ある人びとは喜んで答えるであろう、いかなる意味も重要性もないと。かれらはその理由として、ドイツにおける多くの集会所の思想的方向が極端に多様であり、しかも変わりやすいことを引き合いに出すであろう。しかし、まさ

しくこの多様性のうちに、『エレウシス』の方向が非常にはっきりと描かれている。すなわち、ヘーゲルはためらうことなく、きわめて特殊な陣営を選んだのである。

他の人びとは、かれが晩年に加入したと思われるベルリンの大集会所が――フェルスターの演説をそのような意味に解釈するとすれば――「キリスト教的で、保守的」という範疇に分類されていたことを指摘するであろう。その場合、ベルリンの大集会所のメンバーであったという事実は、かれらがヘーゲルについて知っていると称する事柄に何ひとつ付け加えることはないであろう。すなわち、キリスト教徒にして、保守主義者であるという事実である。フリードリヒ・ヴィルヘルム三世は、ナポレオンと同様にフリー・メースンであった……と。

しかしながら、ことはそれほど単純ではないのである。いずれにしても、プロイセンの集会所は公式的には、「キリスト教的で、保守的」という資格以外のものを与えられることはありえなかった。だがそのことは、集会所が正統信仰に敬意を払っているという現実を必ずしも意味しなかったのである。

〔一八〕二〇年代のベルリンという文脈では、そのことはたんに、集会所が非改宗のユダヤ人と無神論を標榜する者を排除したことを意味するにすぎなかった。しかしながら、集会所のメンバーも他の場所ではユダヤ人や無神論者をたびたび訪れたり、かれらに敬意を表したりすることができた。ヘーゲルが一種の特別な気持からそうしていたように。

ヘーゲルがフリー・メースン団に加入していたことがまったく取るに足りない事柄であるとすれば、なぜ伝記作者たちは現在まで、その問題を扱うのを差し控えてきたのであろうか。かれらが、一方では、青年時代の遊び仲間や、哲学者の実生活における情事について長々と報告しているというのに。この問題は、当時、そのような傾向に誘惑を覚えたすべての偉大な精神に、すなわちゲーテ、ヴィーラント、ヘルダー、フォルスター、フィヒテ、ラインホール

*33 『ブロックハウス大事典』、第十六版、ヴィースバーデン、一九五四年、第四巻、フリー・メースン団の項、二七九頁。ヘーゲルは、ここではフィヒテ、クラウゼ、フンボルト、ハルデンベルク、ヴィーラント、フォス、ハイドンらとともに言及されている。この指摘は、同書の他の版では消えている。

ト等々に対しても提起されうることを認める必要がある。なぜ、実定教会の信者たるキリスト教徒が[*34]、政治的には保守主義者であり、世襲王政の臣下であり、市民社会のなかで良い地位にあり、すでにあらゆる種類の共同組織のメンバーであり、しかも卓越した知性を有する者と認められた人物が、この半秘密の結社にほかならないフリー・メーソン団にさらに加入する必要を感じたのであろうか——もし、そうした振舞いがいっさいの意味と有効性を欠いていたとするならば。

まさに、そのような振舞いは何がしかの差異を指し示しているのでなければならない。というのも、すべてのキリスト教徒や保守主義者がフリー・メーソンというわけではないからである——むしろ、その反対であろう。フリー・メーソン団は、その一時的な繁栄がどのようなものであったにせよ、まぎれもなく厳選された人びとから成る少数者、すなわち啓蒙された貴族、名望家、富裕なブルジョア、知識人、芸術家たちしかけっして集めなかったのである。

その働きの低い段階としては、フリー・メーソン団は信奉者たちに、無遠慮なまなざしから守られて、いくらか種類の異なる人びとのあいだで関係をもつことができるような出会いの場所と環境を提供する。この点で、フリー・メースン団は一種のロータリー・クラブの役割を演じている。けれども、フリー・メースン団は一般に、その活動を多様化し、広げている。それは、同志相互の扶助を確保し、苦悩を軽減し、学問・芸術の保護を実践する。たとえばシラーは、救済者としてのフリー・メースンの助けを受けた。ヘーゲルもまたイェーナで最大の苦境に陥ったときに、この種の援助の恩恵に浴したようにみえる。もっとも、これは必ずしも、かれ自身がフリー・メースンだったことを意味するわけではないが。このように、フリー・メースン団は十八世紀においては、その明らかな素顔を現わしている。「かれらは楽し気であり、また親切である」と、ルイ＝セバスティアン・メルシエは同志たちについて述べている。

しかしながら、多くの陣営から批判され、攻撃されたフリー・メースン団を、こうした特徴だけに限定するのは不可能である。フリー・メースン団が存在しないとしても——とくに、キリスト教徒であれば——祝宴を催したり、歌を歌ったり、慈善をほどこしたり、人間の連帯性をたしかめたりすることは可能なのである。ゲーテ、ラインホールト、クラウゼその他の傑出した精神――事実上、この時代におけるドイツのほとんどすべての偉大な精神――が、気晴らしや善意の表明の機会ないし手段のみをそこに求めたとは信じることができない。かれらは他の場所でも、そのような機会をあり余るほどもっていたのである。レッシングやフィヒテが弁護し、あるいは批判したのは、またかれらが新たな展望を開こうと望んだのは、たんなる気晴らしのためのフリー・メースン団ではない。メッテルニヒがウィーン会議で、ハルデンベルクに対して不具戴天の敵となったのは、無害なフリー・メースン団のためではないのである。

じっさいに、フリー・メースン団は、少なくともその集会所のあるものについては、主として啓蒙の支持者たちや、知的、社会的改革の愛好者たちを結集していた。フリー・メースン団のすべてのメンバーが非順応主義者、改革主義者、あるいは革命家であったわけではないが、しかし、ほとんどすべての非順応主義者や改革主義者、知的アウトサイダーがフリー・メースン団のなかに認められたことはたしかである。かれらはそこで、他の場所では見出すことのできない領域、すなわち宣言と普及と組織化の領域を手に入れたのである。たしかに、その領域は限定されていたが、しかし保護され、保証されてもいた。あるフリー・メースンたちは、奇妙な儀式や儀礼を実践し、モーツァルトのそれより固苦しい一種の『魔笛』を逸話ふうに演じ合うことにおそらく喜びを見出していた。しかし、他のフリー・メースンは夜の女神の庇護のもとに、いっそう光り輝く思想と、さらに賢い人びとを称えることを知っていた。このような入り混った状況のなかでみずからの立場をふたたび見出すためには、アリアドネの糸をしっかりと握っておく必要がある。

*34 「フリー・メースンの儀式はじっさい、それが宗教的性格を装っているという事実だけで、冒涜のパロディあるいは異端的信仰となっている。」（ランザック・ド・ラボリー『ジャン゠ジョゼフ・ムーニエ』、一八八七年、三一九頁）

第8章　フランクフルト

「何をおいても、商売、商売」（ゴンタルト）

一七九六年七月にスイスを去ったヘーゲルは、フランクフルトで新しい家庭教師のポストに復帰する前に、シュトゥットガルトの家族の家に短期間滞在する。それは、いわばヴァカンスのようなものであった。しかしまた、何か回復期のごとき意味合いももっていた。かれの妹の言によれば、青年は閉じ籠もり、あまり口をきかず、意気消沈していたという。かれはふたたび力をつけ、楽天的な気分を取り戻す必要があろう。

ちょっとした感情的な幕間の寸劇が、かれの回復を助けることになるが、それは数ヶ月間続くであろう。かれがフランクフルトから書き送る手紙はすべて、妹の友達であるナネッテ・エンデル（一七七五―一八四〇年）に宛てられており、快適な戯れの恋のこだまを反響させている。

この若い娘はカトリック教徒であったが、そのことは、ヘーゲル家における彼女の存在――彼女はそこに宿泊していた――に意外感を与えるものである。彼女は、ボーベンハウゼン男爵夫人のもとで付添い女性となり、次いでしがない婦人帽子屋の仕事をすることになるであろう。彼女の教派上の立場は、この時期のヘーゲルの精神状態についてのさまざまな推測に口実を与えるものである。すなわち、かれはカトリシズムに「接近した」のではないか、またかれはこの教派の誘惑をいくらか感じていたのではないか、といった類の推測である。じっさいには、かれの厳格なプロテスタンティズムを弱めるようなものは何ひとつ起こらないのである。ナネッテ宛の手紙を読むと、かれの明らかな姿が浮かび上がってくる。要するに、かれはカトリシズムよりも、カトリックの女性に関心をもっていたという事実である。

われわれはこの愛の逸話を、ヘーゲルのこれらの手紙によってのみ知ることができるのだが、ローゼンクランツもクーノー・フィッシャーもその伝記のなかでこれらの手紙について言及していないし、ヘーゲルの息子カールは父親の往復書簡からそれらを除外してしまった。たぶん、カールは、父親の青年時代の戯れの恋を、私生児と同様に恥ずべきものとして許すことができなかったのであろう。カールは、厳しい検閲を行なったのである。こうして、ヘーゲル夫人も、息子も、伝記作者たちも、純粋に知的で、固苦しく、冷徹な、しかも誘惑や弱さから縁遠いヘーゲルのイメージを後世に残した。しかし、それは偽わりのヘーゲル像にほかならない。

ナネッテに宛てた手紙は、愛想の良い、楽し気な、剽軽でしかも親切そうな青年の姿を明らかにしている。かれは、愛する女性を残酷に見棄てるようなことはしなかった。かれは徐々に、情熱的な愛情を、誠実な友情へと置き換えていったのである。最後の手紙は、一七九八年五月二十五日付のものである。

急速に忘れられ、独身を通したナネッテは、ひとりの傑出した人物、「哲学の巨匠」――彼女は遠くから、かれが次第に世に出ていくありさまを注意深く見守っていたはずである――のうちに喚起した関心についての証言を大切に保存した。

われわれは、もっとも内密な引出しの底にある、ばら色のリボンで留められた黄ばんだ紙片を思い浮かべる。それらの紙片は、のちになってはじめて発見されることができたものである。反対にヘーゲルの方は、ナネッテの手紙を一通も保存していない。あるいは、これらの手紙はかれの死後、冷淡な息子――後日、堂々と貴族に列せられるが(カール・フォン・ヘーゲル教授)、だからといって精神的な意味では少しも貴族的でない人物――の手で、怒りにまかせて破棄されてしまったのであろう。[*1]

*1　ナネッテの手紙は、ヘーゲル『書簡集』の最初の版では公表されていない。ところで、この『書簡集』は息子カールの手になるものである(『ヘーゲル往復書簡集』、全二巻、ベルリン、ドゥンケルおよびフンブロート書店、一八八七年)。

＊

ヘーゲルは一七九七年の初めに、フランクフルトに腰を落ち着ける。だが、その町はおそらく、理想のエレウシスとは似ても似つかない町であろう。それはすでに、大規模な商業と高度な金融の町であった。そこでは金儲けの精神が独占的に支配し、ギリシアの神々は顔をヴェールで覆っている。金銭が老いぼれた偶像を圧倒する。金銭が新しい時代の神殿、すなわち商品取引所に君臨しているのである。ベルンでは、ヘーゲルは、いまだ貴族的でしかも族長的な金権政治と接触をもっていた。フランクフルトでは、金融が余計な装飾を追い払い、以後、簡潔に命令を下すのである。

ヘーゲルの雇主であるゴーゲル家もまた、世界的に勝利を収めようとしているこの戦闘的な資本主義に、おおいに参加している。けれども、かれらのうちにある黄金の子牛〔金銭〕崇拝は、博愛的で、啓蒙的な感情によって変化を蒙るものと想像することができよう。というのも、かれらは十八世紀から承け継いだフリー・メースン団の雰囲気のなかで、さらにまた、かれらがその指導者であったバイエルン啓明主義の知的な勢力範囲のなかで生活し、考えているからである。[*2]

ヘーゲルの「主人」であるヨハン＝ノーア・ゴーゲルは、一八〇一年十二月五日に、管区集会所長に選ばれるであろう。[*3]われわれはゴーゲル家の日常生活についても、そこを支配していた知的雰囲気についても記録をもっていない。しかし、シャルロッテ・フォン・カルプ――ヘルダーリンは彼女の家に、フランクフルトに赴任する前の一七九三年のクリスマスから一七九五年一月まで、シラーの推薦で家庭教師として働いている――の回想録に眼を通すと、その種の記録に匹敵する描写を手に入れることができる。

おそらく規定のうえでは結社に所属していなかったと思われるシラーは、上流人士の集まるフリー・メースン団の世界で生きていた。かれは極度の貧困を強いられたさい、生き残るために、フリー・メースンであり、また献身的で卓越した啓明主義者である詩人バッゲーゼンの懇請にもとづいて、やはりフリー・メースンかつ強固な啓明主義者たるシュレスヴィヒ＝ホルシュタインのフリードリヒ＝クリスティアン公が授与した相当額の補助金（年額一〇〇〇タレル）だけを当てにしなければならなかった。

友人ケルナーの勧めで、シラーが有名な『喜びの賛歌』——ヘーゲルの友人であるフリー・メースンのツェルターによって、次いで同じくフリー・メースンのベートーヴェンによって作曲された作品——を作ったのは、集会所でそれを用いるためにほかならない。ヘルダーリンと、その若き友人たちがいっしょに好んで歌ったのはこの賛歌である。一八七九年にエミール・パレスケの手で公刊されたシャルロッテ・フォン・カルプの回想録は、心の準備ができていなかった読者を唖然とさせるものであった。[*4] この男爵夫人の、しかも見たところきわめて信心深いこの夫人の住居が、フリー・メースンの同志たち——その大部分は同時に啓明主義者であり、秘密結社の指導者であった——で溢れかえっていたからである。のみならず、ひとつの集会所が、その場所に設置されたようである。そこでは日常的に、長期滞在の客であるこの特殊な世界のあらゆる有名な人物たちに会うことができた。たとえば、フォン・フント（「厳格修道会」の「テンプル騎士団員」）、フーフェラント、ファルンハーゲン、クネーベル、ラインホールト、ケルナー、ベルトゥーフ、ボンシュテッテン、マティソン、ミーク等々であり、そしてまた注目すべきことに、バイエルン啓明主義の推進者たるクニッゲである。

しかし、シャルロッテはまた家の外でも、フリー・メースン団と啓明主義の指導者たちを頻繁に訪れた。「フランクフルトのある集会所で、わたしはいろいろな人と知り合うことができたが、数年前にマイニンゲンでたびたび話をしたことのある勇敢なマイスター〔フリー・メースンの〕とも誼を結ぶようになった」[*5] と彼女は語っている。ある注釈に

*2　ゴーゲル家がフリー・メースン団や啓明結社と近い関係にあるという点については、ル・フォレスティエ、前掲書、一二三〇頁、注1。『啓明主義者——資料とテキスト』、前掲書、一七七頁および四〇〇頁。ヴォルフシュティーク、前掲書、第三巻、三六四一番、一五九〇〇—一五九〇三番。
*3　『「連合」集会所年報』、フランクフルト、ホルストマン書店、一八四二年、全三七六頁。　*4　『シャルロッテ・フォン・カルプの思い出の記』、エミール・パレスケ編、シュトゥットガルト、一八七九年、全二五九頁。　*5　同書、一一三頁。

よれば、その人物はクニッゲであるといわれている。それは啓明主義にとって重大な年である一七八四年のことであり、またゴーゲルが管区集会所の議長となったフランクフルトの町でのことである。

フランクフルトに着いたとき、ヘーゲルは、シャルロッテ・フォン・カルプと同時にジンクレールにも仕えていたヘルダーリンから多くの内密の情報を受け取ったはずである。エレウシスの言葉が、ときおり、壮麗なゴーゲル家の住居の廊下でささやかれる。いずれにせよ、ヘーゲルはそこで、ヘルダーリンがかれを引き寄せるためにちらつかせた物質的利益を享受する。たとえば、生徒たちの部屋の隣りに、かれ専用の部屋が用意される。いまや二七歳になったヘーゲルは、この特権の意味を認識することができる。超越論的レヴェルで自由である〔したがって、実生活では自由でない〕主体にとって、個室で眠ることはほとんど至福というべきであろう。ヘーゲルは時には、ベルンの場合のように主人の食卓で食事をとり、良いワインを味わう幸福にも恵まれるであろう。金持ちの食卓に迎えられるというのは、なんという好機であろう。しかし同時に、主人たちがラモーの甥の嘲笑するベルタンに似ているとすれば、なんという屈辱であろう。

実をいえば、フランクフルトでのヘーゲルの滞在については、哲学者自身の打ち明け話よりも、むしろヘルダーリンの詳しい説明によってわれわれは想像をめぐらすことができる。幸いなことに、そこにはまた他の証人も何人か存在する……。ヘーゲルの側からすると、それはある意味で手紙が欠如している時期である。たぶん、かれは交信相手に手紙を書く機会をあまり見つけられなかったのであろう。しかし、それでもなお、父親や妹、またシュトゥットガルトおよびテュービンゲンの古い学友や友人たちがいたではないか。この時期のヘーゲルに関する多くの資料は、失われたか、あるいは破棄されてしまった。したがってわれわれは、このフランクフルトでの三年間のかれの内面生活については、ほとんど何も知らないのである。

けれども、それぞれ非常に異なる三つの際立った出来事が注意を引くであろう。すなわち、ヘルダーリンの体験した感情のドラマと、ヘーゲルによるジャン＝ジャック・カールの『書簡集』の公刊と、ヴュルテンベルクの政治状況についてのかれの研究である。

ディオティーマ

すでに一年前からそこに滞在していたヘルダーリンが熱望したヘーゲルのフランクフルト到着は、二人の友人の熱烈な愛着心——それがなお可能であるとしての話だが——をいっそう強固なものにした。たぶん、ジンクレールがゴーゲルに対して口をきいたことがより決定的な意味をもったと思われるが、しかしヘルダーリンの仲介もまたヘーゲルの雇い入れに役立ったのである。しかも、それはいっそう明らかなかたちでなされたのであり、したがっていっそう感動的なものに映った。両者のあいだに続いている信頼感、友愛、そして互いの賛美の念は、近づく別離が徹底的なものになるだけに、いっそう大きく、また例外的であるようにみえる。ヘルダーリンが出立したあと、あるいはむしろ逃亡したあと、かれらはもはや手紙を交換せず、出会うこともなくなるであろう。

それ以後、ヘーゲルがヘルダーリンについて固く口を閉ざす態度には、何か驚くべき啓示的なものが含まれている。のちになって、膨大でしかも名高い『美学』講義のなかで、かれは一度もドイツ最高の詩人のひとりの名前を引き合いに出さないであろう。あらゆる点でかれがもっともよく知っており、真摯な友愛のうちに生き、とりわけフランクフルトで劇的な出来事をともに体験した人物の名前を。一方、かれはハインゼ、イフラント、ヒッペルその他の、能力の点ではより劣る人物について言及している……。

それはあたかもヘーゲルが、その思い出に枢の石を被せてしまったかのようである。あるいはむしろ、かれはその思い出を沈黙の苦悩のうちに深く埋めこんだのである。われわれはヘーゲルの生涯において、幾度となくこうした英雄的行為に出会うであろう。すなわち、われわれにもっとも深い印象を刻印する事柄が、あたかもけっして生じなかったかのように振る舞うことである。しかし、こうした外的な抑制は、そのひそかに刺すような力をよりいっそう増大させるのである。

ヘーゲルが言及しない著者や、その名前すら口にしない著者は、かれに対して肯定的ないし否定的な影響を与える度合いがもっとも少なかった人物であるというわけでは必ずしもないのである。

ヘーゲルの沈黙は、もちろん忘却からきているのではない。そんなことは不可能である。だが、軽蔑に由来するものでもない。そんなことは考えられないであろう。そうではなく、かれの沈黙は残酷に体験された分裂感情を意味しているのである。それについて語るための言葉は、かれの喉の奥で止まっている。かれはたぶん、友人ほど明けっぴろげな性格ではなかったが、しかし情緒的な面でひけをとることはなかった。かれが身近に関わりをもち、歴史的には収集することのできない逸話や細部の点まで承知していたヘルダーリンの有為転変は、かれがそれについて口を閉ざすように促した。なぜなら、かれは、打ちのめされた詩人を愛していたからである。そのうえ、ヘーゲル自身もおそらく三年間のフランクフルト滞在中に、驚くべき出来事に遭遇したのである。どのようにしてそれを知ることができるであろうか。ここでは、代理人〔ヘルダーリン〕を通じてしか、かれは感情生活をもたなかったのであろうか。

ヘルダーリンは一七九六年のはじめに、家庭教師としてゴンタルト家に仕えることになった。その結果、二人の子供がかれに預けられた。

一族がフランス出身であったゴンタルトは、フランクフルトで第一級の銀行家および仲買業者の地位を占めており、取引と金融にしか情熱を燃やさず、とりわけ商品取引所の相場を読むことに長け、取るに足りない楽しみのなかでしか寛ぐことがなかった。かれの格言は、その姿をよく描き出している。「何をおいても、商売、商売」と。

かれの家族は、釣り合いがとれていないようにみえた。ズーツェッテ・ゴンタルト（一七六九―一八〇二年）は感傷的で、夢想的で、芸術や詩あるいは崇高なものに敏感であり、美しい精神が美しい顔のなかに現われていて、多くの点で夫の立居振舞いや生活スタイル、趣味と驚くべき対照を見せていた。

彼女とほぼ同じ年齢であったヘルダーリンは彼女を崇拝し、また彼女に心を動かされた。それは、起こるべくして起こったのである。すなわち、多くの類似点によって引きつけられ、共通の反撥力によって結びつけられた二つの美しい魂は、互いに夢中になったのである。妬ましい気持を抱いた女友達が、しばしば家を留守にする夫にそのことを知らせ、その嫉妬心を掻き立てた。さまざまな口実をもうけてかれは立腹の気持を示したが、その態度を認めないとしても、少なくとも理解することはできるであろう。

一七九八年のある晩、かれは激しく怒りを爆発させたが、その最中にかれはヘルダーリンをいつもよりいっそう厳しく扱った。

ヘルダーリンは感情的な起伏には触れず——この事件においてはその点が決定的であったにもかかわらず——それをむしろ隠しながら、母親に宛てた一通の手紙のなかで屈辱的な従属関係のことを書いている。ゴンタルトに仕えるにさいしてそうした従属関係がかれに重くのしかかっていたのであり、またかれが出立を決意するにあたって、まぎれもなく補足的な役割を果たしたのである。その描写はまた近似的な意味で、ゴーゲル家におけるヘーゲルの状況にも、より一般的には、この時代のドイツにおけるすべての家庭教師の状況にも当てはまるはずである。なお、ヘルダーリンもヘーゲルも、自分たちが不利な立場に置かれていると感じたわけではないという事実を明確にしておく必要があろう。というのも、かれらの身分においては、かつてのシュタイガー家の場合と同様に、ゴンタルト家ないしゴーゲル家に雇われる以上の状況を望むことはできなかったからである。

ヘルダーリンはフランクフルトを立ち去って、ハンブルクでジンクレールに迎えられたときに、母親に対して次のように告白している。「〔ぼくの生徒たちへの〕愛情と、ぼくの努力による幸運な結果のために喜びを感じ、また日々の生活で辛い思いをしなくて済んだこともしばしばです。けれども、居丈高で不躾けな態度や、いっさいの学問、文化に対するいつもながらの意図的な軽蔑、家庭教師は召使の身分であって、その奉仕のために給料を払われている以上、何も要求すべきではないという考え方、またフランクフルトの流儀といえばそれまでですが、人びとがぼくに投げつける多くの辛辣な言葉——こうしたすべてのことが、それを軽蔑しようとするぼくの努力にもかかわらず、たえず僕を傷つけ、重苦しく恨みがましい気持へと導くのです。これは、精神と肉体にとってけっして良い状態ではありません……。もし母上が、とくにフランクフルトの裕福な仲買業者たちがいまの出来事をどれほど悔しがっているか（傍点、ヘルダーリン）、またかれらに従属するすべての人びとに、自分たちの遺恨をどのように支払わせようとしているかをご覧になることができれば、母上はぼくのことを理解してくださるでしょう。[6]」

二年足らず前に、弟が訪れたあとで、かれが母親を安心させる手紙を書いていた事実を想起すべきである。「弟が戻ったならば、ぼくが暮らしているような高貴な人びとの世界を、またぼくが毎日享受しているような教養あふれる社会を簡単に離れられるかどうか母上に言って欲しいものです。ゴンタルト夫妻はぼくと同じように、ぼくが母上のもとに留まることを母上がどれほど執心しておられるかを感じとっています。ぼくたちは、すっかり共感しつつ、母上の手紙のことを話し合ったのです……。[7]」

ところが、そうこうするうちにゴンタルト家の雰囲気は重苦しいものに変わった。従者であることは、認めてもよいであろう。しかし、女主人の愛人であるときに、彼女の前で屈辱的な姿を見せなければならないとしたらどうであろう。

詩人は、母親に報告しているのとは別の状況で、また別の理由でその職を去った。かれは、ディオティーマの名のもとに作品のなかで不朽の価値を与えることになる女性と、何通かの手紙を交換し続けた。詩人の精神の破壊をもたらしたのがこの別離であるのか、それとも精神の破壊はすでに以前から始まっていたのかを決定するのは困難である。しかしいずれにせよ、それ以後、正常な生活は、もともと不安定で、いまでは心に傷を負った二人の人間にとって不可能となった。ズーツェッテ＝ディオティーマは、肺結核を患ってからほどなくして、一八〇二年に三三歳で亡くなった。一方、ヘルダーリンは当時、ボルドーにいたのである。死の知らせは、驚くべき状況のなかでの新たな別離のあと、かれがボルドーの町を立ち去ってから届いている。ヘルダーリンはやがて、完全な心神喪失に陥った。テュービンゲンのネッカー川のほとりにいまでも粗末な塔が見られるが、そこはヘルダーリンがその暗闇の余生をある職人の家で、一八四三年まで過ごした場所である。

ヘーゲルはもちろん、このロマンティックなドラマに強烈な感動を覚えたが、それは証人としてよりもむしろ同志としてであり、時にはまた助言者としてであった。というのも、ヘルダーリンは自分とは対照的な、「静かな知性の人」――これもまた誇張であったが――と規定した人物に好んで頼ったからである。[*8]

ヘーゲルはのちに「忌まわしいフランクフルト」について言及するであろう。かれはフランクフルトに対して、良い思い出をもっていないのである。ヘルダーリンの不幸がかれにとっては、かつてその熱烈な呼びかけに応えて馳せ参じたこの町のイメージを色褪せたものにする結果となったのである。それはかれにとってもまた、狂おしい、感情的断絶の最初の体験である。別の体験がそのあとに続くであろう。すなわち、かれはシェリングから離反することになる。こうして、「テュービンゲンの仲間」の三人組は分解してしまうのである。それからまた、イェーナの内縁の妻との別離、庶出の息子との別離があるであろう。ジンクレールもやがて死んでいくであろう。

とはいえ、ヘーゲルはまさしくフランクフルトで〔ヘルダーリンやシェリングとは〕別の友人を、すなわちかれがゴーゲル家に就職するのを本当に手配した友人と出会うのである。稀有な人物というべきイザーク・フォン・ジンクレール（一七七五―一八一五年）は、活発な革命的青年時代を送ったあと、フランクフルトで「公使館付き顧問」となった。かれとヘーゲルとの友情は、若き哲学者の思想的、政治的方向づけの点で、ヘルダーリンの友情以上に示唆的である。かれは父親と同様に、いわば生まれながらのフリー・メースンであった。かれは一八〇五年、ヴュルテンベルク選帝侯に対する陰謀に毅然として関与し、そのために五年間投獄され、フィヒテ主義者となり、そして詩人としてはシラーやヘルダーリンから着想をうるであろう。まことに、ひとかどの人物にほかならない。

ヘーゲルはたぶん、ジンクレールや、かれら共通の友人たちの革命的な企てと完全には無関係ではなかったであろう。しかも、かれの名前が、不運な陰謀加担者に対する公式の訊問調書のなかで言及されているのである。しかし、

*6　ヘルダーリン、前掲書、六七三頁。　*7　同書、四〇八頁。　*8　ヘルダーリン、前掲書、四一一頁、参照。

われわれには、それ以上のことはわかっていない。[*9]

ジャン＝ジャック・カールの『書簡集』〔『親書』〕

フランクフルトにおけるヘーゲルの「外的な」活動については、われわれは今日ではひとつの逸話しか知らされていないが、それはほとんどすべての同時代人に、おそらくは友人たちの何人かにさえわかっていなかったものである。そうした無知の状態は、ヘーゲルの生涯全体にわたって、さらにはかれの死後もずっと続くであろう。しかし少なくとも、かれはそのことをゴーゲルやヘルダーリン、あるいはジンクレールに隠すことは望まなかったし、またできもしなかったと推測することは可能である。

一七九八年に、ヘーゲルはフランクフルトのイェーガー書店から匿名で、『ヴォー地方の主計官ベルナール・ド・ミュラー宛の、公法ならびに現在の出来事に関するジャン＝ジャック・カールの書簡集』（パリ、一七九三年、社会クラブ）の独訳版を、序文と注を付して出版した。そのさい、かれは、タイトルに若干の修正をほどこしている。すなわち、『ヴォー地方における従前の政治的＝司法的状況に関するジャン＝ジャック・カールの親書』と。というのも、実際上そうこうするうちにこの状況は変わってしまっていたのであり、ヴォー地方が一七九三年の時点ではまだ苦しんでいたベルンの圧政は、とりわけブリューヌ将軍の軍隊が容赦なく介入したおかげで取り除かれていたのである。したがってその著作はもはやベルンの人びとに対する攻撃文書ではなく、以後はスイスにおける圧政の敗北例の意味をもち、歴史の教訓、他国に対する脅威として紹介されることになった。すなわち、歴史は教訓を与えるのである。

したがってヘーゲルは、スイスを出発してから二年後にこの出版を実施したことになる。しかし、その翻訳と注釈の仕事をいつごろ、また何故に、そしてどのような状況において行なったのか、正確なことはわかっていない。しかも、なんと意外な出版の時期であろう。知られているかぎり、かれはその後、この快挙をけっして自慢することはなかったし、それについて語ることもけっしてしなかった。そして生涯にわたって、自分がその筆者であることを隠しおおせたのである。この匿名の出版が、かれの生きた時代には大きな反響を呼ばなかったのは事実である。それはおそらく、厳選された少数の読者だけを対象としていたのであろう。しかし、その場合、きわめて制限された、利益をあまり生み出さない出版を引き受けるには、出版社は、そのことにみずから関心をもつ学芸の保護者の援助を要求したのではなかろうか。それはおそらく、ゴーゲルではあるまいか。

一般読者が、当時は忘れられていた『ジャン＝ジャック・カール書簡集』のドイツ語版の筆者がヘーゲルであることを知るには、一八三四年にライプツィヒで刊行されたカイザーの『書籍事典』――ただし、その事典を注意深く読むという条件付きで――を待たねばならなかった。けれども、そのようなかなり遅くなった言及（出版されてから三六年後）がなければ、誰もこの文学作品の筆者を想像することはできなかったであろうし、しかも当時は、誰ひとりそのことに注目しなかったのである。

『書簡集』は、ヴォー地方の弁護士ジャン＝ジャック・カール（一七四八―一八一三年）の著作である。カールは愛国者にして革命家であり、ベルンが自分の国に押しつけている支配に敵意をもち、したがって自国の解放に肩入れし、フランス・ジロンド派の賛美者、支持者となった。『書簡集』は、フランス革命の「宣伝」の典型的作品と見なされている。ヘーゲルが執筆し、公刊した独訳は、匿名であり――しかも、その匿名性は念入りに守られている――出版条件が奇妙で、そのうえ標題で主張しているように、表面上、内密な配本にほかならなかったという意味において、何よりも地下出版物である。現在では、世界中で三部だけ残存していることが知られている。最近、再版が実現した。

しかし、その独訳はまた、フランス語の原著がもともとそうした性格を帯びていたという理由からいっても、地下出版物なのである。

---

*9 「ヘーゲルの名前は、一八〇〇年――当時、かれはフランクフルトで家庭教師をしていた――のシュトゥットガルトにおけるジャコバン主義運動についての調査中に作成された訊問報告書のなかで引き合いに出されている。」（ヘルムート・G・ハージス『自由に翼を与えよ』、前掲書、第二巻、八二五頁）

注目すべきことに、ジャン＝ジャック・カールの書物は、もっとも革命的な、しかもそれがみずからに与えている目的の点で――その目的に到達するために勧めている手段の点は別にして――もっとも過激なクラブのひとつである社会クラブの出版社から、一七九三年に刊行されている。社会クラブについてのマルクスの評価を思い出していただきたい。ロベスピエール、マラー、そして大部分のジャコバン派への共感をまったくもたないマルクスも、社会クラブ、バブーフ、そしてかれ自身の思想の先駆者たち――本当をいえば、きわめて遠い先駆者たち――については例外を設けている。「一七八九年に〈社会クラブ〉で始まり、その活動のただなかにおいて、主要な代表者としてルクレールとルーイを擁し、バブーフの陰謀とともに一時的に屈服して終わった革命的運動は、バブーフの友人ビュオナロッティが一八三〇年の革命後、フランスに再導入した共産主義的理念を芽生えさせたのである。結果をともないつつ発展したこの理念は、世界の新しい状態の理念である。[*10]」

社会クラブはフォーシェ神父とニコラ・ド・ボンヌヴィル――両者ともフリー・メースンにして革命主義者、平等主義者という恐るべき評判に包まれていた――によって着想され、指導されていた。

ヘーゲルの出版が、意図的であるにせよ、偶然であるにせよ、ベルンの内政へのブリューヌ将軍の介入を正当化することになったのは明らかである。この点に関連して、ブリューヌが植字工としての経験をボンヌヴィルのところから始めたこと、したがってかれもまた一時的ではあるが社会クラブと出会っていたことを引き合いに出すのは有益な態度であろうか。見たところ、そこにはたんなる一致しかないように思われるが、しかし、それは驚くべき一致である。

カールの著書を刊行した出版社の特異な性格は、ベルンの有力者たちの眼には、自分たちに敵対的な、しかも革命を導入するという明白な意図をもって外国からスイスに入ってきた攻撃文書に、いっそう事態を悪化させる要素を付け加えるものと映ったのは確実であった。それゆえ、ベルン当局は、その書物のスイスでの配布を厳禁することによって、それのもつ地下出版物的性格を強調し、またはっきりと確認したのである。あらゆる印刷所、書店、貸本屋、読書サークルは、その書物の普及を阻止しなければならなかった――「しかも、注意を喚起せずに……。」[*11]

もしヘーゲルがその著作をスイス滞在中に読んだとすれば、こっそりとした方法でしかそうすることができなかったはずである。かれはスイスで翻訳の仕事に着手し、さらには完成させていたのであろうか。フランクフルトで、状況に応じて何がしかの加筆をほどこす心積りを抱きつつ。

ヘーゲルのテキストは、カールの攻撃文書の危険な側面を助長している。というのも、その本が出版された年代と、その間にヴォー地方で生じたさまざまな出来事を考慮しながら、かれはそれを他の国あるいは他の人びと――いぜんとして圧政を続けているが、スイスで起こった事柄から教訓を引き出すことに利益を見出しうるような人びと――への、いささか曖昧な警告として書いているからである。かれはとりわけ、誰に向かって語りかけているのであろうか。

ヘーゲルはそのテキスト全体を、みずからの圧力によって圧政を行なう者の和解的行為を期待するような、その時代のすべての穏健革命家が倦むことなく繰り返す脅し文句として位置づけている。「いまや警告を受けし汝は、正義を行なうことを学べ」[*12]と。そして、かれはこの伝統的な警告を、みずから作った説得の言葉で強化しようと考える。「耳を傾けようとしない者たちを、運命は厳しく叩くであろう」（D二四八）と。

ヘーゲルが放った説得の言葉のもつ激しい性格には、驚くしかあるまい。というのも、フランス軍がベルンの専制主義を打倒したばかりで、かれらはその機会を利用してこの地方の宝をわがものとし、多くの不当な要求を掲げつつ、しかもより民主的な体制を打ち建てようとしているからである。そこでヘーゲルは別の王政ないし貴族政に語りかけ、かれらに宣言するのである。もしあなた方が必要な改革に急いで着手しなければ、これがあなた方を待ち受けている未来である、と。

---

*10　K・マルクスおよびF・エンゲルス『聖家族』、エドナ・コニヨ訳、パリ、社会出版、一九六九年、一四五頁。　*11　ルイ・ジュノー『ルイ・ボセ氏献呈論文集』、ローザンヌ、一九五〇年、四五頁。　*12　「いまや汝らは警告を受けたり、正義を行なうことを学べ、と。」ウェルギリウスから借りてきたこのラテン語の警句は、その時代のもっとも大胆な改革者たち（ボンヌヴィル、フェルスター等）の大部分の著作に現われている。

かれが本文に付け加えている注釈は、描き出され、分析されたベルンの古い抑圧体制をいっそう感じやすく、いっそう許し難く、またいっそう不合理なものたらしめるのに役立っている。こうした警告のために、かれはじっさいにはどのような圧政者のことを念頭に置いているのであろうか。

ヘーゲルはのちにはいたるところで、哲学は「世界の在るべき姿を教えるという主張を」[*13]放棄し、その唯一の課題として、未来に対する計画の立案——哲学はこれには関心をもっていない——ではなく、「存在するものの理解」を志向すると繰り返すことになるかもしれない。しかしこうした勧めは、豊かな時代や文明、あるいは包括的な社会的、思想的構造についてしか妥当しないであろう。ヘーゲルはおうおうにして、それを限定された範囲の出来事や制度に適用するという計画を放置している。かれは、そのような限界を設定することをためらっていたのであろうか。

いずれにせよ、かれは当局者たちの未来の行動に関して、同時に警告を発することをけっして自制しようとは思わない。すなわち、かれはみずから当局者たちのために歴史の教訓を引き出すのであり、歴史が有限でありうるなどとは一瞬たりとも考えないのである。たとえ多くの場合、かれが当局者たちに脅迫の言葉を投げつけるとしても、かれらを混乱に陥れることのできる唯一の脅迫は、革命のそれにほかならない。これは、カールの『書簡集』へのかれの序文の末尾に該当するが、一八三一年における『改正法案』論の末尾についても当てはまるであろう。

この出版はいずれにせよ、ヘーゲルにおける「革命主義」の存続を証明するものである。かれは二八歳に達しており、すでに相当豊かな人間的経験も備えていた。かれは、自分の行為を承知していたのである。じっさいのところ、それはかれにとって危険な、しかもさまざまな帰結をともないうる行動であった。

ヘーゲルの友人たちは、一八一八年にベルリン大学への招聘が検討されたときに、かれがかつて過激な思想をドイツに紹介しようとしたことを、かれの多くの不審な動機と併せて関係者に知られたならば、起こるかもしれない事態を想定して、あとから戦慄を覚えたことであろう。その場合には、かれはひょっとして、もっと待つことになったかもしれない。あるいはまた、一八二五年に、秘密の、とりわけ外国の過激な陰謀に対する警察と司法の厳しい弾圧が行なわれたさいに、そしてヴィクトール・クーザンの裁判が実施されている最中に、たまたま訴訟記録のなかにこのフランクフルトでの大胆な出版についての回想が現われたとしたらどうであろうか。だが、クーザン裁判の被告たちはそのような回想をさほど行なわなかったし、いずれにせよ、客観的に確認できる事実のうちにかれらの無謀な行為を証明してしまうような不注意に陥ることもなかったのである。

言葉の広い意味でのあらゆる「地下」出版物と同様に、この著作の筆者の身元はもちろんある種の人びとには明かされていた。ヘーゲルがヘルダーリンやジンクレールにそのことを打ち明けなかったとか、攻撃文書のなかで言及された点に関して、かれらとの思想的一致を見ずにことを行なったとか、考えることはできない。けれども、ヘーゲルの「雇主」である仲買業者ゴーゲルが、その企てを知らされていなかったということも想像しにくいであろう。ひょっとしたら、ゴーゲルがその企てを吹きこんだということもありうるのではなかろうか。かれはおそらく、出版社を見つける——これは容易なことではなかったはずである——のを手助けしたのであろう。たしかに、イェーガーという出版社自体は、一般的なカテゴリーに数えられる出版社ではない。[14] しかし、ジャン＝ジャック・カールの『書簡集』のおかげで、フランクフルトを出発点として花開いていく研究のあらゆる足跡を探索しようとするならば、われわれはけっして手詰りになることはないであろう。

ヘーゲルのこうした手法の発見によって、独特なかたちでかれの人柄が明らかになる。未来がどうであれ、哲学者はこの時代において、そのことに責任をもっている。かれはいつの日か、そうした大胆な態度や、反順応主義的姿勢、あるいは反抗的精神を忘れることができるであろうか。かれ自身の奥底に、そうしたものの痕跡が何かしらつねに残っているのではあるまいか。いずれにせよ、かれはジャン＝ジャック・カールの名前自体を、その出版の前にもあと

[13] たとえば、『法の哲学の原理』(ドラテ訳)、前掲書、五七頁。 [14] イェーガーは、「社会クラブ」のさまざまな出版物の翻訳を刊行したが、そのうちのいくつかはヘーゲルが利用している。「社会クラブ」は、「フランス革命においてフリー・メースン団にある種の役割を演じさせようとする最初の試みであったが、それは失敗に帰した。」(モスドルフ『フリー・メースン団一般教本』、一九〇一年、第一巻、一八一頁)

にも、あるいは出版とは関係のない状況においても、文章によって公然と話題にすることはなかったのである。ヘーゲルの最初の歴史家たちは、かれが何者であったかをすべて見抜くことはできなかった。一八四四年におけるローゼンクランツも、一九〇一年におけるクーノー・フィッシャーさえも、さらには一九〇五年におけるディルタイですら、カールの『書簡集』に言及していない。ヘーゲルの生涯の他の多くの出来事と同様に、この出来事もまたルーゲやマルクスやエンゲルスやキルケゴールに知られることはなかった。ありのままのヘーゲルを漠然と見抜くようになるには、多くの時間が必要であった……。

知られているかぎりでは、ヘーゲルがフランクフルトでそのような大胆な行為を二度と繰り返すことはなかった。この時代におけるかれのその他の著作は、『書簡集』の翻訳よりはるかに内密なものに留まっている。というのも、かれはそれらの著作を公刊しようと試みることさえせず、注意深く原稿のまま保持し続けるからである。

びら

一七九八年にも、ヘーゲルは、当時のドイツ人たちがびら（Flugblatt）と呼んでいたものを執筆する。それは、かれの故国ヴュルテンベルク地方に関するルーズ・リーフ、チラシ、あるいはパンフレットの類である。最初、かれはそのびらに『行政官たちは人民によって選ばれなければならないこと』というタイトルを付ける。これならたしかに、根本的な改良であろう。その後、反省を加えて、かれは少なくともより慎重な標題を選ぶ。『ヴュルテンベルクにおける新しい状況について。とりわけ、行政機関の規定について』（R九一—九四）と。

ヴュルテンベルクでは、未来の国王たるフリードリヒ公が権力の座に就いたところであった。ヘーゲルによれば、この変化を利用して、必要な改革を実現することが重要であった。ヘーゲルの着想は非常に革新的であり、同時代の専制君主や、場合によっては、かれが晩年に至るまで関わりをもつことになる当局者たちをも震え上がらせるようなものを含んでいた。じっさいには、かれは変化一般の必要性を、いわばア・プ・リ・オ・リに表明したのであるが、それはヴュルテンベルクの特殊なケースに当てはめるためであった。ポール・ロックのいう通り、かれは「平和革命の真の理論」[*15]を展開しているのである。

かれと同時代の著作家たちのうちに、受け身の態度や忍耐心、あるいは諦めの気持に対するこれほどの異議申立てにお目にかかることはほとんどないであろう。「現実への心安らかな服従、希望の不在、全能の運命に忍耐強く身を委ねる姿勢が、他のなにものかへの希望、期待、そして勇気に変わったのである。より良い時代、より正しい時代のイメージが、生き生きとしたかたちで人びとの心に入り込み、より純粋でより自由な状態への熱望と郷愁があらゆる人びとの心を揺り動かして、かれらを現実と対峙させたのである。悲惨な障害を打ち破りたいという衝動が、どんな出来事にも、どんなひらめきにも、また違法行為に対してすら希望を与えることになった。」

そして、かれは付け加える。「もはや人びとの習俗、欲求、あるいは意見と一致せず、精神がそこから抜け落ちてしまったような制度、憲章および法律がこれからも長く存続し、知性も感情ももはや関心を寄せないような形態が人民の絆をずっと織り成していくほど強力であると信じたくなるような人びとは、なんと盲目であろうか。」[*16]

ヘーゲルはそれゆえヴュルテンベルク国家に対して、なるほど君主政ではあるが、しかし言葉の近代的な意味における代議制を望んでいるのである。

それはきわめて大胆な考え方であった。

ヘーゲルの意図は、まさしくそのび・らを公表することにあった。しかし、危険を強く意識し、政治活動の具体的な状況に注意を払っていたかれは、「あらかじめ手紙で、シュトゥットガルトの友人たち」——じっさいにはかれの共犯者ないし陰謀仲間であり、かれと同様に現実的で、抜け目のない人たちであった——「に相談すること」を選択し

*15　ポール・ロック、前掲書、五七頁。　*16　ヘーゲル『初期著作集』、オリヴィエ・ドプレ訳、パリ、ヴラン書店、一九九七年、一六六—一六七頁（訳、修正）。

た。[17]

かれらの勧めによって、ヘーゲルはそれの公表を断念した。したがって、この論争的な試論もまた非合法の領域に属している。その試論とはすなわち、最初出版を予定されていた原稿で、何人かの人びとに読まれ、評価されて、その影響をかれらに実感させながら、最終的にはそのまま放置されることになったものである。

歴史神学

ヘーゲルはいまだ、唯一の独創的な課題をもつ人間にはなっていない。かれはさまざまな方向においてみずからを培い、試練にかけようとする。かれがフランクフルトで、重商主義の経済学者ジェームズ・デンハム・スチュアートの諸著作の注釈――残念ながら、失われてしまったが――を執筆したことが知られている。かれはイギリスの政治的状況に関する研究を準備しているし、ドイツ憲法の問題をめぐる大きな仕事――かれはそれを、かれのイェーナの住居で継続し、完成させることになる――も企てている。

もちろん、かれの哲学的考察も、それらと同時に続けられる。そして、この哲学的考察がある程度、しかも非常に間接的なかたちで、かれの実存的経験や政治的企ての影響を蒙っていないと信じるのは困難であろう。この点からいえば、かれの哲学体系よりもむしろその生活が問題にされている著作〔本書〕のなかで、そのことに言及するのはタイミングの悪い話ではあるまい。

〔ヘーゲルの〕フランクフルト時代に、カントの批判哲学は充分な発展を遂げていた。一七九七年に『人倫の形而上学』が出版されたが、ヘーゲルは自分のためにその書に注釈をほどこしている。かれはカントの諸著作が公刊されるにしたがって、その哲学を知ったのであり、その全体像を最初から把握することはできなかったし、またその出発点の姿を、最終的な到達点から方法的に、あるいは自然なかたちで判断することもできなかった——もちろん、今日われわれが簡単にやっているような死後出版の利用についてはなおさらのことである——という事実を考慮しなければならない。それは、われわれのカント哲学理解の仕方とはまったく異なるものである。

ヘーゲルは、カントの思想が発展しつつ表現されていくその刊行物のリズムに合わせて、それに対する批判にとりかかる。新しい著作が現われるたびに、さまざまなレヴェルで、かれの驚きが生まれるのである。かれは、フィヒテやシェリングが追随した全体的方向の点で反応を示し、かれらの見方に完全に取り込まれることはない。かれは次第にカント主義の根底そのものに、すなわち認識する精神と「物自体」との対立に反対するようになり、はっきりと一種の哲学的一元論に向かっていく。そのためにかれは少しずつ自我の理論の仕上げへと導かれるが、それによれば、自我の空虚で抽象的な形式の構造ではなく、反対に、その内容を産み出す活動として現われるであろう。

かれはカントの道徳に、とりわけその厳格主義的な側面に不信を抱き始め、もはや義務の概念ではなくして、むしろ生の概念にもとづく倫理的世界を考察する。

フランクフルトで、ヘーゲルは充分な余暇を利用できるようになる。保存され、発見された原稿から判断するかぎり、かれは多くのものを執筆しているからである。しかし、これらの豊富な作品のうち、取り返しのつかないほど失われてしまったものがあったかどうかは判然としない。テュービンゲンやスイスにいたときと同様に、かれは飽きもせず文章を書き連ねるが、それを公刊しようと試みることはないように思われる。しかしながら、かれがそれらのテキストを注意深く保存しているからには——これは、かれの職業遍歴の頻度と長さを考慮した場合、かれに気遣いと面倒を引き起こす結果となったかもしれない——それを軽蔑したり、否認したりするような事態に立ち至ることはないであろう。

そこにまた、ひとつの問題が存在する。すなわち、独特な性格をもつ青年時代の著作を執拗に保存することは、か

---

*17　クーノー・フィッシャー、前掲書、五五頁。

れの場合、持続的で強力な原因にもとづいているはずであり、もしその原因を明らかにすることができれば興味津々である、という点である。たとえかれが突然の死に見舞われる——それは確実なことではない——ことになったにせよ、かれは死がいずれ訪れることを疑うわけにはいかなかったし、その場合、かれの名声を考慮すれば、人びとがかれの書庫を丹念に調べ、青年時代の著作を発見し、それをあれこれ利用した挙句に、公刊することになるのを疑うこともできなかった。もしかれがそのようなかたちでの出版を恐れていたとすれば、たとえその可能性を少なく見積もっていたとしても、かれはそうした可能性から徹底的に免れる手段をもっていたのである。すなわち、時間とともに黄色く変色したそれらの紙片を破棄することである。

だが、かれはそうしなかった。その事実は、かれのうちに青年時代の研究や発見への、あるいはのちの円熟期の作品のなかでそれなりの流儀でふたたび取り上げることになった思想への忠誠心や執着心があったことを推測せしめるものである。このうえなく繊細な精神なら、それらの思想が深く変化したあとも、ひそかに円熟期の作品のなかに存在しているのを時に見抜くこともできるであろう。

フランクフルト時代のこうした著作のなかに、ノールが『キリスト教の精神とその運命』という特別のタイトルを付与することになる作品が存在する。

しかし、ヘーゲルのテキストに与えられたそのタイトル自体、少なくともフランスにおいて現在一般に使われている意味ではあまり神学的とはいえないその性格を、充分に証明している。かれはキリスト教を、他の人の言葉でいえば「三途の川《ステイクス》の神や運命の神に」従うひとつの制度たらしめているのである。

ヘーゲルは実証的に、ほとんど社会学的に、かれがキリスト教の歴史的発展と考えているものを、すなわち創設者の意図とは反対に、ついには効力を失ってしまうような、その「実定化」と退廃のありさまを描いている。こうした分析は、その民族にとって有益な新しい宗教の原理を必死に探求し続ける著者の企てを、はっきりと証明している。この著作の最後の文章は、少なくとも右の点についてはキリスト教が挫折したことを確認するものである。「これがキリスト教会の運命である。すなわち、教会と国家、神への奉仕と実生活、信仰心と徳、精神的活動と世俗的活動は、けっして統一的に融合することができないのである。」[*18]

『キリスト教とその運命』、およびこの時期のその他の政治的、宗教的諸著作も、われわれの同時代人たちにたえず生き生きとした関心を呼び起こし、かれらをしばしば魅了している。それらの著作は、円熟期の哲学者すなわちベルリン時代のヘーゲルを犠牲にしつつ、若きヘーゲルを、おそらく行き過ぎと思われるほどに立派に見せるのに貢献している。たぶん、かれらはヘーゲルの思想が最初から最後まで、かなり連続的に発展していったことを見落としているのである。ディルタイのいうように、これらの青年時代のテキストには、ヘーゲルの歴史的天才のすべてが、いまだ体系の束縛から自由な、最初の新鮮な形態をとって現われている。[*19]

ヘーゲルはそのなかで新しい解釈を、しかしながら非常に古い伝統に培われた宗教にとってはおうおうにして陰湿で、破壊的な解釈を仕立て上げている。かれは次第にはっきりと、古い伝統をもつ宗教的、哲学的独断主義とともに、それに反対する啓蒙主義をも乗り越えていく（かれにとって、否定、保存、上昇を同時に意味する止揚〔Aufhebung〕を乗り越え〔dépassement〕と訳すとすれば）。啓蒙主義とその敵対者たちはじっさいには、今日いうところの同じ認識論的地平に、あるいは同じ意識の発展段階に位置している――そこで、この地平ないし段階を放棄し、別のいっそう高次のものを考えていくことが重要なのである。

ヘーゲルは、はっきりと対比された対照的な諸段階を次々と辿りながら、典型的な歴史的発展と進展を、同時にまた、最初は独立しているように、あるいは対立しているようにさえみえる諸要素や諸契機の結合と相互連関（Zusammenhänge）を、明らかにすることを好んでいる。かれは歴史哲学者になり始めているのである。

かれの思考態度は自然流であり、しかも断固として観念論的である。かれは、研究対象となる歴史的存在の「精

*18　ヘーゲル『キリスト教の精神とその運命』、フランク・フィシュバッハ訳、パリ、プレス＝ポケット書店、一九九二年、一五五頁。　*19　ディルタイ、前掲書、三頁。

神」と名づけるものを、たとえばユダヤ教や古代ギリシアやキリスト教の「精神」を把握しようと努める。かれはある民族、ある時代の精神を規定し、きわめて多くの、また多種多様な資料や証言に依拠しつつ、その精神を概念的に表現しようと試みる。

かれは同時に、『キリスト教の実定性』についての研究――じっさいには、先の研究と一体になっているもの――をふたたび取り上げる。これはベルン時代のテキストであるが、かれはそれに対する新しい序論（一八〇〇年）を執筆している。こうした加筆の努力は、果たされなかったとはいえ、出版への意欲を証明しているようにみえる。

ヘーゲルはそれゆえフランクフルトで、いくぶん統一性を欠いてはいるものの、豊かな知的活動に浸っていたのである。伝記作者にとって興味深いのは、その知的活動がただちに哲学的なものとして現われてはいないという点である。実をいえば、とくに『〔キリスト教の〕実定性』と『〔キリスト教の〕運命』に関しては、その活動はいっさいの明確な伝統的分類に収まりきらないのである。

けれども、まさにこの〔フランクフルト〕滞在の終わりに、ヘーゲルはより専門的に規定された考察を心がけており、かれはそれを、『体系断片』という意味深長なタイトルを付した若干の頁に記している――これは、かれがイェーナに向けて出発する直前の一八〇〇年九月十四日に完成したものである。かれは、一八〇一年一月にイェーナに到着するであろう[*20]。

したがって、かれはまさに自分の哲学体系のことを考えているのである。かれは、無限なものとして理解された生の概念――かれはそれを精神の概念と同一視する――から出発する哲学体系の素描を示しているといえよう。カントは遠いものとなっていく。ヘーゲルはこのように、根本的な哲学的概念を互いに、しかもそれなりに完全に同一視することから、しばしばことを行なうであろう。

かれはすでに精神を、弁証法的な仕方で理解している。そして、この精神の弁証法は、非常に深く弁証法の精神と一体になっているようにみえる。弁証法は、論理学的であるとともに思弁的な言い回しのうちに表現されているが、これはのちの著作でも否認されることはないであろう。すなわち、生は無限の多様性であり、対立であり、無限の関係である。同様に、精神は「多様性の生ける統一」にほかならないという考え方である。ヘラクレイトスは、次のように宣言しなかったであろうか。「それ自身において多様化する一なるもの」[*21]と。

暫定的総括

フランクフルトを立ち去る直前に、ヘーゲルはやがてイェーナで再会することになる友人シェリングのために、それまで辿ってきた知的生活の道筋を回顧している。それは、ナネッテ・エンデルとの冗談めかした付き合いを別にすれば、フランクフルト時代で残っている唯一の手紙である。それは、一八〇〇年十一月二日の日付をもっている。ヘーゲルが当時、自分の過去をどのように思い描いていたかではなくて、むしろかれが友人に与えようと望んでいるイメージがどんなものであったかをみるのは興味深い。この自叙伝的図式を、かれが数年後にゲーテに提出することになる「履歴書」と比較することができよう。しかもヘーゲルは、すでにイェーナに落ち着いているシェリングが、これらの文章を高い地位にある人物に知らせたり、あるいは少なくともその内容を伝えたりすることを希望していない。「人間のもっとも基本的な欲求から始まったぼくの学問的形成の過程で、ぼくは必然的に科学へと駆り立てられねばならなかったのです。そして、ぼくの青年時代の理想も必然的にひとつの反省形式となり、体系へと変化していかざるをえなくなったわけです。ぼくはいま、自分がまだそのことに心を奪われているというのに、人がどうして人間生活に対する行動に戻っていく手だてを見出すことができるのか、自問自答しているところです。ぼくが自分の周囲で眼にするすべての人びとのうちで、きみは、世界に関する思想と行動の表現という観点からみて、ぼくが友人と

*20　ノール、前掲書、三四五頁。　*21　ギリシア語の言い回しは、ヘルダーリンに見出される（前掲書、二〇三、二〇五頁）。ヘーゲルはそれを文字通りに引用するのを避けているようにみえるが、しかしじっさいにはたえずそれに注釈を加えている。

して認めたいと考える唯一の人間であるように思われます。というのも、ぼくはきみが人間を純粋に、言い換えればきみの魂そのものから、しかも虚栄心をいっさいもたずに把握したことを理解しているからです。」

そしてかれは、いくぶん追従的に、また懇願するような調子で付け加えている。「それゆえぼくは、きみがぼくの私心のない努力を認めてくれるように――たとえそれが低次の領域で働いているものだとしても――また、きみがそれに価値を見出すことができるように、溢れるばかりの信頼をこめてきみの方を見つめているのです。」（C六〇―六一）

ヘーゲルは、こうした「人間のもっとも基本的な欲求」という言葉によって、すなわちかれがそこから出発したと思われる考察について、何を意味しようとしているのであろうか。おそらく、生命的、生物的、経済的な必要性よりも、むしろ政治的、宗教的要求のことであろう。かれのことを知っているシェリングは、それを見抜くことができるであろう。少なくとも、かれはそれを認めている――テュービンゲンの仲間に、どうしてそれを隠すことができようか。創造的な知的生活におけるかれの第一歩は、いわゆる神学へ向けられたのではなく、また哲学や形而上学に向けられたのでもなかった。

ヘーゲルがフランクフルトを立ち去ったとき、かれは十八世紀に属する、その生涯の半分を終えている。かれの長引いた形成期のすべては、啓蒙と革命の世紀にかかっている。かれは十九世紀が近づくと、より大きな自由の空間に入っていくであろう。かれは家庭教師の仕事から離れるのである。かれは解放される。父親の死と、それに由来する遺産のおかげで、かれは一時的に、経済的隷従から脱け出ることができる。有能と栄光を渇望しながら、かれは他の若い哲学者たち、とりわけかれらのうちでもっとも輝かしく、しかもかれにもっとも近しい人物であるシェリングに対する出遅れを確認する。

世紀の変わり目は、同時にかれの人生の変わり目になろうとしている。かれはしばらくのあいだ、哲学に完全に没頭することができるようになろうとしているのである。給金をもらう立場、家庭教師の身分、あるいはひとりの人間、その子供たちおよびその家族への直接的隷従に代わって、さまざまな公共的制度への、より拘束されない服従が姿を現わすであろう。

かれはもともとそうした習慣をもっていたように思われるが、あとを振り返ることなく出発する。この連続性の理論家は、〔実人生においては〕さまざまな断絶を精力的に実行する人間である。かれはフランクフルトのゴーゲル家とその教え子たちとの関係を、ベルンのシュタイガー家とその教え子たちとの関係と同様に、逸話的なかたちですら維持することはないであろう。それは、ヘルダーリンとの関係についても、またフランクフルトで結ぶことができたさほど親密でない他の友人たちとの関係についても当てはまる。かれは関心をもたなくなるのである。そうしたもっとも残酷な表現が、かろうじてかれの態度を説明しているのであろう。全体的にみた場合、かれはたぶんヘルダーリンほど次々と変わっていく状況にうまく適応しないであろうが、しかしかれの叫び声はヘルダーリンほど高くはない。かれは自分の感情を押し殺さずに、ただ抑制しながら、冷静な頭脳を保っている。

フランクフルトを出発したあとの日付が記されている二通の手紙が、この町でのヘーゲルの人間関係について若干の情報をわれわれに与えてくれる。

ヴィンディシュマンの一通の手紙（C1二七七および二八二）はわれわれに、ヨハン・クリスティアン・エールマン（一七四九―一八二七年）の名を明かしているが、この人物はフランス革命を支持した医者で、活動家であり、政治参加者《アンガジェ》であり、フリー・メースンにして啓明主義者であり、しかもゴーゲル家の友人であった。かれは一七九八年に、ヨハン＝ダーフィト・ゴーゲルを称えるために開催された「ユニオン」集会所の会合に、積極的に参加している。ヘーゲルはかれについて、その書簡集のなかで友情をこめて何度も言及するであろう。

パウルスの友人の神学者、教育学者であるヴィルヘルム・フリードリヒ・フーフナゲル（一七五四―一八三〇年）に宛てたヘーゲル自身の一通の手紙（C1六七―六八）は、友人たちへの挨拶の言葉を伝えて欲しいと依頼している。伝記作者は、哲学者の周囲にたくさんのフリー・メースンを見出して、ほとんど閉口してしまうほどである。たとえば、「ユニオン」集会所の賞金審査会のメンバーであるフーフナゲルその人、商人フォルツ、銀行家バンザとその家族、モッシェ教授等々の名前が『ユニオン集会所年報』に何度も繰り返し引用されている。[*22]

*22 『「連合」集会所年報』、前掲書（本章、注3）。

第9章　イェーナ

「わたしがいまでもやり遂げることが可能ないっさいのものと、あなたが基礎を置き、建設したものとが結びつくことができますように」（ゲーテ「ヘーゲル宛書簡」、一八二四年、C２四二）

ヘーゲルは安堵の気持を抱いて、「不吉なフランクフルト」（C１二九七）を立ち去る。しかし本当をいえば、その地でかれの身に降りかかった個人的な不幸については、たいしたことはわかっていない。そのすべてが強制されたかのように、次々と変わっていくかれの住居のどれと比較しても、かれがフランクフルトにいっそう執着していたというわけではないのである。ちょっとした遺産のおかげでかれは選択の自由を手に入れる。かれはそうした状況のなかで、より良いものを約束してくれる土地を選ぶのである。すなわち、イェーナである。ある点から見れば、それはかろうじてひとつの選択といえるであろう。ドイツの若い知識人たちは、人間精神の崇高な運命について、相互に合致しうる考えをもっていなかった。しかしかれらの惨めな地上的運命については、かれらの意見は一致していた。ザクセン＝ヴァイマール地方が、望ましい避難所を提供してくれるという点である。

その地方は、ゲーテやシラーのような天才たちの存在によって、またかれらの汲めども尽きぬ創造的活動によって知られるようになった文化的生活の、格別輝かしい中心地であった。偉大な作家や芸術家たちが、好んでヴァイマールに住んでいた。この小さな国家の、第二の重要都市であるイェーナには大学があり、そこでは生き生きとした、大胆な新しい哲学が盛んであった。

文化的には、ザクセン＝ヴァイマール大公国は、ドイツの他のすべての「国家」を凌駕していた。たとえば、この国の教育・宗教大臣は、最高の詩人であり、しかも有限な存在者のなかでは自由で開かれた精神を身につけていたゲーテその人である。

一七八七年以来、ラインホールトはイェーナでカント哲学を紹介していたが、かれはそれを徐々に、しかも確実に知らしめることに成功した。フィヒテが一七九四年にそのあとを継ぎ、恐慌に陥って逃亡を余儀なくされる一七九八年まで、緻密で熱烈な、そして騒々しい哲学的、教育的活動を展開した。

これら二人のスターに続いて、かれらの学説に強く反対しながら登場したのがシェリングである。かれはいまやスターとして輝き、すべての好奇心旺盛な精神を、もはや老朽化した伝統には満足せず、時には盲目的に新奇を熱望するすべての人びとを引きつけていた。

いまだ忠実な友人として振る舞っていた時期のシェリングは、ヘーゲルのうちに、競争相手というよりむしろ一種の弟子を見出していた。シェリングは同じ思想上の闘いのために、ヘーゲルが自分の傍に席を占めるように求めたのである。かれはヘーゲルに援助と忠告を約束し、協力と分配を申し出た。ヘーゲルはためらうことができなかった。

イェーナは多くの点で、ヘーゲルの生涯におけるもっとも独特な創造的時期をあらわしている。たしかに、かれはその後、偉大な業績を作るのを差し控えたわけではない。とりわけ、かれの経歴の最後の部分にあたるベルリン時代がそうである。けれども、かれが他の思想家たちともっとも明白に区別される思想を形成したのは、イェーナにおいてなのである。かれはそれらの思想を華々しく展開させ、またそれに調整を加えて、このうえなく多様な研究領域に適用するであろう。たとえば、かれが『想像も及ばぬ概念』と呼んだものの構成がそうである。

こうした光景は多くの伝記作者を、とりわけ二十世紀において、また実存主義の影響のもとに、ヘーゲルの精神生活をほぼ対立する二つの部分に分けるように促した。すなわち、イェーナ以前と、以後である。かれらはその結果、創意工夫に富む大胆な「若きヘーゲル」と、動脈硬化をきたした精神が昔の知的成果をのんびりと反芻している「老」ヘーゲルとを対立させるようになったのである。最初は革命家で、最後は俗物、成金というわけである。なんという堕落であろう。

このような分割は、異論の余地がもっとも少ない事柄に対する評価から生まれるであろう。だが、右のような考え方に疑義を呈するには、ベルリン時代の『講義』の夥しい作品にざっと眼を通すだけで充分である。たぶん、それらの講義はイェーナでの発見に多くを負っているはずであるが、しかしその後に獲得されたもの、新しい方向づけや情報を含むもの、訂正をほどこされたものなど、たくさんの事柄がつけ加えられている。しかも、それについての新たな解釈がたえず発見されている。

　それでもやはり、イェーナが驚くほど豊かな生命力、生産力、知的成功の時期であり、そしてもちろん同時に、実存的、文化的幻滅の時期でもあったことには変わりないのである。後者の実存的、文化的幻滅も、そのすべてがヘーゲルにとってためになるものであった。あるものは積極的な意味で、その他のものは消極的な意味で。

　かれの父親は一七九九年一月に亡くなっている。兄弟と妹のあいだで遺産分割が行なわれたあと、ヘーゲルは三一五四フローリンを相続した。かれはしばらくの期間、完全に自立して生活することができるようになったが、しかしまず最初に、フランクフルトでの契約の履行を打ち切る必要があった。

　かれは一八〇一年一月に、イェーナに到着した。かれはその地に六年間留まることになるが、不幸にして、ザクセン＝ヴァイマールの名誉となっていた有名人の何人かがしばらく前にそこを立ち去っていた、あるいは立ち去ろうと準備していた。たとえば、フィヒテ、ニートハンマー、パウルス……である。シラーは、一八〇五年に亡くなるであろう。この国は、その権威と競争力を失いつつあったのである。けれども、かれらが立ち去った痛手の見返りとして、仕事と創造的活動と名声を熱望する若き狼たちに自由な領域が与えられることになった。この点からいえば、シェリングとヘーゲルは激しい欲求不満に悩まされることはなかった。かれらは、すべてを貪欲に取り入れようと望んでいたのである。

　当時の大学人たち、とりわけ若い人びとが奮闘していた、ほとんど野性的ともいうべき競争の雰囲気を思い描くのは困難である。イェーナ滞在の終わりに、ヘーゲルはそのありさまを「精神の動物界」[*1]と形容するであろう。われわれならばあえて、知的、社会的ジャングルとでも表現するであろうか。

ヘーゲルは当初、シュヴァイクホイザーが一八〇四年に、二人の友人の名前がいっしょに出てくる最初のフランス語による論文で指摘したように、「シェリング氏の弟子」と見なされるであろう。[*2] ヘーゲルはじっさいのところ、出版界がこのうえなく困窮している時期に現われている。かれは、ジャン＝ジャック・カールの『書簡集』の匿名による翻訳以外に、いまだ何ひとつ公刊していない。しかも、その書簡集の翻訳は、公けには自慢できないような性質のものである。一方、ヘルダーリンはすでに、そのもっとも重要な諸作品によって知られており、またシェリングは反響の大きい哲学的著作を間断なく発表している。

イェーナの雰囲気、その最良の生活条件、当初は友好的であったシェリングの励まし等のおかげで、ヘーゲルは密度の高い仕事を行なうことができ、その成果を論文のかたちで、次には『現象学』において公表するであろう。大学に受け入れてもらうために、かれはイェーナに到着するやいなや、「就任論文」の、すなわち『惑星の軌道について』と題する二五頁の一種の小論文の公開審査を受ける。[*3] たぶん、このテーマに関するかれの思想は、すでにスイスでなされた広範な読書によって形成されたものであろう。[*4] その論文は入念な学問的素養を含み、強い批判的傾向を示している。

時宜を得たかのように、ヘーゲルはその論文でニュートンの理論に対する非常な敵意を誇示しているが、そうした感情をかれはその後もけっして放棄しないであろう。その本性が「機械論的」で、しかも「数学的」ないっさいの科学に断固として反対の立場をとりつつ、またシェリングその他の流儀の生気論や、「自然哲学」の常套手段に好意を示しつつ、かれはみずからの研究と科学的考察を後戻りできない段階に引きこんでいくのである。

かれは巧妙に、おのれの一般的な説明原理と、幸いなことにドイツの科学者であるケプラーの法則とを一致させようとする。客観的データの不足のために、また日付だけを考慮するのであれば、その論文の脱稿は大急ぎで行なわれたと見なすことができようが、このことは、そこに現われている尊大な調子と併せて、驚くべき欠落や弱点を了解し、大目に見る手助けとなるであろう。

論文審査は、ヘーゲルの誕生日である一八〇一年八月二十七日に行なわれた。それはたんなる偶然の一致だったのであろうか。この事実は、ある観点からすると、その試験を友好的な形式上の手続きと見なすように促すかもしれない。

ヘーゲルの博士論文は、今日、われわれがいわゆる哲学という名称を冠しているような事柄とは関係をもっていない。なるほど、哲学はその時代においては、さほど明確に諸科学と区別されていなかった。しかし、それでもなお、ヘーゲルが天文学という特殊な問題を扱う決心をしたことには変わりないのである。かれの「哲学的」手法は、シェリングの翼の下に隠れて、結局、観測に対する非常な無頓着を証明する結果となっている。純粋な思弁、あるいは「思弁的」科学は、流行になっている「自然哲学」の調子そのものである。

その論文において、ヘーゲルは得意顔に、当時知られていた惑星系列のうちで火星と木星のあいだにある欠落を理論的に埋めようと努めている。けれども、人びとはやがて、六ヶ月前に別の惑星が経験的に発見されたことを、しかもそれがセレス〔小惑星のひとつ〕と命名されたことを知るであろう。思弁的に埋めるべき空隙は存在しなかったことになる。かれがかつて賛美したケレス〔ローマ神話における穀物と実りの女神。セレスに同じ〕は、哲学者に対して悪戯を働いたのである……。

著者が、惑星に関するこの論文のなかで何がしかの無知や軽率さを暴露したとすれば、その不確実な証言にもとづいてかれに博士の学位を認めた審査員については何というべきであろうか。その記念日のために、学位申請者のまわ

---

*1 『精神の現象学』、前掲書、第一巻、三二四頁。　*2 ジャン＝ジョフロワ・シュヴァイクホイザー「ドイツ哲学の現状について」、『ヨーロッパ文芸文庫』、パリ＝テュービンゲン、一八〇四年、一八九—二〇七頁、所収。ジャック・ドント「ヘーゲルとシェリングに対する最初のフランス的展望」（『ヘーゲル研究』、別冊二十号、ボン、一九八〇年、四七—五七頁）、参照。　*3 『惑星軌道論』、フランソワ・ド・ガント訳、パリ、ヴラン書店、一九七九年。　*4 マルティン・ボンデリ「ベルン時代におけるヘーゲルの哲学的発展」、『スイスのヘーゲル』（シュナイダー＝ヴァスツェク）、フランクフルト、ペーター・ラング書店、一九九七年、五九—一〇九頁、所収。

りに集まったのは、空間的にも時間的にもきわめて狭い範囲の、小さな世界の人びとである。おそらく、論文の内容は例によってあまり重要ではなく、「自然哲学」の夢想も今日ほどショッキングなものではなかったのであろう。学位論文の口頭審査において、ヘーゲルは一二の命題の擁護を付け加えているが、それもまたラテン語で書かれており、公けの議論の対象、すなわち少数の取るに足りない人びとを前にした、審査員との議論の対象となったものである。それらの命題は、一八〇一年におけるヘーゲルの論理＝哲学的および道徳的考察の状態をある程度明らかにしてくれる（R一五六―一五九）。

第一命題は以下のように述べられる。「三段論法は観念論の原理である。」

ヘーゲルの最終的な哲学が、少なくとも原理的なかたちで、すでにきわめて正確に準備されている。こうした予想は、以下のいくつかの諸命題にも見出されよう。たとえば、第六命題。「理念は無限と有限との統一であり、いっさいの哲学は理念のなかに生きている。」第九命題。「学と人倫の原理は、運命に対する敬意である。」そして、カント主義者にとっては、いっそうスキャンダラスな第一二命題。「完全な人倫は、徳に対する矛盾として位置づけられる。」

おそらく、ラテン語による諸命題は学位申請者の評価にさいして、論文と同程度に、あるいはそれ以上に重要視されたのではあるまいか。学位授与にあたって、当局はたぶん、研究の実質的内容よりも、むしろ候補者の評判や、かれが入手しうる推薦状、あるいはそれに与することを承諾している哲学的陣営などを考慮していたであろう。「自然哲学」の大いなる飛躍のなかで、人びとは重大な全体的悪習のうちにまぎれこんでいる小さな積極的誤謬に注意を払わなかった。ヘーゲルの仮説は、他のさまざまな仮説――それらはおうおうにして相対立するが、しかしいずれにせよ、すべて常識外れの仮説である――のあいだに大胆に入りこんでいた。論文のテキストは、たぶん、ごく少部数しか印刷されなかったであろう。

この日以降、ヘーゲルは署名にさいして、世界知博士（Doktor der Weltweisheit）という厳かな称号を添えることになる。人びとはいまだ哲学のことを「世俗の知恵」と名づけ、神についての認識である神学を神の教養（Gottesgelahrheit）と呼んで厳密に区別していた。ザクセン＝ヴァイマール大公国は大胆な改革の様相を呈していたが、しかしそれをいぜんとして中世的な名称で述べていたのである……。

この学位論文審査とともに、イェーナにおけるヘーゲルの活動全体は急速に盛んになっていったようにみえる。これまでの考察のあらゆる成果を息つぐ暇もなく活用することによって、あたかも他の人びとに対する遅れを取り戻すことを熱烈に望んでいるかのように。

人びとは、ヘーゲルがいかなる動機で、いわゆる「科学的」な、概括的な、しかも最終的には誤っている著作を哲学博士の論文として提出したのかをみずからに問いかけている。かれはすでにそのために、より首尾一貫した、より哲学的に真実味のある、しかもドイツ観念論の歴史にとってより決定的なものとして現われることになるような作品を自由に利用することができたというのに。その作品とはすなわち、『フィヒテとシェリングの哲学体系の差異』にほかならない。これもまたイェーナで、一八〇一年七月に出版されるであろう。

ヘーゲルはその書のなかで、フィヒテの学説のうちに表現されていると考えられる「主観的観念論」の観点を批判し、絶対者の全体的把握を目指すシェリングの努力を称えている。とはいえ、当時シェリングが主張していたような、主観と客観との完全な無差別——差別の完全な欠如——の理論がかれを全面的には納得させていないことをすでに仄めかしている。したがって、かれは、自分自身の独自性を感得させようとしているのである。

これは重要な点である。すなわち、イェーナでかれの人格は解放され、みずからを肯定している。そこで問題になっているのは、新しい誕生である。

一八〇一—一八〇二年の冬学期に（ドイツの大学の伝統的な学年暦によれば）、ヘーゲルは私講師（Privatdozent）の資格で教育活動を始めている。それは、直接学生自身が報酬を払い、その後、わずかな公的補助金を受けられるようになる「私的講義」のことであった。

たぶん、できるだけ早くこの講義を行なう権利を手に入れるために、ヘーゲルは大急ぎで博士の学位審査を準備したのであろう。かれの最初の講義は論理学と形而上学を対象としていたが、のちにはもはや両者を区別しなくなるであろう。

一八〇二年の夏以降は、ドイツ流の表現によれば、かれは自然法についての「講読」を行なっている。一八〇二年の夏学期のあいだはいっさいの授業を控えていたが、一八〇三年以降になると、かれは哲学体系全体をテーマとして取り上げるのである。このようにして、典型的にヘーゲル的とされるあらゆるテーマが開始されることになる。一八〇五—一八〇六年にかけて、かれは純粋数学、自然哲学、精神哲学、哲学史の領域に踏みこんでいく。百科全書的な傾向、すなわち認識のあらゆる領域を唯一の視点——それは全体的であるがゆえに、本当はもはやひとつの「視点」とはいえないもの——から総合的に把握したいという欲求がかれを捉えたのである。

イエーナにおけるこれらの講義の草稿は解読がなかなか困難であるが、今日では、生まれつつあるヘーゲルの思想を、すなわちためらいがちで、工夫が凝らされたかれの思想を苦労して発見しようとするヘーゲル研究者たちの喜びの対象となっている。シェリングは、ヘーゲルとの競争を恐れる理由を何ひとつもっていなかった。この輝ける教授〔シェリング〕が立ち去ったあとでさえ、ヘーゲルは多くの聴講生を集めることができなかったようにみえる。

この口頭による実践〔講義のこと〕と並んで、ヘーゲルは夥しい量の執筆活動を展開した。かれは、一七九八年にすでにフランクフルトで腹案をこしらえていたある企てを継続し、それをうまく終結させるのに成功した。すなわち、現在の大きな政治的諸問題を取り扱う著作の構想である。それは、『ドイツ憲法論』の執筆となって現われるであろう。かれがかつて述べたように、思弁的哲学体系の創造にさいして、「人間の基本的欲求」がかれの形成期に入ってきたとしても、それはけっしてかれの最初の配慮を忘却させることはなかったのである。

ヘーゲルは自分自身の思想に強いる理論的条件を尊重しながらも、その作品のなかで平凡に「客観的」な態度も、また思想的に中立的な態度も示そうとはしない。生き生きとした愛国的感情がかれに活気を与えて、分裂し、弱体化し、傷つけられた祖国の未来に対する刺すような不安を引き起こす。かれは冒頭の一節で――その後、たしかにこのパラグラフを削除してはいるが――その著作を執筆するように促した動機について語っている。「以下の頁は、ドイツ国家がその凡庸な姿から脱け出るのを見たいという希望を喜びもなしに放棄している精神の、しかしながら、そうした希望を完全に捨て去る前に、日ごと弱まっていくその願いに生命を与え、最後にイメージのかたちで、それらの実現をかすかに信じることに喜びを見出したいと望んでいる精神の表現にほかならない。[*5]」

なんという平安な心の欠如であろう。

じっさい、ヘーゲルはためらい、変化していく。この絶望的なノルタルジーに代わって、一種のストイックな諦念、あるいはスピノザ的な必然主義が急速に姿を現わす。「この著作に含まれる思想の公表は、存在するものの了解、ならびにこのうえなく澄み切ったその解釈、言葉のなかで、また現実との関連において判断されるような、存在するものを耐える方法等を伝える以外の目標も結果ももつことはできないであろう。というのも、われわれのうちに反抗や苦悩を引き起こすのは存在するものではなく、それがあるべきものではないという事実にほかならないからである。しかしながら、もしわれわれが、事物は必然的な姿において存在している、言い換えれば恣意的でも、偶然的でもないような仕方で存在していることを認めるならば、われわれはそれによって事物がかくあらねばならないことをも認めるのである。[*6]」

このような文章を読むことによって、かれが最終的に諦める気持になったと判断するのか、それとも反抗する腹を固めたと解釈するのかを決めるのは読者自身であろう。ヘーゲルはつねに、物事の流れを変えようとしたり、そうした変化を要求したり、あるいはたんにそれを予見したり、「予言」したりすることさえも差し控えるであろう。そして同時に、巧妙かつ言葉巧みな方法で、しかもきわめて特殊な様式を帯びた方法で、ひとつの未来を、また政治的、

*5 ヘーゲル『ドイツ憲法論』、『政治論集』所収、ミシェル・ジャコブおよびピエール・キエ訳、パリ、シャン・リーブル書店、一九七七年、一二五頁、注(a)。 *6 同書、一二三頁。

社会的生活への介入が可能なことを指摘し、かれが良い選択と見なしているものを巧妙に提案するのをけっして抑えることができないであろう。

ドイツ憲法についてのその分析において、かれはすでにこのようなやりかたを実践しているのではあるまいか。効力を失ったものを破壊するという課題以外に、いったいドイツ人に何が残されているのであろうか。ヘーゲルの記述に従っていえば、かれらが、「支柱と渦巻型装飾をもつ建物、すなわちわれわれの時代の精神からかけ離れて、世界のただなかにぽつんと残っているような建物」[*7]に向かい合っているような場合には。選ばなければならないのである。ひび割れした支柱の足下で眠りこけるのか、それとも「時代精神」をその間断なき歩みのなかで把握するのかを。現実に対する不満が、現実の一部を成している。ところで、「われわれの時代のあらゆる現象は、人びとがもはや古い生活様式のうちに満足を見出していないことを示している。」

ヘーゲルは、深く傷ついた愛国者の辛い苦しみを抑えようとはしない。「ドイツはもはや国家ではない」と。われわれはいまや、テュービンゲンの合い言葉、すなわち「国家を廃絶しなければならない」[*8]から遠いところにいる。けれども、ヘーゲルにおいては、行動はつねに言葉と一致しているわけではない。「ドイツ憲法」に関するこの力強い文書は、ドイツ人にとっては充分明晰で、心を高揚させるものではあるが、ヘーゲルはそれを公刊しようとはしないのである。今日の読者は関心をもって、次々と執筆されるさまざまな草案に眼を通し、そのテキストの調整に見られるヘーゲルの真摯な態度を賛美し、またかれが具体的な観察と分析を提示するさいの綿密さを称える。その小品は一八〇二年の秋に脱稿したか、あるいは最終的な仕上げの段階にまで達していた。

なぜヘーゲルは、その公刊を断念したのであろうか。通例、引き合いに出される動機は、必ずしも確信を与えてくれるものではない。ある注釈者たちは、そしてローゼンクランツもすでに、ヘーゲルがその計画を抱いた時期と、結論に到達した時期とのあいだにドイツの政治状況が進展したという事実を、しかも、その著作の公刊と普及からいかなる有益な結果ももはや期待できないほどに、かれにとって不利なかたちで進展したという事実を主張する。かれはあまりに遅くやってきたのであり、もはや為すべきことは何もないのである〔R二四五―二四六〕と。

こうした弁明は、ほとんど支持することができない。まず第一に、ドイツにとっては、のちになっても為すべきことはじっさいに存在したのである。第二に、一時的には遅れてやってきたようにみえる著作がすべて取り除かれねばならないとしたら、書店は窮乏を嘆く羽目になるであろう。とくに、最初の計画においては、ヘーゲルは有効な影響力を及ぼすといういっさいの希望と試みをまさしく差し控えたのである。かれはただ、「了解する」ことだけを望んだのであった。

その正当性を確証するような出来事のあとで登場する場合、警告や予測ということもやはりそれなりの関心を引くものである。それは著者の洞察力を証明するものであり、またその他の試みに対しては分析方法の有効性を確証するものである。ヘーゲルが歴史の終結を信じたことはけっしてなかったし、かれが一八〇二年の時点で、ドイツの運命が永久に封印されていることを認めたとはとうてい考えられないであろう。

したがって、〔公刊しないという〕ヘーゲルの決断は、われわれにはわからない、しかもその後発見するのがきわめて困難になる別の原因ないし理由に由来するのだと想定することができよう。

ヘーゲルの初期の著作は奇妙な運命を辿った。それらの著作は数も多く、内容的にも重要なものであるが、テュービンゲンからイェーナまで、一七八九年から一八〇一年まで陽の目を見ないことを運命づけられ、しかも部分的には、イェーナにおいてさえいぜんとして秘密のヴェールに包まれていたのである。同じ時期に、ヘルダーリンとシェリングはありあまるほど姿を現わしているというのに。この相違は、ヘーゲルの著作の特殊な性格からきている。かれも友人たちと同じように、おそらくはかれら以上に、出版し、有名になり、自分の真の価値を認めてもらい、影響力を行使することを望んでいたであろう。しかし、かれは便宜上、および周囲の状況を考慮して、それにふさわしい主題を選ばなかったのである。かれが生きていた環境、とりわけかれが服従すべき当局者たちは、かれの感情や思想を嫌

*7　同書、二六頁。　*8　本書、第16章、注35、参照。

っていた。

かれは臆病に過ぎたのであろうか。かれには勇気ある出版社が欠けていたのであろうか。かれが振り撒いた愛国的な不満の気持は、驚くほど簡単に、〔政治的〕計画へと転化しえたのである。それゆえ、こうした見通しのもとでは、それらの作品を公刊するのは不可能であった。かれは、秩序破壊的な意味をもつ多くの仄めかしのなかに、「代表する団体がなければ、いかなる自由も考えられない[*9]」ことを断言しているのではあるまいか。

いずれにせよ、イェーナで封印されたこの著作をあらためて読み返してみると、ヘーゲルが十五年後にベルリンで体験することになる深い喜びを、いっそう理解することができよう。かれは数多くの二者択一と幻滅のあとで、プロイセンがついにはっきりしたかたちでドイツの独立と統一の松明を掲げるのを眼にする。とはいえ、そのことはかれが支配的政治体制を、少なくともそのあらゆる面において承認することを意味しないであろう。プロイセン王政の多くの特徴は、かれに嫌悪感を与える。しかしながら、諸国民の時代はいまだなお、民主主義の時代と一体になってはいない。かれは国民の解放と、それによって確立されるさまざまな希望に喜びを見出そうとするであろう。政治的自由については、かれは眼をつぶるであろう。ドイツはふたたび、ひとつの国家になるのである。たとえ、それがどれほどつまらぬ国家であるにしても。まず、手に入れることが必要なのだ。あとから人が、それを完成してくれるであろう……。

殺戮

イェーナで、ヘーゲルは一種の創造的熱病に捉えられる。かれは、長いあいだみずからのうちで熟していた哲学体系の構造と内容を展開し、明確に規定する。とりわけ、かれは地盤を整備して、そこに新しい生活と新しい思想を同時に建設しようとする。それは、破壊の時である。かれは寺院から商人を追い出さず、むしろ逆にかれらを住まわせようとするであろう。けれども、かれは哲学の寺院から、堕落させる人間、いい加減な仕事をする人間と見られる者たちを追い払う。そして、後世に伝えようとする顔を、みずからに与えるのである。すなわち、弁証法的観念論の大家という顔である。

一八〇一年の秋と一八〇二年の秋のあいだに、かれは論理学、形而上学、自然哲学を論じた原稿を執筆するが、それにあとから何度も手を加え、講義を通じて完成させていくであろう。その作品のなかで、かれは次第にはっきりとしたかたちで、シェリングの哲学的路線から遠ざかっていく。哲学においても、政治においても改革者であるかれは、その同じ改革的な動きのなかで、シェリングよりいっそう方法的で体系的な手法をもって、すなわちいっそう「学的な」――かれがその言葉に与えている意味で――手法をもってことを行なうのである。

変化しつつある学説の断片的で、暫定的な説明を急いで公表するような人物〔シェリング〕の例に追随するのは、かれに嫌悪感を催させるであろう。かれはそのような人物をのちになって、「読者の面前でみずからの哲学的形成を行なった」[*10]と非難するであろう。一方、シェリングはかれを哲学に「乗り遅れた者」(Spätgekommen)として扱うことで、しっぺ返しをするであろう。

ヘーゲルはイェーナ時代以降、完結した体系を与えようと望んだはずである。というのも、かれはそのことを大胆にも、かれの最初の大著――それは、体系への序論の役割のみを要求しうるような著作である――の序文で宣言しているからである。「真理が存在するところの正しい形態は、真理の学的体系でしかありえない」[*11]と。

そうしたあらゆる努力にもかかわらず、かれは最後まで修正や訂正や追加を、はじめに構想した体系に、さらには体系のプランにさえほどこさねばならないであろう。たとえば、当初、『学の体系・第一部』という資格を与えられた『精神の現象学』(五五〇頁以上)は、一八一七年には、『哲学的諸学の百科《エンチクロペディ》』第三部・第一節の下位区分(一〇頁)の

---

*9 「このような代議体がなければ、いかなる自由も考えることはできない。」(『政治論集』、ジャコブおよびキエ訳、前掲書、一三四頁) *10 ヘーゲル『哲学史』(ガルニロン訳)、前掲書、第七巻、二〇四六頁。 *11 『精神の現象学』(イポリット訳)、前掲書、第一巻、八頁。

位置にまで下がっていくであろう。

しかし、イェーナではまず第一に、想定されうる競争相手を、また自分以外のあらゆる哲学的方向性を失墜させ、排除して、唯一の真なる哲学、すなわちヘーゲル哲学の独占を打ち建てる必要があった。こうした大規模な作戦のために、ヘーゲルはまずシェリングと同盟して軍を動かし、次いで他のすべての敵が理論上、戦闘能力を喪失したときに、今度はシェリングに対して攻撃の矛先を向けるのである。

それゆえ、かれは手はじめに、フィヒテに帰せられるような「主観的観念論」を放棄し、そしてシェリング流の絶対的観念論に与する。しかしすでに、分裂の種は現われている。ヘーゲルは、本質的に論理学的な方法で考察し、形而上学と論理学とを緊密に結びつけて、それらを最終的には一体化するのである。かれは結局、かれ本来の姿に成長していくであろう。すなわち、論理学的＝弁証法的方法の大家としての姿である。

『フィヒテとシェリングの体系の差異』と題する著作のなかで、かれは前者を痛い目に合わせ、後者を相対的に優遇する。それによってまたかれは、こうした軋轢の結果を社会的、道徳的生活のなかで吟味するように導かれる。かれはそのとき、知性の要求に従う法的状況と、それ自身の習俗に帰せられる共同体の生活とのあいだで必然的に発展する矛盾に気づくのである。「知性の支配の下にある共同体は、一方では無限の規定と支配を除去することを……他方では習俗による法、聖なる喜びでは満たされない無秩序な生活、そして偉大な対象のための自由な行動のゆえに抑圧された力が犯す罪等々を不必要なものたらしめることを、最高の法則としてみずからに与えねばならないとは考えられていないのである。[12]」

おそらく一八〇二年の秋に、かれはこれらの体系的検討の試みを完結させるが、多くの注釈者たちはそうした試みのなかに、「構築上の作為[13]」があることを明らかにする。なぜならば、そこでは素材がまだ完全には薬籠中のものとなっておらず、『人倫の体系』――そのタイトル自身が訳しにくい草稿である。人びとは『倫理的生活の体系』という訳を選んだが、ドン・デシャンに倣って、「法的状態」と対立する「習俗的状態の体系」ということもできたであろう[14]——と一体になっているようにはみえないからである。

一八〇二年末、あるいは一八〇三年初めに執筆されたこの作品は、一八九三年になってはじめてモラートの手で、しかも不完全なかたちで読者に委ねられた。

フランス語版の訳者はその序文において、以下に引用されるような『差異』の文章に、巧みな注釈を加えている。「それゆえ、真の人倫は支配＝従属の関係を超越し、法の支配を無効にし、充実した生活を喜びと名づけ、高貴な活動への完全な飛躍をみずからの力で確保する。」訳者は〔右の引用文に関連して〕、「精神的共同性《コミュニオン》における対立の解消[15]」という点に言及している。

この場合、ヘーゲルの諸著作の理論的内容の説明よりも、むしろそれらの著作が執筆される実存的な、すなわち内面的であるとともに外面的な状況にこだわることによって、われわれはなぜヘーゲルが三二歳のときに、それらの著作すべてを公表しなかったのかをみずからに問いかけることができる。要するに、理論的配慮のために、かれは公刊を思いとどまったかもしれないのである。かれはたぶん、熱意のこもった自分の研究に漠然と活気を与えていた豊かな計画に比べて、じっさいに実現したものが不完全であることを感じとっていたのである。

かれは、人が正当な権利をもって、かれのことを一種の哲学的断片主義、あるいはたんなる優柔不断の体系主義と非難することを嫌ったのであろう。

そのうえ、かれはおそらく、自分の思想がいぜんとしてシェリングの思想にあまりにもしっかりと、あまりにも明らかに依存していることを欠点として感じていたのである。同時にまた、自分の友人が享受していた華々しさが、読者の前に姿を現わすことへのある種の臆病心をかれのうちに生み出したのである。かれは自分自身に対して、完全に

*12　ヘーゲル『フィヒテとシェリングの体系の差異』（一八〇一年）、『初期著作集』所収、マルセル・メリー訳、第二版、ガップ〔オート・ザルプ県の中心都市〕、オフリス書店、一九六四年、一三二頁。　*13　ヴィリー・モーク、前掲書、二二頁。　*14　ボーシェールは、驚くべき著作『フランス哲学におけるヘーゲル主義の来歴——ドン・デシャン、その体系と学派』（パリ、一八六五年）のなかで、そのような特別の比較を行なっていない。　*15　ヘーゲル『人倫の体系』、ジャック・タミニヨー訳、ペイヨ書店、一九七六年、三六頁。

すっきりした気持をもてるとは感じていなかったのであろう。あるいはまた、ただたんに、きわめて難解で曖昧にみえるかもしれない原稿に好意を示してくれる出版社が見つからなかったのであろう。

右のさまざまな問いかけは、夥しい創造的活動が可能であったヘーゲルが、同じく一八〇二年以後、イェーナ滞在中に非常に重要なテキストを公刊しているだけに、ますます困惑させるものがある。かれはその地で、シェリングと共同して、とりわけシェリングの庇護のもとに、またその名声のおかげで、『哲学批評ジャーナル』（イェーナ、一八〇二―一八〇三年）を創刊することによっておおいに助けられたのである。人は、自分自身によって助けられるときほど、うまく奉仕されることはけっしてないであろう。雑誌の記事欄をみずからのために開けておく最良の方法は、その雑誌を主宰することにほかならない。『哲学批評ジャーナル』は、その創刊者と指導者の論文しか掲載しなかった。このような出版が、物質的にどうして存続可能であったのかを考えてみることもできよう。明らかに、かれは外部の援助が必要であったが、しかしそれは誰からの援助だったのであろうか。それぞれ三分冊から成る二巻本が、次々と刊行されているのである。

これらの分冊の第一は、他のものに比べてかなり短い論文を、すなわち『哲学的批評一般の本質と、哲学の個別的現状との関係』をめぐるヘーゲルの論文を提示している。それは『哲学批評ジャーナル』への、同時にまた、その雑誌が特別な機関の役割を果たしている新しい哲学への一種の序論となっている。

二人の友人は同時代の哲学者たちに対して、それが年上の者であろうと同等の者であろうと、礼儀上のぎりぎりの限界まで信じ難いほどの傲慢ぶりを誇示している。それは、絶対の優越という、かれらの真摯な感情によって説明可能な傲慢さである。

かれらにとっては、他の哲学者たちが押しつけている限定をばらばらに解体することだけが問題なのではなく、むしろ唯一の真なる哲学、すなわちかれらの哲学の壮麗な入口、喜ばしき入口への道筋を積極的に準備することが重要なのである。[*16]

こうした除去作業の残酷さについて、ヘーゲルはあらかじめフーフナゲル宛の手紙で、いささかの疑いも残さないような調子で語っている。「このジャーナルが用いる武器はきわめて多様です。人はそれを棍棒とか、鞭とか、へらとか名づけています。それらの武器はすべて、大義のために、そして神の栄光のために使われているのです。たぶん、あちらこちらで不平の声が上がるでしょう。しかし、焼灼法がじっさいに必要だったのです」（C1六七）。ジャングルどころか、徒刑場というべきであろう。

ヘーゲルは誤っている哲学、過去のものとなった哲学、あるいは競争相手の哲学をすべて品位を欠いた特徴のもとにまとめ上げ、それらに対して、生まれつつある、また自己表明を行なっている、そして自分自身を確信する若い真理を、その輝ける姿において対置しようとする。

かれは敵対者たちに対する激しい態度のなかで、そのような調子や議論を取り上げることによって、結局はかれらと同じ認識論的、文化的、歴史的次元に、すなわち独断的な対決の次元に留まることになるのをまったく理解しようとしない。

他の論文――『常識はいかにして哲学を理解するのか。クルーク氏の著作について』――のなかで、かれは「民衆の哲学」を代表すると思われる思想家たち、とりわけかれらのひとりであり、「嘲笑の種」にされたヴィルヘルム・トラウゴット・クルークに対する激しい抗議に身を委ねる。真理のもうひとつの基準が現われる。すなわち、エリート主義である。真理は、街中を走ってはならないのである。真理は、何人かの優れた魂のために取って置かれる。「哲学は本性上、秘伝的なものであって、通俗の人びとのために作られているわけではなく、また通俗の人びとの手の届くところに置かれるために作られているわけでもない。哲学がまさしく哲学であるのは、それが知性に、それゆえなおのこと常識に対立するかぎりにおいてである……。哲学の世界は、即自的にも対自的にも転倒した世界である……。じっさい、哲学は、民衆が哲学にまで高まる可能性を認めなければならないが、しかし哲学は民衆のレヴェル

*16　ヘーゲル『哲学的批判の本質』、ベルナール・フォーケ訳、パリ、ヴラン書店、一九七二年、九八頁。

に身を落としてはならないのである」[17]、等々。

ヘーゲル自身、しばしばこの最初の秘伝主義的決断に異議を唱えることになるであろう。だが、少なくとも、かれはそうした決断をかつて口に出したことがあったのである……。

その攻撃文書は容赦なく、しかもきわめて通俗的にクルーク教授をこきおろしている。後世の人びとはとくに、クルークが思弁的観念論の哲学に投げつけた挑戦状、すなわち、あなたはすべてを演繹すると称している以上、わたしのペン軸を演繹してごらんなさい、という挑戦状に対するヘーゲルの冷やかしを記憶している。ヘーゲルの返答は、皮肉のヴェールに包まれてはいるが、根底においては困惑しているようにみえる。しかも、その必然性の哲学のなかに(「恣意的でも、偶然的でもない方法で」)、偶然的な出来事あるいは偶然的な存在にとっての場所を開けておくことは、かれの永続的な課題のひとつとなるであろう。かれの議論の仕方自体、クルークの反論を失墜させるために、思弁的自然哲学がペン軸以上のものを演繹することができると主張するときに、危険な通俗性に陥ってしまう。かれによれば、思弁的自然哲学は鉄そのものを「演繹する」というのである。

しかしながら、カントはその経験的実在論を裏づけるために、たんなるペン軸の演繹以上の絶対的観念論者を必要としたのではなかったろうか。感覚的直観がなければ、概念は空虚に留まるのである。

当面、ヘーゲルが狙っているのは、たやすい獲物にほかならないクルークである。かれは『哲学批評ジャーナル』の第二分冊で、クルークに対する闘いを続ける。けれども、かれは、その論文『懐疑主義と哲学との関係、懐疑主義のさまざまな変様の説明、および最近の懐疑主義と昔の懐疑主義との比較』(一八〇二年)における切りつけるような切先を他の方面に向ける。

今度は、名指された敵はゴットロープ・エルンスト・シュルツェである。かれは無視することのできない哲学者であって、一七九二年に、『アイネシデモス』(前一世紀の懐疑主義哲学者)と題する書物を出版している。かれはその書で、懐疑主義のための――とくに古代から継承した形態のもとに――そしてカントの批判哲学に反対するための議論を展開した。一八〇二年になって、かれは新しい著作、すなわち『理論哲学批判』第一巻を公刊する。

ヘーゲルは、今日いわれるような意味での混成《アマルガム》、混同に取りかかる。かれは、クルークとシュルツェの哲学に共通していると思われるものを取り出そうとする。すなわち、両者の哲学はいずれも観念論哲学の本質を見誤っており、かれらの読者や信奉者を観念論哲学から逸脱させているというのである。「それゆえ、両極端が触れ合うように、最高の目標はふたたび、この幸福な時代にそれらの両端において到達される。そして、独断主義と懐疑主義は、このうえなく友好的で、友愛的な手を互いに差し延べながら、階段の下の方で再発見されるのである。シュルツェ氏の懐疑主義はもっとも粗野な独断主義と結びつき、そしてクルークの独断主義は同時に、この懐疑主義を含んでいる。[*18]」

唯物論ですら、シュルツェの誤謬ほど重大な誤りを犯してはいないのである。[*19]

このようにヘーゲルは、きわめて巧みに論争を展開する。かれから見れば、それはまさに一種の戦争であって、その戦いにおいてかれは政治的ないし軍事的タイプのみずからの戦術を勝利に導くのである。すなわち、ホラティウスがクリア族に対してやったように、敵を分裂させてひとつひとつ攻撃する方法、あるいはまた時を見計らって、かれらが明らかに異なっているにもかかわらず、同じ恥辱の袋にいっしょくたに投げ込む方法である。その袋の中には、将軍ボナパルトのようなものも存在する。この類の手練手管は、はたして超越論的観念論を称えることになるであろうか。

『哲学批評ジャーナル』第二巻の第一分冊で、ヘーゲルはまたひとつの重要な研究を、すなわち絶対的観念論がみずから指定した敵にあらためて向けられた研究である『信仰と知識』を発表している。

じっさい、ヘーゲルは可能なかぎり自己の哲学と観念論の他の形態とを区別しているが、このことは時代の大部分の哲学的精神に対する強い関心を示すものである。というのも、それらの哲学的精神はすべて、好むと好まざるとに

*17 同書、九四―九五頁。 *18 ヘーゲル『懐疑主義と哲学の関係』、ベルナール・フォーケ訳、パリ、ヴラン書店、一九七二年（『哲学的批判の本質』と同じ巻）、四八頁。 *19 同書、六二―六三頁。

かかわらず、またその事実を知っているにせよ、いないにせよ、この観念論的勢力範囲のなかで発展していくからである。

この観念論的勢力範囲は、それに敵対するものとの関係によって規定される。クルーク、シュルツェ、カント、フィヒテ、ヤコービ等は、総体的に唯物論と対決させるとき、観念論者以外の何者であろうか。

現代の読者にとっては、これらの論争、あるいはこれらの議論は、そのなかで各人が——そして、とりわけヘーゲルが——他の人びとに、かれらの内密の思想についてかれらが隠していること、または明晰に意識していないことをいわせたり、したがってかれら自身に、またすべての人びとにその秘密の真理を明かすように仕向けたりするものであるが、しかもそれはおうおうにして、かれらに「口を割らせる」ことに成功するのであるが、そうした論争や議論はある点からいえば、そして大胆な比較を好む人びとにとっては、本来のものと比べてただちに魅力的であるわけではないにせよ、一種の概念上の恋愛遊戯に似ている。敵対者たちの無意識的な仮面をはがそうと試みながら、ヘーゲルはいっそう事情に通じた精神の持ち主たちに、自分もまたおのれのために仮面を被って進み出ることを、しかしかれらより明敏にそれを行なっていることをはっきりと証明している。

『信仰と知識』のテキストは、他のもの以上に高いところを狙っている。下っ端の連中を排除したあと、かれは三人の本当の競争相手、すなわちかれらの思想のもつ首尾一貫性とその名声のゆえに充分考慮に値する、しかも真に脅威となりうる唯一の競争相手たちを攻撃する。それは、カント、フィヒテ、ヤコービである。それだけではない。かれらは三人とも、まだ生存しており、いぜんとして活動的で、創造的である。そこでヘーゲルはかれらをひとまとめにして、いくらか人為的に「主観性の反省的哲学」の範疇にくくられるものと、観念論とを対置する。ヘーゲルはかれらを、要するに啓蒙主義の産物であると非難するのである。それというのも、かれらは各人各様でありながら、根本においては啓蒙主義に忠実だからである。けれども、かれもまたなんらかの意味でかれらに従属しているのではなかろうか。

ヘーゲルは、かれらが真の形而上学的回心を果たさないことを、また、人間ではなくして神が絶対者であるのを認識しないことを非難する。「神」という言葉の意味は、この文脈ではかなり謎めいたものになっている。ヘーゲルによれば、これらの哲学者たちは理性を有限の形式に、共通の知性の形式に限定している。かれらは、抽象によって有限から引き出された、それ自体必然的に抽象的で空虚な、したがって沈黙している概念――もしそれを、あえて恣意的に語らせるのでないかぎり――しか吟味することができない。

かれ自身、まさしく有限と無限の統一としての、真の概念に到達することを非常に気にかけているのである。

しかしながら、またこの発展の契機がとりわけかれの思想の特性をあらわに示しているとはいえ、ヘーゲルはこれら三人の典型的で、卓越した学説に絶望することはない。有能な戦略家であるかれは、体系的かつ歴史的な関係において、それらの学説をそれぞれ定立、反定立、綜合として対置するすべを知っている。このようにしてかれは、その内的差異によって動かされる、この「知性の観念論」が、一種の自分自身との対話ないし議論のように継続し、それ自身の運動を通じて、その乗り越えへと、すなわち必然的にそれに取って代わる他のなにものかへと、言い換えれば絶対的観念論へと進んでいくのを示すことができる。

精神はこれらさまざまな仮の段階を、そこから解放されるべく定められ、予定された一種の煉獄のように遍歴する。ヘーゲルはその点を主張するために、神秘的で、逆説的で、しかしながら魅惑的で、怪し気な宗教性を帯びた口調を身につける。「……いまだ限定されているもの――それが経験的存在の犠牲による道徳的教訓であれ――に対して、純粋な概念は哲学的存在を与えねばならず、したがって哲学に絶対的自由の観念を、そして同時にまた、かっては歴史的であった絶対的受難ないし思弁的な聖なる金曜日〔復活祭前の金曜日。イエスが十字架にかけられた日〕の観念を与えねばならない。そして純粋な概念は、この思弁的な聖なる金曜日を、そのいっさいの真理性において、またその厳しい不敬虔な姿において確立しなければならない。この厳しさからのみ――独断的哲学のもついっそう晴朗な、いっそう根拠を欠いた、またいっそう独自な性格は、自然宗教のそれと同様に消滅しなければならないから――最高の全体性が、そのいっさいの深刻さとともに、また、このうえなく内密なその根拠から出発して、すべてを同時に把握しながら、最高に晴朗な自由という特徴のもとに蘇えることができるし、またそうならなければならない。」[20]

そしてすでに、かれがその輪郭を素描する助けとなった論争的形式から若干離れながら、かれはより積極的に体系的構造をみずからのために用意しようとする。それはとりわけ、かれが『哲学批評ジャーナル』に渡した最後の論文においてである。かれはたしかに、哲学上の直接の先輩たちや同時代のライヴァルたちとの違いを、消極的にではあるが際立たせようとし続ける。けれども、かれは同時にかれなりの流儀で、昔の偉大な観念論的哲学者たちの思想と傾向を踏襲する。すなわち、プラトンとアリストテレスのそれである。こうしてかれは時代の違いを越えて、伝統的な形而上学に、また批判哲学と対立する古代的思弁と一体化するのである。

第二巻の第二、第三分冊（一八〇二―一八〇三年）に、二つの断片というかたちで発表されたこの長い論文は、次のようなタイトルをもっている。『自然法を学問的に取り扱うさまざまな方法について。実践哲学におけるその位置づけと、実証的な法の諸科学との関係について』がそれである。

ヘーゲルは敵対者たちへの辛辣な批判を放棄しないまま、この論文ではさらに、支配的で、生き生きとしている、しかも絶対的な人倫の観念にもとづく倫理と法と哲学についての実証的検討に没頭する。かれは、個人と国家のあいだの実証的関係の道徳的諸条件を、古代都市国家で支配していたと見られる関係のイメージに倣って再興しようと切望する。かれは、古代都市国家についての理念化された心象を手に入れる。その心象には、ギリシア的な言い回しによれば、美と善が一体となっているであろう。おそらく、かれはその企てにおいて、いささか性急に、現実の世界では残酷に分離されていることが確実な特殊と普遍を和解させているのである。「特殊な個人の倫理的生活は、体系全体の鼓動であり、さらにいえば、体系そのものである」[21]と。

この論文においては、ヘーゲルは他の諸論文以上にはっきりとシェリングから離れており、そしてとくにシェリングから着想を得ている自然哲学に対して、これ以後精神哲学の優位を認めるようになると考えることができよう。

ある種の好戦的な精神がイェーナ時代の哲学を支配している。ヘーゲルは真理のために、同時にまた地位を手に入れるために戦う。学生たちは、恐れの入り混じった賛美の気持をこめて、いっさいの物事に、またいっさいの人びとに打ち勝つと称しているこの師を眺めたはずである。マックス・レンツの言う通り、ヘーゲルの成功の秘密は、「断層をもたない体系を説明するにさいしての、かれの限りない確信[22]」である。

それまでの出来事や教育によって懐疑的になっていた学生たちが必要と感じていたのは、そのような確信なのである。

馬上のナポレオンのように、書斎の椅子に馬乗りになったヘーゲルは、死屍累々たる哲学の戦場を凝視することができる。今度は、かれは建設し、生命を与えなければならない。

かれはそのためにある知的な道具を利用するが、それをニュールンベルクやハイデルベルクにおいて、よりいっそう洗練されたものに仕上げ、完成させていくであろう。それはすなわち、稀有な、また著しく手を加えられ、柔軟になった論理であり、その言葉の古代的意味においても、近代的意味においてもきわめて「洗練された」ものとなる、よく考えるための装置、要するに弁証法である。なるほど、弁証法はかれの発明したものではないが、しかしかれはつねに、自分の最初の直観のもつ功績と、古代人——とりわけヘラクレイトス、次いでプラトン、アリストテレス——および何人かの近代人の考えを最初に活用した功績を口にするであろう。

しかし、一方では、かれは弁証法をはっきりとしたかたちで、ただひたすら応用に努めるとともに、他方ではそれをコード化し、体系化し、それに含まれるすべてのものを明らかにしようとする。そのうえで、同時代の人びとのうちに弁証法への愛好心と関心を回復させるのである。かれはある意味で逆説的に、いっさいの現実生活に自然に認め

---

*20 『信仰と知識』、ヘーゲル『初期著作集』所収、M・メリー訳、ガップ、オフリス書店、一九六四年、二九八頁。同時に、A・フィロネンコおよびクロード・ルクートゥー訳、パリ、ヴラン書店、一九八八年、一六二頁、参照。　*21 ヘーゲル『自然法を学問的に考察するさまざまな方法』、ベルナール・ブルジョア訳、パリ、ヴラン書店、一九七二年、七八頁。　*22 マックス・レンツ『王立フリードリヒ＝ヴィルヘルム・ベルリン大学の歴史』、一九一〇—一九一三年、第二巻の一、二〇六頁。

られている、この生き生きとした考え方を、定められた、厳密な、証明可能でしかも伝達可能な方法に変形しようと試みている。

このうえなく単純で、素朴な、にもかかわらず、途方もない複雑さを秘めているその公式においてまず第一に問題となるのは、物質的あるいは精神的ないっさいの単一的実在のうちに、その実在に生気を与えたり、苦しめたりする生ける矛盾を、またこの実在全体を変えることによって解消されるべき生ける矛盾を探究し、発見することである。

この点について、ヘーゲルはときおり、見た眼にはきわめて単純であるが、しかし数千頁を費やして説明することもできるような定義を与えている。「統一のうちに矛盾を、また矛盾のうちに統一を知ることは、絶対的な知識である。そして、学は、この統一をそれ自身によるその全体的発展のうちに知ることから成り立っている。」[*23] 広大な計画である。

このような思考形式は、包括的な、全体的な、そして多様性を統一するような体系への要求を、したがって、どんなかたちであれ、哲学的一元論への要求を含んでいる。ヘーゲルはこの哲学的一元論を、自然な、また本来的な観念論的展望のうちに構想した。かかる展望においては、いっさいの有限な実在は理念的なものと見なされるが、しかしそれでもなおかれは、さまざまな実存的、理論的契機を利用して、このうえなく偉大な実在論を、このうえなく積極的な知的態度を、そして時には一種の逸話ふうな、断片的な唯物論を明らかにしている。

そこには、ヘーゲル哲学のさまざまな停泊地点の、すなわち観念論、体系主義、弁証法の根本的な結合が見出される。

崩壊

ヘーゲルがこのうえなく難解な思弁に没頭しているあいだに、大きな出来事が起ころうとしていた。それはやがてかれの小宇宙と個人的生活を覆すことになり、そしてかれの個人生活は外的世界への密接な、また残酷な従属状態を認めざるをえなくなるであろう。

まず、シェリングは一八〇三年の春にイェーナを去り、バイエルンのヴュルツブルク大学哲学教授のポストを手に入れる。それは、イェーナ大学にとって新たな損失を示すものである。というのも、シェリングはイェーナ大学のスターのひとりだったからである。そして、この損失はとりわけヘーゲルにとって意識されるであろう。シェリングはヘーゲルに対して実際上の――すなわち行政的な、あるいはまたジャーナリスティックな――しかも相当程度の保護を与えており、また激励の言葉とかれ自身の実例によって効果的なかたちで勇気を吹きこんでいたのである。部分的にはシェリングのおかげで、ヘーゲルの思想は進歩し、表現されて、ついには人びとに知られるようになったと考えられる。

けれども、他面からいえば、シェリングが立ち去ったことは同時に、そのときまでこの案内人〔シェリング〕に従属していたヘーゲルの哲学思想――それはたぶん、シェリングを利用するためであったが、しかし最終的には卑屈なかたちでの従属にほかならない――にとって一種の解放をあらわしている。ヘーゲルは模倣から――なるほどそれは、かなり自由な模倣であるが――いわば革新へと移りゆくことを強いられようとしている。シェリングは、ヘーゲルが長いあいだ保護され、大切に扱われたあとで、ようやく自分自身の翼で飛び始めようとしたときに、ヘーゲルのもとを離れるのである。ヘーゲルはそれ以後、危険を覚悟で、自己自身となるべき定めを負っていることを認めるであろう。

当然のなりゆきとして、かれはまず自分より若いこの師に対して、すなわち早くから創造力を発揮し、しかも自分が多くを負っているこの師に対して距離をおくようになるであろう。かれはかつてシェリングの立場から、フィヒテとシェリングとの差異を論じた試論を公刊したが、いまやシェリングとかれ自身との違いを規定することを主たる目

*23 『哲学史』(ガルニロン訳)、第七巻、二二一五頁。

的にした著作を執筆しようとしている。それ自体もまた、ある種の唐突を免れないこの断絶は、とりわけ『精神の現象学』の「序文」において生まれるであろう。それ以後は、ヘーゲルは哲学的にはひとりである。

ヘーゲルを、まさしくかれ自身としてありのままに規定することになるこの独創的大著を構想し、執筆しながら、またそこに含まれる思弁的関心とは別に、かれは科学的諸問題にも配慮するであろう。かれはゲーテの色彩論――誤ってはいるが、美しい理論――に関する実験を準備する。それ以後、かれはこの色彩論にずっと忠実な態度をとり続けるであろう。かれは偉大な詩人といっそう親密な関係を結ぶが、この点でもまた、シェリングの出立は好ましい結果をもたらしたようにみえる。おそらく、目立ちたがり屋のシェリングは、ゲーテとかれのあいだに幕のようなものを立てていたのである。

一八〇三年に、ヘーゲルは大胆にも、「思弁哲学の体系」と名づけるものを教えようと決意する。ついに、かれの体系ができ上がるのである。かれはそれを三つの部分に分割するが、以後、そうした構成に固執するであろう。それは以下の通りである。

一　論理学と形而上学（しかし、この形而上学という用語はやがて姿を消すであろう）
二　自然哲学
三　精神哲学

それはすでに、一八一七年の『エンチクロペディ』を先取りしている。イェーナ滞在中に、ヘーゲルはそれらの講義を何度も、またかたちを変えて行なうであろう。

シラーが一八〇三年十一月九日付のゲーテ宛の手紙で述べている評価は、称賛と受け取るべきであろうか、それともいささか軽蔑的なニュアンスを含むと解釈すべきであろうか。シラーはいう、「哲学は完全には沈黙していない。

そして、われらがヘーゲル博士は、その話し振りに不満すら抱くことのない多くの聴講生をもっているようにみえる[*24]」と。

一八〇五年二月に、ヘーゲルはイェーナ大学の「員外教授」に任命された。文字通り、員数外の教授である。というのも、給料が払われず、学生自身がかれに与える報酬に頼らねばならない立場だったからである。一八〇六年になってはじめて、ゲーテが個人的に口を利いてくれたおかげで、かれは一〇〇ターレルの年俸を受け取ることになった。かれは辛い気持で、自分の境遇とシェリングの経歴とを比較し続けたかもしれない。シェリングと同じ行動を起こしたヘーゲルの他の同僚や友人たちは、イェーナを立ち去ってバイエルンに向かった。カトリック教国であるバイエルンは、啓蒙的改革派の影響のもとに、プロテスタント知識人を迎え入れる決断をしていたからである。

シェリングが移り住む前に、「神学者」のニートハンマーが先に到着していた。生涯にわたって、緊密で変らぬ友情がニートハンマーとヘーゲルを結びつけるであろう。そして、格別信頼できるかれらの往復書簡は、ヘーゲルの秘められた思想を解き明かすうえでの、かけがえのない情報源となっている。

フリードリヒ・イマヌエル・ニートハンマー（一七六六―一八四八年）は神学院の出身であり、すでにテュービンゲンでヘーゲルと面識があった。かれもまた最初は家庭教師の職につき、その後イェーナで教鞭をとったが、そこでゲーテを思弁哲学へと導く手ほどきを行なっている。一七九三年に、かれは哲学教授に任命され、そして一七九五年には神学の「員外」教授に就任する。その地で、かれはフィヒテとともに、一七九五年に有名な『哲学ジャーナル』（一七九五―一七九七）を発行するが、そこには激しい「無神論論争」を引き起こす結果となるフォールベルクとフィヒテの諸論文が掲載されるであろう。

一八〇三年に、かれはヴュルツブルクの神学教授となり、次いで一八〇六年にミュンヘンの教育・宗教担当の上級

*24　一八〇三年十一月九日付の、ゲーテに宛てたシラーの書簡。

参事官となる。この後者のポストに就いたために、かれはヘーゲルに対して最大級の便宜を図ることができるようになるであろう。

同じく、東洋学者で、神学者のパウルスもまた、一八〇三年秋にバイエルンに向けて出発することを選択している。ニートハンマーとパウルスがヴュルツブルクの教授に任命されたとき、カトリックの司教が、かれらの講義を聴講するすべての学生を破門すると脅した事実を指摘するのは、おそらく興味を掻き立てる話であろう。ヘーゲルがその国〔バイエルン〕に腰を落ち着けるさいにも、同じように扱われることになるのは明らかである。

かつては比類なく輝かしい大学であったイェーナは、それゆえ一八〇五年頃には一種の知的砂漠のような状態になっていた。その後さらに、戦争によって著しく荒廃してしまう。

ヘーゲルはやがて、すべての敵対者たちと、職歴上、かれより幸運に恵まれたすべての仲間たちに対する圧倒的優位を確認するであろうが、しかしいまはおのれ自身の価値を意識しつつもかれらの成功を羨む立場に置かれているため、かれもまたバイエルンに旅立つことを望むであろう。その土地ではさしあたり、前途の明るい展望が開かれているからである。

かれはそうした望みを、友人ニートハンマーに力をこめて伝えている。かれはエルランゲンにポストを得られることを切望し、ニートハンマーがそのための手助けをしてくれるかもしれないと考える。しかしながら、何ごとも起こらない。

バイエルンが駄目ならば、かれは喜んで他の国に身を寄せることを承知するであろう。一八〇五年の夏に、ヨハン・ハインリヒ・フォス――かれもまた、バーデン選帝侯の招きで、イェーナを去ってハイデルベルクにポストを得た人物である――に宛てた手紙のなかで、かれは次のように打ち明けている。「あなたはたぶん、誰よりも御存知のはずですが、イェーナは、共同研究が学問に及ぼした進歩のおかげで――共同研究に挑戦する人のうちに、学問への信頼と自分自身への信頼を活気づけ、刺激することによって――もっていた利益を失ってしまいました。けれども、ここで失われてしまったものが、ハイデルベルクではなおいっそう輝かしく花開いていています。そこで、わたしの学問である哲学が、ハイデルベルクにおいて歓迎され、都合のよい文化活動の場を見出すことができればという希望を抱いております。」(C九五)そしてかれは、ハイデルベルクに羨望のまなざしを向ける。イェーナから逃れるためには、どこに行ってもかまわないのである。

フォスは、かれが任命を獲得することができるように、ただちに奔走を開始する。けれども、新たな失望が生まれるであろう。あるポストが空いたときに、ヘーゲルではなく、もっとも軽蔑すべき、またもっとも嫌われている哲学上の敵対者ヤーコプ・フリードリヒ・フリースに与えられたからである。フリースもまた、一八〇一年以来、イェーナにおいて私講師をつとめていた。当局から見れば、フリースの方がより明晰で、容易に吸収できる哲学教育を行なえるという点で、ヘーゲルに対して優位を示していたのである。ヘーゲルは他のさまざまな嫌う理由に加えて、かれが不公平と見なすそのような選択の結果からも、生涯にわたってフリースに怨恨を抱き続けるであろう。嫉妬心がかれの心を苛むのである。

イェーナにおけるヘーゲルの状況は、物質的貧困や感情生活の錯綜、あるいは戦争のために急速に困難なものとなり、耐えうる限界に達しようとしていた。ヘーゲルはとりわけ、一八〇五年から一八〇六年のあいだにニートハンマーに宛てて書き送った手紙のなかで、たえず嘆きの言葉を発している。かれは、バンベルクでニートハンマーと合流したいという希望を表明し、一時、その地に滞在する(一八〇六年九月五日付の手紙。C1一〇九―一一〇)。

ヘーゲルの生涯には、長いあいだにわたって、どこに行くのかわからないという悩みが、また積荷を積み込む地点が見つからないという悩みが存続している。

けれども、かれの性格のある特徴はつねに維持されている。すなわち、かれは個人生活の有為転変と、世界的な突発的大事件とを区別し、個人的には悲嘆に暮れることがあっても、精神の普遍的進歩の、とりわけ哲学の普遍的進歩の展望を評価するすべを知っている。

一八〇六年九月十八日、何人かの学生たちを前にして行なわれた思弁哲学についての講義――文体と調子はまったくふさわしくないが、しかし思想の大いなる高揚を秘めた講義――の壮重な結論がそのことを証明している。「われわれはある重要な時代の、発酵した状況の中にいる。精神はそこでは突然の激しい発作を起こし、従来の形態から脱け出て、新しい姿を獲得する。これまでの表象や概念のすべてが、そして世界のあらゆる絆が崩れ去って、夢の幻視のように解体する。精神の新たな出現が準備される。他のものが空しく精神に抵抗して、過去に固執し、大多数の人びとがそれと意識せずに精神の現われの総体を構成しつつあるうちに、哲学はその現われに敬意を捧げ、その存在を認識しなければならないのである。だが、哲学は精神を永遠的なものとして認めることによって、それに敬意を表すべきであろう……。」(D三五二)

一八〇六年十月に、ヘーゲルは『精神の現象学』の執筆を完了した。

それは分類不可能な作品であって、多種多様な多くの知的内容を含み、非常に新しい視点をもたらし、しかもきわめてとっつきにくいという性格を有している。われわれは、その著作が、ヘーゲル本来の新しさの本質を導入しており、少なくとも萌芽的には、ヘーゲルがのちにその豊かな体系のなかで、またその体系を完成させるさまざまな『講義』のなかで展開することになるいっさいのものを含んでいると見なして差し支えないであろう。

ある意味では、ヘーゲルはその著作において、カントが現象と本体、相対と絶対、経験的なものと超越論的なものとのあいだに決定的に掘り下げたと信じた深淵を思弁的に埋めるべきものと考えている。けれども、フィヒテの観点――かれは一八〇五―一八〇六年の冬学期に、ベルリンで「現代の根本的特徴」についての講義を行なっている――を採用するわけでもなければ、シェリングの観点――かれは『現象学』の「序文」に含まれる批判的な仄めかしを、きわめて悪く受け取っている――を採用するわけでもない。戦争の嘆かわしい状況のなかで、断片的に次々と出版社に運び込まれるというかたちで委ねられたこの作品の印刷は、一八〇六年二月に開始され、一八〇七年春に終了した。

この『精神の現象学』は、それを誹謗する者も、またそれに追随する者も、今日では「避けて通ることのできない」本質的な著作と見なしているが、当時においては悲惨な運命を蒙っている。まず、その書物は一般の読者にとっては厄介な外見と文体をもっていたために、出版社を見つけるのが大変困難であった。出版社は、それを「ベスト・セラー」にすることなどとうてい望むべくもなかったのである。ヘーゲルは、出版社の忍耐心につけこんだといえよう。結局、ニートハンマーが、最後の頁を渡すさいに遅れた理由をきちんと納得させるために、個人的に財政上の保証を与えてやらねばならなかった。律儀なニートハンマーというべきであろう。たしかに、この「神学者」、「教育学者」、「哲学者」、さらには行政官は、教養ある炯眼の人物であり、『現象学』の意味と価値を理解する能力を充分に備えていた。かれはテュービンゲン以来、ヘルダーリンおよびヘーゲルと面識があり、イェーナではヘーゲルの親密な友人となった。しかし、その事実から、あらゆる点で成功する見込みのない書物を出版するために、金銭に事欠く観念論者に財政上の保証を提供するという行為に移行するには若干の距離があろう。ニートハンマーの動機は、直接的には確定しがたいものである。いったい、かれ自身は非常に裕福な人物だったのであろうか。かれがそのように自由に処理しえた金の出所は、はたしてどこだったのであろうか。そして、イェーナが災厄に見舞われたときに、ゲーテがクネーベルに向かって、ヘーゲルに与えるよう勧めた金はどこから出たものであろうか。公国の金庫からだったのであろうか。

なるほどヘーゲルは、かれの思想が正しく、またあますところなく表現されている作品が公刊されることに、著者として、また独創的な哲学者としておおいに満足を覚えたはずである。しかし、その著作は同時に多くの厄介な事柄を引き起こそうとしていた。それらの事柄のうち、すでにシェリングとの関係が直接悪化したことが挙げられよう。シェリングは、〔『現象学』に含まれる〕不愉快な議論のために、自尊心を傷つけられていたのである。

本当の新しさが陽の目を見るためには、多くの古くさい考えが消え去る必要があろう。

この著作の出版はいずれにせよ、その普及を図り、反響を高めるという観点からすると、最悪の時期に行なわれたといえる。そして同時に、イェーナにおけるヘーゲルの熱心な哲学的活動は、さまざまな出来事によって突然中断されるのである。

一八〇六年十月に、イェーナでは、砲撃の音が近づいてくるのが聞こえる。未来のモントベロ公ランヌ〔イェーナの戦いにおける有名なフランスの将軍〕――ヘーゲルはのちにもう一度かれの噂を耳にする機会があるであろう――の軍隊が、その町でプロイセン軍を撃退する。有名な戦闘がイェーナを荒廃させ、ヘーゲルがなお抱いていたかもしれない、その地で身を立てるというかすかな希望を決定的に打ち砕いてしまう。かれの住居は略奪され、かれは粗暴な兵士たちとの危険な口論に巻き込まれる。かれは友人の家に、とりわけ、例外的に難を免れた出版業者フロムマンの家に避難先を求めなければならなくなるであろう。しかし少なくとも、かれのもっとも貴重な財産、すなわち万難を排して完成させ、出版しようと努めた『精神の現象学』の原稿を救うことはできたのである。かれは戦闘のさなか、町が火災に包まれているあいだ、この原稿の最後の部分をポケットに入れて持ち歩いていた。現象学的プロセスは大砲の音とともに終結を迎えるが、その反響を、当初ボナパルトに捧げられたベートーヴェンの『英雄』のうちに認めることができよう。

ヘーゲルはまたこの悲惨な状況のなかで、妊娠している内縁の妻と、彼女の子供たちをいっしょに連れていた。かれは金に困っていた。ゲーテはクネーベルに対して、困窮の状態にある若干の知識人たちに資金を配るよう命じている。かれはクネーベルに、十月二十四日付で次のように書き送っている。「もしヘーゲルが援助を必要とするならば、一〇ターレルほどかれにやってくれたまえ」と。どのような資格で、クネーベルは突然、会計係の役目を引き受けたのであろうか。

その戦闘の翌日、ヘーゲルはナポレオンがイェーナの路上で視察を行なっている姿を目撃する。かれはニートハンマーに宛てた手紙で、厳かに日付を記入している。「イェーナ、一八〇六年十月十三日、月曜日。イェーナがフランス軍に占領され、皇帝ナポレオンが入城した日」と。そして、かれはこの手紙のなかに、のちに有名になった熱狂的証言を挿入している。「わたしは皇帝――この世界精神――が町を出て、視察に赴くのを目撃しました。このような一個人が、一点を見据えて、馬上から世界へと広がり、そして世界を支配するのを見ることは、実に驚くべき経験です。」かれは、「賛嘆せずにはいられぬこの驚異的人物」を前にして、夢心地の気分を味わうのである（C1一一四―一一五）。

しかし、かれはのちに、「先頭に立って進む偉大な人物が、たくさんの無垢なる花を踏みにじり、その途上で多くのものを破壊せざるをえなかった」[*25] ことを認めるであろう。

ヘーゲル自身も、偉大な伝統的哲学体系を容赦なく破壊する。それはちょうど、ナポレオンが時代遅れの大公国や王国を足下にねじ伏せるのと同じことである。

だが、ナポレオンと違って、ヘーゲルの勝利は純粋に理論的なものに留まっている。かつては、精神に見棄てられたイェーナを立ち去るべく、それなりの決意を固めたこともあったが、いまやかれは荒廃した町と大学から離れることを余儀なくされている自分を見出すのである。

普遍の勝利は、特殊の苦しみのなかでしか達成されないであろう。ヘーゲルはそこにおいて、踏みにじられた小さな花――感動的な比喩――のように存在している。かれは移植によって、ふたたび力強さを取り戻そうと願うのである。かれはもう一度、移住しようとするであろう。

かれのまわりで、いっさいのものが崩れ落ちる。神聖ローマ帝国も、ザクセン＝ヴァイマールも、イェーナ大学も、かれ自身の駆け出し大学人としての身分も。そして、われわれがずっと知らないままでいるかもしれないなんらかの深い理由で、かれと内縁の妻との関係すら、崩れ去っていくのである。

こうした悲しみの光景の上に、帝国の鷲はその巨大な翼を広げるであろう。

*25　ヘーゲル『歴史における理性』、ハンブルク、マイナー書店、一九五五年、一〇五頁。

第10章　非嫡出子

「われは見たり、幼子よ、汝が世の人びとの前に進み出ずる姿を、
おのれへの絶大なる信頼感を抱きつつ。
而して、世の人びとが来たるべきときに、
汝をいかに迎えんとも、汝は心を安らかにしてあれ、
友のまなざしが汝を祝福せしがゆえに」
（ゲーテ、ルートヴィヒ・ヘーゲルの『アルバム』所収、一八一七年三月二十九日。C３
三七八）

イェーナにおけるヘーゲルのさまざまな営みのなかで、かれの生活のいっさいにこのうえなく重くのしかかることになるのが、一八〇七年二月五日に生まれた子供ルートヴィヒである。

ヘーゲルの生涯はいまや、ブルジョア的ドラマへと向きを変える。つねに先を進んでいるディドロは五〇年前に『私生児』を上演し、次いでこの戯曲に記念すべき注釈をほどこすことによって、ひとつの文学ジャンルを創造した（一七五七年）。一八〇二―一八〇三年には、ゲーテが、なるほどかなり異なった見通しのもとにおいてではあるが、その悲劇『庶出の娘』を公刊している。ドラマであれ、悲劇であれ、そこではルートヴィヒの生活を破壊するようになる事柄が問題にされているのである。すなわち、秘密や、兄弟たちの嫉妬や、世間の蔑視……である。

非合法の子供が生まれることは、君主や貴人たちにとってはほとんど悩みの種とはならないであろう。かれらは暇にあかせて、快楽のために私生児を殖やしていく。フランス国王やヴュルテンベルク公は宮廷の女官や侍女たちを自由に孕ませ、あらゆる階層の私生児を撒き散らしていくのである。農奴や貧乏人にとっても、少なくとも道徳的ないし社会的困難は同じく存在しないであろう。この次元では、あらゆる子供たちは「自然〔私生〕」であり、等しく悲惨

を運命づけられている。

　これに反して、ブルジョア社会に生まれる私生児は、より深い異常性と不調和を示している。要するに、かれはただちに社会の枠外へと落ちていくのである。遺産相続では、私生児の存在が明らかになると、人は不安に襲われる。ブルジョアと、ヘーゲルのようにブルジョア化を熱望する人びとにとっては、この不都合は実際上、重大な社会問題を提起するために、かれらはそれを一致して、道徳的苦悩へと昇華させようとする。とはいえ、そこかしこにおいて、諸個人は取り繕った見せかけの態度や、これ見よがしの信仰に合致したかたちで行動することはないであろう。かれらは、厳格な市民的秩序や、峻厳な宗教の幕の背後で、商売と同様に盲目的で無秩序なかたちの性行為を実践しているのである。

　ヘーゲルはのちに、一種の自己満足の気持をこめて、このような嘆かわしい風俗のありさまを描くであろう。「最近、フォン・ハラー氏なる人物が自分の頭にピストルの弾を打ち込みました。上院議員フォン・シュトレーマーの妻は自分の娘の子供を水中に投棄し、いまや塔内に投獄されています。近頃、自分の娘と近親相姦の罪を犯した男が間もなく車責めの刑に処せられることになっています。娘の方も同時に断首の刑に処せられるでしょうが、その理由は両者とも子供を殺したからです。他の娘たちもまた妊娠しています。以前、わたしの知っている娘より十四歳も年上の娘が喜劇役者と駆け落ちしたことがありました。数日後、別の娘があとを追ったのです。ときおり、川で溺れた女たちが見つかることもあります」(C1三〇三)……。

　ああ、時代よ、風俗よ。

　この日常的悲劇を、ヘーゲルはルートヴィヒが生まれてから三年後に、かれの恋の冒険を正確に知っていた親友のクネーベルに宛てた手紙のなかでそのように回想している。

　ヘーゲルはたぶん、その深遠なカトリック的宗教性を自負しているこのバイエルン地方の町の卑劣さを、ルクレティウスの翻訳者たるこの「唯物論者」に対して明らかにすることを楽しんでいるのである。一八一〇年になってもいぜんとして車責めの刑が行なわれ、また好んで断首の刑が執行されているが、しかしそれにもかかわらず淫乱な生活が減ることはないであろう。

性的な違法行為や苦悩を誇示しようとするヘーゲルのこうした熱意に口実を与えてやるとすれば、情状酌量に値する状況が引き合いに出されるであろう。すなわち、かれは当時、結婚を真剣に考えていたのであり、ニートハンマーに、とりわけニートハンマーの妻に、自分のために配偶者を見つけて欲しいと頼んでいたという事実である。そのさい、かれは、美化するような比較を喚起している。かれヘーゲルは、これらすべての悲惨で不道徳な人びととは違って、みずからの行為に責任をもち、新しく生まれた子供を正式に、また手早く認知し、その子の養育と教育を引き受け、母親を自殺に追いやるようなことはけっしてしなかった、と。それは、当時の尺度からすれば、一般の人びとの行動とは対照的な、気高い行為にほかならない。それこそ、かれの人柄の美しい側面のひとつである。

庶子の運命は、未婚の母の運命とともに、その時代の文学につきまとっている。なかでも、人はゲーテの『ファウスト』のことを考えるであろう。その書の第一部は一八〇八年になってはじめて公刊されたが、それ以前に、切り離されたいくつかの断片だけが出版されている。

奇妙なことに、家族の非合法性という間接的な通路を経て、ブルジョア社会はみずからの本質的な不調和と、その崩壊の危険を漠然と意識する。ブルジョア社会は、脅威がその周辺部分、排除された部分においてのみ表現され、その内奥そのものには変化がないことを納得したいのである。

庶子が生まれるときは、喜びの声は上がらない。かれは家庭を不安定にし、伝統的な価値への信頼を掘り崩し、志操堅固な人びとを醜聞に巻き込み、支配的なイデオロギーを侮蔑するように仕向ける。かれはさまざまな評判や関係や経歴を巻き添えにし、そしてみずからも非難と不幸に晒される羽目に陥るであろう。たとえばゲーテは、ヘーゲルの息子に関してそうした予感をもっていたようにみえる。野蛮な偏見に対して、何がしかの声が湧き起こってくる。それはヘーゲルが聞きたいと思っている声、『現象学』のなかで引用している声、要するにディドロ、ゲーテの声である……。

　右の著作のなかで、ヘーゲルはその問題について、「快楽と必然性」というタイトルのもとに、他の諸章と同様の驚くべき一章を捧げている。ドイツ語の快楽（Lust）という言葉は喜びと同時に欲望を指し、また必然性（Notwendigkeit）という言葉には、それを宿命と同一視させうるような悲嘆の意味が含まれている。注釈者たちは、この章とゲーテの『ファウスト』とを意識的に結びつけようとする。しかしながら、それはむしろイェーナにおけるかれ自身の生活の意味深長なエピソードから――たとえひそかなかたちではあっても――より直接的にヒントを与えられたものではあるまいか。そこには、「ルソー流の」告白のようなものが存在するが、しかしルソーほど仰々しくはなく、もっと概念化されている。

　こうして、ヘーゲルは小さなルートヴィヒの父親となる。それは、代父のひとりで、哲学者の弟にあたる人物の洗礼名ルートヴィヒに由来している。二番目の代父は、出版業者のフロムマンにほかならない。かれは、ザクセン＝ヴァイマールのあらゆる偉大な作家たちと関わりをもっている。それは、いつになく豊饒な年である。というのも、小さなルートヴィヒと大きな『現象学』がほとんどいっしょに、しかも等しく冒険的な状況において世に現われたからである。

　いずれの場合も、苦痛をともなう誕生であった。もしヘーゲルが普遍的調和、予定調和を、すなわち調整されている調和を信じていたならば、一八〇七年はかれを幻滅させたことであろう。しかし、だいぶ前から世慣れた人間になっていたかれは、自分が容赦ない世界に投げ込まれていることを知っていた。

　かれはけっして、言葉の宗教的意味における「罪」の感情に苦しむことはなかった。かれは罪の実在性を[*1]、一般的なかたちでは信じていなかったし、それの伝統的な定義に異議を唱えていた。いかなる悔恨も、かれの心をむしばむ

*1　罪については、『哲学史講義』（ガルニロン訳）、第三巻、四七六―四七七頁（「〔このような弱点や過ち〕をもつ人間は、それになんらの重要性……も与えないかぎり、おのずからただちにそれらの弱点や過ちを許されている」）。

ことはなかった。かれは、カント的義務がごろつきどもに空しく命じていたようないっさいの事柄を、自然な姿で行なったのである。かれは、人びとがかれをさまざまな命令へと服従させることを必要としていなかった。かれは、最善のときにも、また最悪のときにも自分の息子に配慮を示したが、しかし最悪の方が打ち勝った。というのも、庶子はかれにとってつねに、混乱と悲しみの、内面的であると同時に外面的な原因となったからである。

＊

ヘーゲルは、下宿先の女主人との子供をもうけた。この女性の社会的身分は正確には規定されていないが、しかしきわめて低いものであったことは間違いない。彼女の名前はクリスティアーネ・シャルロッテ・ヨハンナ・ブルクハルト（一七七八―一八一七年）で、夫と別れてから、すでに二人の庶子を生んでいた。ヘーゲルはしばらくのあいだ、心移りがするまで彼女を真剣に愛していたようにみえるが、かれの心変りの責任――そのことが問題になりうるとして――が何であったのかをいまとなっては特定することはできないであろう。

愛は死んだが、憂慮は残っている。

ヨハンナ・ブルクハルトはヘーゲルにとって、彼女が生きているかぎり、不安と心労の種となった。哲学者の心は、他の人間の心以上に単純でも、明澄でもなかった。彼女とのいっさいの関係をきっぱりと断ち切ってからも、つねに「わたしの子供の母親」（C1二二四）と名指ししている女性に対して、かれは長いあいだある種の愛情を抱き続けている。かれは、彼女に結婚の約束をしていたのであろうか。彼女の方はそう称していて、できうるかぎり、昔の愛人が他の女性と関係を結ぶのを阻止しようと努めた。ヘーゲルが一八一一年に、まったく別の身分の出であるマリーア・フォン・トゥヒエルとの結婚を考えるさい、イェーナでかれの子供の教育を監督していたフロムマン夫人（旧姓ヴェッセルヘフト）に、「ブルクハルトなる女性」がその計画の障害とならないために、彼女には隠しておいてくれるよう依頼するであろう。

ブルクハルトが一八一七年に早世するとき、かれはできるだけ早く彼女のことを忘れようと望むであろう。そして、送葬の辞は短いものとなるであろう。「フォス〔ハインリヒ（一七七九―一八二二年）、言語文献学者にして翻訳家、有名なフォス（ヨハン・ハインリヒ、一七五一―一八二九年）の息子〕はその後、わたしたちのところにルートヴィヒを連れてきました。わたしはかれに、フォスが知らせてくれた通り、かれの母親が亡くなったことを伝えました。そのことは、わたしよりもむしろかれの方により多くの影響を及ぼしました。以前より、わたしの心はすでに彼女から離れていて、彼女とルートヴィヒとの――したがってまた、間接的にわたしの妻との――不愉快な接触を危惧するほか、どうしようもなかったのです……。ルートヴィヒはわたしにとっても、妻にとっても、喜びの種でした」（C2一四〇）。

誰ひとり喜ばないような人の死は稀である。けれども、小さなルートヴィヒは自分の母親のことをけっして忘れないであろう。その時期に――かれは十歳である――ルートヴィヒがすべての人びとを魅了しているのは注目すべきことである。すなわち、父親、義母、フロムマン家の人びと、ゲーテ、クネーベル――かれもまた例の『アルバム』に載っている――そして、フォス――かれはルートヴィヒと同道する役目を引き受け、また「庶子」の噂を聞きつける有名な作家ラ・モット＝フーケ男爵に、かれの方から手紙を書いている――である。ところで、フォスの手紙には次のように記されている。「わたしはイェーナに立ち寄りましたが、そこから、現在の同僚である哲学者ヘーゲルの長男を連れ帰りました。この子は魅力的で、才能に富み、快活で、感動的でもあります。この子に対しては、トルーフセス〔フォン・ヴェッツハウゼン〕が愛情を抱いていました。」（B4一二七）

数年後には、ルートヴィヒは皆から嫌われるようになり、同時にまた皆を嫌うようになるであろう。いったい、誰に落ち度があったのであろうか。

いうまでもないが、認知された庶子がいることは、ヘーゲルと、ニュールンベルクの貴族の家柄の娘との結婚を取り決めることの助けとなるはずはなかった。だが、かれにとって幸いなことに、この一家はかなり手元不如意で、さほど要求がましい態度を示すことはできなかった。とはいえ、当時四歳であった小さなルートヴィヒのことを婚約者に、義理の両親に、また牧師にも打ち明ける必要があった。もちろん、細部については、触れられないいくつかの嘘があることは容易に想像できるであろう。しかしながら、ヘーゲルの誠実さについては、ニートハンマー家の人びとによって保証されていた。それはちょうど、『現象学』が出版されるときに、かれらがヘーゲルの支払い能力を出版業者に対して保証したのと同じことである。もともと、乗り越えねばならないあまりにも多くの障害が存在していた。たとえば、二人の配偶者の大きな年齢差――彼女は二十歳で、かれの方は四十歳以上であった――求婚者が平民の身分であること、そしてもっとも認めがたい欠点は、ヘーゲルが文無しだったことである。結婚の日取りは、その費用を払う金が不足していたために、遅らせねばならなかった。もっとも、ヘーゲルは若干の長所をもっていた。なかでも、相手の婚約者が結局は気づく素振りを見せたその天与の才能である。すなわち、ニュールンベルクのギムナジウムの校長であり、すでに世に認められている知識人であり、その未来を当てにできる著作家であるという長所にほかならない。

ヘーゲル夫妻がのちにもうけた二人の嫡出子は、かれらの邪魔になる半兄弟に対してかなりひどい態度を示したようにみえる。そして、ヘーゲルが何度も〔ルートヴィヒを〕家族に組み入れようと試みたことを――ヘーゲル夫人も、義母というむずかしい役割のなかで、誠実にそれに協力した――かれらはつねに妨害しようと努めたのである。最終的にルートヴィヒは家族から排除され、父親はかれからヘーゲルという姓をも取り上げた。そこでかれは、母親の娘時代の名前であるフィッシャーを名乗った。

けれども、かれは最初、法律的に認知されていたために、二人の嫡出の息子はそのことをひたすら悔やんでいた。かれらがまだ若かったにしても、一八三一年に父親の葬列に加わりながら、ルートヴィヒが要求を掲げてふたたび姿を現わし、その結果、遺産の三分の一が最終的にかれらの鼻先を素通りするような事態になることを恐れたはずである。

非常に惨めな気持で、間もなくイェーナを立ち去らねばならなかったヘーゲルは、独身で、しかも内縁の妻と別れてしまったために、新しく生まれた子供の、そして、のちになると母親の保護のもとに置かれなくなってしまった少年の面倒をみずから見ることができなかった〔嫌味な闇取引と訴訟があったのではないかと想像される〕。しかしかれはその子を、卓越した友人たち、すなわちフロムマン家の縁者であるヴェッセルヘフト姉妹の経営する施設に預けるという幸運に恵まれた。ヘーゲルがかれらに対して適切なかたちで、またいかなる便法を用いてその償いをすることができたのかどうか考えてみる必要があろう。というのも、イェーナにおける小さなルートヴィヒの保護者たちは並みの人間ではないからである。その名がつねに出版社に冠せられることになる有名な書店主フロムマンは、模範的なフリー・メースンで、重要な文化的役割を果たしていた。フロムマン夫人は、ハンブルクの名だたる出版業者フリードリヒ・ボーンの妹であった。ボーンは「啓蒙された」、しかも大胆な精神の持ち主で、フィヒテは窮地に陥ったさいに、著書のひとつをかれのところで出版しようと考えたことがある。それというのも、フィヒテの記しているところによれば、「ボーンはこのうえなく厄介な著作を刊行することも恐れない」[*2]からである。

少年ヘーゲル〔ルートヴィヒ〕は、庶出という境遇にもかかわらず、一挙に上流社会に入っていった。そこは、〔父親〕ヘーゲルが親しく、また頻繁に訪れたはずの場所である。たとえば、ゲーテ、フロムマン、ボーン、ヴェッセルヘフト、および知的レヴェルの点でかれらに近い他の多くの人びとがそれにあたるであろう。当時はあまり知られていなかった父親と、見棄てられた母親から生まれた少年が、ドイツ最大の詩人である宰相のサロンで、ゲーテの膝に乗って飛び跳ねることができたと考えるのは、何か素晴らしい思いつきであろう。けれども、かれの特徴であったある種の予知の才を身につけていたゲーテは、十歳の男の子の『アルバム』に収められた詩句のなかで、いずれ起こるかもしれない不幸をあらかじめ慰めるために、いまだ幸福な幼年時代にあるかれに偉大な人物が友情をこめたまなざしを向けたことを、いつの日か思い出す必要が生じるかもしれないと予感しえたのである。

ゲーテは、庶子の生活が、当時の状況――かれみずからその厭わしい性格を描いている――においては、一時的な

*2　フィヒテ、一七九九年五月二十二日付のラインホールトに宛てた手紙。

ものに留まらざるをえないことを見抜いていた。たしかに、ルートヴィヒの生活のさまざまな段階で、ヘーゲルの友人たちが、しかも多くの場合ニートハンマーのような文化生活上の有名人や、ファン・ヘールトのように政治生活、外交生活上の有名人が、いわば「ヘーゲルの息子」に奉仕するかのように動員されるであろう。けれども、それはなんの役にも立たないであろう。かれは最後には、沈んでいくのである。かれには、世間の人びとを熱意をこめて迎え入れるという感情が欠けていた。かれは急速に、ゲーテがかれのうちに認められると考えた「自分への信頼感」を失っていった。

かれの生涯は、ありふれたメロドラマのように、あるいはスリラー映画のように、二四歳で終わりを告げるであろう。最初から運命の刻印を記され、向う見ずにも外国の軍隊に入り、やがてバタヴィアで栄光に包まれることなく死んでいく人間につきまとう宿命にほかならない……。

ヘーゲルのこの息子の行動についての評価は、参照する個々の資料によって、とりわけかれ自身が友人に宛てた手紙のなかで描いている短い自伝を考慮するか否かによって、変わってくる。この伝記は、それを書いた人物がしばしば「駄目になった」とか、「何ごとにも適さない」といった特徴を与えられていることを思えば、それほど悪い出来ではないことに気づくであろう。かれは自分をかなり都合よく解釈しており、そして一八二五年には父親に罵倒の言葉を浴びせている。かれは、ヘーゲルを「自分の父親」と呼び続けることさえ拒否する――しかし、父親の方もかれのことをもはや「自分の息子」と呼ばなくなることも事実である。

ルートヴィヒに関する哲学者の手紙、とりわけ哲学者が何年にもわたってフロムマンに書き送った手紙は、愛情のこもった不安げな気配りと、刺し込むような憂慮の念を証明している。かれはこの少年を、何がしかの人物に仕立て上げたいと望んでいる。かれは少年の発展とさまざまな面での進歩を、希望と失望が交錯する状況のなかで注意深く見守っている。

ヘーゲルは結婚したあと、さらには二人の息子が生まれてからも、少年を迎え入れ、家庭で育てようと妻とともに試みている。ヘーゲルは善意のちょっとしたしるしにも喜びを覚え、ルートヴィヒを他の二人の息子と同様に、ベルリンのフランス学院に登録させる。これらの試みはすべて、最終的には失敗に終わり、その挫折は残酷なかたちで体験されるのである。ルートヴィヒはどのような場所においても心の安らぎを覚えず、どのような研究をしても成功せず、どのような修練も完結することができず、やがて排除され、また自分自身もあらゆる場所から離れていくであろう。

あまり愛されることのないこの人物、あるいは自分が愛されていないと信じこんでいるこの人物と父親との関係は――かれの義理の母親のことは触れないとして――一連の誤解、危機、真剣ではあっても守られることのない約束、一時的な和解、不手際な妥協等々しか生み出さないであろう。それは、痛々しく強制する状況のなかで、互いを不幸にし、またみずからもそれぞれ不幸になっていく父と子の哀れな物語である。

ある意味では、何ごとも不足しておらず、哀願や抑圧も見られない。また叫び声や失踪もないであろう。忘恩の振舞いという非難に対して、ルートヴィヒは答える、もともと善良で、しかも前途有望なかれの本性を人びとが破壊しようとしたのだと。

とりわけ不愉快なあるエピソードのために、事態は真に悪い方向に転じた。すなわち、ルートヴィヒは窃盗の罪を犯したと納得させられてしまったのである。それは花瓶を溢れ出るしずく〔我慢できないこと〕であったのか、それとも人が陰険に機会を窺っていた口実であろう。じっさいのところ、金額はお話にならない程度のもの、すなわち六〇ペニッヒである。だが、ヘーゲルは腹を立てる。かれはルートヴィヒから、自分の姓を取り上げる。ルートヴィヒはもはや、ヘーゲル家の名誉ある名前を身につけるに値しないというのである。かれは以後、ルートヴィヒ・フィッシャーと呼ばれるであろう。かれはこの否認を究極的な不正として、また修復不能な侮辱として受け止める。父親は、希望している医学の勉強にかれがとりかかることを拒否し、商人見習いになることを強制するが、かれはみずからその仕事を放棄してしまう。かつて友人のまなざしに祝福されたことがあるという事実は、たとえその友人がゲーテであっても、かれを慰めはしないのである。かれは反抗する。

おそらく、それ以上の詳細な説明が不足しているために、人は呆気にとられることであろう。いったい、この父親は何を考えていたのだろうか、と。ヘーゲルの振舞いは、最初父親であることを認知した態度の否認にほかならなかった。あらゆる失敗を経たあとで——そうした失敗の最終的責任を探るのは、いまとなっては無益であろう。たぶん、それは双方が負うべきものであり、運命的なものなのである——また、それがヘーゲルの側から行なわれた、息子に名誉ある未来を確保してやるための試みであるのか、それとも反対に息子を厄介払いするためのいっそう要領のよい手段であるのか決めかねるところであるが、ともかくヘーゲルはルートヴィヒのために、一八二五年に、オランダ植民地軍の将校の職を買い求めるのである。ルートヴィヒは一八二六年にバタヴィア行きの船に上船し、五年間便りをしないまま、その地で一八三一年八月二十八日に亡くなるであろう。それは父親の死の三ヶ月前のことであったが、通信が非常に遅れたために、父親が息子の死を知ることはけっしてなかった。ルートヴィヒ・フィッシャーの死亡証明書は「炎症性の熱病」を死亡原因としているが、これは父親の命を奪うことになる「コレラ」と同様に、あまり信頼できるものではない……。

さまざまな資料の証明するところによれば、いずれにせよヘーゲルは息子の境遇に、すなわちかれがバタヴィアで軍役に就いてからの軍隊の状況になお関心を抱いていた。それはまさしく、引き裂かれた魂の姿である。かれは最初、これで厄介払いができるとばかりに息子を追い出す。そして、息子が遠ざかってしまうやいなや、かれがどうなることかと心配になり、かれを助けに行くための努力をする。たぶん、ヘーゲルは後悔の気持を覚えていたのであろう。

ヘルダーリンはフランクフルトで、許されざる恋に苦しんだことがある。ヘーゲルはイェーナで、不幸な父親であることに悩んでいる。一方の人物は、その地で理性を失ってしまったが、他方の人間がその不幸によって、それ以上の動揺に陥らなかったのはみごとというべきであろう。

＊

ルートヴィヒ・ヘーゲルは、卑しい偏見と不規則な感情の重圧に屈した。たしかに、それは執拗な偏見であった。ホフマイスター――ルートヴィヒに関する資料の一部を、それなりの好意をもって公刊したという功績を帰せられる人物。かれは、ヘーゲルのもうひとりの息子である歴史家のカールが、ルートヴィヒに関して「沈黙という不愉快な戦術」（C3三七八）をとったことを非難している――ですら、ルートヴィヒの「遺伝的気質」、すなわち、〔ヘーゲルに〕ふさわしくない母方の血筋に由来することが明らかな気質を告発するのをためらわない（C3三七八）。こうした不吉な「遺伝的気質」は、幼い子供のうちにはほとんど現われていなかったものである。晩年に、教育学的忠告を与える気持をもったヘーゲルだが、自分の庶出の息子の教育――たしかに、大変微妙な局面において行なわれたものではあったが――に関しては完全に失敗した。

ヘーゲルの生涯には、他のすべての人びとと同様に、しかもさまざまな段階を有する喜びと苦しみ、希望と失望、勝利と挫折が含まれている。運命はかれのために、不幸の重みをいくらか軽減してくれたのである。人はかれの成功を詳しく報告し、その限りない営みを誇りに思い、またその栄光を大げさに引き延ばすこともできる。だが、その底にはつねに、たえまない、深刻で悲痛な伴奏が、すなわち庶出の息子の苦しみと呻き声が聞こえるのである。

ヘーゲルの伝記作者たちは一般に、かれの品行を称えている。かれらはみずからの宗教的、保守的基準に従って、あるいはまた、晩年に哲学者自身が公に宣言した種々の要求に従って、その品行を評価しているのである。かれは書物のなかと同じように、生活においても理性的であり、賢明であったということであろう。言い換えれば、プロテスタンティズム固有の伝統が描いているような、またその宗教が好んで思い描いているような古いタイプのプロテスタントというわけである。ヘーゲルはこの点で、幼少期に忘れえぬほどの道徳的刻印を受けたのであり、そこからけっして離れたことはないということになろう。人びとはそう言いながらも、かれの青年時代の著作の本質が以下の事実を証明することにあったのを忘れている。すなわち、一般に提示されている宗教と道徳は、じっさいには「耐え難い」ものであり、実践不可能であるという事実を。

ロックは一九一二年に、「この最初の年月、かれはつねにある種のブルジョア的な俗悪さをもって（原文のまま）、規則正しい簡素な生活の流儀を守った」[*3]と記している。もしそれがかれの流儀〔好み〕であるとするならば、それは満たされたということであろう。

ディルタイはそれより以前の一九〇五年に、いっそうはっきりした姿勢を示している。「かれが育った家庭は質素で、生真面目で、昔ながらのプロテスタンティズムの精神に満ち溢れていた。そして、たとえヴァイマールとイェーナの理想がのちになって生活に対する見方を変えたとしても、少なくとも個人生活の行動については、かれの幼少期の環境であったきわめて立派な古い生活形態がつねに決定的な要素として残ったのである。すなわち、かれはプロテスタント的習慣と父祖の家の生活上の規則に対するいっさいの懐疑から、自分自身の生活を無事に守ったのである。」[*4]それこそまさに、小さなルートヴィヒが幼少期に怒りの叫びを上げた状況にほかならない。ディルタイもロックも、かれの存在を嗅ぎつけてはいない。かれらはそのことに言及さえしていないのである。ヘーゲルの時代のプロテスタントは、道徳的厳格主義と、他の宗教や無神論者のそれよりも偉大な自分たちの生活習慣の純粋さをしばしば鼻にかけていた。

本当をいえば、われわれは、ヘーゲルの父祖の家でどのような「生活習慣」がじっさいに重きをなしていたのかを正確には知っていない。プロテスタント的生活習慣の「古い形態」には、ふだん公言していることのほかに、独身者が、すでに姦通の罪を犯している既婚女性に別の子供を生ませるというような放縦も含まれていたのであろうか。

一方、ヘーゲルは、この快楽主義的行動についてかれなりの説明を行なったが、しかしそれはきわめて一般的な響きを帯びており、意識の発展の典型的かつ必然的な段階としてのことである。『現象学』のある特別な章で、かれは個人主義的欲望の宿命的帰結として提示するものを、弁証法的な方法で詳しく説明している。みずからをより十全に実現するものと信じつつ快楽的欲望に屈する意識は、おのれの行為が意識自身に跳ね返り、別の態度へと移行するように、また進化の別の段階へと高まっていくように強いられるのである。

ヘーゲルの文体のもつ晦渋な性格にもかかわらず、事情に通じた読者はここで、かれが分析した「欲望＝快楽」の官能性を感じとる。この章には、著者が体験した感情的エピソードの知的活用が見られるのではあるまいか。しかしながら、年代の検討によって、ひとつの反論が示唆されるであろう。ルートヴィヒ・ヘーゲルは一八〇七年二月五日に生まれているが、一方、『現象学』はバンベルクの出版社から、一八〇七年三月にきわめて不安定な状況のなかで公刊されたのではないか、と。ヘーゲル自身も、イェーナの戦闘（一八〇六年十月十四日）の前夜に、原稿を完成したと主張している。ヘーゲルはたぶん、交際相手の妊娠をすでに知らされていたはずであり、他方では、かれが原稿を出版社に断片的に渡していたこと、しかも著作の全体的構成に関してさえ、たえず付け加えたり、削除したり、修正したりしていたことがわかっている。けれども、そうしたすべてのことは、かれが快楽に関する章を執筆するにあたって、赤子のことを考えていたと想像するのに充分であろうか。かれは自分の作品に、新しく生まれる子供のことをもちこむ時間的余裕があったであろうか。

作品と出来事のどちらが相対的に先であったかという問題は、別の場合にも提起されているため、ここでそのことに言及するのはちょうど良い機会であろう。また、「自己自身から疎外された精神」[*5]と題する『現象学』の別の章に関して、かれがディドロの『ラモーの甥』に驚くほど依拠していることを、年代的にどのように位置づける必要があろうか。この依拠の内容から起こるさまざまな問題に加えて、ヘーゲルがどのようにしてゲーテの翻訳――ディドロの文章を利用できる唯一の形態であり、しかも一八〇五年になってようやく出版されたものである――を使用する時間を見出すことができたのかを考えてみよう。哲学の体系を公刊しようというヘーゲルの意図は、一八〇二――一八〇三年にまで遡る……。一八〇六年には、かれはもはや序論しか検討しようとはしないであろう。

---

*3　ポール・ロック、前掲書、二一一頁。　*4　ディルタイ、前掲書、五頁。　*5　『精神の現象学』（イポリット訳）、前掲書、第二巻、五〇頁。

ラッソン版『現象学』の「序論」のなかでかれが与えている正確な指示は、この章の特殊な問題提起に触れておらず、ゲーテの翻訳を借用したさいの状況――とりわけ、年代的な意味で――についていかなるかたちでも明らかにしていない。したがって、より正確な後世の発見が欠けているため、この場合にもまた、疎外された世界の観念と、『ラモーの甥』の読書とのどちらが先であったのかと自問することができよう。これはいましがた、小さなルートヴィヒの泣き声と、おそらくそれをよりふさわしい形式で表現している『現象学』の諸概念とどちらが先であったのかを問いかけたのと同じ事柄である。

いずれにせよ、ルートヴィヒ・ヘーゲルに関しては、二者択一の二つの選択肢はいずれも意表を突くものであり、またそれなりに興味深いものである。すなわち、快楽についての章のなかで、ヘーゲルは息子の誕生が近づいていることにヒントを得たのか、それともまたゲーテのドラマに従って、息子が生まれることへの予感およびそれによってもたらされるさまざまな結果の予感として表現したのか、のいずれかである。こうした結びつきは、いずれの場合においても奇妙である。

『現象学』とは何か。ヘーゲルが格闘していた状況以上に複雑かつ劇的な状況のなかで、ひとつの哲学的作品が構想され、執筆され、公刊されたことがはたしてあったであろうか。しかも、戦闘のさなかでの完成という事情まで付け加わって。

伝統的に行なわれているように、謹厳で、「ブルジョア的」で、合理的なヘーゲルの生活スタイルと、何人かの同時代人や友人たち（ヘルダーリン、シェリング、クロイツァー、等々）のロマン主義的生活の喧騒とを決定的に対立させることは困難であろう。少なくとも外見上、かれの「身持ちが良かった」とすれば、それは、その結果が取り返しのつかないものとなった苦い経験の帰結にほかならないのである。

『現象学』の混乱した構成と熱に浮かされたような執筆のありさまについて、またその惨めな出版状況について、ラッソンはその作品への「序論」でかなり正確な指摘を行なっている。[*6] すなわち、ヘーゲルはそれをナポレオンのやりかたと似たような方法で執筆したのである、と。要するに、必然的な歩みと天才的な即興によって、しかもそれに先立つ緩慢で長期間の準備にもとづきながら、そして最新の情報に従ってたえず方向を変える用意を整えつつ進軍する方法である。

あとになってからの情勢の急変は、この種の状況におけるヘーゲルの迅速さを明らかにするのに役立っている。というのも、かれは最後の瞬間に、著作の執筆に手を加えるのを恐れないからである。一八二一年の『法の哲学』のなかで、かれは、プロイセン宮廷お気に入りの理論家であり、王太子の思想の鼓吹者であるルートヴィヒ・フォン・ハラーの歴史的＝政治的学説に反対するきわめて激しい注を挿入している。かれはこうして、驚くほど大胆な異議申立て者であることを証明しているのである。しかしながら、かれは事情も知らずに行動しているわけではないし、弾圧に対して英雄的に身を挺しているわけでもない。しかも、検閲はこの注に手を触れていない。それというのも、『法の哲学』の執筆時期（一八二〇年）と出版時期（一八二一年）のあいだに、検閲業務による一年の遅れが生じたが、[*7] その間、プロイセンにおけるハラーの賛美者たちにとっては思いがけない、唖然とするような出来事が起こっているのである。すなわち、ハラーがカトリシズムに改宗したという事件である。そのため、かれはプロイセンでは擁護しえない存在となった。そして、かれは全員一致で断罪されたのである。ヘーゲルはかれを激しく批判しているが、[*8] しかしそのためには右の出来事を異例の早さで知る必要があったはずである。

この種のエピソードは、ヘーゲルがきわめて巧妙に新しい要素を、時には混乱をもたらすような要素を、すでに充分に吟味した文章のなかに取り入れる能力があることをはっきりと証明している。庶出の息子はかれの生活に不意打ちを与えたが、かれはおそらくその出来事を通じて、もともと正確な標識を設けている現象学的展開を悲壮な決意で

---

*6 『精神の現象学』、ハンブルク、マイナー書店、一九五二年、二七―二八頁。　*7 「検閲の措置……は、『法の哲学の原理』の出版を一年ほど遅らせた」とホフマイスターは述べている（B2四四七）。カレールはこの指摘を取り上げていない（C2三三七）。　*8 ハラー事件については、本書三七〇―三七二頁、参照。

豊かなものにしようと望んだのであろう。ヘーゲルの場合、最後の瞬間がつねに重要である。かれは最新の年、最新の日、最新の時間の情報を利用する。

イェーナの、かなり自由で開かれた知的環境のなかで、ヘーゲルは自分の子供の出生についてほとんど隠し立てをしていない。かれがふたたびその町に戻ってきたときに、かれはその子供を上流社会に紹介するが、人びとは子供を親切に迎え入れたのである。

ところがその後は反対に、かれはさまざまな居住地で、状況に応じて多少なりとも子供のことを隠蔽した。それはかれの手に負えない状況だったからであり、そのような状況においては、かれは眼でたしかめながら術策を弄したのである。

晩年のベルリンでは、テュービンゲンのかつての「神学者」にとって、「思弁的に」根拠を与えられた家庭の擁護者にとって、またあらゆる領域での合法性をはっきりと歌い上げる人物にとって、その後、世間におけるかれの歩みを恥辱で妨げることになる子供を不注意にも三七歳でもうけ、これを認知したという事実は、取るに足りないことではなくなるであろう。

もしこのアヴァンチュールが公けに暴露されていたならば、かれの敵対者たちがそれから利益を引き出していたであろうことは容易に想像できよう。『法の哲学』の批判者たちは、そのことを嘲笑したであろう。ルートヴィヒの存在は、ジャン゠ジャック・カールの『書簡集』の出版と同様に、秘密に保たれる方が都合がよかったのである。

他にも多く利用できる材料はあるが、そうした秘密保持を示すひとつの状況証拠だけを報告しておこう。ヘーゲルは自分の三人の息子を、ベルリンのフランス学院に登録させた。ルートヴィヒがこの学院の登録名簿で、他の生徒に混じって誤った誕生日を記されて、すなわち一八二一年十一月に生まれた者として言及されているのが認められる。一方、他の二人の息子は一八二二年および一八二三年の生まれとして示されている（B4一二七）。それゆえルートヴィヒは、他の二人の息子と同様に、ヘーゲル夫人の子供と見なされたはずである。オランダの軍隊手帳では、かれは、一八〇七年三月五日（原文のまま）、ヴィルヘルム・ブルクハルト（Burchart. 原文のまま）から生まれた、ルートヴィヒ・フィッシャーとして記載されている（B4一三五）。

ヘーゲルが生きた、しかもかれのよく知っている悪しき、偽善的な社会では、かれは隠蔽の義務に従ったのである。ベルリンでは、かれは隠さなければならない実に多くの事柄をもっていた。かれは成功を望まなかったであろうか。自分と家族の生き残りを願わなかったであろうか。

かれの慎重で控え目な態度をよく理解しようと思えば、かれの子孫や歴史家たちの沈黙と嘘をそれほど簡単に説明したり、弁明したりすることはできないであろう。かれの死後、家族は一挙にその問題を秘密にしてしまった。ヘーゲルが亡くなったために目立たない存在となった妻はおそらくさほどでもないが、二人の嫡出の息子の方はその仕事柄――カールは歴史家で、イマヌエルは牧師であった――真実の証人であることを示さなければならなかったであろう。かれらは家族愛の気持から、ルートヴィヒの存在について沈黙し、その思い出を消し去ることに固執したといわれている。歴史家（カール）はその著『生涯と思い出』（一九〇〇年）のなかで、一度もルートヴィヒの名前を挙げていない。しかも、一八八七年にはじめて父親の『書簡集』を出版するさいに、かれはいささかでもルートヴィヒが問題となっている手紙はすべて厳密に削除するのである。ヘーゲルの友人や知人たちのなかで、少なくとも事情に通じている者は、そのような沈黙に与さなければならないと信じたのである。

一八四四年の『ヘーゲルの生涯』を執筆するための資料を集めていたローゼンクランツは、ルートヴィヒ・ヘーゲルの噂をやはり耳にしたはずであるのに、かれのことを一言も語っていない。一九〇一年のクーノー・フィッシャーも、一九〇五年のディルタイも同様である。こうした沈黙の共謀自体が、長いあいだ恥ずべきもの、非難さるべきものと見なされてきたヘーゲルのアヴァンチュールに、すべての伝記作者が恐る恐る重要性を認めていたことをはっきりと示している。ルートヴィヒの死後、またその父親ヘーゲルの死後、人びとはあたかも［ヘーゲルの］代理人であるかのようにルートヴィヒの存在を否認してしまったのである。

たしかに、伝記作者たちがかれの存在を嗅ぎつけなかったかもしれないということはありうるであろう。その存在を知るためには、かれらは個人的な情報源や、あるいはまたほとんど内密ともいうべき出版物に通じる必要があったからである。

つねに婚約者のあとを追っていたキルケゴールも、友人エンゲルスに非合法の父親役を押しつけたマルクスも、小さなルートヴィヒの存在について何ひとつ知ってはいなかった。この点でもまた、かれらはヘーゲルを別人としてしか見ることができなかったのである……。

哲学者と、何人かの親しい友人との往復書簡を別にすると、ルートヴィヒ・ヘーゲルについて書かれた最初の文章はファルンハーゲン・フォン・エンゼの手書きの注に見出されるが、これは一八四四年七月四日の日付をもちながら、一九一六年になってはじめてラッソンによって公表されている（C３三七八）。ヘーゲルの友人であり、賛美者であったファルンハーゲンは、『批判哲学年報』の臨時寄稿者であるが、一般にはベルリン生活の裏面に驚くほど通じている人物として知られていた。しかしながら、そのかれも一八四四年になってはじめて、歴史家にして論争家であるレオ（一七九九―一八七八年）との対談の過程で庶出の息子の存在を知ったのである。最初自由主義者であり、ヘーゲルの弟子であったかれは、一八三二年以降、反動主義者、反ヘーゲル主義者となった。

レオはファルンハーゲンの前で、ローゼンクランツが『ヘーゲルの生涯』のなかで庶子について何ひとつ触れていないことに遺憾の意を表明した。レオは、「その庶出の息子が父親の生涯において重要で有害な役割を演じ、ヘーゲルにとって最後まで苦しみの原因となった」――かれの言葉を婉曲に表現した訳者の言い方に従えば――と語っている（C３三七八、注四）。じっさいにはレオは、ファルンハーゲンのドイツ語原文によれば、ヘーゲルに対していっそう明らさまな結果を文字通り口にしたのである。この息子は「ついに、消し去ることのできない悲しみのように、また苦しみの刺のように、ヘーゲルの生涯を徹底的に締めつけた」[*9]と。ファルンハーゲンが取り上げているレオの文章は、たしかにフランス語に直すのは困難であるが、しかしそれは父親の苦しみの刺し込むような性格を、とりわけ父親の精神状態ならびにその生活状態に対する息子の存在の影響というものをうまく表現している。息子の存在は、ヘーゲルがまともに生きることを妨げたのである。

もちろん、ヘーゲルの妻も、この癒されぬ苦しみから免れることはできなかった。「……彼女は、自分がかれ〔ヘーゲル〕に対して抱いている愛にあまりにも信頼を寄せ過ぎていた。彼女は、ルートヴィヒが家にきていっしょに住むことを望んだ。けれども、あとになって彼女はこの重荷と困惑が過大であると考え、そのような状況に筆舌に尽くし難いほどの苦しみを覚えた」（C３三七八。婉曲に表現された訳文）。

じっさい、ルートヴィヒの存在が『ゲーテ年報』[*10]（一八九四年、二六五頁）の数少ない読者に明らかにされるには、一八九四年――ヘーゲルの死後、六〇年以上も経って――を待たねばならなかった。その子に捧げられたゲーテの四行詩を再発見したレートリヒは、献呈を受けた人物が何者であるかを簡単に想起させている。すなわち、ゲーテの詩句を含めて、わずか半頁の文章である。しかもそれは、たんに次のような想定で終わっている。「ルートヴィヒ・フィッシャーはその後、兵士として、インド駐留のオランダ軍の軍役に就くために出発した。その地で、かれは亡くなったと思われる。」

哲学者というものは、自分の庶出の子供と幸運な関わりをもつ機会に恵まれていない。ある子供たちは、デカルトの娘フランシーヌのようにあまりにも早く亡くなっているし、他の子供たちは、ヘーゲルの息子ルートヴィヒのように長く関わり過ぎている。

*9　カレールは、生活力の消耗に関するこの一節を訳出していない（C３三七八）。

*10　『ゲーテ年報』、第十五巻、一八九四年、二六五頁。

第11章　バイエルン

「文明世界全体に広がる陰うつな日……」（ニートハンマー〈王政復古について〉、一八一五年十一月十九日、C２五八）

ヘーゲルはイェーナの戦いの結果を喜んでいた。新しい時代の偉人たるナポレオンの勝利が、フランス革命の政治的、文化的征服のいくつかを華々しいかたちでドイツにもちこんだのである。けれども、「普遍的」性格をもつかれの勝利は、多くの「個人」にとっては最悪の結果をもたらした。ヘーゲルはこのうえなく窮迫した状況のなかで、感情的な障害に巻き込まれながら、妊娠した連れ合いをイェーナに残して――おそらくはうしろめたい気持を抱かずに――他の場所に幸運を求めて出かけなければならなかった。

かれは、バイエルンで重要なポストに就いているニートハンマーが、かれのために見つけてくれた職を感謝をこめて受け入れた。それは、『バンベルク新聞』という地方紙の編集者の仕事である。新たな変身というべきであろう。たしかにそれはヘーゲルが考えていた経歴ではないが、甘受すべき性質のものである。かれは心から、その新しい状況を受け入れたのであった。人がまず最初に教育上の隷従を経験した場合には、より一般的にいうと、抑圧の習慣をもっている場合には、ペンの従者になる方がいっそう耐えやすいということであろう。

当初、ヘーゲルは勇気をもってその事業を引き受け、あらかじめ予想できるさまざまな障害があったにもかかわらず、その事業を隆盛にしようと決意した。見通しは、まったく意気阻喪させるというほどではなかった。バイエルンは若さを取り戻していた。底なしの専制主義と、伝説になった蒙昧主義の長い時期を経て、バイエルンはいまや国王の権威のもとに、啓蒙的精神の持ち主であり、改革派であり、かつての啓明主義者であるモンジュラ〔モントゲラス〕

によって指導されていた。本質的に見ると、ナポレオンが「保護する」連邦に加盟していたこの国は、フランスの指令に従い、おそらくそのおかげである種の繁栄を享受していたのである。それと同時に、しばしば見られる通り、保護というものは多くの側面からして、最悪とはいわないまでも少なくとも屈従の調子を帯びていた。

　自由化の重要な結果として、カトリック・バイエルンは一時的ではあるが、それまで排除されていたプロテスタントの知識人にも門戸を開くようになった。イェーナで頼るべきものを失ったプロテスタント知識人の多くが馳せ参じた。ヘーゲル周辺の人物だけにかぎっても、シェリング、ヤコービ、ニートハンマー、パウルス、ウーラントが、その国での重要な仕事に避難場所を見出したのである。どのような手段を用いて、またいかなる庇護のおかげで、ニートハンマーは一挙に領邦国家管理顧問官（バイエルンの高級官僚）のポストを手に入れ、さらにヘーゲルに新聞編集者の仕事を世話することができたのであろうか。

　道路で靴墨を売るわけにもいかないので、ヘーゲルは出版界でニュースを売り捌こうとする。かれが、自分にふさわしいと見なしたこの仕事を好んでいたことは疑いない。たしかに、かれはバイエルンの大学で教授職に就くことの方を望んだであろうが、しかしかれがやってきたときには、〔大学の〕すべてのポストは埋まっていた。新聞記者の運命に甘んじるほかなかったのである。「わたしにとって、その仕事は興味深いものとなるでしょう。なぜなら……わたしは世界の出来事に関心を抱いているからです。この点からいえば、わたしはむしろそのような好奇心を遺憾に思い、それから遠ざかるべきでありましょう。」（C1一三六）かれはイェーナで、「新聞を読むことは、現代人の朝の祈りである」（D三六〇）と書いたことがなかったであろうか。じっさい、かれはあまりにも好奇心が旺盛であって、そこを立ち去る前にすでにそのことを後悔する結果になったのである。かれはその地に到着したときに、自分の言葉をそれほどうまく言い当てるとは思っていなかったであろう。

　かれは一八〇七年三月に仕事を開始し、一八〇八年十一月まで続けている。短い経験ではあったが、しかしきわめて有益で、教育的な効果をもつものであった。

それでもなお、かれはこの窮余の策が自分にそぐわないものであることを感じていた。かれは新しい事態を受け入れながらも、シェリングに対しては弁解の言葉を書き送っている。「仕事自体は、世間の人びとの眼に完璧にふさわしいものとは映らないかもしれませんが、少なくともそれには不名誉な事柄はいっさい含まれておりません」(C1一三八)……と。それは感激の気持ではなく、一種の楽し気な諦めの境地である。ヘーゲルは、自分の落胆した気分が、ヨーロッパの出来事の全体的なりゆきに由来していることを疑わなかったが、しかし定かならぬ未来におけるみずからの幸福な結果をともなった、ドイツ再生への希望を失うことはなかった。

さまざまな出来事の意味についてのこうした評価は、イェーナを離れる直前に、元学生のひとりであるツェルマンに宛てた手紙のなかで打ち明けられている。かれはそのなかで、交信相手への絶大なる信頼を証明している。というのも、きわめてスピノザ的な調子をこめて、かれは以下のように記すだけの大胆さをもちあわせているからである。しかしながら、どのような実際的状況において、その手紙が送達されたのかはわかっていない。「あなたは、現代の歴史に注意を払っておられます。じっさいのところ、文化が粗野に対して勝利を収め、また精神が、精神を欠く知性や偽わりの繊細さに対して勝利を収めるということができるのは、そのような配慮以外にはありえません。」(C1一二九—一三〇)

この時期に、そうしたかたちで称えられる勝利とは、もちろんナポレオンのそれである。けれども、感激の気持は、ヘーゲルが世界の出来事を前にしてスピノザ的な知恵の態度を勧めるのを妨げはしない。「学識のみが弁神論であります。それはわれわれを、さまざまな出来事を瞬間の偶然や個人の才能に帰属させ、帝国の運命をひとつの丘が占領されたか否かに依存させるような、より知的な態度から守ってくれるでありましょう。学識はまた、不正の勝利や法の敗北を嘆く態度からもわれわれを守ってくれるでありましょう。」(C1一二九—一三〇)

そのとき、ドイツとフランスの比較が必要になる。「革命の洗礼のおかげで、フランス国民は、幼児期を脱した人間精神が乗り越えることになった多くの制度から、したがってフランス国民および他の諸国民に重くのしかかっていた多くの制度や不条理な束縛から解放されたばかりではありません。さらに個人も死の恐怖や生の習慣的な流れから脱却したのであり、そうした状況の変化によっていっさいの頑なさが個人から取り除かれたのです。それこそまさに、フランス国民が他の諸国民に対して示す大きな力をかれらフランス国民に与えるものなのです。フランス国民は、他の諸国民の精神的偏狭さと無気力に圧力を加えています。これに引き換え、他の諸国民は、現実に対する惰性的姿勢を放棄するよう強いられて、一方の状態を脱し、他方の状態に入っていきます。そしておそらく（感情の内面の深みは外的行動のうちに保存されているため）、かれらの主人を乗り越えていくのです。」（C１一二九―一三〇、修正）

これが、バンベルクに到着したときのヘーゲルの精神状態である。すなわち、革命のおかげでフランス人は優越的な立場に立ったが、しかしドイツ人はかれらを模倣し、その固有の性質からして、かれらをやがて乗り越えていくというのである。ヘーゲルが、このような意見を公けに表明しえなかったのは明らかであろう。

革命とナポレオンのフランスは、さまざまな教訓と実例を与えている。ヘーゲルの信仰には激しいものがある。ドイツは、この師匠以上にいっそううまくやるというのである。なぜなら、ドイツのうちには深い精神的内面性が存在しているからである。

バンベルク

『バンベルク新聞』は日刊紙であるが、われわれが今日新聞と呼んでいるものと比べて、共通するところは少なかった。それは主に行政上の知らせや、地域の生活に関わるさまざまな情報を公表していた。それに付随して、国内政治および世界政治の出来事についてのきわめて簡略な報告がいくつか掲載されていた。編集者にとっては、それらの出来事に注釈を加えたり、評価したりする以上に、すでに検閲の対象になっているフランスの新聞にもっぱら情報源を求めつつ、そうした出来事の存在自体を知らせることの方が重要であった。

ナポレオンのジャーナリズムから着想をうることは、ヘーゲルにとって基本的に不本意なことではありえなかった。しかし、それがどれほどわずかなものであり、しかもきわめて慎重に行なわれたにせよ、情報の選択、提示、執筆等にさいして、個人的な思想や発言を全面的に差し控えることなどどうして可能だったであろうか。

「通常の」状況においては、かれはきわめて優れた新聞編集者であり、経営者であったと見なすことができる。かれはどんな課題と取り組んでも、必ずそれをこのうえなく良心的で、丹念な実践へと適用することを怠らなかった。かれは無気力であったり、投げやりであったりするようなことはけっしてなかった。こうした性格は、きわめて特殊な局面に置かれている編集者の場合、とりわけ評価さるべきものであろう。そのうえ、かれは何よりも国内政治および世界政治のありかたに関心をもっていた。かれは一般的に、また原則的に、ジャーナリズムに対する野心ももちあわせていた。自由な立場にあり、しかも必要不可欠な手段を身につけていたかれは、『バンベルク新聞』を情報と反省的考察の優れた機関たらしめようと望んでいたはずである。のみならず、かれは、とりわけカトリック教徒の責任と見なしている「ドイツ伝来の、こうしたおめでたい称賛の言葉や追従の言葉」(C1一六八)に批判を加えたこともあった。かれらプロテスタント信徒は、原則としてプロテスト〔抗議〕する立場にある。

誠実で、熱心で、しかも批判的な精神の持ち主——これこそまさに、監視当局がもっとも恐れていたものである。それゆえ、かれは流れに逆らいつつ、まったく明快に前進した。そして、巧みな策略のおかげで、何がしかの進歩を成し遂げたのである。

伝記作者たちは一般に、かれがみずからの新聞に対して真剣に配慮したことに驚き、自分たちならばそのようなことはできなかったであろうと感じているが、それは誤りである。かれらはその仕事を、一時的な生活手段、それ自体としては無視しうる窮余の策としか理解していなかったのであろう。けれども、かれがその仕事を心底から引き受け、それを一種の使命として実行したと見なすべき理由がある。さらに、かれは当時、将来においてもっと満足できる別の職業を見つけることが可能かどうか知らなかったという点をいっておく必要があろう。

かれはその新しい職業において、みごとな実践的精神を証明した。かれは技術的な細部に関心を寄せ、いままでよりも白い用紙と、従来以上に明瞭な印刷用活字を選んだのである。かれはとりわけ、もっとも確実で、もっとも信頼できる、また読者にとってもっとも興味深い情報を探し出し、それを生き生きとした方法で伝えようと努めた。かれはその新聞のなかで、ルフェーヴル将軍によるダンツィヒの奪取、フリートラントの戦い、ティルジットの和平、フランス軍のボルトガル遠征、フランス海軍によるコペンハーゲン砲撃、かれがのちに政治的流儀で注釈をほどこすことになるあのスペイン戦争の始まり、エルフルトの会談……等を描いている。それゆえ、かれは主として軍事的情勢を追っているのである。

しかし、『バンベルク新聞』の読者はおそらく気づいているであろうが、またわれわれも同時期に書かれたかれの手紙を読むことによっていっそう正確に認識していることであるが、ヘーゲルは検閲前のフランスの新聞から集めたものを補うために、じっさいの目撃者から、あるいは都合のよい立場にいる友人たちから直接受け取った情報を次第に多く利用するようになる。独自な立場をとる新聞編集者のこうした活動は、それほど長く続けられることはできなかった。みずからの個人的学説を吟味し、教えることに性急な哲学者、形而上学者が、永続的にその仕事に満足するためには、多くの善意や、あるいはむしろ多くの厳しい必然性が必要であった。困難な物質的条件と、強制的な精神的状況は、自由で天才的な精神の持ち主にとって、おそらくは当初、その重圧を見抜くことができなかった精神の持ち主にとって、その仕事を急速に辛い責苦たらしめることになったのである。

自分の職業を真面目に遂行することによって、かれは必然的に、当局の首尾一貫しない多様な要求と衝突することになった。この経験は、他のあらゆる経験と同様に、悪い結果に終わる羽目となった。

争いが発生したが、いまとなってはヘーゲルがそれを半ば意図的に引き起こしたのか、それとも起こるがままに放置しておいたのか、あるいはその争いにかれが驚きを覚えることになったのかはわからない。最初の注釈者たちは、そのことを完全には黙殺しなかったが（たとえばモークは、ヘーゲルがあたかも新聞とバンベルクをなんのわだかまりもなく立ち去ったかのように描いている）、しかし詳しく立ち入ることはせず、また資料を注意深く収集することもしなかった。とはいえ、充分理解可能な暗黙の一致によって、人びとがヘーゲルを立ち去らせようと圧力をかけたときには、かれの方でもすでに出発することを望んでいたのはたしかである。

ヘーゲルは個人的な情報に依拠していた。たとえば、文化的にはきわめて疑わしい人物であるクネーベル（ゲーテの友人で、唯物論者にして無神論者）に問合わせを行なっている。ヘーゲルはこの人物とイェーナで友情を結んでおり、そのためクネーベルはエルフルトの会談の経過に関するあらゆる種類の詳細な情報をかれに提供したのである（C1二二〇―二二三、二二四―二二五）。ヘーゲルはそれゆえ、十月五日以降、神聖ローマ皇帝とロシア皇帝の有名な会談の始まりについての情報を、その会談が終了する（一八〇八年十月十四日）前に、公表できることになろう。ヘーゲルは『バンベルク新聞』の十月二十六日号でもその会談の詳細について触れているが、しかしそのときは、クネーベルに依拠する必要がなかったようにみえる。ところで、この記事をめぐってかれはバイエルン政府の非難を受け、その情報源を明かすように命じられた。要するに、じっさいには、情報提供者と見なされる人物の名前を教えるように求められたわけである。だが、かれは名前を明かすことを差し控えている。

当局はとりわけ、十月五日付の記事に苛立っていたようにみえる。そして、二十六日付の記事がかれらを無分別な興奮に駆り立て、取締りの口実を与えることになったのであろう。[*1]

当局の不満はもともと、それ以前の七月十九日付の記事を読んだときから始まっていた。その記事には、バイエルン軍の三つの師団の駐屯場所が示されていたからである。この場合、当局はヘーゲルに対して、不当な言いがかりをつけたことになるのであろうか。『バンベルク新聞』のさまざまな記事の内容を突き合わせることで、当局はこのうえない困惑の状態に陥って、今度は間違いなく個人的情報提供者に責任を帰せられない秘密漏洩のかどで、おそらくヘーゲルを非難しようとしたのであろう。われわれはヘーゲルに宛てた譴責の書簡を手にしていないが、しかし逆にかれの返信の方を読むことができる。かれは、十月二十六日付の告発された記事が「フランス占領下の領土で発行されている二つの新聞から忠実に抜粋されたもの」であり、「両紙とも公式の検閲を受けている」という事実を説明して、みずからの立場を強く弁護している。かれは、そのようなかたちで伝えられたニュースが誤って解釈されるかもしれないことに自分がどれほど警戒しているかを想起させ、当局への完全な服従を馬鹿丁寧に指摘しつつ手紙を終えている（C1二三二）。

この争いの細部に立ち入らなくとも、人は奇妙な印象を抱くであろう。というのも、かれは自分には責任のない過ちのかどで、あるいは少なくとも簡単に無実を証明できるように思われる過ちのかどで非難されているからである。しかもかれは、「公式の」新聞から集めたニュースについて、個人的な情報提供者の名前を明かすように求められている。ところが、じっさいに個人的な情報から成り立っている記事、すなわちいかなる場合にもそのニュース・ソース――クネーベル――を明かすことができないような記事については、公然と問題にされることがない。公式の譴責がかれのもとに到着するのは、『バンベルク新聞』の編集を離れることがすでに決定されてからである。

『バンベルク新聞』の編集者の活動は、この最後の破局に至るまでのあいだに、さまざまなアクシデントに見舞われた。一八〇八年九月十五日付のニートハンマー宛の手紙――かれはそのなかでニートハンマーに事情を説明し、あらためてかれの助けを懇望した――で、かれは自分のことを「異端審問的手法の新たな」犠牲者であると述べ、「自分が最近出会った事件」について言及している（C1二一八）……。

ポール・ロックは、非難された資料が、ヘーゲルの手に「たまたま入った」ものと見なしている。[*2] ヘーゲルはその手紙のなかで、「印刷所の監督……が自分に寄こした」と指摘しているにすぎないからである。

事件が悪い方向に向かうときには、かれはその種の口実をふたたび主張することは差し控えるであろう（C1二三一―二三二）。読者のための情報を求める役目を負い、たえず新しい情報を発見しようと熱望している新聞編集者が、「た

---

*1 この事件全体については、ホフマイスターの豊富な注釈（B1四八五、とくにB1四八六―四八八）を参照。ただし、カレールはこれを取り上げていない（C1四〇四）。 *2 ポール・ロック、前掲書、一一四頁。同様に、クーノー・フィッシャー、前掲書、七六頁。

またま」そうした情報のひとつにぶつかったなどという説明を――とりわけ、その情報が「目立つ」類のものである場合には――誰に信じ込ませることができようか。

理論的観点から見ると、ヘーゲルが最大限の留保をするようなときには、かれの個人生活のなかで偶然がときおり演じる幸運な役割を称えるべき場合であろう。かれは一般的には、「さまざまな出来事を瞬間の偶然に帰する」(C1一三〇)態度をとらないよう「用心する」ことを勧めていた。

しかしながら、かれは一七九四年にベルンで、エルスナーと「まったく偶然に」出会ったと主張している。のちにヘーゲルは、ヴィクトール・クーザンがドレスデンに到着するちょうどそのときに、表向きはその友人に知らせていないと称しつつ、その町に姿を現わすであろう。そして、ひとつのドラマがまさに引き起こされることになろう。[*3]いまの場合は、バンベルクにおいて、ある命令文書が「たまたま」新聞記者の手に入ったということであろう。打ち明け話のなかで故意に、あるいは暗黙のうちに引き合いに出される偶然は、気心の知れた交信相手に、見抜くことができるような非常にはっきりした状況を、あるいはむしろ嫌疑をかけられそうな状況を示唆するものだと想像することができよう。

もしその紛争が、ヘーゲルが一八〇八年十一月九日付の、バンベルク行政当局に宛てた「宣言」のなかで述べていることに集約されるならば、それは本質的に「当局の強権発動」から成り立っていることになろう。すなわち、いっさいの合法性と規則を恣意的に軽視しつつ、当局は公式の検閲が決定した枠組を越え出てしまうということである。

かれは一八〇八年九月十五日に、ニートハンマーに宛てて次のような手紙を書いている。「わたしは、最近ふたたび異端審問的方法――それはわたしに、自分がいまどんな状況にいるのかを思い出させてくれました――の犠牲者となっただけに、ますます耐え難い気持で、新聞記者という苦役から離れたいと願っております……。そのすべては、けしからぬものと見なされたたったひとつの記事から起こったことです。わたしがそのような記事を承諾したのだと思われているのです。それと同時に、何が不快の念を与えることができるのか、あまりよくわかっておりません。こうした場合、新聞記者は暗闇の中を手探りしているような状態なのです。検閲は――この暗闇の状態と同様に――いうべきことをまったくもちあわせておりません。検閲官はただひたすら新聞を見て、発禁処分にしようとしているのです……。」

ヘーゲルは手紙の先の方で、痛切な気持をもってその事実を確認する。「この種の不確かな紛争では、しばしば偶然ないし気まぐれが決定的な要因となります」と。かれは、紛争が自然に収まらない場合には、極端な方策を検討しようとする。「このような場合は敏速に行動する必要がありますので、わたしは個人としてミュンヘンに赴き、許しを乞う以外に手立てはありますまい。」（C1二二九）そのときには、国王の特赦しか問題になりえなかったであろう。われわれには、ヘーゲルがじっさいにそうした極端な方策をとるように追い込まれたのかどうかはわかっていない。いずれにせよ、かれは長いあいだこの紛争の行政上ないし司法上の結果を恐れることになろう（一八〇九年二月二十日付の手紙）。

その間に、ニートハンマーはミュンヘンにおいて、中央視学官兼ギムナジウム第一級教員に任命された。これは、教育の分野できわめて影響力をもちうる立場であった。バイエルンにおける公教育の根本的改革のために活動しつつ、かれはヘーゲルに対して「哲学準備学級」の教授職と、ニュールンベルクのギムナジウムの「校長」職に任命されるよう手配した。かれはバイエルンで八年間にわたって、組織者、教育者、あるいは若者を知的生活に導く案内者としての才能を発揮するであろう。

しかしながら、〔ヘーゲルの〕バンベルク滞在は、若干の知的経験と些細な楽しみを奪うものではなかった。かれみずから、色好みの仲間として参加した仮面舞踏会のことを描いている。従者（Kammerdiener）――威厳というものに

*3　この偶然のもつ役割については、本書、一二二―一二三頁、参照。クーノー・フィッシャーによれば、ドレスデンでのクーザンとの出会いも、やはり「偶然に」起こったようである（前掲書、一七〇頁）。ローゼンクランツは、思いがけずにという言葉を用いている。プロイセン内務省宛のヘーゲルの書簡には、どちらの言葉も見られない。かれはより慎重に、クーザンと「たまたま出会った」と述べている……。カレールは逆に、次のように訳すことによって、その議論を色褪せたものにしている。「数週間前にドレスデンに立ち寄ったさい、わたしはかれに出会ったのです」（C3七一）と。

配慮したある種の伝記作者たちは、このドイツ語を「侍従」と訳し、「仕事着」を「式服」に置き換えている――に変装したかれは、三時間ものあいだ、キュプリス〔ヴィーナス〕に仮装した（？）フォン・ヨーリ夫人なる女性と差し向いで、楽しい歓談のときを過ごしたのである。*4

バンベルクはとくに、実存的教育の豊かな姿を示していた。ナポレオンの最終的権威のもとに置かれている国で、ヘーゲルは異なるかたちの専制主義が存在しているのを確認することができたのであった。かれはすぐにナポレオンを告発したとは思われないが、さしあたってはむしろバイエルンにおけるナポレオンの従属者たちを、すなわちその悪意と無能力を非難されている者たちを告発したのである。さらにまた、たえまない戦争状態を攻撃することもできたが、そうした状態の全面的責任をナポレオン皇帝になすりつけることはしなかった。

ヘーゲルはジャーナリズムのさまざまな帰結を耐え忍びながら、それのきわめて悲しい状況と、したがってまた新聞記者の苦しい運命をたしかめることができた。たとえかれがこの分野でいまだ素人であったとしても、少なくとも「内部から」新聞を読むことがどれほど慎重でなければならないかを学んだはずである。新聞においては、述べられている事柄のなかで真理を明らかにし、そして隠されている事柄のなかで現実を見抜くことが肝要である。注目すべき点であるが、ヘーゲルは他の場所以上に受け身の体勢でバンベルクに導かれたわけではなかった。許された範囲の自由を用いながら、哲学者はその生涯の歩みのなかで、原則として可能性の限界まで突き進んだと見なすことができよう。しかし、とりわけバンベルクでは、かれはその限界を乗り越えてしまい、したがって当局はそうした傲慢に耐えられなかったのである。この時代に、占領下のドイツにおいて、また「本国の」フランスにおいてさえ、危険を冒して、皇帝の設けた規則や作法にあえて違反しようとするジャーナリストはきわめて稀であった。

かれは賢く、従順に振る舞うこともできたであろう。また、かれの眼には旧制度ほど嫌悪すべきものとは映らないバイエルン王国の意図や策略に、卑屈に取り入ることもできたはずである。しかし、かれはそうしたことさえ承諾しなかった。

かれには、抑圧の経験しかもちあわせがなかった。平凡なブルジョア的自由の制度のもとで、すなわちさまざまな喜びのなかでも、行く先々まで肌身離さず持ち歩いたいくつかの原稿を、若干の手直しという犠牲を払っても出版できるような制度のもとで生きることはかれにはけっして許されていなかったのである。

けれどもバンベルクで、かれは最悪の事柄ともいうものについての直接的経験をもつことになった。それは恣意的抑圧という事態である。大部分の注釈者たちはこのニュアンスを捉えていない。いやむしろ、じっさいにはそれはニュアンス以上のものであろう。

ヘーゲルは明らかに検閲に反対であり、しかもつねに反対であり続けるであろう。[*5] かれが公然と、また声高に検閲に対する敵意を、それ自体この検閲に従属している出版物のなかで表明しないからといって、別に驚くにはあたらない。いずれにせよ、この時代の著作家たちは、かれらの出版物に対するこうしたコントロールを巧みに避けることは不可能であったし、プロイセンにおいてもバイエルンにおいても、その廃止を公けに働きかけることはできなかった。ある意味では、かれらは検閲に慣れる資質を身につけていたと考えることもできる。一般にいわれているように、かれらは「それを我慢していた」のである。検閲は、悪天候や病気と同様に、生活の客観的条件の一部を成している。かれらは検閲以上に悪いことに関わりをもっていただけに、それをたえず考えることをやめてしまったのである。

かれらを悩ませ、憤慨させるのは、検閲を凌ぐさまざまな禁止事項である。それら禁止事項に比べれば、検閲はある意味で、ほとんど保護の役割をもつようになっている。というのも、あらかじめ検閲の試練を経たもの、検閲によって削除されたり、修正されたりしたものは少なくとも公的に承認され、認可されたのであり、したがって原則として他のいっさいの攻撃から守られることになるからである。著者たちがこの検閲の要求するものを心得て、はっきりしたかたちであろうと、あるいは暗々裡にであろうと、手間を省き、あとで付け足すような面倒を避けるために、検

---

*4　同書、一一三頁。　*5　ドント「ヘーゲルにおける理論と政治的実践──検閲の問題」、参照。『ヘーゲル・法の哲学』（ヘンリヒ＝ホルストマン）、シュトゥットガルト、一九八二年、一五一─一八四頁、所収。

閲官に原稿を手渡す前にみずから自己検閲を行なうだけの用心をすれば、ますます安全度は高まるようにみえるであろう。

しかしながら、『バンベルク新聞』の編集者は、それ自体としては取るに足りない情報を、また規則や習慣に従って、すでに明らかに手を加えられて許可がおりた出版物のなかから取り出した情報を公表しながら、当局上層部によって叱責され、脅迫され、制裁を課されることになる。上層部は、みずから制定し指導する検閲システムを否認することによって、いかなる法律、規則、習慣とも関係なしに決定を行なうのである。

それこそ、ニートハンマーがその犠牲者となるときに、ヘーゲルが「当局の強権発動」(C 2 八二)と呼ぶことになる事態である。バンベルクでは、ヘーゲル自身がそうした強権発動に晒されるのである。

国家が抑圧的な姿勢を示すことは、疑いもなく行き過ぎである。しかし多くの著作家たちやヘーゲルは、国家が成文化された憲法の諸原理に従って、また確立され公表された規則条項に則りつつ、規定通りにのみ抑圧的であるならば、それだけですでに満足することであろう。すなわち、各人が少なくとも、語ることが許される正確な限界を知っているという点である。

それゆえ、バンベルクの厳しい経験によって育まれたヘーゲルの最初の異議申立ては、権力の恣意と気まぐれに、また主人たちやお偉方の「お楽しみ」に立ち向かうことである。この観点からすると、哲学者というものはもともと、ヘーゲルの形容するごとくたしかに万人に仕える人間である。しかしそうなると、新聞記者はどうであろうか。

ニートハンマーは、このガレー船からかれを解放するであろう。

ニュールンベルク

一八〇八年十月に、ヘーゲルはギムナジウムの校長という新しいポストを手に入れる。本当は大学教授の職を切望していたのだが、ポストがなかったために、友人の巧みな奔走のおかげで校長の仕事が回ってきたのである。精力的に尽くしてくれるニートハンマーは、そのもてる影響力のいっさいを行使して、いま一度、苦境にある友を助けにきてくれたわけである。

ヘーゲルが勤めようとしているギムナジウムは新しく建設されたプロテスタントの学校で、貧弱な施設にもかかわらず、メランヒトンの名前を誇らし気に掲げていた。ヘーゲルはこの新しい状況に満足していた――満足せざるをえなかったからだが――そして、かれが狙う資格のあるレヴェルではなかったにせよ、ともかく教育の仕事にやっと入れるという喜びをかれは表明している。

かれは、仮の姿に身を隠している時期の知識人たちの格率に従っているようにみえる。すなわち、よりよい生活に近づく姿勢をつねに堅持すると同時に、飽き飽きするような平凡な状態があたかも永続するかのように振る舞うことである。かれは、いつの日かエルランゲン大学に奉職したいという希望をもっている。その時がくるのを待ちながら、かれは恥かしくない程度に生き延びることができる。

充足感を補う動機は、イデオロギー的性格を帯びている。このギムナジウムを組織化し、活気づけることによって、カトリックのバイエルンにプロテスタント文化を導入する作業に参画できれば、かれは幸福なのである。ニートハンマーと心をひとつにしながら、かれがその作業をどう理解しているかをわれわれは承知している。かれはニートハンマーに対して、一八一六年七月十二日にそのことを確認するであろう。「ここでは、カトリシズムとプロテスタンティズムの違いが存在しています。われわれには、俗人という概念がありません。プロテスタンティズムは教会の階層組織の管理に委ねられておらず、もっぱら精神の一般的形成のなかに存立しているのです……。われわれの大学と学校が、われわれの教会であります。」（C２八四）

大部分のプロテスタントやかれらの教区監督にとってさえ衝撃的なこの言葉の性格は、もちろんかれも見落としているわけではなく、そうした考えをこれ以上詳しく展開することをかれは諦めている。かれは慎重に手紙を締めくくるのである。「しかし、これでもう充分であり、あるいは充分すぎるくらいであります」……と。

それは、かれによれば、古代ギリシア文化を愛する気持と一致するような、プロテスタンティズムについての独特な見方である。それというのも、ヘーゲルは同時に、ニートハンマーが検討した大きな教育改革——ニートハンマーがかれを選んだのは、そうした目的のためでもある——を自分の学校で実施するという役割を負っているからである。ヘーゲルにとっての最大の喜びは、この改革が古典研究の、とくにギリシア語およびギリシア文化研究の再建と増進を含んでいることである。

校長として、かれはいくつものスピーチを、とりわけ賞を授与するさいのスピーチを述べる義務を負っていた。かれはその機会を利用してほぼ毎回のように、ルター派信仰を高揚させるべく努めたが、同時にまた、当局者、生徒たち、その両親等を前にして、古代ギリシア文化の弁護を繰り返したのである。かれは、「古代人の作品を知らない者は、美しさというものをわかっていない」[*6]と述べることで、言い過ぎになるとは思っていなかった。かれの考えによれば、「何よりもギリシア文学が、そして次にローマ文学が、高等研究の基礎になるべきであり、またそうであり続けなければならないのである。これらの傑作のもつ完全性と壮麗さは必然的に、精神の湯浴み、世俗の洗礼——これらは魂に、趣味と学識に属するものにふさわしい不滅の調子と色合いを与える——とならねばならない。」[*7]じっさいのところ、きわめて世俗的な洗礼である。

バイエルンでは、すべてがナポレオンの支配のもとに独自な、しかも大胆な方法で再組織化されていた。けれども、それは同時に混沌とした方法で、急転直下のヨーロッパ戦争という全般的状況のなかで、また大きな国民的混乱と経済的、財政的貧困のなかで行なわれたのである。大変動が続いていた。

メランヒトン・ギムナジウムは、ニュールンベルクの人口のプロテスタント部分の圧力によって創設されたばかりの学校であった。ヘーゲルは、それをうまく軌道に乗せる役割を担っていた。もしそうした用具があったならば、ヘーゲルは「家具を拭いた」ことであろう。しかしながら、ふさわしくない場所にあって、しかも手元不如意でその場凌ぎの管理のもとに置かれていたため、学校の設備は初歩的段階に留まっていた。

施設以上に、生徒たちがこの校長にとっては心配の種であった。かれは、自分の特殊な役目に対してほとんど準備をしていなかったが、にもかかわらずかれはその役目があたかもみずからの地上的運命を象徴しているかのように心にかけていたのである。かれの時間はほとんどすべて、退屈で苛立ちを覚える管理上の義務によって、すなわち組織化、再組織化というたえざる指導上の接触と、しばしば現実的な解体に直面するという事態のあいだでの管理上の義務によって奪われてしまった。子供たちは、この学校生活ではうまく教育されていなかった。ヘーゲルは、きわめて日常的な、卑俗ともいえる諸問題に直面しなければならなかった。たとえば、欠陥のある便所……を取り換える方策を見出すことである。

かれはある種の教科を新しく作らなければならなかったが、そうした教科は手を拱いていて広まるものではなかった。規則違反ではあったが、生徒たちは煙草を喫う習慣があり、また決闘の習慣ももっていた。

校長はある程度の成功を獲得した。かれは理解に苦しむほど厳格ではなく、またあっさりと放任主義に走る姿勢も示さないことを心得ていた。かれは生徒や両親、そして地域の人びとの信頼を手に入れた。その結果、学校の状況は次第に改善されていったのである。

ヘーゲルの生活状態は、不安定な立場をかろうじて免れているといった程度であった。老朽化した建物に住んでいたかれは、バイエルンの無秩序と混乱のために、それ自体非常に慎ましい額の給料を、きわめて不規則なかたちでしか受け取れないといった按配であった。かれはいつも「文無し」の状態に置かれていた。

熱望していた大学での教育から悲しい気持を抱いて遠ざかっていたかれは、ギムナジウムに採用されたときの資格に含まれている「哲学への予備学」の講義を高い水準に引き上げるよう努力した。かれはその講義を、その名称に合わせて哲学的予備教育と題した。しかし現代の読者は、この先生が、若過ぎてしかも充分な手ほどきを受けていない

*6　ヘーゲル『教育学論集』、ベルナール・ブルジョア訳、パリ、ヴラン書店、一九七八年、八二頁。　*7　同書、八一―八二頁。

生徒たちに理解させることのできた内容に驚いている。というのも、かれが教えたのはじっさいには、文字通り複雑で完結した哲学体系にほかならなかったからである。

かれは、今日では古風とも思える調子で講義を行なった。もしかれがみずから執筆することができたならば重視したはずの教科書が手元になかったために、講義内容を一節ごとに口述したからである。かれはのちになっても、同じようなやりかたをするであろう。そして、ハイデルベルクにおいてもベルリンにおいても、かれの口述的講義はしばしば、あらかじめ公表してある「要綱」ないし「概要」の注釈の意味をもつであろう。

聴講生にとっては、いくぶん「学校的」に過ぎると思われるこの方法は、少なくとも後世の人びとにとっては大きな利点を示している。注意深く保存された原文のパラグラフは、ヘーゲル思想の発展段階をはっきりとあらわす著作となっているのである。[*8] けれども、やがてナポレオンが打倒されると、フランスの支配から解放されたバイエルンは、王政復古とともに古い伝統の沼地にふたたび沈んでいくであろう。カトリック的反動が、復讐の味をかみしめるのである。ナポレオン時代にも、カトリック的反動はたえず、プロテスタントの教授たちを「扇動者」——ヘーゲル自身そう言っているように——として、また「バイエルンの啓明主義者」として告発してきた。意識的であれ、無意識的であれ、そうだったのである。とはいえ、かれらをじっさいに傷つけることはできなかった。

王政復古になってからは、これらの教授たちはじっさいに不安を抱くようになり、また繰り返し攻撃の対象とされたのである。メランヒトン校の廃止が検討され、ヘーゲルの職業上の身分はふたたび不安定なものとなった。エルランゲン大学への就任が一時議論されたが、ひどく待たされる結果となり、やがてありそうにもないことと考えられるようになった。

そのとき、未来がもう一度ヘーゲルに微笑みかけた。かれの哲学者としての名声はすでに高まっており、また広範な広がりを見せるようになっていた。とりわけ、『現象学』に加えて、『論理学』が公刊されてからはそうであった。一八一六年、ハイデルベルク大学への「招聘」(ドイツの伝統に従えば、呼びかけ)の報がかれにもたらされた。

長い煉獄のあと、天国の扉が開かれたのである。

結婚

そうこうするうちに、哲学者および校長としての厳しい生活に花を添える大きな出来事が、少なくともかれの眼には重要と映る大きな出来事が起こった。かれは結婚したのである。

一八一一年四月に、かれはニュールンベルクの古い貴族の家柄の娘マリーア・フォン・トゥヒェルと婚約し、同年九月に結婚する。当時、かれは四一歳で、彼女の方は「二十歳そこそこ」であった。彼女は若く、美しく、そして高貴であったが、しかしかれにとって幸いなことに貧しかった。一方、ヘーゲルには気品があり、校長の境遇も、哲学者という後光を背負ってある種の威厳を与えていた。

この結婚スタイルは、実生活におけるヘーゲルの行動様式を明らかにしてくれる。

当時のブルジョア的な関係のなかでは、われわれが理解しているような愛が結婚に先立って存在することは稀であった。むしろ、経済的、社会的、文化的に一致するという理由で結婚が執り行なわれてから、愛情が生まれ、花開くことになった。ヘーゲルとその妻のケースも、すべてが最善のかたちで進んだようにみえる。

多くの場合、両親がみずからの考えに従って、子供たちの結婚を手配した。ヘーゲルについてはもちろん、そのようなことは起こりえなかった。ふたたび、ニートハンマーがヘーゲルの面倒を見たのである。ニートハンマー夫人はヘーゲルのために、妻を見つけてやるであろう。われわれは、合理的な考えをもつ知識人のニートハンマー家が、そのような微妙な仲介役を引き受けることになった理由を考えてみることもできよう。要するに、ニートハンマーは、かつて出版社に対して財政的な意味でのヘーゲルの保証人の役を果たしたのと同じように、ヘーゲルの妻の実家に対

*8　ヘーゲル『哲学的予備学』、M・ド・ガンディヤック訳、パリ、ミニュイ出版、一九六三年。

して精神的な意味での保証人として振る舞ったわけである。それだけではなく、そもそも妻となる婚約者を探し出す必要があった。フリー・メースンの集会所は、家庭教師を募集する事務所や出版社との交渉場所という役割だけでなく、必要に応じて結婚相談所の役割をも兼ねていたのであろうか。

娘の両親は条件を提示した。彼女の父親は、自分のような家柄の結婚相手として、校長という身分は役不足と見なしており、しかもその職には経済的脆弱さがつきまとうことを知っていた。かれは、ヘーゲルが大学教授――未来の婿はたぶん、そうした希望を仄めかしていたのであろう――になった暁に、結婚が執り行なわれるように求めた。ヘーゲルは当初、こうした要求の正当性を認め、辛抱する気持になった。

けれども、ニートハンマーに強く勧められたかれは、やがてもっと断固たる態度をとることを決意した。娘の実家は、そう思われるよう望んでいるほどには、自分たちの姿勢に確信をもっていなかった。かれらは急に譲歩したのである。というのも、婚約者となる娘は過度の要求を掲げることができなかったからである。彼女には、ほとんど持参金がなかった。

ヘーゲルは当時の特殊な条件のなかで、おおいに公正な態度を証明した。一方、マリーアは、財産も、貴族の称号も、安定した職もない、この一介の校長に夢中になった。

彼女は、人びとがその価値を認めさせるのに成功したこの驚くべき人物に、惚れこんでしまったのである。私的な関係においては、ヘーゲルは愛想が良く、笑顔で応対し、しかも精神的な深みを湛えていたので、若い娘にとっては充分印象的な人間であった。かれは哲学においてのみ、手に負えないような態度を示していたのである。哲学においては、かれは自分が超然たる使命を帯びていると信じていた。しかし、新しい夫婦は、哲学に全精力を注ぐことになるとはあまり考えていなかった。

ヘーゲルはマリーアの人柄のうちに、真にそうした機会〔哲学に全精力を注ぐこと〕にめぐり合えるという感情を抱いたのである。結婚式は、一八一一年九月十六日に行なわれた。

ヘーゲルは、長いあいだ熱望していた、そして著作の継続を可能にする感情的、家庭的安定に到達した。校長であり、妻帯者となったかれは、以後、正常と見なされる市民生活のありかたに従うことになった。かれの場合、多くの友人たちに見られる修復不能な荒廃——たとえば狂気、自殺、肺結核——を嘆いたようなロマンティックな愛が問題ではなかった。

イェーナ時代のアヴァンチュールは、すでに冷めていた。かれは以後、物事を積極的に見られるようになっていた。かれはのちに、当時「ロマネスク」〔小説的な〕と呼んでいたありかたを軽蔑しつつ、次のように記すであろう。「個人と世間との揉めごとがどうであれ、また世間との闘争がどれほど厳しいものであったにせよ、個人は多くの場合、最終的には自分に見合った娘を発見し、何がしかの経歴を選び取り、他の人びとと同様に俗物となって終わることには変わりないであろう。妻は家庭を守り、子供たちにも恵まれている。かつてあれほど崇拝し、ユニークな存在、天使のごときひとと見なした妻は、いまや他の女性たちとほとんど同じように振る舞っている。職業上、仕事に追われ、その結果退屈な生活が生まれて、結婚は家庭的苦難へと変貌を遂げるのである……。」[*9]

消化不良からくる気分の悪いときの言葉であろうか。ヘーゲルは、こうした共通の悲しみから、ひそかに脱出しようとしているのであろうか。

じっさいには、かれはマリーアに対して深く、静かな、思慮に富む愛情を覚えていた。それは計画的ともいいうるような、しかも真摯な優しさと矛盾しない愛情である。かれは人の心というものを承知していた。かれは婚約者に対して、充分情熱的ではあるが、なおかつ教育的な意味をもつ手紙を書くすべを心得ていたのである。「結婚は本質的に、宗教的な絆である」(C1三二六)と。ヘーゲルは彼女のために、いささか荒削りの感傷的小詩をいくつか作成した。愛人たちの争いが起こって、ナネッテ・エンデルの思い出が猛威を振るったり、小さなルートヴィヒの手を掴んだヨハンナ・ブルクハルトの不安気なシルエットが浮かび上がったりすることはありえなかった。マリーアは分別と、知

*9 ヘーゲル『美学』、S・ジャンケレヴィッチ訳、パリ、オービエ＝モンテーニュ書店、第二巻、一九四四年、三二五頁(修正)。

恵と、そして結局は愛情を証明した。夫婦は、知られているかぎり、最後まで幸せであった。

ヘーゲルはその点について、心安らかに次のように判断している。「わたしはこうして――さらに望ましい若干の変化を別にすれば――みずからの地上的目標に到達した。というのも、ひとつの仕事とひとりの愛する女性がいれば、人はこの世で必要ないっさいのものを所有していることになるからである。それは、人が自分のために手に入れようと努力しなければならないものの、主たる項目である。」

度し難いほど教授臭を放つ表現であるが、ユーモアのセンスを身につけているかれは、自分の幸福を教科書風のスタイルで規定するのを抑えることができない。「残りの部分はもはや章を成すのではなく、節や注釈を成している」（C1二四三）と。

みずからの哲学的運命については、かれはたぶん、テキスト外のことと見なしているのであろう。とはいえ、かれはみずからに幻想を抱いてはいなかった。かれは幸福というものを、味気ないかたちで考えてはいなかったのである。かれは幸福を、敵意に貫かれたものと想像していた。経験はかれに、実生活上の悪意を教えていたからである。

新しい家庭の状況は、かれが予見していたものと同じ程度に平凡なものにみえた。校長の給料は、例によってひどく遅延していた。結婚式の前日に、ヘーゲルは必要な金銭を手にすることができなかったのである。

八月十六日、官吏としての立場上、国王による結婚の許可を得てから、かれはその件を請願したことが無駄ではなかったかどうかを自問している。「……というのも、わたしには最善のものが、すなわち金銭が不足しているからです。もしじっさいに、わたしがいまから遅延している五ヶ月分の給与を、わたしに支払われるべきその他の手当金と同様に受け取ることがなければ――あるいはせめて、それが定められた日に支払われるという確たる保証がなければ――わたしはひとりで隠者のように暮らしながら、それどころか二人いっしょに暮らしながら、ほとんど日常生活に耐えることができなくなってしまうでありましょう。」（C1二四〇）

やがて、二人以上で暮らす必要が生じてくる。いずれにせよ、ヘーゲルは友人フロムマンの好意的な保護のもとに、イェーナにおけるヴェッセルヘフト姉妹への養育費というかたちで、庶出の息子の生活費を払い続けねばならなかった。

一八一二年に娘が生まれたが、彼女は数週間生きただけで亡くなった（一八一二年七月—八月）。はるかのちの、ベルリン時代最後の日々に、かれは、友人ハインリヒ・ベールとその妻がわが子を失ったことに対して慰めの言葉を与えようとした。そこには祈りも、神への呼びかけも、あの世での再会の希望も述べられていない。ヘーゲルは実例として、同じような状況で自分自身がとった態度を挙げているだけである。かれは友人に、場所柄を弁えてはいるが、退屈で意味のない言葉のほどこしをしたり、幻想的な慰めの言葉で人を欺いたりするのは赤面の至りであると語っている。この「回復不能の損失」については、「ひとり子を同じように（しかし、もっと幼いときに）失ったさいに、わたしが妻に尋ねたこと」を尋ねる以外に、与えるべき言葉はないのである。「妻が人生のもっとも美しい時期にそのような子供をもつ幸福に恵まれながら、その子を失ってしまうという運命を選ぶのか、それともそのような子供をもつ喜びをまったく味わうことのない運命を選ぶのかという問いであります。あなたの心は、前者のケースを選択するでありましょう。それがまさにあなたの場合なのです——すべては終わっています。けれども、あなたはそうした幸福の感情、そのような愛らしい子供の思い出、あるいはその喜び、幸福な時間、あなたと母親に対する愛、そして子供らしい判断等々の思い出が、同時にまたその善良な気質、すべての人びとに対する愛嬌のある仕種の思い出が残っているのです。」（C3二九九—三〇〇）

ハインリヒ・ベールはおそらく、この種の激励の言葉を理解しうる人物だったと思われる。ヘーゲル夫人は一八一二年に、その点で夫と意見の一致を見たのである。

一八一三年、ヘーゲル夫妻は息子をもうけ、カールと命名した。その子はのちに有名な歴史家となるべき定めを負っており、国王はかれを貴族に列した。ヘーゲル自身がそのような栄誉に輝かなかったことを、遺憾に思うべきであろうか。

一八一四年に、もうひとりの息子、イマヌエルが誕生した。かれは牧師となり、教会の高い役職に就任している。すなわち、ブランデンブルク州長老会議議長の地位である。

ニュールンベルクでヘーゲル一家が蒙った苦悩の奇妙な帰結のひとつは、哲学者が大著『論理の科学』〔大論理学〕を大急ぎで執筆しなければならなかったことであった。『現象学』の約束するところによれば、そのアイディアはずっと以前からかれの心に存在していたが、しかしそれを補足し、論議し、洗練させて、最終的に緻密なものに仕上げる必要があった。それは大がかりな作業であった。だが、いずれにせよ、かれはその成果をいつの日か完成させたことであろう〔一年かけようと、あるいは一〇年かけようと〕。しかし、急いで何がしかの金銭を入手するために、かれはその課題を、説明上の明晰さや洗練さを求めるにはふさわしくない速度で企てたのである。そのような状況は、若夫婦の夕べを楽しませるものでなかったことはたしかである。

かれは嘆きの言葉を記している。「結婚直後の六ヶ月間に、このうえなく晦渋な内容をもつノート三〇冊分の書物を執筆するのはけっして小さな仕事ではありません。それは、時代の不正というべきものであります。わたしは大学人ではないのです。適切な形式に達するためには、わたしには一年が必要だったでありましょう。けれども、生きるためにわたしはいまお金を必要としているのです。」（C1三五〇）『論理学』の苦渋に満ちた頁に心を痛める現代の読者は、貧乏な著者に急いで金を儲けさせることになるこうした急ぎの執筆の代価を、おそらくいまだに払っているのであろう。

ヘーゲルはみずからの主要な哲学的観念を、その本質的真理性のゆえに、その人間的価値のゆえに、同時にまた大学のポストに立候補するさいの資料を埋めるという理由で、明確にしようとこだわった。けれども、最終的にその活動を決定するさいには、かれは家庭のほうれん草に何がしかのバターを入れる必要があったのである〔暮らしを楽にする必要があったという意味〕。

もちろん、ニュールンベルク滞在は、ヘーゲルの周囲にフリー・メースンやかつての啓明主義者の常連を集めることになろう。かれらのうち、パウル・ヴォルフガング・メルケル（一七五六―一八二〇年）[*10]なる人物は、帳簿によれば哲学者と「心からの友情」を結んだと紹介されている（B4二六六）――その友情はまた、ヘーゲルの書簡集によっても証明されている。フリー・メースン団は、その町の政治生活に関心をもち、集会所の一種の支柱であり、その点からすればゴーゲルがフランクフルトで行なっていたことを、いわばニュールンベルクで代表しているようなこの仲買業者にヘーゲルを近づけることができたという以外に、いったい何をやったというのであろう。メルケルは一時期、ヘーゲルに財政援助を行なっていたことが記録されている（C1三四一）。

王政復古

王政復古は、ニュールンベルク時代のヘーゲルに降りかかった出来事である。

王政復古を望み、それを実現した人びとについて、「かれらは何ひとつ学ばず、何ひとつ忘れてはいない」といわれたことがある。だが、たとえかれらが何ひとつ忘れなかったとしても、かれらはやはり何かを学んだのである。かれらは以後経験によって、自分たちの権力と特権の脆さを、ほんのちょっとした出来事の経過のもつ爆発的な役割を、かれらが長いあいだ不可能と見なしてきたことが明らかに可能であることを、すなわち人民による国王の断首や絶対的な恐怖政治の可能性を認識したのである。かれらが学ばなかったのは、かれらの敵がかれらに教えてやると主張していた事柄である。けれども、かれらはその点では本質的に尻ごみしてしまい、みずからの不動の根本的計画――自分たちの特権的存在に固執すること――に役立つ教訓のみを過去から引き出しているのである。かれらは手段

*10　メルケルについては、レンニング『フリー・メースン団一般教本』、ライプツィヒ、一九〇一年、第二巻、三六頁。および、フリードリヒ・ロート（ヘーゲルの友人）『パウル・ヴォルフガング・メルケルの生涯についての消息』、ニュールンベルク、一八二一年。

や、手続きや、策略だけを変えようと考えていた。かれらは、よく見分けることのできる危険を遠ざけるために、新しい方策を採用しなければならなかった。

したがって、ナポレオンに対する勝利の次に同盟諸国が望んだもっとも強い欲求は、以前の社会的、政治的、宗教的、文化的秩序にただちに戻ることであった。かれらはそうした秩序を保障し、保存するために、さまざまな予防措置を講じた。

王政復古という言葉は、かれらが取りかかった作戦の本性を、完全とはいわぬまでも、かなりよくあらわしている。それはとりわけ、革命の国フランスに関係している。同時にまた、それは、革命が起こらなかった国において、しかしながらその成果のあるものが軍事的なかたちでフランスから輸入されたような国――たとえ逸話的にであっても――において、なかんずく、プロイセンにおいて看取できるところのさまざまな結果を生み出すのである。プロイセンでは、特権をもつ人びとはそれゆえダメージを蒙った。そして、かれらはとくに突然の恐怖を、あるいは一時的にせよ絶望を味わった。かれらは一瞬、すべてが失われたと信じたのである。

旧制度下のすべての特権者たちに、王政復古は仕返しを用意してやるであろう。そこでかれらは際限のない復讐を楽しみ、犯罪や迫害や侮辱を増幅させることになった。

復興した権力は、おのれについていっそう鋭敏な意識をもち、かつては自明のこととして、考えもせずに行なっていたことを、以後は冷笑的態度をもって遂行する。それからは、権力はもはや無意識とか素朴さを口実として引き合いに出すことができなくなるであろう。

公式的には、これらの傾向や努力は古い社会関係の忠実な回帰を、あるいはそれの適切な写しを、また古風な行動の再開と昔の型にはまった言い回しの暗誦を狙っている。ルイ十八世は、前任者たちの栄光ある言葉によってみずからの貧弱な命令を下すというその現実的状況に、何か滑稽なものがあるとは感じていなかった。「なんとなれば、それは余の楽しみである」という表現に対して……。ルイ十四世の半長靴を履くことによって、自分を高めるというのである。

滑稽なものがあるという理由は、かれの即位がプロイセン人、ロシア人、オーストリア人の楽しみの結果だったからであり、またとりわけ社会生活の新しい基盤が、それを隠蔽している制度や言説のヴェールがどうであれ、古い構造に勝利を収めていたからである。金銭はいまや唯一の主人として認められ、そのスポークスマンを見出すであろう。すなわち、「汝、富を蓄積せよ」と。しかしながら、人は同時に二人の主人に仕えることはできない。とくに、主人が互いに憎み合っているときはそうである。

ドイツにおいては、王政復古はおそらくいっそう卑小で、こせこせとした様相を呈していた。すなわち、いくつかの点に関してフランスを模倣し続けることになったが、そこには地方主義や地域主義、あるいは視野の狭さといった余分なものがついて回ったのである。小国の王様、大公、司教＝君主たちは、人びとが異議を唱えたわずかな金に至るまで、またそれぞれの勲章の微妙な違いに至るまで取り戻そうと固執した。臣下たちは、おのれの痛みを元通り感じたばかりでなく、その痛みが増幅されるのを感じとった。そして、研ぎ澄まされた洞察力をもって、かれらは自分たちが以前にもまして搾取され、圧しつぶされているのを見抜いたのである。

ナポレオンの敗北はヘーゲルのあらゆる希望を、同時にまた現在のわずかばかりの満足感を一挙に打ち砕いた。王政復古は突然、しかも残酷に――少なくとも外見上、表面上は――ヘーゲルが総体的には承認していたヨーロッパの近代化のプロセス全体を――細部の点では若干の留保があったとはいえ――止めてしまったのである。

歴史の流れのなかで、偉大な人物の存在というものに異常な優位を認めていたヘーゲルは、現代の英雄であるナポレオンが失脚したというニュースに限りない苦悩を覚える。かれは、おそらく「密封された」郵便で運ばれ、名宛人によって破棄されたと思われる手紙のなかで、ニートハンマーに心の秘密を打ち明けている。「わたしたちの周囲で大きなことが起こりました。巨大な天才が自分自身を破壊していく姿を眼にするのは、恐るべき光景、異常な光景でありります。それは、起こりうるもっとも悲劇的な出来事です。凡庸なものが一団となって、猶予も休息もなしにのしかかってきます。高く飛翔したものがかれらの水準に落ちるまで、あるいはかれらよりも低く落ちるまで、のしかかってくるのです。」（C2三一）いっそう重苦しい雰囲気を出すために、かれはギリシア語のトラギコタトン〔悲劇の極みの意〕という言葉を用いている。

一方、ニートハンマーは、バイエルンと、その国の公教育と、ヘーゲルおよびニートハンマーの個人的経歴等にとって、その直接的な帰結の点で耐え難いものである王政復古への憎しみの感情を明らさまに募らせている。「虫や蛙やその他の害虫がしばしば雨の降ったあとから出てくるのと同様に、ヴァイラー一族やその一味は、文明世界全体に広がる暗い光のあとから姿を現わすのです。お払い箱にされたあらゆる物事が逆流してくるような趨勢のなかで、この文学界、教育界のごろつきどもは他のすべてのごろつき連中と同じように、ついに自分のときがきたと信じています――しかもわたしは、かれらがその時を見つけてしまったのではないかと恐れているのです。」（C2五八）

ヘーゲルはそうした事態のうちに文明の敗北を観察し、一瞬、落胆に身を委ねるであろう。かれは、「たとえ必要なかぎり、また可能なかぎり大義と名誉の利益を手中に収め、また頭のなかに収めるとしても、もはやそれらをさほど心に留めよう」（C2六〇、修正）とは望まなくなるからである。

ニートハンマーは「私的な、密封された」郵便を通じて、ヘーゲルの気力を回復させようと試みる。「人びとは政治的自由のために戦っています。三〇〇年前に、宗教的自由のために戦ったように。君主たちは、すでに起こってしまった氾濫を前にして、当時と同じくほとんど盲目的となり、激流に逆って堤防を築こうと試みているわけです。」（C2八〇）

ヘーゲルはやがて、一時失っていた楽天主義をふたたび取り戻す。「わたしは、わたしたちの時代の世界精神が、前進するように命令を下したという考えに満足しています。この命令は守られています。世界精神は、装甲をほどこした密集部隊のように抵抗し難い力と、太陽の運動のようにほとんど気づかれることのない動きをもって、すべてを貫徹しつつ進んでいくのです」（C2八一、修正）……。

かれはそれゆえ、具体的な政治的現実のなかで、また社会生活、政治生活の客観的形態のもとに、王政復古によってあらわされている歴史的荒廃を、青年時代の理想やずっと存続している自由主義と対比しながら確認するのである。けれども同時に、かれはこの敗北を、まったく別次元の豊かさをもつ普遍的な歴史的発展のなかでの、まぎれもない必然的挿話と見なすであろう。

われわれはヘーゲルのうちに、希望と恐れ、現実主義的平安と理想主義的高揚、行き過ぎた楽天的態度と気が滅入るような幻滅の交替を、そして時にはそれらの奇妙な混合を認める。

しかしながら、かれは最終的にはつねに全体的進歩への信頼を、すなわち人びとがみずからの活動によって、欲することも理解することもないままに生み出すような、また世間の生活のひそかな法則としておのずから働いているような全体的進歩への信頼をもち続けている。たえず活動的で、征服的な世界精神は、かれの想像力においては「進歩の巨人」のイメージという、あるいは倦むことなく穴を掘る「もぐら」のイメージという、さまざまに異なるイメージのうちに具象化するのである（C2八六）。

しかしいつもの流儀で、かれは現実の状況と、かれほど事情に通じていない同時代の人びとがその状況についてもっている意識とを区別することを忘れない。かれの学説のなかでは、おそらくはまた現実においても、「王政復古」の概念はいかなる根拠も有していない。その概念は弁証法的、歴史的思考様式には統合されないのである。というのも、弁証法的、歴史的思考様式は、世界のなかでのいっさいの完全な繰り返しや、またいっさいの行き過ぎた執拗さをも排除するからである。長期にわたって、自己同一的に留まるものは何ひとつないのである。歴史の基本的カテゴリーは変化であって、王政復古はそうした変化を嫌悪するが、しかし想像上の悪魔のようにそれを追い払うことはできないであろう。ヘーゲル哲学は、少なくとも原則的にはいっさいの保守主義を拒否しているが、ましてや実質的な復興はいっさいこれを追放するのである。

自然における外見上の繰り返しや、不快な単調さをヘーゲルは嘆いている。けれども、人間世界においては、かれはいかなる反復も容赦しない。そこでは、すべてが精神の営みにほかならず、しかも精神はたえず何かを考え出すのである。「精神の若返りは同一の形態への回帰ではなく、それ自身の浄化であり、吟味である。さまざまな課題を創造し、またそのような営みを通じて、精神はその作業の素材を増大させる。こうしてわれわれは、精神が歴史のなかで無数の方向に広がっていくのを、また歴史のなかでおのれを享受し、満ち足りていくのを眺めるのである。しかしながら、精神の作業は結果的には、ふたたびその活動を増加させ、新たにみずからを燃焼し尽くすことになるであろう。精神がみずから充足する、その創造的活動のそれぞれは、精神についての吟味を求める新たな素材として、たえず精神に対置される。精神の教養であるものが素材となって、そのおかげで精神はみずからの作業を通じて新しい教養へと高まるのである。[*11]」

哲学者はしばしば、次のような弁証法的＝歴史的テーマを強調する。「〈精神〉は前進することをやめない。なぜならば、精神のみが前進するものにほかならないからである。しばしば精神はみずからを忘却し、みずからを喪失しているようにみえる。しかし、内面においておのれ自身と対立している精神は、みずからを追い求める内的な作業である――ハムレットが父親の精神について、〈よく働けり、健気なるもぐらよ〉と述べるときのように――その結果、内面的に強化された精神はいまや、おのれをその太陽や概念から引き離す地殻を取り除き、それを崩落させるまでに至るのである。魂のない、虫に食われた建物にほかならない地殻が崩落するときに、精神は七里の長さをもつ靴を履き、新たな若さで身を飾りながら姿を現わすのである。[*12]」

ヘーゲルはそれゆえ、最初はまったく自然に、王政復古のうちに昔の特権者たちの幻想だけを認めるという弁証法的誘惑に屈するのである。かれらは、ヘーゲル自身が不可能と見なしていることを実現できるものと思っている。そしてかれらは、安心させる言葉を用いて、みずから現実を隠蔽しようとする。「わたしたちが現在、たびたびその噂を耳にしている反動を、わたしは待っていたのです。反動は、みずからの権利を支配的なものにしようと望んでいます。真理は、それを遠ざけることによって、人が心に抱くものなのです。それこそ、ヤコービの深遠なる定式です。

反動の力は、いまだ抵抗の力よりも劣っています……。その意志は主として――たとえ反対のことを考えていようとも――みずからの虚栄心を満足させ、おのれの印章を起こった事柄の上に押すことに集約されるのです。そして、その起こった事柄に対して、反動はこのうえない憎しみをもっと主張していますが、それは、〈これこそわれわれの行なったことである〉という事実を読み取るためなのです。」（C八六）

ヘーゲルは幻滅するはずである。王政復古は、かれが期待した以上に現実的であり、持続的であろう。そしてかれは、そのことに順応しなければならなくなるであろう。

たしかに、かれの直観はかれを欺くことはない。根底においては、近代性が必要であるが、それは所有権という近代的スタイルである。けれども、時代遅れの政治制度はそれに適応するすべを知っている。ヘーゲルは、王政復古がとりわけバイエルンやプロイセンにおいて、完全にはみずから信じているもの、あるいはそれと宣言している通りのものではないにせよ、それでもやはりかれらの目的のいくつかをすでに達成していること、政治的、文化的生活において厭わしい弾圧を加えていること、またヘーゲルが好んで訪れた社会階層の人びと（学生、愛国者、自由主義者、ユダヤ人）を迫害し、さらにはかれ自身に対してたんなる「雨滴」以上のものを降らせるであろうことを、多くの犠牲を払って学ぶのである。

かれはこのような制度のもとで生き、そのうえいっさいの気晴らしもないままに、現実的センスをもってその制度を耐え忍ばねばならないであろう。プロイセンでは、国民の経験が、政治的喪失をよりよく耐える助けとなるであろう。政治的逆光は最終的にはつねに部分的、一時的なものとして現われるが、しかしそれに押し流される人びとは、その瞬間には政治的逆行のじっさいの限界も、またそれがどれだけ存続する可能性があるかも気づかない。ヘーゲルがプロイセンに到着するとき、この観点から見た状況は絶望的であるように思われるであろう。「進歩の巨人」は、まだ地平線に姿を現わしていないであろう。一五年のあいだ、真剣かつ有効な抵抗運動はひとつもなかったのである。

*11 『歴史における理性』、前掲書、三五―三六頁。 *12 ヘーゲル『哲学史』（ガルニロン訳）、第七巻、一九九一年、二一一二頁。

ヨーロッパの上に、鉛の覆いがかぶさっていた。そして、一八三〇年、ついにフランスで革命が勃発するとき、ヘーゲルはそれのもつ真の意味と有効性について問いかけるが、死ぬ前にその出来事を本当に評価する時間的余裕をもたないであろう。

じっさい、王政復古は、ヘーゲルが明らかにしたのとは別の意味においても、みずから主張するようなものではないのである。要するに、王政復古は旧制度よりも悪いということである。進歩主義的なプロイセンの人びと、そしてかれらとともにヘーゲルは、「王政復古主義者」が忘れさせようとするフリードリヒ二世をかえって懐しがることであろう。王政復古主義者に反対して、ヘーゲルは、そのような状況では有意義なフリードリヒ二世についての弁明を行なっている。

ヘーゲルはときに、フリードリヒ＝ヴィルヘルム三世治下のプロイセンにおける反動体制の若干の良い面を際立たせようと努めているが、それがどの程度真剣であるのかはわからない。ともかくかれの態度は、たとえ公的な場合でも、とりわけ私的側面においては、むしろ異議申立ての様相を呈している。かれは王政復古の擁護者たち、すなわちアンシヨン、ハラー、サヴィニー等々に反対している。

もしその表現を、かれがそうした制度の時代に生きて、それ固有の法則を身に蒙ったという単純な意味に理解するならば、かれを「王政復古の哲学者」と名づけることもできよう。それはちょうどフランスにおいて、大なり小なり嫌われていたこの制度のもとで、とりわけフランス革命の歴史に没頭した人びとを「王政復古の歴史家」と呼んでいるのと同じことである。たとえば、オーギュスタン・ティエリー、ミニェ、ティエール、ミシュレ、そしてギゾーさえも。かれらはヘーゲル以上に、王政復古の歴史を執筆したわけでもなければ、その支持者となったわけでもない。一方、ヘーゲルも、王政復古に好意的な哲学を仕上げたわけではないのである。フランスを旅行したさい、かれが会いたいと考えたのはミニェやティエールであって、反動の追従者たちではなかった。

ヘーゲルの明示された政治哲学のなかで、保守主義的な特徴や、場合によっては「王政復古的」な特徴にすら出会うことがある。それらの一部はたぶん、かれの率直で、自然な思想からくるのであろう。フランス革命が見た眼には挫折し、ナポレオン帝国が劇的に崩壊したあとで、進歩主義者たちの狼狽ぶりはあまねく広がっていた。オランダの良き弟子であるファン・ヘールトは、一八一七年に師に向かって心配顔で問いかけている。「いたるところで、人びとは中世に逆戻りしようと望んでいるように思われます。けれども、それは不可能です。なぜならば、時代精神はあまりにも進歩しすぎましたので、逆戻りすることなどできない相談だからです。人びとはどうして不可能なことを欲することができるのでしょうか」(C2一四三)と。往年の特権者たちは、一度、不可能なことが起こるのを眼にした。すなわち、フランス革命である。今度は、「革命主義者たち」が不可能の実現をたしかめる番だというわけである。それがすなわち、王政復古にほかならない。そこには、不可避な運命のようなものが存在する。そこでヘーゲルは、すべての人びとと同様に、みずからの立場を決めなければならないのである。

しかし、ヘーゲルの政治哲学には、戦術的な譲歩の部分も存在する。すなわち、新しい政治的局面にひそかに適応するのではなく、異議申立ておよび反対の諸方策を必要に応じて取り入れることであり、また新しい政治的局面によって生み出される独自な攻撃に対して新たに対応することである。

ヘーゲルのテキストを理解するというのは、時には回避し、また時には部分的に切り取ることもできるが、しかしながら完全には乗り越えることが不可能な障害に、まったくの確信をもってぶつかることである。この場合の障害とはすなわち、意図と、しばしば偽装された異質な手段との区別を、あとからどのようにしてつけるのか、またそれぞれの力と価値をどのようにして測るのか、というものである。少なくとも、素朴な気持で読むと、表現の行き過ぎた繊細さや入念さに溺れた、激しい矛盾の感情が生まれることが理解されよう。

ヘーゲルは、あまり啓発されていない読者から見ると、多少とも体面を保ちながら事態を切り抜けようと試みた。公然と異議申立てをしたならば、より過激な多くの弟子たちと同様に、かれは獄中で呻吟することになったであろう。しかし、明らさまに反動的な姿勢を示したならば、かれは信用を失墜したであろう。それゆえ、公式的には分類不可能であることを、かれは不満に思っていなかった。『法の哲学』が引き起こした批判に対して、かれはダウプ宛の手紙のなかで、おそらく多少の後ろめたさをあらわすような激しさで反応している。「この党派がことのほか、高飛車に話す習慣があるこの場所で、またこの党派がみずからをひとつの勢力（puissance. 文章中、フランス語で）と見なしているこの場所で、わたしは眼の前に顔をしかめている人びとが、あるいは少なくとも沈黙を守っている人びとがいるのを見たのです。かれらはわたしが述べたことを、以前、〈シュマルツ・グループ〉（過激な反動的攻撃文書の筆者）と呼ばれていたものの報告に載せることができませんでした。その結果、かれらはその事柄をどのカテゴリーに分類すべきかを知るために、ますます困惑しているように見受けられました。」（C2二三一）ヘーゲルは読者の眼から、またいっさいの危険な分類から免れているという事実を楽しんでいるのである。

ベルリンでの、ヘーゲルの最初の弟子たちを驚かせたのは、表現上は比較的穏やかでありながら、根底においては大胆な異議申立ての政治理論と、哲学者（ヘーゲル）の一般的な考え方のきわめて革命的な性格との明らかなコントラスト、およびかれの弁証法と歴史主義との同様なコントラストであった。

ヘーゲルは経済生活および社会生活の基礎と機能を、かれの認識の質と洞察力がどれほどのものであったにせよ、適切に捉えているとはいえない。この領域では、十九世紀の初めより、さまざまな進歩が見られている。革命主義者という言葉が多様で矛盾した意味に富んでいるとはいえ、また他方では、ヘーゲルがじっさいに行なった生活のすべての面を完全に知っているわけではないとはいえ、ベルリン時代のかれを真の革命主義者と見なすことはできない。じっさいのかれは本質的に自由主義者であるが、しかしその言葉の現代的意味での政治的党派はまだ存在していないのである。人びとは、明瞭で、同質的で、制御された選択を行なう義務を負っていない。注釈者たちは、含みのある、ためらいがちな、変化しやすい、しかも時には混乱をきたしているヘーゲルの見解を、明らかにかれら自身のそれでしかありえない「論拠の秩序」に合わせようと望んでいるのである。

いずれにせよ、最初の読者たちはかれに対して称賛や非難を乱発するが、それは間違った態度というものである。

かれらは、ヘーゲルによる「二重の言葉遣い」の公表をほとんど考慮に入れていないし、かれの私信を読んでもいないし、その非合法活動も知らなかったし、またそのような疑いを抱くこともなかったのである。

かれらはその結果、ヘーゲルがひそかに〔秘教的に〕否認した、いくつかの公教的な論題を称賛したり、批判したりすることになったのである。マルクスは、ヘーゲルが公刊された『法の哲学』のなかで、監獄制度を「思弁的に」正当化したことを遺憾に思っている。しかしながらマルクスは、ヘーゲルが夜中に、完全な違法行為を犯して、しかも銃撃を受ける危険をも省みず、弟子のひとり、友人のひとりが収容されている独房の換気窓を通して、かれと話をしようとしたことがあるのを知らなかった。

世襲財産と刑務所制度を明白に批判したならば、『法の哲学』の公刊は、いま、ここにおいて〔かれの時代において〕は不可能になったことであろう。

われわれは最終的に、ヘーゲルを「王政復古の哲学者」として扱うことはないであろう。

第12章　ハイデルベルク

「哲学においては、わかりやすいことから遠ざかる度合いが、多くの場合、大家であることの尺度となってきた。」[*1]（シェリング）

幸せな人びとや民族は歴史をもっていない。しかし、それでもかれらは年老いていくであろう。ハイデルベルク滞在は、ヘーゲルの人生のなかで幸福な時期——たしかに相対的な幸福ではあるが——を成している。けれども、その点についてどう言ったらよいのであろうか。もろもろの重大な出来事から成る私的生活の退屈な年譜を辿ったところで、それがなんの役に立つというのであろうか。伝記作者としての筆者は物足りないであろう。

教授職はヘーゲルに、質素ではあるがそれなりの生計を、すなわち家庭生活のしっかりした経済的基盤を保障した。それはかれの人生においてはじめて、本来の意味での哲学的活動を全面的に、あるいは部分的に犠牲にすることのない安定にほかならなかった。かれは、みずからの哲学的活動を最高のレヴェルに高めた。

ハイデルベルクにおいて、ヘーゲルの物質的状況は大幅に改善される。かれは毎年、一三〇〇フローリンの現金支給と、六枡の小麦および九枡のスペルト小麦の現物支給を保障される。物々交換は公正である。すなわち、穀物と観念論との交換がそれである。

この食糧は、かれが充分に家庭的、職業的喜びを味わうことを可能にする。言い換えれば、誠実で労苦に満ちた、だが最終的には平穏な生活を、また歓迎してくれる同僚や、注意を払い、敬愛の心で接してくれる学生たちとの真摯で、知的に実り豊かな関係によって啓発される生活を営むことを可能にする。

かれは、長いあいだ切望していた状況のなかで、古典的な意味での教授先生を体現している。かれは胸を張る素振りを示すが、しかし度を越すことはない。というのも、かれは経験上、人間的な物事のもろさを知っているからである。そのうえ、いくつかの不安な影がやはり画面に映し出されている……。

ヘーゲルはいまや、その判断に敬意を払っているような人びとから、自分がそうありたいと望んでいる人物として認められていることを発見する。要するに、言葉の文化的意味での、またのちには管理者的意味での哲学者として、あるいは真理を求め、発見し、それを青年たちに広める大学人として、である。かれはつねに、人生のこの時期についての感動的な思い出を、絵画的で、魅力的な町の風景とみごとに結びついている思い出をもち続けるであろう。

それまでの波乱に富んだ生活に終止符を打ったハイデルベルク大学への就任は、かれの経歴としてはっきりと規定できるものの始まり――きわめて遅い始まりであるにせよ――を示している。かれはその地に、一八一六年の秋、四六歳で赴いたわけである。友人に宛てた手紙に書いているように、かれの眼には知的成熟の必要条件と映るその高等教育のポストをかれはようやく獲得したのである。「大学の講座は、わたしが長いあいだ望んでいた状況にほかなりません。そうした状況はわたしたちの習慣でありますゆえ、哲学により広範な聴衆をもたらすための、ほとんど不可欠の条件となっています。そのような状況だけが、同時に人と人との生きた対話を可能にするのです。対話というものは、文学形式に対して、たんなる知的表象のそれとはまったく異なる影響を及ぼします。そしてわたしはこの点について、わたしの著作のなかで何か納得のいくことをする可能性がいっそう大きくなることを期待しています。」(C2一二五―一二六)

ヘーゲルはついに陽の目を見たが、しかしそれは遅すぎる任命であった。かれは、友人や競争相手の運命と辛い比較をすることがあるかもしれない。かれが哲学的には凡庸な人物と見なしている「自由主義者」のフリースは、おそらくその過激な反ユダヤ主義のゆえに、かれより先行しているのである。

*1 シェリング「クーザン氏の一著作への前書き」(一八三四年)、『超越論的観念論の体系』、P・グランブロ訳、パリ、ラドランジュ書店、一八四二年、三七八頁。

フランスでは、ヴィクトール・クーザンのようなまったく若い人びとが、ソルボンヌやコレージュ・ド・フランスで重要なポストを占めていた。たしかに、かれらはそうしたポストから簡単に罷免されるという浮目をみてはいるが……。

ドイツ最高の哲学者が大学の仕事に手が届いたのは、なんと五十歳近くになってからのことである。自慢できるようなものは何ひとつないのである。

けれども、あとから振り返ってたしかめられるように、かれは最良の哲学者であった。だとすれば、知識人にとって全般に困難な状況であるとはいえ、それでもやはり例外的とみえるこの出遅れはどうしてなのであろうか。ドイツではほぼいたるところで戦争があり、また大学の貧困が見られた。それと同時に、この出遅れの原因として、かれが不器用であり、口下手であり、不明瞭であるという悪い評判が立っていた事実を引き合いに出すこともできよう。しかし、それらすべては、哲学者としてのかれの卓越した素質を前にしては消え去ってしまうであろう。それでは、家庭的な面での異常や、宗教上、政治上の嫌疑を原因に数えるべきなのであろうか。

不思議なことに、かれがハイデルベルク大学に任命されるちょうどそのときに、人びとはかれがベルリン大学に向いているのではないかと考え始め、そしてバイエルン政府はかれのためにエルランゲン大学への道を開くことになるが、それはすでに遅すぎる措置であった。長いあいだ悲しい気持で、空しく待機していたかれは、いまやさまざまな方面から要請を受ける身となった。

ヘーゲルは、人びとがあたかもかれを奪い合うかのような状況を、虚栄心が擽られる気分で味わうことができる。欠乏と苦境のあとで、豊饒と過剰がやってきたのである。

かれは競争相手以上に豊かな、また辛抱強い努力のおかげで、当初はあまりその種の才能がないように思われた教育への情熱をついに満足させることになった。けれども、それは序曲にすぎなかった。たしかに輝かしい序曲とはいえないが、しかし将来性のある始まりであった。ヘーゲルは最初、講義室で多くの学生を引きつけることができなかった。それでもかれは以前より成熟しており、「人と人との対話」のおかげで、おそらくいっそう知的にみずからの考えを表現できるようになっており、また自分が何を教えようと望んでいるのかよくわかるようになっていた。そして、自己の体系の一定の形式を仕上げることに心を砕き、以後、その形式にはほぼ満足するようになり、そのため人びとはかれの特殊な学説に訴えかけることが可能になった。かれの学説はやがて、少数の聴講生のなかから何人かの熱心な支持者を獲得するに至った。ある種の学生たちは、その後ずっとヘーゲルの学説に忠実である。たとえば、カロヴェ、フォン・イクスキュル[*2]、ヒンリヒス……である。

ヘーゲルの評判は、その管理者的立場に支えられて、次第に大きくなっていった。その点は、他のいろいろな徴候を含めて、一八一七年にヴィクトール・クーザンがかれを訪問し、その結果、驚くべき反響を招くことになったという事実が証明している。どのような親密な絆が、フランスの哲学者、というよりむしろ当時二五歳の学生と、いまや自己の立場を確立し、五十代に届こうとしているドイツの哲学者を真に結びつけることができたのであろうか。

クーザン（一七九二―一八六七年）は一八一三年、二一歳の時からエコール・ノルマルの講師であり、ロワイエ＝コラールはパリ大学の授業の代講をかれに委ねていた。クーザンの学生たちは、ほぼ師と同じ年齢に達していた。かれはカロヴェ（一七八九―一八五二年）のような、ヘーゲルの何人かの学生たちよりも年少だったのである。

固い友情がヘーゲルとクーザンのあいだに結ばれ、しかもそれは悲喜劇的なエピソードに遭遇しつつ、ヘーゲルの死に至るまで続くことになった。

この注目すべき両者の相互理解は、おそらくヘーゲルのフランス語運用能力よりも、クーザンのドイツ語運用能力の方がいっそう劣っていたという事実にもとづくものであろう。というのも、それは論争を避けるうまい方法だった

*2　イクスキュルは、「つねにヘーゲルの『論理学』を携えていた」人物だが、フリー・メースンでもあり、軍隊内の集会所（主として将校から成る）の指導者となった（ボリス・イクスキュル『パリへの愛とロシアの田園』、パリ、ファイヤール書店、一九六八年、九頁）。かれはメッテルニヒから、「扇動」の嫌疑をかけられていた（二四六頁）。

からである。疑いもなく、両人はそれぞれ、かれらが注意深く読者や当局の眼から隠していたみずからの一部について、一時的に口を開いたのであろう。

ハイデルベルクでは、クーザンはヘーゲル教授の家に、夕方、お茶を飲みに行った。そしてかれは、ヘーゲルの家庭生活の穏やかで快適な雰囲気をたしかめることができた。ヘーゲルの家庭生活は見たところなんの暗雲にも覆われておらず、夫婦は庶出のルートヴィヒを自分たちのもとに招き寄せ、以後、かれを正統な家庭のなかで育てようと決心していたほどであった。かれらは、ルートヴィヒを家族の一員にしようとするそうした努力の成功に疑いを抱かず、ヘーゲルはその取り決めができたことを喜んでいた。

したがって、ヘーゲルはブルジョアジーに受け入れられたのである。そこには、なんら欠けるものがなかった。かれは高い地位の公職に就いており、妻帯者で、一家の父親であり、要するに良い評判を勝ち得ている人間である。かれは欄外者の立場を離れて、正規の頁に席を占めるようになる。以後、かれはその位置にずっと留まることになろう。そのとき、かれはもはやハイデルベルクを立ち去ることはないと考えたかもしれない。それとは別の展望が開かれるのは、もっとのちになってからのことである。その時点になってはじめて、それまで確立していると思われたことが、ひとつの移行期にすぎないものとして現われるであろう。

かれはこの移行期を利用して、愉快で、しかも学識のある同僚たちと交流するようになった。かれらは、社会のなかでの、また知的世界における自分たちの役割を、ヘーゲルと同じように理解していた。

かれはとりわけ、神学教授カール・ダウプ（一七六五—一八三六年）と関わりをもった。ダウプは副学長として、ハイデルベルク大学への「招聘状」をかれに送付する役を引き受けた人物である。ヘーゲルの人柄に魅せられたダウプは、ただちにその哲学を熱意をこめて、精細に研究するようになった。そして、ヘーゲル哲学の一種の「宗教的」信奉者になったのである。この神学者の教え子のうちには、ヘーゲル哲学が認められる。

ヘーゲルはハイデルベルクで、イェーナ時代の友人たち、カロヴェとフォイエルバッハが認められる。すなわちパウルス一家と再会した。

ヘンリヒ・エーベルハルト・パウルス（一七六一―一八五一年）は神学院出身者で、その後、東洋語学と神学の教授となり、ヘーゲルも住居を構えることになったさまざまな大学都市で教鞭をとった。イェーナ、バンベルク、ニュールンベルク、ハイデルベルク等である。一七八四年以降、かれは虚栄心を刺激するような招聘の呼びかけに対して、次のように答えている。「自分はあまりキリスト教徒としての自覚がありませんので」、バーゼルのキリスト教協会の秘書のポストを受けるわけにはいかない、と。[*3] かれはきわめて大胆な「合理主義的」神学を考えていた。かれは、「理性の宗教」を打ち建てると称していたのではなかったろうか。また、イエスをたんに「例外的な人間」として紹介していたのではなかったろうか。より正統的な神学者たちはかれを激しく批判し、かれを告訴するに至っている。

長期間にわたる友好的な相互理解のあと、かれは一八一七年における「ヴュルテンベルク諸身分」総会の経過と結果に関して、ヘーゲルと諍いを起こすことになった。それら諸身分をめぐる問題について、かれはかれなりの態度をとり、ヘーゲルとは異なる評価を下した。かれは原則的には、ヘーゲルと同様に自由主義者であったにもかかわらず。

パウルスの妻（一七六七―一八四四年）は精神的に深みのある、しかも快活な女流作家で、互いに親密に結びついた両家の真摯な間柄を長期間にわたって維持していくのにおおいに貢献した。パウルスの娘は、アウグスト・ヴィルヘルム・シュレーゲル――当時、彼女より三三歳も年上であった――との向う見ずな結婚のゆえに、ドイツ文学史に名を残している。だが、この結婚は数週間後に、スキャンダルにまみれて突然、破局を迎えたのである。

パウルスは一般大衆の眼には、学識に富んではいるが、不気味で、疑わしい人物と映った。このような「神学者」との密接な、しかも恒常的な関係は、正統的信徒からすれば、何かショッキングな印象を与えるように思われたであろう。

パウルスの大きな哲学的功績は、一八〇三年、スピノザの『全集』版をはじめて公刊したことであった。かれはヘ

---

*3　ADB、第二五巻、再版、一九七〇年、パウルスの項、二八七頁。K・L・ライヒリン＝メルデーク『パウルスとその時代』、シュトゥットガルト、マガツィン出版、一八五三年、全二巻、参照。

ーゲルを、当時は無害なものとは見なされえなかったそうした広範な企てに引き入れようとしたのである。ちなみに、ヘルダーリンはスピノザのことを、「言葉の厳密な意味での無神論者」[*4]と形容したことがなかったであろうか。ヘーゲルは、知られているかぎり、スピノザのラテン語テキストおよびフランス語テキストを比較し、翻訳する役を引き受けた。しかしおそらく、かれの協力はいわれている以上に大きな広がりをもっていたのであろう。いずれにせよ、かれはみずからの協力を取るに足りないものとは見なしていなかった。というのも、晩年、かれは『哲学史講義』のなかで、そのことを公然と自慢しているからである。[*5]

ハイデルベルクにおいて、ヘーゲルはまた注目すべき同僚のひとりであるゲオルク・フリードリヒ・クロイツァー(一七七一―一八五八年)――古代神話学と古代思想の有名な専門家――と関わりをもった。ハイデルベルクのロマン主義者たちのサークルに紹介されたこの碩学は、一種の感情的な威厳に包まれていた。たとえば、カロリーネ・フォン・ギュンデローデは、かれに対する絶望的な愛のために、わが身を短刀で刺すというような事件を起こしている。

ヘーゲルの講義は多くの人びとの注意を引かなかった。人びとはかれのうちに、哲学が問題になるやいなや、具体的な状況に適応しにくくなるというある種の性格を認めている。かれが哲学について抱いている、しかも他の人びとに教え込もうと望んでいる高尚な考え方と、哲学を教えなければならないという、それなりに惨めな状況とのあいだにはずれが存在している。

こうして、かれはハイデルベルクで、一八一六年十月二十八日に、あたかも類稀なる多くの優秀な聴衆のなかに身を置いているかのように、荘重な調子で就任講義を行なっている。かれは四、五人の学生を前にしながら、まるでコレージュ・ド・フランスの平土間に控えるお偉方を前にして式典を執り行なっているかのように、大げさに語っているのである。五人の聴講生のために、かれは誇張した文章を読むが、それはかれらに対して、ドイツ哲学の華々しい覚醒を納得させようとしたものであった。「哲学がふたたび注意と共感を呼び起こすことを約束できるときが、また、これまでほとんど沈黙を守ってきたこの学問が新たに声を上げ、哲学に耳を傾けてこなかった世界がもう一度傾聴するようになることを期待できるときがやってきたように思われます。時代の貧困のために、日常生活のこまごました通俗的利害にきわめて大きな重要性が与えられ、現実から生まれた利害や、この利害のための戦いがあらゆる学部、精神のいっさいのエネルギー、ならびにさまざまな外的手段を奪い取ってしまった結果、内的生活の高みと純粋な精神性に必要な自由を保持することができなくなり、最良の人たちでさえそれに巻き込まれ、部分的にはそれの犠牲になっているのです。じっさい、世界精神は現実の事態に没頭しすぎたために、おのれを内在化して、自分自身に思いを凝らすということができなくなってしまっているのです。いまや、この現実の流れは打破され、ドイツ国民は生き生きとした力でもっとも厳しい状況を切り抜け、いっさいの生ける生活の基礎であるその国民性を救ったわけですから、われわれは、すべての利害を吸収した国家とともに、教会もまた立ち直り、これまで思想と努力を集中させてきたこの世界の王国だけでなく、人びとがふたたび神の王国を考えるようになることを期待できるのです。言い換えれば、政治的利害や、通俗的な現実と結びついたその他の利害と並んで、ふたたび純粋科学が、すなわち自由で合理的な精神の世界が花開くことを期待できるのです[*6]。」

しかしながら、一時のぎこちない気分のあとで、一種の驚くべき魅惑の感情が生まれる。ヘーゲルの教育はある程度の成功を収め、そして二年後には、かれは講義室に七〇人の学生――あるいは、当時の言い方によれば「聴講生」――というのも、いわゆる学生以外にも講義に出席することができたからである――を教える喜びを味わえるようになったのである。

とりわけ、何人かの若き精神――そのなかには、もっとも優れた人びともいた――が、師の思想に引きつけられるようになる。ハイデルベルクで、最初の弟子たちが決定されるのである。そしてかれらは最後まで、ヘーゲルに忠実であり続けることであろう。もちろん、そこでは固苦しい従属関係や、師の学説のたんなるおうむ返しが問題ではあ

*4　本書、第3章、注16、参照。　*5　ヘーゲルがこのスピノザの版本に関与した点については、ガルニロンの注、参照。ヘーゲル『哲学史講義』、前掲書、第六巻、一四四八頁、所収。　*6　『哲学史序論』、J・ジブラン訳、パリ、ガリマール書店、一九五四年、一三―一四頁。

りえない。弟子たちのそれぞれはつねに、はっきりした人格を示し、かれらなりの流儀で、知的発展を遂げたのである。けれども、かれらはけっして、理解と感謝の念と、そこで結ばれた友情等々の絆を破ることはなかった。しかもかれらは、きわめて明確に相互の違いを示していた。このことは、ヘーゲルがかれらのあいだのさまざまな思想的傾向を、時には相対立する思想的傾向をも、ある点まで手助けしたり、豊かにしたりすることができたという事実を充分に証明している。かれらはまた、哲学的適性や資質の点でも非常に異なっていた。

この観点からすれば、かれらはほとんどヘーゲルの名誉となるような存在ではなく、むしろそれとは別の功績によって際立っていた。たとえば、エストニアの男爵ボリス・フォン・イクスキュルは、ヘーゲルが教えたことをたいして理解していなかったが、それでもヘーゲルのことをはっきりと認めていた。かれは自分が、とくにヘーゲルの真摯な態度とその言葉の難解さに引きつけられたと述べている。忠実な弟子たちのなかにヒンリヒス（一七九四―一八六一年）を入れるべきであろうが、かれ自身、のちに哲学教授となる。ヘーゲルの生涯において、以後、無視できない位置を占めることになるのは、とくにフリードリヒ・ヴィルヘルム・カロヴェ（一七八九―一八五二年）である。かれは急速に、熱狂的なヘーゲル主義者、否むしろ狂信的ともいうべきヘーゲル主義者となるであろう。

もともと、カトリックの教育を受けたカロヴェ――ヘーゲルの弟子や友人のあいだでは例外的である――は、一八三五年に、その試論『教会のキリスト教について』ならびに『ローマ・カトリック教会について』のなかで、次のように予言するに至るであろう。「人びとがかつてイエス・キリストを信じたように、普遍教会においてはヘーゲルを信じるようになるであろう。かれは、悪が存在せず、神は人間のうちにしかなく、そして天国は世界そのものにほかならないことを主張している」と。少なくとも、若干の悪意をこめて、いささか注釈を曲解するような伝記作者のひとりに従えばそうなのである。そこには、晩年のヘーゲルを一般に非難するさいに持ち出されるスキャンダラスな意見を、カロヴェの責任にするかたちで積極的に取り上げようとする態度が窺える。[*7] カロヴェは、部分的には、ヘーゲルがかれに及ぼした影響のために、幻滅的で、不幸な運命を味わうことになろう。[*8]

物事を非常に単純化して、イエーナが弁証法の仕上げの時期であったといえるとすれば（しかし、それは体系的哲学への配慮なしには起こりえなかった）、ハイデルベルクの時期は体系の仕上げ（それは、弁証法的プロセスなしには実現されえない）という点で際立っている。

ハイデルベルクで、ヘーゲルは一八一七年五月に、『現象学』、『論理学』に続く第三の大著である『エンチクロペディ』〔『哲学的諸学の百科』〕を公刊する。

この著作は、弁証法と体系との関係の一般的問題を提起すると同時に、その解決をも試みている。

古来の正当なる権利

ハイデルベルクで、ヘーゲルがどれほど平安を望み、理論的、哲学的研究を欲し、家庭生活の喜びに執着していたとしても、世間の生活を、とりわけ政治的な出来事を忘れたり、無視したりするようなことにはならなかった。かれは、いっさいの実存的関心から慎重に守られている生活のなかで、理論的思索に完全に没頭することもできたであろう。けれども、かれはしばしば描かれているような、純粋に抽象的な思索の人ではなかった。

かれについてのそのような見方を否定するためには、かれが一八一七年に『ハイデルベルク年報』に発表した長い政治論文を読むだけで充分であろう。それはヴァルトブルクの祝祭の年で、そのおり、学生たちは立憲制のために——とくに要求事項を掲げて——激しい示威行動を行なったのである。ヘーゲルの論文は『ヴュルテンベルク人民の友』紙に転載され、その結果、広い範囲に伝えられた。ヴュルテンベルク国王の政治的イニシアティヴが挫折したあとに公表されたその論文は、諸身分をめぐる論争の公けの報告書を対象にしている。

---

*7　たとえば、かつてのヘーゲル主義者ハインリヒ・レオ『ヘーゲルかぶれの人びと』（ハレ、一八三八年）。　*8　『新ドイツ人名事典』（ＮＤＢ）は、カロヴェにかろうじて一行を当てている（第三巻、ベルリン、一九五七年、一五四頁）。

なぜヘーゲルは、バーデン地方の隣りの国であるヴュルテンベルクを引き裂いた、この過熱気味の政治的論争に関与したのであろうか。

そもそも、ヴュルテンベルクがかれの祖国であったという事実を想起しないわけにはいかないが、それとは別に、いくつかの動機を思い描くことは可能である。

ハイムのような人は、ヘーゲルがヴュルテンベルクの宗教大臣であるフォン・ヴァンゲンハイム男爵（ヴァルトブルクの祝祭では、かれの書物のひとつが焼かれている）によって、その問題に介入するよう促されたのだと主張した。哲学者は、テュービンゲン大学の学長職に任命されるかもしれないという見通しのために、「誘惑された」のではないかというわけである……。[*9]

それはありうることだが、しかし、さほど蓋然性は高くはない。さらにまた、どのようにしてヘーゲルがヴァンゲンハイム男爵とそれほどの信頼関係をもつことができたのかを指摘しなければならないであろう。

もうひとつの理由は、ヘーゲルが以前からすでに、その地方の政治的展開を追っていたこと、そしておそらくはまた、一七九八年のヴュルテンベルクの状況をめぐる「びら」の公表を断念せざるをえなかったのを悩んでいたことであろう。

かつての神学院給費生はヴュルテンベルク公の専制主義と直接的な関わりをもっていたので、いまやその国の新しい国王が準備していた政治的変化に参画することによって、一種の仕返し的気分を味わうことができたのである。そしてとくに、国王の計画が、不充分な面をいろいろもっていたにもかかわらず、ヘーゲル自身の政治的視点をかなりよくあらわしており、それはあたかもこの国王が、「汝らは警告を受けたり。以後、正義の感情に従うべし」というかれの忠告を聞き届けてくれたかのようだったのである。

ヴュルテンベルク国王フリードリヒ一世は、その国の「諸身分」会議（フランスの、かつての「三部会」のようなもの）を、一八一五年三月に招集していた。臣下に議会制度を授与することを拒否していた他のすべてのドイツ領邦国家の同僚たちと比べて独自な手法で、フリードリヒはみずから自由主義的方向性をもつ憲法をかれらに提示していた。諸身分会議は、自分たちに何がしかの特権を保証していた「古来の正当なる権利」への愛着を口にして、その憲法を拒否した。

国王の申し出は、偽善的なものだったのであろうか。意見はわかれていた。ヘーゲルはあとから振り返って、国王の計画に賛成する立場をとったのである。そのうえ国王は、その間の一八一六年に亡くなっていた。

それゆえ、ヘーゲルがその問題についての評価を下すために介入する必要があると判断したときには、論争はすでに終わっていた。しかも、それは諸身分会議の拒否によるものであった。哲学者のテキストは、時に相矛盾し、混乱しているかれの政治思想のいくつかの方向性を明らかにしている。そのうちのあるものは、ヴュルテンベルクの具体的な政治状況に照らすと、客観的には「反動的」と見なすことができようが、しかしそれには多くの留保が必要である。たとえばヘーゲルは、国家の機能についてのいくぶん官僚的な考え方に従って、予見しうるかぎりでの普通選挙のある種の様式を批判している。

けれども、全体としては、かれはむしろ真に未来をあらわすものの方に向かっている。すなわち、確固たる絶対主義の代わりに、ヴュルテンベルクのフリードリヒが、それを求めようとしない民衆にあえて提示するような立憲君主政である。一方、プロイセンのフリードリヒ＝ヴィルヘルムは、それを大声で要求する民衆に、かたくなに拒否するのである。

注目を引くのは、ヘーゲルの全体的な政治的選択ばかりではなく、同時にまた使われている用語や、引き合いに出される理由もそうである。ヘーゲルはいっさいの古い特権に対して、政治的無気力に対して、地方的個別主義に対して、激しい攻撃を加える。したがって、そこには力強く表明された中心テーマと、例外的ともいうべき明晰さが見出される。

*9　ルドルフ・ハイム『ヘーゲルとその時代』、一八五七年、五〇七頁、注13。

ヘーゲルは、きわめて高い観点までみずからを高める。それは疑いもなく政治的な観点であるが、しかし豊かで、深い理論的反省という意味においてなのである。

最終的にはわれわれにはわからない動機のために、パウルス、ニートハンマー、ウーラントその他、ヘーゲルのシュヴァーベンの友人たちは、かれら自身は自由主義者でありながら、国王の計画に反対して、ヴュルテンベルクの諸身分会議における多数派代議員の立場に与していた。かれらはこの論争で、進歩的思想を支持しているものと信じていた。したがってヘーゲルの態度は、かれらによって反動的なものとして告発されたのである。これは、今日、われわれがかれの論文を読むときに、意表を突くような事態である。

この意見の対立は、パウルス一家との決裂をもたらした。反対に、ニートハンマーの友情は、そうした決裂を回避する力を秘めていた。

それゆえヘーゲルは、断固たる態度をとったために、若干の個人的に厄介な事態を招来することになったのである。純粋な思弁的考察に留まっていれば、そのような厄介な事態に直面しないで済んだことであろう。

晦渋

一八一七年に、ヘーゲルは『エンチクロペディ』を出版する。かれはそれを『梗概』として提示しているが、一八二七年により豊かなかたちで再版するであろう。弟子たちは、それを『哲学体系』というタイトルのもとに『全集』（グロックナー版）に組み入れることによって、かれの意図に添う結果となるであろう。

それというのも、その著作で提案されているのはまさしくヘーゲルの体系であり、それはイェーナで検討された建設的図式をふたたび取り上げるものだったからである。それぞれの部分がみずからのうちに含む限定されたもの、一面的なものは、いまやその他の部分によって、また全体によって補完され、解明されねばならない。

そのとき以降、全体と細部は透明なものになるであろうか。うめき声が沈黙することはない。ヘーゲルは測り知れないほど晦渋なのである。人びとは、ヘーゲルを何ひとつ理解しないであろう。しっかりした才能を身につけた博学の人だけがヘーゲルの言説を完全に把握するが、大部分の読者には、さまざまな段階に応じた無理解が認められる。そうした無理解は、あれこれの書物や時期を特徴づけるものではない。時には何がしかの復活が見られるとはいえ、暗闇の中に沈んでいくようにみえるのはヘーゲルの著作全体である。

演説家

すでにシュトゥットガルト時代に、教師たちは若き生徒〔ヘーゲル〕が口下手であると非難している。のちのテュービンゲン時代にも、教師たちは相変わらず厳しい態度を示している。かれらは、ヘーゲルが「演説家としての声も身振りも」もっていないと証言しているのである。

こうした留保があったにせよ、それでもなおかれらがヘーゲルのことを説教に向いていると宣言するのを妨げることにはならなかった。かれらの厳しい判断には、若干の行き過ぎがあったのではないかと疑うこともできよう。すなわち、さまざまな特性を前にして、自制力の喪失――これは他のものを台なしにする恐れがあり、したがってまた相対的で、部分的なものにほかならなかった――をたしかめるのを残念に思う気持ちがおそらくあったということであろう。完全に到達するには、わずかなものが欠けていた。まことに、惜しい話である。

事情は、以上のようなものであろう。それをあるがままに受け取る必要がある。ゲーテはその対比を、一八〇七年のクネーベル宛の手紙で簡単に要約している。「わたしは、かれの思想についての説明を得たいと願っています。かれは素晴らしい精神の持ち主ですので、自分を表現するのが大変難しいのです。」(C1三九八)説明はやがて現われるであろうが、しかしそれほど明晰なかたちをとってはいない。それがすなわち、『精神の現象学』である。

ヘーゲルの講義を聴講した学生たちは、そのような評価を確認している。ヘーゲルの授業は、喜びというほどではなかったのである。

忠実な弟子で、『美学』の最初の編者であるハインリヒ・グスタフ・ホート（一八〇二―一八七三年）は、ベルリン大学教授の意表を突くような講義風景についての、すでに古典的となっている描写を与えている。かれは、ヘーゲルの聴講生たちの、最初の驚きの表情を次のように証言している。「ヘーゲルは教卓のうしろに坐っていた。頭を傾け、身を楽にして、顔をしかめながら、自分自身に沈みこんでいるような格好であった。そして、かれは話を中断することなく、二つ折りの大きなノートを丹念に調べていた。前をめくり、うしろに戻り、頁の上部や下部をあちこち探しながら。かれは咳払いや、空咳をするのをやめなかった。そのため、言葉の調子が妨げられているように感じられた。それぞれの文は途切れているかのように、まったく分離されているかのように思われた。非常な努力を払って、しかも一種の乱雑な状態で、師の口から出てくるようにみえた……。それぞれの語、それぞれの音節は、あたかもそれが本質であり、金属的な声によって広くシュヴァーベン方言へと運ばれていくかのごとく、悪意からのみ現われ出てくるように思われた。しかしながら、全体の調子は注意と尊敬を促すものであった。講演者からは、圧倒するような真剣な雰囲気が流れ出ていた。」

ホートはさらに、次のように告白している。「わたしは途惑いの気分を感じていたにもかかわらず、しかもかれの述べていることをほとんど理解できなかったにもかかわらず、自分がしっかりと捉えられているのを感じていた。」その努力と頑張りの甲斐あって、ホートは他の人たちと同様に、ヘーゲルのみごとな教育の外面的な姿に慣れるようになった。そして、その内容のさまざまな特性が、独自なものとして、次第にはっきりと現われてくる。かれは、講義内容のむずかしさが、惜し気もなく与えられる教育の実体そのものに由来していること、そしてこの内容からすれば別の形式は考えられないことを理解した。

それでもやはり、以下のような印象は拭い難いものがあった。「かれはためらいがちに始め、努力しつつ前進し、また最初のところに戻り、ふたたび立ち止まり、語りかけ、そして深く考えこんだ。正鵠を得た言葉は永久に欠如しているようにみえたが、しかしその瞬間に、まさしくそうした言葉が間違いなく、飛び出してきたのである。その言葉はまったくありふれたものに思われたが、他の言葉と取り換えることができないほど、比類ない用法であり、また唯一の正当な用法というべきものであった。そのとき、人びとはある文章の明らかな意味を捉え、そのまま熱意をこめて続けることができることを期待した。しかし、それは空しい期待であった。人びとが一瞬、散漫になった注意力のさまよいに身を委ね、そして突然、はっとしてふたたび説明に立ち戻るとしても、そのとき、師の思想は前進していくどころか、たえず同じ言葉を用いながら、同じ点の周囲を円を描いて回っているように思われた。

この力強い精神は、自分自身を確信しつつ、しかも心安らかに、解読不可能とみえるものの奥底に入り込み、話の筋道を静かに織り上げていった。そうすると、声が高まり、眼は聴衆の上できらめいて、かれの精神は説得力を秘めた閃光に燃え立つ火で輝きながら、並外れた言葉とともに魂の高みと深みに到達したのである……。」[10]

ホートは、例外的ともいえるほど濃密な思想と、不都合なほどの雄弁の欠如とのそうした奇妙な結びつきを長々と描いている。なぜ、ヘーゲルはより単純に、透明に、また容易に自己を表現することができなかったのであろうか。

多くの証言は、右のような確信をただ生み出すことができるだけである。しかしながら、いくつかの反論が起こってこよう。どうしてゲーテは、自己を表現することのできない人間のうちに、「卓越した」精神を認めることができたのであろうか。教授の雄弁の欠如は大部分、そうした問題を無視ないし軽視することからきていたのではなかろうか。ヘーゲルはそうしようと思えば、たいした努力もせずに、その話し方や言葉の格調を改良し、少なくともその不愉快な面をある程度修正することができたようにみえる。けれどもおそらく、かれにはそのような関心がなく、できることなら、もっぱら内容のために形式をすすんで軽んじるという一種の逆説的な気取りを示したのであろう。すなわち、かれは美辞麗句の話し手を信用せず、かれらのひとりと見なされるのを望まなかった良き思想家なのである。

*10　ハインリヒ・グスタフ・ホート『生と芸術のための予備研究』、クーノー・フィッシャー、前掲書、二一五—二一六頁からの引用。

そして、おそらくかれはまた、みずからの話題のもつ見かけの晦渋さが、結局はかれの役に立ち、その種の欠陥をもっともうまく活用するのに適しているという気持をもっていたのではあるまいか。

とはいえヘーゲルは、テュービンゲンにおいて、かれが信じていなかった、あるいは信仰の現代的な腐敗を伝えるものと見なしていた説教を、皮肉で共犯者的な同級生の前で喋ることを強いられたときに、演説家としての偉大な才能を展開することができたのではなかろうか。教授たちは、理解してもらいたくないという危険な意志を、無能力ないし不機嫌と見なしたのかもしれない。ところがベルリンでは、根本的に別のかたちをとった。すなわち、かれは意地の悪い敵対者、スパイ、密告者などが隠れている聴衆――かれはそのことを知っていた――を前にして、自由な講義を自然で流暢な調子に委ねなければならなかったのではなかろうか。

ヘーゲルの「雄弁の欠如」をあとから振り返って評価するさいに、専門家たちは怠惰な気持、あるいは慎重な心遣いから、個人に向けられた最初の判断を、かれらの流儀で次々と一般的に取り上げてしまっているという事実を考慮する必要がある。個人はしばしば、青年時代に刻み込まれた烙印を、生涯にわたって保持しているものである。ヘーゲルの場合でいえば、雄弁の欠如がそれにあたる。かれ自身、自分がそれに関与していることを、少しずつ信じ込むようになるのである。

けれども、かれは時には明晰に、また力強く語らなければならなかった。たとえば、テュービンゲンにおいては非合法の政治クラブの「もっとも激烈な演説家」であることを示し、ベルリンにおいては「アウグスブルク信仰告白」記念日の荘重な祝賀の式典の最中に、公式演説を述べる役割を与えられたのである。

いずれにせよ、シュトゥットガルトでギムナジウムの学業を終えるにあたり、「別れの言葉」を述べるという責任を委ねられて、虚栄心をくすぐられるような経験をかれは味わったことがあったのではなかろうか。

この観点からすると、かれのさまざまな演技のヴァリエーションが数多くあったことになるであろう。かれはときおり、自分を理解してもらうことにみごとな成功を収めた。ある特別な事例が、ヘーゲルの言葉に秘められた明断な能力を証明している。ヘーゲルは、『エンチクロペディ』の簡略な諸節に、口頭による注釈を加えている——印刷されたテキストは、聴講生向きの「梗概」としてしか提示されなかったが、これらの注釈は幸いにも、学生たちによって大変注意深く集められた。それらは多くの場合、体系の他の契機との密接な結びつきとは別に、それ自身として論じられるべきヘーゲル哲学の一問題の充分な説明となっている。それらの注釈を読み、また味わいながら、人は簡単に次のように信じたくなるであろう——だが、それはなんという冒瀆であろうか。それというのも、この見方によれば、ヘーゲルの思想はかれがそれを方法的かつ権威主義的に、全体の体系的構築のなかにはめ込むときに、その明晰さと品位を失うと信じられることになるからである。それゆえ初心者に対しては、ヘーゲルをはじめて読むさいに、まず口頭で与えられた『エンチクロペディ』のこれらの「補遺」を併せて参照することが勧められるのである。ヘーゲルは、かれの言葉に耳を傾けようと気遣う学生たちに、口伝えで話しかけながら、自分で望むときに説明することができたのである。

けれども、つねにそうだったというわけではない。

著作家

そのうえ、同じようなわかりやすさの欠如が、諸著作に移し換えられて、再発見されるのである。かれの文体は、口頭による演説以上に繊細であるとは思われない。かれの筆は、その声以上に平明だというわけではないのである。

かれはそうした弱点を意識していた。人びとがかれに対して、その弱点を知らさずにはおかなかったからである。晩年に、かれ自身が使っていた哲学の教科書のなかに、ヴェント——かれに対してまったく敵意をもっていなかった友人の著者——の手になる評価をかれは読むことができた。「精神の非常な繊細さが、前進的方法を適用していく仕方のうちにはっきりと現われている。けれども、かれの説明方法は無味乾燥で、しかも粗野であり、そのために理解を著しく困難なものにしている。[*11]」

こうした読みにくさの証言を、もっと多く取り上げることもできよう。しかし、それを納得するには、『現象学』の頁をめくるだけで充分ではあるまいか。人は同意するであろう。たしかに、フランス語による翻訳＝解釈の助けを借りる場合には、事態はもっとよくなっているであろう。翻訳者はその役目を果たすために、原著にひとつの意味を見出すか、あるいはそれを与えなければならないからである。けれども、誠実な注釈者なら、やはりみずからの困惑を率直に告白するものである。生涯の大部分を『現象学』の解明に捧げたヘーリングは、一九二九年になってもいぜんとしてそのことを認めていた。「現在までのところ、ヘーゲル哲学についてのほとんどすべての説明が、あるいはそれへの入門が、そのあとでかれの著作を読破しようとする読者を完全に無力化してしまうということ、そしてヘーゲルの解釈者たちのうちで、かれの著作のある頁を一語一語完全にいうことができる人はきわめて少ないということは、ポリネチッラの秘密〔公然の秘密〕である[*12]」と。ヘーリングは、先人たちよりもうまくやったと自負していたが、やがてかれ自身、後継者たちによって批判されることになる。ヘーゲルに関しては、終わりということはけっしてないのである。

ヘーゲルのこうした晦渋さ——それは自明のことと、あえて言っておこう——は、かれの書物が繰り返し読み直されることを妨げるものではない。ある人びとにとっては、晦渋さはむしろ読書の魅力を増大させるものである。他の人びとにとっては、それは探究と研究を促す原因となるであろう。深遠さと晦渋さはともに、計り知れないようなものを秘めている。それらは、何か引きつけるものをもっているのである。素質のあるアマチュアは、暗号解読の遊びに夢中になる。

しかし、いっそう悪い事態も存在する。というのは、もっとも危険な晦渋さは、霧の中に隠れた雨氷のプレートのように、人が気づかない晦渋さだからである。読者は、検討してみると理解できないようにみえる表現を、明瞭なものとして感じることがあるのである。デカルトは、自分の意図を「覆い隠す」ときに、読者に対してあらかじめそのことを知らせておく——これはしかしながら、そうした覆い隠しからいっさいの有効性を奪うものであろう。だが、ヘーゲルの方は予告をしない。読者はときに、欺かれるままになってしまう。最高の晦渋さとは、明らかでないような晦渋さである……。

＊

おおいに骨を折って告発するような晦渋さと、すぐに眼に飛びこんでくるような晦渋さを同時に説明するために、人はしばしばヘーゲルの精神の特別な複雑さを、ある種の生まれつきの体質を引き合いに出してきた。そうした不器用さはかれにとって生まれつきのものであり、要するに「自然な」ものであり、かれの限りない教養は、そのような不器用さに手を加えることを許さなかったのであろう、と。

右のような主張は、かれの青年時代の『日記』や、幼年時代およびギムナジウム時代のノートを参照すれば、徹底的に反駁されるであろう。シュトゥットガルトでは、しかも文章というかたちを通じて、もはやはっきりさせることができないような仕方で自己を表現しているが、しかしそこではまだ、固有の意味での哲学も、いわんや特定な意味でのヘーゲル哲学も問題になってはいなかった。かれは少しずつ、しかも苦心を重ねて、晦渋さの才能を培っていったようにみえる。かれの「第二の誕生」の打ち明け話は、そのことを証明している。時代と場所が求めているものに合致したこの適性は、他者による教育と、自分自身による教養のおかげで形成されたものである。

しかし、ヘーゲルの晦渋さを説明しようと試みる前に、その状況的原因を越えて、まずその重要性の微妙なニュアンスを明らかにするのが適切であろう。

だが、それを誇張してはならないであろう。無理解の責任は読者だけに負わされるべきではなく、かれの方もしば

＊11　アマデウス・ヴェント。テンネマン版『哲学史綱要』、第三版、ライプツィヒ、一八二〇年、四四九—四五〇頁。　＊12　テオドール・ヘーリング『ヘーゲル、その意志と著作』、ライプツィヒおよびベルリン、第一巻、一九二九年、七頁。

しば読者と責任を共有しているのである。読者は、何がしかの努力を払って、自分がヘーゲル思想を把握するうえで前進していることに気づいている。かれのテキストは、まったく難攻不落の城塞ではなく、場合によっては人びとはいくつかの間道を押えることもできるのである。学説はきわめて豊かであるので、それのほんのちょっとした断片も貴重であり、重要な一断章は、凡庸な全体以上に価値をもっている。ヘーゲルがときおり、込み入った思想を集めてくるのは、そうした豊かさのせいで、若干の単純な思想——それらは孤立して捉えると、充分な保証を欠いているようにみえるであろう——をやり過ごしてしまうためにほかならない。

責任は著者と読者のあいだで共有されるが、しかし出版社もまたその責任を分担している。ヘーゲルの出版を引き受けた人びとや、注釈者、翻訳者たちのある者は、好んでかれをわかりにくくさせたのである。

一例を挙げてみよう。それは、かれの愛弟子エードゥアルト・ガンスの場合である。かれは一八三三年にはじめて、『歴史哲学講義』の縮約版を公刊している[*13]。『歴史哲学講義』の「序論」で、ヘーゲルは「歴史の第一のカテゴリー」と名づけているもの、すなわち変化のカテゴリーを論じている。ところで、われわれが正確には知らない理由のために(組版の間違い、検閲ないし検閲への恐れ)、この変化のカテゴリーという言葉は、長いあいだ近づきやすい唯一の版であったその縮約版には現われていないのである。読者はやがて、根本的な歴史的カテゴリーの効率と重要性のための議論を知るようになるが、しかしそれがヘーゲルにとってどんな意味をもっているのかを、またその名前さえも知ることはないであろう。このような省略から必然的に、ある種の思想の曖昧さが生じる。すなわち、人びとはそれをヘーゲルの伝説的な晦渋さの責任のうちに、都合よく組み入れてしまうであろう。最初の読者は、そのような省略に気づかなかったようにみえる。それほどかれらは理解しない習慣をもっていたのであり、また理解することを諦めていたのである[*14]。

ヘーゲルの著作は、ある場合には、かれの言葉が例外的に明晰でありうるのと同じ程度に明晰なものとして現われることがある。かれの筆がときおり、かれの思想をきわめて優雅に、また崇高ともいえる文体で描いているというだけではない。かれはまた、みずからの繊細で新しい思想を、しかも先入見をもった精神にはおうおうにして衝撃的な思想を、非常に輝かしい感動的なイメージで説明することができる。その結果、かれの思想は諺のようなものとなり、人はそれを他の人びととの言説を明らかにするために利用するのである。要するに、この「晦渋な」思想家は、今日、科学的、文学的、批評的著作のなかで、同時にまた日常的なジャーナリズムの世界で、もっとも頻繁に引用される人物のひとりである。「ミネルヴァの鳥は夕闇とともに飛び立つ」とか、「もぐらは沈黙のうちに掘り崩す」といった表現を知らない者が、いったい、存在するであろうか。ヘーゲルの作品のなかで、ある人びとに理解し難くみえるものは、他の人びとにとっては——それぞれの知的形成や、時代や、教養に応じてではあるが——自明のことのように思われるであろう。かれの同時代人にはいかなる解釈上の問題も提起しなかったその作品の多くの側面は、われわれの時代においては不明瞭なものになっている。というのも、われわれはそれを解く鍵を失くしてしまったからである。逆に、歴史的、比較論的研究や詳細な注解は、ヘーゲルの聴講生の大部分にとっては謎めいたものとして映ったかれのテキストを理解することを、いまや可能にしているのである。

晦渋の文化

こうしたすべての非難や、弁明や、陰影、留保がリストアップされたとしても、ヘーゲルの晦渋さの問題はいぜんとして残っている。というのも、それらの事柄は晦渋さの問題を解決するのに充分ではないからである。

ひとつの説明を試みるためには、別の原因や条件へと、すなわち声の素質とか、根深い地方的習慣とか、心理学的

*13　ヘーゲル『世界史の哲学講義』、エードゥアルト・ガンス博士編、一八三三年（『ヘーゲル著作集』、第九巻、一八三二—一八八七年）。第二版はカール・ヘーゲルによって、一八四〇年に刊行されている。ドント「虐待されたテキスト」、『哲学文庫』、第三三巻、第四分冊、所収。一九七〇年十—十二月、八五五—八七九頁、参照。　*14　ボリス・フォン・イクスキュルは自分の無理解を告白しつつ、ヘーゲルの晦渋さと揺るぎない真剣さに魅せられたと述べている。クーザンにとっては、「ヘーゲルは封印された手紙である。」（ロック、前掲書、一七〇頁および一七一頁）

動機、偶然的状況――しかし、それらの付加的役割を忘れることなく――以外の原因や条件へと向わねばならない。

じっさいには、哲学的要因が重要である。なるほど、ヘーゲルは晦渋ではあるが、しかしそれはみずから進んでのことだからである。しかもかれが主要な師のひとりとして選ぶことをためらわなかったヘラクレイトスは、まさしく「暗き人」と渾名された哲学者であった。

晦渋さは、ヘーゲルの場合、個人的な色彩を帯びている。しかしながら、晦渋さは一般に、この時代のドイツ哲学に影響を与えているのである。そこでは、最近の流行が問題になっている。〔ところが、以前は、〕ライプニッツ哲学に由来するヴォルフの哲学、要するにヘーゲル自身が青年時代に深く影響を受けた明晰な観念の哲学が、五〇年間にわたって支配的であった。

けれども、突然カントが現われて、ヴォルフ的独断論と徹底的に手を切り――少なくても、かれはそう望んでいた――哲学における「革命」を行なって、哲学のうちに新しい実り豊かな多くの観念を導入した結果、同時に伝統的な明晰さへの要求と好みからも断絶することになったのである。

カントの直接の後継者たちや弟子たち、なかでもとりわけヘーゲルは、かれのことをそのように見なした。それゆえ問題なのは、カントの思想と著作についてのフランス的な、すなわち排外的な過小評価ではないのである。ほとんどすべてのかれの同時代人は、カント哲学の晦渋さを嘆いている。カント哲学は当初、専門家でない人びとの狭いサークルにかぎられていたが、眼につくほどの読者を獲得したのは、弟子たち、とくにラインホールトが歪曲の危険や、内的厳密さを傷つける危険を冒して、それをより単純に、より明晰に説明し、教えることを企てるようになってからである。

カントの流儀と文体にこのうえなく激しい攻撃を加えたのは、もっとも優れた弟子たちである。フィヒテとシェリングは、最善の意図をもって、しかもかれらがカント思想から切り離しえないと見なし、またそれにさまざまな原因を帰しているこの晦渋さを告発する点で、残酷さを競い合っている。かれらは時には、かれのうちに良い側面や、戦術的に良い習慣を認めている。「カントの大いなるチャンスは、その晦渋さにあった」とフィヒテは述べている。[15]けれども、愛弟子たちがカント主義の説明の作業に着手するや否や、かれらは同じ口実のもとに互いに分裂してしまう。それぞれは、雑魚どもがカントを理解せず、したがってまた自分自身をも理解していないと非難するであろう。何年にもわたって会話や議論を重ねたあと、フィヒテはシェリング（人びとはかれのことを早熟の天才と呼んでいた）と手を切り、かれを徹底的に断罪したのである。「あなたは超越論的観念論というものを理解しなかったし、いまも理解していないし、そしてあなたが辿った途においては、これからもけっして理解することはないでありましょう」と。[16]

しかしながら、誤りの責任をもっぱらシェリングに帰するわけにはいかない。フィヒテはそのことを承知していた。かれは生涯の大部分を使って、自分の学説にひとつの形式を与えようとするであろう。それは「昼間のように明らかな」形式ではないにせよ、少なくとも教養ある読者にはいくぶん近づきやすいものである。この時代の、ドイツのあらゆる哲学者は、明晰さというものに対して冷淡であった。

大変明敏であったという逸話が残っているシェリングはのちに、『クーザン氏の著作への序文』（一八三四年）のなかで、真剣に次のように告白するであろう。「ドイツ人は長いあいだ、もっぱら自分たちだけで哲学してきたために、かれらの思想や言葉において、一般に理解されているものからつねに少しずつ遠ざかってきたのであり……そのような隔たりの度合いこそ、最終的にはほぼ哲学的熟達の尺度となってしまったのである。」

ハイネは皮肉をこめて、次のようにいうであろう。「わたしはこの点において、われらが哲学者たちの喜劇的側面に関わりをもっている。かれらはたえず、理解されないことを嘆いているのである」[17]と。

ヘーゲルもまた、以下のような不満をぶちまけるであろう。「わたしを理解したと思われる人物はひとりしか存在

*15　J・G・フィヒテ、一七九九年五月二十二日付のラインホールトに宛てた手紙。*16　フィヒテ＝シェリング『往復書簡』、ミリアム・ビーネンストック訳、パリ、フランス大学出版、一九九一年、一三五頁。*17　ハイネ『ドイツ論』、ピエール・グラパン訳、前掲書、一二五―一二六頁。

しない。しかしそのかれも、いぜんとしてわたしを理解していないのである。」かれはカントに対して、何がしかの雄弁を示す激しい攻撃文のなかで、わかりにくさという非難を浴びせている。かれは一八〇二年ころ、イェーナの学生たちを前にして、抑え切れない調子で叫んでいる。「この用語法において誘惑的なのは、まさしくそれが簡単にマスターされてしまうという点であります。わたしがあらゆる不合理なこと、陳腐なことを口にするのをみずからに許すことができればできるほど、それらの言葉で語るのはますます容易になっていくでありましょう。ただし、人びとが理解できない言葉でかれらに語りかけるのを、わたし自身からみて恥とは思わないという条件をつけたうえでの話ですが。」（D三四〇）

そして、かれはこのような調子で長々と話を続けている。「哲学の研究においては、あなた方はしたがってこのような用語法を本質的なものと見なすべきではありません。あなた方はそうした用語法に対して、いかなる敬意も払うべきではないのです。一〇年ないし二〇年前には、カントの用語法に慣れて、先天的総合判断とか、統覚、超越的および超越論的等々の術語を用いるのは、大変むずかしいことのように思われてきました。けれども、こうした言葉の奔流は、やってきたのと同じくらいに騒々しく、また急速に立ち去っていったのです。そのような言葉遣いを、多くの人びとがしっかりと把握するようになるときに、秘密が明らかにされるでしょう。このようなこけおどしの背後には、きわめてありふれた思想が隠れている、と。わたしは主として、自然哲学の現在のなりゆきのせいで、またシェリングの用語法に対して人びとが馬鹿げたことをいっているせいで、このような指摘を行なっているのです。」（D三四〇）

以上が、ヘーゲルによる師カントの扱い方であり、また身近かな協力者にして友人でもあるシェリングの論じ方である。冗舌な人たちの不可解な言葉は、いかなる思想も与えてくれないのである。そうなると〔師や友人に対してそれほど厳しい扱いをするのであれば〕、敵対者たちに向けられた侮辱の言葉はいかばかりであろうか。

ヘーゲルが、他の人びとに見られる危険を激しく告発しつつ、同時にドイツの全哲学者を脅かしている危険を認識していることは明らかである。かれは、先人たちがもっと明晰に自己表現することができたであろうと考えているのだから、みずからそう望めば、多くの機会にかれ自身そうすることができたであろう。かれはむしろ、巧妙にみずからの晦渋さを利用したのである。ヘーゲルのうちには、その割合をしばしば規定できないほど、生まれつきの無意識的な不器用さと、意図的な隠蔽と、かれが仕上げていく体系から不可避的に帰結する、哲学的に必然の晦渋さとの暗い混合のようなものが認められる。

ヘーゲルの思想は、簡単には説明されない性質のものである。その理由はまず第一に、かれの思想が全体的に新しいものであったということ、あるいは忘れられていたり、よく理解されていなかったり、長いあいだ展開されずに放置されていたりした古い思想を新たに蘇らせたものだったということにある。その思想はまた、合理的な説明や注釈に対して抗うところがある。というのも、それはときおり、ある面からすると突飛な考えにほかならないからである。ヘーゲルはしばしば、首尾一貫しない態度に陥ることがある。そして、その事実を承知しつつ、できるかぎりそうならないよう格闘しながら、熱意をもって、必死にそうした状態から逃れる努力をしているようにみえる。

伝達可能な推理によって絶対的観念論を提示したり、擁護したりするという賭が存在した。だが、絶対的観念論はかれの死後ただちに、いわば満場一致で退けられてしまった。それは、ヘーゲルの多くの同時代人にとって、すでに支持しがたいものに映っていたのである。読者は、みずからの弱点を告白することによって、自分自身を悩ますべきではあるまい。かれらがよく理解できないとしても、それはもっぱらかれらの欠陥であるとはいえないし、ある意味ではヘーゲルの欠陥ともいえないのである。非難さるべきは体系そのものであり、それはヘーゲルによって真に制御されているというより、むしろヘーゲルの方を支配しているのである。
ヘーゲルは、自己表現の仕方が厄介であることをよく認識しており、最終的にはそのことを告白しなければならなかった。かれはときおり、若干のユーモアを交えてそうしている。かれが習い性となってしまったわかりにくさへの弁明を求めているのは、おそらくほろ苦い皮肉の気持をこめてのことであろう。『バンベルク新聞』のたんなる記事をめぐって、他の多くの人びとと同様にヘーゲルのわかりにくさを非難したクネーベルに答えながら、かれは、外交的、政治的状況はそれ自身においてきわめて混沌としているため、もしそれを明瞭な文体で提示すれば……編集者も読者も、誰ひとりそのことを理解できなくなってしまうであろう、と言明している。「わたしはそれゆえ、必然的に次のような結論をそこから引き出すことができるでありましょう。すなわち、明晰さを欠いたわたしの文体によって、人はますますよく理解するようになる」(C1一八三)と。そしてかれは、運命がもっと有利に働いて、かれがより満足すべき著作を生み出すのを可能にしてくれなかったことを残念に思っているのである……。

このような思想の動きを辿りながら、そして、それをかれの哲学に適用しながら、敵対者たちは厚かましくも次のごとくいうかもしれない。すなわち、かれの哲学はきわめて「混沌として」いるので、もしそれを明晰な文体で提示すれば、かえって支持できないものにみえるであろう、と。それこそ、皮肉屋たちが主張していたことである。要するにヘーゲルの学説は、多くは暗黙の前提の結果として、本質的なわかりにくさに悩まされるであろう、というわけである。不条理な学説は、明晰には提示されえないのであって、表現の晦渋さは内容が不適切であることを示しているのである。よく考えることのできないものは、明晰に言表されることもありえないであろう。

たとえば、自然を精神の「疎外態」たらしめようとする学説の理論的有効性を維持することは、急速に不可能となるであろう。ヘーゲルが提案しているこの疎外についての見方は、それ自身において、かれが平然と拒否する神の創造の観念以上に理解できないものである。一方、他の多くの観念を危険に晒しているシェリングは、ヘーゲルが理念から自然への移行を図式的に描いているところの、あるいは規定しているところの次のような文章を嘲笑している。

「理念の絶対的自由は、それを生命のなかに移行させたり、また有限な認識として、それ自身のうちに現われさせたりすることではなく、むしろそれ自身の絶対的真理において、その特殊性の契機を、あるいは最初の規定すなわち他者性の契機を、また直接的理念を、その反映そのものとして、すなわち自然として、それ自身の外に自由に行くがままに委せることを決心するという点に成り立っている。[*18]」

奇蹟の申し立ての方が、まだしももっともらしいであろう。

とはいえ、こうした自然の変移は観念論の根本的条件のひとつであることを、またそれは観念論の不可欠な、証明しえない、自然発生的な、しかももともとは暗々裡の基盤であることを、認識する必要がある。ヘーゲル哲学のいかなる命題も、諸観念、理念、あるいは精神を、唯物論的ないし実在論的哲学の流儀で、あらかじめ存在する包括的な自然の変移として考えることを受け入れるならば、維持することはできないであろう。

しかしながら、これらのヘーゲル的諸前提を遺憾と考えることはできない。すべてはあたかも、かれが諸観念の軽業的戯れのもっとも困難な条件を、またもっとも克服しがたい障害すら、半ば自然発生的に、半ば人為的に提示したかのように、あるいはみずからに示したかのように進行するのである。言い換えれば、必然的と判断された諸前提から、しかしじっさいには一致しえない諸前提から出発して、包括的な説明システムを作り上げることである。それは、絶望的な知的訓練へと一挙にみずからを強制していくことであるが、しかしかれはそれを繊細に、創造的に、しかも執拗に、実現可能な最後の限界まで導くことができたのである。不可能を欲し、それに到達すべく熱狂的に努力しながら、哲学者たちは素晴らしい精神的業績を実現するのである。

それゆえ、ヘーゲルの学説と、かれがみずからの体系たらしめようとしたものとを構成する諸契機のどれをとっても、もしかれが根本的には和解することのできない他の諸契機に無理やりみずからを結びつけることがなかったならば、これほど大げさに、豊かに発展することはありえなかったであろうと主張することができよう。ヘーゲルは、近

*18 『エンチクロペディ』、ベルナール・ブルジョア訳、第一巻、パリ、ヴラン書店、一九七〇年、四六三頁。

づき難いハードルをつねにより高いところに置いたのであり、しかも嫌がるふうもなく、また譲歩するようなこともなく、あえて跳躍を試みたのである。

それゆえに、ヘーゲルの推理のうちには、最初は眼に見えず、巧みに隠されてはいるが、しかしのちになって明るみに出されるような断層が存在しなければならなかった。警戒的な、あるいは悪意さえもつ批評家たちは、論理的な推理のさまざまな断絶を告発した。リュシアン・エールは、ヘーゲル的推理の進展における「感情」の役割について多くのことを語っている。[*19]

人びとはまた、ヘーゲルが困難な状況を乗り切ることを装う突飛な言葉遊び〔苦悩〔Qual〕という言葉から、性質〔Qualität〕という言葉を引き出すこと〕[*20]を味わっている。そのような言葉遊びが見つけられ、仮面をはがされてしまえば、こうした巧妙な提示や言葉遣いがヘーゲル思想の富と豊かさを奪うようなことは何ひとつないのである。しかし、一度は少なくともそれらを徹底的に暴き出し、よく考え抜いて、もはやその種の言説を第一義的なものと受け取らないようにしておく必要がある。

もっとも、ヘーゲルは他人を欺きながら、同時に自分自身をも欺いていたということはありうるし、むしろその可能性は高い。かれは、他の人びとのなかにみごとに描き出すことのできた無垢なる自己欺瞞の弁証法のうちに、みずからの秘密を隠したのである。そこには、素朴な態度とずる賢い仕種との奇妙な混合が存在する。

ロマン主義の哲学者は、その時代において、節度ある晦渋さによって確証されるみずからの深遠なる思想を誇りに感じている。かれは、理解しがたい者と見なされることを望んでいるのである。一方、ヘーゲルはロマン主義者ではなく、自分に対する時代の色付けを薄めようとしている。かれは明晰を好むであろうが、しかしその明晰には、かれの体系とともに、一種の哲学的不協和音が含まれており、それが他の領域におけるヘルダーリンの詩的不協和音と同様に、読者を魅了するのである。かれは水と火を、シェリングのそれとは異なるやりかたで、しかしながらシェリングが観念的唯物論とか観念的実在論という曖昧な概念を作り出すように仕向けたのと同じ程度に逆説的なやりかたで、結びつけねばならなかった。最初の弟子たちは、この幻想的人物をばらばらにして、そこから好みの断片を取り出そうとしたのである。

そのことを嘆く必要はあるまい。これらの難点や、困惑や、生き生きとした矛盾がなければ、ヘーゲル主義はそれ自身ではありえなかったであろう。それらによってかれは自分自身を乗り越えていくように強いられたのであり、われわれはそれを豊饒な過ちとして称えることができる。大胆な仕種は創造的ではあるが、しかしそれには代価がともなっている。すなわち、晦渋さである。かれは、妙技を発揮すべく運命づけられていたのである。

時代の声にみずから身を委ねることによって、ヘーゲルはそれを他の人びとに聞かせようとしたのである。かれの言によれば、過去のあらゆる哲学者のひそみに倣って、かれは分裂している世界を表現した。そして、かれが述べているように、疎外され、それ自身にとって曖昧な世界を、今日では、苦労しなければ解読できないような世界を表現したのである。物事がきわめて弱々しく語りかけるにすぎないとしても、それは著者の責任ではないであろう。

以上のただし書きは、ヘーゲルのみならず、ドイツのあらゆる観念論哲学者にも当てはまるものである。かれの偉大な同時代人たちの多くは、かれと同様に——かれ以上ではなかったにせよ——晦渋であった。それの例外的ケースは、たとえばヤコービのように、より明晰な哲学を選ぶことによって、同時により平板で、皮相的で、しかも独断的、宣言的な哲学に陥ってしまったケースである。

それゆえ、慎ましさのヴェールを引き裂く必要がある。すなわち、自己表現の仕方だけが不明瞭であるわけではなく、むしろかれらの哲学そのものが、その本性上、不透明なのである。かれらの哲学は、脆くも急速に崩壊していった——しかしこのことは、その哲学の価値をなんら奪うものではなく、むしろそれに別の意味を、かれらが夢想したのとは別の用法を与えるのである。シェリングが認めているように、「わたしはカントその人に至りつく以前に、全

---

*19 リュシアン・エール、『大百科事典』のヘーゲルの項、第十九巻、九九七—一〇〇三頁。 *20 ヘーゲル『哲学史』（ガルニロン訳）、前掲書、第六巻、一三一三頁（注6）および一三一四頁。

般的な留意事項を導入したが、それは多かれ少なかれ、人間のあらゆる行動に適用できるものである。すなわち、それらの行動を真に重要なものたらしめているのは、それらのもたらす現実的帰結であり、しかもこの現実的帰結は、それを生み出すように狙った、あるいはそれを生み出す媒介物として使われた現実的帰結とは、多くの場合、別のものなのである。[21]」

かれが計画的に、図式的に考えたような体系は、それ自身では正当化されず、擁護するためには人為的な議論と、恣意的で、時には幻想的な観念の構築物を必要としていた。その点でもまた、ヘーゲルの体系は他の体系とほとんど区別されないであろう。おそらく、曲芸師的パフォーマンスの大きさという点を別にすれば。もしかれが明晰になることに成功したとすれば、自分の最初の直観と、みずからの時代のさまざまな確信に忠実であり続けることはできなかったであろう。

ヘーゲルはその晦渋さの原因を、あるいは少なくともその原因のひとつを、そしてまた、晦渋さの及ぼす魅惑的性質の原因を明らかにした。かれはニートハンマー宛ての手紙で、「単純な仕方でわかりやすいことよりも、崇高な仕方でわかりにくいことの方がいっそう容易である」(C1一六三)という事実を想起させている。かれは、そうした容易さに屈したのであろうか。かれはしばしば、尊大な態度をとっている。しかし、かれは解毒剤を心得ているのである。「青年の教育は、そうした教育のための素材の準備と同様に、明晰さの最高の試金石であります」(同上)。

崇高さを、かれは惜しむようなことはしない。崇高さもまた、ときおりかれをわかりにくいものたらしめるのに貢献していることを、かれは自分自身に隠すことはできないであろう。

ヘーゲルは、さまざまな不協和的要素をもって、みずからの哲学を豊かにした。かれの課題は、それらの諸要素を首尾一貫した、説得力をもつやりかたで結びつけ、そこからひとつの調和を引き出す――弓と竪琴の調和のような――ことにあった。最初は、このうえなく和解しがたいようにみえるものを、調和させることによって、さまざまな矛盾するものがこのように姿を現わし、それをめぐる論争が起こらなければ、かれは果たすべきいかなる課題も、実現すべきいかなるパフォーマンスも、また創造すべきいかなる作品ももたなかったであろう。偉大な哲学者はそれぞれ、状況がかれに押しつけるような、あるいはかれが自分自身に与えるような頑固な問題提起に立ち向かわなければならない。

しかしながら、次々と矛盾が姿を現わす。弁証法的矛盾は、それがいかなる道を辿るのであれ、矛盾の解消へと導くであろう。独断的矛盾の方は、消されずに維持され、いつまでも続いていく。あるいはまた、矛盾を終わらせるために、矛盾しているもののうちで選択を求める。独断的矛盾はときおり、また一定期間、弁証法の仮面を被ることができるが、しかし最終的には、その真の顔が明らかにされなければならない。

ヘーゲルの著作には、経験や良識や弁証法的論理と衝突するような、さまざまな矛盾が存在している。もちろん、それらの矛盾を暴き出すのは容易なことではない。いってみれば、そうした矛盾は、〔ヘーゲルのテキストを〕じっさいに用い、これを読みこなすことによってしか明らかにならないのである。ヘーゲルはそのような直観をもっていたのであろうか。かれは、全体としては模範的ともいうべきその明敏さで、ある種の矛盾を解消する代わりに、それを提示し、また矛盾している用語のそれぞれを次々と採用することに――もちろん、異なる著作、あるいは同じ著作の異なる章で、しかしながら、読者の方は不注意から、それとも偶然に、手荒く並置することになってしまったような状況において――満足していた事実を自分に隠しおおせたであろうか。『論理学』のいくつかの節と対照させると、支持しがたいようにみえる『哲学史』の諸章が存在する。また、『歴史哲学』のなかで展開された諸命題が、『エンチクロペディ』の学説と衝突することがある――しかし、『エンチクロペディ』において歴史哲学をふたたび取り上げる必要があったとはいえ、その位置づけは下落し、不確かなものになってしまっている。もちろん、ヘーゲルは両者の和合を打ち建てようと努力し、あらゆる項目を包括的に取り戻すという試みを検討しているが、多くの人びとの判断するところによれば、それが成功しているかどうかは定かではない。

*21　シェリング『哲学史のために』、前掲書、八九頁。

とりわけ、ある熱狂的な同意の時期のあとに、ほとんどすべての弟子たちを困惑させることになった矛盾が存在した。すなわち、運動、変化、生成、生命を大胆に特別視しようとする弁証法的思想と、ヘーゲルが「開かれた」ままにしておこうと努めながら、しかしじっさいには安定、固定、保存、ミイラ化等々しか含むことができなかった体系の構想との不一致である。

ヘーゲルは変化の観念を非常に過大評価していたので、変化をドイツ語と同じように自然に表現することができない疑いのある外国語、たとえばラテン語やフランス語を軽蔑するまでになった。けれども、取るに足りないとはいえない多くの用心にもかかわらず、かれみずから、その絶対的観念論がもともと想定していたある種の最終的で、全体的な知識を公表しているようにみえる。

雷管の役割を果たすことができたその他の見かけの矛盾（宗教と思弁、秘教主義と公教主義、進歩主義と保守主義、冥想主義と介入主義、等々）と結びついて、先に挙げた矛盾が爆発し、弟子たちをして弁証法と、ヘーゲルが弁証法のおかげで打ち建てることができると称していた体系とのあいだで、選択を行なうように仕向けることになったのである。あたかも他の人びとが、「批判の観念」と「カントの体系」（レオン・ブランシュヴィク）のあいだで、事実上、選択せざるをえないと信じたように。

ヘーゲル以前の哲学は、その矛盾を破裂させることによって、自分自身を乗り越えていった。ところがヘーゲルは、そうした運命を引き受けることを期待しながら、相互に排除し合う項目をできるかぎり、全体として保持するように努めた。柔軟性を欠いたこの軽業は、暗闇の中で行なわれることによって価値を増したのである。

ヘーゲルは、かれが非難していた先人たちの用語法の一部をふたたび取り上げざるをえなくなったばかりでなく、それにかれ自身の用語法を、まったく突飛で、かつバロック的であり、しかも新しいスコラ学の供給源となるような用語法を付け加えた。そこでかれは、微妙な結合を企て、人為的な区別に没頭し、曖昧性と多義性を操り、濃淡をつけ、その主張の射程をたえず変更しなければならなかった。

一方では、かれは新しい思想を提案し、それが古い思想と混同されないよう固執したが、これによって、通常の言葉遣いがいくらか歪められる仕儀となった。他方では、かれはおそらく、生まれつきの、評価しにくい表現上の苦しみにいささか悩んでいたであろう。それに加えて、謎めいた、宣伝的な意味をもつ深遠さへの愛好心も見られた。しかし、また一方では、秩序破壊的な思想、あるいは嫌疑をかけられそうな思想のあるものを、かれは隠蔽しなければならなかった。

ヘラクレイトスの格言に見られる晦渋さの深い原因について問いかけながら、かれは最終的に「そうした晦渋さが主として深みのうちに、またそこで表現される思想の思弁的性格のうちに存在する」[*22]ことを認めている。人びとがかれに、そのことを言わせているのではない。それゆえかれは、本質的に思弁的なかれ自身の哲学が大部分の人びとに閉ざされていることを甘受するのである。

かれのあらゆる努力にもかかわらず、またその優れた技量にもかかわらず、かれは万人に受け入れられる哲学、すなわち当局も一般大衆もともに納得させることができるような哲学を提唱することに成功しなかった。この挫折のひとつのしるしは、短縮化へのかれの最終的な傾向であり、最初に宣言した哲学的普遍主義をためらいがちに放棄したことであり、ゲッシェルが非難したエリート主義——ただし、ゲッシェル自身は通俗化を目論む人物ではなかったが——である。ヘーゲルはやがて自分の哲学の運命を、入門を許された人びとのサークルだけに、一種の「聖職者」だけに委ねようと考えるに至るであろう。

結局、かれは、みずからの哲学を聖域の薄明りの中に閉じ込めたいという気持を抱くことになるのである。

*22 『哲学史』(ガルニロン訳)、第一巻、一五六頁。

第13章　ベルリン

「かれは王位に就いたが、不幸にしてベルリンではいささか聖油を塗られる身分となった。それ以来、かれはドイツ哲学に君臨したのである。」（ハインリヒ・ハイネ）[*1]

ヘーゲルが公的生活、とりわけ政治的生活の脅威を与えるような変化にどれほどたじろぐことがあったにせよ、決定的に世間から身を引いたり、陰うつな薄明りの中に身を隠したりすることに甘んじはしなかった。大きな野心がかれにまとわりついており、そうした野心が落胆や、挫折や、悲しい無力感に捉われた感情によってどれほど薄められたとしても、漠然としたものとしてずっと残ったのである。

人びとはかれのことを、さまざまな徴候から推測する。たとえば、かれは自分の哲学――それに対して、かれは間違いなく敬意を払っていた――に、この不安な世界への現実的介入という役割を与えようとしたのではないか、と。それゆえかれはつねに、いつもの口ぐせの通りに、決定の場において「中心に位置する」ことを望んだのである。アリストテレスはアレクサンドロスの家庭教師であり、ヴォルテールはフリードリヒ大王の話し相手であり、ディドロはロシアのエカテリーナ女帝の助言者だったではないか。

一八一五年以来、ドイツの「中心」は、むしろ周辺に位置している。すなわち、ベルリンである。プロイセンの首都に赴任すること以上に、ヘーゲルを満足させ、かれの自尊心を刺激しうるものはなかった。利点だけが華々しく誇示され、不都合な点はあとになってはじめて浮かび上がってくることになった。さしあたっては、すべてが幸運な約束にほかならなかった。

なんという昇進であろう。なんという勝利であろう。

一八一七年末に、ハルデンベルク内閣の教育・宗教大臣〔文部大臣〕アルテンシュタインは、一八一四年におけるフィヒテの死によって空席となっていた哲学講座をヘーゲルに提供する。アルテンシュタインは、その自由主義と進歩主義の点で、政府——それ自体、部分的には、ある種の近代思想のおかげで成立したものである——部内でも例外的な存在であった。かれは啓蒙主義の勧告に従っていて、哲学教授の選任においても優れたセンスを証明している。

ヘーゲルは一八一八年秋に、喜び勇んでこのポストに就任する。要するに、かれは頂点に到達したのであり、以後、これ以上高い地位を望むべくもなく、また羨むべき同僚をもはやもつことはなかった。それどころか、かれは他の人びとの羨望の対象となったために、危険がないとはいえなくなった。円熟期は、かれに充実感を与えるであろう。人間的事象についてのかれの見方に従えば、かれは自分がそうであると承知している者として、すなわち優越している者として十二分に「認められた」のである。

かれが慎ましい幼少期を過ごしたシュトゥットガルト以来、道は曲りくねって、険しいものであった。かれはその道をよじ登ることに成功した。かれは登りつめた者の喜びを味わうことができる。名声を獲得し、しかもある種の知的世界において、相対的な物質的安楽をともなう栄光すら手に入れたのである。

かれの哲学は、以後、プロイセン・インテリゲンツィアのもっとも思慮深い部分を引きつけ、ドイツの大学にそれなりに広がっていくであろう。同僚、学者、学生といった少人数の人びとに対する支配力であったが、その狭い範囲にもかかわらず、多くの評判を掻き立てることができた。けれども、人びとはこれまで一般的に、その重要性を誇張してきたようにみえる。ヘーゲルはベルリンに到着すると、国家の指導者や、かれを招聘した人びと、そして宰相ハルデンベルク——ヘーゲルは『法と国家の哲学』（一八二一年）が出版されるとただちに、その一部を献呈している——にさえ影響力を行使するのを期待するかもしれない。かれは、ある種の影の助言者になろうとしているのであろうか。

かれは、同時代の政府指導者のなかでももっとも「進んだ」人物、すなわち自由主義的改革にもっとも意を用い、

---

*1　ハイネ『ドイツ論』、ピエール・グラパン訳、前掲書、一五〇頁。

新しい思想にもっとも開かれた人物の権威――それは急速に陰りを見せることになるが――のもとに、もっとも強力で、もっとも将来性のあるドイツ国家に仕え始めるのである。

この成功が、いささかヘーゲルをのぼせ上がらせたということはありうるかもしれない。しかし、フィヒテがドイツ国民に向かって語りかけた場所において、いったい誰が感動を覚えずに言葉を発することができようか。

ヘーゲルがアルテンシュタインの招きに対して、熱意をもって応答していたころ、プロイセンは最近行なわれた若干の改革を享受していた。かれはかつて『ドイツ憲法論』のなかでプロイセンを批判したが、それはたぶん、チューグに隣接した、ヌーシャテルのプロイセン公国を訪れたあとのことである。「このようなやりかたで規制されたもうひとつの国家、すなわちプロイセンを支配している生活形態と潤いのない風土を納得するためには、その村のどれかに立ち入り、学問的、芸術的霊感が完全に欠如していることを理解し、さらにはまた霊感をもつ個人がそこに出現させ得たその束の間のエネルギーを、現実的な力と見なさないよう注意すれば充分であろう。[*2]」

一八一五年以降は、こうした偏った判断は変化を見せるはずである。勝ち誇るプロイセンのエネルギーはいまや、ドイツのあらゆる愛国者にとって、同時にまた、何がしかのためらいがあるとはいえ、ヘーゲルにとっても模範的な姿として映るのである。ヘーゲルの「学問的天才」の目覚めについていえば、かれがベルリンに招聘される以外に、どうしてそれを証明することができようか。

軍事的な力と同時に、プロイセンはまた――ためらいがないわけではないが――近代的生活に近づいていく。なるほど、プロイセンはフランスの革命家たちの残酷な方法を応用することはないが、しかしハルデンベルクが指揮をとっているかぎり、何がしかの改革を誇ることができよう。これらの改革はかなり遠慮がちのものであったが、プロイセンの人びとにとりわけ限りない希望を呼び起こしたのである。プロイセンでは、臣下たちはやがて政治的憲章の授与について絶望的な気分に陥っていくが、しかしそれ以前には結構話題になっていたのである。人びとは一時的に、進歩という言葉の使用を大目に見るであろう。そこではまた、公教育が注意深く組織される。人口がかなり増大し、工業化が急速に進んでいく。その国は、すべての愛国者のまなざしが集中する灯台のように輝いている。その国はまた、抗しがたい魅力を振り撒いている。偉大な改革者たち、すなわちその国を立ち直らせ、復権させる人びとは、ヘーゲルと同様に生まれながらのプロイセン人ではないのである。たとえば、シュタイン、ハルデンベルク、シャルンホルスト……である。

ハルデンベルクは、シュタインが着手したさまざまな改革の計画を完成する。それは、農奴の身分の原則的撤廃である。けれども、この原則の表明は、それ自体きわめて大胆な方策と隣り合わせになっている。要するに、すべての臣下に対する土地所有の権利、宰相の権威のもとでの組閣、諸都市における行政官の選挙、同業組合の――ここでも原則的にであるが――撤廃、封建的賦課の廃止、等々である。

これらすべては、現実的というよりむしろ宣言的、理論的なものとして映った。しかし、神聖同盟のヨーロッパでは、たんなる善意の表示が、隷従の相も変わらぬ弁護を打破したのである。したがって、「簒奪者」ナポレオンの最終的敗北という事態は実のところ、その言葉の本来の意味での限りなく反動的な政治を全ヨーロッパに広げることを可能にした。それは明らかに、フランス革命以前の統治形態、および社会生活形態への回帰を目指していた。それはとくにドイツにおいて、メッテルニヒとその「体制」の影響下に、このうえなく粗野な支配の方策と、ナポレオン占領下以上の、あるいはフランスの旧制度下以上ともいうべき蒙昧主義的な知的方向づけを助長したのである。ドイツ人たちは、まさしくそういわれてきたように、あらかじめ革命の成果を享受することなしに王政復古を蒙ることになったのである。人びとは、検閲、国家宗教、国家刑務所、ユダヤ人向けのゲットー〔隔離された居住区〕、等々を、それが一時的に廃止されていた場所に再建した。

こうしたすべての逆行現象に対して、神聖同盟はイデオロギー的正当性を与えると主張していた。すなわち、プロイセン国王、ロシア皇帝、オーストリア皇帝――明らかに「いとも神聖なる不可分の三位一体」の庇護のもとに置か

*2 ヘーゲル『ドイツ憲法論』、『政治論集』所収、ミシェル・ジャコブおよびピエール・キエ訳、パリ、一九七七年、五三頁。

れている政治的三つ組――のあいだの、キリスト教的、絶対主義的着想にもとづく条約である。人びとはこうして、ありふれた王朝的利害と、封建制の名残りとの一時的な連帯を道徳的に保証するために、もっとも皮肉なやりかたで宗教を独占したのである。若きヘーゲルの意見は、その点で明らかな確認を受け取っていた。「宗教と政治は、ぐるになって悪事を働いたのです。宗教は専制主義の欲することを教えました。すなわち、人類に対する軽蔑と、人類が何がしかの善を実現し、おのれ自身によってなにものかになるという能力を欠いている事実です……。」（C１二九）[*3]

状況が悪化すると、神聖同盟はプロテスタンティズムの抗議者的性格――ヘーゲルはその点におおいに執着していた――を消し去って、それをむしろ敵であるカトリシズムと緊密に結びつけようとした。

ヘーゲルの行動や、その明示された学説、控え目な話題、あるいは秘密の活動等を説明し、評価を下す前に、かれがベルリンで入り込もうとしている、また巻き込まれようとしている状況の全体的性格をはっきりと思い出しておくことが肝要であろう。ヘーゲルが耐えなければならなかったことの重みを測る必要があり、またわれわれがかれについて知っているいっさいのことを考慮しつつ、プロイセンにはかれが賛美しえたさまざまな新しい事柄が存在していたこと、しかしながら同時に、かれには承認しえなかった多くの遺物も存在していたことを認める必要がある。

プロイセン政府は、多くの対立的な傾向のあいだで分裂していたが、単純に考えればこれを二つの主要な流れにまとめることができる。しかし、これらの流れは、近代的な政治的党派のように明瞭で、固定的で、しかも持続的な仕方で定義したり、特徴づけたりすることはけっしてできないであろう。それらの流れは、しばしばこのうえない混乱のうちに、互いに悪影響を及ぼし合い、また細分化されて、時には混じり合うような事態になっていた。

われわれはまず、ハルデンベルクの死（一八二二年）に至るまで影響力をもち、その後も一時期、生き残っていた改革者たちの流れを取り上げる。かれらはプロイセンの勢力と威信を復興し、ナポレオンに反対する国民解放戦争に活気を与えた。かれらは、いつの日かプロイセンを中心に全ドイツを再統一するという、それなりにはっきりと表明された目的をもって、プロイセンを近代化し、自由化しようと努めた。かれらは、不安を与えるような軍事的危機のなかで、大衆の信頼を再生させるために、政治的憲章を人民に与えることを厳かに約束するという言質を国王から得ていたのである。

これらの改革者たちは、もうひとつの流れ、すなわち封建領主や貴族や宮廷の流れの執拗な抵抗と、またこのうえなく凡庸な国王の悪意ないし意志そのものの不在——この点は、いくら強調しても、しすぎることはない——と衝突した。国王は絶対主義にしがみついていたが、しかし双方の流れから代わる代わる影響を及ぼされる仕儀となった。そのような状況は、ハルデンベルクが死んで、宮廷がもっとも反動的な思想にとりつかれた王太子に支持されつつ、決定的な勝利を収めるまで続いたのである。

ナポレオンに対する勝利のあと、国王フリードリヒ＝ヴィルヘルム三世は、すでに人びとに知られていたあらゆる欠陥に加えて、宣誓違反の罪を犯しながら、かれが約束した憲法を発布することを拒否した。かれはいつものちになってから、それまでうまくいっていた出来事を退けたのである。プロイセンの愛国者たちの失望は大きかった。とりわけ、戦争の課した犠牲を必要以上に引き受け、しかも自分たちがそのために戦ったと思っている結果に、いまでは満たされないものを感じている知識人たちの場合がそうであった。パリのサン＝キュロット〔フランス革命時代の過激共和派〕が、それと意識せずにブルジョア共和国の創設のために働いたのと同様に、プロイセンの自由主義者たちは欲せずして、絶対王政の復興に手を貸したのである。ヘーゲルは他の実例に即して、この種の歴史的欺瞞を理論化している。

プロイセンは、その勝利と部分的進歩にもかかわらず、明敏な観察者たち——それには、誰よりもヘーゲルが含まれる——に対して、ぺてんや相互の欺瞞や、挫折した大いなる計画や、不信と陰謀や、一般化された逆説などの驚くべき光景を提供した。すなわち、疎外された世界のもうひとつの姿である。「諸国民の時代」と呼ばれるものが到来していた。ナポレオンに対する勝利は、一時期ナポレオン帝国によって屈服

*3　ヘーゲルはしばしば、「宗教と専制主義が一体となった行動」を公然と批判している（たとえば、ノール、前掲書、三五七頁）。

させられ、最終的にはかれに反抗するに至った諸民族の国民的熱望を満足させることになった。しかし同時に、この勝利は他の領域における敗北をともなっていた。国民的進歩は、一七八九年のフランスの場合と同様に、社会的、政治的進歩と一致しなかった。ベルリンでのヘーゲルの態度は、ある程度、こうしたずれを反映している。

プロイセンにおいて客観的に提起されていた主要な政治問題は、宙に浮いたかたちとなっていた。このようなどっちつかずの状態は、一八四八年まで続くであろう。いたるところで、しかもあらゆる事柄に関して、集団的にも個人的にも、苛立つような空しい努力と、失敗に終わる一時的な妥協が観察された。要するに、何ごとにもはっきりしないありさまが認められたのである。ヘーゲルは、少なくとも公式には、存立する「諸党派」のいずれにも加担せず、『法の哲学』において結局は万人にとっての謎と映るような学説を提示することを誇らし気に自慢するであろう。[*4]

嫌気がさした大部分の人びとは公共の利害へのいっさいの関心を失い、共通の運命を軽蔑し、自分自身に閉じ籠もって、私的な生活に没頭するようになった——これは、活発な反動的党派にとって不都合な事態ではなかった。反動的党派は人びとを妬み深い奉公人、つねに反抗に駆られ、したがって厳しい監視のもとに置くべき奉公人と見なしていた。かれらがまどろみの状態にあることは、望みうる最善の事態であった。

貴族、宮廷、上流人士たちはたえず、フランス革命の思い出のために、かれらの眼には悪魔的なものと映った新奇への好み、および改革の精神に脅かされていると感じていた。かれらは傲慢と峻厳の姿勢をエスカレートさせて、これに対応した。かれらは、国王がますます強制的システムを強化し、自由主義的、立憲主義的、非宗教的——要するにブルジョア的——ないっさいのもの、あるいはそのように見えるすべての物事を厳しく抑圧するように促した。

このような状況のなかで、それでもなお自由主義的な運動が生まれたのである。しかし民衆的基盤を奪われたこの運動は、若干の知識人、とりわけ学生たちしか引きつけることができなかった。ヘーゲルの生前には、その運動の同調者として、職業生活および「市民社会」に同化したごく少数の人びとしか数えられなかった。あとから振り返ると、この運動はなんらかの具体的な成果に到達する能力を欠いていたことが認められるであろう。逆説的にいえば、その運動に襲いかかった過度の弾圧が、その運動が重要であるという考えを幻想的に膨らませるのに貢献したのである。当局者たちは、その運動に対して空想的な恐怖心を抱いていた。とくに、その学生的形態である有名な学生連盟（Burschenschaft）においては、その運動はいっさいの政治的関心を独占し、間接的に社会のあらゆる領域に影響を及ぼした。すなわち、それはとりわけ、ヘーゲルの生活、経歴、思想にかなりの結果を生み出したのである。たとえ、これらのプロイセンの学生たちが現実感覚と有効性をほとんど証明しえなかったにせよ、かれらに熱意と勇気が欠けていたわけではないことを認めなければならない。かれらは粘り強い人間であることを示したのである。

不安定で、不確実で、困惑気味の全般的な雰囲気——しかしながら、そこには考え抜かれた、また決断を下された何がしかの意見も現われている——のなかで、ヘーゲルもまったく例外的ではありえなかった。かれは遠回りの手段を執らざるをえなかったのである。

良きナポレオン主義者として、かれは当初、プロイセンの民族解放戦争を好意的には受け取っていなかった。かれが感情的にも、また知的にも、民族解放的立場に与するようになったのは、もっとあとのことである。じっさい、それは、かれがベルリンに赴任してからのことなのである。かれは、自由主義的ヨーロッパのなかで悪評のあった同盟諸国、および伝統的に時代遅れとか、反動的と見なされてきた諸民族から成る軍団に支援されたプロイセン軍の勝利を、喜びの気持を覚えることなく確認している。かれはそれらの諸民族を、排外主義的な軽蔑感をにじませて論じている。すなわち、「コサック人」「クロアチア人」「チェコスロヴァキア人」である——かれの眼からすれば、これは侮辱の言葉であるが、ハイネものちにふたたびそれらの言葉を口にするであろう。

とはいえ、かれはすでに確立しているものについては、これをはっきりと確認する。言い換えれば、「いっしょにやる」必要があることを、かれは心得ているのである。かれは惨めな気持で、王政復古の我慢できるような側面をいくらか活用しようと試みる。かれはプロイセンの目覚めに、いっさいの賭金を置こうとする。ドイツの愛国者にとっ

---

*4　本書、二七六頁、およびC2一三一を参照。

て、他の可能な選択はないのである。

プロイセンの勢力の増大は、わずかな社会的、政治的改良のほかに、知性の劇的な再活性化を引き起こした。プロイセンは一八一〇年に、ヴィルヘルム・フォン・フンボルトの計画に従い、ベルリン大学を創設した。そして、その初代学長はフィヒテであった。この大学は急速に、物質的にも知的にも、ドイツでもっとも強力な、豊かな、権威のある大学となった。

それぞれの領邦国家で、長いあいだ文化の貧困を恥辱と感じてきた知識人たちは、ふたたび信頼と希望を取り戻した。ヘーゲルとその周辺の人びとは、そのことにおおいに心を動かされたのである。一八一五年ごろ、友人ニートハンマーは、その点についてヘーゲルに書き送っている。「……幸いなことに、精神文化はもはや、バイエルンまで隠れ家を探しに行く必要がありません。しかもバイエルンでは、精神文化を引き寄せたのは、それを殺すためにほかならなかったように見えます。」（C2五九）ニートハンマーもまた、公教育を発展させ、バイエルンのプロテスタントの権利を保護するために絶望的な戦いを試みながらも、以後、そのまなざしをベルリンの方へ向けるのである。一八一九年に、かれは息子をベルリン大学に登録させようとする。そして、自分自身もそこに招聘されたいという希望を表明する。かれはひそかにヘーゲルに対して、その方向で何かして欲しい旨を示唆している。「わたしはただ、かれといっしょにわれわれすべてを送り出すことができればと思っています。……わたしは、アルテンシュタインのような大臣ならば、わたしを使いこなせることを承知しています。……そしておそらく、たんにかれがそのことを心得ているというだけで充分でありましょう。」（C2一八六）

かれにとっては――もちろん、ヘーゲルにとっても同様であるが――ただたんに、プロイセンの教育システムに魅力を感じているというわけではない。かれもまたその国に、非常に関心をもっているプロテスタンティズムの未来を託しているのである。しかもそれは、神聖同盟――プロイセンのルター派の歩みにおいては、おそらくマイナーな出来事と見なされるかもしれないが――に逆ってのことである。「そのうえ、プロイセンが宗教的観点からドイツのために果たしうる役割について、わたしと同じくらいに心を留める人は少ないのです」（C2一八六）。

ルター派の首長と考えられているプロイセンの現在の国王の行動にさほど気分を害することなく、この時代のプロテスタントは全般的に、しかもきわめて論争的に、カトリシズムを政治的反動と絶対主義の共犯者と見なしていた。かれらは、ルター派を一種の「自由の宗教」と受け止めていた。他の多くの場合と同様に、この点でもまたヘーゲルは、ベルリンですべてがうまくいくわけではないことを認めつつも、しかしそれがたぶん良い方向に進展するであろうと考えていた。そして、そのことがかれの心を燃え上がらせたのである。

ヘーゲルをよく理解するためには、こうしたプロイセンの特異な状況を、たとえ概括的にせよ、思い起こすことが不可欠である。というのも、偉大な人格は必然的に、それが多かれ少なかれ幸運なかたちで花開いた状況にみずからを統合していくものだからである。一八一五年以来、ヘーゲルとプロイセンは、さまざまな対立や葛藤や、急激な変化あるいは後悔の念が内部から両者の共生を脅かすにもかかわらず、離れ難く結びつくのである。

ベルリンにおけるヘーゲルの生活は、日光ののふりそそぐ岸辺を含むとともに、闇の通路を横切るようなものであった。人は、幸福の度合いを測る装置をもっていない。近似的で、確認しにくい、しかも対立的な諸印象から成る表象に満足するほかはないのである。ヘーゲルの内心において、誠実、勇気、宗教性、戦闘的な自由主義、成功、満足等々の占める部分は、それぞれどのようなものであったろうか。これらすべての問いに関して、人は近似的なものにしか到達しえないが、しかしバランスの天秤が全体としてどちらの側に傾くかは、かなりよく感じられるものである。不正確と不調和を意識すること自体、すでに何ごとかを語っている。

ヘーゲルはいまや、かれ自身が敬意を示していた――しかも、それに対してきわめて敏感であった――知的世界において高い評価を享受しているばかりでなく、同時にまたより快適な物質的状況にも手が届くようになった。かれのじっさいの生活レヴェルは、かなり漠然としか規定することができない。それほど、金銭や価格や生活様式の地方的、時代的差異は大きかったであろう。われわれは相対的にしか、そうした大きさの程度を素描することができないのである。

ヘーゲルはベルリンで、ハイデルベルク時代より高い給料を――少なくとも名目的には――受け取っていた。しかし、給料のじっさいの上昇は、見かけの増加に対応していなかった。ヘーゲルはそのことを妹宛の手紙で指摘しているが、それはたぶん、かれが妹に送っていた援助金の滞りを暗黙のうちに弁明するためだったであろう。かれの待遇はいまや二〇〇〇ターレルに達していたが、一方、ハイデルベルクではほぼ一五〇〇ターレルをえていたのである。

もしかれが本当に、プロイセン行政当局からみて、「国家の哲学者」、「プロイセン大学の独裁者」、「絶対王政に誘惑されたイデオローグ」――これらの形容は、時に応じて、軽蔑的な意味で、あるいは誇張的な意味で使われている――とされるような人物であったならば、かれが享受しえたと思われる高位聖職禄に匹敵する収入に、かれのじっさいの給料〔二〇〇〇ターレル〕は値していないのである。とはいえ、ヘーゲルは並みのステータスには匹敵していた。ベルリン大学では、化学者または医者の謝礼金は一五〇〇ターレルから二〇〇〇ターレルのあいだであった。神学者は二〇〇〇から二五〇〇ターレル、法学者は二五〇〇から三〇〇〇ターレルを受け取っていた。[*5] 一八四一年に、プロイセンの新しい国王フリードリヒ＝ヴィルヘルム四世は老シェリングに六〇〇〇ターレルを提供して、ヘーゲル的教育の後遺症と戦う使命を委ねるであろう。[*6]

教訓となる比較が存在する。たとえば、もっとも期待外れの部類に属する国王だったフリードリヒ＝ヴィルヘルム三世は、その「個人的」収入の他に、二五〇万ターレルの特別歳費を受け取っていた。圧政と愚鈍の給料が、当然のことのように、本当は値段のつけられない知性と精神的自由の給料の一二〇倍〔一二〇〇倍?〕以上だったのである。

ヘーゲルはしばしば、みずからの経済的状況に不満を洩らしている。それはおそらく口ぐせのためか、あるいは一貫して要求し続ける精神のなせる業であろう。旅行をし、養生をし、そして休息するためには、かれは必要な許可とともに、政府の補助金を獲得しなければならなかった。かれの職業上のステータスは、王政における他の官吏のそれと異なってはいなかった。すなわち、国王の気まぐれに従属し、いついかなるときにも免職される可能性があり、引退後の年金の希望もなく、いっさいの互助的保護と組合的防御を奪われ、助けも頼るものもなく、完全に非自律性のうちにあるという身分的状況である。

国家の例外的な援助のおかげで、かれはときおり、情報をうるための、あるいは教養をうるための旅行を行なった。それらの旅には、当時の習慣と規則に従って、かれの妻を同伴することはできなかった。大臣は、職業上、必要であり、有効であるものについてしか――そして少なくとも外見上の屈従と順応主義の報奨としてしか、経費を補償しなかった。そのようなやりかた――ずっとのちになって、集団的な圧力のおかげで、はじめて裏をかくことができるようになるが――に慣れてしまった国王陛下の官吏たちは、その方策のもつ下品な性格を、おそらくあまり残酷とは感じていなかったのであろう。

大臣たち、そして宰相自身も、細かな事柄に没頭していた。旅行手当金を授与するためには、ハルデンベルクの承認が必要だったのである。そうした承認をうるには、アルテンシュタイン大臣がハルデンベルクに報告書を提出することになるが、その報告書の裁決理由によれば、大学教授の責務が強調されるとともに、幸いヘーゲルの現実的功績も認められている。「ヘーゲル教授は疑いもなく、ドイツが所有するもっとも深遠で、もっとも確固たる哲学者であります」(C 2三四六)と、アルテンシュタインは一八二二年に書いている。あとから考えれば、これほど適切な評価がなされたことを喜ぶべきであろう。しかし、かれは宰相の決定をうるために、次のような言葉を付け加えている。「かれは青年たちに、限りなく有益な影響を与えています」と。これは疑いのないところであるが、しかしまた、どういう意味でいわれているのかを知る必要があろう。「勇気と真摯な心と能力をもって、かれは深遠さを欠いた哲学の有害な浸透に反対しました。そして、著者たちの傲慢な態度を打破したのです。かれは、その見解のゆえにおおい

*5 ルートヴィヒ・ガイガー『ベルリン、一六八八―一八四〇年』(ドイツ語)、ベルリン、パクテル書店、第二巻、一八九五年、五八八頁。 *6 カール・ヘーゲル『生涯と思い出』、ライプツィヒ、一九〇〇年、三二頁。フリードリヒ=ヴィルヘルム四世の言葉によれば、シェリングがベルリンに招聘されたのは「ヘーゲル的汎神論の毒の種子と戦い、これを根絶させるためであった。」(ADB、前掲書、シェリングの項)

に敬意を払われるべき人物であり、またその点は——かれの有益な行動と同様に——どんな哲学にも不信を抱くような人びとにさえ認められていることであります」（C２二四六）。

そこにはちょっとした嘘、あるいは許されない無知が含まれている。というのも、哲学の敵はヘーゲルを前にして武装解除をしていないからである。いや、それどころではない。この新しい体系はかれらに対して価値あることを何ひとつ言わないので、かれらはかれのことを非難しているのである。とはいえ、ヘーゲル教授の「見解」が「良い」ものであろうとなかろうと、それが旅行の許可を正当化し、またそのための予算措置を正当化することには変わりないであろう。ハルデンベルクの政府は、そのあらゆる欠陥にもかかわらず、当時のプロイセンで想像しうる、マイナス要素のもっとも少ない政府だったことがわかる。

ヘーゲルの教育上、政治上の行動は、語りかける相手と同じように多様な形態をとり、しかも相互に矛盾しているので、ある面からすれば、あるいは少なくともある外見からすれば、当局の一部の信頼と称賛を勝ちうることができたが、他の一部には不満を残すことになった。アルテンシュタインは青年に対するヘーゲルの適切な影響を吹聴しているが、まさしくそのときの一八二二年に、ザンクト＝エドヴィゲの助任司祭による事件が起こったばかりであった。ヘーゲルはベルリンで、大学の重要な役職を引き受けるであろう。かれはブランデンブルクの試験委員会のメンバーとなり、教育改革の計画を立案し、一八二九年十月から一八三〇年十月まで、ベルリン大学学長のポストに就くであろう。実をいえば、当局は本来、かれ以外の人びとに、そのような役職に関して打診することはできなかったのである。しかも当局は、大学にある種の自由の余地——非常にコントロールされた——を残して、大学自身が高位の役職者を指名するように仕向けた。

ヘーゲルは、このうえなく優れた学長であった。かれの思想や学説は、プロイセンの知性のもっとも傑出した決定機関によって保証されていた。全体としては無知で、視野の狭い当局者たちは、意見を変えてアルテンシュタインに反対したり、ヘーゲル以外の人物——かれらがその任命を促したり、とにもかくにもその任命に賛意を表しうるような人物――へ向かうことはできなかった。当局が本当にかれを否認し、断固としてかれの哲学と戦う決意を固めたのは、かれが死んだ直後のことであった。ヘーゲルの晩年における教育の過程で、当局者たちは明らかにかれと戦うための準備をしていたが、しかしそれでもなお若干の遠慮がともなっていた。

ヘーゲルは数々の、興味深い旅行を行なうことができるであろう。かれはそれ以前の生活では、経済的理由のために旅行を控えてきたのである。

一八二二年、かれはオランダ――ベルギーはまだオランダに属していた――を、弟子であり、友人であるオランダ人ファン・ヘールトといっしょに訪れる。一八二四年には、かれはウィーンに赴き、とくにイタリア歌劇に魅せられる。一八二七年には、特別な状況のさなかに、ヴィクトール・クーザンの案内でついにパリに滞在する。かれは劇場に通い、ティエールやミニェとともに夕食をとる。旅の帰途、かれはゲーテのもとに足を止める。一八二九年、かれはベーメンに旅行し、そしてカールスバートでシェリングと最後の出会いをするであろう。これは表面的な、束の間の和解の機会となろう。

ベルリンでは、ヘーゲルは演劇、コンサート、画廊を頻繁に訪れ、晩餐会に出席して、その最中にときおり、美しい女優の胸元にいくぶん不器用なまなざしを向けるが、彼女たちは年寄りの愚か者を軽蔑する。かつてバンベルクでしていたように、かれは仮面舞踏会にも顔を出している。

とくにヘーゲルは、数人の友人とともに、ホイスト〔トランプの一種〕やオンブル〔同上〕をして遊ぶのが好きである――したがってかれは熱心な遊び手だが、しかしそれは会食のさいの気楽な気晴らしとしてである。

ベルリンでのヘーゲルの生活の、「積極的」で、快適な面はきちんと簡潔に回想されており、しかもその比較的豊かなありさまが寛大なる評価を与えられているので、むしろ「消極的」ないし不愉快な面――伝記作者たちが一般に無視したり、過小評価してきた面――に焦点をあてて考える方が、間違いなく興味深いであろうし、また示唆に富んでもいるであろう。

ベルリンにおけるヘーゲルの生活を、雲ひとつない牧歌的風景として思い描くことは、今日ではまったく不可能である。たとえば、フランスの最初の伝記作者であるポール・ロックが、一九一三年に試みたことがそれにあたるであろう。「長年にわたって物質的生活の不安を経験し、またきわめて慎ましい生活を過ごしたあと、いまやかれは夢想しうるかぎりの輝かしい状況に置かれている。かれは寵愛を受け、勢力を築いている。家庭の愛情を享受し、友人たちや、何人かの熱心な賛美者をもっている。毎年、かれの祝いの日〔誕生日〕には、勝利の歌が奏でられるであろう。贈り物や、スピーチや、即興詩があり、何ひとつ欠けるところがない。一八三〇年には、かれのメダルが作られる……。」[*7]

正確にいえば、ヘーゲルの誕生日はけっして純粋な幸福感に溢れたものではなかった。保守主義者はしばしば、最初に自分自身の安全と、物質的、精神的安楽と、そして平穏な精神を保持することに執着する。もしヘーゲルのベルリン滞在が、じっさいにポール・ロックの指摘しているような特徴を有していたとすれば、かれはもっと簡単に保守主義者と見なされたであろう。

そういうことはなかったのである。プロイセンの首都で、ヘーゲルは至福に近づいたわけではなく、また平安に近づいたわけでもなかった。非常に控え目な態度を強いられて――というのも、蒙った侮辱に対して抗議することは、同時に「既成秩序」に反対して立ち上がることを意味し、したがってなおいっそう重大な局面をみずからに招き寄せることになったからである――かれはひそかに不平不満を発散させるようなこともあったのである。

一八一九年にベルリンに腰を落ち着けるやいなや、かれはただちにデ・ヴェッテ教授が最近罷免されたことを、そしてかれの若い友人のひとりアスフェルスが法廷に付託されたことを取り上げ、また検閲手段の強化や、言論をめぐる犯罪の増大等についても言及している。かれはクロイツァーに宛てて、次のように書いている。「しかもそれが、精神の平安を増大させるのに役立たないことは、あなたにも同じように理解できることでしょう。わたしは間もなく五十歳を迎えますが、いままで恐れと希望が交差する厄介な時期を三〇年も過ごしてきました。そしてわたしは、恐れと希望の交差とは手を切ることを望んでいたのです。ところが現在でも、その状態が続いていると考えざるをえません。そのうえ、不安な時期には、いっそう悪化しているとさえ思うわけであります。」(C２一九五)

しかし、それはいったい、誰にとって悪化しているのであろうか。メッテルニヒや、プロイセン国王にとってであろうか。その通りである。なぜならば、かれらは政治的反対派の何がしかのざわめきを恐れなければならないからである。しかし最終的には、かなり滑稽な闘争のなかで、かれらは楽々と勝利を収めてしまう。一方、検閲や弾圧、あるいは罷免や投獄を身に蒙る反対派にとっては、事態は現実的にはますます悪化していくのである。ヘーゲルが同情を示すのは抑圧された人びとに対してであり、かれの共感が向かうのもかれらの方である。たとえかれが、かれらの言動のすべてを「ひとまとめに」承認することはできないにしても。

一八二一年にニートハンマーに宛てた手紙で、かれはこれとは別の不安の理由を挙げ、それとともに嵐の中にあるかれの個人的状況を、少なくともかれがそのように見立てているような状況を明確に述べている。「あなたが御存知の通り、一方ではわたしは心配症の人間であり、他方では平安を愛する人間です。したがって、わたしがせいぜいのところ数滴の水に衝撃を覚えるであろうことを納得できるとしましても、毎年、地平線に嵐が現われるのを眼にするのは、とりわけ愉快なことではありません。しかし、同じくあなたが御存知の通り、中心にいるという事実には利点も含まれています。というのも、ここでは外見上、存在するものについてのより正確な認識をもつことができますし、それゆえ、自分の仕事や状況についていっそう確信がもてるようになるからです」(C２二三八、修正)……。

ニートハンマーはたぶん、この議論をよく理解できる状態にいたはずである。その点で、もしヘーゲルが「プロイセン絶対主義の哲学者」であったならば、かれは政治的な「嵐」に巻き込まれるような事態に立ち至ったであろうか。なぜかれは、それでもなお「若干の水滴」(C２二三八)を恐れなければならないのであろうか。しかし、かれはどのようにして、それが厄介なことの最小のレヴェルを越えないことを知っているのであろうか。いったい、誰が、国王、

*7　ポール・ロック、前掲書、三五一頁。

その政府、司法、警察がとる手段のなかで、まさしく何が「見せかけだけのもの」かをかれに知らせてくれるのであろうか。ヘーゲルは本当に、「さまざまな物事の中心に」位置していたのであろうか。これらの仄めかしはすべて、われわれにとっては不透明感を帯びている。

じっさい、ヘーゲルは重大な心配事——数滴の水というより、むしろにわか雨というべきであろう——から逃れることができなかった。かれはそれらの心配事を、ほとんど故意に掻き立てることさえした。そして、これらの事柄は、ベルリンにおけるかれの生活のもっとも興味深い、またもっとも参考になる側面を形成している。「さまざまな物事の中心に」位置するとかれは信じているが、しかし見たところ、これらの物事にいかなる影響も及ぼしてはいない。かれは、みずからの情報の豊かさと信頼性について幻想を抱いていたのであろうか。日常的な政治生活、宗教のさまざまな示威行動、あるいは文化的な諸活動は、権力の名において、突然の気まぐれな思いつきや、きわめて恣意的な決定——もっとも高い地位にある人物でさえ、いっさいの予想を差し控えていたような——に従属していた。

時が経ち、ヘーゲルの哲学の真実の本性が、それまで覆われていた意識的、無意識的な暗雲の下から少しずつ現われてくると、かれは次第に増してくる激しい批判と攻撃の対象になった。危機の高まりを感じたかれはみずからを弁護し、時に適切な、あるいは中傷的な非難に直面して、おのれの大義を守ろうとした。そして、憎しみに溢れる激昂した敵対者たちと、激しい論争を展開したのである。

かれは心穏やかならざる気持で、ベルリンを立ち去ることを検討するようになった。

一八二五—一八二六年にかけての冬のあいだに、かれはカトリック教会のザンクト゠エドヴィーゲの助任司祭の攻撃に晒されることになった。神聖同盟の条約は、それに参加していた諸国家において、三つの重要なキリスト教信仰告白（カトリック、プロテスタント、ギリシア正教）が相互に寛大な態度をとるべきことを規定していた。当局は、それらの教派が相互に悪意ある批判をすることを、いささかも容赦しなかった。

ところで、宗教哲学の講義のひとつにおいて、ヘーゲルは聖体の秘蹟に関するカトリックの考え方を、かなり荒っぽい調子で嘲笑した。その内容をチェックするためにヘーゲルの講義に出席していた助任司祭は、かかる攻撃的な指摘に衝撃を受けて、宗教大臣アルテンシュタインのもとにただちに訴え出た。アルテンシュタインはヨハンネス・シュルツェを介して、弁明の報告をヘーゲルに求めた。

本質的には、またいまのような場合においては、内々の話としてアルテンシュタインや、あるいは国王ですら、この事件におけるヘーゲルの論題や行動を承認することしかできないであろう。しかし、かれらは公式的には神聖同盟の規約によって結びついており、あたかもヘーゲルのこうした小さな過ち――少なくとも「観客席から見れば」――を否認するかのように振る舞わなければならないのである。

この種の機会においては、また当時の外交関係に従って、あるときは古いプロテスタント的遺恨が勝利を収め、またあるときは全体的な国王同盟が勝利を収めた。

ヘーゲルは不撓不屈のプロテスタント的観点から、一八二六年四月三日付の報告書を執筆し、プロテスタント大学におけるみずからの教授資格に自負の念を表明した。プロテスタントの言葉によって気を悪くするような人は、別のところに授業を受けに行けばよいというわけである（BS五七一）。ヨハンネス・シュルツェとアルテンシュタインのひそかな共謀によって、ヘーゲルは見たところ被害を蒙ることなく、この難局から脱出したのである。

かれの方から譲歩をすれば、かれは教授としての資格を失っていたであろう。かれはその徹底した観念論において、真または偽の観念に、歴史的世界での完全な有効性を与えた。他方、宗教的問題はかれにとって根本的なものに思われた。その結果、宗教哲学講義のなかで、カトリシズムとルター主義の区別を、聖体の秘蹟についての二つの異なる考え方にもとづかせることになった。かれは、戦争を含めて、大きな歴史的紛争が感情や意見の対立からくるという最初の外観に従っていた。そこで、かれらが聖体のパンに同じ意味と同じ役割を与えていないからこそ、カトリシズムとさまざまなプロテスタント的信仰告白とが相互に分裂し、対立し、そして闘い合うことになったというのである。

そこからさらに、諸国家の分割と、諸王朝の独自性と、もろもろの戦争が起こってくる……。聖体のパンをめぐるルター派的な考え方の優越性に関して、かれはおのれの哲学全体にとって有害となるいっさいの妥協を受け入れることができなかった。たぶん、アルテンシュタインは、かれの心と良心のうちにあるこの学説上の論点を知っており、また認めていたのであろう。その理由は何よりも、かれが反カトリックであったからであり、また諸宗教の国民的、政治的帰結と見なしていた事柄に主要な関心を抱いていたからである。

ヘーゲルはこの論争から、勝利者として脱け出ることができた。そしてかれは、みずからの勝利を活用した。かれは講義のなかで、その問題を公然と論じた。ハイムが報告しているように、助任司祭から脅かすような調子でじっと見つめられていたヘーゲルは、かれに向かって次のような言葉でもって不意に話しかけた。「あなたがそのようにわたしを見つめても、いささかもわたしを強制することはできません」と。助任司祭は学生たちの（不賛成の）足踏みの音を背にして、講義室を立ち去らねばならなかった（C3三七二）。

たぶん、その点に関しては、とりあえず自分が安全な立場にいることを知っていたので、ヘーゲルは激しい反応を示すことで、学生たちのあいだに大きな人気を博した。英雄主義を標榜せずに、かれは自分の意見において断固たる態度を証明したのである。だが、なんという意見だったであろう。大部分の聴講生にとって、根本的な問題がプロイセンの統一——ドイツ統一の担保の意味をもち、ある種の自由主義的傾向と結びついていた——であった時期に、漠然としたキリスト教に解体される危険に脅かされていたプロイセンの国民的宗教が、そこでは問題にされていたのである。

われわれは一八二七年の時点にいる。多くのプロイセン人が、聖体の秘蹟の本性にまったく無関心になっている。かれらはそれをほとんど信じず、ヘーゲルがそのテーマに関して打ち建てた微妙な形而上学的区別を何ひとつ理解していない。かれらは伝統的な社会的、国民的、政治的理由で、ルター派宗教と結びついている。かれらはたしかに、現在の局面においてはカトリシズムを非難する者が他のキリスト教諸派にもいくらか害を与えることになるのではないか、そしていずれにせよ、神聖同盟のイデオロギー的な援護にとって有害なのではないかと疑っている。ヘーゲル主義は、異端、汎神論、さらには無神論という非難に至るまで、さまざまな非難を浴びることになる。われわれはもはやルターの時代にはいないが、しかしプロイセンが、満たされない精神、失意の愛国主義者、熱狂的な民族主義者と見なしているいっさいのものが、ザンクト＝エドヴィーゲの助任司祭の敗北をただ喜ぶことしかできないのである。抗議者たち、異議を申し立てる者たちは、クロシュメル風の戦闘〔クロシュメルという想像上の村を舞台とする人気小説。奇妙で、滑稽な戦い〕に勝利を収めるだけである。

したがって、ヘーゲルはこの事件において、「若干の雨滴」からも免れることができたのである。その事件は、かれに有利なかたちで解決する。

しかし、かれはこの機会に、敵対者たちが好んで論争を仕かけてくることを、また自分の立場が脆いものであることを、したがって保護者による介入が必要であり、緊急性を帯びていることを考えるであろう。たとえば、教育大臣がもはやアルテンシュタインでなくなっていたならば、どうなったであろうか、と。また、国王がそのような異議申立てに口を出し、神聖同盟の要求の方に傾いていたらどうなったであろうか、と。国家装置を動かし、ベルリン大学の教授や学長を督促して、かれの講義の学説的内容についての報告を出させるためには、助任司祭の苦情だけでは充分でないのであろうか。キリストの実体変化について、かれが否定的な考えをもっていないことを証明する必要がある。それはお笑い種であろうが、しかしあとから振り返ってみればの話である。その時点では、かれはみずからの経歴を賭し、あるいはしがない官吏の職務を維持できるか、罷免されるかの瀬戸際に立っていたのである。

そのとき、たぶん、別の徴候によって同時に警告を受けたヘーゲルは、五七歳にして新たな転出を考えるようになる。一八二八年に、かれは長いあいだ望んでいたパリ旅行——しかしそれは、新しい脅威から逃れるためにも行なわれたものであった——からの帰り途に、当時、プロテスタント国家であるオランダに従属していたベルギーを通過し、忠実で熱心な弟子のオランダ人官吏ファン・ヘールトとともにいくつかの大学用地を訪れる。かれは妻に宛てた手紙のなかで、当時の感情を次のように打ち明けている。「ルーヴァンやゲントと同様に、リエージュにも素晴らしい大学の建物があります。わたしたちがこれらの大学を訪問したのは、ベルリンで司祭たちが銅掘りの耐え難い仕事をわたしに押しつけるような場合には、たまたま避難所として利用することもありうるという理由からです。ローマ聖庁はいずれにせよ、ベルリンの哀れな坊主どもよりは敬意を払うべき敵でありましょう」（C2一七六、修正）。クーノー・フィッシャーは、ヘーゲルが「冗談で」そのように述べたものと見なしている。[*8] だが、それはむしろ、おそらく誇張された憂うつな気分が近づいてくるさいの、暗い皮肉であるように思われる。

たしかに、ヘーゲルにとってベルリンを棄てることは、ある意味で死に匹敵するであろう。かれはいっさいの事柄のために、またいっさいの事柄に逆らって、できるかぎり首都に固執するであろう。しかし同時に、かれの巧妙な態度や慎重な姿勢にもかかわらず、ベルリン滞在を危うくする恐れのある言動をかれが差し控えるようなことはないであろう。

ヘーゲルは、プロイセンではあまり数多くないカトリック教会の人びとからの攻撃を受けた。しかも、それは当然のことのように行なわれた。なぜならば、かれの方でもカトリック教会の人びとを容赦しなかったからである。神聖同盟の支持者たちの議論ではうまく隠すことのできない宗教的分裂を利用しつつ、かれはかなり容易に窮地を脱したのである。

かれの立場は、熱心なルター派信徒がかれの敬虔な気持をあまり納得せず、かれの哲学に反対の狼煙を上げるとき、より微妙で、危険なものとなる。時が経つにつれて、それは次第に頻繁に起こるようになり、ヘーゲルはだんだん面倒な弁明を強いられてくる。その実例はいろいろ挙げることができるが、なかでも「シューバルト事件」とでも呼べるような出来事がその点をよく証明している。

シューバルト（一七九六―一八六一年）は、とくに美学に関心を抱いていた若い知識人で、その作品『ゲーテゆかりの文学と芸術に対するゲーテの評価』（ブレスラウ、一八二〇年）のために、ゲーテの友情と保護を勝ち得ていた。かれはまた、『ホメロスとその時代』と題する著作も公刊している。かれの主著『ゲーテの《ファウスト》講義』は一八三〇年に出版されることになるが、それ以前に、哲学的作品『現代の宗教的統一との関連における人類統一への熱望』（一八二九年、C３三六五）が公表されている。

ゲーテにたえず言及する姿勢は、ヘーゲルの眼には決定的な特徴を示すものと考えられた。しかも、ゲーテはヘーゲルに対して、その青年のためにベルリンでポストを手に入れるように、それが無理ならプロイセンの別の大学に職を見つけてやるように熱心に勧めている（C３一四一）。ヘーゲルはただちにゲーテの要請に応え、シューバルトとアルテンシュタインとの会談を手配した。

けれども、個人的な関係にもとづくヘーゲルのこうした好意にもかかわらず、シューバルトはカルガニゴといっしょにヘーゲル哲学をきわめて辛辣に批判した書物、すなわち『哲学一般について、とりわけヘーゲルの哲学的諸学の百科について。《エンチクロペディ》評価のために』（一八二九年）というタイトルの書物を出版するのをためらわなかった。

ヘーゲルに対するさまざまな非難に混じって、二人の著者は、ヘーゲルの文章には魂の不死の主張が見当たらないと苦言を呈している――これは、ゲーテを賛美する人びとの言葉としては驚きを与えかねない非難である。大部分の注釈者は、その攻撃が稚拙であって、ヘーゲルは自分に向けられた非難が首尾一貫していないことを、かなり容易に明らかにすることができたであろうと見なしている。

じっさいには、当時の知的雰囲気のなかで、ヘーゲル哲学がまさしく全般的に疑問に付されていたのである。魂の不死に、あえて言及する必要はなかった。だが、クーノー・フィッシャーは一九〇一年になってもまだ次のように嘆いている。「哲学的学説に対する憎悪を掻き立てようとする場合には、政治的な嫌疑の他に、魂の不死への信仰が認められないといって非難すること、あるいは魂の不死の否定が認められるといって非難すること以上にうまい方策は

*8　クーノー・フィッシャー、前掲書、一八五頁。

ないのである。[9]」

反ヘーゲルの攻撃文書は、これらの際立った二点のいずれをも見逃さなかったばかりでなく、同時に、ヘーゲル哲学を国家に対して敵意をもつものとして告発した。ヘーゲルは、機関誌『学術批評年報』に発表した長い論文のなかで、その種の告発に答えなければならないと考えた（BS三七二―四四〇）。かれはシューバルトの反論をどうにか退けることができたが、その反論はかれの公表された学説に関連して、ある程度まで中傷的と映るかもしれない性格のものであった。少なくとも、ヘーゲル主義の正統な、プロテスタント的解釈者たちは、そうした反論を中傷的と見なすことができたのである。

シューバルトの攻撃は理論的な目標を狙っていたのではなく、おそらく上からのひそかな誘導に従って、ヘーゲルを動揺させ、かれを罪人として世俗の権力に委ねることが重要だったのであろう。ファルンハーゲンは、その『回想録』のなかで次のように記している。「シューバルト氏はヘーゲル哲学を中傷し、告発する人びとと手を握った。そしてかれは、ヘーゲル哲学と運動する最近の他の知的運動に反対して新たに起こった騒動と、自分の声を結びつけようとした。事情に通じた有能な人びとの前で、学問的武器を携えて、さまざまな科学上の傾向や見解と戦うこと――それはいつの時代にも許されてきたことであり、またこれからもつねに許されるべきことであろう。しかし、ある科学上の学説とその支持者たちを、証明しえない非難によって公けの権威に疑わしいものであるかのように思わせること、また哲学を学問の法廷に出頭させる代わりに、公権力の前に呼びつけることは、根本的にはたんなる文学上の軽薄さに尽きないような企てである[10]（C３三六六）。

ヘーゲルは、抗議もせずに告発されたままになることはできなかった。かれはシューバルトの申立てに対して、同時にまた他の批判者たちの申立てに対して、自己弁護を行なった。

しかしながら、その弁明の過剰な長さにもかかわらず、ヘーゲルは反プロイセン的であるとか、革命主義的であるといった非難を軽蔑的に扱うふうを装った。ホフマイスターはこの処置を、実際上、注目すべきやりかたと見なしている。ヘーゲルは、「卑しい論争」と呼ぶものを拒否しているが、しかしそのためにかれはある種の当てつけには返答しないという態度をとるようになった。

クーノー・フィッシャーは、その点に驚きの念をあらわしている。「この論争がどれほど惨めで卑しいものであるにせよ、またこの悪意ある作品のために手を結んだ二人の名前がどれほど忘れられようと、われわれは、ヘーゲル哲学と魂の不滅の学説との関係の問題——これはきわめて重要で、のちには頻繁に論じられるようになる問題である——がここではじめて文学のなかに登場したという事実と、しかしじっさいには、ヘーゲルの側からの返答はなかったという事実を黙って見過ごしたいとは思わないであろう」[*11]と。

ヘーゲルがこの点について返答しなかったとすれば、それなりの理由があったのである。

かれはこの主題について、率直に自分の意見を披瀝することができなかった。かれがすでに述べたこと、あるいは公表したことを考慮すれば、あまりにもずうずうしい態度で嘘をつくことは、かれにはやはり不可能だったのである。

攻撃を巧みにかわすために、ヘーゲルはさまざまな方法を、ある場合にはいっそう徹底した方法を用いている。しかしある日、ひとつの批判がかれの上に、しかもきわめて高いところから直接的に、すなわち王太子の発言というかたちで襲いかかった。

*

ヘーゲルがベルリンで頻繁に訪れた人びとのうちで、かれがとりわけ贔屓にした人物は誰であるかを、あまりにも厳密に規定するのは危険であろう。いったい、かれはとりわけ誰に愛着の念を抱いていたのであろうか。

われわれは、友情の強さのさまざまな度合いと、親密さの種々の程度を見分けることができる。

---

*9　同書、一八七—一八八頁。　*10　カール・アウグスト・フィリップ・ファルンハーゲン・フォン・エンゼ『回想録』、第五巻、ライプツィヒ、ブロックハウス書店、一八四〇年、一八二頁。　*11　クーノー・フィッシャー、前掲書、一八八頁。

もちろん、量的な意味で重要なグループは、かれの職務上、必然的に接触するような人びと、たとえば上司や同僚たちによって構成されている。

同時にまた、その名声のゆえに、あるいは特別な知り合いのゆえに、さらにはまたその才能のゆえにかれが接近しようと試みた人びと、たとえば作家、学者、芸術家、役者、女性歌手、画家等々を、分けて考えることもできる。

さらに、愛すべき人びと——けれども、かれがどのようにしてかれらと緊密な関係を結ぶことができたのかを考慮してみる必要がある——が存在するが、かれらといっしょにおしゃべりをしたり、静かにトランプをしたりするのをヘーゲルは好んでいた。たとえばハインリヒ・ベールや、フリードリヒ・ブロッホ（海運会社、次いで鉄道会社の代理人）である。いままでに知られていない別の理由によって、かれがかれらの方に歩みより、ある場合にはかなり親しい関係をもつようになったということもありうるであろう。

以上述べたような骨の折れる、あるいは遊びを主とするいろいろな関係の他に、「思想的な」接触という、より真面目なカテゴリーも見出される。大なり小なり、自分の意見と似ている宗教上ないし政治上の立場のために、ヘーゲルが評価している人びとである。迫害されている学生連盟員や、理解のある同僚たち（クーザン、ニートハンマー、マールハイネケ、フェルスター、ヘニング等々）がそれに該当するであろう。

ある人びとは、これらのカテゴリーのいくつかに同時に属していることもありうる。

しかし明らかに、右のような視点からみて他のあらゆる人びとから区別される人物がベルリンにはひとり存在する。すなわち、エードゥアルト・ガンス（一七九八—一八三九年）である。かれのケースは意味深長で、いろいろな面に光を投げかけるはずの例外的事例である。というのも、ガンスの頻繁な訪問自体、すでに無害なものとは映らなかったからである。もしかれをひと言で定義しようとすれば、「反対者」ということになろう。多くの「扇動的な」学生たちの流儀で大言壮語屋であったり、挑発者であったり、熱狂家であったりするのではなく、みずからのレヴェルにおいて、また時と場所がかれに与える客観的状況のなかで、かれは沈着冷静であり、思慮深く、現実感覚をもち、しかも有能な人間であった。かれは、ヘーゲルの「大のお気に入り」と見なされていた。[*12]

一八三九年のガンスの葬儀はルター派の形式をとり、ヘーゲル学派の友人マールハイネケ牧師のスピーチをともなうであろう。そして、この葬儀は巨大な自由主義的示威行動の口実を提供するであろう。あとになって、注釈者たちはこの法学者を「ヘーゲル右派」として扱うことになるが、しかしかれはカロヴェとともにサン＝シモンの社会主義——なるほど、ユートピア的社会主義であるとはいえ——へ向かう最初のドイツ人たちのひとりであった。

ヘーゲルとエードゥアルト・ガンスとの特別な関係は、それ自体、深い思想の方向づけを指し示している。かれが誇示することを恐れなかったこの友情は、ある人びとの眼には、挑発的なものとさえ映ったかもしれない。

というのも、ガンスはユダヤ人の家系に属しており、しかもつねに、時には軽々しく、自分のことを自由主義者、民主主義者、そして最終的にはサン＝シモン主義者と自負していたからである。十九世紀初めにおけるプロイセンのユダヤ人は、公的、政治的、大学的生活から締め出されており、公共的にも民衆的レヴェルでも反ユダヤ主義のあらゆる結果を蒙っていた。ガンスは、大学人としての経歴の出発点においても、また途中においてもこのうえなく大きな困難にぶつかったのである。

たしかに、一八二五年に、かれはキリスト教に「改宗」している。これはかれに、行政職に就く権利を与えることになったが、しかし部分的には「宗教的」ユダヤ人たちの共感をかれから奪うことになった。かれが相変わらず、ユダヤ人の権利のための戦いを継続していたにもかかわらず。宗教に関しては放任主義者と見なされているハイネ自身、ガンスのそうした駆け引き的行為を許容することがなかなかできなかった。

法的、行政的な分野に登録されたこの種の「改宗」は、真摯なキリスト教徒には真面目に受け取られなかった。かれらはそこに、むしろ無神論の間接的な証しを、あるいは少なくとも非常な宗教的無関心の証しをみていたのである。それゆえ、かれの改宗はたんに、新しい信徒に対するいっそうの寛容を生み出しただけであり、熱烈な歓迎などはな

*12 ヘルマン・グロックナー『ヘーゲル』、シュトゥットガルト、フロムマン書店、第二版、一九二九年、第一巻、四三七頁。ADB、参照。

かった。

人びとは人間の権利というものを知らず、ある人物がみずからその宗教を、あるいは無宗教を選ぶことなどほとんど受け入れることができなかった。これらの改宗者たちは、かれらの最初の宗教から解放されたあとでさえ、自分たちを逆説的になおいぜんとして「ユダヤ人」と見なしていた。カール・ヘーゲルは、その回顧録のなかで、自分の父親が好んでベルリンの「ユダヤ人家族」を訪れていたことを証言している。じっさいに、かれはユダヤ人家族という言葉で、宗教的にまだユダヤ教徒である家族だけでなく、かつてユダヤ教徒で、いまはキリスト教徒ないし無神論者になっている家族をも含めていっている。すなわち、ベール家（マイエルベールを含めて）、ブロッホ家、ファルンハーゲン家、ガンス家、等々の雑多な家族である。

みずからはユダヤ教徒ではないが、しかし反ユダヤ主義に対してユダヤ人の大義のために戦ったガンスは、時には公然と自由主義的な、立憲主義的な、あるいはサン＝シモン的な政治的見解を口にすることによって、自分の立場を悪くしたのである。

かれを協力者として、友人として、講義用の正式な復習教師として選ぶことで、ヘーゲルはあたかも、ちょっとした慎重さがあればそれを回避できた人物を、かえって故意に際立たせるような結果になった。ガンスがある時期、ハルデンベルクに保護されていたことはたしかである。というのも、宰相はかつて、銀行家であるかれの父親の財政上の勧告の恩恵に浴したことを覚えていたからである。しかし、ハルデンベルクの権力と影響力は、長期にわたって激しく攻撃され、やがて消え去る運命にあった。

エルトマンが、そしてのちに、ホフマイスターが述べているように、ヘーゲルが一八二五年に法哲学の教育をガンスの手に委ねたという話を耳にするとき、読者はおそらく無意識のうちに惑わされることであろう。なぜならば、「かれ〔ヘーゲル〕は」ガンスの「高い資質を評価していた」と述べられているだけで、他の規定は見られないからである。[*13] ヘーゲルはたしかにガンスの高い資質を評価していたが、しかしガンスは弟子たちのなかでそうした資質を証明されうる唯一の人物ではなく、ヘーゲルは必要ならば、別の有能な復習教師を募集することが容易にできたであろう。それゆえ、このことは、ヘーゲルの好みを説明するものであろう。すなわち、それは本質的に思想上の一致、より正確にいえば政治上の一致であり、両者の見解の全体的な符合なのである。いずれにせよ、ヘーゲルはかれを選択することによって、ガンスがその観点からすれば、まさしくある種の代表者にほかならないことを知らずに済ますことはできなかった。この選択は、ガンスが師の法哲学についてのちに与えた解釈の価値を確認するものである。すなわち、法哲学を自分に代わって教えるようガンスを指名したのはまさしくヘーゲルにほかならず、ヘーゲルはかれにそのような信頼を示していたということである。王太子の脅迫的な警告にもかかわらず、またシュルツェやベックによる慎重な行動をとるようにとの忠告にもかかわらず、ヘーゲルはつねに可能なかぎり、かれを擁護したのであった。

アルノルト・ルーゲは、「王室の」出来事を報告している。それによると、ヘーゲルはある日、王太子の家の夕食に招待されたというのである。「ガンス教授が、わが国の学生たちをすべて共和主義者に仕立て上げようとしているのを見るのはスキャンダルに等しい」――そう王太子は言ったようである。「教授、あなたの法哲学に関するかれの講義にはいつも、何百人という学生たちが出席しているのです。そして、かれがあなたの説明にまったく自由主義的な、さらには共和主義的な色付けをほどこしているのは周知のことでありますぞ。なぜあなたは御自分で講義をなさらないのですか」（C３四七二、およびC３三九六）。

ヘーゲルは、王太子に二度とは言わせなかった。かれはガンスから法哲学の講義を取り上げたが、それは、自分の教えをより賢明な言葉で、みずから広めるためであった。

*13　エードゥアルト・エルトマン。ADB、第十一巻、ヘーゲルの項。一八八〇年（第二版、一九六九年）、二七一頁（B３四七二およびC３三九六、参照）。

第14章　庇護者たち

「ある君主の特別な庇護がなければ、わたしはドイツの国土のいかなる場所でも安全ではないと確信しています。」[*1]（フィヒテ）

有識者たちのさまざまな推薦の言葉に励まされて、アルテンシュタインはヘーゲルをベルリンに招聘した。しかしその結果、他の政府当局者たちをこの選択に引き込むことができたとは、必ずしもいえないであろう。かれはヘーゲルの思想に魅力を覚える以前に、すでにある程度哲学者的であり、より正確にいえばフィヒテ主義者にほかならなかった。その点で、かれは原則的にいっさいの哲学に敵意をもつ大部分の同僚たちとは一線を画していた。同僚たちからすれば、フランス革命を引き起こしたのは哲学ではなかったかという思いがあったのである。プロイセン政府の大部分は、ハルデンベルク＝アルテンシュタイン一派を除くと、あらゆる形態の学問や教育に激しい敵対的な態度を示していた。アルテンシュタインがある日、十歳未満の子供たちの労働を禁止する提案を行なったとき、内務大臣のフォン・シュークマンが次のように答えるのが聞こえたという。「工場における子供たちの労働は、教養を獲得しようと目指す青年たちの勉強よりも無害である」[*2]と。

われわれは今日では、アルテンシュタインの行なった選択が幸運だったのであり、一般に「哲学」という言葉で理解しているところの観点からすれば、ヘーゲルはもっとも高い要求を満たしたのだと見なすことができる。歴史がそれを確認している。要するに、アルテンシュタインは、世界が知りえた最高の哲学者のひとりに信頼を寄せたのである。しかし、それは大きな困難をともなわずに、楽々と進んだわけではなかった。しかも、それらの困難は、大学の教養科目である哲学と多かれ少なかれ緊密な関係をもっていた。

アルテンシュタインとともにプロイセンの教育と文化の発展に尽くした人びとでさえ、皆が皆、反体制的な評判をもつ哲学に関心を示したのではなかった。一般的にいえば、哲学の友は国家の上層部では稀であって、ときおり、カント哲学に由来するいっさいの事柄に警戒心を抱いていた。カント主義が誇らし気に掲げた「批判」という形容語は、かれらを恐れさせるのに充分だったのである。

特定の宗教的ないし哲学的な選択をせずに、文化〔教養〕を擁護することは、それ自体、疑わしい進歩主義的方向づけを含んでいた。貴族たちはとりわけ、「啓蒙主義的」、「啓明主義的」、「ジャコバン派的」教養に反対していた。高い地位にある臣下は、フィヒテやヘーゲルの書物よりも、むしろハラーの書物を読んで欲しいというわけである。大部分の民衆については、何も読まないことが望ましいであろう。

ヘーゲルはベルリンに到着して以来、さまざまな警戒心の対象であり、哲学者というカテゴリー全体を標的にする敵意の犠牲者であった。かれに対する特定の不満が明らかになる以前でさえ、そうだったのである。国王のひと言があれば、いっさいの非難を沈黙させるのに充分だったであろう。だが、国王がそのひと言を口にすることはなかった。

ヘーゲルによれば、哲学教授というものはつねに代表者であり、一種の目標である。すなわち、考え方や生き方を代表する哲学教授はあらゆる人びとのまなざしを引きつけるが、その理由は、かれがあらゆる疑いや中傷に簡単にヒントを与えてしまうからなのである（C2二三七）[3]。哲学教授は職業柄、イデオロギー的外観――その背後には、じっさいの決定者が控えている――を舞台に登場させる。しかし、かれはしばしば、みずからヴェールを取り去ろうとす

*1　一七九九年五月二十二日付のラインホールトに宛てた手紙。　*2　フォン・シュークマン。フランツ・メーリング『プロイセン・ドイツ史のための歴史的論稿』、ベルリン、ディーツ書店、一九五二年、二四八頁からの引用。　*3　代表者（Exponent）という言葉は、ラテン語の expositus〔開かれている〕に由来する。ヘーゲルはその現在の意味をニートハンマーに喚起している。「あなた方のうちには（一八二一年のバイエルンにおいて）、わたしの思い違いでなければ、expositos〔代表者〕と呼ばれる人びとや職務が存在します。そのような職務は、ここでも不足してはおりません。しかもあなたは、哲学教授そのものが、生まれながらの代表者であることを御存知です。」（C2二三七）とりわけバイエルンでは、どのような文脈でその言葉が使われているのであろうか。レンホーフおよびポツナー〔前掲書、七三〇欄、啓明主義者の項〕はその例を与えている。「ツヴァックは、バイエルンの首都で啓明結社の代表者となった」と。

る。かれが周囲の御都合主義や伝統主義に従おうとすれば、その哲学はいっさいの信用を失い、抜け目のない学生たちは教室を空にしてしまう。もしかれがある種の独立心と批判精神を示そうとすれば、当局はかれの学説を禁止し、あるいは中傷する。

フリードリヒ＝ヴィルヘルム三世のような絶対主義的君主――その権力は実際上、行使することができないというかれ自身の個人的無能力によってしか限定されないものである――は、アンシヨン、ハラー、サヴィニー等のお抱えイデオローグたちが、権力を理論的にも道徳的にも正当化してくれることを好むものである。しかし、議論が厚かましい追従の段階に落ちこんでいくやいなや、それは国王にとって不愉快なものとなる。国王は、人びとがかれの権力の説明など、思いつかないことを望むであろう。というのも、そうした説明は、国王がそれを必要とし、潜在的な反論に対して答える義務があり、かれ自身が議論の対象になりうることを想定しているからである。国王はいっさいの吟味が不在であることを、心が安らかになることを、また円満な服従の沈黙を喜ぶのである。かれは、臣下が問題を提起しないことを望んでいる。最初の純真な気持が好ましいのである。宗教においては炭焼きの信仰、政治的には即座の信頼と盲目的忠誠である。

王政や宗教や伝統を弁護することは、これらが危機に陥ったときにはじめて起こってくるものである。それは必然的に、非難や不安に対する返答として現われる。それらを公表すれば、曖昧な結果がもたらされるであろう。そうした行為は、さまざまな困難をいっそう鋭く意識させてしまうからである。弁護をする者は、よりもっともらしい議論を展開するために、一定の事実を考慮し、それを人目につくように試みなければならないであろう。かれらはしばしば、巧妙な方法とタイミングを欠いている。うまくいけば、君主が種々の弁明に値することを証明するのに成功するであろう――だが、すべてを決定すると主張している君主は、そのような証明を容認することができないであろう。

あらゆる弁神論は、それなりの期間にわたって、それぞれみずからを決定的なものとして示してきた。ところが、王政の弁護はなんの役にも立たず、つねに遅すぎるものとなった。弁明を許容する権威は、おのずから、何かを失うことになる。

したがってプロイセン国王は、一八二一年におけるヘーゲルの『法と国家の哲学』の発表を、警戒心をもってしか迎えることができなかった。国王が、直接、みずからに関わるこの著作にざっと眼を通したという可能性は、あまり考えられないであろう。しかしかれは、その著作の著者がやがて、おのれの貧弱な国王としての栄光を全面的に圧倒することになるのを知らなかった。

けれども、たぶん、ヘーゲルに対する憎しみを掻き立てようと望んでいる腹黒い廷臣が、ヘーゲルは自分の書物のなかで、国王の最終的な権利と権力を、大臣たちの措置について「iの上に点を打つこと」〔細部の付加、最後の仕上げ〕程度にしか敬意を払っていないと国王に警告した。愚か者の国王は拒絶反応を示し、次のように言い返したという。「それではもし、余がiの上に点を記さなかったとすればどうなるか」と。――廷臣たちに、そのような宣言の意味を解釈するという配慮の余地を残しながら。その宣言は、無害なものではなかった。この国王は子供のような気まぐれをもって、「iの上の点を打つこと」を、すなわち王令の下部に署名することを何度も拒んだのである。

当局によって監視されていたヘーゲルは、だからといって同僚の哲学者や神学者たちの好意を確保していたわけではなかった。かれはみずからの哲学体系をたゆまず豊かにし、強化したが、その哲学体系は他の諸哲学――カント＝フィヒテの、ヘルダーの、シュライエルマッハーの、ヤコービの、そしてシェリングの哲学。その他、トマス主義やヴォルフ主義等、キリスト教哲学の伝統的形態は別として――と競合関係に入っていた。かれは断固として、自己の視点と異なる他のあらゆる視点と戦い、このうえなく頑固な排他的精神をもって、みずからの哲学を哲学そのものと見なしたのである。かれは一貫して、経験主義、折衷主義、教条主義、感情主義、主観主義等を拒否した。それはあたかも、一種の全体的な知的追放のごときものであった。かれは自分の思想の独占的地位を高らかに打ち建てるために、白紙の状態を作ろうとしたのであり、複数の哲学的立場を容認する考えはなかった。しかし他の哲学者たちも、戦わずして屈服してしまうようなことはなかったのである。

容赦なく行なわれたこの思想闘争に、利害関係の軋轢がつけ加わった。あらゆる哲学者、あらゆる知識人は互いに激しい戦いを交え、みずからを太陽の位置に据え、ポストを確保し、招聘ないし昇任を獲得し、そしてより高い給料、より多くの著作権の恩恵に与ろうとしたのである。虚栄、羨望、嫉妬が、ヘーゲル自身ならびにかれの敵対者たちを刺激し、それが正常な、また正当な状態であるといえるほどであった。かれは競争の世界に生きていたのである。

強固な、そして恒常的な支持がなければ、近代社会のこのジャングルのなかでどうして生き残ることができようか。ベルリン的世界への新参者に対する攻撃は、次第に強まっていった。人びとは最初、一種の防御的な意味をもつ蔑視の眼で、かれを扱ったようにみえる。すなわち、哲学者以外の何者でもない人物、しかも特別、晦渋で、奇妙で、口下手な哲学者として。敵対者たちは、かれが思想的次元——敵対者たちはかれと同様に、その社会的重要性を誇張する傾向があった——において代表している危険、しかもかれらにとっての危険を徐々にしか認識していなかった。かれはほとんど人気者となり、人びとはかれのことを話題にした。あちこちで、人びとはかれを歓迎し、かれの名前が多くの秩序破壊的な事件に登場するようになった……。

ヘーゲルの教育によって起こったいっさいの理論的、哲学的不安に、やがて宗教上、政治上の嫌疑が結びつくようになった。なるほど、かれの公表された宗教的学説と、大なり小なり率直に表明された政治的見解は、しばしば熱狂的な弟子や支持者を獲得し、しかもそれは権力の近くまで達していた。けれども、なんと多くの強力で、果断な敵に直面していたことであろう。敵たちのなかで最高の位置にあるのは国王であり、内務大臣であり、法務大臣であったが、かれらはヘーゲルの些細な過ちのいくつかに通じていたはずである。外交的手腕も、かれらすべてを欺くことはできなかった。結局のところ、ヘーゲルはほとんど仮面を剝がされて、公けの、底意地の悪い攻撃——もちろん、それは上の方から示唆されたものであった——を蒙る羽目となった。しばらくのあいだ、かれを包んでくれたさまざまな保護の壁が、最悪の侮辱を受けるのを守ってくれた。しかし、そうした保護の壁は次第に弱まっていき、その弱体化はハルデンベルクの死（一八二二年）後、一段と感じられるようになった。ヘーゲルの晩年には、決裂の地点が近いように思われた。コレラ、あるいはそれに代わる死の原因が、おそらく最悪の事態を回避させてくれたのである。しばしば主張されたのは、かれが「ちょうどよい時期に」死んだということである。すでに、ヘーゲルの弟子たちは、かれの学説の慎重な限界をあっさりと越えてしまっており、一方、敵対者たちはかれを決定的に、すなわち職業的にも精神的にも打倒しようと準備していたのである。

いろいろな資料や証言をみると、ヘーゲルの観察者はしばしば、かれが晩年においてそうした決裂点の近くまで大胆に進んでいたことを実感する。かれはきわめて困難な立場に置かれており、時には均衡を失うほどの状況に追い込まれていたのである。

なんという大胆な介入、危険を省みない政治的＝法的な手法、そしておそらくは不運な事態の重なり合いであろうか。学生連盟員たちとの関係、クーザン事件、適切を欠いた頻繁な訪問、禁じられた読書、パリ旅行、シュプレー川〔ベルリン市内を流れる川〕での冒険――これらはやはり、かなりの影響を及ぼしたのである。

たとえ権力の保持者たちが、そのような権威を有する公的学説を評価し、尊敬し続けるとしても、またその学説の著者がそれを巧みに紹介することができるとしても、かれらは最終的にはヘーゲルの忠誠心に対する信頼を失わざるをえなかったであろう。ある時期以降、公的学説は、「正統の」注釈者によって巧みに保証されたものであったにせよ、秘伝的な思想を覆い隠すのにもはや充分ではなくなっており、その結果、いたるところで告発され、攻撃されることになるのである。粗雑で、しかも幸いなことに不手際な攻撃文書が、ヘーゲルに反対する見解を掻き立てた。それらの攻撃文書は、その俗悪さを余すところなく披瀝しながらも、的確な面をまったく欠いていたというわけではなかった。それは容赦なく、ヘーゲル主義の非宗教的、反体制的な側面を明らかにしているのである。

用心深い精神の持ち主ならば、ヘーゲルの公的な説明のなかに、最初からこうしたいっさいの抗議者的傾向を暴き出すことができたであろうし、またそうすべきだったであろう。すなわち、このうえなく慎重な議論、しかも二十世紀の読者にとってはまったく取るに足りない議論が、十九世紀初頭のプロイセンの思想的現実においては、じっさいに極度の大胆さを示していたのである。

それでは、ヘーゲルがベルリンにおいて、とりわけ首都滞在のはじめの時期に体験した不死身ぶりに驚くべきなのであろうか。

たしかに、かれの反体制派的活動の大部分、およびその一部始終はあとになってからはじめてわかったことであり、人びとはそのことを急いで考慮しようなどとはほとんど思わないのである。とはいえ、一般大衆が非常に長いあいだ知らなかったことを、そしていまや人びとが自由に解釈していることを、当時、警察が知らなかったなどと想像できるであろうか。警察は、ヘーゲルの豹変ぶりに思い違いをしたということになるのであろうか。

かれが擁護した多くの嫌疑者あるいは被疑者たちは、猛威を振るう警察の規則や習慣に違反してまで、かれのようにそうしたことを行なうようなことはなかった。もっとも「重大性」のない事例をひとつだけ取り上げて考えるとすれば、かれの義母から「ナポレオン的な」手紙を受け取ること（これはヘニングの投獄を引き起こした）と、ヘーゲルがヘニングの助けを借りて行なったように、禁止された「ナポレオンの」著作を、あらゆる手段を講じて入手することとの、いずれがより非難さるべき事態なのかという問題がそれにあたるであろう。

ヘーゲルに対する当局の例外的な好意を、どのように理解したらよいであろうか。見かけの行動の隠れた動機を探るという他の多くの場合と同様に、この問題においても、もちろん仮説を提示することしかできないであろう。

まず第一に、一種の社会的、文化的連帯を、またそれによって引き起こされる興奮状態を想定することができる。社会的分化のひとつに従えば、ヘーゲルはその公的な立場や大学教育、およびその学問的評判によって、恵まれた側に属している。人びとはかれをそのような者として、すなわち国家体制の端役、あるいは潜在的共犯者として扱っている。「教授先生《ヘル・プロフェソール》」（王太子ですら、かれに対してそのように話しかけるであろう）が、どんなかたちであれ、反抗者や、除外者や、ごろつきども（人びとは、通常、反対派をそのように形容する）の側に与するなどとは想像しえないであろう。

かれはそれゆえ、上流社会に与えられる特権を一挙に享受する。要するに、人びとはある点までは、豊かで、高貴で、しかも制度上、際立っているような人間に敬意を払うのである。人びとは、かれらの欠陥のあるものに眼をつぶり、それを真面目に受け取らず、そして必要な場合には、かれらに対して制裁や、投獄や、特別房――前者ほど屈辱的ではなく、また苦痛の少ないもの――を選ぶであろう。

確実に影響力をもつこうした共謀関係は、しかしながらヘーゲルの比較的平静な態度を充分説明するものではあるまい。それというのも、かれは政治的な嵐が猛威を振るうなかで、「何がしかの雨滴」しか恐れるべきものはないと信じていたからである。

どのようにして、かれは生き残ることができたのであろうか。人びとは、ヘーゲルの巧妙な態度、その外交術ないし駆け引きを引き合いに出すであろう。かれはできるかぎり、またみずからの思弁的説明をまったく理解不能なものにすることによって、警官や判事の疑いが生じるのを避けたのである。その意味では、さほど努力をする必要がなかった。かれの支持者たちはつねに、かれの無罪を立証するために、その著作から救済手段となる引用文や、埋め合わせの段落などを取り出すことができた。

しばらくのあいだ、自己満足に陥った調査員や、知的に無能な調査員に対して、かれはおそらくみずからを「扇動家を改宗させる人間」と見なさせるのに成功したかもしれない。だが、知られているかぎり、かれはけっして自分の庇護する者たちを「改宗」させたことはなかった。なぜならば、かれらはすべて投獄され、罷免され、追放されたからである。

最終的には、ヘーゲルが繰り返し用心しても、それは改修不能の損傷を蒙ったのであるから、そうした用心はやはり、かれの相対的に安全な立場を説明するには不充分だったことがわかる。

鋭い眼力の持ち主には、ヘーゲルはベルリン滞在の初めから、あるがままの人間としてしか映りえなかった。要するに、穏健ではあるが、必然的に狡猾な反対派であり、しかも独自の複雑な流儀で行動する人物である、と。したがってまた、反動的な人びとの世界では、かれはその宮殿に迎えられず、その出自の庶民性のゆえに、すでに最初から排除されていたのである。そこで、人びとが既知の事実をどのような方法で繰り返し検討しようとも、次のような問いを見過ごすことはできないであろう。すなわち、かれはどんな支援を当てにすることができたのか、またその理由は何か、という問いである。かれが享受しえた庇護は、いったい、何から成り立っていたのであろうか。

その庇護は、部分的で、限定的なものでしかありえなかった。すでにその生まれからして、かれは支配階層に属していなかった。一八九一年にバイエルン王によって貴族に列せられたのはかれではなく、かれの凡庸な息子カール・フォン・ヘーゲル（一八一三―一九〇一年）であった。プロイセン国家に仕えるためには、どんな領域であれ――高等教育をも含めて――高い地位にいる人物に注目され、効果的な推薦を受ける必要があった。すべては、上の者の恩恵によってえられる優遇にほかならなかった。官吏たちの公募もなければ、資格や、適性や、才能の客観的評価を行なう権限をもった機関もなかった。

権力内の分派のひとつからの実質的な支持が、すなわちハルデンベルクとアルテンシュタインの支持があったにせよ、これとは反対の分派を、言い換えれば「ユンカー」や宮廷の分派をあまり刺激し過ぎないようにする必要があった。後者の分派はヘーゲルを監視させ、かれの計画や活動に異議を唱えた。けれども、そのことは、政府のさほど反動的でない分派、すなわちより自由主義的な分派が、かれ以上に大胆な政策に突き進んでいくことを意味しなかった。かれは、それ以上のものがないために、その分派に満足しなければならなかったのである。たとえば、かれの生活や、哲学思想や、秘密の政治的関係ないし活動などを大目にみてくれることでおおいに満足する必要があったのである。

かれはそれゆえ、権力とある種のいたちごっこの関係を演じ、時には強力で残酷な相手方の意図や罠の裏をかいたのである。とはいえ、このような複雑で、陰険で、偽善的な関係において、どちらの側が相手をうまくあしらったのか、あらためて考えてみることもできよう。

かれは、当局が最初に認める気持になった以上のものを、当局から本当に手に入れたのであろうか。かれは当局を、いささかでも欺いたことになるのであろうか。あるいはまた反対に、最終的には当局が必然的に勝ちを収めることになる勝負を、当局は陰で操っていたのではなかろうか。

そのまったく穏当な態度においてすら、かれがより大胆な、断固たる自由主義を選んだことは明白である。けれども、かれは現実感覚の持ち主であった。困難な生活はかれに、冷静な姿勢を保つべきことを教えた。言葉のもっとも広い意味での自由主義を実践する諸条件が、この時代のプロイセンでひとつにまとまることはありえなかった。かれが述べている通り、「すべての条件が姿を現わすときに、物事は必然的に現実的となるのである……。[*4]」しかし、すべての条件が、あるいはほとんどすべての条件が欠けているときには、いったい、どうなるのであろうか。

たとえヘーゲルがなんら反体制派ではなく、不服従派でもなかったとしても、またかれがいかなる危険も冒さなかったとしても、そして完全に従順で、服従的な態度を示したとしても、重要な公的役割を遂行するためには、かれにはなお保護者や恩恵者が必要だったであろう。ライプニッツや、カントや、フィヒテの例が示しているように、哲学者はひとりで存立することはできない。あれこれの貴族が哲学者を後援してくれる必要があり、かれはそうした恩恵のゆえに、貴族に対してたえず敬意をあらわさなければならないであろう。ヘーゲルが、それ自身として尊敬しうる人物に、すなわち、ひとたび任命されれば公的な行政上の上司となるが、しかし不当な利益を恣意的に得させるために外部から介入するような者ではない人物以外に、なんら負うところがなかったことを確認するのは、まったくかれの名誉となるものである。かれはいわばある種の一般的な保護に与ったのであり、それは、今日判断しうるかぎり、全体的な利益に、とりわけ国家の利益に関わっていたのであって、ある階層の利害に関わっていたのではなかった。そして、この一般的な保護はまた、ヘーゲルのうちに哲学的価値を認めたのであり、個人的な利害を見たわけではなかった。したがって、ある意味では次のようにいうことができる。この保護はもちろんかれだけに限定されていたわ

*4　ヘーゲル『エンチクロペディ』、前掲書、三九六頁。

けではなく、さまざまな個人のあるカテゴリー全体を包括しているが、多かれ少なかれ明晰な仕方で、しかし時には細部の点になるとおのずから無意識的に、割当て可能な思想的方向をとったのである、と。

ハルデンベルク

ヘーゲルの庇護者たちは、権威と威厳と有効性の点で、さまざまなレヴェルに位置している。かれらすべてを引き合いに出すことも、またかれらを確実に特定することさえできないにもかかわらず、そのうちの何人かを、たぶん、主要な人物たちを挙げることは可能である。

その筆頭にくるのは、宰相ハルデンベルクである。かれがプロイセン政府の指導部にいなかったならば、そして、より反動的な宰相が国家を意のままにしてきたとするならば、ヘーゲルがベルリン大学に招聘されることはなかったであろう。ハルデンベルクはプロイセンに、一種の穏健で、暗黙的な、しかも曖昧で、ドイツにおいては例外的ともいえる自由主義を保証したのであり、それに比肩しうるのはザクセン＝ヴァイマールの制度ぐらいのものであろう。ハルデンベルクにすべてを、すなわち王位の安泰とプロイセンの優越を負っていた国王は、精神的にも、また実際的にもかれを権力から遠ざけることはできなかった。たとえ、国王がすべての点で、かなり流動的なかれの政治的綱領を承認したわけではないにしても。そうした事実は、特異な状況を生み出すことになった。すなわち、ハルデンベルクは柔軟で巧妙な姿勢を示しさえすれば――しかも、そうした資質はかれには欠けていなかった――たえずためらいがちな君主を、のみならず、敵対者たちが過度の夢想的気分に陥って、「ジャコバン派」扱いするような人物の政策に全面的な信頼を寄せていない君主を、なんら恐れる必要がなかったのである。

ハルデンベルクは、遠慮がちの改良主義を実践した。そこで人びとはしばしば、そうした臆病さが、いわゆる軽薄なかれの性格からくるのか、それともかれの行動に重くのしかかる外部の強制からくるのかを知ろうとして、論争を展開してきたのである。一八〇七年（『現象学』〔が出版されたの〕と同じ年）の、『国王の思い出』という有名な文書のなかで、かれはいってみれば、あらかじめ王政復古の観念そのものを断罪している。「君主的政府における民主的原理――とかれは主張している――これこそ、時代の精神に適合した表現であるようにわたしには思われる。[5]」民主主義と王政との混合とは、なんという混乱であろう。しかし、民主主義という観念そのものは、このようにしてもっとも融通の利かない精神の持ち主たちのうちにも浸透したのである。「民主主義」、「時代の精神」、これらはフランス革命から継承したきわめて危険な用語であるが、ハルデンベルクはそのいくつかの側面を称えることを隠そうとはしなかった。一八一五年以降、それらの言葉は君主や、大公や、宮廷人、あるいはプロイセンの地主貴族たちの耳に不愉快な響きを与えていた。しかし、「時代の精神」とは、ヘーゲル歴史哲学の根本的な概念のひとつだったのである。

ハルデンベルクはプロイセンの、より一般的にはドイツの国民的将来について、愛国的関心を抱いていた。かれは、ヘーゲルが一七九八年の『ドイツ憲法論』のなかで表明した事項と同じ考えをもっていた。かれはいくつかの改革を公表した。すなわち、課税の平等、産業の自由、農奴制の廃止、有力者たちの全体会議、等々である。[6]当時、これらの施策は、不満を抱いている反抗的な世論に何がしかの満足を与えるために絶対に必要なものであった。だが、これらの改革は部分的に、また散発的にしか行なわれなかった。その後、人びとはそれらの改革を放棄してしまった。けれども、ハルデンベルクはときおり、政治的な勇気と目を見張るようなエネルギーを証明している。たとえば、何人かの強情な地主貴族を投獄し、その結果、地主貴族階級全体の憎悪を取り返しのつかないほどみずからに招いてしまうほどに。

カヴェニャックはこの「ジャコバン派」を、おそらく行き過ぎと思われるほどに称えているが、しかしそうした称賛はハルデンベルクの可能性を考慮すれば、意義深いものがあり、しかもヘーゲルが尊敬し、敬意を払うことができたイメージとも合致しているのである。当時のプロイセンの偉大な改革者たち――いずれも注目すべき人物であるが

*5　マレーおよびイザーク『革命と帝国』、パリ、アシェット社、一九二九年、三五七頁。　*6　同書、同頁。

——についてあれこれと言及しながら、カヴェニャックは次のように言明している。「ハルデンベルクは、考え方の広さと視点の高さの点で、かれらを凌駕している。かれはそのような広い考え方と高い視点によって、さまざまな指導理念を展開するのである。かれは一八一一年に、シュタインとシェーンその人を追い越す羽目になったというだけではない。かれはまた、第一級の政治的能力によってプロイセン政府に新しい政策を導入し、国王の意志をそれに向けて動かすことができたというだけでもない。さらに、かれの後継者たりうる唯一の人物を、公務につけることに成功したというだけでもないのである。……同時にまた、かれだけが最初から、プロイセン国家の再生と称されるものを指導すべき一般的な原理を、明確に見分け、しかも明瞭に、独特の品位をもって説明することができたのである。そして、これらの一般的な原理は、まさしくフランス革命に由来するものであった。[*7]」

権力行使によってどのような有為転変が体験されようとも、ヘーゲルが一八二一年に新著『法と国家の哲学』をハルデンベルクに捧げたのは、それゆえなんら驚くべきことではないし、不名誉なことでもないであろう。かれの主張するところによれば、現前している政治的現実の分析以上のものを含むこの書物は、その現実を幅広く越えるプログラムを、そして本質的にはハルデンベルクの思想を発展させるプログラムを、あるいは少なくとも、宰相にヒントを与えるような精神において、いわば諸問題を論じるところのプログラムを示しているのである。

知られているかぎり、ヘーゲルは自分の著書を国王に捧げたことはなかった。その理由は、一介の臣下がそのような献呈を行なうことが不適切であると思われたためかもしれないし、著作の一冊を「愚かな」人物のために浪費するのは、かれにとって大きな犠牲を払うことを意味したためかもしれないし、あるいはまた、もっともありそうなことであるが、アルテンシュタインを除けばハルデンベルクだけが、プロイセン国家装置のなかでかれの作品を読みこなし、そのうちのある節を評価し、そこから何がしかの示唆を受け取ることができる——そうでないと、誰がいえようか——とヘーゲルが見なしたためかもしれない。

献呈の辞は、非常によく考えられ、練られたものであるという事実を忘れてはならない。「したがいましてわたしの研究は、わたしたちの眼にそのような有効性をもつと思われるものを、あるいはわたしたちがその成果を味わえるようなものを、その本質的特徴において把握するための試みでなければなりません。そしてわたしは、哲学がそれ固有の役割にふさわしいそうした態度を保持することによって、哲学が享受する国家からの保護と恩恵を正当化し、その行動範囲のなかで――どれほど限定されていようとも、それは人間の内的本性に関わっています――政府の好意的な意図の直接の補助者となることができると見なしたとしましても、買い被りであるとは思っておりません。」（C2二一三―二一四）

こうした思想的奉仕の申し出は、ヘーゲルの側からすれば、当然の感謝の気持を示すものであった。ハルデンベルクは王政復古の反動によるさまざまな性格のもとで、一種の保護の傘を広げたのであり、ヘーゲルが他の多くの人びとともに、わずかな水滴を浴びるだけで済んだのも、まさしくかれのおかげなのである。

アルテンシュタイン

ヘーゲルが政府の功績を称えるさいに、とりわけこの政府部内でかれが好意をもっていた政治的分派のことを、さらに限定していえば、かれが依存していた大臣のことを、すなわち教育・宗教大臣たるアルテンシュタインのことを念頭に置いていたのはきわめて自然なことである。

ヘーゲルが享受していた庇護は、ハルデンベルク公ほどずばぬけた存在ではない人びとの仲介のおかげで、それぞれの段階を経て、いわばかれの方に降りてきたものであった。宰相に従属している大臣たちは、しがない哲学教授に〔宰相以上に〕近い立場にあった。

アルテンシュタインは、内閣の最良の構成員として際立っている。というのも、メーリングのいうように、「かれ

*7　ウージェーヌ・カヴェニャック『現代プロイセンの形成』、パリ、第一巻、一八九一年、三三九―三四〇頁。

が、普通義務教育で有名な国家において教育大臣たろうと望んだのは、理由のないことではないからである。学校問題についてのかれの指導は、プロイセン国家の不充分な行政機構のなかで、相対的にはほとんど唯一の優れた面であった。」[*8]

部分的には突出した要素を許容しつつ、全体としてはきわめて穏健な戦術をとるという新しいモデルをヘーゲルに提供することになったアルテンシュタインは、かれにとってとりわけ重要と思われる領域において国王の意に添いながら、その信頼と好意をかちえたのであった。すなわち、かれは、プロイセンにおけるプロテスタント教会諸派の統合を図ったのである。「反動主義者たちから大変悪く思われて」いたにもかかわらず、そうした一種の補償行為によって、かれは二二年間、死に至るまで大臣の地位に留まり、「ベルリン大学を偉大ならしめた」のである。おそらく暗黙のかたちでの交換条件として、「かれはヘングステンベルクといっしょになって狂信的な正統信仰が神学部に定着するに任せたとしても、一方では、シュライエルマッハーの自由主義があらゆる攻撃と戦うことを擁護したのである。」[*9]要するに、おそらくより明確な態度と引き換えに、かれは次のようにいうことができたであろう。「われにヘーゲルを与えよ、しからば、われは汝にヘングステンベルクを手渡さん」と。

とりわけ、大学に関していえば、カヴェニャックはアルテンシュタインの相対的成功を次のように要約している。「結局、デ・ヴェッテ教授を叩くことに喜びを見出した正統主義者や封建主義者たちのたえざる告発にもかかわらず、国王が押しつけた後見人の監視にもかかわらず、プロイセンの諸大学はアルテンシュタインのもとで誇りうる学問的自由を保持したのである。」[*10]

アルテンシュタインがおそらく一種の常套的で暗黙の共犯関係において――さらにいえばある種の思想的な一致において行なったのと同じような手法で、ヘーゲルは文字通り相対的な自由を、かれなりのレヴェルにおいて巧みに利用することができたのであった。

ヘーゲルの巧妙な手法や、機をみるに敏な感覚は、「ハラー事件」と呼べるような出来事によく現われている。というのも、ヘーゲルが宗教的、政治的、文化的生活の不確かな変化交替を、巧みな手口で利用しえたありさまがそこには認められるからである。

『法の哲学』の執筆がすでに相当進んでいた時期に、明らかにあとからつけ加えられたと思われる長い注釈のなかで、ヘーゲルは王政復古の弁護人であり、プロイセン宮廷の見解を吹聴する特権的人物でもある、スイス人にしてドイツ人のルートヴィヒ・フォン・ハラーに対する激しい攻撃——酷評——を行なっている。

K・L・フォン・ハラー（一七六八—一八五四年）は一八一六年以来、『政治学の復興』[*11]——これは王政復古の政治的「科学」であった——と題する著作を次々と公刊していった。もし王政復古の哲学を求めるとすれば、それはヘーゲルのうちにではなく、そのようなものとしておのずから現われる場所に見出されるであろう。すべての人びとは、少なくともヘーゲルの「立憲主義」を認めているが、しかしハラーの方は、「憲法という言葉が王政においては毒物に等しく、自然と腐敗をもたらし、死臭を広める死骸の言葉にほかならない」[*12]と言明していたのである——それは、フリードリヒ＝ヴィルヘルム三世が、プロイセンの人びとに約束していた憲法を与えるのを執拗に拒否していた時期であった。ハラーは、のちにより明白なかたちでフリードリヒ＝ヴィルヘルム四世の体制として具現される世襲国家を推奨していた。かれは驚くべき露骨さで、古典的となっているすべての反動的かつ蒙昧主義的な命題を展開し、また確認することによって、プロイセン宮廷において大きな尊敬をかちえていた。

しかし、奇妙なことに、かれ自身はきわめて曖昧な状況に身を置いていた。一八二〇年、ヘーゲルの『法の哲学』の原稿がほぼ完成していたと思われる時期に、しかしながらそれの公刊（一八二一年）以前に、センセーショナルなニュースが西ヨーロッパに広まった。すなわち、「偉大なベルン人」ハラーが、つい先頃、カトリシズムに改宗したと

*8　フランツ・メーリング、前掲書、二四八頁。　*9　ジョルジュ・ヴェーユ『諸国民の目覚め』、パリ、一九三〇年、二一二頁。　*10　同書、同頁。　*11　カール・ルートヴィヒ・フォン・ハラー『国家学の再興』、第一巻（一八一六年）、第二巻（一八一七年）、第三巻（一八一八年）、第四巻（一八二〇年）。　*12　ヴィルヘルム・エクスリ『スイス史』、ライプツィヒ、一九〇三—一九一三年、第二巻、五四一頁からの引用。

いう知らせである。かれはベルンの大評議会の前で、ルター派信仰を厳かに告白していたというのに。かれはやがて、有名な『カール＝ルートヴィヒ・フォン・ハラー氏から家族に宛てた手紙。カトリック的、使徒的、ローマ的教会への帰還を宣言するために』を公刊したが、これにはド・ボナルドの序文が付されている。[*13] かれはこの手紙のなかで、自分はだいぶ前から、内心ではひそかにカトリック教徒であったと告白している。プロテスタント国家では、まさしくスキャンダルにほかならない。ルター派の首都ベルリンでは、ハラーはただちに、公的には擁護できない存在となった。王政復古の理論家は、転向者、嘘つきとして仮面を剝がれたのである。宣誓違反を確信していたかれは、ベルンの大評議会から排除され、パリに移住して、「教皇権至上主義者たち」から熱烈な歓迎を受けた。プロイセンにおけるかれの支持者たちは沈黙を余儀なくされ、そのためヘーゲルはかれを自由に批判し、その「思想の欠如」や、「法に対する憎しみ」や、「精神の弱さ」あるいは「偽善」を告発し、さらに一般的にはかれのいっさいの反動的方向を暴いたが、少なくとも当面は、報復を恐れる必要はなかったのである。[*14]

ハラーのカトリシズムへの改宗の宣言がなければ、ヘーゲルがかれの政治思想と戦う自由を手にすることはなかったであろう。というのも、かれの政治思想は、フリードリヒ＝ヴィルヘルム四世が一八四〇年に即位したときにそっくりそのまま承け継がれ、しかも一八四二年にはっきりと宣言されることになるからである。

駆け引きの巧みな哲学者の大胆な態度を覆い隠すためには、やはりアルテンシュタインがそこにいる必要があったのである。

シュルツェ

〔庇護者たちの〕階層の下の方に、すなわちヘーゲルのすぐ近くに、行政上の直接の上司として、高等教育の指揮者である参事官ヨハンネス・シュルツェ（一七八六―一八六九年）が位置していた――かれは急速に、ヘーゲルのもっとも有益な友人となった。メックレンブルクの出身で、熱心な愛国主義者、ルター派信徒（かれは牧師にもなっている）、そして「啓蒙主義者」であるかれは、ハルデンベルクの勧めで、プロイセンの「改革派」の運動と結びついた。

王政復古のとき、かれはハーナウで官吏を務めていたが、ヘッセン＝カッセルの君主による、旧体制を制度や習俗のうちに再建するための熱狂的な努力を、苦渋に満ちた気持で確認したのである。心に深い痛手を負ったかれはベルリンに向かったが、その地で別の展望が開かれるものと信じていた。

かれはもちろん、言葉の「ジャコバン的」意味での革命家ではなかったが、かなり曖昧な程度の急進性を身につけた改革派ではあった。かれはヘーゲルと同様に、不安な過去を引きずっていた。青年時代に、かれはゾイメ——ドイツ諸侯による兵士売買の犠牲となった不幸な作家——の友人であった。かれはまた、『鎧を帯びたソネット』〔好戦的な詩誌のタイトル〕の著者リュッケルトの友人であり、そしてヘーゲルの親友の革命家ジンクレールの友人でもあった。シュルツェは、人民軍の提案者で、大胆な将軍たるグナイゼナウを賛美していた。

かれはフリー・メースン団に所属し、そこで重要な活動を展開していた。かれの戯画的ともいえるフリー・メースン流の仕種は、ゲーテの気分をも害した——とはいえ、ゲーテ自身もフリー・メースンであったが——のである。[*15]かれはかつて、ナポレオンに対してある種の傾倒の気持を抱いていた。そして、プロテスタントであるにもかかわらず、大司教カール・フォン・ダールベルク——かれもまたフリー・メースンで、ナポレオンはかれをライン同盟の首座大司教に任命している——によって保護されていた。一八〇八年に、シュルツェはタレイランをヴァイマールの図書館に招いている。一八一七年にシュルツェと知り合ってから、かれをアルテンシュタインに推挙したのはハルデンベルクにほかならない。そこでアルテンシュタインは、かれをただちに高等教育の指導者として、プロイセンの行政機構に迎え入れた。

*13　カール・ルートヴィヒ・フォン・ハラー『家族への手紙』、メッス、一八二一年、七頁。　*14　ヘーゲル『法の哲学の原理』〔ドラテ訳〕、パリ、ヴラン書店、一九七五年、二五八節および注2、二六〇—二六二頁。　*15　ADB、第三三巻、再版、一九七一年、七頁。

たまたまかれが、憲法を要求するためにゲーレスが執筆した「国王への建白書」に署名するという事態が起こった。かれはいろいろな機会に、プロイセン当局に疑われる身となったが、しかしもちこたえることに成功した。かれはヘーゲルと友情を結び、その講義を聴き、プロイセンの諸大学にいるヘーゲル主義者を保護し、ヘーゲル『全集』の死後出版に参加した。かれはとりわけ、『現象学』の巻（一八三二年）を担当している。

かれはプロイセンの高級官吏の典型で、愛国者、私心のない人間、心情的自由主義者、行動的実務家であって、現実感覚をもって物事の流れを変えようと試みる人物である。

年月が経ち、かれ自身が多くの嫌疑の対象となった。かれの立場は次第に弱いものになり、その影響力は減退した。かれがヘーゲル夫人とともに、哲学者の最後の瞬間にひとり立ち合ったという事実には、何か優れて象徴的な意味が存在している。

ヘーゲルはしばしば、官僚政治を弁護し過ぎていると、また国家の官吏の役割を誇張的に評価していると非難されてきた。だが、かれは多くの点で、「官僚政治」がかれに与えてくれたものを返してやったにすぎない。

一方、国王は、官僚政治に対するある種の信頼と支持を拒むことができなかった。官僚政治のおかげで、国家はどうにか機能していたからである。プロイセンは、資源と力と威厳の点で優っていた。国王はそのおかげで、ドイツにおける模範的君主となったのである。かれは勲章で身を飾り立て、誇らし気に歩くことができたのである。官吏たちは国家に献身すると同時に、必然的に国王のために働くことになった。

「官僚政治」という言葉は、とりわけフランス人の耳には、不愉快な響きを引き起こすであろう。しかし、いろいろなタイプの官僚政治が存在する。その欠陥がどんなものであったにせよ、官僚政治はプロイセンの救いをたしかなものにしたのである。ヘーゲルはそのことを感じ、たしかめ、喜んでいる。

「ヘーゲルは、プロイセン流の官僚政治にしか救いを見出していない」[*16]とアンリ・セーは『ヘーゲル歴史哲学についての考察』のなかで、皮肉をこめて述べている。けれども、その点にどうして驚くことがあろうか。あとから振り返れば、プロイセン自体、その救いを別のところに求めえなかったことはわかっているのである。すなわち、没落しつつある、鈍重な封建制度のなかにも、効力を失った愚かな王政のなかにも、また誕生しつつあるが、しかしなお弱体であるブルジョアジーのなかにも求めることはできなかったのである。のみならず、雑多で、限定された、暫定的、空想的な学生運動たる学生連盟のなかにも求めることは不可能であった。それゆえ、一時的にせよ、内部分裂を起こし、他の諸権力によって異議を唱えられている政府のなかにしか、求める場所はなかったわけである。

社会のあらゆる決定機関のこうした弱点や相剋のうちに、まさしく官僚政治はその例外的な力を、瞬間的に汲み上げることになったのである。さまざまに対立する流れが、しかもそのすべてが弱体であるような流れがぶつかり合っているという事実によって、プロイセン国家の相対的独立性が説明されるであろう。この時代（一八一五―一八四〇年）のプロイセンには、対決し合う諸階級の、一種の均衡が存在したのである。

その事実は「官僚政治」に、すなわち官吏たちの世界に、かなり広範な自律性の余地を残すことになった。官吏たちは愛国心をもって国家に仕え、それゆえ時には意識せずして、王権や瀕死の封建体制の一般的な傾向および個別的な施策と対立したのである。最良のドイツ人たちが、みずからの願望や能力によりふさわしい活動領域をプロイセンに見出すと同時に、その強化と近代化に参画することを欲しつつ、馳せ参じた。

事情によく通じた人びとは、この「プロイセンの素晴らしい官僚政治」[*17]の功績を認めていた。活発で、知的で、情熱的なプロイセンの官僚政治は、全体としては、必然的にある種の自由主義への傾向をもっていた。しかもその過程において、何がしかの過激な発作をともないつつ――そして、もちろん、一時的で部分的な例外や弱点をともないつつ。

ヘーゲルは、「プロイセン流の官僚政治のなかにしか救いを見出さない」のであろうか。全体的には、その通りで

*16　アンリー・セー「ヘーゲル歴史哲学の考察」、『哲学史雑誌』所収、パリ、一九二七年、三二七頁、注3。　*17　ジャック・ドローズ『ドイツとフランス革命』、パリ、フランス大学出版、一九四九年、一〇三、一〇九頁。

あろう。そうした道にみずから踏み込むことによって、かれは国王や、宮廷や、貴族の側からの、要するに、いわゆる政府の側からの保護を確保することを諦めるのである。

シュルツェのような人びと——もちろん、かれだけではないが——を思い描くことによって、真にヘーゲルは、ドイツの官吏と国家の高級官僚に関する高尚な考え方を、すなわちかれがすでにジンクレールやニートハンマーの人格と活動に接したさいに抱いていた考え方を確認したのである。ヘーゲルはまた、ナポレオンの高級官吏の実例を眼にしていた。

ヘーゲルの友人で高い地位にいた人びとは、全体として、きわめて明瞭に特徴づけることができる。すなわち、穏やかな進歩主義者という性格である。かれが君主や宮廷人（「政治の黒幕《カマリア》」）、あるいは絶対主義と封建体制のイデオローグたちのもとで、友情や保護を享受したことはないであろう。

しかしながら、かれが享受しえた庇護からもたらされる実際的な結果によって、その庇護のもつ曖昧で、変わりやすい、不確かな性格を推し測ることができる。たしかに、それらの庇護のおかげでかれはベルリン大学に任命され、死に至るまでその地位を維持した。しかし結局のところ、かれはやはり、今日万人が認めているような人物、すなわち偉大なヘーゲルですでにあったのである。最終的に、かれの著作の有効性や価値についてどのような判断を下そうとも、当時の基準に従えば、同時代の誰ひとり、哲学においてかれに比肩しうる者はいなかった。

国王は、乗り気であったか否かは別として、一八三一年一月に、かれに対して赤鷲勲章を授与した。かれは危うく間に合ったのである。

けれども、かれに対する庇護の限界ははっきりと記されている。当局は、かれが創刊した『学術批評年報』——もっとも、ガンスの危険な協力を得てであるが——に公的支援を行なうことを拒否した。かれは、ベルリン・アカデミーの会員になることができなかったのである。かれの最後の論文の公表は、国王の特別な勅令によって中断されている……。

かれはそれゆえ、しばしば危険を冒して進んだのである。かれの成功を、もっと評価する必要がある。すなわち、幸運な偶然というものを考慮しながらも、かれの勇敢な行為をやはり称えることができるのである。

第15章　自己拘束

「群集の中にいた数人のパリサイびとがイエスに声をかけた、〈師よ、あなたの弟子たちをお叱りください〉と。しかし、イエスは答えて言われた、〈あなた方に言うが、もしかれらが沈黙すれば、石が叫ぶであろう〉と。」（「ルカによる福音書」、19章、三九―四〇節、D三六(二)）[*1]

ヘーゲル思想の全体的方向は、第一義的にはもちろん、かれが公けに宣言したものや、書いたもののなかに現われている。それがいっさいの解釈の基礎である。しかし、内密な言葉や行為を知ることを通じて、かれの思想に抑揚をほどこしたり、それを屈折させたり、あるいは豊かにさせたりすることをしないで済ますわけにはいかないであろう。

これらの言動のうち――そのリストはたえず広がっていくが――とくに、学生連盟のメンバーに好意的なヘーゲルの行動が眼につくであろう。学生連盟員（ブルシェンシャフトラー）、略してブルシェンと呼ばれるかれらは、一八一〇―四〇年代にかけて、プロイセン当局によって迫害されている。

そのような世界を頻繁に訪れることは、さまざまなかたちで理解されうるであろう。そして、ヘーゲルのじっさいの行動にもっともよく対応する解釈が何であるかを決定するのは、容易なことではない。しかしながら、その解釈の仕方は、さまざまな外見のもとで、いっさいの説明がそこから出発すべき議論の余地のない諸事実と結びついている。それらの諸事実は、種々の資料、とりわけ警察の報告や裁判記録によって証明されている。また、それらの諸事実が何を意味しているのかを知るためには、訓練されたまなざしで、この資料や報告や記録に眼を走らせる必要があろう。訊問を受けた人は、被疑者がそれにどう答えるかをよく理解しているものである。歴史家はときおり、違法行為を犯す者がもっとも鈍感な警察関係者にさえ信じ込ませることができないものを、本物と解釈してしまうことがある。やはり、餅は餅屋であろう。

最初に留意すべき点は、ベルリン時代のヘーゲルがたえず生活の苦労を訴え、友人たちに平安を求める旨を打ち明けていることである。ところで、かれが学生連盟や「扇動家たち」の事件に巻き込まれないように、同僚たちのごとく距離を置いた立場に立つことは、比較的容易だったであろう。そのような危険な騒動についてはいっさい、目と耳と口を閉ざしていればよかったからである。たとえかれが誘いを受けたとしても、逃げ道はいくらでも開かれていたであろう。ベルリンのすべての教授たちのうちで、またこの町のすべての名士たちのうちでさえ、ヘーゲルはただひとり抑圧された人びとに対して、そのような心遣いと毅然たる態度をもって、関心を示したのである。

たとえば、クーザンがザクセンで逮捕され、そのあとプロイセンで投獄されるときに、当局はシェリングに意見を求めるが、かれはかなり色褪せた、当たり障りのない意見を述べるにすぎないであろう。ヘーゲルがみずから進んで関与するというだけで、かれはおのずから危険に晒されることになる。かれは自分の時間を別のことに使って心の平安を保つ代わりに、それが誰であれ、ブルシェンや「扇動家たち」や自由主義者に関心を寄せている。かれが口出しをするような、警察上、司法上の事件がたえず起こってくるが、そのためにかれはエネルギーを奪われていくであろう。疲れ切ったかれは、それらの事件から足を洗い、自分の代わりに石に叫ばせることもできたであろう。けれども、かれは反対に、さまざまな方策を講じ、干渉を重ねるのである。

このような行為を、どう説明したらよいのであろうか。三つの仮説が立てられよう。かれは忠実にプロイセン王政に仕え、かれが擁護するふりを装っていた人びとを陰険にも裏切っていたのか、あるいは権力と敵対陣営のあいだで、一種の「二股」をかけていたのか、それともまた心の奥底では、この立憲主義的、自由主義的反対陣営の方を選び、巧妙と思われるやりかたで、駆け引きを行なっていたのか、という三つの仮説である。

もっとも多く支持される立場は、ローゼンクランツが曖昧な言葉を用いて、言い換えれば大部分の読者によって一

---

*1　ヘーゲル『イェーナ時代の警句集』からの引用。また、R五四四、参照。

面的に解釈される言葉を用いて示唆したような立場である。すなわち、ヘーゲルはみずから、「扇動家を転向させる者」（R三三八）となったのではないか、という考え方である。こうした評価は、それ自体曖昧な、アルテンシュタインのある種の言明と一致するであろう。だが、ベルリンにおいて、ある人物を政府の友と規定する場合、さらにそれがいかなる政府なのか、あるいはむしろ政府のいかなる分派なのかを、たとえばハルデンベルク派なのか、それともヴィトゲンシュタイン派なのかを規定する必要があるのではなかろうか。一方の友は、その事実そのものによって、他方の敵となるからである。

ローゼンクランツを漫然と読む多くの読者にとっては、扇動家を転向させる者とは次のことを意味するであろう。すなわち、警察と司法当局が力によって反対者を屈服させ、かれらを意のままにしようと努力するのに対して、ヘーゲルの方は思想的に、宣伝と説得によってかれらの気力を失わせ、その「扇動」から救い出し、かれらを国王陛下の従順な臣下たらしめようと試みたのではないか、という意味である。前者はかれらを無力へと追い込み、後者は悔悟の気持に導くわけである。もちろん、この場合、当局にとってきわめて有益な使命を、ヘーゲルがみずから進んで果たしてくれたとすれば、当局はおおいに喜ぶことであろう。そして、さまざまな方法で、そのような親切な奉仕に対して報いたことであろう。

しかしながら、政治的反動と、警察および司法の抑圧が暴力的な、さらにはいっそう嵩じて盲目的な段階に達した時期の一八四四年に、ローゼンクランツが『ヘーゲルの生涯』を公刊したさい、一八二〇年代にヘーゲルがなんらかのかたちで、また限定的にせよ、「扇動家たち」を支持したなどと——たとえそう考えたとしても——打ち明けることはできなかったという点を弁えておかねばならない。

ローゼンクランツは一八四四年の時点で、ヘーゲルが一八二四年に、あるいは一八三〇年に自分の考えを表明しえた以上に、自由にみずからの意見を明らかにすることができたわけではなかったのである。しかも、かれはおそらく、ヘーゲルのそれに匹敵するような人間的事象についての、とりわけ政治的事象についての経験と認識をもっていなかかった。したがって、共感と類似を通じてヘーゲルをよく理解するという状態には至らなかったのである。不確実な余白の領域が、読者にとって開かれている。もともと、より以上の自由主義と愛国主義を熱望するすべての人びとを公然と批判するために、保守主義者たちが侮蔑的な意味をこめて使った「扇動家」という言葉自体、不正確と曖昧さにこと欠かなかった。言い換えれば、「印象派」という言葉について起こるのと同様に、それを排斥しようとする人びとによってさえ、誇らし気に示されるような言葉なのである。

自由主義者たちと対決して、いたるところで扇動家を嗅ぎ回る者たち（Demagogenriecher）は、熱狂的な蒙昧主義の理論にとりつかれた「魔女狩り屋」にほかならない。というのも、かれらは部分的に権力を行使しているからである。ヘーゲルの思想上のためらいや、矛盾や、後悔がどのようなものでありえようとも、あるいはどのようなかたちで想像されえようとも、そこにはいささかの疑いもない。すなわち、提示されたかれの理論のなかには、明示的にも暗黙のうちにも、いわんや秘密めいた意味においても、かれら魔女狩り屋の方に傾斜する要素は認められないのである。かれは時と状況に応じて、それなりのしっかりした足取りで、立憲主義者、自由主義者たちの側に、したがってまた部分的で、一時的な恐れと留保を抱きつつ、学生連盟の側に向かっていく。かれは、よく知られているように、プロイセンの地主貴族すなわち「ユンカー」――検閲は、かれの最後の論文に見られるこの言葉を抹消するであろう。というのも、ユンカーに対する民衆の敵意を呼び起こすには、かれらに言及するだけで充分だったからである――の立場をとることはできなかった。

ヘーゲルは苛立ちを覚えずに――われわれがあとから振り返ってやっているように――学生連盟の誤謬や無力や不手際を、また鈍感なその民族主義や、滑稽な尚古趣味、反ユダヤ主義、フランス嫌いなどを確認せずにはいられなかったし、さらには学生連盟を邪険に扱ったり、それを正そうと試みたりすることを完全に控えることもできなかった。要するに、この点においてはかれは「転向請負人」であり、学生連盟員を、ドイツの諸問題についてのかれ自身の政治的見解に――絶対王政やプロイセン宮廷の見解にではなく――転向させることを請け負った人間だったのである。

学生連盟の例の調子も、残存する封建的秩序と、それと妥協する絶対主義の根本的悪徳をかれに忘れさせたり、過小評価させたりすることはできなかった。

ヘーゲルは、みずからの大切な研究だけに没頭したわけではなかった。かれの気質や、平民という身分や、官吏としての資格や、個人的な思想が許すかぎり、プロイセンの政治生活に介入した。「世の中で演じられるあらゆる劇において、役者であるよりもむしろ観客たろうと努めながら、あちらこちらを遍歴して歩くこと」というデカルトの実存的格率を、かれは採用しなかった。もちろん、この格率に、デカルト自身がつねに忠実だったというわけではないが。

英雄でも、革命家でも、反体制的な民衆扇動家でもないヘーゲルは、その時代の市民生活の状況と決定的に、また破滅的に断絶することなく、可能性の限界まで、勇気をもってその行動に邁進したのである。そこには、別の可能性は存在しなかった。しかもこの点に関して、一八四〇年以前のベルリンで、かれ以上にうまく行動できる人間は誰ひとりいなかったのである。この一八四〇年という年はほぼ、「青年ヘーゲル派」が、変化し、やがて転覆していく状況のなかで、あとを引き継いでいく時期と重なっている。

ヘーゲルの介入の仕方は、われわれにはもちろん部分的にしか、言い換えれば利用しうる資料の、とくに警官や裁判官の作った資料の限界内でしか知られていない。一方では、これらの資料は限られており、しかもヘーゲル研究は継続されている。たえず、新しいものが発見されるのである。だが他方では、これらの典拠は本質的に偏っており、慎重に、警戒心をもって利用すべきものである。ベルリンにおけるヘーゲルの生活の多くの側面が、記憶にとっては永久に失われていると想像することができよう。

けれども、われわれがかれについて知っている事柄は、すでにかなりの量にのぼっている。ヘーゲルの秘密の生活、あるいは隠された生活にメスを入れる作業は、ホフマイスターが一九五二―一九六〇年にかけて編纂したヘーゲル『書簡集』に付け加えられている注釈によって大幅に拡張された。ホフマイスターは、たしかにあまりにも拙速で、皮相的ではあったが、ようやくプロイセン警察の古文書の目録作成に着手したのである。これらの古文書のなかでしばしばヘーゲルの名前に、しかもそのような恩恵を享受しうるベルリンのあらゆる哲学者たちのなかで、唯一ヘーゲルの名前だけに出会うというのは、すでに驚くべきことであり、また意味深長なことである。

その時代に、嫌疑を強め、断罪を正当化するために集められた警察と司法の公式文書は、再認識と復権を可能にするために現在でも有効であり、貴重である。しかしながら、ホフマイスターによるそれらの文書の解釈は、驚くべき方向に、また議論の余地ある方向に傾きがちである。

ホフマイスターの功績によって明らかにされたヘーゲルの多種多様な手法を、かれが正当で、称賛すべきものと見なすのは、それらの手法の受益者が、かれの眼には「無実」と映っていたからにほかならない。ホフマイスターは同時に、しかも矛盾を理解せずに、それらの手法がまた、被疑者を過去の政治姿勢から引き離し、当局の抑圧する「扇動主義」から立ち直らせることを目指していると示唆するのである。もしかれらが無実であったならば、警察はかれらを逮捕することによって、また司法はかれらを追跡することによって、許し難い「誤謬」を犯したことになるであろう。ホフマイスターの推理はまさに、こうした結論に到達するのである。しかし、かれは思い違いをしている。警察が、それほど多くの「誤謬」を犯すことはありえなかったのである。

これらの迫害された者たちはすべて、内務大臣や法務大臣の眼からすれば、けっして「無実」にはみえなかった。大臣たちがかれらに警官を送りこんだのは、充分事態を承知したうえでのことである。警官や判事たちは間違ってはいなかったのである。あるいは、きわめて稀にしか間違うことはなかったのである。かれらは反対派を、その「いかがわしい精神」を、放埒な態度を、そして時には、またある時期以降は、そのサン＝シモン主義さえも嗅ぎつけた。こうしてかれらは、反対派の「政治的結びつき」を打破したのであった。じっさい、これらすべての軽犯罪に責任があると見なされた「扇動家たち」は、間違いなく断罪され、処罰されたのである。もちろん、もうひとつの正義、未来の歴史の正義からすれば、かれらには先見の明があり、高潔で勇敢な人間であると見なされたのであって、汚辱に塗れるのはかれらの迫害者たちの方である。

ヘーゲルがかつて観察したごとく、「各陣営は、おのれの側に正当な権利があると主張するが、じっさいには、それぞれの権利が互いに矛盾をきたすのである。」[*2]

しかしながら、抑圧はある種の不正な段階に達していた。というのも、抑圧は弱者を、しかもじっさいには権力にとってかなり無害な弱者を標的にしていたからであり、見たところ不釣合いな処罰を、一種の根拠なき熱狂状態において、違法行為者と決めつけられた人びとに押しつけたからである。けれども、こうした統治者の側の行き過ぎは、かれらの恐怖心に由来していた。かれらは大なり小なり意識的に、ヘーゲルが「歴史の大いなる権利」と名づけているものによって、あらかじめ断罪されていると感じていた。そこでかれらは、歴史そのものを止めようと望んだのであろう。たとえば、かれらはあまりにも抗議行動を仄めかすような「プロテスタント」という言葉の使用を禁じ、ヘーゲルの『講義』に見られる「変化」という言葉を削除し、「進歩」という用語を追放するようになったのである……。

ヘーゲルは自由主義者たちに共感を寄せ、かれらと関わり合いをもち、少なくともその「扇動」と手を結んだのである。さもなければ、かれはベルリンで「毎年新しい雷雨が起こる」のを、けっして眼にすることはなかったであろう。それどころか、かれの上に恵みの驟雨が広がるのを見たことであろう。

国王の絶対的権力、貴族の傲慢、そして高級官僚の有能さ——とはいえ、かれらの有能さは多義的である。なぜなら、かれらの多くは愛国者としては客観的であり、公平だったからである——に直面して、また支配的で、宗教的で、かつ政治的なイデオロギーに直面して、ごくわずかの地方的例外を除けば、真に人民的な抵抗や反対は存在しなかった。自由主義的な運動、あるいはたんに立憲君主政的な運動が、プロイセン国民を、とりわけ無数の農民大衆を動揺させることはなかった。そのような運動は、国王の宣誓違反に憤激した、プロイセン国民解放戦争のかつての闘士たちや、立憲君主政を求めるドイツ国民の熱望のなかで幻滅を味わった学生たちのあいだにもっぱら限られていた。

この運動は実質的には、学生連盟という共通の名称で示される学生たちの集まりに体現されていた。そうした集まりが国王の絶対主義と封建主義の名残りに対して、唯一の現実的な、しかしながら必ずしも適切ではない、また有効ともいえない闘争を展開したのである。プロイセン国王の警察と司法機構は、それなりに明確に名指しされた敵対者たちすべてを「扇動家」という軽蔑的な、しかも敵意のこもった用語で包括したが、まさに学生連盟こそ、まず第一にこれらの「扇動家」を動員したのである。

しかし、権力が重大な怠慢や悪徳を示したとしても、他方では「自由主義者」や「扇動家」あるいは学生連盟員たちが若さと未経験のゆえに、同じく重大な怠慢や、嘆かわしいほどの統一性の欠如——着想と組織化の点で——を許容していたという事実を認識しておく必要がある。かれらは愚直に、あらかじめ考え抜いたプログラムもなしに行動したため、とりたてて成果もなく、支離滅裂な状態に陥った。

そのような事態にもかかわらず、かれらにわずかな首尾一貫性を与えていたのはドイツ的愛国感情、すなわちヘーゲルが一七九八年のドイツ憲法論のなかで郷愁をこめて称揚した感情であった。これらの若いドイツ人たちはすべて、またかれらとともに、若干年上の人びともドイツ統一の回復を、要するに政治的に散在する小国家を廃して統一国家——フランス革命がモデルを提供したような自由な統一国家（ひとつの憲法、ひとつの立憲王政）に比肩しうるもの——を建設することを夢みていた。

権力は、それ自身が引き起こす敵意に満ちた反応と対決することによって、みずからの規定と傾向を明確にしつつ、右のような理想に反対するいっさいのイデオロギー的、警察的な力を結集し、それによってあらゆる宮廷や、ドイツのすべての小国家のあらゆる圧政と同盟したのである。

優れた観察者であるフリードリヒ・フォン・ガーゲルンは、ベルリンの宮廷をも含めたドイツの諸宮廷のこうした政策を、正確に特徴づけている。「亡霊のように、君主たちにまとわりついている観念が存在する。それは、ドイツ

*2　ヘーゲル『政治論集』（ジャコブおよびキエ訳）、前掲書、一〇五頁。

人たちがいつの日か、かつてはひとつの祖国をもっていたことを思い出すかもしれないという恐怖心である。諸宮廷のいっさいの努力は、このような共通の結びつきの最後の痕跡を消し去ることを目指している。諸宮廷がとるすべての方策は、自分たちを孤立化し、ドイツ人たちを互いに疎遠にし、地域的エゴイズムを作り出すことを目的としている。」[*3]

そこで、若いドイツ人たち、とりわけ学生たちは叫び声を上げる、「ドイツ万才」と。――その叫びは、国王、君主、大公、司教たちの心臓に悪影響を及ぼした。

もちろん、そのようなドイツ的国民感情が、ベルリンというプロイセンの大都市――ドイツ再統一の首都としての威厳を約束されており、また王政がこの国民感情に断固として反対していた都市でもある――以上に容易に高揚しうる場所は他のどこにもなかった。

ヨーロッパ諸民族の歴史家であるジョルジュ・ヴェーユは、それ自身矛盾を含むこの状況をみごとに描いている。愛国者の精神状態に言及しつつ、かれは次のように説明する。「人びとはかれらに憲法を約束した。というのも、一八一三年の運動は民族主義的であるとともに、自由主義的だったからである。ゲーテの友人であるザクセン＝ヴァイマールの大公は、約束を守った最初の人物であった。しかし、ドイツのすべての自由主義者たちは、プロイセンの決定を苛立たしい気持で待っていた。宰相ハルデンベルクは、じっさいに何年も前から国民の代表というものを考えており、そしてウィーン会議でかれはフリードリヒ＝ヴィルヘルムに対して、ベルリンに盛大に帰還する日にそうした代表権を与えるように提案した。〔ナポレオンが〕エルバ島より戻ってから、かれはいっそう強い態度をとり、一八一五年五月二十二日に国王から勅令を入手した。その勅令によって、フリードリヒ＝ヴィルヘルムはついに〈プロイセン国民に〉対して〈公式文書による〉憲法付与の約束を行なったのである。ワーテルローの戦いのあと、日ならずして公表された一八一五年の勅令は、大きな希望を巻き起こした。しかし、月日が経過しても、憲法はやってこなかった。陰湿で執拗な戦いが、フリードリヒ＝ヴィルヘルムの周辺で、言い換えれば相変わらず影響力をもっている宰相と、そのような〈ジャコバン派〉を警戒する絶対主義的党派のあいだで続いていた……。国王は憲法制定を延期して、暫定的に国家評議会を作ることだけに限定したのである。」[*4]

学生たちによってもっぱら代表されるところの、異質で変わりやすい社会的カテゴリーとしての幻滅した愛国主義は、容易に偏狭な民族主義に、あるいは外国人排斥に――とりわけフランス嫌いや反ユダヤ主義に――陥るのである。そうした愛国主義のうちに、しばしば古ぼけた偏見や、隔世遺伝の遺恨、あるいは時代遅れの行動などが復活したのである。

多くの学生連盟員たちの場合、自由主義的で高邁な躍動感が、独創的ではあるが不快なかたちで、外国人排斥や底意地の悪い反ユダヤ主義と混じり合っていた。かれらの多くは、中世的郷愁を求めており、奇怪な「老ドイツ人ふう」の衣装を身に着けていた。そのことは、かれらの運動を、真面目な政治よりもむしろ学生的夢想の方に近づけることになった。かれらはたえず決闘を、浄化の儀式のごとくに行なっている。

こうした雑多な寄せ集めのなかから、物事の位置づけをあとになって行なっていくのはきわめて困難である。全体として見た場合、学生連盟員はむしろ改革者であり、自由主義者であり、進歩主義者であったと客観的に見なすことができるが、しかしその側面のあるもの、すなわち逆説的にいえば反動的で、蒙昧主義的で、偏狭な側面は、開かれた精神の持ち主が皮肉なことに、ときおり、かれらに激しく反対したという事実を説明するものである。たとえば、詩人ハインリヒ・ハイネの場合がそれにあたる。学生連盟には、飲物や食物が存在していた。学生連盟は、いっさいの嫌疑を越えているものではなかった。それはヘーゲルに対して、政治的、知的な意味での魅力ある面を数多く提供したが、しかし他の面がかれに嫌悪感を抱かせることがなかったわけではないのである。

学生連盟は多様な傾向をもっていたが、とくにイェーナ大学とギーセン大学において、より近代的でラディカルな

---

*3 フリードリヒ・フォン・ガーゲルン。ユルゲン・クーツィンスキー『ドイツにおける労働者の状況の歴史』、ベルリン、一九五四年、一八頁からの引用。 *4 ジョルジュ・ヴェーユ、前掲書、四七頁。

姿勢を示していた。学生連盟がじっさいにイェーナで、すなわちもっとも「進歩主義的」な公国で創設されたのも偶然ではなかったのである。それは全ドイツに波及したが、ベルリン大学の繁栄がその最良の発展の可能性を与えることになった。

さまざまな政府がもろもろの条件を課したために、学生連盟は組織、通信、宣伝の面で非合法的形態を採用せざるをえなくなった。学生連盟員たちの「つながり」は、秘密にされねばならなかった。異義申立てと直接行動のしるしであるこうした「政治的つながり」こそ、ドイツ各地の警察が暴き出そうとしたものであり、また参加者の逮捕によって打撃を与えようとしたものであった。

けれども、学生連盟は急速に、公然たる政治的示威行動に踏みこんでいった。これらの示威行動は、今日のわれわれからすると比較的無益なもののように思われるかもしれないが、しかし当時の状況においては、人目を引く振舞いであり、動員力をもち、当局者の眼に挑発的行動と映ったのである。

たとえば一八一七年十月十八日に、これらの示威行動のうちでも主要なものである、ヴァルトブルクの有名な祝祭が行なわれた。それは、イェーナの学生連盟の名のもとに、ロベルト・ヴェッセルヘフトの召集にもとづいて開催されたものであった。たしかに、ヘーゲルはこの町を一〇年前に立ち去っていたが、しかしかれがヴェッセルヘフト家の人びとに認めた共感を忘れることはできなかった。また、ヴェッセルヘフトの父親がフロムマンの友人かつ協力者であり、ヘーゲルはそのフロムマンと庶子ルートヴィヒの件で手紙のやりとりをしたことがあって、しかもルートヴィヒはヘーゲル一家がかれをハイデルベルクの家庭に呼び寄せた一八一七年まで、まさしくヴェッセルヘフト姉妹――フロムマン夫人の義理の姉妹――のもとに預けられていたという事実を忘れることはできなかった。

イェーナにおける学生連盟の示威行動にヴェッセルヘフト家とフロムマン家の人びとが関与したことと、ルートヴィヒが身を隠したこととのあいだになんらかの関係が存在しないかどうかを考えてみることもできよう。

ルター派の古い伝統をもつ場所であるヴァルトブルクに、一八一七年十月十八日、ドイツのあらゆるプロテスタント大学の多数の学生たちが集結した。かれらはその地で、信仰と法外な民族主義の仕種に身を委ねると同時に、おそらく他を圧するような革新的な調子で、愛国主義と立憲主義と自由主義の仕種に身を委ねたのである。それらすべての仕種は、公然たるかたちで、反動的な王政に、とりわけ誓いに背いたベルリンの王政に、そしてまた政治的、文化的反動に向けられたものであった。

学生たち、そしてかれらと連帯したごく少数の教授たちが扇動的な演説を行なった。かれらのうちには、カロヴェがいた。

さまざまな出来事が当局者たちに対して、学生連盟への恐怖心を増大させることになった。たとえこれらの出来事が、それ自体としてはきわめて曖昧な性格のものであったにせよ、学生連盟の相対的な有効性を証明することによって、そのような結果をもたらしたのである。だが、その組織――きわめて弱体なものであった――は、このうえなく確信的で勇気のある、しかしだからといって、もっとも明敏で思慮深いとはいえないメンバーたちが行なった個人的テロリズムの行為によって、みずからの姿を真剣に示そうと望んだにせよ、結局は縮少の方向に向かったのである。しかもこの個人的テロリズムは、非常に困難な大衆的行動よりも、むしろかれらの個人主義的、観念論的、そして宗教的イデオロギーに対応するものであった。

一八一九年三月二十三日、イェーナ大学の神学生カール・ザント――カール・フォーレンとヴェッセルヘフトの親友――が、短刀を振りかざして、劇作家、政論家のアウグスト・フォン・コッツェブーを殺害するという出来事が起こった。コッツェブーはドイツにおけるロシア皇帝の手先で、自由主義運動の熱心な反対者であった。学生連盟員で、あまり熱意があるとはいえないプロテスタントによるこの犯罪は、ヘーゲルのようにコッツェブーを軽蔑し、嫌悪していた人びとのうちにさえ、大きな非難の声を巻き起こした。かれらはその戦術と、用いられた手段と、その犯罪的性格を断罪したが、しかし必ずしも、コッツェブーに対する敵意を同時に断罪したわけではなかった。

その行為は、道徳的に非難さるべきものであるとともに、政治的にも不手際なものであった。それは自由主義の大義にほとんど役立たなかっただけでなく、反対にメッテルニヒや反動主義者たちに満足をもって迎えられた。かれらは長いあいだ、自由主義運動を弾圧する手段を強化するための口実を求めていたからである。そうした弾圧手段は次第に激しくなり、しかも恣意的になっていった。カール・ザントは裁判にかけられ、一八二〇年五月五日に断首の刑に処せられた。

全体としては、学生連盟員たちは政治的目標に関してきわめて穏健であった。けれども、かれらのうちのある者は反対に、見境いなく行なわれた手段の選択に関して激越な、行き過ぎた態度を示した。かれらは最終的には、政治的、社会的システムのちょっとした変更しか求めなかった。そしてかれらは、取るに足りない、象徴的で人目を引くような施策に満足し、また当時の権力者たちが尊大にも、自分たちが不死身であると確信していたために、施し物としてさえかれらに投げ与えなかった何がしかの美しい言葉に満足してしまったのであろう。かれらの熱望は、一八一五年の国王の約束をただ実行に移すだけで満たされるはずであった。すなわち、それがどれほど穏健で、幻想的でありえようとも、少なくとも成文化され、公布された憲法、ただたんに恩恵として与えられるような憲法である。

この学生連盟と、若干の孤立した自由主義者を除けば、プロイセンでは他になんの動きもなかった。

かつてフランス革命の理想に完全に同意し、その後、失望し、絶望して、苦い沈黙のうちにそれへの郷愁をもち続けていた少数の個人以外に、共和主義者は存在していなかった。言葉の近代的な意味での社会主義の最初の輪郭は、ヘーゲルの死後、「ユートピア社会主義」と名づけられるものがフランスに現われたのと呼応するかたちで出現したのである。しかしながら、ヘーゲルの議論、とりわけ晩年のそれには、サン＝シモン的な言い回しが認められる。そして、かれの弟子たち、「青年ヘーゲル派」（たとえば、カロヴェやガンス）はサン＝シモン主義の最初の宣伝家となり、やがてはドイツ社会主義の創始者たちとなっていくであろう。

それゆえ、ヘーゲルが共和主義者でなかったことを非難するにはあたらないであろう。当時の情勢においては、そのような考え方はまさに不可能だったのであり、思いつくこともできなかったのである。

プロイセンの構造は、合法的ないかなる政治的対立にも余地を残さないようになっていた。これに反して、フランスやイギリスでは、ある程度までそうした余地を残す構造になっていたのである。ベルリンでは誰ひとり、このうえなく重大な制裁を蒙ることなく、公然と無神論者、不可知論者、汎神論者、共和主義者、または民主主義者を標榜することはできなかったであろう。プロテスタントでなければならず、あるいは少なくともそうみえる必要があった。神聖同盟の名において、カトリック教徒は寛大に扱われ、またユダヤ人さえも、心から、あるいは行政上、改宗を希望するならば、同じように寛大に扱われた。しかし、無神論者となると、そうはいかないであろう……。

学生連盟の夢想と爆発はそれゆえ、かれらが苦闘した強制的状況を考慮すると、情状酌量の余地があろう。憲法の種類や、その実現の仕方および公布の仕方が存在する。すなわち、立憲主義的政治生活の様式を採用することである。それはただちに、国王と王太子と宮廷のお抱え政治理論家であるハラーの思想に対立するものであった。

この時代においてヘーゲル以上に、真摯な方法と体系的野心をもって、先に進んでいた政治哲学および法哲学の教授はひとりもいなかった。きわめて稀に、ある人びとがより大胆な要求をいくつか提示したが、しかしそれはたんに宣言するようなスタイルにおいてであり、また支離滅裂なやりかたによってであって、熟慮を重ねた議論としてではなかった。たとえば、フリース（反ユダヤ主義の臭気をもつ人物）のケースがそれにあたるであろう。

他の分野の公的表現の場合と同様に、その点でもヘーゲルに対して、硬直した揺るぎのない態度を、かれが厳格に固執する教条的な立場設定を、あるいはまた一義的な行動綱領を期待すべきではあるまい。そのようなことは他の人びとの場合にも、とくに学生連盟員においても見られなかったことなのである。したがって、ヘーゲルの場合に明らかにする必要があるのは、全体的な方向であり、優先的な傾向であるが、それはまた細かく分かれたその時どきの混乱や、例外や、反復や悔いの念などが含まれうるであろう。

教授たちは全体的状況や、全体的状況に活気を与えている個々の出来事について何も知らないわけではなかった。かれらは個人的に、さまざまに対立する人びとを、すなわち学生や政府関係者を知っていた。かれらが闘争や論争に加わったのは、双方の側から、しかもかなり執拗に勧誘されたからであった。〔教授たちのうち〕大部分の者は政府への忠誠心を示したが、しかしそれを維持し続けるのはなかなか困難であった。というのも、政府自身が分裂していたからである。かれらは忠誠心の維持を相変わらず考えてはいたが、しかしどんな危険を冒してもというわけではなかった。ごく稀に、何人かの教授たちが声高に学生連盟を承認し、ヴァルトブルクの祝祭や、さまざまな学生の示威行動に参加した。たとえば、フリースやオーケンである。かれらはそれをあからさまなかたちで——いわば、今日の「メディア的」なかたちで——行なったが、そのやりかたは一般に、かれらの同僚たちに悪い感情を与えることになった。かれらはまたその機会に、政治的にはきわめて危険な思想（フリースの反ユダヤ主義とフランス嫌い）を、おそらく的外れなスタイル（雄弁的感情主義）で広めたのである。

デ・ヴェッテ（一七八〇—一八四九年）はイェーナ大学で教授を務めたあと、ハイデルベルクおよびベルリンの教授となった人物だが、かれはザントの母親に一通の手紙を送り、そのなかでコッツェブーの暗殺を正当化しようと努めている。けれども、その手紙が公表されると、スキャンダルを巻き起こした。デ・ヴェッテは、大学側の反対意見にもかかわらず、国王の特別命令で免職となった。ある程度の数の教授たちがかれのためにひそかに、一年分の献金を行なって、年ごとに援助金を確保することになった。各人はその収入に応じて、拠出した。たとえばリンクは三〇ターレル、シュライエルマッハーは五〇ターレル、ヘーゲルは二五ターレルなどである。政府はこの募金のことを何ひとつ知らなかった。[*5]

ヘーゲルの態度は、さまざまな、しかも相対立する解釈の対象となっている。それはおそらく、かれの曖昧な態度と、いくつかの謎めいた要素が原因であろうが、同時にまた、さまざまな解釈者たちの精神状態および意見の相違がとりわけその原因になっているのである。

かれが『法の哲学』のなかで提案している法的、政治的生活の計画はきわめて穏健であり、保守的な諸側面を示していて、封建的な要求に何がしか譲歩しているようにさえみえる。人びとは一般に、ヘーゲルのこうした政治理論の細部に詳しく立ち入って論じる傾向がある。それらの細部のあるものは異論の余地があり、われわれの現代の思想のみならず、哲学者の死後ただちにドイツに登場してくる政治的諸命題に照らしても、その反動的な性格を示している。しかし、時間以前は、まだ時間ではないのである。一八二一年に、『法の哲学』が出版されたとき、何がしか評判をかちえた理論で、ヘーゲルのそれ以上に自由主義的にみえるものは存在していなかったことを確認しておかねばならない。ヘーゲルその他の理論と闘うことになる諸理論の方がはるかに反動性の点で際立っていた。たとえば、アンシヨン、ハラー、サヴィニーである。

少なくとも、ひとつのことだけは、いささかの疑いもないであろう。すなわち、それがどのようなかたちのものであれ、ヘーゲルは立憲王政の支持者であると宣言することによって、ハルデンベルクの奥深い願望——ハルデンベルクですら、いつもそれほど率直には表現しえなかった願望——を分かちもっていたという点である。しかも、かれはかれなりに、学生連盟と扇動家たちの本質的要求をふたたび取り上げたのである。すなわち、ひとつの憲法とドイツ統一にほかならない。

ヘーゲルの行動を理解するためには、あるいは少なくともそれを理解しようと試みるためには、プロイセンの政治生活の概略図のなかにそれを位置づけることが不可欠であろう。というのも、ヘーゲルの行動は明らかにプロイセンの政治生活と関係を、しかもじっさいにはかなり複雑な関係をもっているからである。

年ごとの新たなる雷雨

ヘーゲルの生活にとくに影響を及ぼした出来事のうちで、いくつかの有意義なものだけを取り上げるというのは不

*5　デ・ヴェッテ事件についてのホフマイスターの注（B2四四七）を訳出しながら、カレールは秘密のカンパとヘーゲルの関与を指摘していない（C2二三七）、（B2、書簡三五九の注9）。

可能である。むしろ、そのような回想を通じて、政治的雰囲気を示唆することだけが問題となるであろう。すなわち、抑圧、示威行動、襲撃、嫌疑、そして弾圧という雰囲気である。そうした文脈に言及せずに、ヘーゲルの生活について語るのは不合理であろう。

一八一七年十月十八日　ロベルト・ヴェッセルヘフトの呼びかけに応じたヴァルトブルクの大示威行動。なかんずく、カロヴェはその集会で演説を行なう。

一八一八年八月十一日　フリードリヒ・フェルスターは戦時評議会に告発され、罷免される。かれは一八三一年、ヘーゲルの墓前で葬送演説を行なうであろう。

一八一八年十月二十二日　ベルリン大学におけるヘーゲルの最初の講義。

一八一九年三月二日　ザントによるコッツェブーの暗殺。

一八一九年五月二日　ピーヒェルスベルクの祝祭。ヘーゲルはこれに参加する。フェルスターはそこで、次のように宣言している。「われわれは、ザントの健康のために祝杯をあげようとは思わないであろう。しかしながら、短刀の一撃がなくとも、悪は没落して欲しい。」[*6]

一八一九年秋　カロヴェの著作『コッツェブーの暗殺について』公刊さる（ヴァイマール、一八一九年）。カロヴェはそのなかで、暗々裡にヘーゲルの観点を表明している。カロヴェに対する迫害が始まる。

一八一九年四月八日　グスタフ・アスフェルスの逮捕。

一八一九年七月一日　イヴェル議長に対するレーニングの襲撃未遂事件。

一八一九年七月八日　レーオポルト・フォン・ヘニングの逮捕。

一八一九年七月十四日　カール・ウルリヒならびにダーフィト・ウルリヒの逮捕。

一八一九年末　ザントの母親に宛てたデ・ヴェッテの書簡。スキャンダルが巻き起こる。デ・ヴェッテの罷免。かれの同僚たちがひそかにかれのための募金を組織し、ヘーゲルもこれに快く参加する。

一八一九年十一月　カロヴェに対する調査の開始。

一八二〇年二月十四日　パリにおいて、ベリー公暗殺さる。

一八二〇年五月五日　ザントは自殺を図ったあと、死刑を宣告され、断首の刑に処せられる。

一八二〇年　カールスバートの会議。ヨーロッパの君主たちは弾圧の手段を強化する。

＊6　レンツ、前掲書、五四頁。

一八二〇年六月　　オーケンの「無神論」哲学を教えることを禁止する王令。
一八二三年初頭　　ウルリヒ復職。フェルスターも特赦の恩恵に浴したが、軍事学校教授のポストには戻れず、下級の職務のみ許される。
一八二四年十月十五日　　ドレスデンにおいて、ヴィクトール・クーザン逮捕さる。ベルリンに勾留。
一八二四年十一月四日　　プロイセン内務省に宛てたヘーゲルの書簡。
一八二四年十二月八日　　アスフェルス、六年の禁固刑を宣告される。
一八二四年　　アルノルト・ルーゲ、一六年の禁固刑を宣告されるが、一八三〇年に特赦。
一八二五年二月二十日　　クーザン事件は控訴棄却の決定がなされるが、無罪放免には至らない。
一八二六年七月十七日　　アスフェルス事件、控訴棄却の決定。
一八二六年八月二十七日　　ゲーテとヘーゲルの誕生日を祝う。「私的」祝祭の新聞での報告を禁止する王令。

一八二七年末　ヘーゲルはパリ旅行のあと、また『コンスティテュショネル』誌に論文を発表したあと、嫌疑を受ける。

一八二九年　シューバルトはヘーゲルを、無神論と政府への敵意のかどで告発する。ヘーゲル、「ギリシア愛好祭に参加。

一八三〇年　ライプツィヒ警察による、一商人見習いの暗殺。

一八三〇年七月　フランスで革命起こる。

一八三一年末　ガンスに対する王太子の警戒心。

一八三一年　『改正法案』に関するヘーゲル論文の最終部分の公刊を禁止する王令。

一八三一年　ヘーゲルの死。

一八三四年　ヘーゲル夫人の家で、学生連盟員ヤーコプ・ヘンレ逮捕さる。かれは投獄され、六年の禁固を宣告されたあと、亡命して、有名な医師となるであろう。

ヘーゲルはいろいろな箇所で、学生連盟員のうち一定の名前だけを挙げているが、しかし、かれが言及していない別の名前がかれに知られていなかったというわけではない。明らかに、きわめて親密であり、持続的であり、また疑いもかけられていたカール・ウルリヒとの関係は、送信者が書面のなかで、読んだあと破棄してくれるように切迫した気持で頼んでいるにもかかわらず、受取人が不注意にも保存してしまった何通かの手紙によってのみ、われわれに知られているにすぎない。ヘーゲルがこうしたかたちで他の人びとと手紙のやりとりをしなかったという保証はどこにもないのである。

抑圧された人びと

学生連盟員たちの冒険は、ほとんどつねにドラマティックな方向に向かった。独房への幽閉、長期にわたる城塞への監禁、研究と教育の禁止、打ち砕かれた前途、逃亡、亡命……である。

たとえば、カール・ウルリヒを逮捕しようと腐心しながら、警官たちは当の人物について間違いを犯し、最初、同姓のダーフィト・ウルリヒ（一七九七―一八四四年）――ベルリンで学業を続けていたスイスの学生――を逮捕した。[*7]

かれらはすぐには、自分たちの過ち――むしろ、幸いなる過ち――に気づかなかった。というのも、ダーフィトの家を家宅捜索しながら、かれらがのちにカールの家で発見したのと同じ危険な資料を手にしたからである。

プロイセン警察にとっては、まことに喜ぶべきときであった。かれらは捜索先から、けっして手ぶらで戻ることがなくなった。それは奇蹟的な収穫であった。要するに、かれらは特別の証拠を用意せずに、どんな学生の家をも捜索することが可能となったのである。というのも、かれらはすべて、あるいはほとんどすべて「扇動家」だったからである。

ヘーゲルはけっして、この第二のウルリヒ（ダーフィト）の存在と運命について言及していない。しかしながら、かれは非常に注意深い、細心な、しかも執拗な態度で、前者（カール）に対して起こされた裁判に関心を示している。

ある種の歴史家たちはそのことがわからず、当局が最初にしたように二人の被疑者を混同している。このような状況において、ヘーゲルがカールのための措置に通暁しているというのに、ダーフィトについては何も知らなかったなどというのはじっさいにはありえない話である。ところが、かれはその点について何も述べていない。しかも、かれがそうした人違いのことを必ず知っていたという明らかな証拠は残っていないのである。必要とあらば、それは以下の事実の新しい証言というべきであろう。すなわち、かれは自分の生活を細部に至るまで進んで語ることはできなかったということ、そして、真実のヘーゲルを見出すためには、かれ自身の告白だけに満足してはならないということである。表現されてはいないが、しかし必ず取り出すことのできる出来事を考慮しなければならないであろう。

スイス国籍のゆえに身を守られていたダーフィト・ウルリヒは、すぐに釈放された。かれはのちに、祖国で重要な役割を、たとえば法律家、教授、政治家としての役割を演じるはずである。かれは一八三〇年に、急進自由党の指導者のひとりとなり、また一八四〇年まで、ある意味での民主主義的民衆運動の推進者となった。こうしてかれは長いあいだ、ベルリンの「扇動主義」に忠実であり続けたのである。

けれども、警察の不手際な陰謀や、宮廷ならびに国王の政策と行動について、ヘーゲルはどのように考えねばならなかったのであろうか。

ウルリヒ事件や、クーザン事件等について詳細な情報を得ていたヘーゲルは、それらの事件の共犯者たちの率先した行動と、〔その結果としての〕不運について、多くのことを知らないはずはなかった。かれらはじっさいに一種の文化的ならびに政治＝宗教的共同体を構成していたばかりでなく、実際上の客観的な共同体をも形成していたのである。調査や訴訟において、かれらの名前はほとんどつねに一体となって現われている。この時代の歴史家たちは、かれらを切り離して考えてはいない。

*7　ダーフィト・ウルリヒの冒険をめぐっては、ヴィルヘルム・エクスリ『スイス史』、一九〇三—一九一三年、第二巻、六二八頁。ウルリヒに関しては、『スイス歴史・人名事典』、第六巻、ヌーシャテル、一九三一年、七三〇頁、五四番。

右に述べたようなさまざまな出来事は、劇的な雰囲気のなかで展開する。フランス革命の記憶がまとわりついている権力の保持者たちは、自分たちの特権のためのみならず、生命のためにも戦慄するのである。双方の陣営で、それぞれ、味方や敵対者たちに起こる事柄について非常に正確に通じていなければならないであろう。嫌疑をかけられ、告発された者たちのために、ヘーゲルは嘆願書を書き、当局と交渉に入り、さまざまな方策を実行し、会見を求め、資料を収集し、またある場合には保証金を支払うことさえ承諾したのである。近代の偉大な哲学者の誰ひとり、こうした特別な行動の点でかれを見習った者はいない。

フェルスター

ベルリンに到着すると、ヘーゲルはフリードリヒ・フェルスターと友情関係をもつようになった。そのような関わりをもつ理由と経過は、どんなものだったのであろうか。かれは哲学者ではなかったし、当局者たちからもよく思われてはいなかった。

だが、かれこそ、国王が誰よりも愛さなければならなかったはずの人間である。国王が王位を保てたのは、かれのような愛国者に負うところが多い。フェルスターは英雄的な、劇的なかたちで、プロイセン国民の解放戦争に参加した人物だったのである。

かれは一八一二年にヨーク将軍——王命に背いてロシア軍と交渉し、かれらとともにナポレオンと戦った人物——の指揮するプロイセンの補助部隊に合流した。さまざまな面で、それは革命的、ないし民衆的運動の類の端緒となり、その結果、一八一三年から一八一五年にかけての戦争でプロイセンを救うことになったのである。

かれは、その愛国的な詩や、国民詩人ケルナーとの友情のゆえに、また伝説的ヒロイン、エレオノーレ・プロチャスカの策略を、彼女が殺されたときに見抜いたおかげで、有名になった。かれは愛国心と、勇気と、高邁さのオーラに包まれていた。

矛盾する感情に引き裂かれていた国王は、内心ではこのプロイセンの義勇軍を嫌っていたが、公けには感謝の念を拒むことはできなかった。これらの戦士たちは、国王が逆境にあっても名誉あるかたちを保つ——これは、国王の生まれながらの在るべき姿であった——ように強いたのである。ところが国王の方は、危険な民衆的解放戦争にみずからの運命を委ねるよりも、まずナポレオンと取り引きして、これに服従することをむしろ望んだであろう。国王が、愛国的な大運動に従ったのは、ためらったあとのことである。

断固たる愛国者であると同時に、これらプロイセンの戦士たちは多かれ少なかれ明瞭なかたちで、自由主義に傾いていた。戦場から戻ってきたかれらは、自分たちの犠牲に対する明確な感謝のしるしとして、はっきりと憲法の公布を約束することを期待していた。かれらは王政には異議を唱えなかったが、しかし王政がおのずからもっと合理的なものになることを率直に期待していた。

一方、フェルスターは一八一八年にプロイセン警察の長であるフォン・カンツを公然と攻撃する論文を公表している。しかもその論文は、ルーデンがヴァイマールで発行していた、反動主義者たちの嫌う雑誌『ネメシス』に掲載されたものであった。

フォン・カンツは、噂によれば——しかし、それは真偽を検証すべきものであろう——フェルスターが自分に向けた非難に対して、かなり容易に身の証しを立てることができたという。こうしてフェルスターは、絶対王政の敵と見なされたばかりでなく、同時に中傷家でもあると考えられるようになったのである。

学生連盟の創設と、その初期の発展に積極的に関与したフェルスターは、軍事学校の教授の地位を奪われた。それにともなって、長い論争が発生している。最終的に不敬罪のかどで告発されたかれは、軍法会議に付託されたが、軍法会議は軍事的、愛国的連帯のよしみで、かれを無罪放免処分にしている。しかしながら、かれは一八二三年まで、教育と行政から排除されることになった。一八二三年になって、かれはやっと教育以外の下位のポストを手に入れたが、それはおそらく部分的にはヘーゲルのおかげであったと思われる。その後、かれは歴史的、伝記的研究に没頭した。かれは一八三四年に、ヘーゲルの全集版編纂に協力している。[*8]

警察は、ヘーゲルとフェルスターの友情関係を監視していた。たとえば、古文書のなかから発見されたある報告は、ザクセン警察が必要に応じて、プロイセン警察に対し、一種の国家間協力——それは、のちにヴィクトール・クーザンにとって運命的なものとなる国家間協力の前兆であった——のかたちで警告を与えるという配慮を示したことを、想起させるであろう。「博士にして教授であるベルリンのヘーゲルは、八月二十七日から九月十一日まで、〈青い星〉に宿泊している。ここには、プロイセンの中尉フェルスターとともに到着し、かれらはいっしょにその地域を訪れている。」[*9]

このフェルスター中尉はフリードリヒの兄弟であり、かれもまた学生連盟員であった。もうひとりの兄弟エルンストは、ヘーゲルとニートハンマーの知り合いに数えられており、かれもまた学生連盟のメンバーであった。そして、かれの『回想録』は学生連盟の歴史にとって重要な資料となっている。かれはのちに、歴史家、芸術批評家として名声を博するであろう。

ヘーゲルの墓前で、フリードリヒ・フェルスターは蒙昧主義と「隷従の精神」——この言葉は、遠く時代を離れて考えると、比較的漠然としたものにみえるかもしれない——に対して、挑戦を投げかけるであろう。とはいえ、その言葉を耳にした人びとは、かれのような人物の口から発せられたその言葉が、その人物の過去を考慮すればいっそう正確で、真剣で、脅迫的な意味をもつことを理解したのである。言葉は、それが発せられる雰囲気から、またそれを語る者の人柄から、何かを借りてくるのである。

当局は、ヘーゲルの「復習教師たち」に対して、とりわけ断固たる姿勢を示したようにみえる。奇妙なことに、あたかもヘーゲルが故意に挑発的な態度をとって、嫌疑のかけられやすい、しかもさまざまな面で断罪可能な復習教師たちを集めてきたかのように、すべてが進んでいくのである。前任者の逮捕と迫害は、かれにいささかの臆病風も吹かせず、ふたたびかれは後任として反体制的人物を選んだのである。そのような反体制的世界の外に、知的で有能な弟子たちをかれは見出すことができなかったのであろうか。

それぞれの事例は、詳細な個別研究に相当するであろう。ここでは若干の例だけを取り上げ、大雑把に検討してみよう。

フリードリヒ・ヴィルヘルム・カロヴェ（一七八九―一八五二年）は、もっとも輝かしいとは言わぬまでも、少なくとも感情的にもっとも忠実なヘーゲルの弟子であったようにみえる。しかも、それは、カロヴェがヘーゲルの講義を聴いたハイデルベルク以来のことであった。

かれは最初から、学生連盟において、創立者および指導者の役割を引き受けた。かれの仲介によって、ヘーゲルは接触した他の活動家たちのことを、闘争的な側面や契機を含む全体的な連帯関係のなかで知らないわけにはいかなかったのである（カールおよびアウグスト・フォーレン、アルント、レーディガー、アスフェルス、コッベ、ユリウス・ニートハンマー、フォン・ヘニング、フェルスター、シュルツェ、ヴェッセルヘフト、ヴィット、等々）。複雑な運命のなかで、かれは「穏健な」傾向を表明していたが、そこには、この特殊な領域でのヘーゲル思想の反映ないし手直しが垣間見られるかもしれない。

しかし、その「穏健な」という言葉は、それが対立するものとの関係でしか意味をもたないであろう。カロヴェの穏健な態度は、学生連盟のその他の流れを特徴づけていた決闘癖や、反ユダヤ主義や、フランス嫌いや、ゲルマン好

*8　ADBにおけるフェルスター（フリードリヒ）の項、第七巻、一八五―一八九頁。　*9　ホフマイスターの引用しているこの警察の覚書（B2四八二）を、カレールは取り上げていない（C2三四二）。

みを排斥することから成り立っていた。それゆえ、かれはヘーゲルの政治的方向に合流しようとしたのである。カロヴェは「穏健」であるどころか、学生運動の根本的目的、すなわち愛国主義、ドイツ統一、自由主義、立憲議会主義に固執しつつ、また学生運動から不愉快で有害なあらゆる種類の逸脱を追放しつつ、より真実の改革派的姿勢を示したと見なすことができよう。もしヘーゲルの「穏健な態度」が、ときおり、当局の規定しているように、学生連盟員たちのある種のグループの反ユダヤ主義、外国人嫌い、ゲルマン好みなどに反対することにあるとするならば、この「穏健な態度」はヘーゲルの進歩主義、自由主義、高邁の精神を説明するものとしての価値をもつことになろう。

じっさい、カロヴェは、「過激派」ないし「無条件派」のある種の競争相手——かれらはしばしば、極端な民族主義やユダヤ人虐殺の扇動の点で、とりわけ行き過ぎた姿勢を示した——以上に、進歩主義に関してははるか先を行くであろう。かれはのちにサン＝シモン主義者となり、ほとんど社会主義者といえるまでになるであろう（かれの著書『サン＝シモン主義』は一八三一年の刊行である）。

かれの態度の全体的な姿は、他の諸大学で見られた大部分の人びとの態度とは異なって、個人的なテロの実践を断罪することにも現われている。そこではまた、テロという戦術を非難する「穏健な」性格の程度をめぐって、意見の相違があらわになるであろう。たとえば、メッテルニヒはコッツェブーの暗殺に公然と喜びを表明したが、その理由は、暗殺が政治的自由主義を抑圧する組織的強化の口実をかれに与えてくれたからである。

カロヴェは一八一九年に『コッツェブーの暗殺について』と題する小論を発表したが、それはヘーゲルからヒントを得た作品だったと考えられよう。かれはそのなかで、暗殺自体を正当化するまでには至っていないが、暗殺についての説明と、ある範囲内での政治的＝哲学的な裏づけ——それは公式の厳しい断罪と一致していなかった——を与えている（B2四五八）。

もし事態がじっさいにこのようなものであるならば、そうした「ヘーゲルの視点」を当局がどう評価するかはすぐに理解できよう。すなわち、カロヴェはプロイセン司法当局によって、ザントを称える文書を執筆したかどでただちに非難され、かれと他の多くの被疑者たちとの関係が明るみに出され（その最前列には、ヘーゲルが関心をもっている人びとがいた）、大臣や裁判所はかれに対して、始めたばかりの、ヘーゲルの復習教師の仕事を続けることを禁止する措置をとった。

フランス贔屓で、しかもフランス人の著作（ディドロ、コンスタン、クーザン、ロワイエ＝コラール、スタンダール）の翻訳者でもあったかれは、ヴァルトブルクの祝祭の示威行動の最中に、深い印象を与えた演説を行なっている。カロヴェは、ユダヤ人や外国人を学生連盟に加入させる方針を弁護したため、より急進的な、反ユダヤ主義的な、そしてフランス嫌いの多くの仲間たちから非難されたのである。

ハイデルベルクで、ヘーゲルはすでに一時的にかれを復習教師として使っていた。そしてベルリンでも、ヘーゲルはかれに同じ役目を委ねようとしたのである。それゆえカロヴェは、時期的にみて、ベルリン大学におけるヘーゲルの最初の復習教師であったことになろう。

しかしながら、政府の弾圧が、その不運な学生連盟員に襲いかかった。罷免されたかれは、ベルリンで「大学教授資格を取得する」許可をうることができなかった。かれの大学歴は、最初から破壊されていたのである。警察と司法と政治が複雑に絡み合ったさまざまな出来事のあとで、かれは急速に不安定な生活に、すなわち生存も危ぶまれるような生活に追いやられた。ブレスラウ、フランクフルト、ハイデルベルクでのそうした生活のさなかに、かれは自分の個人的研究を継続していったが、もともとのヘーゲル主義も、自由主義も、「進歩主義」もけっして否認することはなかった。

ヘーゲルはかれのために、警察と司法の追及からくる悲惨な結果を取り除くべく、あるいは緩和すべく可能なかぎりのことをすべて試みた。ヘーゲルは、コッツェブーの暗殺に関するカロヴェの小論にヒントを与えたために、自分がそうした悲惨な結果を招く原因を作ってしまったと考えたのかもしれない。ヘーゲルは一八二六年にもう一度、カロヴェをベルリン大学に招くことを試み、『年報』幹事役として採用しようとした。そうした努力がすべて、友人たちに懇請した事柄と同様に、実を結ばなかったというのは意味深長である（C2二三一）。カロヴェは運が悪かったのである。しかも、その不運は現在なお続いている。というのも、ヘーゲルの『書簡集』の仏訳版は、カロヴェの不幸な運命、かれに対する警察と裁判所の仮借のない追及、これと対照的に、かれとの関係をけっして断たなかったヘーゲルの誠実な友情、等を描き出しているホフマイスターの長い注を載せるのを省いているのである。『新ドイツ人名事典』は、フランス語の翻訳についても、サン＝シモン主義に関する著書についても、またザントをめぐる小論についても触れていない[*10]。

もともとカトリックであったカロヴェが一八一七年以来、クーザンをよく知っていたこと、また、それがカロヴェを通じての情報にすぎなかったにせよ、当時、炭焼党に属していたフランスの哲学者〔クーザン〕の政治的、組織的関与をヘーゲルが何も知らないはずはなかったということを指摘するのは、おそらく有益であろう。

じっさいには、カロヴェを迫害することによって、とりわけ一八一九年以降、ある人びとが狙っていたのはすでにヘーゲルにほかならなかった。

ヘニング

ヘーゲルはことのほか執拗に、一八一九年七月八日に逮捕された「復習教師」レーオポルト・フォン・ヘニングのために介入している。

問題の人物は、かつての義勇軍戦士で、しかも熱烈な学生連盟員であった。当時の資料では、かれの名前はたえず、フェルスターや、カロヴェ、アスフェルス、ウルリヒ、ザント、ヴィット、ヴェッセルヘフト、等々の名前と結びついて登場している。

明らかにされた逮捕の理由は意味深長である。すなわち、家宅捜索の過程で（かれはもちろん、すでに被疑者であった)、義母の手紙が発見されたが、[11]そのなかにナポレオンに好意的な意見が示されていたのである。プロイセンの上層指導者たちはナポレオンを嫌悪しており、かれらはナポレオンのうちに、フランス革命の継承者、フランス王権の「簒奪者」、ヨーロッパを貪り食う「食人鬼」、無信仰者、「コルシカの怪物」といった姿をみていた。

一八一五年以後、王政復古と反動の時期全体を通じて、一種の共同レジスタンスが、あるいは共和主義者、ナポレオン主義者、自由主義者(たとえば、スタンダールやP・L・クーリエ等)の自発的な共同戦線が、次第にはっきりとしたかたちで現われるようになった。

さまざまな証言によれば、ヘニングがヘーゲル自身と同様に、事実上の「ナポレオン主義者」であったことが確認されている。ヘニングはのちにヘーゲルに対して、皇帝とその生涯、および追放に関するフランス側の資料——当時、プロイセンでは厳しく禁止されていたもの——をひそかに提供している。ヘニングはなかなか、一方、ヘーゲルは死ぬまで、この点について意見を変えなかった。ヘーゲルは自分の弟子を「改宗」させることを望まなかったし、またそのようなことは不可能であった。せいぜいのところ、ヘーゲルはヘニングがなりゆき任せであったことを非難できただけである。

一八一九年に、ヘニングは六週間、非常に苦しい状況のなかで勾留され、昼夜を問わず、独房で看守に監視されたのである。

このような人物こそ、いわゆる「国家の哲学者」が自分の講義の復習教師として選んだ人間なのである。ヘニングのためのヘーゲルの介入は、どのような結果をもたらしたのであろうか。ヘニングの行動から、それを近似的に判断することが可能である。かれは釈放されるやいなや、それほど権威主義的でないドイツ国家、すなわちザクセン゠ヴァイマール——神聖同盟の人びとによれば、「ジャコバン主義の城塞」——に移住し、身を隠すことにな

---

*10 NDBにおけるカロヴェの項、第三巻、ベルリン、一九五七年、一五四頁。 *11 ホフマイスターは注をほどこしているが(B2四八二)、カレールは省いている(C2三四二)。しかもカレールは、BS五九八—六〇七を指示している。

ろう。そして、その地で、かれはヘーゲルの勧めに従ってゲーテと関係を結ぶであろう。

ヘーゲルが、自分と直接関わりのあるヘニングの生涯のこのエピソードを、きわめて身近かなものとして体験したことは確実である。時間＝空間的な比較によって判断するかぎり、ヘーゲルとその友人たちが大胆にも危険を冒して、夜間、ひそかに独房に近づいたとき、その目標となったのはヘニングにほかならない。そのことは、あとで取り上げるであろう。

時が経つと、ヘニングは出来上がってしまった政治的状況に甘んじなければならなくなるであろう。しかも、そのような状況は、「扇動家たち」のいささか無秩序的ないっさいの努力にもかかわらず存続していくであろう。かれ自身も教授となり、ヘーゲル思想のもっとも有能な普及者のひとり、『学術批評年報』(ヘーゲルとガンスの創刊した出版物)の幹事長、および師の全集の編纂者のひとりとなるであろう。

アスフェルス

アスフェルス(一七九八―一八四三年)は復習教師ではなかった。だが、ヘーゲルは同じように、かれの冒険を身近かなところから見守っていた。

イェーナ時代の友人――ヘーゲルはかつて、自分の利害関係を弁護する役割をこの友人に引き受けてもらったことがある――の息子であるこの学生は、当時、大学ではありふれた違法行為であった決闘を行なったかどで非難された。しかし、その決闘にはたぶん、政治的動機が含まれていたのである。いずれにせよ、アスフェルスは学生連盟に属していて、警察が開封した手紙のなかで反政府的な意見を表明していた。

さまざまな非難に直面したアスフェルスを擁護することは、ホフマイスターが言及している通り、なかなか厄介なことのようにみえる。歴史家たちは、かれを断罪した「判決の不正」を指摘する。しかしじっさいには、判事たちはまぎれもない敵を捕えたことをよく心得ていたのである。アスフェルスの裁判と投獄は七年間に及んだが、それはあらゆる種類の出来事に彩られていた。一八二六年になって、国王はついにその事件を公訴棄却とするように命じたが、だからといってアスフェルスの無罪が証明されたわけではなかった。

裁判がきわめて長く、複雑なものになる前に、勾留されている囚人の仮釈放を手に入れるために、ヘーゲルは五〇〇ターレルの保釈金を払うことさえ承諾した。かれはあとになって、その保釈金を回収するのに困難を覚えるであろう（B2四三二―四四二、およびB4四四〇―四四二）。

ヘーゲルはとくに、かれのために献身した。とはいえ、かれが、その愛国主義や民族主義や立憲主義を「手違いで」告発された青年を救おうと試みたわけではないのは確実である。この青年の場合、手違いや誤謬というものはありえなかった。当局が意識的に迫害している愛国者――たしかに、欠点をもたないわけではなかったが――を救おうとしているのだという事実をヘーゲルが理解しなかったとしたら、かれはまったく愚かな人間だったということになってしまうであろう。当局の方では、その資料のほとんど全頁に、ヘーゲルの名前を認めていたのである。

ウルリヒ

一八一九年七月十四日に、学生連盟の指導者のひとりであるカール・ウルリヒが逮捕されたときに口実に使われたのも、やはり決闘である。しかも、七月十四日〔フランス革命記念日〕に。たしかに、これらの学生たちはたえず決闘を行なっていたという点で非常な誤りを犯した。しかし、決闘を行なった者がすべて逮捕されたわけではないのである。逮捕されたのは、反体制派のみであった。

ウルリヒは一一〇日間、刑事被告人として獄中に留め置かれた。それから、かれは一八二〇年にふたたび幽閉されたが、今度は大学評議会の抗議を押し切っての措置であった。かれは政治的意見をそれほどはっきりとは公言しなかったようにみえるが、しかしそうした曖昧な面を、いささかも譲歩せずに宣言するというあまり例のない執拗な態度によって補っている。かれに対する追及もまた、一八二六年になってはじめて終わりを告げた。だが、ウルリヒはプロイセンの政治体制にただちに同化することはなかった。かれもまた亡命の道を選んだのである。かれはホルシュタインに身を隠したが、その地でヘーゲルと、奇妙な非合法的往復書簡を交わしている(本書、一三七頁を参照)。

ヘーゲルにおいては、一時的な憤りの運動や、気まぐれの運動が問題ではなかったことがわかるであろう。むしろ、かれはそうした行動にともなう危険を引き受けることによって、庇護する者たちに深い、しかも持続的な愛着を抱いていたのである。

カール・ウルリヒは学生連盟の、とりわけ激しい指導者のひとりであった。人びとはかれのことを、凶暴なウルリヒと渾名していた。ウルリヒ事件は、ヘーゲルが自分の弟子たちだけの困窮に関心を払っていたのではなく、みずからの生活環境から遠く離れた人びととも結びついていたことを、またある扇動家たちに対して、警察と司法機構が気づかないうちに(ヘーゲルの名前は、膨大なウルリヒ書類には登場しない)忠告を与えていたことを、そしてかれがもっとも重大な被疑者や容疑者、あるいは断罪された者たちと、要するに「首謀者たち」とひそかに関わりをもつのをためらわなかったことを証明している。

ルーゲとトゥヒェル

ここで、警察のいやがらせに苦しんでいたヘーゲルの生徒や「聴講生」や友人たちすべての名簿を作成することはできないであろう。同時にまた、かれが助けを差し延べた人びとを全部数え上げることも不可能である。というのも、古文書は、時と場所によって起こりえたかもしれないかれの介入の痕跡をすべて留めているわけではないからである。かれの介入のあるものは、おそらくけっして記載されることはなかったのである。

それぞれのケースは、独自な性格を示している。たぶん、二つの例外的なケースだけを指摘しておく価値があろう。まず第一に、若きマルクスの未来の協力者となるアルノルト・ルーゲ（一八〇二―一八八〇年）である。かれはヘーゲルの講義をいくつか受講していたが、一八二四年に学生連盟に関与したために逮捕された。そこで、一六年の禁固刑を宣告されたが、六年後に恩赦で釈放された。かれは獄中で、八方手を尽くして入手しえた師の書物を熱心に読んだおかげで、真のヘーゲル主義者になる機会に恵まれたのである。釈放後、かれは他の何人かの人びととともに、反体制的、革命的な「青年ヘーゲル派」運動の先頭に立った。この人物もまた、ヘーゲルが間違いなく、絶対主義や、宗教的正統派や、社会的、政治的御都合主義に「改宗」させなかったひとりである。

もうひとつの注目すべき状況があるが、これは、ヘーゲルが学生連盟の問題を知るために身体を動かす必要がなかったことを示している。かれは、妻の弟クリストフ・カール・ゴットリープ・ジクムント――トゥヒェル・フォン・ジンメルスドルフ男爵（一七九八―一八七七年）――を自宅に泊め、日々かれと接触した。その義弟は学生連盟のもっとも高揚した分派に属していて、ベルリンの主要な「指導者たち」の親密な友人に数えられていた。それらの指導者たちとはすなわち、ニートハンマー二世、アスフェルス、パーゲンシュテヒャー、ライナー、フェルスター、カロヴェ、等々である。

ゴットリープ・フォン・トゥヒェルの手紙はアスフェルスの住居で警察に押収されたが、それはアスフェルスに対して、事態を悪化させる証拠として利用された。それらの手紙は、ホフマイスターの適切な判断によれば、「シラーの演劇で燃え上がった自由の熱狂」を証明するものであった。そのひとつは、次のような叫びで終わっている。「いったい、流血が現われるのはいつのことであろう。[*12]」〔絶対王政が暴力によって倒されるのを望む言葉〕

食事中、ヘーゲル家の食卓では退屈することがなかったはずである。そして、一八一九年の学生連盟員の危険な議論は、教授先生〔ヘーゲル〕に神学院生の時代の無謀な振舞いを思い出させたのである。

*12　ホフマイスターが引用している（B2四三七）のに対し、カレールは省略している（C2二三七）。

それゆえ、ヘーゲル未亡人自身が、夫の選択に部分的に忠実な姿勢を示したとしても、おそらくさほど驚くには当たらないであろう。有名な医学者で、解剖学者のヤーコプ・ヘンレ（一八〇九—一八八五年）は当時まだ学生であったが、一八三四年に彼女の家で逮捕された。学生連盟員であったかれは、四週間の投獄ののち、六年の禁固刑を宣告されたが、一八三七年に恩赦で釈放されている。そのあと、かれはベルリン以外の場所で、研究を続けることが可能になった。[*13]

これでも、扇動家の改宗請負人であろうか。

われわれの知るかぎり、ヘーゲルは誰ひとり転向させてはいない。かれの友人や庇護された人びとの誰ひとりとして、かれの影響下に、絶対王政や、ドイツの分散化や、正統思想等の奉仕者になった者はいないのである。そのような者になるためには、サヴィニーあるいはハラーの牧杖の下を通過する必要があったに相違ない。

かれが関わりをもった「扇動家」の誰をとっても、けっしてかれのことで不平を漏らしてはいないし、かれに対していささかの疑いも起こしてはいない。かれらはすべて、かれのことを、信頼と尊敬と称賛の気持をこめて語っている。権力側のスパイが必然的にそのようなイメージを与えようとした具合には、かれは「扇動家たち」の眼にけっして裏切り者とは映らなかったのである。

しかも、当局はかれの手出しを意に介さなかったようにみえる。おそらく、ヘーゲルがヴィクトール・クーザンのために行なった介入に対して、仕方なしに考慮の対象にしたというケースを除いて。そのうえ全体としては、ヘーゲルの方策が、かれの狙っていたのとは反対の結果をもたらさなかったかどうか、考えてみることもできよう。ある刑事事件へのかれの仲介は、むしろ有罪を示す補足材料、あるいは状況を悪化させる行為を示すものではなかったのであろうか。少なくともかれは、うるさい人物と見なされていなかったであろうか。いずれにせよ、かれが庇護した者たちの誰ひとり、最終的には、公式の「無罪宣告を受ける」ことはなかったのである。

それでは、ヘーゲルの「二股」を告発しなければならないのであろうか。

たとえば、それはスパイが情報を同時に、敵対する二つの国に売り渡すことによって、二股をかけるようなケースに当たるであろう。ちなみにいえば、ヴィット＝デーリングがとったやりかたがそれである。かれは「扇動家たち」のもとでは友人のひとりと見なされていたが、当局に対しては「扇動家たち」を裏切っていた。その後、ふたたびかれらのもとに戻ってきたが、そのつど、どちらの陣営がより多くかれの心を捉えていたのか決めかねるほどであった。しかし、かれは最終的には両者のうちのひとつを、すなわち統治者たちの陣営を選んだのである。

もちろん、ヘーゲルの場合にはそのようなことは何ひとつなかった。だが、かれは銃殺班に向かって、胸をはだけて進み出るような英雄を演じたわけでもない。たとえば、かれの弟子の「青年ヘーゲル派」の何人かが、やがてとることになるのと同じ行動を、かれがとったわけではないのである。[*14] ヘーゲルは意識的に慎重であるとともに、無意識的には優柔不断であり、しかもある場合には、当惑気味の態度を示した。かれは融通が利かない人間ではなく、一方、「扇動家たち」は天使ではないし、理論面、戦術面に長けたモデルでもなかった。かれはときおり、かれらの誤りないし過ちに対して怒りを抑えることができないであろう。

ヘーゲルは、「扇動家たち」のドイツ贔屓を軽蔑している。かれはそのことを、ドイツ気質とか、ドイツ的馬鹿さ加減という言葉で、あえて表現するであろう。かれは、かれらの外国人嫌いや、反ユダヤ主義、あるいは盲目的な暴力を遺憾に思っている。かれらは知性をもたずに、衝動の赴くままに最後まで突き進むであろう。そして……かれらは挫折する。たとえば、シュネル、フォーレン、ヴェッセルヘフトがそうである。かれらは最後には土地を捨て、逃亡し、亡命せざるをえなくなるであろう。

ヘーゲルは困難な状況のなかで、合理的な、しかもいっそう有効たりうるような戦術を採用する。とはいえ本質的

*13　NDBにおけるヘンレの項、第八巻、一九六九年、五三一頁。カール・ヘーゲル、前掲書、三三三頁、およびレンツ、前掲書、四五五頁、参照。
*14　ヴァレリー・ド・ガスパラン「ヘーゲル主義者」、『近い地平』所収、パリ、一八五八年、一一三―一三六頁。ドント「ヘーゲルと社会主義者」、『ヘーゲルからマルクスへ』所収、パリ、フランス大学出版、一九七二年、一八八―一九一頁、参照。

には、国民的、政治的、宗教的観点からみて、可能なことは何ひとつなかったのである。事態が変化し始めるのは、四〇年代の初めになってからであろう。

それまでは、諦めることなくできる範囲を徹底的に探索し、本質的な方向を堅持しつつ、きちんと背筋を伸ばしていなければならない。ヴィクトール・クーザンはその点について、次のように証言している。「ヘーゲルは共和主義者であった[*15]」と。

*

カレールは、きわめて長い、また詳細な、しかも深い意味をもつホフマイスターのいくつかの注——たとえば、カロヴェやフェルスターに対する迫害に関するもの——を訳出するのを省略している。その他の注については——たとえば、一八二〇年におけるヘーゲルのドレスデン滞在に関するもの——かれは大胆に要約する方針をとっている。

後者の注（B2四八二）のうち、カレールはドレスデン滞在の証明となるもの——ベルリン警察に宛てたドレスデン警察の報告書のなかに見出される——だけを訳出している（C3三四二）。しかもかれは、ベルリンの一教授が、プロイセン警察のためにザクセン警察によってスパイの対象にされていたことになんの驚きも憤懣も示していない。そしてかれは、こうした監視の理由についての説明——それ自体、すでに簡潔に過ぎるものだが——を完全に黙殺しているのである。「この報告書は、ベルリンのアルミニア〔学生連盟の名前〕と、一八二〇年秋におけるドレスデンの学生連盟の会期との関係を明らかにするために要請されたものである」とホフマイスターは述べている。

報告書は、ヘーゲルがそのおり、フェルスター中尉（フリードリヒ・フェルスターの兄弟）と会ったこと、またドレスデンには同時にベルンハルト・フォン・イクスキュルとティールシュが滞在していたことを記している。その他にはまた、グリースハイムとシュルツェも居合わせた。

少なくとも、これらの点をすべて勘案すると、プロイセンおよびザクセン警察が、ヘーゲルがひそかに学生連盟の秘密会議に出席した可能性をア・プリオリには排除していなかったことが導かれるであろう。ヘーゲルはまぎれもなく監視されていたのである。

ホフマイスターの注をこのように削除するやりかたから、さまざまな帰結が生じるであろう。その理由が何であれ――おそらく、編集の手間を省くための配慮だったのではあるまいか――右のようなやりかたは、ヘーゲルが「扇動家たち」に関与したという証言を事実上、取り除く結果になったのである。たとえば、カロヴェについてのきわめて長い注（B2四五五―四六八）の掲載を省くことによって、カレールは読者から、ヘーゲルのこの忠実な友人の蒙った厳しい抑圧をめぐるいっさいの情報を、またコッツェブーの暗殺に関するかれの小論がヘーゲル思想にヒントを得ているという確認を奪ってしまうのである。

かれはまた、フリードリヒ・フェルスターの深刻な幻滅（同上、四四八―四七一頁）についての注も、同じくアスフェルスのそれについての注（B2四三二―四四二）も訳出していない。

のみならず、フォン・ヘニングが義母から受け取った手紙（B2四八二、注九）の内容のために、当初、逮捕されるに至ったことを説明している注（C2三四二）についても同様である。

（C2）巻は三七六頁を数えるにすぎないのに、（B2）巻は五〇八頁も含んでいる。また（C3）は四三四頁であるのに対し、（B3）巻の方は四七五頁である。いささか悪意をこめていえば、人びとはヘーゲルの自由主義的関与を確証するのに役立つ材料を、組織的に隠蔽しようとしていると考えたくもなるであろう。

最後に、謎めいた事柄とはいわないまでも、少なくともひとつの問題が残っていると考えられる。ベルリンにおけるヘーゲルの生活様式を全体的に検討するならば、またかれの過去の政治的、家庭的な面での重荷、表面上は苛立ちを喚起し、内容的には危険を秘めた学説、その「司法上」、「警察上」の活動、さらには非合法的冒険等を検討するならば、次のような問いをみずからに立てないわけにはいかないであろう。すなわち、そのような方面に関与し、固執

*15　本書、第17章、注1、参照。

しながらも、かれはどうして生き残ることができたのであろうか。かれの有名な「庇護者たち」は、そのための役割を充分に果たしたのであろうか。かれの背後に、しかもつねに用心深いかれの背後に、守護天使を想定しなければならないであろうか、と。

錯綜

ヘーゲルの生活の暗い、秘密めいた側面に、および腰ながら言及することを承諾した何人かの歴史家たちは、その点についてのごく大雑把な、しかも疑わしいデータに固執している。かれらはヘーゲルのそうした活動にほとんど関心を示さず、それを哲学者における周辺的、偶然的な活動と見なした。というのも、かれら自身、そのような活動を行なうことなど、思いもよらなかったからである。かれらは思想的にも行動的にも別の世界に生きていたのであって、そうした行為は非常識で、馬鹿げたものに映ったことであろう。

全体として保守主義者であるかれらには、それがどれほど穏健であるにせよ、政治的反対派の立場に真実、身を置くことは不可能であった。なぜならば、かれらは個人的に、そのような態度をとった経験を何ひとつもっていなかったからである。かれらはむしろ、ヘーゲルが、かれら自身の実存的立場を保証する役割を果たしてくれることを望んだ。かれらは、自分たちに気に入っているヘーゲルのイメージを奪い取るような試みに、またかれら自身の研究を失墜させる恐れのある、だいぶ以前に作られたイデオロギー的装飾を引っ繰り返すようなやり口に憤慨した。

かれらによる包囲網ができ上がっていたのである。

ところで、ベルリンにおけるヘーゲルの出版と教育に二つの面——公教的な面と秘教的な面——があるとすれば、かれの生活にもまた区別することのできる、しかもおそらくは対立させることさえできる二つの側面が存在するであろう。いわば提示されている公的側面と、非合法的——この言葉にはさまざまな行動と、いろいろな程度の異なる口の堅さや変装や秘密めいた仕種などが含まれていることを思い出しつつ——としか形容できないような別の側面である。

同時に、こうして区別された二つの極端な側面の中間に、あらゆる種類の移行形態があることを認める必要がある。かれを他の多くの人びとから区別しているのは、さまざまな表象を用い、秘教的なものと公教的なもののあいだに漂う言語を利用し、無謀、慎重、あるいは恐れさえも同時に帯びているような行動を習慣づけているという点である。かれ自身、自分の心をつねに見抜くことができたかどうか、自分の人格の（少なくとも）二つの面を混同しないで済ますことができたのかどうかを考えてみることもできよう。かれはラモーの甥——かれはディドロの記述をより合理的な、しかも著しく思慮深いかたちで引用している——のやりかたを模倣しなかったであろうか。

ヘーゲルだけが、このような状況に置かれていたわけではなかった——二枚舌、二重の言葉遣い、および二重の仕種はすべての人びとに、すなわち上は国王から、下はおそらく一介の農奴に至るまで強制されていたのである。しかしながら、農奴たちはそのようなありかたからいくらかは免れていた。というのも、貧しい人びとはほとんど、嘘をつく必要も欲求もなかったし、かりにそうしたくともできなかったからである。かれらには隠すべきものがなかった。なぜなら、失うものがなかったためである。高貴な人びとについても、ある程度、同じように言うことができる。かれらは率直に、皮肉に、自分たちの悪徳を曝け出したのである。

しかし、レッシングもまた死の前日まで、自分がスピノザ主義者であることを、言い換えれば無神論者にほかならないことを隠している。フィヒテは無神論のスキャンダルが明るみに出たあと、まぎれもなくイェーナを立ち去ることを余儀なくされたが、しかしかれが非難されたのはじっさいには、ゲーテがのちに宣言するように、かれが誠実な良心にもとづいて考えていた内容ではなく、それを口にしたことでもなく、むしろ挑発的と見なされるような率直な態度で、遠回しの表現も決まり文句も用いずに公然と自分の考えを表明した点であった。他の多くの人びとが行なうことができたように、かれは自分の議論を「覆い隠さ」ねばならなかったであろう（C３三〇三）。

ている。

ヘーゲル自身は、他の哲学者たちの推理のうちに、「真面目に受け取る」べきものと、そうでないものとを区別している。

もちろん、臣下のうちでもっとも警戒すべき人びとは知識人であり、なかでも最大限に注意を払う必要があるのは哲学者である。哲学者たちは、犬の追跡を逃れるきつねのように、たえず相手の裏をかくように導かれる。ある人びとは、ヘーゲルの多様で複雑な姿を苦痛に感じながら、それを皮相な見かけの姿に還元し、その下にある襞のない統一性や同一性を明らかにしようと考えるであろう。そうしたやりかたは哲学者の人柄を裏切り、かれの矛盾を、すなわちかれが生き、知覚し、しかもみごとに分析した世界の疎外をほとんど戯画的に反映している矛盾を覆い隠すことにほかならない。ところで、そうした世界とは文化の世界、すなわち終わりつつある十八世紀であり、自己自身から疎外された世界である[16]。分裂し、競争し、論争し、しかも最高度に偽善的な世界——そのなかでかれはときおり、自分自身の抱いているより善い世界についての夢想を軽蔑〔するふりを〕しつつ、生きていかねばならなかったのである。

若干の人びとは、ヘーゲルのこうした多様性を認めるよりも、むしろ二つに分けて考えることの方を選んだ。同時性の代わりに、継起性の方を選んだのである。すなわち、成熟期の保守主義を認めてくれれば、秩序破壊的な青年時代を返してもよいというわけである。お望みとあらば、秩序破壊的な青年時代を誇張してくれてもよいのである。のちの悔悟はそれだけますます明らかとなり、価値あるものにみえるであろう。そのとき、人びとは次のような言葉を口にする。青年時代が過ぎ去ったことを確認しつつ、「青春は過ぎ去る必要がある」と。

しかしながら、このような解釈上の交換条件は、ぺてんにもとづいているというべきであろう。というのも、そのような解釈に従えば、ヘーゲルは成熟期において、すなわちベルリン時代に後悔する気持を受け入れたと信じなければならなくなるからである。ところが、晩年に、かれの意見がたとえ表面的には穏健であるにせよ（しかし青年時代においても、外にあらわれた意見はやはり穏健であった）、かれは秘密の意見を、すなわちまったく反体制的な性格を肯定し、しかもある場合には、弾圧の増大と一般化を考慮すればおそらくいっそう勇気ある態度を示すことになる秘密の意見を見抜くように仕向けている。

ベルリンにおけるヘーゲルの政治的態度については、いくつかのありうべきイメージが、しかしながらこれまでちぐはぐに議論されてきたイメージが存在する。しかも、それらは相互に排除し合うのである。もっとも古く、もっとも一般的に認められた、そのうえもっとも執拗なイメージは、保守主義者ヘーゲル、あるいは掛値なしの反動主義者ヘーゲルのそれである。

ある人びとは、このような政治的方向づけのゆえに、ヘーゲルがプロイセン当局によってベルリンに招聘されたのだと主張するまでになっている。たとえば、このテーゼをあらためて自分なりに取り上げたアルフレッド・スターンは、なんらの独自性も示しえなかった。「ミネルヴァの鳥は夕闇とともに飛び立つ」という有名なヘーゲル的イメージをまったく恣意的に解釈しつつ、かれは次のような文章を付け加えている。「この言葉によって、超保守主義者であるヘーゲルは、プロイセン王政の政策を改革することを目的とした哲学理論の、血気と若さ溢れる支持者たちの気持を挫こうとしたのである。ヘーゲルが一八一八年に、プロイセンの文部大臣フォン・アルテンシュタインによってベルリン大学に招かれたのはそのような役割を果たすためであった[17]」

アルテンシュタインの政策の「反動的」性格と、プロイセン内閣におけるかれの特殊な立場について、われわれはどのように考えるべきかを心得ている。かれはたしかに反動主義者ではなかったのである。けれども、革命と反動の間には距離が存在している。「プロイセン王政の政策を改革することを目的とした哲学理論」——この言葉でスターンは、ほとんどフリースの「哲学」しか思いつくことができない——は、当然のことのようにその功績をひけらかしていたのであろうか。

*16　ヘーゲル『精神の現象学』、前掲書（イポリット訳）、第二巻、五〇頁以下。　*17　アルフレッド・スターン「歴史の不可逆性」、『ディオゲネス』所収、パリ、第二九号、四頁。

これこそ、まったく皮相的で、誤った物の見方である。まず第一に、ミネルヴァの梟はあるタイプの社会の終末を、その飛翔において象徴的に確認しつつ、同時に必然的に、明け方が近づいていることを、また新鮮で若々しい、別の人間的世界の誕生を予告する。第二に、ヘーゲルは間違いなく、その公刊された著作のなかで、いわんやその秘密の戦術において、改革を導入しようと試みた人びとの気持を挫こうなどとは望まなかったのである。かれ自身、そうした改革のいくつかを、なるほどかれ固有の流儀に従って、とはいえ他の多くの人びとにも妥当する方法で推奨したのである。いずれにせよ、たとえかれにそのような役割を負わせた人間がいたとしても、それは知的で、開かれた精神の持ち主で、しかもハルデンベルクの政府のもっとも改革主義的な人物のひとりであったアルテンシュタインではありえないであろう。ベルリン大学に赴任することをかれと同じように望んでいた他の哲学者ならば、事柄をもっとうまく処理することもできたであろう。ヘーゲルが死んだとき、そのようなイデオロギー的役割——これは、ヘーゲル的教育の残滓とできるかぎり効果的に戦うことによってしか、真に実現することも、実行に移されることもありえなかった役割である——を果たすために、ひとりの人物が募集されることになった。

スターンのテーゼは多くの先人たちが取り上げてきたものであるが、あまり本当らしく思われないために、同じ著者が矛盾に気づかずに、この「超保守主義者」が、「理性と、政治的権利の観念の最高の勝利と称えたフランス革命の証人[*18]」だったことを確認しなければならなかったほどである。そうなると、ヘーゲルは神聖同盟の支持者であると同時に、この神聖同盟がはっきりと根絶しようとしていたフランス革命のさまざまな帰結の支持者でもあり得たことになってしまうのではあるまいか。驚くべきことは、ヘーゲルがフランス革命に対するそうした賛美を公然と、ベルリンの講義のなかで表明しえた点である。もちろん、最悪の報復を回避させるはずの埋め合わせによって、そのような賛美との釣り合いをとったうえでの話であるが。

別の例を挙げれば、歴史家フリントは、ヘーゲルが「保守主義と順応主義を実践し、自由主義者と改革主義者を告発し、反動的政府を拠りどころにした[*19]」と主張している。フリントは、このような議論を確認できる資料を、いったいどこで見つけたというのであろうか。プロイセン政府は、もっぱら反動的だったわけではないし、ヘーゲルは一時的にせよ、その政府の改革主義的分派によって支持されていたのであり、かれ自身も頻繁に、自由主義者、異端者、秩序破壊者として告発されたのである。フリントはこの場合、『法の哲学』の「序文」の一句だけを念頭に置いているが、その文章はかなり多義的であり、しかもフリースの言説に照準を定めたものなのである――ところで、フリースは若干の政治的功績を有した哲学者で、観点によってはその自由主義的性格を確認することはできるが、しかし逆に、その幼稚で、激しい反ユダヤ主義や、盲目的なフランス嫌いを否定すべくもない哲学者でもある。

もうひとりの歴史家F・シュナーベルは、「ヘーゲルがこの作戦のすべて（そこで問題になっているのは、プロイセンにおける〈扇動的陰謀〉の政府による弾圧である）の面で、国家の権威と国家理由の側に確固として立っている[20]」とあえて主張することで、ほとんどグロテスクともいえる段階に達している。確固として、とはなんという言い種であろうか。

とはいえ、厳密には反体制の側に立つことなく――というのも、「扇動家」の態度自体、その多様性、可変性、異質性、混同性等によって特徴づけられているからである――しかもヘーゲルはほとんどつねにかれらの傍に身を置いていたのである。だが、かれらすべてを同時に支持することは不可能であった。かれらは相互に矛盾していたからである。けれども、かれらのひとりだけを全面的に肩入れするわけにもいかなかったであろう。なぜなら、かれらのそれぞれは、互いに矛盾する意見を主張していたためである。

逆説的にいえば、ヘーゲルを非難した人びとは一般に、他の人びとが自分たちのうちにあるとははっきりと認めていない傾向を、あるといって断罪するような気取った態度をとる保守主義者にほかならない。

けれども、他の点では「進歩主義者」であることを望んでいる著作家たちもまた、奇妙なことに判断を誤ることが

---

*18 同書、同頁（スターン）。 *19 ロバート・フリント『ドイツの歴史哲学』、カロー訳、パリ、一八七八年、一三六頁。 *20 フランツ・シュナーベル『十九世紀ドイツ史』、フリブール、一九四九年、第二巻、二六一頁。

ある。かれらはヘーゲルのうちに、自分たちの同類を認めることができないのである。さほど厳しくない時代に採用され、表明されたかれらの断固たる態度と比較すれば、ヘーゲルがどれほど臆病にみえようとも、やはり同類であるはずなのに。たとえば、パウル・ライマンは一九五六年に、次のように公然と批判している。「ヘーゲルがその時代の政治生活のなかで演じた反動的役割は……[*21]」と。

エンゲルスははるか昔、資料がまだ不完全であった時代に、ヘーゲルの学説が「いわば、プロイセン王国の公認哲学の地位に高められた」と主張することによって――その語り口はなるほど逸話ふうではあるが――〔そうした不当な〕状況を軽減させるのに貢献している。しかし、何を根拠にして、かれはそのような主張をしたのであろうか。やがては事態の変化によって乗り越えられてしまう政府の一分派だけが、ヘーゲルの教えを承認し、あるいは許容したのであった。この相対的で、部分的な恩恵は、ほとんど長続きしなかった。国王や、王太子や、政府の他の人びとや、宮廷についてはどうであろうか……。

国王、アルテンシュタイン以外の大臣たちあるいはまた高位高官たちが、ヘーゲルのために発言したことが一度でもあったであろうか。たしかに、ヘーゲルは一八三一年に赤鷲勲章を授与されている。しかしながら、そのような勲章〔を授与される権利〕を、きわめて高い地位にある官吏から、あるいは非常に注目すべき哲学者から適切な方法で奪うことができたであろうか。

ヘーゲルは、ベルリン・アカデミーにけっして迎えられることはなかった。また、かれが『年報』のために要請した公的援助もうることができなかった。そして、かれの出版物は検閲を免れなかった。王室は、一度しかかれを食卓に招いていない。しかも、不愉快なことをいうために……。

リュシアン・エールが、『大百科事典』の注目すべき項目――それは、ヘーゲル哲学をフランスに紹介するのにみごとに貢献している――のなかで、いささか慎重さを欠いて、次のような中傷を撒き散らしたのは驚きに値する。「かれの学説が、幸運にも急激な勝利を収めたのは、プロイセンのおかげであることは異論の余地がない。要するに、かれの学説は公式の、強制された学説であり、かれ自身、異端者たちに対して国家の自己満足的権威をもちだすことになんのためらいも覚えなかった」と。そして、ヘーゲルを擁護するふりをしながら、リュシアン・エールはよりいっそう決定的に、哲学者をその哲学そのものにおいて断罪する。「しかし、かれがその哲学を、歓心をうるために、あるいは卑屈な気持からプロイセンの権威主義に奉仕させたというのは正確ではない。復興されたプロイセンの権威主義的王政と官僚主義は、政治的には完全ではないまでも、少なくともその体制から帰結する政治的な考え方にもっともよく適合した制度としてかれの眼に映ったのである。[*22]」

かれはプロイセンの政治的現実に満足する必要はなかった。政治的現実の方が、かれの心に応じて、ただちに語ってくれたのである。

ヘーゲルがベルリン大学に任命されたという事実が、かれの学説の栄光におおいに貢献したことは疑いない。まったく別の人物がかれの立場にあったならば、同じような利益を享受したことであろう。けれども、ヘーゲルが逆に無視しえないほど、ベルリン大学の栄光に貢献したと付け加えれば、右の確認を補足することができるであろう。そのうえ、いっさいの誇張を警戒する必要がある。というのも、かれのじっさいの成功は、それほどかくかくたる勝利とは言えないからである。かれ以外の人びとの方が、講義の受講者数の点で、公刊された書物の部数の点で、ジャーナリズムの反響の点で、また給料の点で、より多くのものを獲得したのである。

かれがベルリンに任命された主たる理由のひとつは、当時の基準からみて、明らかにかれが最善の人物だったからであり、人びとがただちにそのことに気づいたからである。今日、いろいろな人びとがかれの作品についてどのような判断を下すにせよ、それは当時において、一般に哲学と見なされてきた領域のなかで、しかもほとんどすべての人びとが哲学について抱いてきた概念内容からいって、他のいかなる作品にも劣らぬものであった。もっとも偉大なか

*21 パウル・ライマン『ドイツ文学の主要潮流、一七五〇—一八四八年』、一九五六年、五三三頁。 *22 リュシアン・エール。『大百科事典』、第十九巻、九九八頁。

れの同時代人を数え上げてみよ。たとえば、クラウゼ、ヤコービ、フリース、そしてシェリングすらも、かれには及ばなかったのである。

かれらのうちの誰をとっても、ヘーゲルに比肩しうるためには何かが欠けている。かれはベルリン大学に任命される以前からすでに、のちに偉大な古典となる重要な諸著作によって知られていた。すなわち、『精神の現象学』、『論理学』、そして『エンチクロペディ』である。それらの作品のどれひとつをとっても、豊かさの点で、多様性の点で、網羅性の点で、また深遠さの点で他の人びとの作品に優っていた。しかもそうした事実は、かれの作品をまったく理解していないが、しかし理解しようと努めている素人の眼にも、また半分しか理解していない専門家――だが、その半分でもかれらには充分だったであろう――の眼にも同じように明らかなこととして映ったのである。

アルテンシュタインは文部大臣として、ベルリン大学にもっとも学識ある、またもっとも革新的な精神の持ち主を供給するという国民的義務をもっていた。かれはその義務に喜んで従ったが、それは、この義務が同時にかれの個人的な関心でもあったからである。王朝の利害をもちだすまでもなく、そこでは学生たちの利害や、プロイセン国家の威信が問題になっていたのである。

反動的政府（ハルデンベルクの政府は、完全にはそのような性格をもってはいなかった）は、さまざまに対立し合う圧力に譲歩するものである。教育に関していえば、反動的政府は、従順で、服従的な奉仕者だけを、しかもとりわけ影響されやすい一部の国民である学生たちを都合よく方向づけることのできる奉仕者だけを集めたいと願うものである。

しかし同時に、反動的政府は、規範を何がしか尊重しなければならないという、あるいは尊重しているように見せかける必要があるという国民的役割も与えられている。反動的政府はそのうえ、自国が他国に優越することを望むものである。かれらは、「公共の善のために」働いていると思われることを欲している。のみならず、凡庸な官吏だけを集めるとすれば、かれらは信用を失い、いっさいの影響力を喪失するであろう。学生たちは力量をもつ先生を要求し、そうした力のある教師の影響しか受け入れない。ヘーゲルは、哲学という領域において最善の人物と見られており、哲学者としての卓越した資質を引き続き立証しようとしていた。なるほど、プロイセンの官吏は国王とその政府に完全に従属していたが、しかし、比類ない弁証法的相互関係によって、政府自体もまた何がしか官吏たちに依存していたのである。

非合法活動

ヘーゲルの思想や活動のうち、一般の人びとの眼に触れないある面が存在する。それを形容するとすれば、非合法的としかいいえないような側面である。それは、こうした特殊な観点から性格づけるのにふさわしいものであろう。たしかにヘーゲルは、少なくとも人に知られているかぎり、完全にアウトサイダー的な生活を送ったことはけっしてなかった。たとえば、偽の口ひげや、偽の身分証明書、あるいは偽の住所、等々である。けれども、かれ以前の他の多くの哲学者たちと同様に、かれは当局に対して自分の思想や執筆したもの、あるいは行動のあるものを隠していた。当局が、それを察知すれば、断罪や弾圧を行なったであろう。一方、若干の伝記作者たちは、ヘーゲルによるこうした隠蔽工作そのものを隠蔽しようと試みている。かれらは、そうした面があらわになることを恐れている。というのも、正しいにせよ、誤っているにせよ、このような暴露によって、かれらがヘーゲルの哲学説そのものに与えると称している輝かしい、秩序立った、しかも賢明なイメージが乱されるものと見なしているからである。すでにこの学説のもつ外見上の二重性に悩まされてきたかれらは、あたかも戯れのように、不可解な実存的付属物をそれに付け加えるなどという関心を抱かないのである。

ある歴史家の眼には、最近発見され、提示された豊かな秘密の宝庫は、さらに別のものを見出す希望を与えてくれるようにみえる。反対に、他の人びとにとっては、収穫があまりにも豊かなために、鉱脈がすでに尽きているのではないかと思われるほどである。

もちろん、このような探究においては、すべては非合法活動という言葉に与えられる意味内容とその範囲次第であろう。その言葉をもっとも広い意味で、それゆえ、いくらか近似的な意味で解釈するならば、既成の政治的、司法的権威の眼を逃れているいっさいの著作や行動、しかしながら若干の消息通には、たとえごくわずかにせよ、限定された枠内で伝えられているようないっさいの著作や行動は非合法的と見なされるであろう。権力によってそれが察知されれば、禁止や押収や抑圧を引き起こしたことであろう。その隠蔽は部分的なもの、方向づけられたもの、あるいは一面的なものでしかなく、また著作や行動は若干の証人ないし確認可能な結果をもつ必要があろう。さもないと、じっさいには偶然に起こったこととはいえ、それらの著作や行動はわれわれの認識にとっては無であり、また存在しなかったことになるであろう。

以上のような概括的な性格に従っていえば、ヘーゲルは次から次へと、あるいは同時に、可能なほとんどすべての非合法的流儀を——もっとも極端なものは除いて——活用したということができよう。かれはこの戦術を明敏に、しかも執拗に実行したというべきであろう。

＊

ヘーゲルは、素朴な人間というわけではなかった。非常に早い時期から、世の中の卑劣な言動や罠に通じていたからである。とはいえ、みずからの救いに完全に絶望することもけっしてなかったのである。多かれ少なかれ残酷で陰険な、さまざまな体制の抑圧のもとで、多種多様な脅しと拘束の手法に直面してきたかれは、敵に向かい合ったときに真実を隠すという緊急の義務を、言い換えれば当時の知識人たちが他の多くの時代の知識人と同様に、落ちぶれるか、滅亡するかを迫られて服従せざるをえなかった義務を、早い時期から身に付けてきた。知識人たちは別の方法では、厭わしく、また嫌悪すべき力への惨めな服従を、あるいは隷従的順応主義を回避することはできなかったのである。

このような非合法活動は、たとえどれほど臆病な形態をとっていても、危険なしに済ますことができるような性質のものではなかった。ヘーゲルはその危険を冒すことを引き受けたようにみえる。しかしそれでもなお、充分なる慎重さをもって、また大胆な飛躍とおずおずとした退却の交差する独自の手法で、しかもかれが生き残らなければならない社会環境と決定的に断絶してしまうことなしに。かれの広範な公的活動——明らかによく知られている活動——と比べて、またかれが表明した権威ある哲学と比べて、非合法的領域の割合がどのくらいであるかを、たんなる指標程度にせよ規定することは不可能である。いずれにしても、かれがそのとき隠蔽しようとした事柄のうちで発見されたものがあるという事実は、そうした隠蔽工作が可能であったことを充分に示している。

このようなヘーゲルの非合法活動は、当時の哲学者たちのうちでほとんどかれだけにしか関わりをもっていないという事実によって、特別の意味を帯びている。カントは、称賛に値はするが、しかしさほど豊かな内容を含んでいない隠しごとをみずからに許した。ラインホールトは、半ば秘密のフリー・メースン的、啓明主義的要素のうちに巧妙に閉じ籠るという態度をとったが、しかしそれによってかれが明確に非合法的な活動に導かれたわけではなかった。

ヘーゲルの行動の例外的な性格を評価するためには、それを、近代のもっとも有名なかれの後継者たちの行動と比較してみる必要がある。フッサールや、ベルグソンや、ハイデッガーの生活のなかで、その当時、政治当局の冷淡さのために、あるいは政治当局の承認や、時には励ましをともなうことがあったにしても、公表不可能なものは何ひとつ見出せないであろう。何かの秘密な行動を、あるいは禁止された、秩序破壊的な行動をかれら哲学者のせいにするなどということを、いったい、誰が思いつくであろうか。

ところがヘーゲルに関しては、人びとは一般にその点における長い伝統に従って、かれのことを「順応主義」とか、「隷従的態度」とかいって非難する。だが、検閲官たち〔今日、かれの作品を検閲し、批判し、その隷従的態度を非難する批評家、解釈者のこと〕は一般に、かれら自身が権力当局への順応主義からいささかなりと距離を置いていることを、あるいはまた不服従の努力をしていることを証明しえないであろう。いずれにせよ、ヘーゲルをそのことで非難したり、称えたりするとすれば、かれはこの観点からして比類のない存在ということになるであろう。かれよりもいっそう大胆で、しかもそのためにかれが称賛している十八世紀フランスの哲学者たちは別として。[*23]

歴史家たちはおうおうにして、ヘーゲルの生涯のどの時期を選んでも、かれの思想が真に革命的な性格をもつという考え方に異議を唱えている。より頻繁に見られる現象は、さまざまな事実の明証性に促されて、秩序破壊的な青年時代があったことを認めるというやりかたである。とはいえ、生涯の最後にあたるベルリン時代には、ヘーゲルは青年期の発泡性のワインを、塩水を含んだ水に代えたのであり、支配的な政治、宗教制度に心から、しかも気楽な気持で順応したのではないか、というわけである。ハイネですら、臆面もなくそのことを仄めかしている。

大部分の「青年ヘーゲル派」は、そのような偽わりの意見に与していた。かれらはヘーゲルのうちに、比較的、保守的な著作では隠されている、より大胆な思想や行動を想定する必要はないと見なしていた。これらの著作を文字通りに、すなわち師の最後の思想を真に表現するものとして考えるべきだとしたのである。マルクス自身も、そうした評価の反響を留めているが、しかし、それはかなり曖昧な言葉で語られている。「宗教や国家などに関して、ヘーゲルが順応的態度を示したのは、問題にはなりえないであろう。というのも、そうした嘘は、かれの原理そのものの嘘にほかならないからである。[*24]」もしヘーゲルが嘘をついているとすれば、かれは自分自身を否認することになるであろう。それは、ほとんどカント的ともいうべき、きわめて単純な嘘の観念を抱くことである。むしろ自分自身を否認しないために、ヘーゲルは強力で、ためらいを見せない敵たちに嘘をつかざるをえなかったのである。かれ以前に、スピノザ、ヴォルテール、ディドロがやっていたように……。

じっさいのところ、青年ヘーゲル派は、今日われわれがヘーゲルの青年時代について知っていることをほとんどまったく知らなかった。それは、ヘーゲルがベルリン大学でかれらを教えていたときに、かれらに対してもまた隠していた事柄があるのを別にしても、そうだったのである。かれらは講義を聴きながら、ヘーゲルがみずからのペンで

「国家は消滅しなければならない」[*25]と書いていたことをはたして想像しえたであろうか。

その計画〔国家の消滅〕を、テュービンゲンの三人の若きアナーキストたちは公表しなかった。それも、むべなるかなである。しかし、かれらはその計画を、他の誰にも伝えなかったのであろうか。いずれにせよ、かれら三人はそれを、一種の秘密結社のようなかたちで共有したのである。とりわけ、当時、政府が「世界市民主義《コスモポリティスム》」と非難していたものをあらわしているこの種の命題のせいで、一七八四年にバイエルンの啓明結社が禁止され、弾圧されたのであった。ヘーゲル、ヘルダーリン、およびシェリングが、国家の消滅というかれらの要求を公表するのを「差し控えた」ということはできないであろう。このような暴露はじっさいには不可能であったばかりでなく、それを洩らそうという考えさえもかれらには思い浮かばなかったのである。

ヘーゲルがテュービンゲンやベルンで、あるいはフランクフルトで執筆したテキストは公刊できないものであったが、それは、容易に訂正可能な執筆上の欠点からくるのではなく、それらのテキストのもつ異端性、強烈な政治性、さらには大胆な哲学性に由来していた。たとえば『イエスの生涯』のように、ある種のテキストは念入りに、しかも優雅に構成され、執筆されているが、しかしその作品が明らかになれば、スキャンダルを巻き起こし、厳しい断罪を招いたであろう。

ヴォルフはハレにおいて、それよりも些細な理由で、絞首刑の脅しを受けた。イェーナでのフィヒテの言明は、大がかりな「無神論論争」を引き起こし、結果的に哲学者の逃亡をもたらしたが、それでも若きヘーゲルの言明に秘められている徹底性には及ばなかったのである。若きヘーゲルがそれらの言明をみずからのために、また友人や知り合いのために隠蔽することを選んだ理由が理解できよう。とはいえそれらの内容を、少なくともヘルダーリンやジンク

*23 ヘーゲル『哲学史』（ガルニロン訳）、前掲書、第六巻、一七一四―一七四八頁。ヘーゲルは、フランスの哲学者たちの「偉大な才気、激しさ、情熱、勇気」を称えている（一七二五頁）。 *24 マルクス『一八四四年の草稿』、エミール・ボティジェリ訳、パリ、社会出版、一九六二年、一四一頁（修正）。
*25 本書、第16章、注35、参照。

レールに（フランクフルトにおいて）、あるいはシェリング、ニートハンマー、フロムマンに（イェーナにおいて）、またかれの妹に、そしておそらくはゴーゲル、クロイツァー、ガンス……にさえも読んで聞かせなかったとは考えられないであろう。それぞれの人びとは不安な気持を抱いて、知的環境とそれに活気を与えている人物たちを承知しつつ、ヘーゲルの秘密の著作、あるいは秘められた著作を普及することに心からの確信をもつであろう。

もっと明確なかたちで、しかしながら、別の意味で非合法的性格を帯びているのは、ジャン＝ジャック・カールの『書簡集』の注釈付き翻訳である。[*26] この件に関しては、種々の非合法活動のみごとな集積を確認することができる。要するに、ヘーゲルは「ベルンの閣下たち」や、著者の祖国の当局者たちから厳格に禁止されている著作を、研究対象にしているのである。その著作はフランスにおいて、まったく革命的な体制の手で、ある種のジャコバン派からみてもあまりに秩序破壊的であり、ヨーロッパにフランス革命の有名な「宣伝」を組織的に導入すべきであると確信している体制の手で出版されたのである。ヘーゲルはその翻訳を出版者のイェーガーに預けたが、この人物はあまり知られておらず、アウトサイダー的存在だったので、かれについて多くのことを言うとすれば大変興味深いことであろう。ヘーゲルのこの作品については、一八三四年に至るまで、実際的にも建て前的にも知られていなかった。さらに、それの正確な意図も、ありうべき出資者も、配本の範囲や部数も知られていない。現在では、世界中で三部しか残っていないのである。ヘーゲルのこの企ては、二〇〇年後のいまも完全に謎として留まっている。

その著作は純粋に理論的、「学術的」なものではなかった。それはむしろ、政治的効果を望んでいた。それは、次のような脅しを振りかざす作品だったのである。「汝らは警告を受けたり。正義を学ぶべし、と。」しかもその脅しは、いまなお確実に、あるいは正確に特定できないある国々の政治家や指導者たちに向けられたものである……。

厳密な定義からいえば、よりいっそう非合法的であるのは一七九八年の例の「攻撃文書」、すなわち政治的びらである。それは公表不能であるがゆえに未刊に終わったが、しかし「友人たち」には伝えられた。かれらは友人というよりむしろ共犯者であるようにみえるが、政治的に時宜を得ているかどうかの理由で、公刊を思いとどまらせたのである。このびらは、ある種の場所で回覧されている。それにはたとえば、「さまざまな政治的交流」による非公式の伝達や、協議会、おそらくはまた協同組合などが含まれるであろう。ヘーゲルは「何人かの友人に手紙で相談」[27]したあと、それを公表しないことを決意した。もちろん、その手紙は当の文書よりも必然的に非合法性の程度が高かったために、保存されることはなかった。むしろ、名宛人自身の手で、読後、廃棄されたのである。それほど効果的な影響をヘーゲルに与えるとしたら、かれらはいったい何者だったのであろうか。

われわれは、明白な事実に従わねばならない。すなわち、一八〇二年まで、したがって三二歳までヘーゲルは危険なテキストしか執筆しなかったが、しかしそれらのテキストを、われわれにはその数すら知られていない選ばれた読者に知らせることを控えはしなかったという事実である。

けれども、ベルリンの警察官や判事たちは、一八一九年に、あるいは一八三〇年に、ヘーゲルが二十歳のときに、また三十歳のときに、五十歳ないし六十歳となったいまでは学生たちに控え目なかたちで提示している議論をかたくなに保持していたことを知らされたならば、いったいどのように考えたことであろうか。

そのとき、いわゆる「理に適った」テーゼがおのずから姿を現わすであろう。すなわち、このような品行方正に欠ける訪問の繰り返し、あるいは秩序破壊的な言辞、そして異端的な推理は、青年時代の、しかも不当に引き延ばされた青年時代の夢想にほかならないというテーゼである。人は学生には——遅れてやってきた学生であっても——すべてを許すものである。ヘーゲルがベルリンできわめて品行方正な、また政治的にも宗教的にもきわめて正統な、しかも陽のあたる場所に立つ哲学者となるときに——悔い改めたあとに——これらの悪癖はすべて匡正され、またこれらの過ちはすべて消滅するというわけである。

けれども、そのようなベルリン時代のヘーゲルのイメージは偽わりである。ベルリン時代においても、別の条件——それは他の時代に準備されたものであったが——のもとで、ヘーゲルはやはり以前と同じ疑いを招きそうなさま

*26 本書、一九〇—一九六頁、参照。　*27 クーノー・フィッシャー、前掲書、五五頁。

ざまな関係を結び、不安を与えるような脅しの言葉を口にし、異端的見解を告白したのである。ただし、つねに慎重に、しかも秘密めいた方法で。

とりわけ、なんの義務もないのに、かれは学生連盟の問題にたえず関わりをもっている。青年時代のちょっとした過ちにほかならなかったと思われる事柄について、場合によっては後悔の気持を抱くことがあったとしても、だからといってかれがよりいっそうの留保や回避の態度へと導かれることはなかった。むしろ反対であったといえるかもしれない。ここでは、かれは限界に軽く触れていたのである。しかもそれは長い経験のおかげであり、また原因を熟知したうえでのことであった。

川面にて

学生連盟に対するヘーゲルの関心、「扇動家」訴訟問題における執拗なとりなし、あるいはまた「クーザン事件」への関与は、あらゆる種類の秘密の会合を想定させるであろう。しかもそれはたんに秘密の集会というだけでなく、危険な打ち明け話や大胆な方策などをも推測させるのである。

この観点からすると、いかなる出来事に、またいかなる冒険に、模範的な性格を認めるのが望ましいのであろうか。もう一度、あらためて選んでみる必要がある。

ローゼンクランツの報告しているヘーゲルの自発的行動は、ベルリンにおけるヘーゲルの振舞いの、おうおうにして明確な非合法的性格を証明している。ローゼンクランツの話はことのほか興味深くみえるが、その理由は、かれの話が読者に対して、明白で確実な事実の回想と、かれがその事実について提示ないし示唆している解釈――興味深いけれども、明らかに矛盾した、しかも根拠の薄弱な解釈――とを区別するという課題を強いるからである。そのすべてが奇妙な感覚を呼び覚まし、しかもそれがヘーゲル教授に関係することかもしれないという印象をすでに与えているのである。

ローゼンクランツは哲学者のある企てを語っている。それは大胆さの点で、青年時代に自由の樹を植える示威行動に参加したり、革命的攻撃文書を匿名で出版したりしたことをはるかにしのぐものである。それは、老ヘーゲルがまだ勇気と活力をもっていたことを証明している。

まず最初にローゼンクランツの文章を引用して、その特別な、おそらくは意図的な不統一を明らかにし、そのあとで合理的な教訓を引き出すことが肝要であろう。

次の文章はローゼンクランツが一八四四年に公表したものであるが、われわれはそれに留意事項を付したいと思う。

「ヘーゲルの好意は、ここでは冒険の限界にまで引きずられることになった。その点について、ちょっとした例〔ちょっとした例とは！〕を挙げてみよう。かれのさまざまな政治的関係のせいで、聴講者のひとりが、背後にシュプレー川をのぞむ憲兵隊の牢獄に入れられることになった。囚人の友人たちは、かれとコンタクトをとろうとした〔いったい、どのようにして？〕。そして、かれらが正当にもかれのことを無実と見なしていた——しかも、それは調査の示したところでもある〔プロイセンでは無実の者を逮捕するのであろうか？〕——という事実から、かれら友人たちはかれに共感の気持を伝えようとして、深夜に船で独房の窓の下を通り、話を交わそうと試みた。その試みは、すでに一度成功していた〔なんと、再犯なのである！〕。そして、かれと同様にヘーゲルの聴講者であった友人たちがヘーゲルにその顛末を知らせることができたので、ヘーゲルもまたその遠征に参加する決意を固めた。歩哨の銃弾が放たれていれば、扇動家の改宗請負人〔ヘーゲルのこと〕から、その後のいっさいの努力を奪い取ることになったであろう。水上で、その状況についての奇妙な感情がヘーゲルの心を捉えたようにみえる〔ただそれだけのことであろうか？〕。じっさい、船が窓の前で止まったとき、会話が始まったはずであり、しかもそれは用心のために〔誰に対する用心であろうか？〕、ラテン語でなされたはずである。だが、ヘーゲルは若干の他愛ない漠然とした話だけで満足した。たとえば、かれは囚人に次のような質問をしたのである。〈いま、わたしを見ているか〉と。ほとんどかれに手を差し延べることができるような状況だったので、その質問には何かしら滑稽なものが含まれていた。そのため、おおいに陽気な気分をかもし出すことになった。ヘーゲルは帰る途中、ソクラテスのような冗談を口にしながら、そうした陽気な気分を〔学生たちと〕共有したのである。」（R三三八）

ヘーゲルがいろいろ用心をしていること、かれがさまざまな危惧の念を味わっていることは、〔囚人をひそかに〕訪れることのもつ非合法的性格を充分に証明している。権力は、改宗請負の任務を帯びた者、あるいは「従順な者たち」には、囚人にもっと簡単に近づくことのできる方法を按配したであろう。

ローゼンクランツは、ヘーゲルのこうした企てを紹介するにあたって、その口実として「好意」をもちだすことで、われわれにその企てがあたかも美しいものであるかのように見せているのである。のみならず、青年時代に自由の樹の前で踊るように「誘い込まれた」のと同様に、かれがその企てに「誘い込まれた」と思わせることによって……。

要するに、かれはいつも巻き込まれるような人間ということになるであろう。

冷静沈着で、知的で、経験豊富な教授の代わりに、どんな影響にも敏感で、しかも「親切な」一種の操り人形というわけである。一方、これに比べてかれの同僚たちはすべて「不親切な」人間と考えられねばならないであろう。人は、犯罪者と見なすような人物に対して、好意的な姿勢を示すことはできないであろうし、囚人をひそかに、夜間訪れることを散歩のように解釈することもできないであろう。ヘーゲルは、大胆な哲学者のために「歩哨の銃撃」を恐れるローゼンクランツと同様に、自分の行なっていることをよく承知している。しかも、陰謀の加担者たちが、牢獄内部でのなんらかの共犯的措置や寛大な態度を確信していたのではないかと考えるのを避けるわけにはいかない。

囚人に対するこの種の示威行動や共感のしるし――これは囚人にしかわからないものであろう――は、完全に学生連盟員たちの行動スタイルに入るものである。すなわち、期待しうるじっさいの成果とは釣り合いのとれない危険を冒すような、政治的現実感覚の欠如した、かれらの大義の現実的進歩には無益な行動である。

いずれにせよ、それらの事実が警察の耳に入れば、必ずや明確な、しかも重大な結果をもたらすであろう。というのも、ヘーゲルと学生たちの行為は、明らかに法律や規則に違反しており、犯罪的としか見なしえないものだからである。そのうえ、あらゆる種類の事態を悪化させる状況がそれに付随しているが、それには容疑者の異例ともいえる資格が含まれている。すなわち、王立大学の教授という資格と、「悪者たちの集まり」という性格である。

ヘーゲルは、容疑者たちがさほどの理由もなしに投獄されることをよく承知している。そしてすでに、かれはそのような容疑者のひとりを訪れているのである。じっさい、そこで問題になっているのは、かれの復習教師であったフォン・ヘニングであると推測することができよう。かれは一八一九年に逮捕され、長期間にわたって投獄されたが、この人物の運命についてヘーゲルはニートハンマー宛ての手紙で言及している（一八二一年六月九日付）。「……一年前から、ある復習教師がわたしの講義のために預けられました。かれの役目はわたしの講義に出席して、その講義に関する週四時間の復習授業を行なうことであります。それで、年四〇〇ターレルの待遇となります。かれは扇動的な意見の持ち主であると疑われたために、一〇週間ほど投獄される羽目に陥りました。獄中では、昼も夜も、かれのそばで憲兵が見張っています。」（C2二三八）

ローゼンクランツが用いている「さまざまな政治的関係」という表現は、無意味な言葉ではない。反対派ないし反体制派はほとんど手柄を立てず、たいしたこともやっていないが、しかし行動する気持があるので嫌疑をかけられていたのである。それゆえ、いささかでも体制順応的でない意見を示す徴候があれば、かれらは逮捕されてしまった。そしてとくに、警察と司法は陰謀や秘密結社が存在するという考えにとりつかれていたが、そうした陰謀や秘密結社は、同じ意見をもつ諸個人間の「関係」を観察することによってしか明らかにしえなかった。

もし夜間の訪問者たちが警察の抜打ち捜査を食らっていれば、ヘニング事件はきわめて重大な結果を蒙っていたであろう。というのも、その場合、「さまざまな政治的関係」や「疑わしい結びつき」という非難――これには、大学の教授も含まれている――が、そのことによってじっさいに確認されることになるからである。

もちろん、ヘニングは「無実」ではなかった。そこではつねに、同じような思い違いが問題になっている。ローゼンクランツは他の多くの人びとともに、かれらの規範に従えば、またかれらの判断によれば、「無実」である人びとは警察や司法をなんら恐れる必要がないことを理解させようとしている。一方、警察や司法にとっては、有罪なのはまさに愛国主義者、立憲主義者、そして自由主義者たちのこの「無実」にほかならない。レーオポルト・ヘニングが、投獄されていた時期に断固たる反体制派であったことにはいささかの疑いもないであろう。

このような驚くべき状況におけるヘーゲルの立場を形容するために、ローゼンクランツはその話のなかに「扇動家たちの改宗請負人」という用語を導入したが、これが成功を博することになった。かれがその用語を完全に真面目に考えていたかどうか、あるいはそれを二重の意味に理解していたかどうか、さらにはまたそれをある種のイロニーで包んでいたかどうかを決めるのはむずかしい。いずれにせよ、まことに残念なことに、この用語はその後、自由主義者や反体制派に対するヘーゲルの全体的な態度を示すために使われることになったのである。

ところで、ローゼンクランツの話は、明らかに次の点を立証している。すなわち、これら夜間の訪問者たちにとって、投獄されている仲間を「改宗させる」ことも、また反抗者を悔悟者に変えることもまったく問題ではなく、むしろ反対に、かれらがかれの眼や耳にあらわそうと望んでいるのは、かれらの一体性と連帯感——共犯関係とまではいわないにしても——にほかならない。なぜかれらは、ラテン語で話さなければならないのであろうか——人を小馬鹿にしたようなやりかたで——もしかれらの言葉が鎮静と回心のそれであったとするならば。

いずれにせよ、その囚人はのちになって、ヘーゲルのような人物を「扇動家たちの改宗請負人」とは見なさなかった。もちろん、ヘーゲル自身もけっしてそのような形容語を用いることはなかった。

この冒険談はまた、その秩序破壊的な内容を越えて、ヘーゲルが学生たちとともに生きた親密関係と信頼関係を明らかにしている。学生たちが、かれの考え方の全体的な方向を知らなかったとすれば、あるいはそれを見抜いていなかったとすれば、かれらはそのような遠征に参加するようにかれを促すことはなかったであろう。

ローゼンクランツはその話によって、最近起こった出来事を報告しているのである。シュプレー川までヘーゲルに同行し、かれといっしょに牢獄の付近に到達した学生たちは、そのときまだ現存している。おそらくローゼンクランツ自身、学生たちのなかに含まれていたのであろうが、かれはそのことを告白する気持をもっていない。囚人もまた証言しようと思えば、できたであろう。とりわけ、その話のなかで本当にフォン・ヘニングが問題にされているのであれば。誰ひとりとして、この話を否認した者はいなかった。実行行為者たちも、ヘーゲル夫人も、そして彼女の息子たちも。これほど確証されている事実は、ヘーゲルの生涯のうちでも少ないであろう。

こうした状況においては、かれの予備的な指示に信頼を置くことしかできまい。すなわち、「冒険の限界にまで引きずられることになった」ヘーゲルの、この「好意」の「ちょっとした実例だけを示そう」と。もちろん人びとは、ローゼンクランツがもっと「重大な」他の「実例」を、いっさいの慎重さを無視して、おそらく合法性の限界をなおいっそう飛び越えるような「実例」を示してくれることを望んだであろう。しかしながら、これらの言葉はたぶん、修辞上の言い回しにほかならないのではあるまいか。

「国家の哲学者」の影像は次第に崩れていくのである。

第16章　二重の言葉遣い

「かれには、自分の考えを包み隠す習慣があった。ときおり、それをあまりに見事にやってのけるので、もはや人びとはかれの考えがわからなくなっていた」(シェルビュリエ)[1]

ヘーゲルは、自分の考えを真面目に表現しているのであろうか。われわれはこの点についていっさいの不安を免れ、公刊された作品をありのままに読むことに満足する権利をもっている。というのも、作品をありのままに読むこと自体、すでに苦しい作業だからである。それらの作品はかなりの内的矛盾を示しており、しかも異なる版に分散しているために、想像力と考察力を疲弊させてしまうのである。そのとき、人びとは哲学者が最終的に何を考えることができたかという問題を無視し、それに近づくことは不可能であると言明するようになる。哲学は誠実さを必要とせず、むしろ快適な読書を提供し、著者の知的妙技を称賛する機会を作り、また個人的反省に対するさまざまな口実に富むものである、というわけである。

そうなると、ヘーゲル哲学をめぐって提示された全体的解釈のひとつを、それらの解釈に共通する不充分な面があるにもかかわらず、自由に選択し、検証や明確化のいっさいの努力を空しいものと見なす権利があることにならないであろうか。怠惰な気持のために、たとえ異議を唱える不満の声があちこちから上がったとしても、ひとたび確立された事柄には満足してしまうように導かれるのである。

このような静寂主義的態度を維持することはむずかしい。それほど、ヘーゲルに関する研究は数多く、しかも心配の種となる多様性に満ちている。この多様性はたしかに、注釈者の独自性と、かれらの研究の変化に富んだ状況に由来している。けれども、哲学者自身の責任も否定できないであろう。各人は自分自身の哲学的立場にヘーゲルを引きつけようと試み、それはそれで相対的に成功しているが、しかし、ヘーゲルがそうすることを促しているのでなければ、誰しもそのような試みを行なうことはないであろう。こうしたゲームは次のような印象を与えるかもしれない。すなわち、ヘーゲルの作品のなかに何を見出してもよいが、ただしそれを探し求めるという条件を付けたうえでのことである、と。

とはいえ、著者はみずからの学説の体系的、統一的性格を主張していた。かれの学説は「全体として」、余分なものを残さずに認められるべきものなのである。しかもそれは、もっとも慎重を要する面において、すなわち宗教と政治の面においてもそうでなければならない。

じっさい、ヘーゲルは互いに一致しない読み方にも許可を与えている。というのも、かれは二重の言葉遣いを実践していることを自負しているからである。こうした実践の理論化が、かれの全体的な哲学的構築のもっとも重要で、独創的な契機のひとつを成している。大部分の哲学者も二重の言葉遣いを実践しているが、しかしそれは控え目なかたちで行なわれている。かれらと違って、ヘーゲルの方は、たしかにこれまで以上に複雑な文体においてではあるが、そのような二重の言葉遣いを公表しているのである。「宗教は、その真理が万人に、すなわちあらゆる教養の人びとに妥当するような意識のありかたである。けれども、真理の学術的認識はかれらの意識の特殊な種類であって、その営みは万人によってではなく、むしろたんに若干の人びとによってのみ企てられるような性質のものである。内容の確実性は同じであるが、しかしホメロスがある種の星について、それには二つの名前がある、ひとつは神々の言葉のなかにあり、もうひとつは儚い人間たちの言葉のなかにあると述べているのと同じように、この確実性のある内容には二つの言葉が存在しており、ひとつは感情の言葉、また表象と知的思惟——これは、その拠点を有限なカテゴリーと一方向的な抽象化のなかに作っている——の言葉であり、もうひとつは具体的な概念の言葉である。もし人びとが宗教から出発して哲学を論じ、またそれについて判断しようとすれば、儚い意識の言葉の習慣をたんに身につける以

＊1　ヴィクトール・C・シェルビュリエ『異邦人のプロフィール』（第三版）、パリ、ペラン書店、一九〇五年、三頁。

上のことが要求される。」[*2]

「二重の言葉遣い」という用語によって、ヘーゲルは、自分の哲学と同一視された哲学そのものと、宗教――観念論的に「純化」されたルター派キリスト教と同一視されている――とのあいだに公然たるかたちで確立された関係を指し示している。哲学と宗教との差異は、比較対照の果てにおいて、本質的には同じ真理を表現する二つの言語の区別に帰着するであろう。一方から他方への移行は、翻訳以外のなにものでもないであろう。

このような支持し難い理論でも、まったく合理的なものと映ったはずであり、またいずれにせよ、大変便利なものにみえたことであろう。というのも、ヘーゲルはその理論を、今日ではわれわれに驚きを与えるようなテキストのなかで、単刀直入に提示しているからである。

この奇妙な学説に関するヘーゲルの文章は、読み返してみると、正確に定められる意味を何ひとつ与えてはくれない。なんという支離滅裂な言葉なのであろう。どのようにして、宗教的なタイプの意識に属する諸個人は――しかも、その理由を知ることなしに――別のタイプの意識が独占している「学術的」営みに、場合によっては「服従する」ことができるのであろうか。各人は、神秘的運命によって閉じこめられる意識的様相の虜に留まらねばならないのであろう。じっさいのところ、宗教的精神のうちにある一種の怠惰な気持を、不遜な態度で告発するような営みに対する熱意の差異が問題なのではなく、そのように区別されたさまざまな意識の本性上の差異が問題なのである。

しかしながら、ヘーゲルは、「宗教的」意識がそのような営みを企てないことを、あるいはより正確にいえば、そのような営みに従事するのを受け入れないことを――その営みがあらかじめ宗教的意識から、その主題についてのいっさいの選択を原理的に奪っているというのに――非難する。それは錯綜した事態である。かれは見たところ、宗教と哲学が万人に等しく開かれており、両者は競合関係に入っていくが、しかし哲学が勝利を収めてそこから出てくるであろうという考え方と、宗教は無知で服従的な民衆の運命に留まり、一方、哲学は確固とした対立のなかで、一種の「聖職者」たる排他的エリートの特権になっていくという考え方との、いずれをとるべきか決めかねているように思われる。

宗教的「言語」と哲学的「言語」のあいだにこうした疑わしい差異を設けることによって、ヘーゲルはまさに概念的言語——かれ自身の原理によれば、このような論争における唯一の正当な言語——を用いず、まさしく表象の言語を用いているのである。しかも最悪なことに、曖昧であまり知られていないホメロスのイメージを、不正確なかたちでもちだすのである。表象、イメージ、および知性に対する型通りの激しい告発は、この場合にはこっそりとなされているので、もはやほとんどわからないほどである。

翻訳家たちはこのようなテキストをフランス語で読めるようにするために、驚くほどの親切心を発揮する。ドイツ語原文の各行ごとに、難問が待ちかまえている。たとえばヘーゲルは、民衆的表現を用いながら、宗教とは「様態的方法」（die Art und Weise wie. la manière comment）にほかならないと書いている……。いかに（wie）を「認識の様態に従って」（le mode de connaissance suivant lequel）と訳すことによって、人は幸いにも「こうした認識の様態」と、宗教的に達せられる真理とのつながりに留意するのである。ドイツ語〔原文〕は、その点を保証していない。

ヘーゲルだけが用いている内容（Gehalt）という言葉に、かれが必要不可欠とは見なさなかった確実性のある（consistant）という形容語を付け加えることによって訳語を補うのは、当を得ているとともに、適切な判断というべきであろう。ヘーゲルが満足して述べているように、じっさいに同じ内容、完全に自己同一的な内容だけが問題であるならば、かれがなぜ、またどのようにして二つの異なる言葉遣いでみずからを表現しなければならないのかがよくわからないであろう。反対に、一方の側に確実性のある内容が存在すると規定することによって、他方の側の内容がいくらか薄弱になることが暗黙のうちに理解されるのである。しかしその場合、言葉遣いの相違は、それ自身において異なるものとして規定された諸内容の、質的差異をあらわしている。ヘーゲルの思想が不器用なかたちでのみ再建される言葉の曲芸にもかかわらず、その学説は宗教的まなざしを不安に陥れるのを回避することができないであろう。

---

*2 ヘーゲル『エンチクロペディ』（ブルジョア訳）、前掲書、第一巻、一三〇頁。

宗教的まなざしは、宗教が「認識の様態」、しかも人間的な様態のうちに成り立っていることを、まばたきもせずに読みとることができるのであろうか。たとえ「様態」(mode)ではなく、「方法」(Art und Weise)、すなわち一種の意識——『現象学』において、互いのうちより次々と派生してくる「形象」のひとつから、その威厳を受け取っていないような意識——であるとしても。

ヘーゲルは、ここで「宗教的言葉遣い」と呼んでいるものを説明するために、ひとつの講義全体を、これまで何度も取り上げられ、多くの点で素晴らしい講義全体を費すであろう。かれはそれを次のような方法で、すなわち外見上は異端的な、あるいは不可知論的な隔たりがあるにもかかわらず、多くの気難しい宗教的精神の持ち主を満足させることができるような方法で行なうのである。ヘーゲルはみずからのために、二つの「内容」のそれぞれを、華やかなかたちで展開することができる。しかし、二つの内容の接合はうまくいかないであろう。かれがこの偽わりの接合のためにある種の弁護を表明するそのやりかたは、さまざまな疑念を生じさせるのに充分であろう。もし、そうした疑念がすでに他のテキストによって、また別の理由から呼び覚まされているのでなければ。

この場合、ヘーゲルは読者を説得しようとしているのではなく、むしろ不意打ちしようと試みているのである。かれは驚くべき軽ろやかさでことを行なう。「二重の言葉遣い」のための唯一の議論が、ホメロスについてのあるイメージだけから構成されている。まだしもそのイメージが忠実に報告されているのであれば、という思いすら禁じえない。

キリスト教の相対的有効性を支えるために、そのイメージは何をしようとしているのであろうか。古代のある異教徒は、ホメロスのうちに詩的な創意工夫としてはっきりと現われているものを、宗教的な真剣さと同一視することにおそらくすでにためらいを見せている。そこで問題にされているのは、「神々の言語」と「人間の言語」が異質であることをめぐるおもしろい考え方である。だが、それは、おもしろいと同時に厄介な考え方でもある。というのも、その場合、両者のあいだの伝達可能性が失われてしまうことになるからである。そうなると、ホメロスだけが二つの言語を、かれの詩句のなかで万人に近づくことのできる第三の言葉に変換するということになるであろう。かれは神々の言葉を理解するが、一方、他の人びとにはそれが聞こえないというわけである。

ヘーゲルのテキストのなかで、その文学性に関して、表象的で、イメージ化されて、しかも不充分な——人間的な、あまりに人間的な——ものに留まっているのは、逆説的にいえば神々の言葉の方であろう。そして、概念性や、思弁的、哲学的性質の点で優越を示しているのは、むしろ人間の言葉なのである。ヘーゲルはたしかに、自分の議論が文字通りに受け取られることを望んではいない。かれが欲しているのは漠然たるイメージ、冒険的なイメージにほかならない。

しかし、かれはこうした「二重の言葉遣い」の学説に、そしてかれがその二重の言葉遣いを説明するためのホメロス的イメージに固執しているようにみえる。それはあたかも、他の手段がまったく欠けているかのようである。ヘーゲルは一八二九年に、かれの弟子のひとりゲッシェルが絶対知とキリスト教の関係をめぐる著作のなかで、表象から概念へ、また逆に概念から表象へと移行していく手段を引き合いに出しながら、次のような回想を行なっている。「ホメロスがある星に関して、それが不死なる神々においてはどのような名前をもち、死すべき人間においてはどのような名前をもつのかを指摘しているのと同様に、表象の言語は概念の言語とは別のものであり、人間は事物をただたんに、表象が与える名前において認めさせるだけなのである。しかしながら、人間が生き生きとした仕方で、自分自身の領域において、真に自己のうちに在るのは、概念がかれに与える名前によるしかないのである。」(BS三一八—三一九)

翻訳しにくい文章である。ヘーゲルの思想は、ここではすべてが言葉の問題にすぎないことを信じ込ませようとすると同時に、言葉の下に姿を隠してしまうのである。先に検討した『エンチクロペディ』の一節とは異なって——その差異は意味をもっているが——この場合に二つの言葉遣いを次々と、あるいは交互に実践していくのは、見たところ同じ意識、ないしは同じ種類の意識である。

『エンチクロペディ』の「序文」の学説とは反対に、ヘーゲルはここでは、概念が表象のうちに「移し換え」られるどころか、表象の「誘惑」からむしろおのれを守りながら、この表象に対する厳しい戦いにおいて（BS三一九）勝利を収めることを主張している――もし移し換えが行なわれれば、表象的宗教とその誘惑に対する概念的哲学の厳しい戦いがもたらされるはずだからである。もはや移し換えによる一致はなく、闘争を予言する不一致があることになるであろう。

仮装をほどこされたホメロス

このような文脈において、説得力をもたせるためにホメロスを引き合いに出すのは、きわめて危険であるようにみえる。人は、ヘーゲルがどうしてそのように易々と、この種のやりかたに身を委ねることができたのか訝しく思うであろう。かれはしばしば、記憶にもとづいてテキストを引用している。なるほどその記憶は広範にわたり、しかもほとんどつねに正確であるが、しかし時には奇妙な欠陥を含むことがある。ある場合には、やろうと思えば簡単にできるのに、正確を期するための検証をかれは差し控えている。

記憶の弱さのために、この場合、議論がまさに揺れ動くという結果をきたしている。ホメロスが「神々の言語」に言及している『イリアッド』の文章では、二つの名前をもつ恒星――ヘーゲルが『エンチクロペディ』の「序文」で指摘しているように――がなんら問題になっているわけではない。ホメロスはいくつかの詩句で、ギリシア神話のきわめて曖昧な英雄を喚起しているにすぎないのである。すなわち、神々によってブリアレと名づけられ、人びとのあいだではエゲオンと呼ばれている巨人である。なぜヘーゲルほどの人物が、かれの哲学の全体的解釈にとって決定的な瞬間に、みずからの議論を明らかにし、さらには正当化しようと考えたさいに、これほど曖昧な、たぶん読者にもよく知られていない伝統に言及するだけで事足れりとしたのであろうか。ホメロスの作品のうちでも第二義的な意味しかもたないこの文章に、どうしてかれは注目することになったのであろうか。その文章に固執しているはずなのに、なぜかれは、じっさいにはそれほど漠然としか記憶していないのであろうか。

　考えていくうちに、疑いの念がかれを捉えたのであろう。しかしながら、テキストを参照して訂正する代わりに、かれは自分の記憶をいっそう欠陥のある方法で変えてしまったのである。『エンチクロペディ』の一八三〇年版では、かれの議論に一種の宇宙的な威厳を与えている恒星や天体はもはや問題にされず、たんに「事物」だけが取り上げられるにすぎないであろう。たとえば、「ホメロスが二、三の事物について述べているように……」[*3]という具合に。下らない変更である。というのも、ホメロスの巨人は、恒星や天体以上に「事物」と同一視されることはありえないからである……。

　いずれにせよ、この不確かな寓話は、神が万人に、同時にまた哲学者たちに理解させる言語そのものを、福音として告知する――啓示のもとで――真のキリスト教徒の眼に、どれほどの重要性をもつように映るのであろうか。下品なギリシア神話への無謀な依拠は、いかなる意味で、神話全体の有効性という一般的な問題を解決するうえに助けとなるのであろうか。

　ある場合には、ヘーゲルは「死すべき人間の言語」、あるいはキリスト教的宗教言語と呼んでいるものに満足し、しかも明敏な読者ならかれのキリスト教学的知識を完全に十分なものと見なすほど、みずからの規則にみごとに適合している。そのとき、かれは誰に向かって語りかけているのであろうか。一方、別の場合には、かれはこの宗教言語を、言い換えれば「表象によって与えられる、素朴な（幸運な）形態に従って、すなわち神の子、降誕等々に従って」[*4]神を捉えるような態度を否認する。

*3　ヘーゲル『エンチクロペディ』、一八三〇年版。ヘーゲルはこの点について、原文に手を加えることが有益であると判断した。したがって、そのことはかれにとって無駄とは思われなかったのである。

これが宗教言語のやりかたである。けれども、ヘーゲルは、その点について考えるべきことがあるのを隠してはいない。かれにとっては、ルター派の国において、スコラ的カトリック思想を判断し、あるいはむしろその思想的性格そのものを否認することが問題となるときに、その点をいっそう自由に口にすることができるのである。このスコラ学はかれの眼には、「実質的素材を欠いた知性の野蛮な哲学」にすぎないものとして映るであろう。きわめて脆弱な、宗教の「内容」なのである。

そして、宗教の表象的、イメージ的な性格について、かれは嘲笑的な調子で次のように続ける。「そこには形式しか、また偶然的に動く空虚な知性しか存在しない……。知性の王国はその高みにおいて……思想の代わりに……天使、聖人、殉教者（この場合、すでに父と子は存在しているので）という感覚的関係を帯びている。われわれは、それらすべてについて何をすることができるのであろうか。われわれの背後にあり、われわれにとって使用不可能でしかありえないのは、過去である。[*5]」

かれはやはり、こうした父と子の物語を好まないのである。かれはその物語を皮肉をこめて、いくらか軽蔑的な、訳しにくい言葉を用いながら論じている。神の子という性質（Gottessohnschaft）、「神にとって息子をもつという事実」、「神と息子の親子関係」……という具合に。

じっさい、「この関係は生ける自然から借りてきたものであって、精神的なものからではないのである。それは、表象のために語ることにほかならない。[*6]」それゆえ、「われわれは哲学において、神がその息子を生んだとはいわないのである。」たとえ——しかし、それは何を意味するのであろうか——「哲学がこの関係に含まれる思想を、またこの関係の有する実体的なものを認めているにせよ」……。

どのようにして、神が父になることが可能なのであろうか。そのためには、神は少なくとも「人格」でなければならないであろう。しかし、その場合、神は「意識にとって外的な」ものとして、意識に到来することになるであろう。「宗教は、たとえば、神を人格として表象する。神はこのように、外在的なものとして意識に到来するのである。[*7]」

ところで、「統一性が生み出されるのは、内省においてのみである。」神は、一個の人格ではない。[*8]その場合、二つのタイプの思想、すなわち表象と概念を自己のうちに保存するのが望ましいのであろうか。ヘーゲルはしばしば、そして多くの議論に依拠しつつ――この数の多さ自体が読者を悩ませる――そのことを肯定しているようにみえる。けれども、こうした人為的構築物のすべてを、かれが何がしかの言葉で一挙にひっくり返すような事態が起こるであろう。すなわち、「神話は人類の教育に属している。大人になった概念は、もはや神話を必要としていない……[*9]」と。

人は右の命題を、ジュフロワのそれと容易に結びつけることができよう。そうした比較のうちに、ジュフロワがおそらくクーザンを媒介として、ヘーゲルの思想から何かを手に入れたのではないかという推測を引き出しつつ。「キリスト教の使命は、人類の教育を完成し、人類が形象をもたない真理を認識できるようにし、それ自身の明証性以外のいかなる資格もなしにその真理を受け入れることにあったようにわたしには思われる。[*10]」

要するに、歴史的発展の終わりに、「思想が充分に強化されて、それ自身の要素において存在するようになるときに、神話は学問を前進させることのない無益な〔余計な〕飾り物となる……。さまざまな象徴の下に隠れているもの、あるいはまぎれこんでいるものは、一貫性に欠けるであろう……。神話一般は、思想表現にとって充分な手段ではないのである。[*11]」

それでは、神話がもはや大人の精神にとってなんの役にも立たないとすれば、なぜそこから他の人びとを解放しようと努めないのであろうか。

---

*4　ヘーゲル『宗教哲学』、K・H・イルティング編、ナポリ、ビブリオポリス書店、一九七八年、五二九頁。　*5　『哲学史』（ガルニロン訳）、前掲書、第五巻、一一二二頁。　*6　『哲学史序論』（ジブラン訳）、前掲書、一六六頁。　*7　同書、一六七頁。　*8　「イエスは決然と、みずからが人格性に、またその存在の個体性に反するものと（人格神の思想に反するものと）言明する……」（『キリスト教の精神とその運命』、F・フィシュバッハ訳、前掲書、一二九頁。ヘーゲルは「マタイによる福音書」（第10章、四一節）を参照している。　*9　『哲学史』（ガルニロン訳）、前掲書、第三巻、四〇六頁。　*10　テオドール・ジュフロワ『哲学論文集』、パトリス・ヴェルメーレン編、パリ、ファイヤール書店、一九九七年、三六〇―三六一頁。　J・ドント「ヘーゲルとジュフロワ」、『コルピュス』（パリ第十大学＝ナンテール校）所収、一九九七年、第三三号（ジュフロワ特集）、八一―九八頁。　*11　『哲学史序論』（ジブラン訳）、前掲書、一八九頁。

信仰の言語と哲学の言語とのあいだに、どのような関係が存在するのであろうか。両者は、それぞれの言語に訳し換えられるというよりも、むしろ互いに排斥し合うであろう。ヘーゲルは、これら二つの言語が同時に保持されうると大真面目に信じるようになるときに、自分自身の策略に欺かれていることになるのであろうか。

概念的「言語」が自分にとっては真理の言語であるとかれがしばしば主張している以上、どうしてその点を疑うことができようか。しかしながら、問題になっているのはもちろん、言語だけではない。もし表象と概念のあいだの、最初のヘーゲル的対立を受け入れるとすれば、宗教と哲学のあいだで選択の必要が生じるであろう。二つの言語の一致というテーゼは、自分自身を微妙に欺くと同時に、それと重なるかたちで他者をも欺くことでしかありえないのである。

疑いもなく、ヘーゲルはそこかしこで、「哲学は宗教と対立していない、哲学は宗教を包むものである」[12]と繰り返し述べているが、しかし「包む」〔理解する〕仕方もいく通りか存在するであろう。他の言語への翻訳には、伝達される内容ができるかぎり完全に保持されている。けれども、宗教的言語から思弁的言語への移行については、事情が異なる。[13]この場合には、「翻訳」は裏切り以上のものであり、秩序破壊的な性格を帯びている。われわれは、ヘーゲルの思弁的「解釈」のうちにイエスの秘義が姿を消し、ヘーゲル哲学が少なくとも「世俗化された」キリスト教となるのを認めるであろう。全面的な世俗化が行なわれれば、キリスト教はいっさいの宗教性を失うことであろう。

驚くべきことに、ヘーゲルは、いわば社会学的手法で宗教を理解させるところの思弁的基礎をそのように提示しておきながら、キリスト教的と思われる宗教的見解を――いくらか異端的であるとはいえ――あたかもそれに充分同意しているかのように展開しているのである。

このような対比によって、ヘーゲルの読者は困惑の状態に陥るであろう。いかなる信仰者が、「キリスト教徒は、真理の反映を称える」[14]などという判断に従うであろうか。いかなる決定機関が、福音書すなわち哲学的諸学の百科などという真理を、本気で告知するであろうか。

キリスト教的思想家にとって、いっさいの知性と表象の哲学を、とりわけ父と子の関係の宗教的表象を「野蛮」として扱うのは果たしてふさわしい態度であろうか。ヘーゲルは、「いまだ思惟されていない、野蛮な表象に包まれている真理」[*15]を激しく批判する。その場合、学問的認識作業の労苦にただちに従事することができる意識が例外的に宿っているような人びとだけでなく、むしろすべての人びとがこうした野蛮から解放されるのが望ましいことなのではあるまいか。

もちろん、ヘーゲルは、古代人における宗教的表象を批判することには、いっそうの気楽さを感じている。それは、キリスト教的なイメージ操作を攻撃するよりも危険が少ないからである――とくに、神聖同盟の支配下にあっては。しかし、読者は古代的信仰の批判を近代世界に移し換えることができる。そしてまた、かれがある文脈においてホメロスについて述べていることのおかげで、他の文脈においてかれが恣意的にホメロスをもちだしている態度を埋め合わせることもできる。「ホメロスやヘシオドスのような詩人に関しては、プラトンはかれの国家から追放してしまう。神についてのかれら詩人たちの表象が、みずからの国家にふさわしくないと見なしているからである。要するに、その時代に人びとは、ジュピター信仰やホメロス物語信仰を真面目に検討し始めたのである……。教育のある段階においては、子供じみた物語でも無害である。しかし、それらの物語を、現実的法則としてのかぎりでの、道徳的領域における真理の基礎と見なすのであれば――たとえば、イスラエル人の著作、旧約聖書のように。そこでは諸民族の絶

*12　同書、一七二頁。　*13　「じっさい、宗教は哲学のうちに姿を隠さねばならない……。世俗的観点からすると、宗教のうちには失効した部分がある」（『宗教哲学』、ラッソン版、マイナー書店、ライプツィヒ、一九二九年、二三一頁。イルティング版、前掲書、七〇九頁）。ヴァイスハウプトは次のように言明している。「わたしがキリスト教を説明する方法からすれば、何ぴともキリスト教徒たることを恥じる必要はないであろう。というのも、わたしは（キリスト教という）名称を保持してはいるが、それを理性に置き換えるからである」（マンフレート・アゲテーン『秘密同盟とユートピア――啓明主義者、フリー・メースンおよびドイツ後期啓蒙主義』、ミュンヘン、一九八四年、二二二頁からの引用）。　*14　ヘーゲル『歴史における理性』、前掲書、五一頁。ヘーゲルをより正統派たらしめる安易な手法は、次のような言い回し（「キリスト教徒は……真理の反映を崇拝する」）を「キリスト教徒は……真実の神に祈る」（ヘーゲル『歴史における理性』、コスタ・パパイヨアヌー訳、一〇／一八叢書、パリ、UGE、一九六五年、七二頁）という表現に置き換えることから成立するであろう。　*15　『法の哲学の原理』、前掲書、三四〇頁（三五九節）。

滅や、神の人間たるダヴィデが犯した無数の残酷な行為、あるいは聖職者（サミュエル）がサウルに対して行ない、正当化しようとした数々の残虐な事柄が、人びとの権利の規範と考えられるであろう——その場合、それらの物語を過ぎ去ったもの、純粋に歴史的なものに変えるべきときであろう。[*16]」

それでは、モーセや預言者たちを、ホメロスやヘシオドスと同様に断固として追放しなければならないであろうか。一方の言語の独占権を打ち建てるために、他方の「言語」を追放する必要があるのであろうか。人びとはもはや、ギリシアの哲学者にしか耳を傾けないのであろうか。

プラトン自身、狡猾なかたちで伝播していく追放を免れてはいない。「プラトンが『ティマイオス』のなかで世界の創造について語るとき、かれが採用する形式は、神が世界を作った、そしてダイモンはそのためにある役割を果たしたと主張することから成り立つ形式であり、そのような語り口は完全に表象の様式に属している。けれども、神が世界を創造したこと、ダイモンや、高級な精神的存在が実在し、神のためにその世界創造の手助けをしたこと、そしてこの世界創造が、プラトン哲学の教義となっていることを主張するならば、そこにはたしかに、文字通りプラトンのうちに見出される何かがあることになるであろう。しかしながら、それはかれの哲学を構成しているものではない。[*17]」

ヘーゲルはそれゆえ、過度に秘密めいてはいない方法で読者に警告を与えているのである。読者はあらかじめ、かれの筆の下で、追い払うべき悪魔的なものや、同時に父にして子であると考えられた神による世界の創造、あるいは非合理的な教義などに出会うならば、いかなることに満足すべきであるかを承知している。著者はとりわけ、かれの眼からみて、創造の観念に混乱と矛盾があることに苛立ちを覚える。かれは、創造の観念をいたるところで追い出そうとする。たとえば、じっさいに創造の観念に影響を与えているデカルトの二元論、すなわち二つの実体の理論を非難しながら、その理論がデカルトをして創造の観念に訴えるように仕向ける必然性を、ヘーゲルは事態を悪化させる状況と見なすのである。「かれによれば、それらは二つとも創造された実体であると述べられていることを忘れてはならない。それは表象に依存している。創造は、はっきりと限定された思想ではないのである。[18]」

そこには、首尾一貫した結果が見られるであろう。すなわち、もし概念から区別され、また概念と対立する表象が非難や、侮辱や、拒否を受けないとすれば、思弁的観念論はどの程度の有効範囲をもつのか、という疑問である。だが、キリスト教の主要な教義がいぜんとして存続しているときに、それらはなお、是が非でも「万人にとって妥当する」ことが可能なのであろうか。

ヘーゲルが調子や言葉を変えながら、思弁的に自己を表現するときに、なおキリスト教思想家という資格に値するのであろうか。もちろん、それを決定するのはキリスト教徒である。しかし、いずれにせよその変化はきわめて重要なものであることがわかる。それは別の世界に属しているものなのである。こうして、都合のよい素朴な態度は消え去ってしまう。とはいえ、ヘーゲルはその点に関するあらゆる留保にもかかわらず、また困難で混乱した状況にあるにもかかわらず、かろうじて把握可能な、あるいは定義可能な思想のもつ、ある全体的な宗教的方向づけに忠実であり続けている。

真に思弁的な哲学と見なすことのできるものにおいてさえ、かれは神という言葉を用い、いわば宗教と結びついているのである。しかし他方では、この言葉の下に、一般の信者を面食らわせるような思想的内容を置いている。そこにはもはや超越〔の観念〕はなく、父と子の関係〔の観念〕もなく（したがって、三位一体〔の観念〕もなく）、さらには創造〔の観念〕もなかった。神はそのとき、信仰によっては「翻訳」しにくいはずの「言語」において規定されるであろう。「神そのものは、その概念からすれば、それ自身において多様化し、またそれ自身において綜合化していくような直接的力である。したがって、それは、直接自己自身と関わる否定性にほかならず、また自己への絶対的反省にほかならない。これはすでに、精神の規定というべきである。[19]」

*16 『哲学史』（ガルニロン訳）、前掲書、第三巻、四八八―四八九頁。 *17 同書、同巻、四〇六―四〇七頁。 *18 同書、第六巻、一四四一頁。
*19 『宗教哲学』、カール・ハインツ・イルティング編、前掲書、五三八頁。

そのような神には、人びとはほとんど祈りを捧げる気持にならないであろう。

その定義はまた、概念にもよく当てはまるであろう。

その定義は、時にはなおいっそう概念化されることになろう。たとえば、「神は以下のような働きをする存在である。すなわち、自己自身によって自己自身を差異化すること、自己自身にとっての対象であること、しかし、こうした差異化のなかで、まったく自己自身と一体であること――要するに、精神であることである。いまや、人びとはこの概念を現実化している。」[*20]

それは、ヘラクレイトス的な全体的存在である。すなわち、それ自身において多様化する一者である。

無神論者はそこにむしろ、宇宙の弁証法的表象を、あるいは弁証法の普遍的法則を認めるであろう……。エゲオン〔アイガイオン。エーゲ海〕はブリアレオス〔ウラノスから生まれた巨人〕からはるかに隔たっている〔人間の名をもつ者は、神の名をもつ者からはるかに遠ざかっているの意〕。

こうした両者の相違を、ヘーゲルは時には公然と認めている。宗教と哲学は共存することができないであろう、と。「（哲学が保証する、宗教との）和解自体は部分的なものにすぎず、外的普遍性を有していない。この点で、哲学は孤立した聖域であり、それに仕える者は独自な聖職者層を形成する。かれらは世間の人びとと一体になって進むことはできず、真理の領域を保存しなければならないのである。」[*21]

逆説的で、しかも珍妙な用語法である。というのも、世間から離れて、聖職者のように聖域で務めを行なうのがほかならぬ哲学者だからである。一方、修道僧的聖職者の方は「世俗的」であり、「束の間の人間」の言葉を語り、「門外漢」から区別されず、しかも青空の下で作業を行なうのである。

別の箇所で、そのうえ頻繁にヘーゲルは次のように主張している。すなわち、宗教としてのプロテスタンティズムは、「聖職者」と「門外漢」ないし「俗人」との差異を取り除くという点で、とりわけカトリシズムから区別される、と。ときおり、かれはこの差異の除去を哲学そのものの責任に、あるいは哲学の名誉に加えている。「哲学者たちはこの恐るべき混乱に対して、人びとが宗教に関しても、また法律に関しても、俗人〔門外漢〕の立場に立つべきではないという考えを提示し、主張した。それは、宗教的次元においてはもはや僧侶たちの閉鎖的な位階秩序や選良が存在せず、法的次元においては排他的階層や社会（かれらは法学者たちの階層すら望まなかった）が存在しなくなるようにするためであった。そうした位階秩序や選良、あるいは階層や社会は、永遠的で、神的で、真実で、しかも公正なものの認識を専管事項とし、そして他の人びとに命令を下し、かつ指導することが許されると考えられるようなものなのである。だが、人間の理性は哲学者たちによれば、みずからの同意と意見を表明する権利をもっている。野蛮人を俗人として扱うのは、秩序に適っている――野蛮人はまさしく俗人（門外漢）であるから――しかし、思想をもつ人びとを野蛮人として扱う以上に耐え難いことはないであろう。[22]」

したがって、かれはこの特権を修道僧的聖職者から奪い取り、それを哲学的「聖職者」に与えるのである。この特権は、それのもつ厳しさをいささかも失っていない。

正しい推理を行なえば、もはや誰にとっても、「他の人びとを指導」したり、他の人びとのそれとは異なる「タイプの意識」を保持したり、みずからに対して特殊な形式の「言語」を当てはめてみたり、あるいは気の毒な人びとに安値の真理だけを認めたりするのは問題になるはずのないことである。二つの可能な言語〔言葉遣い〕のうち、人は唯一の真なる言語を選ぶであろう。

ところが、反対にヘーゲルは、一方では宗教――かれはその歴史を、うまく正当化することのできない理論とともに検討する――への服従を、そして他方では宗教への批判と非難を、あるいは少なくとも宗教――認識や道徳や行動という下位のレヴェルに貶められた宗教――の権威喪失を宣言する。こうした区別を、かれは「見せかけだけで」、しかも危険な敵への戦術として提案するのであろうか。[23] あるいはまた、かれはその区別を現実的、実存的に、一種の

---

*20 『著作集』（グロックナー編）、第十六巻、一九一頁。あるいは、『宗教哲学』（イルティング編）、前掲書、四九二頁。 *21 『宗教哲学』（イルティング編）、前掲書、七〇八頁。 *22 『哲学史』（ガルニロン訳）、前掲書、第六巻、一七二五頁。

計画的な精神分裂症において、また分割され、引き裂かれて、欺瞞を余儀なくされている人間的世界についての半意識的状態のなかで、考え、かつ生き抜いているということであろうか。それは、いってみれば、形而上学の威厳にまで高められた分裂症なのであろうか。

このような対決をめぐって、ヘーゲルの完全な率直さを信じるのは困難である。二重の言葉遣いの公教的な学説——それ自身、すでに不安を与える学説——の背後に、人はある知的な態度を、少なくとも断続的で、より明確な態度を見抜くであろう。宗教と哲学——ヘーゲルが根本的に理解しているような意味での哲学——のあいだで選択をしなければならないが、ヘーゲルの選ぶのはもちろん哲学の方である。二重の言葉遣いの理論はおそらく、それを何がしか明らかにすることによって、断絶を覆い隠す役割を担った和解の駆け引きにほかならない。もし宗教が哲学ないし概念のメタファーであるならば、そのメタファーの背後に、またそのメタファーのおかげで、それ自身としての真理を、純粋で堅固な概念を発見したときに、どうして例証的なイメージを、しかも部分的には偽わりのイメージを保持しておくのであろうか。なぜ他の人びとを幻想的なイメージに委ねて、かれらを概念のレヴェルに、真実の認識に高めることを——かれらが偽わりのイメージを保持するのを思いとどまらせることによって——試みないのであろうか。

じっさいには、二重の言葉遣いはつねに、それとは別の言葉遣いを隠しているものである。

ヘーゲルの著作を読むことによって、人はただちに、かれによる「二重の言葉遣い」の実践が、それについてかれ自身が提示している「理論」からは区別されることに、そして物事はかれが認めているよりもなおいっそう複雑であることに気づくのである。

この「理論」によって、かれが心を開くのは哲学者に対してのみである。かれは一般の人びとに対して、言い換えれば「あらゆる人びとに対して」、自分が特別な言語を、充分に真理を写し出してはいない言語を用いているという事実を打ち明けることができないであろう。そんなことをすれば、かれらの眼にこの言語の価値を失墜させることになるであろう。そしてかれらは、かれのいうことにそれ以上耳を傾けるのを拒むであろう。

しかし、ヘーゲルの人格と、その人格が位置している具体的状況の複雑なありさまは、かれがしばしば体験している困惑した状況のなかで、眼に見えるようなかたちで明らかになるであろう。自分の思想をいくつかの言葉遣いで表現しようと決意する思想家は、かれがそのたびごとに用いる言葉遣いを、もはやはっきりとは区別しないものである。そして、かれの話し相手ももはや、かれがどのような思想を表現しているのかを知らないであろう。

ヘーゲルは頻繁に、自分の思想を明らかにしつつ、しかも同時にそれを隠そうと努めるような言い回し、表現、決まり文句を用いている。とはいえ、それぞれの場合において、この戦術がどの程度意識的であり、意図的であるのかを規定することは困難である。

人びとは以前から、かれがある文章の最初の部分で提示した大胆な観念を、第二の部分で弱めてしまうという技法を用いているのに注目してきた。結末部のこうした技巧は、素晴らしい文体の下に隠れている、また逆説的にいえば、そのために大変な固苦しさに陥っている精神の大いなる敏捷さを前提にしている。それは、ヘーゲルが自然なかたちにせよ、あるいは人為的にせよ、同じ段落、同じ文章、そして同じひとつの言葉のなかですら、しばしば二重の言葉遣いを実践しているという事実に由来している。

ヘーゲルの何人かの弟子たちは、そのような精神的態度および表現様式を継承し、それらを強調し、さらには体系化し、ヘーゲルが置かれていたのとは異なる状況のなかでそれを証明した。これによって、ヘーゲル自身のうちにおいて、それらをより簡潔に明らかにし、またあとから振り返ってよりよく認識することが助長されるのである。

ヘーゲルの偉大な弟子エードゥアルト・ガンスは多くの領域で、ヘーゲルと同じような意見をもっていたが、しかしそれはヘーゲルよりも明確で、しかも原則的にはいっそう明瞭に説明できるものであった。しかしかれは、ヘーゲルよりもおそらくなおいっそう重苦しい抑圧の時代に生き、そして教えたのである。

*23　たとえば、クルト・ブレイジークの学位論文『歴史的生成について』、シュトゥットガルト、コッタ書店、一九二六年、第二巻、一七三頁、他。

次の文は、ガンスの聴講生のひとりが、かれの「言葉遣い」の卓越したありさまを描いたものである。「かれはフランス革命の歴史を、非常に多数の、しかも種々雑多な聴衆に教えていた。その調子は、フランス革命というテーマへの愛着と誠実さに溢れたものであったが、こうした態度は当時においては危険にみえたものであり、巧みに弁証法を操る講義者でなければ充足しえないような類のものであった。かれはしばしば、このきわめて厄介なテーマについて、恐ろしく大胆な口調で、ある文章を始めるのであった。すべての人びとは深い沈黙のうちに耳を傾けていた。不安気な友人も、監視している敵も、かれが適切な限界を越えようとしているのではないかとひそかに考えていた。しかし、この驚くべき言葉の手練はきわめて巧みに出口の方に向きを変えたため、すべてがきちんと収まり、最終的にはかれは始める前と同じように安全な所に身を置いたのである。」（ハインリヒ・ラウベ[*24]）

公教的な言葉遣い（スパイに対するもの）と秘教的な言葉遣い（個人的と見なされたもの）の彼方に、第三の言葉遣い、すなわち講義者と聴衆との自然な共犯関係による言葉遣いのようなものが存在していたのである。

こうした方策を開発する能力の点では、弟子の方が師を凌駕している。ヘーゲルに関しては、かれはこのレヴェルの妙技にまでは達していなかったであろうし、またそのような挑戦的言動をあえてすることもなかったであろう。しかしながら、公刊された作品のなかで、かれが十八世紀のフランスの哲学者やフランス革命について述べている事柄を読み返してみると、ガンスの大胆な姿勢がヘーゲルのそれよりずっと先を進んでいたなどということはありえなかったことがたしかめられるであろう。

表現方法

それぞれの場合に、ヘーゲルの自己表現の流儀に極度の注意を払うのが肝要であろう。かれ自身もたびたび、「自己表現の流儀」の重要性と有効範囲に言及している。多くのヘーゲル解釈者たちは、あらかじめかれの人格と思想についての公認のイメージをもっているので、真摯さや誠実さをめぐる問題をいささかも提示せず、言語学的技巧以外の警戒心をもたずにテキストに取りかかる。そのとき、かれらは、ヘーゲルがニュアンスをぼかしながら言わざるをえなかったと判断する事柄を、かれがじっさいに言ったこと、または書いたことになんのためらいもなく置き換えてしまうのである。

たとえば、ある人びとは、ヘーゲルが『論理学』の「序文」で用いたような言い回しを繰り返し述べるであろう。「論理学は、世界と有限な精神の創造以前の、神の思惟である」と。ヘーゲルは「世界の創造」という表現に積極的な意味を認めることをいっさい否定しているが、場合によっては、いくらか危険なイメージ、あるいは苦労せずに概念に近づく用意ができていない精神の持ち主を手助けする役割を担ったイメージだけが問題になりうるかもしれない。すなわち、「教育学的神話」である。とはいえ、「創造」を引き合いに出すのは、やはりいぜんとして奇妙なことであろう。

じっさいには、ヘーゲルはあえてそのようなことはしない。ドイツ語版の文字自体に注意を払う翻訳者たちは、より慎重な別の読み方を提案する。「論理学は、創造以前の神の思惟であるということもできる」（傍点、著者）と。「世界の創造」というこの表現は、メタファー的な言い方に還元されるであろう。けれども、正確な表現に異常に固執する人は、ヘーゲルがそのような訳語を正当化するドイツ語（Man kann sagen, daß……）を用いていない点に注目する。「さまざまな言い回し」や「自己表現の流儀」に、ときおりこっそりとどのような役割を与えているのかが明らかになっている論理学者（ヘーゲル）は、まさしくそこに、かれが秘密で包んだ言い回しのひとつ――ほとんどフランス語に訳し難い言い回し[25]――を滑り込ませる。「人は次のように自分の考えを述べることもできよう」（Man kann sich ausdrücken daß……）と。すなわち、「論理学が神の思惟であるかのように、自分の考えを述べることができる」という趣旨である。根本的には、形式の点を別にすると曖昧なところはない。要するに、ヘーゲルはメタファーによっ

---

*24　ノルベルト・ヴァスツェク、前掲書、二六頁からの引用。　*25　『論理学』、ハンブルク、マイナー書店、一九六三年、第一巻、三一頁。

てすら、創造の現実性を想定するという姿勢に身を委ねているわけではないのである。創造とは——と、ヘーゲルはプラトンに関して言明している——「語り口[*26]」にほかならない、と。

＊

「二つの言葉遣い」が相容れないという事実は、カントのもとで多くを学んだ哲学者にとっては、道徳的領域においてこそもっともよく示しうるものであろう。ヘーゲルはこの点について、宗教思想と観念論のあいだに軋轢があることを隠していない。というのも、まさしくこの軋轢を自覚することから、かれにとってこの観念論への要求が現われたからである。

ヘーゲルはそのことによく気づいている。「道徳的観点は自由意志の観点である——主観的意志としてのかぎりにおいて——そして、これと対立する観点は——たとえ、内容が同じように真実であっても——それとは反対のものである——しかも、内容が同じく精神のそれであるとしても——それは神の恩恵として表象されうるであろう——救霊予定（これは、カルヴァン派の考え方の場合と同様に、最悪の偶然性の場合までも含んでいる）、そして恩寵の結果として——何か純粋に外的なもののように——したがって、ここには人間の自由と、自由の不在、意志の不在とのそうした衝突（二律背反）が発生する——純粋な放棄[*27]。」

われわれと同時代の人びとには、互いに排斥し合う二つの考え方、すなわち自由意志か放棄か、観念論か宗教かのあいだでどちらかを選ぶことは容易だったようにみえる。ところがヘーゲルの特徴は、あるテキストでは決然として観念論を選択し、別のテキストでは見たところ宗教を選択し、そして多くの場合は、ひそかにある「言葉遣い」から別の言葉遣いへと移行することにあった。すなわち、宗教的郷愁に彩られた観念論、あるいは慎重な姿勢を装った大胆な態度にほかならない。もしも体系の首尾一貫性を、かれ自身、繰り返し口にする勧めに従って尊重しようと思えば、そのとき、この軋轢から資格を喪失して出ていくのは宗教の方である。かれが正確に規定しているように、「教会のさまざまな考え方は、それ自身がこの二律背反を解釈するための試みなのである。」しかし、「ルター派の考え方がおそらく精神的にもっとも豊かであるが、とはいえそれは思弁的な考え方ではない[*28]」のである。

プロテスタンティズムでさえも、本質的には思弁的でなく、真に観念論的でもなく、また完全には哲学的でもないであろう。

もしヘーゲルがこの種の結論に到達しなかったならば、かれはみずからの根本的観念論を否認していたであろう。かれはこの点で、哲学史的発展における特別のモデルを提供している。一方では、かれがまず最初に宗教的でなかったとすれば、宗教教育をはじめに受けていなかったとすれば、また宗教上の先駆者をもっていなかったとすれば、けっして観念論者にはなりえなかったことがよく理解されるであろう。あらかじめ宗教が存在しなければ、観念論もまた存在しないのである。そして、他方では、この観念論がひとたび出現し、発展し、知的に組織されるならば、それは必然的に生産的な宗教と衝突し、競合し、これを撃退するであろう。観念論的自律性は宗教的他律性に異議を唱えるが、しかし後者は抵抗し、踏ん張るのである。

それは、今日では奇妙に思われるような、またわれわれを困惑させるような混合物を、たとえば教義と自由思想のあいだのためらいを、時には両者の逆説的結合さえも与えるであろう。そのような結合は、きわめて高度な厳密さ、単純さ、体系性への要求を掲げているヘーゲルの場合には、おそらくいっそう眼を見張らせるものがある。しかし、それは時代の空気〔ある時代の特徴的な考え方〕によって運ばれるのである。われわれは〔ヘーゲルの〕同時代において、典型的にはシャトーブリアンの場合にも、すなわち最終的、決定的に宗教の側に傾く前に、不可知論に与していた時期

*26 『宗教哲学』、一八三二年版、第二巻、一八一頁に同じような注意が見られる。「それゆえ、思考の契機において観察された神は、いわば、世界の創造以前に、そして世界の外に存在している。」同様に、『歴史における理性』、前掲書、一三四頁にも次のような文章が見出される。「キリスト教においては、〈神はそのひとり子を生み給うた〉といわれるようなかたちで、それは表現されている……。」パパイヨアヌーは、もっと単純に訳している。「キリスト教は、〈神がそのひとり子を生み給うた〉という言葉のうちに表現されている。」(『歴史における理性』、前掲書、一六一頁) *27 『宗教哲学』(イルティング編)、前掲書、七〇三頁。 *28 同書、七〇二頁。

のシャトーブリアンの場合にもそのような逆説的結合に出会うのである。

あるキリスト教哲学者が、しかも有能な哲学者が賢明にも注目したように、「ヘーゲル哲学はしばしば、二重の読解を受け入れることが可能である。」[*29]最低限、それだけのことはいえるであろう。

*

ある場合には、ヘーゲルは、先人の哲学者たちについて「二重の読解」を行なうことを拒んでいる。ヘーゲルは、かれらの著作を「最初の段階では」読解せず、その段階自体を把握しなければならないような実例を与えている。『エンチクロペディ』のなかで、かれは公教的な意味で次のように言明するであろう。すなわち、自分は「すべての人びとともに」信仰の真理を受け入れるが、同時に、若干の人びととともに哲学の真理を留保している、と。しかし、かれは別の場所で、過去の哲学者たちの場合には、二つの言葉遣いの同じような共存が不可能であることを明らかにしている。そうなると、排除が並列や「翻訳」に取って代わるであろう。そこでかれは過去の哲学者に関して、かれ自身がひそかに行なっている駆け引きを明らかにする。かれはそれゆえ間接的に、かれ自身の作品の利用法を示しているのである。

ヘーゲルは、面食らわすような著作を執筆する常連である。それらの著作は、次のようなシグナルを発している。すなわち、ヘーゲルの言葉にいろいろな肉付けがなされると、かれが慎重を要する問題を、あるいはあまり確信のない学説上の問題点を取り扱っているものと推測されるのである。それはしばしば、かれが自分に隠そうとしている内面の苦しみをあらわす結果になるであろう。しかしながら、おうおうにして、かれがある種の読者に隠そうとしているのは——他の読者にはそれを垣間見させるようにしておきながら——きわめて明快で、確固とした思想である。

ヘーゲルを研究する人は誰しも、ゆっくりと、念入りに、また段階的に、ヘーゲルの議論のなかでかれが打ち建てようとする確固たるもの、真摯なるものを見抜き、そして「見せかけのために」、検閲のために、警察のために、敵のために、愚か者のために、同時にまたおそらくは自己分裂を起こし、不確実で不安なヘーゲルの分身のために述べられている事柄を警戒することを学ばねばならない。そうするには、執拗さとともに、細密な学殖に取って代わる繊細の精神を必要とする。

ヘーゲルは、禁圧された他の著者たちの技法――かれはその技法を、かれらと同様にひそかに用いているが――を暴露する。

たとえば、ヴァニーニについてそのことがいえるであろう。ヘーゲルはかれに対して、ヘルダーリンと同様に特別の愛着を覚えている。ヘーゲルは、『対話集』のなかでヴァニーニがおおいに雄弁を発揮して無神論者の議論を展開していることに注目する。けれども、かれは殊勝げに付け加えている。「かれが無神論者を反駁するやりかたは、きわめて弱々しくみえる」[30]と……。対話は、唱えられた意見に公然と与することなく、しかもそれらの意見を広く知らしめることを可能にするのである。判断を下すのは読者であろう。

古代の哲学者たちの場合には、明敏な読者ならかれらの駆け引きに欺かれてはならないことをヘーゲルは示している。

それゆえ、かれは、「ヴァニーニその他の人びとが、理性を信仰に――すなわち教会とその教えに――対置していることを想起させる。あれこれの意見がキリスト教信仰と直接的に矛盾することを合理的に証明しながら、かれらは――ベールがのちに宗教改革派信徒たちのあいだで主張し続けたように――自分たちの確信を教会の手に委ねると言明したのである。要するに、キリスト教徒は信仰に服従すべきであり、また服従している、と。[31]」

こうして、理性によって証明される真理と、信仰によって息吹きを与えられる反対の教義を合わせて受け入れることができるのであろうか。相反する二つの言葉遣いで、誠実に自己表現をすることが可能なのであろうか。ヘーゲル

*29　クロード・ブリュエール。『世界百科事典』所収、第十一巻、パリ、一九八九年、二五八頁。　*30　『哲学史』(ガルニロン訳)、前掲書、第五巻、一一七七頁。　*31　同書、同巻、一一七八―一一七九頁。

は、ヴァニーニあるいはベールに関しては、力強くそれを否定する。かれらの場合には、そのような表現の二重性は誠実なものたりえず、したがってかかる方法によって欺こうとした教会から、真面目に受け取られなかったのである。

ヴァニーニの場合、「理性によって納得したものを放棄する服従の態度が誠実であるか否かを疑われたために……かれは火刑に処せられた」のである。教会はこの点について、語るに任せるという態度はとらなかった。教会は、その思想家自身が理性の議論によって信仰の命題に異議を唱えていたために、かれがそれらの命題に服従するふりをしても、その誠実さを信じなかったのである。教会は理性の優位を疑ってはいない、ということであろう。

ヘーゲルは、二つの言葉遣いが一致しないことを認めている。けれども、かれの方は、ヴァニーニを火刑に処することはないであろう。「理性が反駁できない事柄を、知性が判別したときに、そこに到達した人間はこれらの規定に固執することしかあり得ず、その反対のことを信じるわけにはいかないのである。そのような人間においては、信仰が理性以上に強力であるとは考えられていない。」

理性あるいは概念が信仰に従うということの確証は、ヘーゲルが表現法（Wendung）、言い回し、あるいは手続きと呼んでいるものにほかならず、「このような手続き〔表現法〕の覆いのもとで、人びとは教会に対して可能なあらゆる反論を申し立てることができた」[*32]とかれは指摘している。

体制に順応しない著作家は、あまり危険を冒さずに、うかつに手を出せない微妙な問題に接近することができる巧みな言い回しを発明するものである。

ヘーゲルはこの点について、友人たちに対して忠告を与えるようなことまでしている。たとえば一八二一年に、かれはクロイツァーに向かって新しい危険が迫っていることを知らせている。「フェンナー博士は……オーケンの『自然哲学』について講義を行なうことを望んだのですが、国王はそれを禁止しました。その理由は、この哲学が無神論へと導くというものです。そこで国王は大臣に、自然哲学や、無神論に至る他の哲学が王国の大学で教えられないように監視することを命じたのです（思弁哲学の宗教への適用）。」

それゆえ、思弁哲学と宗教との関係についてのかれ自身の考え方に好意的なヒンリヒスの著書の計画をめぐって、かれは巧妙な回避策を提案する。「『科学と宗教との関係』というタイトルは、疑わしくみえるかもしれません。たとえば、次のようなタイトルの方がよろしいでしょう、『神学の思弁的裏づけの試み』。」（C2二三五）思弁が神学を裏づけるとすれば、いったい誰が思弁を警戒しようと思うであろうか。

こうして、人は野うさぎを鯉と命名するのである〔ラ・フォンテーヌの『寓話』〕。

ヘーゲルが、その思想のあるものを曖昧な言い回しや、結びの文章や、漠然とした用語のうちに隠しているのではないかと疑われたときから――どうして、その疑いを避けることができようか――人は過剰な警戒心に陥り、誠実な議論のなかにもまた二重の意味を求めたり、見出したりするという危険を冒しているのではなかろうか。かれが、疑いの迫りくるままに放っておくことを望むに従って、かれは間違いなくいくらかはそれに成功しているのである。

かれの議論に対して巻き起こった汎神論論争の場合も、事情は同じなのではあるまいか。

ヘーゲルの時代には、スピノザの学説を好んで汎神論と形容する風潮があったが、かれはしばしばその学説を引き合いに出している。「スピノザ主義を抜きにしては、哲学は存在しない」と。少なくとも外見上はうまい理由を見つけて、人びとはかれ自身の哲学をも汎神論と非難したのである。このような非難は無信仰、異端、さらには無神論と決めつけるのと同じことであって、非常に危険なものにみえたかもしれなかった。ヘーゲルは、そのことを弁解するのに大変苦労している。

かれは、自分でしばしばその反対のことを主張してきたというのに[33]、読者に対してはスピノザ主義が汎神論ではないと説得するパフォーマンス――当時としては絶望的なパフォーマンス――を試みている。

スピノザからいっさいの嫌疑を洗い流すために、かれはスピノザ主義が汎神論であるどころか、むしろ「非宇宙

*32　同書、同巻、一一七九―一一八〇頁。　*33　同書、同巻、一一五四頁。ジョルダーノ・ブルーノの哲学は「それゆえ、一般的にはスピノザ主義であり、汎神論である。」

論」〔世界ではなく、たんに神の思惟が存在するにすぎないという考え方〕であることを証明しようとする。しかもかれは、そうした新しい名称の疑わしい起源を指摘しないように注意を払っている。かれは、自分の敵対者たちの愚かしさを当てにしているのである。「汎神論」という嫌悪された言葉が口にされないかぎり、敵対者たちは、「非宇宙論」という身代りの用語がキリスト教に対して同じような危険な結果をもたらすという事実を不快に思わないであろう。神はもはや、みずからのひとり子を送り出す世界を自由にすることができないというのに。事物を欠いた名称は自殺行為であろう。また、名称のない事物は、たんに過ぎ行くだけであろう。ヘーゲルの何人かの弟子たちが、こうした言葉巧みな方法を使用している点で、かれよりいっそう先を進んでいることを確認するというのは奇妙な話である。まさしく「非宇宙論」という言葉の宗教的有効性への信頼を失うことによって、かれらはむしろヘーゲルの学説に「万有在神論」という名称を与えることを選んだのである。かれらはそうすることで、ヘーゲルの哲学的一元論の精神的性格を強調することに成功していると思っている。しかし、観念論という言葉で充分なのである。汎神論、万有在神論、そして非宇宙論と同様に、観念論には一元論が含まれている。この亡霊に、さほど恐ろし気でない言葉をまとわせることだけが重要なのである。

ヘーゲルの最終的な選択が何であれ、また青年時代における汎神論への執着の思い出を考慮するならば、老ヘーゲルの著作のなかに数多くの遠回しな言い方や、婉曲語法や、弁護の姿勢が見られることは、むしろ結果的に、批判的精神の持ち主のうちに宗教に関するヘーゲルのいわゆる正統性や順応主義に対する疑いの念を強めることになるであろう。人は、検閲や、警察や、当局や、あるいは世論の敵対的部分の策略の裏をかくために、駆け引きを実行する戦術家と向かい合っているような気持を抱くのである。

ヘーゲルにとっては、人格神への、あるいは人格的精神の存在とその不滅への信仰を明確に証明するような、明晰かつ明瞭な言明を書き記すのは簡単なことだったであろう。けれどもヘーゲルは、文字通り賛成と反対を同時に並記したような種々のテキストだけに署名をほどこしている。

かれの時代においては、その「非宇宙論」によって、誰ひとり説得されることはないであろう。かれの「宗教的な」弟子のひとりであるマールハイネケ牧師が、一八四三年にシェリングから攻撃されたヘーゲルの学説を情熱をこめて擁護するときに、その非常に激しい攻撃文書のなかで、シェリングに対して「スピノザ的汎神論」という非難を差し向けることほどうまいやりかたは見当たらない。ヘーゲルは、スピノザの無罪証明を同時に主張するかぎりにおいてのみ、汎神論という非難を回避することを望みえたのである。そしてマールハイネケ自身、ヘーゲルがこの無罪証明を行なおうとしたテキストを刊行している。

同じタイプの困難な状況において活動しなければならなかったすべての先人たちから継承したヘーゲルのもうひとつの戦術的手法は、異なる著作のなかで、あるいは同じ著作の異なる頁で、同一の主題をめぐって別の自己表現を行なうやりかたである。この点に関して、たとえば『法の哲学』のなかでかれが世襲財産の理論的裏づけ（一種の長子相続権）を試みたのをマルクスが非難する[*34]のを眼にすると、驚きを禁じえないであろう。というのも、まず第一に、ヘーゲルがこの書物において世襲財産を大目に見なかったとすれば、公刊することができなかっただろうからである。

第二に、マルクスは、プロイセンの場合にヘーゲルが認めているこの世襲財産が、フリードリヒ゠ヴィルヘルム国王がその第三部を発禁処分にした『改正法案』の論文では、イギリスの場合を例にとって厳しく批判されていることを想起すべきだったからである。

あなたは世襲財産を愛するであろうか。さすれば、『法の哲学』の三〇六節をお読みなさい。あるいはまた、あなたは世襲財産を嫌悪するであろうか。その場合には、『改正法案』による〔世襲財産の〕批判に注目すべきでありましょう。ヘーゲル以前の反体制的な多くの著作家たちが行なったように、かれは自国で認めざるをえなかったことを、外国の場合には批判しているのである。出版が可能だったのは、そうした代価を払ってのことであった。そのような妥

*34　マルクス『ヘーゲル法哲学批判』、『マルクス゠エンゲルス著作集』、第一巻、ベルリン、ディーツ書店、一九六九年、三〇一―三〇九頁。

協を避けるために、かれは完璧に、また決定的に沈黙した方がよかったというのであろうか。ここで、いま、という現実を考慮すれば、他に選択の余地はなかったのである。

これらいっさいの事柄から、ヘーゲルは時には、しかもある特定の場合にきわめて露骨に、あるいは大胆に自己表現することができるという事実が帰結する。別の状況においては、かれはおおいに二枚舌を使うことを証明している。のみならず、かれが他の人びとの場合に非難している「表象の言語」を、みずから口にするという事態もたびたび起こるであろう。

どのようなかたちであれ、ヘーゲルのうちに秘教主義があるのではないかと疑い始めるや否や、かれの著作の読解はいっそうむずかしい課題となるであろう。かれが好んで引き合いに出したレッシングの批判的表現に従っていえば、われわれはかれの思想を「完全に刻印された硬貨のように」受け取ることはできないのである。そうなると、それぞれのテキストを前にして、疑い、探究し、研究し、反省する必要が生じてくる。ヘーゲル研究者たちに、なおいっそうの努力をお願いしたいものである。

著作家や、とりわけ哲学者が、みずからの思想ないし学説のすべてを直接、読者に委ねようとは思わないかもしれないことを、ヘーゲルは青年時代から確信していた。かれは、ある種の真情の吐露が、それらの思想や学説の著者たちの名声、経歴、そして生命さえも危機に陥れることを心得ていた。

その点を証明するような出来事のうちでも、とくにイェーナを震撼させた、そしてフィヒテに高い代償を払わせることになった有名な無神論論争のことを、ヘーゲルはよく知っていた。この師の最終的な思想をめぐって、かれはシェリングに宛てた手紙のなかで慎重な態度をとるように勧めている。「絶対的自我と見なされた神の観念は、秘教的な哲学に属するでありましょう」(C1二八)と。かれはフィヒテその人とともに、公表されたカントの学説のなかにさえ秘教主義が存在することを明らかにした。

この点についていえば、ヘーゲル思想の表現のうちにいくつかの段階ないしレヴェルを、合理的なかたちで区別することができるであろう。

まず第一に学説本体があって、それは著者によって組み立てられ、時には再構成され、公表され、また公然と引き受けられるものであり、著者の哲学的名声と栄光を根拠づけているものである。それは、著者の考えが何であるかを尋ねられたときに、かれが言明した理論的内容である。この基盤の上に、人はまずヘーゲル主義についての認識と、その公教的哲学を確立する。

けれども、一般に読むことができるこのテキストにはすでに、公然たる矛盾や、センセーショナルな変動や、さまざまな仄めかし、示唆、あるいは言外の意味などが含まれている。すなわち、かれはもっとも有能な人びとが行間を読むように仕向けるのである。

これらの有能な人びとはより完全な情報に、とりわけヘーゲルがみずから公刊しなかった著作に、またかれが意図的に隠蔽した作品に接することによって、そうした追加されたものの知的探索が可能になり、そのおかげでかれらの最初の解釈を訂正するように強いられるであろう。かれらはまさに、ベルリンで披瀝された大げさな学説、すなわち「国家は地上における神的なものである」という学説と、青年時代のひどく反抗的なプログラム、すなわち「国家とは機械的なものであって、国家の理念などは存在しない……。自由の対象となるものだけが理念と呼ばれる。われわれはそれゆえ、国家を越えて行かねばならない。というのも、いっさいの国家は自由な人間を機械的歯車として扱わざるをえないからである。だが、そのようなことは必要ないのである。したがって、国家は消滅しなければならない[35]」というプログラムとの対比を、考慮すべきであろう。

じっさいのところ、いっさいの偶然性から免れることを望むような思想を徹底的に、かつ迅速に逆転させることを

*35 『ドイツ観念論の最初の計画』のこの文章は、たぶん、ヘルダーリンとヘーゲルが共同で考察したと思われるが、ヘーゲルの手になる写しによってわれわれに伝えられた（ロベール・ルグロ『若きヘーゲルとロマン主義思想の誕生』、ブリュッセル、ウシア書店、一九五〇年、二四四頁）。ヴァイスハウプトにとっては、「自由は国家の消滅と一体である。」（同書、一七五頁、注8）

証明するか、あるいはまたさまざまな選択肢のひとつが他のものの中心にひそかに、そして問題をはらみながら現前していることを説明するか、いずれかが必要である。だが、いずれの場合においても、面倒な事柄が存在する。
ヘーゲル哲学の原理にもっともよく適合する命題のひとつは、次のような有名な格言である。

「理性的なものは現実的であり、
現実的なものは理性的である。[36]」

しかし、ヘーゲルの講義録の新しい版が次々と出版されるに及んで、かれがその定式を頻繁に変えていたことが明らかになってきている。たとえば、次のように表現する場合もあったのである。「理性的なものは現実的になり、現実的なものは理性的になる[37]」と。前者の定式の一、二年後に提示された、後者のそれを選ぶべきなのであろうか。それは、話にならない基準というべきであろう。ヘーゲルの断続的な歩みや、変動に適合する必要がある。説明に関しては、もっぱら作品の内部分析だけに固執するのでは、ほとんど進展の可能性が見られないであろう。

ヘーゲルの教えを、また次々と変わりゆく、あるいは同時に存在しているかれの学説をひとたび確立してしまえば、かれがじっさいに何を考えていたかをみずからに問いかけるのを、どうして抑えることができようか。この問いかけは、幾何学の精神よりもむしろ機転と繊細に属するような、ある反省領域を切り拓くであろう。

難点は主として、ヘーゲルがはっきりと区別された二つの哲学、すなわち公教的哲学と秘教的哲学を念入りに検討しなかったという事実に由来する。しかもそれは、一方を排除して他方を保持するほうが、あたかも都合がよいかのようなかたちをとっているのである。

ヘーゲルのある文章がそれ自体とりわけ曖昧であり、また他の文章と矛盾するようにみえるときには、その文章を明らかにしたり、説明したりするだけでなく、なぜ著者がそれを曖昧にしたのか、要するに明らかにしようとしなかったのか、あるいはまた矛盾の解消を良しと判断しなかったのかを同時に説明するように努める必要がある。ところで、この努力は、次のような作業仮説を前提する。すなわち、ヘーゲルはけっして、政治的に反動的すぎるとか、宗教的に正統派すぎるとか、形而上学的に観念論にすぎるとか見なされるのを恐れる必要はなかったということである。反対に、かれは革命派や、異端者や、あるいは無信仰者と見られてしまうことを恐れる理由があったのである。それぞれの場合に、いっそう大胆な意味合いにおいて、ヘーゲルを解釈するのが肝要であろう。かれの筆のもとに反体制的な仄めかしが見出されれば、伝統的議論が一〇回繰り返されるのを眼にするよりも意味があり、重要性をもつのである。

こうした状況を踏まえるときに、たとえばマールハイネケがヘーゲルの学説を、政治的には反体制的な意味に、しかし同時に〔宗教的には〕確固としたキリスト教的な意味に理解し、広めようと望んだことが、またそれが可能だったことが納得されるであろう。〔そうした解釈に〕都合のよいテキストを選べば充分だったのである。われわれには、ヘーゲルがマールハイネケとの私的な会話のなかで、みずからの思想の本質をどの程度まで知らせたのかがわかっていない。しかし、マールハイネケ自身は、いかなる嫌疑も越えた高い位置に立っているわけではない。疑いもなく論争の現実を生きながら、そしてルター派の牧師という立場において、かれはヘーゲルの学説が老シェリングのそれよりも、いっそうキリスト教に有利に働くと見なすことができるだけの資格を備えている。ところで、ヘーゲル主義の優位は、この競合関係のなかでは明らかでないことを認識しておく必要がある。

ヘーゲルの「無神論的な」および「革命主義的な」思想を集めたものをバウアーが一八四一年に公刊したが、それには次のようなタイトルが付されていた。すなわち、『最後の審判のらっぱ』[*38]である。この出版もまた、困惑の種となるようなものを含んでいた。

*36　ヘーゲル『法の哲学の原理』（ドラテ訳）、前掲書、五五頁。　*37　一八一九―一八二〇年の講義。『法の哲学――一八一九―一八二〇年の講義』、ディーター・ヘンリヒ編、フランクフルト、ズールカンプ書店、一九八三年、五一頁。　*38　『最後の審判のらっぱ』、一八四一年（匿名で出版）。

バウアーは、ほとんど古典的となった文学上の策略を応用している。無神論者であるかれは偽善的に、爆弾を抱えたそのヘーゲル集成を、師の悪い思想の告発というかたちで提示しているのである。こうしてかれは、ヘーゲルの思想を非難の装いのもとに広めながら、みずからは弾圧を逃れうる位置にいるものと信じている。それらの思想は、少なくとも読者に知られるであろうし、その著者は「進歩主義的」環境のなかで悪評から守られるであろう……。

＊

ヘーゲルが実践した「二重の言葉遣い」は、かれが理論化したものではない。というのも、理論化された二重の言葉遣いは、哲学と宗教との一致に、また圧政と自由との共犯関係に留意しているからである。しかし、ヘーゲルは完全に、あるいは明確に、そのような和解を決意することはないであろう。かれはそうした和解のうちに、不協和音や影の点を存在させている。ヘーゲルの場合、真の区別は公教的言語と秘教的言語——変化しつつも、真に秘教的な言語——とのそれである。

ヘーゲルは、公共の広場で真理を叫ぶようなことはしない。なぜならば、かれはいくぶん弱い喉をもっているからであり、また窓を通して、憲兵たちがパトロールをしている姿に気づいているからである。

＊

こうした自己への後退は、学説の本質、すなわちその固い核——至聖所、ということもできよう——だけに関わりをもっている。というのも、それを「聖域」の中に保護することが問題だからである。

逆説的にいえば、ヘーゲルがそうした後退を、あるいは理論的退却を表明し、実行するときに、かれはこのうえなく豊かに、明らさまに、そして流暢に、深遠な学説のあらゆる特別な帰結を、またあらゆる雑多な開花を、大衆を引きつけ、その哲学に一定の人気を保証することになる公開の講義のなかで——その講義が、かれの死後、公表されるときに――提示し、発展させるのである。

政治的配慮や宗教的論争、司法的手段、行政上の仕事、家庭的困難にもかかわらず、あるいはまたこのうえなく多様な文化的、遊戯的気晴らしにもかかわらず、ヘーゲルは怪物的ともいうべき哲学的営為を実践し、巨大な作品を構成し、普及させたのである。人びとはまた、かれが多くの異質な領域において、すなわち法学、宗教史、政治学、美学、哲学史、民族学等々の領域において――しかも、これら多様な内容のすべてを、みずからの体系の支配的統一性に従わせるという意図を公言しつつ――限りなく詳細な探究を実行に移しえたことを称賛するであろう。

かれはたえず、年を追うごとにこの体系のそれぞれの部分を増大させ、拡張させていく。かれはその体系に、つねに新しい領土を付け加えるのである。かれは、ますます知的な方法で執筆し、そして説明する。それゆえ、ほとんど皮肉な調子でいえば、かれが「ポピュラーな哲学」――かつて、かれが明らかさまに軽蔑していたもの――を作り上げようとしたと非難することもできよう。もし神が、かれの生命と精力を守っていたとすれば、かれはいったい、どこまで進んだことであろうか。

『法と国家の哲学』を別にすれば、かれはその果てしない教育の何ひとつを、様式の点で変化に富み、細部の点で移動を重ねるような教育の何ひとつを公刊していない。幸いなことに、熱狂的な弟子となった何人かの友情溢れる聴講生たちが、かれのすべての議論を注意深く、また忍耐強くノートにとり、ひとつも省略せずに、正確を期して奮励努力したのである。かれらのおかげで、またかれらのさまざまな異本を比較することによって、テキストを復元することが可能になり、非常に大きな信頼性を抱かせるに至ったのである。それがすなわち、ベルリン大学での『講義』の圧倒的な集積にほかならない。

これらの講義は、注意深く、また辛抱強い読者に、より近づき難いヘーゲルの第一哲学への、いっそう簡単な導入ならびに実行可能な注解を提供している。

おそらくはまた――その点を認めなければなるまい――それらの講義は、複雑で曖昧な書物以上に、批判に対して弱点を曝け出しているであろう。それらの講義は、より具体的な内容に関しては、ヘーゲルの学説の矛盾と巧妙な策略をかろうじて隠しているにすぎないであろう。とはいえ、なんという豊かさに溢れていることであろうか。

第17章　ヘーゲル的君主

「ヘーゲル氏はフランスを愛していた。かれは一七八九年の革命を愛していた。ヘーゲル氏がしばしばわたしに注意を促した皇帝ナポレオンの表現を用いていえば、かれもまた共和主義者（bleu）であった。」（ヴィクトール・クーザン）[*1]

ヴィクトール・クーザンが、その客観性を疑うべくもないような状況のなかで証言しているように、成熟期のヘーゲルは心底から自由主義者であった。きわめて混乱した時代の有為転変のおかげで、哲学者の政治的な考え方にさまざまな方向の変化がもたらされることになった。それはかれの同時代の人びとすべてに当てはまるものであり、とりわけ青年時代にフランス革命の呼びかけに身震いを覚えたすべてのドイツ人に該当するものであった。

これまで以上に豊かで、共感を呼ぶ研究によって、かれの内部に存在するこの根本的な自由主義的態度——当時、すべてのヨーロッパ諸国において、自由主義は一般に反体制的であり、革命主義的でもあったが、そうした時代にかれが引き受けた態度——を確認することが可能になるであろう。

抽象的な中心点

ヘーゲルは晩年に『法と国家の哲学の原理』のなかで、テキスト上は封建制の残存物に何がしかの譲歩を示しつつも、穏健な立憲王政の計画を公然と支持している。かれの行なった譲歩はおそらく真摯なものであったと思われるが、

*1　ヴィクトール・クーザン「ドイツ哲学散歩」、『両世界評論』所収、一八五七年、第五巻、五四六頁。青はヴァンデ戦争中、共和国軍兵士を指し、これに対して白は、王党派兵士を指した。

しかしいずれにせよ、それによってのみ、警察と検閲の制約のもとで書物の出版が可能になったのである。プロイセンでは、統治者である君主は「憲法の制約」を受けなかった。否、それ以前に、そもそも憲法が存在しなかったのである。最初の憲法は、一八四八年になってはじめて制定されるであろう。その間、自由主義は具体的には、憲法の公布——たえず約束されながら、そのたびに先送りされている——を要求するというかたちで成立している。

自由主義は、歴史的に伝えられた一定の政治的状況においては、王政に順応しうるものである。たとえ、資本主義——自由主義はそれの、多かれ少なかれ充分な理論的表現である——には共和政の方がよりふさわしいとしても。いささか偏狭であるにせよ、自由主義的王政を称えつつ、ヘーゲルは宰相ハルデンベルクの思想的方向に、したがって一時は実質的権力の一翼を担っていた分派の思想的方向に進んでいく。けれども、自由主義者たちは、封建主義者の恐るべき抵抗——封建主義者たちはこのような対決において、本質的には勝利を収めている——にぶつかる。ハルデンベルクのプランは、最終的には実現しないであろう。したがって、ヘーゲルはいかなる程度においても実質的権力に——たとえ、もっとも進歩的な顔を装っていたにせよ——奉仕することはなかったのである。いわんや、プロイセン支配階級の反動分子を利するようなことはしなかったであろう。

こうした疑う余地のない確認があるにもかかわらず、反動主義者ヘーゲル、あるいは超保守主義者ヘーゲルのイメージは、片寄った歴史家のために事情をよく知らされていない世論の一部に存続している。ある人びとはかれのうちに、混乱をもたらす時代錯誤にほかならないにもかかわらず、ヒットラーの先駆者を見ようとする。

ヘーゲルの、本来の意味での哲学体系から、なんらかの特殊な政治的立場を必然的に導き出すことができるであろうか。それはヘーゲルを鵜呑みにすることであり、またかれが提示したあらゆる推論の揺ぎない厳密さを盲目的に信じ込むことであろう。じっさい、かれの哲学的前提から、このうえなく多様な政治理論を表面上引き出すことは、うんざりするほど簡単なことである。そこで、かれの最初の弟子たち、とくに「青年ヘーゲル派」は、その作業に熱心に従事したのである。

一八一五年以後、最良の理論家たちは好むと好まざるとにかかわらず、立憲王政の原理に与した。プロイセンでは、そうした選択は国王、宮廷、とりわけ王太子の狙いとは、同時にまたかれらの公認のイデオローグたちの狙いとも対立するものであった。

ヘーゲルは、たんなる慎重な方策の意味で、偽善的に行なう気持ちになることもできたはずの公開講義の場合ですら、絶対主義と権威主義的王政をけっして称揚することはなかった。

ヘーゲルが、「承認」を述べる役割だけを、あるいはかれが書いているように、大臣または官吏たちがとった措置について、「ⅰの上に点を記す」役割〔細部の仕上げをする役割〕だけを認めているこの国王は、はたして権威主義的であろうか。国家の頂点にあって、結局は最終の個人的決断が必要であることは、多くの共和国でも認められている事実である。ヘーゲルは国王の権力を、狭い限界内に閉じこめる。それゆえ、かれの著書の公刊が可能だったというのは、かなり驚くべきことなのである。数年後に、ハルデンベルクが死んだあとでは、その書物の出版は許可されなかったであろう。しかも、国王は、ヘーゲルの大胆な議論の報告がもたらされたとき、私的なかたちで、重苦しい皮肉をこめて次のように抗議したのである。「もし余が、ⅰの上にその点を記さないとすれば、どうなるであろうか」と。かれはもちろん、以前と同様に、恣意的な「勅令」に署名し続けたのである。

じっさい、ヘーゲル的君主は、フランス革命から足を引きずって出てきたものである。フリードリヒ＝ヴィルヘルム三世と、尊大ぶったその息子の要求に直面して、国王の特権――ただし、国王というものを維持するとしての話であるが――を、ヘーゲルがやった以上に縮小することがはたしてできるであろうか。以下に掲げるのは、かれが『歴史哲学』のなかで、それらの特権をどのようにみていたかを示す文章である。「政治は官吏の世界に依拠しているが、その頂点には、君主の個人的な決断が付随している。というのも、最高の決断は、すでに指摘された通り、絶対的に必要だからである。しかしながら、それにはしっかりと確立された法律と、よく規定された組織がともなっていなければならない。君主の決断だけに留保されているものは、実質的にはごくわずかな事柄と考えるべきである。たしかに、高貴な君主が人民の手のうちにあるとき、それは大いなる幸運と見なす必要があろう。けれども、それは、大きな国家においてさえさほど著しい重要性をもたないものである。というのも、この国家の力はその理性のうちに存在するからである。[*2]」

国家の基盤としての理性とは、なんという幻想、なんという欺瞞であろう。しかしその意図と表現においては、この命題は、「お望み次第」や、国王の個人的恣意や、「神の恩寵によって」保持された権力などの、たんなる絶対主義的要求とは、少なくともかなり隔たったところに位置している。

こうした展望においては、無力な君主を承け継いだ国も、不運をかこつことはないのである。ヘーゲルがかつて雑誌『ミネルヴァ』のなかでエルスナー――ヘーゲルは、かれの『パリ書簡』をおおいに評価していた――の筆を通じて読んだことがあるように、シエイエスは、「同時に七面鳥〔愚かな動物。あるいはそれに比せられる国王〕でもありうる固定点[*3]」の必要性を信じるかぎりにおいて王党派なのである。バンジャマン・コンスタンとスタール夫人は世襲王政を選択しながらも、自由主義者に留まっていた。ムーニエは世襲王政に、「執行停止的拒否権」の可能性しか保証しなかった……。

あらゆる自由主義者が、ヘーゲルが試みたほど徹底的に国王の権力を制限しているわけではない。ところがかれは、国王の存在を、『美学講義』のなかに……慎重に滑り込ませた考察において、必要最小限のものに縮小しているのである。「われわれの時代の君主たちは、神話時代の英雄のように、それ自身として完全に具体的な頂点ではなく、すでに対自的に発展し、法律と憲法によって確立された諸制度の内部における、多かれ少なかれ抽象的な中心点なのである。われわれの時代の君主たちは、統治者のもっとも重要な行為が自分たちの手から滑り落ちるに任せてしまったのである。かれらはもはや、みずからその権利を口にすることはない。財政や、市民的秩序と安全はもはやかれら固有の特別な事柄ではなく、戦争と和平は、かれらの個人的指導力や権力に属していないところの、外国との全体的な政治的関係によって規定されている。そして、これらいっさいの関係に対して、最終的かつ最高の決断がたとえかれらの手に帰するとしても、さまざまな決定の固有の内容は全体的にはーーその内容がすでにそれ自体としてしっかりと固定されているほどにはーーかれらの個人的意志には属していないのである。したがって、一般的なものと公共的なものに関して、国家の頂点である国王自身の主観的な意志は、形式的な性質のものにすぎないであろう。[*4]」

これらの、異議申立てを蒙る権力は、その重要性の点で、フランス第五共和政の大統領が保持している権力にはるかに劣るであろう。ヘーゲル的国王は、君臨するが、統治はしないのである。プロイセンのじっさいの国王は、ヘーゲルの夢想を聞かされたならば、それを嘲笑するであろう。国王は哲学者に、自分は人が望むほどには「抽象的」でも「形式的」でもないことを示すであろう。要するに、かれはそのようなことを耳にするのに疲れ果てて、最終的には哲学者に沈黙を強いることであろう。

＊

ヘーゲルは晩年に至って、心の底から王政主義者になったのであろうか。ありうる話である。他のいかなる政治的選択も、かれの時代には罰を受けずに告白することができなかったからである。一七九四年以来、たえず失望をもたらすような出来事が続いたために、どのような共和主義的希望も存続することはなかった。当時、プロイセンにおいて、共和主義者に出会うことはなかったのである。いざという場合には、ヘーゲルはたったひとりで存立する羽目に陥ったであろう。すぐ頭に血がのぼるような人びとは、自由主義的憲法を好んで要求するが、それができないとわかると、絶対主義的な憲法ーー絶対主義が憲法を利用できると仮定しての話であるがーーを要求することで満足してしまう。どのような憲法でもよいが、しかし最悪の場合には、各人は少なくともあらかじめ何を言うことが、あるいは

*2　ヘーゲル『歴史哲学』（ジブラン訳）、前掲書、三四六頁。　*3　コンラッド・エンゲルベルト・エルスナー（一七六四―一八二八年）。『ミネルヴァ』、一七九三年三月、二八一頁、所収。　*4　ヘーゲル『美学講義』、J＝P・ルフェーヴルおよびV・フォン・シェンク訳、パリ、オービエ書店、一九九五年、二五九頁（修正）。

何をすることが禁じられているかを知っていてもらいたいということであろう。それというのも、プロイセンの臣下たちはそのことを知らないために、何を言おうと、あるいは何をしようと、つねにあらゆることを予期しなければならないからである。

ヘーゲルはもちろん、プロイセンの悲しい政治的現実と、恣意的な世襲王政についての明晰な意識をもっている。かれは、プロイセンでは告発する権利をもたない事柄を、イギリスの場合に思い切って批判することによって、そのような現実のありさまを人びとに知らせるのに成功するであろう。

「たとえ、それが七面鳥〔愚かな国王〕であっても」と、シエイエスは述べた。プロイセン国王の系譜のなかで、ヘーゲルがその気まぐれな気分を蒙ることになった国王以外に、そうした資格〔七面鳥〕にふさわしい人物を見出すことはほとんどできないであろう。国王たちの功績を認めることもやぶさかでなかったエンゲルスでさえ、その国王のことを容赦なく次のように告発している。

「プロイセン王国は……当時、フリードリヒ゠ヴィルヘルム三世によって支配されていたが、かれは〈公正な人〉という異名をとっていたにもかかわらず、かつて玉座を飾った国王たちのなかでももっとも愚かな人間のひとりであった。かれはゲートルのボタンを検査する〔つまらぬ仕事をする、の意〕伍長や曹長を作るために、生まれてきたのである。かれは情熱を覚えない放蕩者であり、同時にまた道徳を説く人間でもあった。かれは不定形以外に語ることができず、いろいろな声明を起草した人物としては、〔その愚かさの点で〕息子だけに凌駕されたのである。かれは二つの感情しか知らなかった。すなわち、恐怖心と、軍曹のごとき尊大さである。」[5]

だが、ヘーゲルは個人的には、国王の注目の恩恵に浴した。

一八二六年に、ヘーゲルの友人たち――教授、芸術家、学生たち――は、ゲーテの誕生日に引き続いて、かれの誕生日を祝うことを決定した。宴会、贈り物、演説、詩、祝辞等々、とりわけ真心のこもった敬意の念に何ひとつ欠けるものはなかった。ヘーゲルは、かれが評価していた人びとから、賛辞と愛情のこもったあらゆる種類の証言を受け取った。かれはそのことに深く感動したが、それは、祝賀会に出席できなかった妻に宛てた手紙の示している通りである。この祝賀会はしばしば、ベルリンにおける哲学者の威信と、権威と、力を証明する一種の補足的な要素として利用されている。じっさい、それは精神的な勝利であったが、しかし誰の眼にもそう映ったというわけではない。ヘーゲルは、当時の規範に従えば、そうした祝賀会と、新聞がその出来事にほどこす注釈とがもっている挑発的性格をよく感じとっていた。八月二十九日に、かれは妻に宛てて手紙を書いている。「いまやわたしは、人びとが節度を越えないように見張っていなければなりません。もし友人たちのサークルで大げさなことを口にするのが許されると、一般の人びとは物事を別の眼で見るようになるからです。この点については、すでに印刷されている論文を同封しておきます。」(C3 一二二)

誕生祝賀会と、新聞の反響を不快に思ったかもしれないのは、一般大衆ではなかった。ヘーゲルはもちろん、当局のことを考えていたのである。かれは当局のことを、知り過ぎるほど知っていた。そして、かれの懸念は的中した。新聞はその出来事を報じたのである。

嫉妬深い国王は、そうした宣伝に不快感を覚えた。現代では信じられないことのように思われるかもしれないが、以後、新聞が「私的な祝い」に非常に重要な位置を与えるのを禁止するために、国王は特別の「勅令」すなわち内閣令を公布したのである。ファルンハーゲン・フォン・エンゼはそうした事態のうちに、ヘーゲルに向けられたある種の厳しい警告を認めている。ヘーゲルは翌年、誕生日にベルリンを留守にする手筈を整えた。しかし、かれはそれでもなお、当時、パリに出かけるという不注意を犯してしまった。その地で、かれが自由主義運動のフランス人指導者たちと会ったこと、および『コンスティテュショネル』誌がかれにある論文を捧げたことが、重くのしかかっていた嫌疑と遺恨をいっそう強める結果になった。

*5 フリードリヒ・エンゲルス『ドイツの状況』、『マルクス゠エンゲルス著作集』、第二巻、ベルリン、ディーツ書店、一九六九年、五七二―五七三頁。

初期の伝記作者たちはこうした具合の悪い出来事を知っていなかったか、あるいは隠蔽してしまったために、誕生祝賀会の輝き——それほどの規模の輝かしさが二度と繰り返されることはなかった——だけを記憶に留めることになったのである。

けれども、ヘーゲルの誕生祝いは、一八三一年、すなわちかれの亡くなる年にもう一度、非常に真心のこもった方式で執り行なわれた。コレラのために、ベルリンから離れた場所で、ゲーテの誕生祝いとは明らかに関係なしに、もっと親密度の高いサークルにおいて実施されたのである。そのサークルでは、シュティークリッツ、モーリッツ、ファイト等のユダヤ人の友人たちが重要な役割を演じているのが見られるであろう。

＊

ヘーゲルの政治思想や、政治的態度を、それと密接な関わりのある文脈から離れて分析したり、評価したりするのは正当ではあるまい。むしろ、そうした文脈に照らして、かれの政治思想や政治的態度が意味と価値をもつのである。ベルリンでのヘーゲルの政治的状況は、かれが亡くなる以前には若干抑えられていたとはいえ、最終的には国家の上層部においてよりいっそう臆面もないかたちで現われた思想や行動と関係づけるときに、正確に規定されるのである。ある意味では、そうした変化はかれに、「この恵み深い君主」のもとで生きる「幸運」に出会ったことを、いつの日か思い出させてくれる理由を相対的に付与する結果になったのである。じっさい、フリードリヒ＝ヴィルヘルム三世が自分の楽しみを追求する人物以外の何者でもなかったにせよ、次のフリードリヒ＝ヴィルヘルム四世はいっそう手に負えない君主であることが明らかとなった。かれは一八四〇年以降、王位に就くであろう。まだ王太子であった時期に、かれはすでにヘーゲル主義に敵意を示していた。

プロイセンが大変な苦境に陥っていたときに、かれの父親〔三世〕は王国の救済を、優れた愛国的顧問官たちに委ねていた。そして、当時、かれが惜し気もなく口にした約束を守らなかったにせよ、かれは少なくとも自分を助けてくれた人びとに、すなわち大臣、将軍、政治家、高級官僚たちに何がしかの感謝の気持をもち続けたのであり、かれらの言うことになお耳を傾ける姿勢を示したのである。

反対に、フリードリヒ＝ヴィルヘルム四世は、一八四〇年に権力の座に就いたとき、誰にも負い目がないという気持を抱いていて、もはや父親の不安や配慮とは関わりがないと感じ、父親の約束を自分の立場であらためて取り上げようとは考えもしなかった。

かれの政治上の師は、シュトールベルク伯とともに、反動主義者のアンシヨンであったが、この人物は個人的にルートヴィヒ・フォン・ハラーの復古主義的学説の影響を受けていた。

じっさい、すべてはあたかも、プロイセンの新しい国王が、ヘーゲルの学説やカントの学説と正反対の立場を一貫して取っているかのように進むであろう。一八一六年に、アンシヨンはカントのよく知られた命題と文字通り矛盾するかたちで、「人民は、子供のように指導される必要がある。というのも、人民と子供は保護され、育てられ、また教育される必要があるからである」[*6]と教えていた。かれは、この人民の「未成年」状態と、かれらに対する「後見人」の優位を正当化したのである。

フリードリヒ＝ヴィルヘルム四世は、家臣たちのこうした絶対的従属関係をはっきりと確認した。かれは、かつての絶対主義の古惚けた言い回しを繰り返した。「余は、神の恩寵によって国王であると感じている。そして、神の助けによって、最後まで国王に留まるであろう」と。二〇年前に、ヘーゲルはこのような主張に対して呪いの言葉を発していた。「もし君主の理念を理解しようとすれば、国王たちを制定したのは神であるというだけでは充分でないであろう。というのも、神はすべてを行い給うのであり、そのなかには最悪のことも含まれているからである。」[*7]

新しい国王は進歩主義者たちの慎ましい希望を、すなわち、さほど急進的ではないにせよ、ともかくヘーゲルの政

---

*6　フリードリヒ・アンシヨン『主権と国家憲法について』、ベルリン、一八一六年、三頁。　*7　『法の哲学の原理』（ドラテ訳）、前掲書、二八一節への追加、注45、二九六頁。

治理論によってある程度強められた――少なくともかれらのうちの何人かにとっては――希望を無にすることになるであろう。一八四二年に、その君主が次のように言明するとき、ヘーゲルの政治理論のうちで、とりわけかれの具体的な政治的態度のうちで、いったい何が残るであろうか。「余は、汝らに次のことを保証する。そして、汝らも、国王たる余の言葉を信じることができるであろう。すなわち、余の治世のもとでは、大公も従者も、議会も、そしてユダヤの知的徒党も、余の同意なしには、王権によって正当ないし不当に獲得された財産や権利をみずからのものとすることはないであろう」[*8]と。

「たとえ不当であっても」とは、なんという言い種であろう。

プロイセンとプロイセン人は国王の所有物であって、国王はそれを好きなように処理することができるというのである。かれはみずからの気分に従って、その資産のある部分を、他の者より従順な寵臣に使用権として与える。「権力を父祖の遺産として、あるいは資産として保持しつつ、家父長的方法で統治を行なうことは、ドイツ的君主の流儀に適っている。余は、余の人民と深く結びついている。それゆえ、余は家臣たちを、小さな子供が指導を必要とするのと同じように指導し、また正道を踏み外すような者たちを罰したい。反対に、余の財産を管理するにふさわしい者たちにはそれに参与せしめ、かれらの個人的資産の形成を促し、従者たちの思い上がった傲慢な態度からかれらを擁護したいと思う。」[*9]

思い上がった、傲慢な従者たるヘーゲルは、一八二一年に家父長制を厳しく批判した。「国家はもはや君主の所有物ではない。君主の私的権利はもはや存在せず……世襲財産的裁判権ももはや存在していない」等々[*10]。

絶対的「後見人制」に反対して、かれは自由な主体的決定への、諸個人の権利を肯定した。しかし、フリードリヒ=ヴィルヘルム四世は、絶対主義に対するヘーゲルのこうした制限のすべてを大声で追い払ってしまった。ハルデンベルク公は、横領者たる従者の地位に貶められることになった。ヘーゲルは、「ユダヤの徒党」と危険な関係をもっているという非難を免れることができなかった。すなわち、ラーヘル・ファルンハーゲン、ベール一族、メンデルスゾーン一族、エードゥアルト・ガンス……等々である。かれは、罪深い学説の責任を担わされることになった。もし時代錯誤を厭わず、十九世紀初頭のプロイセンのうちにヒットラーの先駆者を暴き出そうと考えるならば、ヘーゲルよりもずっと罪深い人びとを容易に見出すことができるであろう。

暴君誅殺

今日まで見落とされてきたけれども、注目に値するのは、王政に関するヘーゲルの態度の一面である。すなわち、かれがたえず暴君誅殺を弁護しているという点である。

われわれは、偉大な思想家が同時代の優れた人びとについて下している判断に、注釈を加えたがるものである。逆に、かれが語ることを差し控えた人びととかれとの関係については、一般にさほどの関心をもっていない。しかしながら、すべての人びとが関心を示している事柄についてかたくなに沈黙を守ろうというのは、時には明示された議論と同じくらいに雄弁に自己を物語るものであろう。

ヘーゲルの時代には、ルイ十六世の運命がすべての人びとの精神にまとわりついていた。人びとは頻繁に、かれの人柄や、行動や、無気力や、感情や、家族関係や、その悲劇的な死について言及した。一八一五年以降、ドイツでは、「国王暗殺者たち」に対して怒りの感情をぶつけるのは上品な態度と考えられるようになった。そして、この呪詛の言葉は、市民社会や、管理機構や、政治生活に入ることを承認されるための最低条件を示していたのである。

その種の呪詛がヘーゲルの著作に、のみならずヘルダーリンの著作にも――かれは、ボナパルト、ルソー、ヴァニ

*8　フリードリヒ＝ヴィルヘルム四世。A・コルニュ、前掲書、一六八頁からの引用。本書、一〇九―一一〇頁、参照。　*9　前掲書、一六八頁。本書、一一〇頁および第5章、注9、参照。　*10　ヘーゲル『法の哲学の原理』、ラッソン版（ドイツ語）、第四版、ハンブルク、マイナー書店、一九五五年、七五節への追加、三五四頁。

ーニに詩を捧げている――けっして現われていないのは意味深長である。

ヘーゲルの公刊された全作品に、また保存されている草稿のなかに、ルイ十六世の名前はほとんど出てこない。ルイ十六世についでは付随的な、しかも意味のないかたちで、年代記の読書のさいに記されたいくつかの覚書のなかで言及されているだけである（BS七二四―七二六）[*11]。死刑執行人に対する、いかなる恨みの表現も見られないのである。

フランス革命をしばしば熱狂的に支持した初期のドイツ人たちが、ルイ十六世の処刑によって打ちのめされ、そのために革命運動から離れたことが一般的に認められている。ライン河の向う側〔ドイツ〕では、それは憤慨の叫び声にほかならなかったであろう。けれども、そうした遠いこだまに気づきながら、歴史家たちは次のような事実を、すなわちきわめて少数ではあるが、喜びの声を上げる気持を抱きつつ、しかもそうすることを阻止された人びとが存在したという事実を考慮していない。

他方、フランスにおける立憲王政主義者たちは、当初はきわめて革命的な姿勢を示していたことを、人はあまりにも簡単に忘れ去っている。というのも、かれらはじっさいに転覆のプロセスを作動させていたと思われるからである。だが、かれらは急速に、現実の出来事によって乗り越えられてしまった。とくに、憲法が公布されてからはそうである。しかし、憲法がきわめて遅く、希望と失望が何度も繰り返されたあとでやっと獲得されたドイツでは、立憲主義者たちは、たとえムーニエのような王政主義者の場合であっても、すべての人びとの眼に革命派と映ったのである。

かれらは王政に対してではないにせよ、少なくとも絶対主義に対しては戦いを挑んだ。このような戦いに、ヘーゲルは本来的に満足感を覚えるであろう。ヘーゲルの晩年のプロイセンでは、確固たる立憲主義者は、あるいはたんにそのような人物と疑われただけでも投獄されたのである。

かれにとって、専制主義とは「憲法のない国家」（D二八三）であり、「君主が政治を、みずからの好みに従って直接行なう」ような国家である。専制主義は、「国王に正当性を与える聖別の、曰く言い難い不正……[*12]」がそれに付け加わるときに、いっそう醜悪なものとなるであろう。

ヘーゲルは、好意的な意味でフランス王政から区別されるプロイセン王政の特徴を探究し、そして都合よく発見する。かれの眼には、ほとんどすべてのドイツ人にとってと同様に、典型的な圧政はルイ十四世のそれであり、ルイ十六世がその圧政を継続し、その結果「暴君」になったと映ったことは疑いない。だが、そうした規定は、ヘーゲルの同胞の大部分にとって、この暴君を殺害すべきであるということを意味してはいなかった。

しかしながら、かれらのうちの何人かはフランス革命の流れに忠実に従い、国王という人間に象徴される王政の処刑を歴史的必然として受け入れた。テュービンゲンの三人の仲間は、ジロンド党の排除――かれらはそれを支持することができなかった――が行なわれるときまで、「革命派」に留まったようにみえる。

ルイ十六世の斬首の報に接して、神学院生たちがテュービンゲンで喜びの気持を表明したことが知られている。かれらの大喜びは、行き過ぎた宣伝効果を蒙ることになった。かれらはその気持を充分秘密にせず、その結果、やがてこうした不注意のもたらす帰結を思い知らされることになったのである。

ヘーゲルとヘルダーリンは、この点に関して最終的にはもっと抑制した姿勢を示すであろうが、しかし意見をくるくる変えたわけではない。かれらはそれ以後、深い憎しみの対象である圧政を、「誰ともなく」告発したのである。かれらの読者は、標的を見抜く必要があろう。というのも、かれらは外国ないし古代の例をもちだす以外、もはやその標的を名指しで断罪することはなかったからである。

*11　ヘーゲルはパリから書き送っている。「わたしは当地で、その歴史的関心のゆえに、多くの場所を訪れました。バスチーユ広場、グレーヴ広場、そしてルイ十六世がギロチンにかけられた広場、等々です。わたしはそこで、フランス革命の歴史（現在のところ、最良の歴史）を体験しました。そのような体験は、人が広場や街路や家並みを眼にするときに、いっそう生き生きとしたかたちで現われるのです。」（C3一六六）ここで問題にされているのはミニェの著作であるが、かれは個人的にミニェに会っている。

*12　本書、九五頁および第4章、注13、参照。

かれらはその例示的モデルを、とりわけ古代から取り出してくるが、ギリシアの都市国家と十八世紀ドイツの小君主国とにおける圧政の状況と意味に大きな違いがあることにはこだわらない。かれらの気持は細部の点では異なっているが、しかし本質的には、かれらの思想的一致はとくに政治的領域において深いものがある。そして、各人は自分の心を全面的に打ち明けることができないので、一方の表現する内容が、他方に述べたことを補足するものと見なすことができよう。

かれらが、今日ではかなり忘れられている古代の二人の英雄――暴君誅殺の英雄――すなわち、ハルモディオスとアリストゲイトン〔僭主ヒッパルコス兄弟の殺害を企てる。後出〕に対して例外的ともいうべき好意をもっているという事実に人びとが注目しなかったのは、結局のところ驚くべきことであり、同時にまた充分説明可能なことでもあろう。[*13] なるほど、そうした賛美はヘーゲルの場合、唯一の例というわけではなく、もっと有名な他の古代の人物にもかかわらず敬意を表している。しかしながら、かれはこうした秩序破壊的な例外的人物をもちだすことで、おおいに異彩を放っている。かれはいつの日かベルリンで、おそらく微笑を浮かべながら叫ぶであろう。「わたしはおそらくグラックスのような人間ではないが、それでもなお自由な人間なのだ」(C3一五、修正)[*14] と。アンシヨンも、ハラーも、サヴィニーも、恐るべき思い出を秘めた、近づき難い人間の典型であるグラックス兄弟と自分とを比較しようなどとは考えもしなかったのである。

ヘーゲルとヘルダーリンは、ルイ十六世の処刑後、もっとも悪名高い、もっとも危険な弑逆者を英雄として選んでいる。こうしたかれらの好みが、アルカイオスやテュルタイオス〔いずれも紀元前七世紀のギリシア詩人。戦争や政治的闘争を詩の主題とする〕といったマイナーな詩人たちにかれらが特別の注意を払った事実を説明することになるのか、それとも逆にこの詩がハルモディオスやアリストゲイトンに対するかれらの関心を高める結果になったのかどうかは、決定することがむずかしい。ところで、ハルモディオスとアリストゲイトンは紀元前五一四年に、アテナイの僭主ヒッパルコスを暗殺した者たちである。

ヘルダーリンは誤って、かれが一七九三年、すなわちルイ十六世にとって運命的となった年に『アルツェウスの形見』というタイトルのもとに訳出した血腥い宴歌をアルカイオスに帰している。

最初の詩節は、あとに続く詩節以上にきっぱりとした口調を帯びている。

「われは剣をミルトの葉で飾りたし、
かつてのハルモディオスやアリストゲイトンのごとくに。
かれらが暴君を倒すとき、
アテナイびとは平等の権利を有する市民となれり。[15]」

人びとは、ヴュルテンベルク公やプロイセン国王がこれらの詩句——その起源が何であれ——を読み、かれらの従兄弟であるルイ十六世の処刑のことを思い浮かべて、どれほどの喜び〔皮肉な逆説的表現〕を味わったか、考えることであろう。詩人は過去の闇に難を避けるが、しかしその読者は振り子を時刻通りに置くのである。ヘルダーリンは、ハルモディオスとアリストゲイトンに関する現在の気持をしばしば表明することによって、読者を手助けすることをやめない。「この一組の友人たちほど、地上で高貴なものは何ひとつ存在しない」と。

---

*13　かれらは、一九九三年の『プチ・ラルース事典』にも、また一九九四年の『新ラルース百科事典』にも入っていない。一方、他の多くの取るに足りない人物が大手を振って入っている。　*14　ヘーゲルはグラックスを称えている。「これらの高貴なローマ人」（『歴史哲学』〈ジブラン訳〉、前掲書、二三九頁）と。かれは暗黙のうちに、「土地に関わる法律」を、その歴史的文脈において承認している。　*15　ヘルダーリン『著作集』（プレイヤード叢書）、前掲書、一一五三頁。

ヘーゲルは、二人の古代の英雄に対するヘルダーリンの傾倒ぶりを、充分に承知している。ヘルダーリンは、そうした気持を隠していなかったのである。「されど、高貴なるハルモディオスよ、われは、剣の隠れし汝のミルトにふさわしい者でありたい。われは、空しく歩き回ることを望んでいたのではない……。たんなる観客に留まりたくはないのだ。」[*16]『ヒュペーリオン』のなかの別の箇所で、かれはその感情を表に出す機会を逃さない。「ハルモディオスとアリストゲイトンの存命中は――ついにわれわれのひとりが言った――世間の人びとは友情の何たるかをまだ心得ていた、と。わたしはこの言葉をいたく嬉しいものに感じたので、それ以上沈黙を守ることができなかった。「そうした議論をするからには、きみは王位にふさわしいであろう、とわたしは叫んだ。しかしながら、人はこのような友情の観念を本当に思い描くことができるのだろうか。わたしを許して欲しい。その愛の何たるかを知るためには、アリストゲイトンであることが必要なのだ。そして、ハルモディオスの愛によって愛されようと望む者は、雷を恐れるべきではなかったのだ。それというのも、すべてがわたしを錯乱させるのでなければ、恐るべき若者はミノスの一徹な気持を愛として示すべきだったからである。このような試練を経た人びとは少ない。タンタロスのごとく、不滅なる者たちの食卓に座しているよりも、半神の友たることが容易だというわけではないのだ。けれども、この地上では、同じくらいに誇り高い二つの心のこうした依存の関係ほど美しいものはないであろう。[*17]」

ハルモディオスもアリストゲイトンも半神ではなく、たんなる人間であった。ヘーゲルとヘルダーリンは明らかに、かれらの友情を、暗殺を共有する高揚した気分まで高めるには至らなかった。かれらは暴君を倒さなかったのである。とはいえ、なんという郷愁であろう。

方法論的にみて、ヘルダーリンがハルモディオスとアリストゲイトンについて、もっぱら好意的な言及をしているすべての事例をここで取り上げることはできないし、かれらの抒情詩人と見なされたアルカイオスやテュルタイオス等のギリシア詩人に向けられた称賛の言葉をすべて指摘することも不可能である。あるテキストが、かれらによって繰り返された賛辞を、ヘルダーリン的＝ヘーゲル的芸術観の概要と結びつけている。ヘルダーリンはそのなかでもう一度、二人の弑逆者を称え、しかも古代において、かれらの名誉のために記念碑が建てられたことを喜んでいる。「アゲノール〔古代ギリシアの彫刻家〕は、祖国の解放者たるハルモディオスとアリストゲイトンの彫刻を作った」と。そして、次のように述べている。

「二人の若き英雄ハルモディオスとアリストゲイトンは、解放という偉大な仕事を企てた最初の人物であった。すべての人びとは、大胆な行為に熱狂した。暴君たちは追放され、あるいは暗殺され、自由がそれ以前の威厳のもとに回復された。[*18]」それによって、次のような論争がヘーゲルやヘルダーリンにとってどれほど重要であったかがわかるのである。すなわち、ルイ十六世は「合法的に」死刑宣告を受けたか否かという、当時フランスで行なわれていた、しかもときおり継続されることになった論争にほかならない。

これらの言明は、ヘルダーリンの政治的態度と同時に、その美学理論をも明らかにしてくれる。「自己拘束の」芸術についてのこうした考え方は、ヘーゲルが注意深くその作品を読んでいたフォルスターの考え方と結びつくであろう。「高貴な像を大理石の中に永遠化するときに、その芸術家の心を動かしたのは英雄への賛美の気持である」と。フォルスターは近代芸術を、かの自由な古代に花開いていた芸術に対置する。「芸術と徳が出現するのは、ある独特な感情からである。けれども、専制主義の冷たい風はそれらをしおらせてしまう。すなわち、祖国への愛はもはや、祖国ではなくして暴君をもつような人を熱狂させることはできなかったのである。後世のために、芸術家がハルモディオスを彫刻するように仕向ける解放されたアテナイ人は、もはや存在していなかった。アンフィクテュオン〔古代ギリシアの宗教同盟の創設者〕の一族が、諸国民の大いなる同盟の名において、ハルモディオスに敬意をあらわすことはもはやなかったのである。[*19]」

ヘーゲルはヘルダーリンとともに、ドイツ人が、かつてギリシア人たちが歌っていたような国民的、民衆的宴歌を

*16　同書、二一四頁。　*17　同書、一八六―一八七頁。　*18　同書、一一三九頁。　*19　ゲオルク・フォルスター「芸術と時代」、『タリア』所収、一七八九年、第十一号、八三―九四頁。『著作集』（四巻本）に収録されている。ゲオルク・シュタイナー編、ベルリン、一九五八年、第三巻、一八二頁。

もたないことを残念に思っている。かれはそのために、ヘルダーリンの訳語をほとんど文字通りに取り上げている。食事のはじめに口にするキリスト教の祈り、すなわちかれが軽蔑している祈りに、宴歌を、要するに食卓の歌を、ギリシア人たちが宴会で交互に歌うような愛国的で、好戦的な歌を対置する。「人びとはわれわれの子供たちに食卓の祈りと、朝夕の感謝の言葉を教える。それがわれわれの伝統であり、われわれの民衆歌である。そこには、永遠の栄光をともなったハルモディオスやアリストゲイトン――なぜならば、かれらは暴君を倒し、平等の権利と法を市民たちに与えたからである――は存在しない。かれらはわれわれの民衆の口の中で、その歌のなかで生き続けることができよう。」[*20]

かれはさらに、テセウスの不在とともに、「われわれのハルモディオスとアリストゲイトン」の欠如を、「すなわち、祖国の解放者であるがゆえに、われわれがかれらのために宴歌を歌うことができるような人物たち」[*21]がいないことを嘆いている。

注目すべきことに、これら二人の英雄、「祖国の解放者たち」は、外国の抑圧から祖国を解放した人びとではなく、祖国から内部の圧政を追い払った人びとなのである。

珍しい著者〔詩人〕のうち、ヘーゲルはアルカイオスのみならず、テュルタイオスにも関心をもっている。しかもそれは、青年時代からのことであった。十六歳のとき、かれはその著者〔テュルタイオス〕に帰せられる『戦場の歌』から、未知の単語を集めている(R一二)。そこで問題にされているのはギリシア語の単語であろうか、それとも訳されたドイツ語の用語であろうか。『初期著作集』に記載されているある注によれば、若きヘーゲルが参照したテキストについてはいっさいの情報が欠落していることが指摘されている。[*22]

けれども、テュルタイオスへの指示は、何がしかの仮説を提起するであろう。ヘーゲルが『戦場の歌』の著者と見なされている人物に関心を抱いたとき、その歌集は一七八三年にある人物――第一級とはいえないにせよ、少なくとも無視できない存在であり、しかも若きヘーゲルの知的形成に重要な役割を演じたと思われる人物である――の手によってドイツ語に訳されたばかりであった。ヘーゲルとヘルダーリンはやがてテュービンゲンにおいて、その人物にほかならないカール・フィリップ・コンツ（一七六二―一八二七年）の弟子となり、また友人となるであろう。しかし、おそらくそれ以前に、かれらはすでにこのシュヴァーベン人と面識があったはずである。

コンツは一七八四年に、『戦場の歌』の翻訳をチューリヒで――したがって「外国で」出版していた。こうした手法のもつ秩序破壊的な性格は、コンツがこの出版をある書物のかたちで、すなわちかれの翻訳と、友人ラインハルトによるティブルス〔ローマの牧歌的詩人〕の翻訳とを合わせた書物のかたちで行なったという事実から、いっそう強められている。[*23]

コンツとラインハルトはともに、シラーの個人的な友人であった。この事実はかれらに、栄光に包まれた人気を与えることになった。そしてかれらは二人とも、注目すべき運命を辿った――とりわけ、ラインハルトの場合はそうである。かれらは一般に、二人いっしょで取り上げられるのが慣わしになっている。

テュルタイオスの宴歌は、一七八四年には、愛国的で革命的な色彩を帯びていた。しかし、一七八九年に、あるいは一七九三年に読み返した場合でも、その歌は挑発的な、人を奮起させる力をやはりもっていたのではあるまいか。みずからの時代の事柄について直接に自分の考えを表現することを専制主義によって阻止されていたヘルダーリンとヘーゲルは、現実にその精神を蘇らせることができないのを遺憾に思いつつ、より栄光的な遠い過去に身を隠したのである。しかし、その文学的呼びかけがどれほど滑稽なものにみえようとも、それはいぜんとしてかれらの深い熱望を、強制のために優柔不断と映る熱望をあらわしていた。すなわち、暴君は殺してもよいという考え方にほかならない。

---

*20　ノール、前掲書、三五九頁。および『初期著作集』、前掲書、八〇頁。　*21　ノール、前掲書、二一五頁。『初期著作集』、前掲書、三六〇頁。
*22　『初期著作集』、前掲書、四一五頁、およびR一一。　*23　偽テュルタイオスおよびティブルスのこれらの文章はドイツ語に翻訳され、一七八三年にチューリヒのフュスリ書店から出版された。

問題になっているのがどの版であれ、あるいはどの翻訳であれ、いったい誰が『戦場の歌』を青年ヘーゲルにそっと手渡すことができたのであろうか。

ヘーゲルとヘルダーリンが、アルカイオスやテュルタイオスのような古風なギリシア詩人の語句に、またハルモディオスやアリストゲイトンのような暴君誅殺の英雄に現実的な関心を認めていたことを隠そうとするのは、まったく無駄なことであろう。

アルカイオスやテュルタイオスの名のもとに、ヘーゲルとヘルダーリンは——真の著者が誰であれ——その内容がきわめて特殊で、注目すべきものである作品を、すなわち現代においても、かれらの時代においてもさほど流布してはいないが、しかしながらけっして軽視さるべきでない作品を称えたのである。かれらがそれらの作品に敬意を示しているこことは、政治的現実と結びついていて、本質的に政治的な性格を帯びている。それは、古代において遠慮がちに企てられた、秩序破壊的な傾向をあらわしている。

たしかに、ヘーゲル思想の公的表現は一般に、その私的な打ち明け話に比して後退していることを認めなければならない。とはいえ、次第に進行していく幻滅のためであれ、あるいはむしろ身に付いた慎重さのためであれ、公的表現自体、かれの生涯の過程で少しずつ穏健になっていったのである。ベルリンでは、かれは「穏健な」意見しか、公的には表明しなかった。そこで証人たちは、かれが意見を変えたものと、またかれがひそかに保守主義者になったものと信じることができたのである。

けれども、たとえ公的なかたちをとっていたにせよ、注意深く吟味すればじっさいには保守的とは思われないような学説を強調することによって、かれはときおり、青年時代にかれを熱狂させ、おそらくはいまなおかれの秘密の活動に活気を与えているさまざまな感情を洞察してもらうように仕向けたのである。

ギリシアの古い英雄たちが、そのとき、かれを助けにくる。晩年に、かれは『哲学史講義』のなかでディオゲネスを論じながら、ひとつの逸話を、しかもその展開が必ずしも必要であるとはいえないような逸話を取り上げている。

「かれのみごとな返答のひとつは、彫像を鋳造するのに必要な青銅がどんなものであるかを尋ねた暴君に、かれが与えたものであった。すなわち、かれは次のように答えたのである。それは、ハルモディオスとアリストゲイトンの彫像を鋳造した青銅である、と。[*24]」

はたして、それはみごとな返答であろうか。ルイ十六世の処刑とコッツェブーの殺害（短刀による）のあとでは、すべての人びとの眼にみごとな返答と映ることはなかったであろう。

ハルモディオスとアリストゲイトン、およびかれらの彫像、さらにその彫像を制作した人びとについての、右のような言及は、ヘーゲルに、若きヘルダーリンの思い出——そのころ、ヘーゲルは『美学講義』のなかでさえかれのことを引用していないが、しかしけっして忘れることはありえなかったかれの思い出——を蘇らせたはずである。しばしばヘーゲルに帰せられる「独裁政治」について、どのように考える必要があるかが了解できるであろう。ミルトは、シュヴァーベンでは育たない。想像上の、あるいは言葉のうえでのミルトの枝の下に、かれは劇場用の短刀しか隠し持つことができなかったのである。

*24 『哲学史』（ガルニロン訳）、前掲書、第二巻、三七七頁。

第18章　クーザン事件

「この種の事件に巻き込まれる人はまず最初に、問われなくとも、間違いなく裁判の過程で認定されるような事柄を白状しておくのが当然の義務である。ただし、そのような告白によって、誰ひとり傷つくことはないという前提に立っての話であるのはもちろんであろう。」（ヴィット＝デーリング[*1]）

クーザン事件は探偵小説に似ている。その事件には死者が欠けているが、しかしその必要はあまりなかったのである。要するに、ランヌ元帥の息子であるモントベロ公が、逮捕にきた兵士から家庭教師を守るために剣を抜く仕種をした。かれ自身はおそらく、プロイセンでは聖性の香りに包まれてはいなかったのであろう。フランスの王政復古によって支援されたこの帝国貴族は、「ヨーロッパの食人鬼」の思い出を嫌っていたドイツにおいて、いまだに怒りを掻き立てていたからである。

一八二四年十月十五日、ドレスデンで、ヴィクトール・クーザンの驚くべき、しかも不本意なパフォーマンスが始まった。というのも、この哲学教授は自分に対して、三ヶ国――フランス、ザクセン、プロイセン――の警察や、司法、外交機構を動員させるのに成功しようとしていたからである。君主、大臣、高級行政官およびメッテルニヒは、かれの存在、その生活様式、その見解、その活動、そしてとりわけその「さまざまな政治的関係」に不安の念を抱くであろう。プロイセン警察は、いたるところで、しかもつねに、それ自体危険な「さまざまな政治的関係」に悩まされていたのである。

公式には、クーザンはザクセンにおいて、若きモントベロ公――かれはその地で、未来の妻に出会うはずである――といっしょに行動していた。しかし、当局は別の計画があるのではないかと疑っていたのである。すなわち、モントベロ公の感傷的な、結婚のための奔走が、かれの家庭教師にとって口実やアリバイに使われるのではないかと考えられたわけである。クーザンは本来的には、フランスとドイツの自由主義者たちの関係を構築することを、より正確にいえばフランスの炭焼党とドイツの秘密結社との結びつきを強化することを目指して活動していたのであろう。ヴィクトール・クーザンに対してなされた訴訟は、部分的にはそうした共犯関係を明るみに出し、投獄と監視、訊問と審査、国際的闇取引、さらにはためらいと困惑等をもたらし、数ヶ月後、尻切れとんぼとなって終わるであろう。クーザンは最終的には釈放されるが、法的には無罪宣告を受けることはなかったのである。

この問題に関わりをもち、忙殺されることになった上層部の人びとは、たえずヘーゲルの名前に出会うであろう。というのも、ヘーゲルはたちまちその事件に巻き込まれてしまうからである。かれはずっと以前からクーザンを知っており、かれと哲学的な関係——政治的な関係は別にして——を結んでいた。かれは慎重に、巧妙に、プロイセンの内務大臣に宛てた手紙を通じて介入し、クーザンに対して準備された警察の陰謀の裏をかくのにみごとに貢献するであろう。フランスの哲学者は、自分のためになされたそのような限りない奉仕を、つねに感謝の気持ちをこめて思い出している。

この裁判に関する資料は、ベルリン警察の秘密記録保管所で、大きな四冊本を成している（C3三五三）。そして、歴史家たちはこれまで、それらの資料を充分に活用してきたとは思われない。それ自体としては魅力的なエピソードがたくさんあるが、しかしそれをヘーゲルの生涯におけるさまざまな契機のひとつとして省略しつつ、それらの資料を手短かに片づけておく必要があろう。

関わりのある部分のひとつひとつは、その事件を人為的に膨らませて、好き勝手にもつれさせ、それによっていっそううまくそのゲームを隠すようにするのに適していた。無実の人間は存在しなかったのである。その事件はあとか

*1　ヨハンネス・ヴィット『フランスおよびイタリアの秘密結社』、パリ、ルヴァッスール書店、一八三〇年、第一巻、四七頁。この人物は、Wit, Witt, Witt-Döhring 等々、さまざまに呼ばれている。

ら振り返ってみると、ヘーゲルが生き抜かねばならなかった世界の凡庸で卑小な姿を、またかれのとった名誉ある行動様式を確認するものである。もちろん、ヴィクトール・クーザンはその事件で中心的な役割を演じている。かれは当時、三二歳であり、自由主義的な反対陣営からすれば、もっとも代表的な人物のひとりである。そのために、かれはソルボンヌの講座を奪われ、一八二〇年以降は、いっさいの公職から離れていたのである。そこでかれは、一八〇九年に死んだランヌ元帥（モントベロ公）の息子たちの家庭教師の職を引き受けることになった。

かれは、王政の転覆を目標に掲げ、いくつかの期待外れの軍事的陰謀を組織するに至った秘密結社である炭焼党にその当時属していたか、あるいは最近までその党派に所属していた人物であった。炭焼党は一八二二年に犠牲者を出している。ラ・ロシェルの四人の軍曹（Quatre Sergents）グループと、ベルトン将軍である。

炭焼党の決定機関のあるものは、「他の民族の自由のために」[*2]に戦うという意志を、したがって外国の仲間たちと協力するという意志を隠さなかった。その結社はしかもイタリアの炭焼党を大幅に模倣しており、イタリア炭焼党の著名な何人かのメンバーや、とりわけ有名なサンタ＝ロサ伯は、クーザンの親友と見なされていた。その秘密結社はきわめて分散したグループ、すなわち「ヴァント」〔炭焼党の秘密の会合場所〕に分かれて活動していた。そして、最盛期には、フランスでおよそ四万人の加入者を数えたとされている。その結社はメンバーを、知識人、ブルジョア、プティ・ブルジョアの世界から集めていたが、人民の加入を獲得することはできなかった。そうした怠慢が、結社の全体としての無力を証明している。

その秘密の性格は、結社のもつそれなりの民主的な計画と矛盾していた。しかしながら、この結社は保守的勢力から見ると、何がしかの危険をあらわしていた。保守勢力はそのメンバーを積極的に追い回し、結社がじっさいに引き受けた暴力行為以上のものをかれらのせいにしたのである。シャトーブリアンが、「九月大虐殺を引き起こした革命派が短刀による暗殺に邁進していたところの、これら炭焼党員たちの会合」[*3]に言及したとき、かれは当時の状況をいくらか誇張して描いているのである……。

幾人かの歴史家は、炭焼党が一八二三年頃に解体したことを認めている。だが、それは確実なこととはいえない。いずれにせよ、孤立した数多くの炭焼党の会合、あるいは「普遍的で、民主的な炭焼党」の支部は、その時期以降も生命力を保ち、活動的に留まったのである。たとえばベルギーでは、少なくとも一八三六年までそのような状態であった。ベルギーの炭焼党の会合は、フランスやドイツの仲間たちと密接な関係を保持していた。ちなみに、一八二九年にはヨハン・ゲオルク・ヴェッセルヘフトが家族とともにそれらの会合に参加しているが、ヘーゲルはこの人物とほとんど恒常的に接触をもち、またヴェッセルヘフト自身、ヘーゲルの「庶子」の友人であった。[*4]

それゆえ、自由主義者で、現在またはかつての炭焼党員であるヴィクトール・クーザンがプロイセン警察から、自由主義者やドイツの秘密結社との、とりわけ学生連盟との政治的関係を打ち建てようとしたと、あるいは強化しようとしたと疑われたことは、それ自体としてはなんら不合理でもなく、また驚くべきことでもなかった――とりわけ、プロイセン警察がこの点について、ヴィットやフランス警察から警告を受けていたとすればなおさらのことである。いまの場合が、それに該当するであろう。炭焼党員はつねに、捕えておくのがよいのである。

ヴィクトール・クーザンは一八一七年、二五歳のときにすでにドイツ旅行を行なっていた。かれはそのときには、もっぱらドイツ哲学についての情報をうることだけを考えていて、特別の政治的思惑はもっていなかったのであろうか。今日では、その点について断定することは不可能である。秘密の使命は、それが失敗したときにのみ、痕跡を残すからである。

臆病でも、控え目でもない若きクーザンは、多くの著作家や哲学者と接触することをためらわなかった。そしてク

*2　マレーおよびイザーク『革命と帝国』、パリ、アシェット社、一九二九年、四六七―四六八頁。　*3　シャトーブリアン『墓の彼方からの回想』、プレイヤード叢書、一九五一年、八四五頁。　*4　ジュリアン・キュペール『ブオナロッティとその秘密結社』、ブリュッセル、一九六〇年、五頁、注。ヨハン・ゲオルク・ヴェッセルヘフト――ロベルトの兄弟で、フロムマンの甥――は、ルートヴィヒ・ヘーゲルの『アルバム』のなかに、「忠実な友」として記載されている。ヘーゲル自身、一八一八年十月七日付の手紙のなかでヴィルヘルム・ヴェッセルヘフトに言及している（C2一八二、およびB4一二五）。

ーザンは、ヘーゲルが赴任したばかりのハイデルベルクで、ただちにかれと気心を通じるようになった。どのような類似点が、有名になりつつあったドイツの哲学者と、若きフランスの知識人とを結びつけることができたのであろうか。たしかに、哲学に対する共通の関心というものがある。けれども、クーザンはけっしてヘーゲルの哲学をうまく吸収しなかった。クーザンがのちに確認したように、政治的な意見の一致の方がはるかに確実だったのである。それはすなわち、生来の自由主義にほかならない。

こうした状況のなかでおおいに歓迎されたフランスの訪問者が、ヘーゲルに対して、何か秘密結社への加盟を促すような要素を垣間見せることはありえなかったであろうか。ヘーゲルが一八二四年に、それなりの慎重な態度を崩すことなくクーザンの応援に乗り出したとき、かれが関わりをもっている人物が本当に何者であるのかを知らなかったなどということがありえたであろうか。

一八二四年、フランス警察の最高決定機関がプロイセン警察に対して、クーザンのドイツ旅行を知らせてきた。そして、政治上の容疑を示唆したのである。フランス警察は、この厄介者をお払い箱にすることを考えていたのであろう。

罷免されたクーザンは、自由主義者の世界で、とりわけ学生たちのあいだでいぜんとして人気を保っていた。フランス政府は、かれをどのようなかたちで追放したらよいかわかっていなかった。かれがドイツに旅行するという知らせは、フランス政府にアイディアを与えた。警察の指導者フランシェ＝デプレーは、王政復古時代の反動的な宗教組織〔コングレガシヨン。支配階級から多くの構成員を募る〕のメンバーであったが、[*5] この機会を逸してはならないと考えた。かれはプロイセンの同僚の注意を促すべく、ある覚書を認めたのである。そうした手立ては、充分、見込みのあるものであった。フランスでは、政治的情勢や、ヴィクトール・クーザンの置かれていた状況、名声等を考慮すると、かれを逮捕して隔離するのは実現不可能であるように思われた。フランス当局は、そのような危険を冒すことをためらっていたのである。しかし、パリの学生街から遠く離れたドイツでは、その地で知られていない哲学者の身柄を秘密裡に確保することは、容易にできたのではあるまいか。

フランシェ＝デプレーはそれゆえ、きわめて専門的な作戦を遂行したのである。この陰謀が抑えられたのは、予見しえない、しかもそれ自体取るに足りない出来事のせいであった。そのなかには、ヘーゲルがプロイセンの内相に宛てた手紙も含める必要があろう。それにはさらにモントベロ公の激しい反応や、あまりにも遅く情報を受け取ったドレスデンのフランス公使の困惑、またザクセンの政府当局者たちの不快感、悪事の共犯者たちの内紛、そして被疑者およびその友人たちの巧みな対応などが付け加わり、その結果、最終的にはすべてを挫折させるに至ったのである。

フランシェ＝デプレーの覚書の各項目には、こうしたフランス省庁の措置をいっさい知らずにライン河を越えたクーザンに対する陰険な告発が、外交的手法をともなって含まれている。その覚書はプロイセン当局に対して、クーザンがドレスデンにおいてモントベロ公に付き添っていること、「その地でモントベロ公は――かれの言によれば――結婚するはずであること」を知らせ、そうした言い回しによって、結婚計画の真剣さの度合いに疑いの念を醸し出そうとしている。その覚書はまた、「きわめて悪質な意見の持ち主であることが知られている」フランスの教授が、前回の旅行のおり、「ドイツのさまざまな大学の学者や教授たちと親密な関係」をもったことを、そして「すべてを勘案すると、この旅行が政治的問題と無縁ではないと信じざるをえない」ことを指摘している。

ヘーゲルは、「ドイツの学者たちや教授たち」のなかで、クーザンがじっさいにもっとも親密な、そしてもっとも信頼するに足る関係を結んだ人物であった。たとえそのための調査が必要であるとしても、少しでも調べてみれば、それを明らかにすることができたであろう……。

このような通告を受けたプロイセン警察は、神聖同盟に由来する諸条約と、ヨーロッパにおける多少とも自由主義的な「陰謀」を鎮圧するために最近設立された全体的機構（マインツ委員会）が認めているあらゆる手段を用いて、ザクセン政府からクーザンの逮捕と身柄引渡しの措置をえようとした。

*5　フランス警察の覚書。J・ドント『その時代におけるヘーゲル』、前掲書、一九四頁。

ザクセン当局はたぶん、気の進まぬままに行動したのであろう。共犯者のあいだでさえ、人は自分の行動を命じられるのを、また他人のために働くのを好まないものである。のみならず、ザクセン当局はおそらく、そのような企てが悪い方向に向かった場合、それから起こってくる国際的な不信の念を予感していたのであろう。それは、失敗する権利をもたないような行為にほかならない。ザクセン当局は、陰謀の結果から手を洗うためであろうが、急いでクーザンをプロイセンに引き渡した。けれども、ザクセンの高級官僚のあいだには、プロイセンの同僚たちに対するある種の遺恨が見られ、その結果、真剣な共同作業が実行されなかった。

プロイセンの警察と司法は、その役割を完全に果たした。かれらはまずクーザンを三ヶ月半拘束し、それから一八二五年二月まで自宅監禁の状態においた。

ヘーゲルはいつ、友人の逮捕を知ったのであろうか。この点に関しては、不確実な要素が残っている。かれの往復書簡は奇妙なことに、なんの情報も与えてくれない。この時期の日付をもつヘーゲルの手紙は、一通も保存されていないのである。かれはまさに、一八二四年十月十一日から一八二五年四月二十四日までのあいだに一通の手紙も書かず、それゆえ例外的に、これまで活発だった書簡活動を中断してしまったというのであろうか。一八二四年九月のクーザン逮捕の直前に書かれた手紙は、かれがプラハとウィーンに旅行しているあいだに主として妻に宛てたものであること、なかでも、彼女に政治的な事柄は郵便では打ち明けないように勧めている手紙（一八二四年九月七日、したがって事件より一ヶ月前の、ドレスデンからの手紙）であることを、改めて留意すべきであろう。相互の沈黙は、それ自体、何ごとかを語っているものである。

かれはドレスデンに足を止め、以前、旅行したさいに選んだのと同じホテルに投宿した。前回の旅行のさい、かれは警察に監視されたことがあった[*6]。「たまたま」、かれはそのホテルで、同じくそこに投宿していた参事官のシュルツェと出会った。かれはその町で、その時期に、何人もの人びとと会合を重ねたのであろうか。

一八二四年十月に、ファルンハーゲンはヘーゲルの介入——一八二四年十一月四日付の手紙——以前に、「ヘーゲルがドレスデンで、すでにクーザンと話をしたことがある」（B３七六七）と明言している[7]〔本文の記述を若干修正して、右のように読み換える。著者の指示〕。

じっさいのところ、クーザンの最終的動機が何であれ、かれがドイツの友人たちに、とりわけヘーゲルにあらかじめ知らせることなく、またかれらと会う手筈を整えることなく、ドイツ旅行を計画し、実行したということはほとんどありそうもない話であろう。

フランスの哲学者の逮捕は、ヘーゲルがあらゆる有効な目的を設定して信じ込ませようと望んだほどには、かれの眼に驚くべきものと映ったはずはなかった。かれはずっと以前から、ほとんどみずからの直接的経験によって、プロイセン警察のやり口と、学生連盟員たちの不手際ぶりを知っていた。一八二四年十一月四日に、したがってクーザンの逮捕後三週間近く経ってはじめて、かれは有名な手紙を内務大臣に宛てて書いた。かれは熟慮を重ねる時間をもったばかりでなく、見たところ明らかに、情報に通じた庇護者たち、すなわちシュルツェのみならず、おそらくアルテンシュタイン——ヘーゲルはつねに最後の手段として、かれに釈明する必要があった——にも相談するという配慮を示したのである。

しかしながら、まだすべてが暴かれたわけではなかった陰謀の秘密を、かれがただちに見抜いたかどうかは疑わしい。フランシェ＝デプレーの手紙は、知られているかぎり、一九一〇年になってはじめてブレヴィルによって公表されたのである[8]。ヘーゲルの場合、こうした政治的＝司法的混沌状態において、さまざまな人びとや事実についての認識はいったいどこまで進んでいたのであろうか。かれは、驚くべき二重スパイであるとともに、その領域では天才的な策士であるヴィット＝デーリングが、クーザンに対する明白な告発とフランス警察の主張とを結びつけたことを知

*6　本書、四〇二頁、および第15章、注9、参照。　*7　ファルンハーゲン・フォン・エンゼ『プロイセン史のさまざまな出来事』。B３三七六に引用されている。　*8　シャルル・ブレヴィル「ドイツにおけるヴィクトール・クーザンの逮捕（一八二四—一八二五年）」、『新パリ評論』所収、一九一〇年。

っていた。かれはまた、クーザンが個人的に、ドイツの自由主義者や革命主義者たち――プロイセン裁判所は、かれらを直接訴訟に引きずり込もうと考えていた――すなわちフォーレン、シュネル、ヴェッセルヘフト、およびかれらの仲間たちを頻繁に訪れていたことを知っていた。謀略的な駆け引きの点で、かれはプロイセン警察や裁判所――かれらの内面的確信がどうであれ、クーザンがじっさいにドレスデンでやろうとしていたことを明るみに出すのを、最終的には諦めねばならなかった――に打ち勝ったのであろうか。

フォン・シュークマン内相に宛てたクーザン支持のかれの手紙は、結局は精神的証言に限定されている。クーザンが逮捕されたとき、ファルンハーゲンは次のように書いている。「すべての人びとはかれの無実を確信している。ドレスデンでかれと会談したことがあるヘーゲル教授が、そのことを保証している。[*9]」いや、ヘーゲルはクーザンの「無実」の保証人になったわけではない。いずれにせよ、手紙のなかではそのようなことは述べていない。かれの手紙の勇気を称えている人びとの大部分は、その手紙を読んでいないのである。どうしてヘーゲルは、クーザンの無実を保証するなどということができたであろうか。かれはむしろ、無実を疑うだけのさまざまな理由を手にしていたのである。したがって、かれはこの点に関して、公式の手紙のなかで自分の立場を危くせざるをえなかったのではなかろうか。

当局と被疑者たちは、いろいろな時期にこの手紙の存在を調査しながらも、おそらくすぐにはその巧妙な手法に気づかなかったのである。クーザンとの友情、および関わりのある学生連盟員たちとの絆のために、同時にまたある種の空間的＝時間的な一致のために、ヘーゲルは訴訟手続きに巻き込まれるのを避けることができなかった。かれにとっては、沈黙を守って容疑者の隠し立てや悪意を信じ込ませる結果になるよりも、むしろ何ごとも隠さず、裁判のための誠実な情報提供に貢献することを願う忠実な臣下として、先手をとることの方が望ましかったのである。

大胆な姿勢は、手紙の内容に存するのではなく、それを書いたという事実のうちに見出される。こうした卑しい警察上の事件に関心をもっていると思われるのは危険であるが、しかしどのような資格であれ、とくに被疑者の明らかな友人として、かれの運命を憂慮しているように思われるのはなおいっそう危険なことであった。けれども、ヘーゲルはそれを回避することができなかったのである。

まさしくこの種の「関係」のために、人びとは一般に容疑者たちを不安にさせてきたのである。したがって、用心深くことを運ばねばならなかった。その習慣に従って、ヘーゲルの手紙は長く、しかもきわめて気取った文体で書かれている。その手紙を最終的に執筆する前に、かれは何度もインク壺にペンを浸さねばならなかったはずである。とはいえ、人びとはその手紙の根本的性格にいぜんとして気づかなかったようにみえる。すなわち、ヘーゲルはあたかも容疑をかけられた者たちの古典的戦術を自然に取り入れているかのように、調査官がかれとクーザンとの関係についてすでに知っている事柄だけを、またクーザンの学問的活動や、かれの信望、名声等について知っている事柄だけを口にするのである。その内容自身よく計算されていて、傷つくことがないようになっている（C３四八六）。

そのうち、若干の側面を取り上げてみよう。

一面では、ヘーゲルはこの手紙によって、じっさいにクーザンを助けにくるであろう。というのも、かれはその事件の公共性と反響を証明することになるからである。すなわち、この勾留者を、誰も気にかけないベルリンの一介の学生のように取り扱うことはできないであろう。なぜなら、世論が呼び覚まされるからである。他面では、ヘーゲルは自分自身の大義に仕えている。かれは、いずれにしても事件に巻き込まれることを、訊問の過程で、さまざまな証言のなかでかれの名前が取り沙汰されることを承知している。かれは「共犯者」と見なされる恐れがあるのである。そうであるならば、当局に何も隠す必要がなく、むしろ当局に誤った歩みを回避させてかれらに奉仕することだけを望んでいる者の態度を装って、人を誑かす方がよいであろう。

かれはクーザンの学問的活動や功績を、とりわけ大学人としてのその使命を見せつけるとともに、かれ自身の活動や功績、そして使命を強調し、クーザンとの関係においてはそれらの活動、功績、使命だけが問題であることを証明

*9　ファルンハーゲン・フォン・エンゼ。注（C３三五三）に引用されている。

しようとする。なんというまい戦術であろうか。というのも、のちになってクーザンの提供した公けの、しかも疑問の余地のない証言によって、かれらの意見の一致と相互の信頼関係の基盤は本質的に政治的なものであることが、今日ではよくわかっているからである[*10]。

なぜプロイセン当局は、それほどクーザンに固執したのであろうか。かれらには何が重要だったのであろうか。プロイセン当局は、この一介の罷免された教授の、起こるかもしれない政治的小細工——しかもザクセンにおいて——を恐れる必要などなかったのである。かれを逮捕したあとでは、なおさらそうであろう。なぜかれらはクーザンに手をかけることに、それほど執心したのであろうか。なぜ国境に追い返すだけで満足しなかったのであろうか。かれらの深い意図がよくわからないのである。とすれば、プロイセン当局はとりわけクーザンのうちに、あるドイツの革命家たちの活動の生ける証拠を見つけられるように思ったのだと想定することができるであろう。おそらくかれらは革命家たちを国際的陰謀に巻き込み、かれらを裏切り者として一般大衆に告発することを望んだのであろう。しかしそのためには、クーザン自身もみずからを曝け出すことによって、こうした謀略に多少なりとも加担することが必要だったであろう。ヘーゲルの手紙は、いずれにせよ、この種の非難に不信の眼を向けさせるのに役立ったが、だからといって、標的にされたドイツの民主主義者や自由主義者が安泰になったわけではなかった。

クーザンは無実だったのであろうか。もちろん、プロイセン当局から見れば無実ではなかった。それはかれが自由主義者、炭焼党員だったからであり、またその事実はよく知られていて、そうした政治的姿勢がフランスにおけるかれの人気の根拠となっていたからである。しかし、プロイセンの警察と裁判所は、非難さるべき意見だけでなく、行動の痕跡や客観的事実、とくにかれとドイツの反体制派との関係の証拠を発見したいと考えたであろう。

歴史的観点からすれば、クーザンはむしろ無実以上の存在だったと考えられる。というのも、かれは結局のところ、かなり脆い自由の闘士だったからである。警官たちはかれを投獄することによって、おそらく実際以上の名誉をかれに与えるに至ったのである。だが少なくとも、かれらは臆病風を吹かせる効果だけは手に入れようとしていた。ベルリンで勾留されたときに、おそらくすでにいくばくかは「悔悟者」であったクーザンは、フランスに戻ったあと次第に穏健になり、やがてまったく保守的な政治的態度をとるようになるであろう。かれの政治上の進展は、哲学的変化をともなうであろう。すなわち、かれはみずからのいわゆるヘーゲル主義を、シェリングの学説により理解を示すような立場と取り換えることになるであろう。

一八二四年には、クーザンが非難されている事柄に責任がないかどうかは、まったく定かではなかった。あらゆる種類の状況証拠が、被疑者に突きつけられていた。すなわち、フランシェ＝デプレーの覚書、フランスでの公的活動、みずからパリにおいて、ドイツとフランスの反体制派——一八二〇年の時点では、とくにクーザン、シュネル、リーシング、フォーレン等——の集会に参加したこともあるヴィット＝デーリングの申立てである。

それらの秘密会議において、かれは何を口にしていたのであろうか。人びとはそこで、何を取り決めたのであろうか。プロイセンの警察は、少なくともその秘密会議のある記録を手に入れていた。それは、バリケードの向う側へとみごとに転身しつつも、なお昔の自由主義者の陣営に対する何がしかの共感を疑われていたヴィット＝デーリングが警察に渡そうとしていたものであった。クーザンは、その会合のことを白状しなければならなかった。そしてもちろん、プロイセンの警官たちは、どのような仲介によって、またどんな手段を用いて、しかもいかなる目的のもとに、こうした驚くべき集会を行なうことができたのか、いろいろ思いをめぐらせたことであろう。われわれは、いまやもう一度、その問いを立てようと思う。なぜフォーレンとシュネルは国際的な革命的目的——それがどれほど混乱した目標に思われようとも——を追求しながら、またそれらの目的をじっさいに準備することを目指してパリに出かけながら、他ならぬヴィクトール・クーザンと接触したのであろうか。クーザンが、かれらと同様に大学人だったからであろうか。そのような理由で、はたして充分だったのであろうか。

*10　「心情的であると同時に精神的なこの関係は、政治がわれわれの唯一かつ最後の絆になったときでさえ、けっして弱まることはなかった」（V・クーザン。ベルンハルト・クノープ『V・クーザン、ヘーゲルおよびフランス・ロマン主義』〈ドイツ語〉、ベルリン、一九三一年、二二頁からの引用）。

参加者の人物像について知られている事柄からすれば、空しいおしゃべりか、ドン・キホーテ的な企て程度しか問題になっていなかったと推測することもできよう。しかし、その実体は誰にもわからないのである。集会に参加したドイツ人たちは、かれらの政治的な勢力範囲のなかではもっとも果断な、もっとも徹底的かつ実践的な人物であった。コッツェブーの暗殺者であるカール・ザントは、フォーレンの親友であった。

そして、ヴィット＝デーリングという、この驚くべき策士自身、急進的な学生連盟への参加（かれは『回想録』のなかで、フォーレンの断罪を回避させるために、その革命詩の作者は自分であると偽わって、告発されたことがあると主張している）、イタリア炭焼党での実践と裏切り（オーストリア当局によって追跡され、投獄されたかれは、北イタリア軍の司令官であるブブナ伯と取引もしている）、またヨーロッパ諸国の自由主義者たちのあいだでの闇取引、等々の長い歴史を背後に秘めた人物であった。

一八二四年には、かれはもはや誰にも信頼感を与えなくなっていたが、しかしその評判の悪さにもかかわらず、長年にわたる彷徨の過程で集めた大量の情報のおかげで、さまざまな警察や裁判所に対しておおいに役立つことのできる存在になっていた。

ヘーゲルがクーザンの冒険的活動のせいで、曖昧な、しかしそれなりに威信のある人物について多くの噂を必然的に耳にしたこと、しかもその時期に、調査と交渉の必要から、おそらくこの人物と出会っていたことを考えると、そこには何か途方もないものが感じられる。

フォーレンとシュネルについていえば、かれらは通常の意味での学生連盟員ないし反対派ではなく、むしろ組織の指導者、しかももっとも急進的な分派の指導者であった。

学生連盟のなかには、さまざまな傾向が分かれて存在していた。もっとも極端な、共和主義的イデオロギーまで突き進んでいくのは、一八一五年六月に、まさしくカール・フォーレンおよびアドルフ・フォーレン兄弟によって創設されたギーセンの学生連盟であった。その学生連盟は「ギーセンの無法者」、あるいは「無条件派」〔非常に過激で、暴力的な学生連盟のメンバーたちの異名〉と呼ばれた。かれらはすべての市民が平等の権利を享受できるような偉大なドイツ共和国を夢みており、しかも暴力だけが圧政を除去することができると見なしていた。

アドルフ・フォーレンは一八一九年に、『青年の自由闊達な声』と題する詩集を出版した。そこには、別の大胆な表現に混じって、次のような文章を読むことができる。「黄金と絹に包まれた兄弟たちよ、農民の衣服を身につけた兄弟たちよ、手を差し延べよ。ドイツの貧困と領主の命令が、あなた方すべてに呼びかけている。あなた方の死刑執行人を殺し、国を救え[*11]、と。」「あなた方の死刑執行人を殺せ」という文言こそ、プロイセンの貴族たちを震え上がらせたものである。もしプロイセン警察がこの機会に、ヘーゲルに関していささかでも疑いないし不安を感じていたならば、またほんのちょっとした調査をやっていたならば——プロイセン警察は、どうしてそうしないでいられたであろうか——別のさまざまな啓示的徴候に混じって、ヴェッセルヘフトの名前にも出会ったはずである。

クーザンの逮捕によって警告を受けた学生連盟のドイツ人指導者たちのうちには、フォーレン、シュネル以外に、じっさいにロベルト・ヴェッセルヘフトがいたのである。

ホフマイスターが主張しているように、フォーレンとヴェッセルヘフトはクーザンの逮捕後ただちに——この事件は、雀の群に発砲したような反響をもたらしたと思われるので——アメリカへ、そしてシュネルはスイスへ逃亡したのであろうか。おそらく、これら著名な学生連盟員たちは、すでに以前から安全な立場に身を置いていたであろう。いずれにせよ、かれらに対してもっと追求の手を伸ばすために、プロイセン当局は、かれらの共犯者と見なしていたクーザンの身柄を確保したようにみえる。そしてじっさいに、プロイセン当局はスイスに対して、フォーレンとシュネルの身柄引渡しを要求した。しかし、一方では、スイスがプロイセンの求めに応じるのを拒否し、他方では、被疑者たち——とりわけ、ヴェッセルヘフト——もすでに他の方策を講じていたのである。

*11　カール・オーバーマン『ドイツ、一八一五—一八四九年』ベルリン、一九六一年、三三頁。

かれらの行動が、クーザン事件を悪化させることしかできなかったのは明らかである。そのフランス人が、かれらの眼からみても、厄介で危険な関係をこれらのドイツ人たちと数多く結んでいるのを証明することによって。ともかくもクーザン事件は、それだけが学生連盟員たちの亡命を決定した原因ではなかったにせよ、少なくともかれらがそうするように強く促す契機となったことはたしかであり、年譜的に見れば、それがかれらの亡命の機会原因になったように思われるのである。

＊

イェーナにおけるヘーゲルとフロムマン一家、およびヴェッセルヘフト一家との緊密な関係は、それ自体、フリー・メースン団ならびに学生連盟の問題にかれが関わっていくことへの、ほとんど宿命的な性格を説明してくれるかもしれない。しかしおそらくは、あらかじめフリー・メースン団に愛着をもっていたことが、むしろそのような特別の関係が生じた事実を説明するのであろう。

フロムマン一家とヴェッセルヘフト一家はヘーゲルに対し、その生涯の長い期間にわたって、じっさいにはかれ自身が家庭を築くまで、かれらが確保してくれた恒常的援助によって、とりわけかれの庶子のために払った心遣いによって、家庭に代わる役割を果たしたのである。

名高い出版業者であるフロムマンとヴェッセルヘフトはたんに結びつきがあったというだけでなく、同時にまた親戚関係をもっていた。フロムマンの妻（ヨハンナ、一七六五—一八三〇年）は、ヴェッセルヘフト家の出身であった。一八〇八年、リューベックの有名かつ大胆な出版業者であるフリードリヒ・ボーンの未亡人——彼女もまたヴェッセルヘフト家の出である——がイェーナに居を定め、妹のエリザベート（ヘーゲルの家庭的な話題のなかでは「ベティ」と呼ばれている）といっしょに、子供たちのための施設を建設した。その施設には、フロムマンの卓越した権威のもとで、小さなルートヴィヒが預けられている。ヘーゲルはつねにフロムマン家の人びとに、同時にまたルートヴィヒの「誠実な庇護者」であるボーン夫人とエリザベートに、大いなる感謝の念と深い愛情を示すであろう。

きわめて実践的で、活動的なフリー・メースンたるフロムマンとヴェッセルヘフトは、フリー・メースン関係の書物を出版し、時にはその種の書物をみずからも執筆した。ゲーテの教え子であり、次いで友人、庇護者となったザクセン＝ヴァイマール公が、アマリア集会所の秘密印刷施設を作ったのは、かれらの所においてである。かれらは時機がくると、学生連盟の推進者にして熱心な支持者となった。

ヘーゲルはその書簡集のなかで、フロムマンの甥ヴィルヘルム・ヴェッセルヘフトの名前に言及している（C2一八二）。カロリーネ、ヴィルヘルミーネ、そしてロベルト・ヴェッセルヘフト〔の三人〕は、一八一七年に、ルートヴィヒの個人的『アルバム』のなかに登場する（B4一七七）。

その時期に、学生連盟ならびにドイツの愛国的、自由主義的運命の最初の大きな示威行動となったヴァルトブルクの祝祭の招集回状を送ったのは、まさしくロベルト・ヴェッセルヘフトである。その呼びかけ状は、かれの父親と伯父の印刷機で、ひそかに印刷された。

この有名な集会の最中に、喜びの大いなる焔のなかで、反動的なフランス贔屓の理論家たち、すなわちアンシヨン、フォン・カンツ、フォン・ハラー、コッツェブーの書物が焼かれたが、同時に象徴的な意味をこめて、抑圧的軍国主義のしるしであるオーストリア伍長の棒や、プロイセン兵士のベルトなども焼かれたことが知られている。イェーナの数人の教授たちが、式典の途中に演説を行なった。たとえばルーデンとオーケン――ヘーゲルはつねにかれと良好な関係を保った。あるいはフリース――ヘーゲルはかれのことを辛辣に批判している。そしてまた、キーゼルとシュヴァイツァー。のみならず、注目すべきことにはカロヴェである。ルーデンの「進歩主義的」新聞『ネメシス』のなかで、やがてヘーゲルの親友となるフェルスターが一八一七年に、かれにとって非常に厳しい法的、行政的結果を招くことになった記事を発表している。

ロベルト・ヴェッセルヘフトは、学生連盟に対して豊かな展望をもっていた。誰よりも政治的な精神の持ち主であるかれは、たとえばイェーナの秘密の学生連盟を、「その集会では、学生の世界の生活や活動を越える事柄だけを討論し、とりわけ諸国民の政治的憲章と政治的生活について意見の一致を見るように」[12]指導した。その計画は、ヴィット＝デーリングが、ヴィクトール・クーザンの周囲に集まったパリの陰謀家たちによるものと主張することになる計画とかなりよく一致している。

ロベルト・ヴェッセルヘフトは、ヘーゲルが関心をもっていたすべての学生連盟員たちと親しい関係を結んでいた。かれは、警察の調査報告書に、あるいは法的公文書に、フォーレン、シュネル、アスフェルス、レオ、ヘニング、ザント、ヴィット、フォン・トゥヒェル（ヘーゲルの義弟）、ニートハンマー（友人の息子）等々といっしょに記載されている。かれは一時期、カロヴェ——かれよりも穏健で、ヘーゲルの立場にいっそう近いと思われる人物——と論争を行なった。ザントの処刑後、その『日記』を公表したのもかれである。学生連盟についてのかれの『覚書』は、この運動の歴史のもっとも貴重な典拠のひとつとなっている。[13]

かれはのちに、ヘーゲルの死後、カールドルフという偽名で『貴族の身分をめぐるモルトケ伯宛の手紙』を公刊したが、ハイネはそれに歴史的、政治的論争の起源となった長い「序文」を寄せている。[14]

ロベルト・ヴェッセルヘフトは、フォーレンやシュネルに劣らず無視しえない人物であった。嫌疑をかけられ、追跡され、探索されたかれは、フォーレンやシュネルと同様に、まずスイスに逃亡した。のちになって、かれは最終的にアメリカに亡命したが、その地でかれは立派に医師としての職業を全うした。かれの息子コンラッドは、同種療法〔健康体に投与すると同種の症状を起こす薬を、患者に少量ずつ与えて治療する方法〕を合衆国に紹介し、普及させた人物で、奴隷制度に強く反対し、ヴェッセルヘフト一族の名前が『ドイツ人名大事典』（ＡＤＢ）に載らないときにも、『アメリカ人名事典』の中の重要項目として登場している。事典というものは、どのようにしてその対象を選ぶのであろうか。

このヴェッセルヘフトや、その共犯者たちと秘密の会合をもったクーザンが、ヘーゲルとの長時間におよぶ会話の最中に、あるいはベルリンの警察に勾留されているあいだに、ヴェッセルヘフトの存在や活動に触れないなどということがありえたであろうか。

学生連盟の歴史や、ドイツ・フリー・メースン団を対象とした多くの書物を繙く読者は、これらの運動に加入していくさいにしばしば見られる家庭的な性格に注目するであろう。一家の兄弟姉妹全体が、親類縁者とともにそうした運動に入っていくのである。たとえば、ゴーゲル家、フロムマン家、ヴェッセルヘフト家がそうである……。その結果、自発的で孤立したかたちではおそらくそのような関わりをもたなかったと思われる多くの個人が、この運動に引き込まれていったのである。

ヘーゲルは、青年時代のかれの熱望をわれわれが思い出すならば、たぶん、その運動に向かう傾向をあらかじめもっていた――ためらいと慎重な配慮を抱きつつも――ことになるであろう。しかし、たとえそうでなかったにせよ、かれは好むと好まざるとにかかわらず、その感情的関係の抵抗しがたい流れに押し流されていったのではなかろうか。

＊

これらの「革命家たち」の大胆な実践と同時に、そのイデオロギー的限界をよく見極めておく必要がある。かれらのうちのある者は、権威の原理さえ――ある程度まで――尊重していた。かれらは革命を、それ自体としては「有害で、不正な」（K・T・ヴェルカー）ものと見なしていた。V・クーザンの共同被疑者のひとりであるヴィルヘルム・シュネルは、一八一四年七月三十日付の手紙で、二つの危険を警戒する必要があると言明している。「もし、もっとも高貴な精神の持ち主であるジロンド派が、もっと相互の結果を固め、より強力に、また冷静にあらゆることへの準備を怠っていなかったならば、激昂した山岳党がかれらの血を飲むようなことはけっしてなかったであろう」[15]と。

*12　オーバーマン、前掲書、四四頁。　*13　ヘルマン・ハウプト『カール・フォーレンとギーセンの無法者たち』、ギーセン、一九〇七年、七七頁、注。この著作は、そのような文脈に属するさまざまな人物に関して、豊富な情報を提供してくれる。　*14　ゲルハルト・ヘーン『ハイネ』、シュトゥットガルト、メッツラー書店、一九八七年、二一八―二二一頁。　*15　カール・オーバーマン、前掲書、一六頁。

「上からの、統治者による革命と、下からの、人民自身による革命」を警戒しなければならなかったのである。それでは、いったい、誰が革命を行なうことになるのであろうか。学生たち、教授たち、そして若干の銀行家たちなのである。

しかしながら、いっさいの政治的有効性をはっきりと奪われていたこの運動が、神聖同盟の人びとによって、きわめて危険なものと見なされていたのであった。

「無条件派」〔学生連盟運動の過激派〕は孤立した小グループしか形成せず、プロイセン国民からは、また民族主義的、立憲主義的学生たち全体からさえ、けっして理解も承認もされないような、あまりにも「進んだ」政治綱領を採択していた。そのためかれらは、個人的テロという手段に訴えざるをえなくなった。カール・ザントが、この「無条件派」のサークルに属していたとしても驚くにはあたらないであろう。

クーザンがどのような人びとと関わりをもっていたのか、了解できるのである。

かれの生涯のこの時期における秘密の政治活動については、たいしたことはわかっていない。ただし、ピエール・ルルーの証言によれば、かれが炭焼党の集会所に所属していたこと、ヴィットおよびフォーレンとの「討論会」の質問者のひとりであったこと、サンタ＝ロサ〔一七八三―一八二四年、炭焼党員、クーザンの親友〕との長いつきあいには政治的な共謀関係がつきまとっていたこと、等々だけは間違いのない事実であろう。サンタ＝ロサ自身もやはり、イタリアの現実のなかで二線級の人物ではなかったのである。この時期にクーザンが展開した活動は、晩年になってかれが信じ込ませようとしたほど無害なものではなかったと、根拠をもって推測することができよう。ヴィット＝デーリングの暴露が真実であるにせよ、あるいは誤りであるにせよ、いずれにしてもそのことは重くのしかかっていたのであった。

ヴィットの庇護者であり、しかもおそらくはかれの婚外の父親であるエクシュタイン男爵は、ヴィットの無罪を証明し、クーザンの有罪性をいくらか軽減するために介入したが、しかしじっさいには、クーザンに責任を負わせることによってしか、ヴィットの罪を軽くすることはできなかった。それゆえ、ヘーゲルは訴訟の過程で、あるいはそのあとで、この問題についてのエクシュタインの噂話を耳にしたはずである。すなわちかれは、エクシュタインが王政復古時代の反動的宗教結社〔コングレガシヨン〕に所属していたために容易となった東洋思想の研究に「表面的な」――かれはそのように形容している[*16]――貢献をしたことだけを知っていたわけではないのである。ところで、この宗教結社には、クーザンを告発した二人のフランス省庁関係者、要するにフランシェ＝デプレーとドラヴォーグが所属している。

ヘーゲルはクーザン事件を通して、こうしたきわめて特殊な、いかがわしい陰謀の臭いのする世界全体と接触し、しかもこの種の接触をその後も継続していったのである。

ある注釈者たちは、クーザンが訊問の最中に巧みに自己弁護を行なったと見なしている。かれらは同時に、クーザンが「無実」であったとも主張している。しかし無実であるならば、かれは巧妙な自己弁護を必要としたであろうか。他の人びとは、ある点に関して、「かれが不手際から完全に自分を曝け出してしまった」ことを確認できるものと信じていた。大部分の人びとは、クーザンをいっさいの嫌疑から洗い流そうとは考えていないようにみえる。「さまざまな否認にもかかわらず、クーザンがドイツ人とフランス人とのあいだの陰謀について完全に知っていたことは次第に明らかになってきた[*17]」と。

裁判官が最終的に諦めたのは、むしろクーザンの敵対者たちのあいだでの意見の不一致が原因であった。というのも、かれらはそれぞれ、警察の作戦――次第に広く知られるようになって、時の経過とともにドイツではいっさいの効力を失っていく――の責任を他の人間に押しつけようと望んでいたからである。この観点からすると、ヘーゲルの手紙は有効な役割を演じたのであった。

この事件全体におけるヘーゲルの行動について、どのように考える必要があるのだろうか。われわれはまず、限定

*16　『歴史における理性』、前掲書、一六〇頁。　*17　ブレヴィル、前掲書、四二頁。

されてはいるがしかし疑う余地のないその有効性が、一般大衆、あるいは半ば情報に通じている若干の人びとが見抜くことのできる点——介入自体という単純な事実——とは別のところにあることに注目する。

介入はたしかに勇気の要ることであり、クーザンの感謝と、後世の称賛に値するものであった。しかし大部分の同時代人は、クーザンも含めて、おそらくその巧妙なやりかたに気づいていない。

クーザン事件は、思われている以上に危険なものであった。それには、ヘーゲルやクーザンが考えていた以上に複雑で陰険な関わり——とりわけ外交上の——が秘められていた。その事件は、かれらをはるかに越えるゲームのなかで、かれらを操られる駒に仕立て上げたのである。

とはいえ、操る者自身も、自分が騙されているように感じていた。

その事件に関わることによって、ヘーゲルはおおいに慎重を欠く冒険をしたことになるであろう。けれども、かれがそうしたのは、いっさいの事情を心得たうえでのことだったのであろうか。クーザンの「無実」を疑うことができるとすれば、ヘーゲルの無実についてはどう考えたらよいであろうか。ベルンハルト・クノープ——なるほど、つねに信頼できる人物というわけではないが——のような若干の歴史家は、以下のごとき仮説を立てている。「ヘーゲル自身が、クーザンの助けをえて、たとえば（政治的＝教育的）宣伝の領域で、なんらかの実践的意図を実現しようと望まなかったかどうかを、考えてみることもできよう[18]」と。

われわれがこのクーザン事件を、ヘーゲルが巻き込まれた——とはいえ、やはりかれの同意や決断のもとに——他のすべての政治的、司法的陰謀から切り離さず、またかれが関わりをもったフォーレンやシュネル等の、政治的世界のあらゆる人物を記憶に留めておくならば、いっそうそのような印象を感じとることであろう。ただし、だからといって、その印象を厳密に裏づけることがより以上に可能になるというわけではないのである。

ヘーゲルがたまたま積極的に加わった活動がどのような性質のものであれ、かれはこれらの出来事の過程で、もっとも確固とした信念を抱いたドイツの革命家や自由主義者たちの世界と、よりいっそう親しい関わりをもったのである。かれらの悲惨な状況と、同時にまたかれらの首尾一貫しない冒険的な行動、そして最終的にはかれらの全面的撤退――それ自体としては充分理解することができる――が、ヘーゲルをして、自然な気持ちとしてはそのように願ったと思われるような場合でも、いっそう公然とした、しかも厳格な政治的対決の姿勢を取るように促すことができなかった事実を認めなければならない。この党派にとっては、すべてが敗北であり、また絶望の原因にほかならなかった。

ヘーゲルは同時に、自分の生活が依存しているような人びと、そしてかれらの力や冷笑的態度、あるいはその巧妙なやり口をいっそうよく知ることを学んだ。かれはその結果、直接、間接に大臣、判事、警官、あるいは非常に巧妙なおとり捜査官等と関わりをもつことになった。そのことはかれに、より多くの留保と慎重さを、そして効力の点ではともかく、少なくとも策略の点ではかれらのそれに匹敵するような手段や手続きの使用をも――かれの弱点の度合い、あるいは依存の度合いに応じて、またかれの善意に従って――示唆することになった。そのさい、クーザンが何を考え、何を行ない、あるいは何を言ったにしても、かれらに対しては、悪魔の餌食となる天使のようにしかみえなかった。

ヘーゲルの書簡について、ファルンハーゲン・フォン・エンゼは一八二四年十一月十一日に、ヘーゲル主義者たちの注意を引くことになったある指摘を行なっている。「ヘーゲルは、そうした方策によって疑いを招かないように、政府と良好な関係にある必要があった」(C3三五三)と。

かれはこうして、ヘーゲルが上層部――しかしそれは、どの上層部であろう――に好意的な眼で見られていたと同時に、時には大胆にも上層部を手玉にとっていたことを――しかし、その場合、手段と理由が問題となるであろう――理解させようとしているのである。じっさいには、ヘーゲルの書簡は、ファルンハーゲンが信じていたほど実践的意味をもつものではなかった。のみならず、それはいかなる直接的な結果ももたらさなかった。ヘーゲルが実質的

*18 ベルンハルト・クノープ、前掲書、四三頁、注12。

には、なおいっそう疑わしい人物となったことに変わりはないのである。

これほどの錯綜した状況のなかでは、かれが危険を冒すことはなかったであろう。単純な人間なのか、それとも反対に、悪賢い人間なのであろうか。二年後の一八二七年に、クーザンによってパリに招かれたかれが、ガイド役をつとめるこのフランスの哲学者とたえずいっしょに行動していたという事実を強調するとすれば、後者の規定を選ぶのが順当であろう。しかしながらかれは、両者の「関係」がプロイセン当局の眼にどのように映るかを、以後よく心得ている。だが、かれはフランスの首都で、ほとんど自由主義者だけを頻繁に訪れることによって、自分の立場を悪化させるのである。しかも、そのような大胆な姿勢やこれみよがしの態度は、ベルリンでならば、かれにとって危険な反響を間違いなく引き起こすことであろう。

この機会に、『コンスティテュショネル』紙〔パリの有名な日刊紙〕にきわめて不手際な記事——というのも、そこではおそらく行き過ぎと思われるほど、クーザン事件におけるかれの自由主義的な勇気の披瀝が称えられているからである——が公表されることになるだけに、なおさらそうであろう。そして、プロイセン当局は、そのことに苛立ちを覚えるであろう。警察長官フォン・カンツは激怒し、ヘーゲルがパリに行ったのはその公表を準備するためにほかならなかったと主張した旨、ファルンハーゲンは述べている（B3三七七およびC3三五四）。

＊

ベルリンに長く滞在し、最後には警察の監視付の自由——これによって、かれは友人たちに会うことが可能になった——を得たクーザンが、その事件のことを細大もらさずヘーゲルに知らせないはずはなかった。その事件についてはまた、多かれ少なかれそれと関わりをもっていた学生連盟員たちによって、ヘーゲルのための説明がなされたであろう。かれらはいっしょになって、何時間も、何日も、何週間も語り合ったのである。ヘーゲルにせよ、クーザンにせよ、かれらの著作のなかではこれらの会話についてなんの報告もしていないが、しかしそれは二人の友人の親密さを深め、多少とも控え目で秘密めいたかれらの思想や活動の相互の認識と承認を、著しく伸張させたはずである。

その徴候のひとつは――それ自体としては不確かなものであるが――ヘーゲルが一八二七年のパリ旅行のさいに、クーザンに案内されて、ランヌ元帥の未亡人であるモントベロ伯爵夫人を訪問しようと企てた点に認められる。ヘーゲルは、この一族の考え方に何がしか通じる必要があったのである（C３一六四）。「クーザン事件」とモントベロ一族との関係は、最初そう思われる以上に、またプロイセン当局が疑っていた以上に、緊密だったのではあるまいか。若きモントベロ公はクーザンといっしょに、結婚問題とは別の理由で、ドレスデンにやってきたのではなかろうか。

いずれにせよ、このクーザン事件には、ヘーゲルに関してまだわれわれの知らないことが存在しているように思われる。優れた探偵小説は、同時に千里眼をもつ探偵を必要としている。

第19章　最後の言葉

公表されたヘーゲル思想の最終的なあらゆる表現形態のなかで、期せずして一種の政治的遺言となった論文と、確固たる信仰告白を含む演説がとりわけ注目に値するであろう。その直後に襲ったヘーゲルの死は、それらの論文や演説に、あとから振り返ると結論的な価値を与えている。

問題となるのは、アウグスブルク信仰告白の回復を記念する演説――そのなかでヘーゲルは、現在の宗教的状況を評価する機会を見出している――と、プロイセンの関心事と共通するようなイギリスのある政治問題の研究である。

アウグスブルク信仰告白

「たとえ天が崩れ落ちようとも、われわれが屈することはないであろう。」（ドイツ・プロテスタント諸侯）

大学学長であるヘーゲルは、一八三〇年六月二十五日、アウグスブルク信仰告白の回復三〇〇年記念を祝う荘重な式典にさいして、公式の演説を行なうことになった（BS三〇―五五）。

この課題を果たすことはかれにとって、刺激的な側面を提示していた。そして、式典の最中、演説の準備をしているときにかれの気分は分裂し、変化することになった。

演説は、巧妙さと不手際とが入り混じった内容をあらわしている。不手際の責任については、雄弁の欠落という、演説者自身の哀れな告白を挙げることができよう。「わたしは、話し方に気楽さが欠けているのをお詫びしなければならないこと、また卓越せる聴衆の方々の御寛容を必要としていることを承知しております。」〔BS三三〕聴衆はそれをみずから判断すべきであって、演説の無力——その点は、他の資質のおかげで不問に付されるとしても——にかれらの注意を集めるのは空しいことであろう。しかも、そんなことはけっして認めてはならないのである。

このルター派の式典と、かれがそのおりに演じた役割は、ヘーゲルに深い喜びを与えた。プロテスタンティズムを断固として、また偏見とも思われるほどに激しく全面的に肯定することは、かれにとって心地よいものであった。かれはその日、戦闘的な役割を、しかも時代の論争としては時宜に適った有効な役割であるとともに、プロイセン王政にも認められるような役割を果たしたことに満足感を抱くことができたのである。

神聖同盟が続いている時期には、そうした企ては中立的であっても、無害なものではなかった。他のキリスト教信仰告白の教派が、注意深く見守っていた。ヘーゲルは重々しく、他の信仰告白と真のプロテスタンティズムとを分かついっさいの特徴を、そして自分自身の戦闘意欲を強調した。プロテスタント諸侯がシャルル・カン〔神聖ローマ皇帝カール五世〕に胸を張って言ったように、「たとえ天が崩れ落ちようとも、われわれが屈することはないであろう」と。

そうした発言は、意識せずして危険な側面を帯びていた。王党派以外の人びとは、ルター主義を自分たちの利益のために取り戻そうと試みていた。すなわち、自由主義的、立憲主義的、「扇動的」運動も、偏狭な宗教性を利用した。ヴァルトブルクの祝祭の示威行動は、ルターによるドイツ語訳聖書の三〇〇年記念のために招集されたのであり、それはプロテスタント大学にしか関わりをもっていなかった。

演説者はそれゆえ、細心の注意を払い、うっかりして取り違えた言葉を発しないように配慮しなければならなかった。

同時に、かれは、そうした公式の記念行事を楽しんでいた。その行事は、当然のこととして行なわれたものではなかった。王政はそこから、なんらかの利益を引き出すことを望みえたであろうか。すべての王政が、その行事に納得していたわけではなかったのである。プロイセン国王が、国民のほとんどがプロテスタントであるような国において、この記念日を盛大に祝う一方、隣人であるザクセン国王は、カトリック教徒がそれなりの力を保持している国で、その思い出を消し去ろうと試みていたのである

ライプツィヒでは、プロテスタントの学生たちは当初、その機会に示威行動をしたり、文書を公表したりすることをいっさい禁止されていた。かれらの申立てにもとづいて、小さな祝祭を催すことが最終的に当局によって許可されたが、しかしそれはあらゆる種類の下らない制限のために規模を縮小されたのである。警察の驚くべき配慮が、かれらに対抗する措置としてとられた。しかし、かれらはそれを越えて進んだのである。大学は祝祭に参加したが、その先頭には、ヘーゲルがかつて笑い者にしたクルーク教授がいた。プロテスタントの一般大衆が学生たちと結びついた。警察との衝突が起こった。ある商人の徒弟が殺され、その埋葬は当局に対する民衆の巨大な示威行動の様相を呈することになった。[*1]

したがって、ライプツィヒの街路で人びとが戦っているあいだに、ヘーゲルはその宗教的、愛国的、政治的なまなざしにおいて、ベルリンの体制の優位を味わうことができた。すなわち、かれはこの首都において自由に、アウグスブルクの解放的行為を称える言葉を発したのである。かれは恥じることなく、プロイセン国王を許すことができた。ここでは、国家と宗教は、同じ時期にザクセンで起こっていることへの共同対決という意味で、少なくとも公的には同じ戦いを展開していたのである。

こうした幸運な機会を利用して、ヘーゲルはその演説のなかに、フリードリヒ＝ヴィルヘルムに対する若干のお世辞の言葉――きわめて有効であり、しかも他の文脈の場合ほど嫌味のない言葉――を滑り込ませている。

しかしながら、かれは純粋な喜びを味わっているのであろうか。この祝いの式典は、かれにとって完全にふさわしいものであったのであろうか。

かれは間違いなく、かつて宗教に関する自由な確信を擁護したあとに書いたことを思い出しているのである。「すべてはあたかも、教会と国家における権力の保持者たちが、われわれの祖先が権利の感情をもち、かれらのうちの何千もの人びとがこのような権利の確認のためにその命を危険に晒すことができたという事実の記憶がわれわれのうちに眠っており、生き生きとしたかたちで保存されていないことを好んでいるかのごとく、進んでいるようにみえる」[*2]と。

かれはその当時、「聴衆の退屈」[*3]をたえず生み出すようなアウグスブルク信仰告白の伝統的な読解を、再活性化の試みとは見なしていなかった。

かれはこの退屈さ、冷淡さに、ギリシアの熱烈な祝祭を、すなわちハルモディオスとアリストゲイトンを称えながら、宴会でかれらの栄光のために宴歌を歌う祝祭を対置したのである[*4]。

かれはベルリンの式典をどのように評価したのであろうか。

議論の徹底化にもかかわらず、かれ自身はその演説において、退屈な、しかも流暢さに欠けたラテン語で語られる説教以外のものを述べようとしているのであろうか。政治的文脈は、たとえかれが望まないにせよ、その言葉に辛辣な意味を与えている。

一八三〇年に、かれはまた好むと好まざるとにかかわらず、「権力の保持者たち」が信仰告白を取り戻した作戦を称えることになった。かれはその演説を、まさに諸侯の賞賛から始めている。それは、公式演説のひとつの流儀のようなものである。しかもかれは、見たところ必然性がないにもかかわらず、余計なことを付け加えているのである。すなわち、信仰告白の記念日と同時に、プロイセン国王の記念日〔誕生日〕を称えているのである……。「われらが諸侯の敬虔は、われらの安静なる信頼の念の堅固な基盤をわれらに与え、かれらとわれらとの愛の絆を結ぶ」（BS五五）

*1　パウル・ラインハルト「ザクセンの騒乱、一八三〇―一八三一年」、『歴史学研究』第八号、所収。ハレ、一九一六年、一一五頁。　*2　ノール、前掲書、二一五頁。　*3　同書、同頁。本書、六三頁および第3章、注4、参照。　*4　同書、同頁。および『初期著作集』、前掲書、三一〇頁。

と。

かれは三五年前に、シェリング宛の手紙で、「功績を評価し、公職を配分するための基準として、徳と敬虔を取り上げ」（C1三五）ようとする政府の、専制主義と偽善を非難したことがあった。

一八三〇年には、かれは次のように訂正する。「われらの恵み深き国王フリードリヒ＝ヴィルヘルムの記念日に、毎年、われらはかれに向けてまなざしをあげ、かれがわれらの大学に対して、これほど豊かに与えてくれたその恩恵に思いを馳せる。今日、われらが祝福したいと願っているのは、あらゆる徳の源泉たる国王の大いなる敬虔である……。全能の神が、われらの親愛なる国王とその名だたる一族のために、このうえなく卓越せる善を保ち、いや増さんことを。それらの善を、神がつねに敬虔と正義と寛大をもって報われんことを。」（BS五五）

偽善というべきであろう。しかしながら、それは役目上、必要な偽善にほかならない。

ヘーゲルはこうした状況において、国家による憲法の約束を思い出させないように注意している。国王の記念日――かれの記念日との競合のために、危うくかれにとって悪い方向に転じるところであった――に関しては、かれは一八一七年の『ヴュルテンベルクの新しい状況』についてのみずからの論文を忘れることができない。かれはそのなかで、シュヴァーベン人であるこの国の君主が人民に憲法を与える気持を抱き、プロイセン国王の約束を守ったことを称えている〔ヴュルテンベルクの国王は約束せずに人民に憲法を与え、一方、プロイセンの国王は約束したのに人民に憲法を与えなかった、の意〕。そこでヘーゲルは、何か政治的に真摯で重要なものを提起するために、君主が一般大衆の前に姿を現わすのを眼にして、満足感を覚えたことを隠していない。かれは反対に、効力のない君主の行動や、誕生日あるいは結婚記念日の祝祭だけにかぎって公けの席に顔を出すことを激しく非難したのである。「出発点において完全に手中に収めている国家の力に、別の力を、すなわちこの真なる力の原理そのものを――そこに、本質的に活動的な契機としての人民を統合しながら――付け加える君主の姿ほど、普遍的で雄大な光景がこの地上に存在するであろうか。しかも、国家を構成する偉大な営み、および政府の行為の大部分が、一連の部分的操作によってのみ、そしてさまざまな偶然的状況のなかで、いかなる高次の展望も、またいささかの公的性格もないままに遂行されるのが見られるような時期に、のみならず、君主や王族級の人物が公けの場に姿を現わすことが、次第に誕生日や結婚式にかぎられるようになってきたことが見られるような時期に、君主の登場がかれの行動の内面的内容と非常によく一致している光景を前にすると、一瞬、情深く、崇高で、活力を与える情景を前にしているかのように、たじろぐ気持になるうるものである。[*5]」

一八三〇年におけるフリードリヒ＝ヴィルヘルムの態度と比べて、なんと対照的なことであろう。フリードリヒ＝ヴィルヘルムは約束した憲法を拒否し、みずからの誕生日に極端な関心を寄せ、おのれの特権を大事に守ろうとする。かれはテセウス〔ギリシアの国民的英雄、数々の冒険を行なった勇者〕のような人物ではなく、たんに信心深い人間にすぎない。

「かれは何がしか、生まれる手間をかける以上のことを行なった。」（スタンダール『ヴァニーナ・ヴァニーニ』）

改正法案

ヘーゲルが公表するために記した最後の言葉は、いくぶん偶然的なものであった。すなわち、革命である。人は好んで、哲学者の最後の言葉を引用する。そして、ときにはそこに崇高な言葉を発見する。ヘーゲルは沈黙のうちに亡くなったが、しかしかれは最後の論文を執筆していた。要するに、人はかれの言葉を遮ることができなかったために、仕方なくかれのペンを奪ったのである。

当局はそのときまで、警戒心や不快な気分をもたないことはなかったにせよ、巧みにぼかされたかれの出版物を大目にみてきたのであった。ところが、最後の論文の印刷は、国王の特別の「勅令」によって中断させられたのである。

---

*5　ヘーゲル『政治論集』（ジャコブおよびキエ訳）、前掲書、一九七七年、二一四―二一五頁。

それゆえヘーゲルは、一連の作業を終えて出発点に戻ったことになる。その文学的生涯のはじめに、かれは徹底的に自己検閲することが慎重な態度であると見なしていた。のちには、友人たちの親切な検閲に従った。さらに時が経つと、かれは権力の不親切な検閲に服従することになった。かれの最後のメッセージは、あらゆる検閲よりも強力なもの、すなわち専制君主の恣意的決断に屈しなければならなかったのである。

公式の検閲は、それなりに多くの利点を示している。それは抑圧的な方針に従っているが、しかしその方針は一般的で、見破られやすいものである。公式の検閲は、明示された意志に仕えている。それによって、少なくとも越えてはならない限界が知られるのである。しかし一八三一年には、イギリスの『改正法案』をめぐるヘーゲルの論文は、君主の恣意、言い換えれば国王の測り難い「御心」によって被害を蒙った。

ヘーゲルがこの時期、イギリスの政治問題に関心を抱いたのは、なんら驚くに当たらない。かれははじめて、その探究のまなざしを――友人たちが最後まで綽名していたように、その「老政治家」としてのまなざしを――この国に向けたわけではなかった。

反対に、驚くべきは、何よりもイギリスに向けられた批判の辛辣で、激越ともいえるその調子である。次いで、にもかかわらず、そのテキストは若干の修正と引き換えに、あらかじめ行なわれた検閲では許容されたという事実である。そして最後に、そのテキストが、ほぼ公式の新聞といえる『プロイセン国家新聞』によって受け入れられた――要請されたわけではないにせよ――という点である（BS四六一―五〇六）。[*6]

一八三一年に、イギリスにおいて深刻な政治改革――これは、古風で、不正で、不条理な政策のもたらした悲惨な、恥ずべき結果のために必要となり、さらには緊急性を帯びるに至った改革である――の問題が公然と提起された。政府は議会に、一八三一年三月一日、長いあいだ準備した法案を提出した。すなわち、改正法案である。

ヘーゲルは不意を突かれたわけではなかった。かれはその問題を知っていた。かれは急いで、この主題をめぐる長文の研究（四五頁）を執筆したが、それが『プロイセン国家新聞』に掲載され始めたのである。

編集者は、ちょうど学長の職務をやめたばかりのベルリン大学教授が、今度は外国の内政問題について発言することのもつ奇妙な性格にあらためて驚きの念を禁じえなかった。

しかも、それが『国家新聞』に現われたのである。したがって、そこで問題になっているのが、ローゼンクランツのいうように、「心に思っていることを口に」(R四一八)したかっただけのヘーゲルによるイニシアティヴであるとは信じ難いであろう。そして、国王の検閲官たちはそのさい、この激しい攻撃の内容を承認していたと思われるふしがある。『国家新聞』の責任者は、それを公表することを喜んでいたはずなのである。

じっさい、ヘーゲルのテキストを読めば、検閲の自己満足――そうでなければ、検閲はいったい、何を検閲したというのであろうか――と『国家新聞』の歓迎ぶり――その新聞ははたして、扇動的な攻撃文書を公表する習慣があったのであろうか――がほとんど信じられなくなるであろう。

よく考えてみると、一介の平民出身の哲学教授が、上層部から、この主題について批判的に、すなわち最終的には国王に不快感を与え、おそらくその激しさのために知られざる扇動者の狙いをも越えてしまったような方法で、自分の考えを述べるように促されたのだとむしろ信じたくなるであろう。

国王(あるいはその顧問官たち)は、たぶん、『プロイセン国家新聞』に載った最初の断片を読むことによって、ヘーゲルのテキストの内容を知ったのであろう。憤慨した国王は論文の末尾の部分の草稿を取り寄せ、そして決定的に敵意を抱いたかれは、その部分の公表を禁止したのである。

ローゼンクランツは、ヘーゲルの寄稿が『国家新聞』の第一一五号から一一八号に掲載されたことを指摘している。けれどもかれは、予告されていたにもかかわらず(「以下、次号」)、論文の末尾が第一一八号には載らなかったという事実に注意を促すのを怠っている。ヘーゲルの『全集』の初版は、ヘーゲルの原稿に従ってテキスト全体を収録し

*6 ローゼンクランツは、この論文のきわめて批判的な調子を、病気の結果ともいうべきヘーゲルの不機嫌のせいにしている(R四一九)。論文の翻訳は、ヘーゲル『政治論集』(ジャコブおよびキエ訳)、前掲書、三五五―三九五頁に掲載されている。

ているが、それがはじめて公表されたときに中断の浮き目を見たことには触れていない[*7]。一九〇一年のフィッシャーも、一九一二年のロックも、国王による禁止と、検閲によってあらかじめ原稿の削除があったことに言及していないのである。ヘーゲルの大部分の弟子たちや、最初の後継者たちの眼には、ヘーゲルが『国家新聞』の忠実で、好意的な協力者と映ったかもしれない。その場合にはかれは、聖性の香りに包まれて死んだことになるであろう。『国家新聞』の読者は、第一一八号に、第一一七号で予告されていた論文の末尾の部分を見出さなかった。けれども、それに先立つ二つの挿話は、充分攻撃的なものと思われた。すなわち、このかなり長い作品におけるヘーゲルの思想は、その明晰さと包括性の点で、いつもほどの輝きを見せてはいないが、しかしそれでもやはり、相当程度の明瞭さを示しているのである。

ヘーゲルはイギリスの（「腐敗した」）政治生活を厳しく非難しながらも、マニ教的手法〔善悪二元論〕で判断を下さないという態度を装っている。かれは立場を決定することを拒み、論争を越えたところに位置することを望み、純粋な政治的理論家として、たんに「存在するもの」を描き出すことに配慮しながら、物事の流れを客観的に観察するために高い次元に身を置くのである。かれは、規範的判断を口にしないふりをしている。だがじっさいには、こうした「学問的」ではあるが透明な外観のもとで、かれの手法はよりいっそう狂暴なものとして現われるほかはないのである。

その論文はイギリスの政治的現実を激しく、また厳しく批判するばかりでなく、同時に現実的な意図や「改正法案」の成功のチャンスについて、きわめて懐疑的な見方を示している。

おそらくヘーゲルは一般大衆の眼に、また当局者たちの眼に、洞察力のある深遠な思想家として、すなわちじっさいの危機についてのより明敏で、正確な認識のおかげで、政治指導者たちがいっそう有効な解決策を見出すのを手助けするために、混乱した危険な状況を解明できる思想家として認められることを願ったのであろうか。けれども、なぜイギリスの国土に話題を移す必要があったのであろうか。プロイセンはかれに対して、同じくらい複雑で、情熱を掻き立てる多くの研究対象を提示してくれたのではなかったろうか。かれは本当にイギリスの政治指導者を啓発し、かれらの行動の方向を決定すると自負していたのであろうか。かれはむしろ間接的に、類似効果によって、プロイセンの政治的状況を標的にしていたのではあるまいか。[*8]

見分けにくいその他の目標のうちで、ヘーゲルが、ドイツの自由主義者たちのあまりにも急進的な行動を思い留まらせようとした、あるいはそのようなふりをしたというのはありえない話ではないであろう。すなわち、もしあなた方がプロイセンで起こっていることに満足していないのであれば、イギリスを御覧になったらよろしいでしょう。そこでは、すべてがプロイセンより悪くなっていますよ、という具合にである。論文はそこかしこで、プロイセンの制度の若干の長所を明らかにしようと努めている。それは、大胆な命題とのバランスをとる、いつもの手口にほかならないのではあるまいか。ドイツの自由主義者の一部少数派が、あまりよく知られていないイギリスというモデルに誘惑されたことはたしかである。

ヘーゲルの論文はイギリスの制度に非常な悪口を浴びせたので、プロイセンの体制がその余波を蒙るのを避けるわけにはいかなかった。そうした跳ね返りの結果がないとしても、その論文はプロイセン王政の姉妹たるイギリス王政を傷つけ、イギリスの指導者たちを苛立たせ、イギリス＝プロイセンの関係に影響を及ぼしたはずであり、したがって、誰か顧問官の警告を受けたフリードリヒ＝ヴィルヘルム三世が、その論文の公表に終止符を打ったのは充分理解できることである。

国王は、なんら正確な理由を述べなかった。『国家新聞』の責任者フィリプスボルンが表明した情報提示の要請に対して、国王顧問官アルブレヒトは答えた。「陛下は改正法案についての論文を非難されたわけではない。しかしながら、陛下は、『国家新聞』による論文の公表が適切であるとはお考えになっておられない。したがって、わたしは

*7　『小品集』、『全集』第十七巻、所収、一八三五年、四二五—四二六頁。　*8　「イギリスの制度の欠陥は、自分自身の国のことをかれに喚起せずにはおかない。」（マルセル・ジャコブ訳『政治論集』所収、前掲書、三五二頁）

あなたに、御親切にもわたしに手渡して下さったこの論文の、そしてここにわたしがお返しするこの論文の末尾の部分を撤回するようお願いしなければならないのです」（アルブレヒト、一八三一年五月三日、BS七八六）と。

フランス語版の訳者ジャコブはローゼンクランツの意見をあらためて取り上げながら、「この介入は対外政治の動機にもとづくものであり、国王はイギリスに対してきわめて批判的な論文が引き起こしたかもしれない外交上の衝突を回避しようと望んだのである。結論は、友人や関係者たちのために取って置かれた私家版の対象となった」[*9]と付け加えている。

「外交上の衝突」とは何であろうか。じっさいには、現われる可能性のあるものはほとんどなかったのである。外交上の衝突は「トーリー党」だけに関わっていたものであり、論文の内容を歓迎するはずの「ホイッグ党」には関係がなかった。私家版刷りには、そうした痕跡が残っていない。

国王は一度だけ、適切な処置を行なったのである。すなわち、かれは根本のところでは立場をとらずに（かれの検閲機関は論文を許可していたのである）、外国しかも友好国に対するこうした攻撃は、その新聞では強制移動さるべきものと正しく判断したわけである。

けれども、その点はあまりにも明白なので、人は次のような問いを立てずにはいられないであろう。すなわち、きわめて抑圧的で、猜疑心の強い、しかも細かいことにこだわるプロイセンの検閲が、それではなぜ公表を許可したのであろうか、と。また、『国家新聞』がなぜ、改正法案についてのヘーゲルの研究を――要請したわけではないにせよ――受け入れたのであろうか、と。いかなる検閲官も、たとえかれがどれほど鈍い人物であったにせよ――もちろん、かれらは愚かというにはほど遠い人びとであった――公表の許可を与えようと考える前に、論文の内容がイギリス当局にとってきわめて不快なものであり、またプロイセンの権力にとっては非常に危険なものでありうることに気づいたであろう。

それというのも、ヘーゲルが明らかさまにイギリスを攻撃したからといって、暗黙のうちにプロイセンを大切に扱うというわけではほとんどないからである。なるほど、相対的には、かれはプロイセンの若干の優越性を巧みに際立たせることを忘れない。しかもかれは、それをひたすら穏やかに行なうのである。だが、情報に通じ、いろいろ思いをめぐらせている読者はそれなりに、すでに着手されている比較を継続していくことができる。著者は、イギリスの選挙制度の欠陥と、その帰結としての両院の政治的構成の欠陥について、大変明敏な、しかも厳しい批判を行なっている。読者はそれゆえ、これらの欠陥を正確に意識している。のみならず、そのことに憤慨しているのである。同時に、読者は、プロイセンがそのような欠陥に苦しむことはありえないものと確認する。というのも、プロイセンは選挙をまったく行なっていないし、国王の約束にもかかわらず、代議制議会をもっていないからである。

ヘーゲルは、改正法案が正そうと考えている特殊な欠陥のみならず、イギリスでうまくいっていないすべての事柄を検討する。かれは古風な形態をとる、貴族と聖職者の絶対的統治を公然と非難する。たとえば、このうえなく恥知らずの腐敗を可能にし、さらには助長する選挙制度、貧しい人びとからの臆面もない搾取、しかも注目すべきことには、カトリシズムに激しい敵意をもつプロテスタントの側からの搾取、アイルランドのカトリック教徒に対するイギリス人の残酷な行為、等々である。かれは、提案されているような改正法案の不充分さ、ないしは全面的無力を明らかにする――これはとりわけ大胆で、攻撃的な点であろう。それというのも、かれによれば、「イギリスの自由」は結局のところ、地主階級と聖職者階級の優位にほかならないからである（BS七八二。ホフマイスターの注記）――これはやはり、しっかりした見方である。だが、その点は甚しくプロイセンと似ている。

検閲は、ヘーゲルのテキストにほとんど手を加えなかった。検閲は、いくぶん荒っぽい言い回しを、若干のより穏やかな表現に置き換えたのであり、この面からいえば、ヘーゲルの文章の文体論的改良を行なったに等しかった。したがって奇妙なことに、ヘーゲルの批判的メッセージの本質的部分をそのまま認めたのである。

しかしながら、検閲は、おそらく他の部分よりいっそう許し難い事柄を、適切にも削除している。たとえば、次の

*9 同書、三四七頁。

ような注目すべき文章を取り除いたのである。「ドイツにおいて、国家や政府の業務に関与するために、高貴な生まれの人びとや豊かな地主階級の人びとにも提示されている条件、とりわけ一般的領域の人びとに提示されている条件、すなわち理論的研究とか、科学的教育とか、実践的訓練や経験とかいった条件は、政府と行政のなかでもっとも広範な権力を保持している会議のメンバーの現実的組織の場合よりも、新しい計画においての方が要求される度合いが少ないのである。」(BS四八二)[*10]

フランス語版の訳者は、この文章が検閲によって削除されたことも、またそれに続く次のような危険な文章が削られたことも指摘していない。「その生まれや富によって役職を手に入れる人は、同時にまた、その役職を行使するための知性を天賦のものとして受け取るというような偏見が、イギリスほどしっかりと根をおろしているところはもはや他のどこにも見出すことができない。」

知性をもたらすかのような生まれというものへのこうした言及は、直接、プロイセン国王に関わるものであった。おそらく、それが意図せざる関連であったとしても。そして、どのような「理論的研究」から、またどれほど優れた「科学的教育」から、内務大臣ヴィトゲンシュタイン公は恩恵を得ていたというのであろうか。

ヘーゲルがあえてイギリスの「偏見」に対して行なった批判は、とりわけ、もっとも影響力のある国王顧問官に当てはまるものであった。その人物はハルデンベルクの不倶戴天の敵であり、メッテルニヒとゲンツの友人であり、また「あらゆる反動的策謀の中枢」ともいうべきヴィルヘルム・ルートヴィヒ・ゲオルク・フォン・ヴィトゲンシュタイン公(一七七〇—一八五一年)であって、一八一四年以来、警察大臣を務めていた。偉大な政治家シュタインは、かれのことを次のように規定している。「ヴィトゲンシュタイン公は、いかなる知識も、いかなる堅実さも、さらにはいかなる適性ももたずに、社会のなかで有利な地位を手に入れるために必要なあらゆる資質を備えていた。すなわち、狡猾であり、冷酷であり、計算高く、執拗で、しかも卑屈なまでに柔軟であるという資質である。〈真の廷臣は、名誉もユーモアも身に付けるべきではない〉(文章中、フランス語で)という格言こそ、かれにとって完璧にふさわしいものであった。かれは隠れた、秘密の影響力と、金銭を熱望していた。」[11]

ヘーゲルの手厳しい文章は、検閲の介入がなければ、かれの『全集』（一八三五年版）の四四五頁に記載されたはずである。検閲はそれを完全に削除したが、それによってまさに、プロイセン王政の弱点がどこにあるかを示したのである。当然のことながら、検閲はとくに、ヘーゲルの文章中、プロイセン王政と容易に結びつけて考えることのできる事柄を警戒したのである。

ヘーゲルの仄めかしは実際上、限界を——とくにプロイセンの限界を——越えていた。たぶん、プロイセン国王は、原稿中の検閲が消した部分を読む必要はなかったであろう。多くの点からみて、論文の末尾の部分を公表するのを国王が禁止したことは、それの初めの部分を看過してしまった検閲官たちを暗黙のうちに非難する結果となった。国王は、それということなしに、人がｉの上に置いた点をみずからの手で取り去ったのである。

したがって、論文の掲載がもっぱら外交的配慮のために中断されたというのは疑わしい。また、検閲のせいだというのも誤りである。

すでに検閲を受けた最初の部分を読んだあと、国王ないし顧問官たちは、最後の部分を原稿で見ることを要求した。しかしながらかれらは、いかなる理由で、いかなる影響力のもとに、検閲が最初の部分の掲載を許可したのか知る必要があった。あるいは簡単に知ることができたはずである。検閲官も顧問官も、プロイセンにおいて異議を唱えるのは危険であると思われる諸制度、たとえば『法の哲学』のなかでは理論的に正当化されている世襲財産制を、ヘーゲルがイギリスを例にとって批判していることに気づかなかったのであろうか。アイルランドでのイギリスの弾圧行為は、ポーランドでのプロイセンの弾圧行為と比べて、それほど過剰なものといえるのであろうか。

そうした不当な干渉によって、国王は、プロイセン王政とその哲学者との関係における一種の伝統を尊重している

[10] 同書、三七三頁。　[11] ＡＤＢ、ヴィトゲンシュタインの項に引用されている。前掲書、第四三巻、六二九頁。

ことになろう。フリードリヒ＝ヴィルヘルム一世は、ヴォルフがその思想のいくつかを表明したあと、かれを「絞首刑のおどしのもとに」国家から追放した。フリードリヒ＝ヴィルヘルム二世は、カントがある種の道徳的、宗教的問題を論じることを厳禁した。フリードリヒ＝ヴィルヘルム三世は、一族の伝統を台なしにしようとは思っていないのである。

自分に対してとられた措置に驚いたヘーゲルは——このことは、自分がまったく安全なところにいるとかれが信じていたという想定を裏づけるものであろう——『国家新聞』の編集部に、禁止の理由の説明を求めた。編集長フィリプスボルンはひそかに、アルブレヒトの覚書の原文をヘーゲルに渡した。すなわち、いっさいの説明の拒否、拒絶である。ヘーゲルに対する称賛の証言とともに、フィリプスボルンはみずからの解説を付け加えた。「もし、これほど堅固なプロテスタントでないとすれば、人はいったい何になるのであろうか」（ＢＳ七八六）[*12]と。

ヘーゲルの論文は、告発された悪習にイギリス人たちが反抗することを勧めてはいなかった。かれはイギリス人に対して、いかなる行動の展望も提案してはいなかったのである。けれども、かれはより積極的な、しかもより狡猾な方法で、要するにヘーゲル流の方法でことを行なっている。すなわち、すでに何度も用いられている方法をあらためて取り上げながら、かれは曖昧な予見を思い切って試みたのである。

結局のところ、ジャン＝ジャック・カールの『書簡集』に関する覚書の結論のように、またドイツにおける革命をもはや期待せず、あるいはいずれにしてもそのような希望をけっして表明しないフェルスターのやり方のように、かれは次のような恐るべき二者択一を、すさまじい脅しのごとく振りかざしたのである。もしあなた方が改革を行なわないのであれば、あるいはあなた方の改革が本物でないのであれば、またそれが在るべき姿をとらないのであれば、そのときには、あなた方は革命に遭遇するであろう、と。しかし、悲惨な状況とイギリスの指導者たちの精神状態を考慮すれば、必要な改革を実現するのはきわめてむずかしいであろう、と。ヘーゲルはその警告をラテン語で繰り返すことができたかもしれない。「汝は警告を受けたり、正義の感情に従うべし、と。」さらにまた、みずからそれに付け加えることもできたであろう。「耳を傾けようとしない者は、運命によって厳しく罰せられるであろう」と。

選挙制度のゆえに、反対派は議会において、効果的な行動を行なうことを可能にするだけの充分な力をもっていない。反対派は、あらかじめほぼ挫折を宣告されているようなものである。そこでヘーゲルは、かれ以外の誰も考えつかなかった二者択一にあえて言及する。「別の権力とは、人民のことであろう。そして、従来、議会の本質とは異なる基盤に立っていた反対派、また議会では敵対勢力に立ち向かうことができないと感じている反対派は、人民のなかに力を求めようとする気持になり、こうして改革の代わりに、革命を引き起こすことになるかもしれないのである。」[*13] 大急ぎで——時期を逃さず——必要な改革に同意しなければならないであろう。それのみが、革命の回避を可能にするであろう。

悪いニュースを伝える者はしばしば、かれが知らせる苦悩の代価を不公平な方法で支払うものである。革命というたんなる言葉が、イギリスないしプロイセンの王室の耳にはなんと不快な響きをもっていることであろう。一八三〇年のフランスにおける革命の日々がなお反響し続けている時期には。だが、この同じ言葉が、ベルリンの「扇動家たち」においては、なんという無分別な希望を吹き込むことができるであろう。

ヘーゲルの曖昧な楽天的態度は、もしかれがそのまま生き続けていれば、幻滅に陥ったことであろう。というのも、イギリスでは恐るべき革命も、おずおずと期待された改革も起こらず、ただ若干の政策上の手直しが行なわれるにすぎず、しかも人民はそれに満足してしまうからである。

ときおり、いわれてきたように、かれの論文は一七八九年のフランスの出来事がイギリスでふたたび始まることへの危惧を主として表明したものではない。[*14] ヘーゲルは、一七八九年に続く、一七九三年における「行き過ぎ」——かれの表現によれば——を恐れている。しかしかれは、フランス革命そのものに対する賛美の念をけっして否認したこ

*12 ヘーゲル主義者のフィリプスボルンは、ヘーゲル『著作集』の最初の予約申込者のひとりであった（第一巻、一八三二年、一三頁）。 *13 『政治論集』、前掲書、三九五頁、修正訳。 *14 同書、三五二頁。

とはなかった。けれども、かれは「上から」の改革の方が好ましいと思っている。そして、改革の遅れに憤慨し、苛立ちを覚えるのである。もしもイギリスの指導者が、いつの日か反抗——それ自体はたしかに嘆かわしいことであるにせよ——に直面することになるとしても、かれらはそれに値したということになるのではあるまいか。

かれはこの同じ推理を、プロイセンの指導者たちに適用したのであろうか。ヘーゲルがかれらに対して、公然と次のようにいうことは考えられなかった。約束した憲法を人民に与えよ、ユンカー〔地主貴族〕たちの法外な権力を制限せよ、と。

せいぜいいえることは、革命の脅威がイギリス人にとっては無益であるにせよ、長期的に見れば、ドイツ人にはむしろ当てはまるであろう、といった程度である。改革は為されず、そして革命が一八四八年に起こった。しかし、成功することはなかったのである。

第20章　ある思想の相貌

「伝記の関心は、普遍的な目的とはまったく対立しているようにみえる。しかし伝記自体の背景には、個人を巻き込む歴史的世界がある。たとえ最初は主観的なもの、滑稽なものであっても、普遍的な内容を指し示し、その関心をいっそう高めるのである。」（ヘーゲル）*1

晩年に、ヘーゲルは喜びと誇りをもって、ゼベルスやシュレジンガー……を偉大な画家として提示する。こうしてかれは後世に、かれ自身が選んだ顔を、悲しげで、しかも厳めしい顔を、すでにデス・マスクと同じくらいに陰うつな顔を残すのである。かれはそのさい、仰々しくみずからの哲学を身にまとっている。すなわち、博士の礼服、教授の制帽、毛革のコートである。あたかも、そのようなちょっとした手段によって、かれの権威と確信の力を支えようとしているかのように。しかも、そうした権威や力が、おのれにさまざまな外見を与える一個の言説と見なされる危険を冒して。

しかし、幸いにも、それとは非常に異なる別の肖像画が存在する。人びとは、その肖像画に秘められた、素朴ではあるが生き生きとした姿を好んでいる。優れたデッサン画家であるヘンゼルは、かれが認めたあらゆる個性を、即興で鉛筆を用いて素描したのである。ヘーゲルは、その他の無数の絵画とともに、コレクションに収められている。そして、かれは、そのことをあたかも面白がっているようにみえる。

かれはこの即興画に、いささか謎めいた、デッサンそのものと同じように計画性のない、しかしながら長期間にわたって確立された学説に相呼応している言い回しとともに、副署を行なっている。

*1　『エンチクロペディ』（ベルナール・ブルジョア訳）、第三巻、パリ、ヴラン書店、一九八八年、三三〇頁。

「われわれは認識しなければならない、
われわれの知っている事柄を。
わたしを知っている者は、
ここにおいてわたしを認識するであろう。[*2]」

楽しげな皮肉が、これらの言葉のなかで戯れている。肖像画は本当に似ているのであろうか。しかも、いったい、誰に。それは肉体をもった人間であろうか。それとも知的な気質であろうか。

人は、自分自身のことはよくみえないものである。ヘーゲルはむしろ、かれの証人たちに挑戦する。いったい、誰がわたしを見破ったと自負するのであろうか、と。わたしの功績を、その正しい価値において認めることができるのは誰であろうか、と。また、あなた方に、その独特な外見を提示している存在は、かれの表明している思想の普遍性と一致するのであろうか、と。

ヘーゲルは、好奇心の強い人びとを当惑させるのが好きである。

われわれは、かれの親友たち以上に、かれの姿をうまく見抜くことができるであろうか。われわれは有利な立場にある。哲学者の場合、もっとも重要なのは、いうまでもなくその著作がもたらす作品の内容である。すなわち、それがどれほど多様であり、また弱々しい姿をしているにせよ、ともかくかれが提示したままの哲学にほかならない。われわれはその哲学を、ほぼ完全に近いかたちで保持していると信じており、いまだ失われている断片の発見をさほど恐れる必要はないのである。

きわめて用意周到に復元されたこの宝を、人はこれまでけっして利用することはなかったし、また数多くの、丹念で、学術的な注釈を活用したこともなかった。

われわれは、たとえわれわれにまだ知られていない多くの側面が存在するにせよ、かれの生涯を探索し、それを適切に位置づけることに着手している。

ある点からいえば、かれと同時代の人びとは、われわれ以上に容易にかれのことを理解していた。というのも、かれらは、二度と戻ることのない同じ世界で生き、移動し、呼吸していたからである。

しかし、他の点に関しては、われわれはかれのことをいっそう深く把握し、かれの全体像をわれわれのまなざしのもとに、かれの時代や、そこから生じたいっさいの事柄とともに捉えているのである。

偉大な哲学者の生涯は、その他の有名な人物の生涯と同様に、人間的に興味深いものであるように思われる。しかし、その生涯をひとつの光景として眺める人びとは、それをひとつの問題として説明したり、それに共感をもって関わったりすることはあるが、もはやその学説を以前と同じように受け取ることはできないであろう。すなわち、その生涯は、人生の軽い刺激に対しても跳び上がるほどの反応を示すのである。

ヘーゲルの復活は終ったわけではない。人間は簡単に、終点まで到達することはないであろう。ひとりの人間が、墳墓の場合のように、デッサンのなかや物語のなかに永久に閉じ込められることはないのである。ヘーゲルは、他のすべての人びと以上に、そのことをよく心得ていた。かれはさまざまなイメージにおいて、自分を理解させようとしたのである。

*2　あるいは、他のテキスト（たとえば、『現象学』、J＝P・ルフェーヴル訳、前掲書、四七頁）の助けを借りて、次のように訳すことによって。「わたしをよく知っていると思う者は、ここにおいて、本当にわたしを知るであろう。」

訳者あとがき

本書は、Jacques D'Hondt, *Hegel, Biographie* (Calmann-Lévy, 1998, 429 pp.) の全訳である。原著は、カルマン＝レヴィ社がその道の第一人者を起用して、一九九五年から刊行を開始した「哲学者の生涯」叢書（Collection «Les vies des philosophes»）の二巻目にあたる。ちなみに、第一巻はジュヌヴィエーヴ・ロディス＝レヴィスの『デカルト伝』（拙訳、未來社、一九九八年）である。大哲学者の生涯を描き出す試みとして、現在望みうる最高水準の伝記シリーズの第一巻、第二巻の邦訳をたまたま訳者が手がけることになったのは喜ばしいかぎりである。

ところで、著者のジャック・ドント氏はフランス哲学会会長、およびフランス語諸哲学会連合（日仏哲学会はそのメンバーである）会長をつとめたヘーゲル研究の大家で、わが国でもすでによく知られている哲学者である。本書と深い関わりをもつ二つの重要な著作が邦訳されている（飯塚勝久・飯島勉訳『知られざるヘーゲル』、未來社、一九八〇年。杉山吉弘訳『ベルリンのヘーゲル』、法政大学出版局、一九八三年）ばかりでなく、十数年前に来日したおりには日本各地の大学や研究会で何度も講演を行なった経緯があるからである。それに、氏の経歴については右に挙げた二つの邦訳書の「訳者あとがき」にそれぞれ詳しく記されているので、ここであらためて触れる必要もないように思われるが、しかし前記翻訳の刊行からすでにかなりの年月が経過し、著者の業績も大幅に増大している点を考慮すると、やはりいちおうの紹介を果たしておくべきであろう。

ドント氏は一九二〇年生まれで、満八十歳になるが、現在でも旺盛な学会活動、執筆活動を展開し、たえず新たな著書や論文を発表し続けているまことに尊敬に値する研究者である。その研究業績の全貌を知るうえで格好の書物が、最近、フランスで出版された。すなわち、ミシェル・ヴァデおよびジャン＝クロード・ブルダン編『歴史に捉えられた哲学――ジャック・ドントに捧げる』（*La philosophie saisie par l'histoire, Hommage à Jacques D'Hondt*, sous la direction de Michel Vadée et Jean-Claude Bourdin, Editions Kimé, 1999）がそれである。この献呈論文集には三〇頁にわたってドント氏の著作目録が掲載されており、いまのところこれがもっとも完全な業績一覧とみて差し支えないであろう。それによると、著書は、『ヘーゲル、生ける歴史の哲学者』（*Hegel, philosophe de l'histoire vivante*, P. U. F., 1966）、『知られざるヘーゲル』（*Hegel secret , Recherches sur les sources cachées de la pensée de Hegel*, P. U. F., 1968）、『その時代のヘーゲル』（邦訳名『ベルリンのヘーゲル』。*Hegel en son temps*, Editions Sociales, 1968）、『断絶のイデオロギー』（*L'idéologie de la rupture*, P. U. F., 1978）、『ヘーゲルとヘーゲル主義』（*Hegel et l'hégelianisme*, P. U. F., 1982）、『ヘーゲル、論争と闘争の哲学者』（*Hegel, le philosophe du débat et du combat*, L. G. F., 1984）、そして『ヘーゲル伝』その他を含めて全部で一二冊にのぼる。とはいえ、注目に値するのは必ずしも著書の数ではなく、むしろそれらの著書のほとんどが日本語、ドイツ語、英語、スペイン語、ポルトガル語、イタリア語、トルコ語、中国語等々に翻訳されているという事実である。たとえば、『知られざるヘーゲル』や『ヘーゲルとヘーゲル主義』は、それぞれ五カ国語に翻訳されている。これは、ドント氏自身の思想と研究姿勢、さらには包容力ある人柄のもつ普遍的性格を物語るものであろう。なお、研究論文は二一一編に達し、その総数は現在も更新中である。のみならず、訳者宛の手紙には他の哲学者の伝記を執筆する意向も表明されており、ドント氏の哲学的思索活動はとどまるところを知らないようにみえる。

　それでは、ヘーゲル伝としての本書の独自性はどこに認められるのであろうか。ちなみに、ヘーゲルの本格的な伝記としては、本書の他に、ローゼンクランツ、ハイム、フィッシャー、ディルタイ、アルトハウスその他の手になる著作が挙げられるが、そのうちの多くはすでに邦訳されている。たとえば、クーノー・フィッシャー『ヘーゲルの生涯』（玉井・磯江訳、勁草書房、一九七一年）、ヴィルヘルム・ディルタイ『ヘーゲルの青年時代』（久野・水野訳、以文社、一九七六年）、カール・ローゼンクランツ『ヘーゲル伝』（中埜肇訳、みすず書房、一九八三年）、そしてホルスト・アルトハウス『ヘーゲル伝』（山本尤訳、法政大学出版局、一九九九年）等である。いずれの伝記もそれぞれの特色と意義をもち、またそれなりの長所、短所を含んでいると思われるので、どれが最良の作品であるかはいちがいには言えないであろう。その限りでは、ジャック・ドント氏の『ヘーゲル伝』も、右に列挙した先人たちの業績に続く最新の研究成果として位置づけられることになろう。

しかしながら、そのことは、著者が「まえがき」で自負している独創性、すなわちこれまでのイメージとは根本的に異なるヘーゲル像の提示という功績を承認する妨げにはならないはずである。訳者は、そうした新しさの内実を、真にリアルな人間ヘーゲルの回復の試みとして捉えたいと思う。哲学作品というものは一般に極度の抽象化をほどこされているために、著作と著者の実生活とが結びつきにくいという性格をもっている。それゆえ、われわれが作品の内容に対応すると考える著者の現実も、じっさいには真の現実ではなく、あくまで作品を通じて投影されたたんなるイメージにすぎないことが多い。そのような事態が起こるのは、資料不足のために、哲学者が生きた時代の具体的状況を細部にわたって描き出すことが困難であるという理由にもよるであろうが、しかし同時に哲学者を必要以上に理念化して、一般の人びとはいささか異なる種族であるかのごとくに仕立て上げる伝記作者の側の歪曲や思い込みも影響しているであろう。ところがじっさいには、抽象化され、体系化された哲学思想を生み出す哲学者自身は、われわれと同様に、あるいはわれわれ以上に――というのも、時代が古くなればなるほど、生活上の安楽の度合いはより厳しいものがあったと推定されるからである――きわめてありふれた、しかもさまざまな嘆かわしい現実を生き抜かねばならなかったのである。そもそも、哲学者（ないし哲学教授）になること自体、多くの競争に――時には低次元のものをも含めて――勝ち抜いた結果にほかならない。ヘーゲルのような、哲学史を塗り替えるほどの大思想家でさえ、正教授の地位を得たのは四十代後半に入ってからのことであった。

本書が、それ以前の伝記に比していかにも臨場感に溢れているように映るのは、著者のドント氏自身がみずからの生きる現実をしっかりと見据え、人間がこの世でつつがなく生活していくことのむずかしさをよく心得ているからであろう。現代のように高度に文明化した社会であっても、人生を全うするのは容易なことではなく、その過程でさまざまな矛盾や困窮に遭遇する可能性を残している。けれども、ヘーゲルが生きた十八世紀後半の三〇年間および十九世紀前半の三〇年間は、とりたてて資産をもたない知識人にとって――農民や下層の大衆にとってはいうまでもなく――今日とは比較にならないほどの生活上の不安をともなう時代であった。退職後の年金制度もなければ、哲学者の身分を保障するような手段もいっさいなかったのである。芸術家であれば、パトロンがつくということもありうるであろう。しかし、哲学教授となれば話は別である。王国や公国の君主の名のもとに設置されたドイツの諸大学では、いかなる大哲学者といえども、設置者の意向で簡単に罷免される運命にさらされていた。そうなれば、文字通り路頭に迷うほかないのである。したがって、おのれの革新的な思想をひそかに堅持し、またそれを巧妙な方法で他の人びとに、とりわけ学生たちに伝えていくために、しかも統治者その他の圧力によって押しつぶされずに、やっと築いた家庭生活を守り抜いていくために、ヘーゲルは同時代の多くの人間と同様に種々の手管を駆使するように強いられたのである。ドント氏の慧眼は、ヘーゲル的「晦渋さ」の奥深い原因をその点に見出している。

とはいえ、さきほども述べたとおり、哲学教授の地位を手にすること自体、簡単なことではなかった。ヘーゲルはそれ以前に、外国での家庭教師の仕事を引き受けねばならない。しかも当時の状況においては、家庭教師は「従者」であり、召使の一種である。雇主より知的に優れていればいるほど、そのような屈辱的身分はかれのプライドを傷つけたであろう。親友ヘルダーリンが狂気に陥ったのも、そのような身分的隷従に由来する屈辱感が引き金になったと考えられる。しかしながら、スイスでの家庭教師時代は、その後も長くヘーゲルを悩ませることになるさまざまな生活上の困難の序曲にすぎなかった。ドイツに戻ってからも、フランクフルトにおける家庭教師の仕事がかれを待っていたし、イェーナでは不安定な私講師、員外教授のポストしか得られず、しかもそれすらナポレオン軍のイェーナ占領によって放棄しなければならなかった。この間、女宿主とのあいだにもうけた庶出の息子の存在が、哲学者にとって新たな火種となっていく。バイエルンに移住してからも、新聞編集者の仕事や、貧弱な施設しかもたないギムナジウムの校長職といった、類稀なるその知性の深さとは釣合いのとれない職業を経験しなければならなかったのである。かれがようやくハイデルベルク大学の哲学教授となり、そしてベルリン大学に転出していくまでに、すでに人生の三分の二以上が過ぎ去っていた。

一般には、ヘーゲルはベルリン大学に赴任することによって、ドイツ哲学界に君臨するに至ったと見なされている。しかし、その年俸は二〇〇〇ターレル、一方、ヘーゲルの死後、その残存する影響力を駆逐するために宮廷勢力によって招聘された老シェリングの年俸は六〇〇〇ターレルであったとされている。ベルリン大学におけるヘーゲルの待遇はごく普通のものだったのであり、しかもその給料のなかから家計費のほかに、庶子の養育費と、精神に異常をきたしたといわれ、のちに投身自殺する妹への仕送り分を捻出しなければならなかったのである。これが、ドント氏の描く生身のヘーゲル像である。いわゆるヘーゲル哲学は、このような人生経験をもつ人物によって生み出されたものである。氏の『ヘーゲル伝』が、類書に見られないほどの真実味を帯びているのは、そうした現実的センスの賜物であろう。それゆえにこそ、本書は刊行直後からマスコミ界の話題となり、たとえば『ル・モンド』紙（一九九八年十月三十日）や『ラ・キャンゼーヌ・リテレール』誌その他において、家庭教師、愛人、庶子の父親、ジャーナリスト、校長、フリー・メースン、非合法活動家等々、多面的な顔をもつヘーゲルの実像の再発見に拍手が送られたのであった。さらにまた、『フランス哲学会会報』（*Bulletin de la Société française de Philosophie*）の最新号（Janvier-Mars 2001）に掲載された「哲学者の伝記」（La Biographie des Philosophes）と題するドント氏の講演も、哲学者の思想と実生活に関わる諸問題を、ヘーゲルや、『デカルト氏の生涯』の著者であるアドリアン・バイエその他を引き合いに出しつつ論じている点で興味深いものがある。この講演会には、前述の『デカルト伝』の作者ロディス＝レヴィスも出席していて、質疑応答のなかでドント氏のバイエ解釈に全面的に同意している。ここでその内容に立ち入る余裕はないが、別の機会に詳しく取り上げることができればと考えている。

ジャック・ドント氏との出会いは、二〇年以上前に、訳者が名著『知られざるヘーゲル』（前掲書）の翻訳を引き受けたときにさかのぼる。それ以降、渡仏のたびにカルチエ・ラタンの一角、パンテオン裏手のお宅に伺い、哲学をめぐる議論や、共通の知人の話題などに時を忘れ、また近くのレストランでご夫妻とともに会食する機会が多くなった。逆に、氏が来日されたおりには、八王子の拙宅までお越しいただいたこともある。そのためもあって、氏から頂戴する手紙にはしばしば訳者の家族への言及が見られるのである。フランス哲学界の重鎮でありながら、訳者のようなはるかに若い後輩にまで細かい気配りを怠らないその普遍的な人間味こそ、本書『ヘーゲル伝』のような数々の発見と洞察力に満ちた、いかにもリアルな著作の執筆を可能にした原動力であろう。右のような経緯もあって、本書の翻訳を担当することになったが、フランス語およびヘーゲル哲学に対する訳者の非力のせいで、エスプリ溢れる、しかも格調高いドント氏の文章をうまく日本語に表現しえたかどうかおおいに危惧している。のみならず、大部の書物ゆえに、思わぬ誤訳も多々含まれているであろう。識者のご教示、ご叱正を頂戴できれば幸いである。

今日のように出版事情の厳しい状況のなかで、本書のごとき大作が公刊されえたのは、ひとえに未來社社長・西谷能英氏の御厚意による。哲学の専門書に対する西谷氏のつねに変わらぬ情熱に、深い敬意と感謝の念をあらわしたい。あらためて御礼申し上げる次第である。

飯塚勝久

二〇〇一年八月

人名索引

ア行

アスフェルス（グスタフ）　4, 342, 395, 396, 403, 406, 408, 409, 411, 415, 510
アリストゲイトン　4, 486－490, 493, 521
アリストテレス　228, 229, 328
アルカイオス　486, 490, 492
アルテンシュタイン　4, 329, 330, 336, 339, 340, 345－347, 349, 356, 357, 364, 368－370, 372, 373, 380, 419, 420, 422, 424, 501
アルブレヒト　527, 528, 532
アンシヨン　290, 358, 393, 481, 486, 509
イェーガー　195, 430
イクスキュル（ボリス・フォン）　297, 302, 315, 414
ヴァイスハウプト（アーダム）　154－161, 165, 168, 449, 467.
ヴァイスツェク（ノルベルト）　21, 33, 457
ヴァニーニ（ヴァニーナ）　461, 462, 483, 523
ヴィット＝デーリング（ヨハンネス）　403, 406, 413, 494, 495, 497, 501, 505, 506, 510, 512, 513
ヴィトゲンシュタイン（ルートヴィヒ・ゲオルク・フォン）　380, 530, 531
ヴィーラント　159, 177
ヴェッセルヘフト（ヴィルヘルム）　497, 509
ヴェッセルヘフト（ロベルト）　388, 389, 394, 403, 406, 413, 507, 509, 510
ヴェッセルヘフト姉妹（ヨハンナ、エリザベート）　247, 281, 388, 508, 509
ヴェント（アマデウス）　311, 313
ヴォルテール　42, 74, 75, 113, 114, 119, 145, 328, 428
ヴォルフ　42, 43, 64, 316, 429, 532
ウーラント　261, 306
ウルリヒ（カール）　137, 395, 396, 398, 399, 406, 410
ウルリヒ（ダーフィト）　395, 398, 399
エクシュタイン　512, 513
エーベル（ヨハン・フリードリヒ）　131－133
エール（リュシアン）　322, 323, 422, 423
エルスナー（コンラッド・エンゲルベルト）　122, 169, 268, 476, 477
エルトマン　354, 355
エンゲルス　22, 23, 193, 196, 258, 422, 478, 479
エンゲル（ナネッテ）　180, 181, 203, 279
オーケン　392, 396, 462, 509

カ行

カヴェニャック　367－370
ガーゲルン（フリードリヒ・フォン）　385, 387
カール（ジャン＝ジャック）　3, 184, 190, 191, 193－196, 210, 256, 430, 532
ガルフェ　43, 79
カルプ（シャルロッテ・フォン）　182－184
カレール（ジャン）　11, 67, 135, 255, 259, 267, 269, 393, 403, 407, 414, 415
カロヴェ（フリードリヒ・ヴィルヘルム）　4, 297, 298, 302, 303, 353, 390, 394,

395, 403－407, 411, 414, 415, 509, 510
ガンス（エードゥアルト）　19－21, 24, 33, 314, 315, 352－355, 376, 390, 397, 430, 455, 483
カンツ　401, 509, 516
カント　62, 68, 72, 80－82, 86－89, 93, 98, 110, 118, 130, 131, 160, 198, 199, 208, 226, 244, 316－318, 323, 326, 365, 427, 458, 466, 481, 532
キルケゴール　196, 258
クーザン（ヴェクトール）　4, 58, 140, 195, 268, 269, 295－298, 315, 317, 341, 352, 361, 379, 396, 402, 405, 412, 414, 432, 447, 473, 494－508, 510－517
クニッゲ　139, 155, 158, 159, 168
クネーベル　133, 183, 237, 238, 241, 245, 266, 267, 307, 320
クノープ（ベルンハルト）　514, 515
クノーブラウフ　134, 135
クラウゼ　177, 179, 424
グラックス　486, 487
クリューフェル　64, 65, 90－92
クルーク　223－226
クロイツァー（ゲオルク・フリードリヒ）　254, 300, 342, 430, 462
グロックナー　306, 353, 453
ゲッシェル　33, 140－144, 327
ゲーテ　41, 150, 162, 177, 179, 207, 232, 233, 240, 242, 243, 245, 247, 253, 254, 259, 266, 307, 349, 373, 386, 396, 417, 480
ケルナー（ユスティヌス）　39, 80, 159, 183
ゲンツ　79, 530
ゴーゲル（ヨハン＝ノーア）　152－156, 159, 167, 173, 175, 176, 182－184, 190, 191, 205, 283, 430
コッタ　80, 138, 164, 165
コッツェブー（アウグスト・フォン）　389, 392, 404, 405, 493, 509
コンスタン（バンジャマン）　43, 134, 405, 476
ゴンタルト　152, 180, 186－188
ゴンタルト（ヅーツェッテ）　186, 188
コンツ（カール・フィリップ）　70, 491

サ行

サヴィニー　20, 21, 290, 358, 393, 412, 486
サン＝シモン　353, 390
サンタ＝ロサ伯　496, 512
ザンクト＝エドヴィーゲの助任司祭　340, 344, 347
ザント（カール）　389, 390, 392, 394, 395, 404, 406, 506, 510, 512
シエイエス　476, 478
シェリング　20－22, 28, 34, 36, 50, 51, 53, 54, 57, 66, 72, 75－77, 83, 88－91, 94, 96, 98, 101, 116－118, 122, 126, 127, 129－131, 133, 139, 152, 162, 168, 169, 189, 199, 203, 208－210, 213, 214, 217－222, 228, 231－233, 236, 237, 254, 261, 262, 294, 295, 316－318, 320, 322, 325, 338, 339, 341, 359, 424, 429, 430, 465, 466, 469, 522, 542
シャトーブリアン　459, 460, 497
シュヴァイクホイザー（ジャン＝ジュフロワ）　210, 211
シュークマン　356, 357, 502
シュタイガー・フォン・チューグ（カール＝フリードリヒ）　112, 114, 146, 205
シュタイン　331, 368, 530
シュトラウス（フリードリヒ）　22, 29－31, 49
シュネル　413, 502, 505－507, 510, 511, 514
シューバルト　39, 56, 348－350, 397
シュライエルマッハー　359, 370, 392

タ行

シュルツェ（ゴットロープ・エルンスト）　224－226
シュルツェ（ヨハンネス）　4, 15, 24, 345, 355, 372, 373, 376, 403, 500, 501
シュレスヴィヒ＝ホルシュタイン公　166, 167, 183
シラー　122－124, 149, 150, 162, 163, 183, 207, 209, 232, 491
ジンクレール（イザーク・フォン）　39, 152, 175, 187, 189, 190, 195, 373, 376, 429
スターン（アルフレッド）　419－421
スタンダール　405, 407, 523
スピノザ　37, 150, 262, 299－301, 428, 463, 465
セー（アンリ）　374, 375
ソフォクレス　42, 43
ソブール（アルベール）　87, 109

タ行

ツヴァック　155, 357
ティールシュ　163, 414
ディドロ　242, 253, 328, 405, 417, 428
ディルタイ　42, 43, 73, 149, 196, 201, 252, 257, 539
デ・ヴェッテ　342, 370, 392, 393, 395
デカルト　52, 109, 259, 382, 450
テュルタイオス　486, 488, 490－492
トゥヒェル・フォン・ジンメルスドルフ　4, 410, 510
ドローズ（ジャック）　134, 135, 375
ドン・デシャン　200, 221
ドント（ジャック）　17, 51, 149, 211, 270, 315, 413, 447, 499, 538－543

ナ行

ナポレオン（ボナパルト）　38, 177, 225, 229, 238, 254, 260－262, 270, 274, 276, 284, 285, 332, 333, 362, 373, 376, 401, 407, 483
ニコライ　43, 159, 168
ニーチェ　60, 61, 68, 69
ニートハンマー（フリードリヒ・イマヌエル）　134, 136, 162－165, 209, 233－235, 237, 238, 242, 246, 248, 260, 261, 267, 269, 272－274, 277, 278, 285, 286, 306, 324, 336, 343, 352, 357, 376, 430, 435
ニートハンマー（ユリウス）　403, 510
ノール（ヘルマン）　49, 51, 57, 74, 93, 171, 200, 203, 491

ハ行

バイエ（アドリアン）　109, 542
ハイネ（ハインリヒ）　317, 328, 329, 335, 353, 387, 428, 510, 511
ハイム（ルドルフ）　149, 305, 346, 539
ハインゼ　156, 185
パウルス（ヘンリヒ・エーベルハルト）　28, 91, 205, 209, 234, 261, 298, 299, 306
バウアー（ブルーノ）　22, 49, 469, 470
バッゲーゼン　166, 167, 169, 183
ハラー（ルートヴィヒ・フォン）　255, 290, 357, 358, 370－373, 393, 414, 481, 509
バリュエル神父　161, 166
ハルデンベルク　4, 27, 159, 163, 177, 179, 329－333, 339, 340, 354, 356, 360, 364, 366－369, 373, 380, 386, 393, 420, 424, 474, 482, 530
ハルモディオス　4, 486－490, 493
ピタヴァル　163, 164
ヒットラー　474, 483
ヒンリヒス　297, 302
ファルンハーゲン・フォン・エンゼ　33, 183, 258, 350, 351, 354, 479, 482, 500, 501, 503, 515, 516
ファン・ヘールト　248, 291, 341, 347

フィッシャー（クーノー）　23, 25, 181, 196, 199, 257, 269, 309, 348, 349, 351, 431, 526, 539
フィヒテ　17, 69, 72, 109, 118, 120, 121, 127, 134, 139, 160, 162, 177, 179, 199, 208, 209, 213, 220, 221, 226, 231, 233, 247, 316, 317, 330, 356, 357, 359, 365, 417, 429, 466
フィリプスボルン　527, 532, 533
フェルスター（フリードリヒ）　4, 21, 24－33, 176, 177, 193, 352, 394, 396, 400－403, 406, 411, 414, 415, 509, 532
フォイエルバッハ　49, 298
フォーシェ神父　73, 192
フォス（ヨハン・ハインリヒ）　177, 234, 235, 245
フォルスター　137, 139, 168, 177, 489
フォールベルク　162, 233
フォーレン（アドルフ）　506, 507
フォーレン（カール）　389, 403, 413, 502, 505
フーフナゲル（ヴィルヘルム・フリードリヒ）　205, 223
プラトン　35, 37, 146, 228, 229, 449, 450, 458
フランシェ＝デプレー　498, 499, 501, 505, 513
フリース（ヤーコプ・フリードリヒ）　235, 295, 391, 392, 421, 424, 509
フリードリヒ1世（ヴェルテンベルク公）　304, 305
フリードリヒ2世　95, 290
フリードリヒ＝ヴィルヘルム3世（プロイセン王）　27, 110, 177, 290, 305, 333, 338, 358, 371, 386, 465, 475, 478, 480, 520, 522, 523, 527, 532
フリードリヒ＝ヴィルヘルム4世（同上）　110, 338, 339, 371, 372, 480－483
フリント（ロバート）　420, 421
ブルクハルト（クリスティアーネ・シャルロッテ・ヨハンナ。ヘーゲルの内縁の女性）　244, 245, 279
ブロッホ（フリードリヒ）　352, 354
フロムマン　238, 247, 248, 281, 388, 430, 497, 508, 509
フロムマン夫人　244, 247, 388, 508
ヘーゲル夫人（旧姓マリーア・フォン・トュヒェル）　15－17, 19, 40, 140, 181, 244, 256, 277－279, 281, 374, 397, 437
ヘーゲル（ルートヴィヒ。庶子、長男。のち，ルートヴィヒ・フィッシャーを名乗る）　240, 241, 243, 245－251, 253, 254, 256, 258, 259, 298, 388, 497, 508, 509
ヘーゲル（カール。嫡子、次男）　136, 137, 181, 251, 257, 315, 339, 354, 364, 413
ヘーゲル（イマヌエル。同上、三男）　282
ヘーゲル（クリスティアーネ・ルイーゼ。哲学者の妹）　38, 39, 41, 175
ヘーゲル（ルートヴィヒ。哲学者の弟）　38
ペスタロッツィ　159, 168
ベッティガー　159, 164
ベートーヴェン　37, 183, 238
ヘニング（レーオポルト・フォン）　4, 135, 352, 362, 395, 403, 406－408
ヘラクレイトス　124, 203, 229, 316, 327, 452
ヘーリング（テオドール）　73, 312, 313
ヘルダー　177, 359
ヘルダーリン　35－37, 39, 50, 54, 57, 65－70, 75－77, 83, 85, 88－90, 94, 96, 98, 101, 102, 105－107, 113, 117, 118, 123, 126, 127, 131－133, 138, 145－147, 150－154, 156, 162, 167, 169, 173－176, 182, 184－190, 195, 205, 210, 217, 237, 250, 254, 300, 322, 429, 461, 467, 483, 485－493, 541
ベール（ハインリヒ）　22, 23, 281,

352, 354
ベルトー（ピエール）　150, 151
ベルレプシュ夫人　166, 168, 169
ヘンレ（ヤーコプ）　397, 412
ホート（ハインリヒ・グスタフ）　308, 309
ホフマイスター（ヨハンネス）　11, 12, 51, 135, 255, 267, 350, 354, 382, 383, 393, 403, 406－408, 411, 414, 415, 507, 529
ホメロス　442－445, 449, 450
ボンヌヴィル（ニコラ・ド）　92, 193

マ行

マウヴィロン　134, 135
マラー　84, 192
マリヴォー　51, 100, 101, 108
マルクス　51, 160, 192, 193, 196, 258, 293, 428, 429, 465
マールハイネケ　17, 19－23, 28, 34, 142, 352, 353, 465, 469
ミニェ　290, 485
ムーニエ（ジャン＝ジョゼフ）　164－166, 179, 476
メッテルニヒ　27, 179, 297, 343, 390, 404, 530
メーリング　369, 371
メンツェル　28－30
モーク（ヴィリー）　89, 97
モンテスキュー　42, 72, 122
モントベロ公　238, 494, 496, 499, 517

ヤ行　ラ行

ヤコービ　72, 76, 159, 163, 226, 261, 288, 323, 359, 424
ライマン（パウル）　422, 423
ラインハルト　36, 62, 63, 80, 491
ラインホールト　85, 118, 159, 162, 177, 179, 183, 208, 317, 357, 427
ラッソン　254, 483
リグー（ダニエル）　27, 171, 175
リヒテンベルク　137－139
ルイ十六世　93, 95, 96, 484－487, 489
ルグロ（ロベール）　41, 49, 467
ルーゲ（アルノルト）　4, 196, 355, 396, 410, 411
ルソー（ジャン＝ジャック）　68, 112, 146, 483
ルーデン　401, 509
レオ（ハインリヒ）　258, 303, 510
レッシング　43, 45, 72, 76, 98, 131, 132, 148, 156, 160, 163, 165, 170, 171, 175, 176, 417, 466
レンツ　102, 229, 395
ローゼンクランツ（カール）　11, 15, 24, 73, 74, 123, 149, 150, 181, 196, 216, 257, 258, 269, 379, 380, 432－437, 525, 528, 539
ロディス＝レヴィス（ジュヌヴィエーヴ）　538, 542
ロック（ポール）　97, 145, 148, 149, 197, 252, 253, 267, 342, 343, 526
ロベスピエール　82, 84, 108, 192

●訳者略歴

飯塚勝久（いいづか・かつひさ）
1939年　東京に生まれる
1962年　東京教育大学文学部哲学科卒業
1967年　同大学・大学院博士課程哲学専攻単位修得退学
1973-74年、1978-79年　フランスに留学
愛知県立大学、立教大学、筑波大学を経て
現在　日本大学法学部教授、文学博士
著書　『フランス・ジャンセニスムの精神史的研究』（未來社、1984）
『歴史哲学としての倫理学』（未來社、1994）
『フランス歴史哲学の発見』（未來社、1995）
『概説 ヨーロッパ精神史』（北樹出版、2001）
編著　『ヨーロッパ精神史』（北樹出版、1986）
『人間存在と倫理』（北樹出版、1987）
『哲学の射程』（北樹出版、1989）
共著　『世界観と哲学の原理』（東海大学出版会、1982）
Pascal, Port - Royal, Orient, Occident（Klincksieck, 1991）
『哲学思索と現実の世界』（創文社、1994）他
訳書　ルヴェル『無益にして不確実なるデカルト』（未來社、1991）
ロディス＝レヴィス『デカルト伝』（未來社、1998）
ライプニッツ『形而上学叙説』（共訳、中央公論社、1969）
ル・リヨネ『数学思想の流れ』（共訳、東京図書、1974-1975）
ドント『知られざるヘーゲル』（共訳、未來社、1980）
メナール版『パスカル全集』第1巻（共訳、白水社、1993）

ヘーゲル伝
発行――二〇〇一年九月二〇日　初版第一刷発行
定価――（本体五六〇〇円＋税）
著者――ジャック・ドント
訳者――飯塚勝久
発行者――西谷能英
発行所――株式会社　未來社
東京都文京区小石川三―七―二
振替〇〇一七〇―三―八七三八五
電話・（03）3814-5521～4
（営業部）048-450-0681～2
http://www.miraisha.co.jp/
Email:info@miraisha.co.jp
印刷・製本――萩原印刷
ISBN 4-624-01158-9　C0010

（消費税別）

ドント著／飯塚勝久・飯島勉訳
知られざるヘーゲル
〔ヘーゲル思想の源流に関する研究〕フランスにおけるヘーゲル研究の泰斗が、学徒時代のヘーゲルの読書、交際、とりわけフリーメーソンとの関わり等を明らかにした精神史の書。二八〇〇円

ロディス＝レヴィス著／飯塚勝久訳
デカルト伝
今世紀最高といわれるデカルト学者による伝記の決定版。しばしば所在が不明なほど孤独と旅を愛した「仮面の哲学者」の生涯と思想の深化を、膨大な資料の読解を通じ丹念に描く。四八〇〇円

ルヴェル著／飯塚勝久訳
無益にして不確実なるデカルト
パスカルのデカルト批判を継承する立場からデカルト哲学の現代における神話性を破壊し、その批判を試みようとして「哲学」の概念と「理性」の意味を思想史的に問い直す。一八〇〇円

飯塚勝久著
フランス・ジャンセニスムの精神史的研究
パスカルを初めとするフランス近代の思想家たちに影響を与え、近代合理主義の精神的基盤となった「異端」の神学者、ジャンセニウスの思想およびその影響を克明に追求した労作。四八〇〇円

飯塚勝久著
歴史哲学としての倫理学
ヘーゲルによって仕上げられたとされる〈歴史哲学〉的思考を人間存在論としての倫理学の観点から検討し、ギリシアから現代までの哲学史を書き直そうとする著者年来の野心作。二五〇〇円

飯塚勝久著
フランス歴史哲学の発見
ヘルダー、ヘーゲルのドイツ歴史哲学に対抗しうるフランス歴史哲学の隠れた鉱脈を発掘し、15人のフランス歴史哲学者を四類型に分類し系統的に叙述。歴史哲学の新領域の開拓。二八〇〇円

加藤尚武著

ヘーゲル哲学の形成と原理

〔理念的なものと経験的なものの交差〕ヘーゲルを「経験の哲学者」としてとらえ、従来のヘーゲル像を180度転回させることによって概念を明確にし、その哲学を具体化する労作。　三二〇〇円

加藤尚武著

哲学の使命

〔ヘーゲル哲学の精神と世界〕ヘーゲルとともに、近代をめぐるさまざまなアポリアを抉り出し、今日の哲学の使命である新たな「知識の見取図」を構想する、加藤哲学会心の達成。　三二〇〇円

ガダマー著／山口誠一・高山守訳

ヘーゲルの弁証法

〔六篇の解釈学的研究〕解釈学的研究の方法的立場に立つガダマーがドイツ観念論の最高峰にいどんだヘーゲル研究の古典。ガダマー自身の思想的彷徨を同時に示す興味深い所産。　三二〇〇円

高田純著

承認と自由

〔ヘーゲル実践哲学の再構成〕ヘーゲル哲学研究の新しい領域として注目されつつある〈承認〉の概念をめぐって、独自の視角から検討をすすめてきた著者の最新成果を書き下ろす。　三八〇〇円

島崎隆著

ヘーゲル弁証法と近代認識

〔哲学への問い〕ヘーゲルはいかにして壮大な哲学体系を築いたのか。「生の哲学」から「精神の哲学」への転回を通して弁証法へと至る、イエーナ期ヘーゲルの格闘を再演する労作。　四五〇〇円

岩佐茂・島崎隆・高田純編

ヘーゲル用語事典

ヘーゲル哲学の主要な用語を94項目選び、七つの大きな主題別ブロックに分けたなかに配置し、平明な解説を加えた意欲的な「読む事典」。年譜文献解説なども収録した哲学案内。　二八〇〇円